数智环境下的养老服务运营管理

雒兴刚　张忠良　唐加福　于　洋 等　著

科 学 出 版 社

北　京

内 容 简 介

本书是一部关于养老服务运营管理的研究专著。针对数智环境下服务过程的一些新特点，本书结合企业实际需求凝练了养老服务运营管理的一些关键决策和优化问题，内容涉及养老服务决策分析、养老服务供应链协调、智慧养老服务质量规划、养老服务配置多目标优化、家庭医疗护理调度、养老服务组合优化、养老服务质量数据的特征选择算法和分类算法等多方面的研究工作。本书采用运筹学、统计分析、优化算法、数据挖掘、机器学习和系统仿真等多种研究方法，并附有大量应用问题的计算实例。

本书可供从事服务科学与工程管理研究的科研人员和工程技术人员阅读，也可作为管理科学与工程、系统工程等专业的研究生、教学与科研人员的参考书。

图书在版编目（CIP）数据

数智环境下的养老服务运营管理 / 雒兴刚等著. -- 北京 : 科学出版社, 2024. 12. -- ISBN 978-7-03-079662-2

Ⅰ. D669.6

中国国家版本馆 CIP 数据核字第 2024EN1212 号

责任编辑：魏如萍 / 责任校对：张亚丹

责任印制：张　伟 / 封面设计：有道设计

科学出版社 出版

北京东黄城根北街 16 号

邮政编码：100717

http://www.sciencep.com

北京建宏印刷有限公司印刷

科学出版社发行　各地新华书店经销

*

2024 年 12 月第　一　版　开本：720 × 1000　1/16

2024 年 12 月第一次印刷　印张：28 1/2

字数：573 000

定价：298.00 元

（如有印装质量问题，我社负责调换）

序　言

随着我国人口老龄化的加速，65岁及以上的老年人口比例将逐年增加。这一趋势对社会、经济和家庭结构必将产生深远的影响。养老服务不仅关乎老年人的生活质量，而且影响社会的稳定。养老服务能够为老年人提供专业的照护，确保老年人获得必要的医疗、心理和社交支持，提升他们的生活满意度和健康水平。养老服务的加强也有助于促进相关产业的发展，创造就业机会，推动经济增长。重视和发展养老服务产业不仅是应对老龄化挑战的有效途径，而且是实现社会可持续发展的重要组成部分。

养老服务涉及多学科交叉，包括医疗、心理支持和社会服务等，系统的运营管理能够协调各方资源，促进不同服务之间的协作，持续改进服务质量，提升老年人的生活满意度，从而提升整体服务水平。目前，服务科学与工程领域的相关研究主要聚焦金融、旅游、医疗、教育、零售、配送等传统服务行业，对养老服务的相关研究相对较少，其理论体系需要进一步拓展和完善。

在此背景下，《数智环境下的养老服务运营管理》结合作者多年的研究基础和实践经验，根据其承担的国家自然科学基金重点项目和面上项目研究成果，将数智环境下养老服务运营管理中的一些优化和决策新方法的研究成果及多个案例和应用研究撰写成书，从策略、规划、运行和基础等层面提出一套面向数智环境的养老服务运营管理理论体系。针对养老服务决策分析与管理策略、养老服务供应链协调与博弈分析、智慧养老服务质量规划方法、养老服务配置多目标优化方法、家庭医疗护理调度优化方法、养老服务组合优化方法、考虑养老服务质量数据特点的机器学习特征选择算法和分类算法等基础科学问题进行深入研究，提出解决研究问题的科学理论和方法，并进行案例分析和讨论。这些研究成果对养老服务企业的管理实践具有很好的参考和指导作用，对丰富已有的养老服务运营管理理论和应用实践具有重要意义，对养老服务企业提高运营管理水平具有潜在应用价值。

该书结构清晰、内容详尽，其显著特点之一是同时涵盖了深具理论性的研究和众多实际案例及实验分析，为读者深入理解书中所阐述的理论和方法提供有效支持，并在养老服务实践中提供灵活的应用指导。此外，该书所提出的一些方法与理论框架将为政策制定者和行业从业者提供有益的参考，帮助其更有效地应对日益增长的老年人需求。

当然，养老服务领域仍然需要作者在更广泛的研究方向上持续探索，期待该领域能涌现出更多具有创新价值的研究成果，为我国养老服务产业的可持续发展注入新的活力。随着数字技术和人工智能的广泛应用与深入发展，养老服务领域将面临更多的新需求和研究挑战，这需要国内外学者的共同努力与协作。我相信，该书的出版将为推动养老服务的智能化运营、提升养老服务质量和增强养老服务企业的竞争力提供重要的理论指导，并将产生积极的影响。

国家杰出青年科学基金获得者

前　言

随着我国社会经济的不断发展和人口老龄化趋势的加剧，养老服务领域的重要性日益凸显。我国政府高度重视养老服务事业，出台了一系列政策措施，推动养老服务的社会化和专业化。养老服务需要整合家庭、社区、机构等资源，为老年人提供全方位服务，包括生活照料、医疗保健、精神关爱等。养老服务运营管理是指对养老服务机构的经营活动进行规划、组织、指导和控制的活动，在保障老年人权益、提高服务质量、促进产业发展等方面发挥着重要的作用，对于提高养老服务业的管理水平和社会长期发展具有重要意义。

养老服务运营是一项复杂的系统工程，涉及管理理论、信息技术、统计工具、优化方法、人工智能、系统工程、社会科学等多个学科的领域知识，需要跨组织的相关服务人员协作完成。养老服务运营管理对于企业的重要性是不言而喻的，它不但是企业生存的核心竞争力保障，而且是企业降低成本和提高经济效益的重要途径之一。

在数智环境背景下，养老服务运营管理面临着新的挑战和机遇。数字化技术和人工智能的不断创新和应用为养老服务带来了更多可能性，为提高服务质量、满足老年人需求、提升运营效率提供了强有力的支持。数字化技术的赋能正在深刻改变养老服务的运营和管理方式。智能化的监控设备、物联网、大数据分析、人工智能等技术的应用为养老服务提供了更加高效、个性化、智能化的解决方案。在这样的背景下，养老服务机构需要转变管理理念，引入质量导向的服务意识，积极借助数智技术，提升服务水平，满足老年人多样化需求。特别是近年来伴随着人工智能技术发展突飞猛进，统计分析、优化理论和数学建模等基础学科在许多应用领域得到了广泛的应用和推广。这为养老服务运营管理的提升提供了机遇。企业迫切需要基于定量分析的管理科学与工程理论和方法，通过数据驱动、机器学习和数学建模等工具，在养老服务运营过程中帮助企业进行科学的选择和决策，对运营方案进行优化和改进。

基于此，本书针对养老服务运营管理中的实际需求进行分析，凝练相关基础科研问题并开展研究，提出一系列与养老服务运营管理相关的创新性理论和方法，并在一些典型养老服务企业中得到成功应用。

本书汇集近年来作者及其研究团队在养老服务运营管理领域的阶段性研究成果，主要聚焦养老服务运营管理相关基础科研问题的定量分析、优化建模和算法设计等研究成果。希望本书能为养老服务相关企业提供有益的参考，为对这一领域研究感兴趣的学者开拓思路。

全书共分 9 章。第 1 章介绍了相关概念及综述。第 2、3 章从策略层面分析养老服务决策和养老服务供应链协调问题。第 4、5 章从规划层面提出面向服务质量的养老服务质量规划和配置优化方法。第 6、7 章从运行层面提出家庭医疗护理调度优化和养老服务组合优化的模型和算法。第 8、9 章从基础层面提出考虑养老服务质量数据特点的机器学习特征选择算法和分类算法。

本书是作者及其研究团队集体智慧的结晶。雒兴刚教授统筹全书，并负责第 1～7 章的撰写；张忠良副教授负责第 8、9 章的撰写。书中部分章节来自袁博文、何佳欢、王洪涛、李晶、陈慧超、陈奎等研究生的毕业论文。阮渊鹏、黄文坡、蔡敏、蒋小娟、黄珅炜、单仁邦、曾鸣、宋容嘉、刘万安、赵小溪等教师也参与了相关章节的撰写工作。

作者根据上述素材筛选、编辑并统稿。由于本书涉及的专业面广，作者水平有限，加上时间仓促，书中难免存在不足之处，恳请读者批评指正。

作者在此感谢国家自然科学基金委员会管理科学部面上项目（72371086；71771070）和浙江省社科规划重大课题（23SYS11ZD）对本书相关研究工作的资助和支持；感谢课题组的教师和研究生多年来的辛勤工作和无私奉献；感谢加拿大卡尔加里大学的涂忆柳教授、中国香港理工大学的 CK Kwong 教授、美国佐治亚理工学院的焦建新教授多年来与作者的研究合作和深厚情谊；特别感谢国家自然科学基金委员会管理科学部的李一军主任、高自友主任、刘作仪主任、杨列勋主任、李若筠处长、吴刚处长、霍红处长、李江涛处长对课题组的指导和帮助；感谢黄海军教授、于景元研究员、徐伟宣研究员、盛昭瀚教授、党延忠教授、陈畴镛教授、周青教授等在研究过程中给予的无私帮助和学术建议。

本书在撰写和出版过程中还得到了科学出版社马跃副总编辑、魏如萍编辑和编辑部其他同志的支持和帮助，在此一并表示衷心的感谢。

作　者

2024 年 3 月于杭州电子科技大学

目　录

策　略　篇

规　划　篇

运 行 篇

基 础 篇

第1章 绪　论

1.1 养老服务概述

1.1.1 养老服务的概念及重要性

一方面，随着我国经济的快速发展和医疗水平的提高，居民的寿命得到了显著的延长；另一方面，随着新一代年轻人生育观念的变化，出生率开始显著下降。这些因素导致我国人口结构的变化。根据第七次全国人口普查的结果，我国 60 岁及以上老年人口占比达 18.7%，表明我国已经进入老龄化社会，老龄化水平已经达到较高的程度；根据《中国人口老龄化发展趋势预测研究报告》，至 2037 年中国老年人口将超过 4 亿人，老年人口占比不断增加（王雪等，2019）。世界卫生组织预测，到 2050 年中国老年人口占比将高达 35%，中国将成为世界上老龄化最严重的国家（杨波，2016）。

人口结构的变化给我国社会经济发展和公共服务带来了挑战，增加了养老、医疗等方面的支出压力，加重了养老制度的负担，对劳动力资源和生产力造成一定影响。我国人均收入水平低、养老产业起步晚，养老已经日益成为一个影响我国未来发展的重要社会问题，将给我国的社会发展带来巨大的压力和挑战。

在日益严峻的老龄化形势面前，考虑我国独生子女家庭结构的特征，未来大部分子女将逐渐无法承担长期照护老人的压力，我国的养老模式正在从传统的居家养老向养老服务社会化过渡。我国的老龄化社会现状对养老服务的需求十分庞大，2022 年我国养老市场规模已超 9.4 万亿元；未来我国老年群体对养老服务需求将进一步提升，预计到 2028 年，我国养老市场规模或将达到 30 万亿元（吴玉韶和李晶，2024）。我国政府对养老服务业高度重视，曾强调着力发展养老服务业和老龄产业，各政府部门也陆续出台了多项与养老服务相关的政策文件，从不同的方面（如机构改革、设施建设、金融许可、人才培训、标准化）持续推动养老服务业的发展。

养老服务是针对老年群体的一系列服务，主要包括生活照料服务、医疗保健服务、家政服务、紧急救助服务、精神慰藉服务等几大类别（杨贞贞，2014）。养老服务的目标是通过为老年人提供全方位和个性化的服务，满足老年人在生理、心理、社会、文化、安全等方面的各种需求，提高老年人的生活质量，延缓老年人的功能下降，促进老年人健康、幸福和有尊严地老有所养。养老服务是社会福利事业的重要组成部分，因此受到政府机构和政府政策的影响，一部分养老服务可能具有公共服务的属性；但是，养老服务包括但不限于政府提供的养老服务，社会组织、企业、志愿者等各方面的社会力量都可以从不同层次提供养老服务。

可以预见，随着我国老龄化程度的加深，养老服务业对国民经济的贡献还会继续扩大；深入研究养老服务运营管理中的核心科学问题不仅可以在理论上解决数智环境下养老服务运营管理的关键优化理论与技术，而且为我国养老服务行业在互联网环境下利用新信息科技实现行业领域深度融合、从服务规划和运行过程保证和持续改善服务质量、通过优化配置来提高资源利用率、采用科学量化的手段提高养老政策制定水平等方面提供理论方法、技术支持、决策支持和政策建议具有重要意义。

1.1.2　养老服务的分类

养老服务可以从不同的角度进行分类。下面分别按照服务提供者、服务形式、服务对象、服务性质进行分类总结。

1. 按照服务提供者进行分类

根据不同的服务提供者，养老服务可以分为如下三类。

（1）政府提供的养老服务。由政府组织、资助或监管的养老服务，如社区养老中心、政府养老院等。政府提供的养老服务具有公共服务特征，通常具有社会福利和非营利的特征。

（2）社会机构提供的养老服务。由社会组织、民间机构或非营利组织提供的养老服务，如慈善机构、志愿者组织等。社会机构提供的养老服务也是非营利性服务。

（3）商业机构提供的养老服务。由商业机构经营的养老服务，如民办养老院、养老保险、养老服务机构等。商业机构提供的养老服务具有鲜明的市场行为，参与市场竞争且以营利为主要目的。

2. 按照服务形式进行分类

根据不同的服务形式，养老服务可以分为如下四类。

（1）居家养老服务。在老年人自己的家中提供的养老服务，包括上门健康护理、生活照料、心理关怀等服务，旨在帮助老年人在家中过上健康、幸福的生活。

（2）社区养老服务。在社区层面为老年人提供的综合养老服务，包括社区医疗、社交活动、文化娱乐、法律援助等服务，通过社区资源整合，建立老年人关爱服务网络，促进老年人融入社区生活。

（3）机构养老服务。在专门的养老机构或养老院为老年人提供的全方位养老服务，包括医疗护理、生活照料、康复理疗、社交互动等服务，旨在为不能自理或需要专业护理的老年人提供良好的生活和护理环境。

（4）在线养老服务。近年来，随着互联网技术的发展，出现了新型的在线养老服务，包括在线健康咨询、远程医疗、智能健康监测等服务，为老年人提供便捷、高效的养老服务。一些在线养老服务还采用了智能设备。

3. 按照服务对象进行分类

根据不同的服务对象，养老服务可以分为如下两类。

（1）普通养老服务。为全社会老年人提供的养老服务，如基本的生活照料服务、医疗护理服务、文体娱乐服务、旅游出行服务等。

（2）特殊养老服务。针对有特殊需求的老年人提供的养老服务，包括为患有失智症或认知障碍的老年人提供个性化的监护和安全保障服务、为行动不便或患有残疾的老年人提供生活康复训练和康复护理服务、为患有慢性疾病或需要长期护理的老年人提供持续性的医疗护理服务等。

4. 按照服务性质进行分类

根据不同的服务性质，养老服务可以分为如下九类。

（1）生活照料服务。为老年人提供日常生活中所需的基本照料和帮助的一种养老服务，包括饮食服务、清洁服务、洗浴服务、起居服务等。

（2）医疗护理服务。为老年人提供的预防、诊断、治疗、康复等医疗健康服务，包括健康监测服务、医疗护理服务、康复护理服务等。

（3）心理关怀服务。针对老年个体的心理需求和问题，提供专业的心理支持、心理疏导、心理咨询等服务，包括心理咨询服务、情感支持服务、心理疏导服务等。

（4）社交互动服务。为老年人提供的社交和活动参与的服务，帮助老年人保持社交联系、拓展社交圈子，主要包括组织社交活动服务、文体娱乐服务、志愿活动服务等。

（5）社会保障服务。为老年人提供的基本生活保障和特殊困难救助服务，包括养老保险、社会救济和慈善捐赠等。

（6）教育培训服务。为养老产业提供的专业人才培训和人力资源服务，包括养老管理师培训、养老护理员培训和养老人才招聘等。

（7）养老金融服务。为养老产业和老年人提供的金融产品与服务，包括养老基金管理、养老理财和养老信贷等。

（8）养老科技服务。利用信息技术和智能设备为养老产业和老年人提供的科技支持和智慧化服务，包括远程医疗、智能监护和智能家居等。

（9）养老旅游服务。为老年人提供的专门定制的旅游活动和相关服务，包括老年旅游线路规划、老年导游、旅游陪护、医疗保障服务等。

除上述分类以外，还有一些针对老年人的服务活动，如遗嘱代理和丧葬服务等。

1.1.3 养老服务的特征

与普通服务相比，养老服务具有以下特征。

1. 服务对象的特殊性

养老服务对象为高龄老年人口。老年人的需求、收入、消费行为等方面都具有与其他年龄段人口不同的特点。老年人的消费范围一般比较狭窄而固定，很多老年人存在基础疾病和慢性病，同时可能伴随着老年综合征，部分老年人为失能群体。老年人的这些特点对养老服务人员提出了特殊的要求。

2. 服务内容的综合性

养老服务通常是综合性的，包括生活照料、医疗看护、社交活动、文化娱乐等多方面内容，为老年人提供全方位的关怀与服务。养老服务人员不仅要满足老年人的衣、食、住、行等基本生活照料需求，而且要满足老年人医疗保健、疾病预防、护理与康复，以及精神文化、心理与社会等需求，需要多种技能的养老服务人员共同努力和协同工作。

3. 服务时间的长期性

养老服务通常是长期性和持续性的，老年人可能需要长期照料和支持，服务内容和服务周期更为持久。例如，居家照护服务一般是长期和周期性的，由照护人员定期前往老年人的家里进行照护服务。

4. 服务过程的专业性

养老服务需要专业护理人员和专业管理团队进行服务，确保高质量的服务水平和安全性。老年人通常有慢性疾病，养老服务常包含医疗护理内容，需要专业的护理人员对老年人进行健康监测、医疗护理等服务，保障老年人的身体健康。

5. 服务系统的公益性

养老服务的公益性是指养老服务的宗旨是提供给老年人福祉、保障和关爱，而非以牟取利润为唯一目的。养老服务通常得到政府、社会组织、慈善机构、企业等多方支持，共同承担养老服务的责任和义务，为老年人提供全面、优质、贴心的服务，促进老年人的身心健康和生活质量。但是，企业提供养老服务仍然需要营利，养老服务既不排斥养老服务业的市场性，也不主张养老服务的纯福利性。一般来说，从事养老服务的企业在老龄市场的单项产品或单项服务中获得的平均利润率相对于从事其他产业较小，但由于老龄市场容量巨大，平均利润率低并不意味着养老服务业无法获得高利润。

1.1.4 我国养老服务业的独特性

与其他国家相比，我国养老服务业的独特性主要体现在以下方面。

1. 养老服务需求空间较大

我国是人口最多的国家之一，在经济快速发展和社会变迁的同时，人口老龄化问题日益突出，老年人口数量逐年增长，养老服务需求将急剧增加，未来我国养老服务市场需求空间较大。

2. 受家庭养老传统影响较大

我国有着强烈的家庭观念，多数老年人习惯依靠子女和家庭提供养老支持，许多老年人对机构养老模式心存疑虑，子女对机构养老模式的接受程度受社会文化的影响，因此，社会养老服务体系相对不够完善。

3. 政府政策支持力度大

我国政府高度重视养老服务业的发展，近年来连续出台一系列政策措施，促进养老服务业的良性发展，支持民间资本和社会力量参与。

4. 社会资本参与度高

我国养老服务业吸引了大量社会资本的投入，民间养老机构、养老服务企业等涌现，推动了养老服务业的多元化和专业化发展，各类养老服务机构和设施数量逐年增长，养老服务机构床位数整体呈稳步增长趋势。

5. 投资模式不断创新

我国一些经济发达地区已经开始养老服务社会化探索，出现了一些新的经营模式，如国办民营、个体、合伙、股份、合资等投资经营模式。在各方面共同努力下，一些新型的养老服务业正在逐步形成与发展。

6. 技术创新应用较快

我国养老服务业在技术创新应用方面正在不断尝试和探索，部分项目已经初步落地并取得一定进展，如智能化养老设备、“互联网+”养老服务、智慧养老社区、虚拟现实技术应用、机器人护理服务、人工智能辅助诊疗等。这些技术应用有望为我国养老服务业的提升和改进带来积极影响。

1.2 数智环境概述

数智化是2015年北京大学“知本财团”课题组提出的一个概念，是对“数字智商”的阐释，最初的定义是数字智慧化与智慧数字化的合成（李鑫，2023）。数智化的过程通常结合数据分析和人工智能等技术，通过对大量数据的收集、整理、分析和利用，为企业和组织提供智能化的决策支持。

1.2.1 数智环境的概念

学者对数智环境有不同的理解。孙建军等（2020）认为数智环境的特点是要从过去的小数据，转为现在的大数据，再进阶到面向未来的智慧数据，推动数据治理与智慧治理的融合。魏珊和马海群（2022）认为数智环境是指在各行各业通过人工智能技术和数字技术实现智能化分析与管理。储节旺等（2023）提出数智环境通过各种智慧数据技术与数据资源的深度融合，实现数据要素的开发利用，从而提高特定组织或系统的创新能力和应用转化能力，最终目的是促进系统的价值共创。尚晏莹等（2023）认为数智环境主要体现在技术变革速度与市场动荡程度下的数字化与智能化，加速了环境动态性，具体体现在技术变更、顾客价值主张、产品多样化需求和原料供求关系等方面。李倩倩等（2024）认为数智环境是大数据、人工智能、云计算、物联网、移动互联网、区块链等新一代技术思维和技术应用。杨鹏等（2024）认为数智环境可以理解为大数据、人工智能、区块链、云计算、物联网、数字孪生、大模型、元宇宙等新一代技术思维、技术产品和技术应用，其核心要义是数据要素赋能和信息技术赋能，具有信息资源数字化数据化、技术手段智能化智慧化、管理模式协同化综合化、服务方式高效化精准化等特征。

综上，虽然数智环境有不同的定义，但是都强调环境中多源异构数据的支持和人工智能相关技术的普遍应用。在数智环境中，各种传感器、设备、网络和人工智能技术相互连接，实现多源异构数据的实时采集、传输、分析和应用，从而提高信息环境的智能化、便捷化、安全性和可持续性。

1.2.2 数智环境的特征

1. 数据驱动

数据在数智环境中扮演着至关重要的角色，作为数智环境的基础组成要素，其功能在于通过特定组织或系统的开发利用，挖掘现有数据以创造新的价值，共同构建数据生态系统，推动社会和系统迈向更高层次的数智化。养老服务过程中产生的海量相关数据为业界所关注，如何高效地开发利用这些数据资源，以满足用户的养老需求，成为当下亟须深入思考的议题。在实践层面，养老服务业可以积极拥抱数智化时代，建立大数据平台，监测、追踪用户和环境的全息数据，实时更新用户对信息资源的获取和利用状况，通过对用户数据的分析挖掘，了解用户的行为偏好及其对智能服务的需求，从而在数字化服务和管理方面实现养老服务企业的创新。

2. 系统互联

数智环境中的各种设备、传感器、系统实现互联互通，通过物联网、云计算等技术实现设备之间的智能互动和协同，提高系统的智能化水平。例如，通过智能传感器和可穿戴设备等技术，实现智能设备和服务器系统的互联，可以实时监测老年人的健康数据，包括心率、血压、步数等信息，有助于及时发现健康问题并采取必要的措施。

3. 情境感知

数智环境下，可以利用虚拟技术创造虚拟情境，也可以利用传感技术感知各种应用场景。情境感知可实现对老年人日常生活情境的感知和理解，从而提供更加个性化、精准的养老服务。例如，通过智能监测设备感知老年人的日常行为习惯，如起床时间、用餐情况、活动轨迹等，从中发现异常或变化，及时进行预警和干预。

4. 智能决策

借助人工智能、机器学习等技术，数智环境能够实现自动化的数据分析和决策，为环境管理者提供智能化、实时的决策支持，提升管理效率和决策水平。在数智化环境下的养老服务业中，智能决策体现在通过数据分析、人工智能算法和预测模型等技术手段，实现对养老服务领域各方面的智能决策和优化。例如，基于数据模型和算法，智能系统能够对老年人的健康状况和生活情况进行预测，及时发现潜在风险并做出预警和干预决策；通过对养老院的运营数据进行分析，人工智能算法可以提供运营管理决策支持，优化资源配置、人员调度、服务品质等方面的决策。

1.3　养老服务运营管理

1.3.1　养老服务运营管理的内涵

养老服务运营管理是指对养老服务企业的养老服务产品进行规划、组织、协调、控制和监督，以实现高效运营和优质服务的管理活动，也可以理解为将提供养老服务的服务资源（人力、物料、设备、资金、信息、技术等生产要素，即投入）转换为无形养老服务（即产出）的管理活动。养老服务运营管理的目标是在高效率、低成本的基础上，提供优质和个性化的养老服务，满足老年人生活需求，营造舒适和安全的养老环境，促进老年人身心健康。

养老服务运营管理涵盖的内容比较多，可包括整体战略规划（制定养老服务机构的长期发展目标和战略规划，包括市场定位、服务范围、发展方向等）、服务产品设计（制定养老服务提供的具体内容、设计养老服务的流程和服务触点、确定养老服务产品的定价等）、日常运行管理（养老服务的计划调度、服务任务指派、服务资源协调合作等）、人员管理（招聘、培训、激励和管理员工，提高员工绩效和服务质量）、财务管理（预算编制、成本控制、资金使用和财务报表分析，确保养老服务机构健康运营）、服务质量控制（建立质量管理体系，制定标准化服务流程，监督和评估服务质量，不断提升用户满意度）、服务风险管理（识别和评估潜在风险，制定风险管理策略，确保养老服务机构稳健运营）、信息化建设（运用信息技术，提高工作效率，优化服务流程，增强数据分析能力）等方面的工作。

1.3.2　养老服务运营管理的主要研究问题

养老服务运营管理需要综合应用服务科学、计算机科学、运筹学、统计学、行为科学等的理论、方法和工具进行研究。养老服务运营管理主要包括以下研究问题。

1. 服务价值链管理

主要包括价值链分析（研究不同养老服务环节如何相互关联、相互影响，形成整体服务价值链，了解每个环节对最终服务价值的贡献和影响）和价值链设计（研究如何合理设计养老服务价值链上各个环节的配置，包括人力资源、物流、信息流等，以实现协同作用和整体优化）等。

2. 服务供应链管理

主要包括养老服务供应链设计（养老服务供应链要根据老年人的需求特点和服务供应者的资源能力，合理设计服务流程、信息流和物流，实现资源优化配置和高效协同）、养老服务协同优化（优化养老服务供应链中各个环节的流程，建立协同工作机制，消除信息壁垒和流程障碍，降低协调成本，提高服务效率）、服务资源整合与共享（整合养老服务供应链中各方资源，包括人力、物力和财力，实现资源优化配置和共享，提高服务供给的效益和灵活性）等。

3. 养老服务需求预测

主要包括顾客意见收集（通过与顾客沟通，听取顾客意见和建议，了解顾客需求和偏好，从而预测未来服务需求的趋势和变化）、养老服务需求定性预测（基于专家意见、市场调研等定性信息，对服务需求进行主观判断和预测，这种方法通常适用于市场变化较不稳定、数据获取困难的情况）、养老服务需求定量预测（基于历史数据和统计分析等定量信息，采用数学模型和算法对服务需求进行量化预测，常用的定量预测方法包括趋势分析、季节性分析、回归分析、机器学习等）等。

4. 养老服务设施选址

主要包括市场分析（研究服务需求和市场定位，了解目标顾客群体的分布、规模和需求特点，确定服务设施的潜在市场）、竞争评估（研究同类服务设施的竞争格局和分布情况，评估市场竞争力，确定在哪些地区布局服务设施能够获取更多的市场份额）、选址优化（通过系统分析和优化模型，以最大化服务设施效益和满足市场需求为目标，对服务设施的选址进行最优规划）等。

5. 养老服务流程优化

主要包括养老服务流程挖掘（通过信息系统的日志文件分析当前服务流程的运行记录，发现现有流程中存在的问题和瓶颈，设计优化后的流程，确定各个环节的具体操作步骤和关键节点）、顾客需求分析（研究顾客的需求和期望，了解顾客对养老服务流程的满意度和诉求，根据顾客需求调整流程，以提高顾客满意度和忠诚度）、养老服务流程绩效评估（评估养老服务流程的绩效指标，包括处理时间、成本效益、质量标准等，建立评估体系，定期监控服务流程的绩效，及时发现问题和改进空间）等。

6. 养老服务系统设计

主要包括养老服务排队系统（基于排队模型、队列长度、排队时间、服务时间分布等基本概念，建立数学模型，对养老服务排队系统进行分析和优化）、养老服务性能分析（研究养老服务排队系统的性能评估指标，包括平均等待时间、系统繁忙度、平均队列长度等，通过数学分析和模拟实验，评估系统的性能水平）、养老服务系统优化（研究养老服务排队系统中各项参数的设置和优化方法，包括服务台数量、服务员数量、服务台布局等，提高系统的吞吐量和效率）等。

7. 养老服务能力管理

主要包括养老服务水平指标（建立衡量养老服务水平的指标体系，包括响应时间、解决问题率、满意度等指标，用于评估和监控服务质量）、养老服务能力评估（评估当前的养老服务能力，包括人力资源、技术设施、物流配送等方面的能力，发现短板并提出改进建议）、养老服务资源配置（合理配置服务资源，包括人力、物力、财力等资源，以满足不同时间段、不同区域的服务需求，提高资源利用率）等。

8. 养老服务运营计划

主要包括生产规划（确定服务运营目标、服务计划和排程，包括需求预测、产能规划、服务调度、服务人员安排等，确保服务活动能够满足市场需求）、服务运营成本控制（控制养老服务运营成本，包括人力成本、物流成本、营销费用等，提高盈利能力和竞争力）、服务进度监控（监控服务过程和质量，及时发现和解决服务中的问题，确保服务运营计划的顺利实施）等。

9. 养老服务收益管理

主要包括养老服务定价策略（制定合理的定价策略是服务收益管理的核心，可以采用差异定价、动态定价、套餐定价等策略，根据顾客需求、市场竞争、成本结构等因素制订灵活的价格方案）、服务捆绑优化（根据不同顾客群体的需求，设计不同的服务组合和捆绑套餐，提高服务利润率，吸引更多顾客选择高附加值的服务组合）、服务促销和优惠（根据市场需求和产品特点，定期进行促销活动和优惠政策，提高服务销量和顾客满意度，增加收益）等。

10. 养老服务调度优化

主要包括养老服务任务分解与分配（将大任务分解成小任务，明确责任人和执行时间，分配给相应的人员，提高任务执行效率）、养老服务资源调度（对养老服务机构的医护人员等人力资源进行合理分配和调度，确保各项服务工作的顺利进行；考虑员工技能、工作经验、健康状况等因素，进行服务资源的合理安排和调度）、服务时段安排（合理规划服务时间，避免资源浪费和时间冗余，提高服务利用率，通过时间调度软件或系统，进行服务时段的合理安排）等。

11. 养老服务质量控制

主要包括建立养老服务标准规范（制定明确的养老服务标准和规范，包括护理、饮食、康复等方面的服务标准，为服务提供清晰的指导）、养老服务过程评估（建立健全的服务质量评估机制，定期对服务质量进行评估和监控，发现问题并及时进行整改）、养老服务过程控制与改进（通过统计过程控制方法对服务过程进行控制，开展服务质量改进工作，借鉴和吸纳先进的管理经验和技术，持续提升养老服务质量和水平）等。

12. 养老服务风险管理

主要包括服务风险识别与评估（对养老服务中可能出现的各种风险进行全面排查、识别和评估，包括人身安全风险、健康风险、服务质量风险等，分析其可能性和影响程度，确定风险等级和优先级，为制定应对策略提供依据）、养老服务风险控制与预案（制定相应的风险控制措施和预防措施，通过改进管理制度、强化监管力度、加强培训等方式，减少或消除风险发生的可能性；建立健全的应急预案和危机管理机制，明确各类风险事件的处理流程和责任分工，确保在风险事件发生时能够迅速、有效地采取应对措施）、养老服务监测与改进（对风险控制措施的实施效果进行监测和跟踪，及时发现问题并进行反馈，不断优化风险管理措施，开展风险管理的持续改进工作，提高养老服务机构的风险防范和管理水平）等。

1.3.3 数智环境下养老服务运营管理的特征

随着信息技术、人工智能和现代管理理论的不断发展，养老服务运营管理的理念、过程和方法也在发生变化。养老服务运营从传统的以管理者经验为主的活动演变为一项复杂的系统工程，呈现系统性、协同性、集成性等特点，具体表现在如下六个方面。

1. 数据驱动的运营过程优化

传统的运营管理主要依赖管理者的经验。现代养老服务企业的用户在服务过程中产生了大量的产品使用数据，通过收集和分析这些数据可以更好地驱动运营管理的优化。数智环境下的服务运营管理更加注重数据的收集、分析和应用，通过大数据分析、数据挖掘等技术，实现对服务运营的深度分析和精细化管理。

2. 人工智能支撑的决策分析

数智环境下，服务运营过程可利用人工智能和大数据技术等手段，对数据进行分析和挖掘，从而帮助管理者做出更加准确、科学和有效的决策。通过对数据的深度分析和建模，人工智能可以帮助管理者准确预测未来发展趋势和潜在风险，提前采取相关应对措施。一些智能决策系统具备自动化决策的能力，可以在特定条件下自动触发某些决策，减少人为干预的需求，提高决策效率。

3. 支持个性化的养老服务

数字化环境下，服务运营管理可以更好地实现针对顾客需求的个性化定制，通过数据分析和人工智能技术，根据老年人的个体差异和需求特点，为他们提供量身定制、多样化、贴心细致的养老服务，如个性化护理方案、定制饮食服务、个性化的心理支持和咨询服务、个性化康复训练等。

4. 跨企业的服务运营团队

传统的服务运营只局限于企业内部。数字化环境下，随着社会化分工的不断深入，供应链已经成为现代企业最为重要的管理方式，企业间的竞争已经转变为供应链间的竞争。数智技术为供应链协同提供了更好的信息支持和决策支持。现代养老服务企业的运营管理是基于供应链展开的，团队成员通过服务任务分解建立联系，为提高服务质量密切协作。

5. 多学科的人员知识结构

数智环境下，养老服务运营管理面临更高的专业要求，需要具备数据分析、人工智能应用等能力的专业人才。服务过程需要管理学、人机工程、心理学、应用数学、统计分析等多学科的支持和协同，运营团队需要多学科的知识结构，在分析运营涉及的各领域设计要求与目标的基础上进行决策和优化，同时协调多学科间的冲突。

6. 质量导向的服务意识

数智环境下，养老服务过程有更好的数据支撑和智能决策支持，更有利于建立质量导向的服务意识，促使养老服务机构不断优化服务流程、提高服务水平，确保老年人得到更优质、安全、可靠的养老服务，提升整体服务质量。从产业角度而言，也有助于推动养老服务产业规范化、标准化发展，提升行业整体竞争力，促进养老产业的可持续发展。

1.4 国内外研究现状及发展动态分析

通过检索数据库可以发现，近年来国内外关于养老服务的相关论文已逾千篇，涉及机构养老、社区养老、居家养老等不同的养老模式，内容包括需求分析、发展模式、体系建设、供给改革、保险精算、对策分析、信息管理、计划调度、资源配置、风险控制、质量管理等多个方面。本节按照养老服务运营的策略、规划、运行、基础等层面，分别综述本书相关研究内容的国内外研究现状，并进行评述和分析。

1.4.1 策略层面的养老服务相关研究及理论

围绕策略层面的养老服务，本节首先对养老服务供给体系进行简介；其次，考虑政府部门在养老服务供给中的重要地位，对政府政策对养老服务供给的影响进行综述；再次，对养老服务供给参与主体的决策及参与主体之间的策略交互进行综述；最后，针对养老服务质量监管策略分析、养老服务质量竞争策略分析、养老服务供应链最优决策分析等方面进行相关研究综述。

1. 养老服务供给体系

下面按照养老服务供给和养老服务供应链两个方面进行介绍。

1）养老服务供给

养老服务供给是世界各国社会保障体系中重要的一环，健全的养老保障制度以健全的养老服务供给体系作为支撑。养老服务供给是指以有服务需求的老年人为服务供给对象，根据老年人的需求为其提供必要的医疗保健服务、护理服务、生活照料服务、家政服务、助餐服务及娱乐消遣服务等。

养老服务供给体系是由向老年人提供服务的所有环节中的相关要素组成的一个有机整体，包含养老服务供给主体、养老服务供给对象、养老服务供给方式、养老服务供给内容、养老服务资金来源等多个方面。对于养老服务这一准公共产品，基于其服务对象的特殊性，政府干预措施对养老服务供给体系的作用是不可忽视的。在养老服务的供给过程中，政府部门既要保证养老服务的总供给量，又要满足老年人个性化与品质化的养老服务需求，确保养老服务的供给质量。养老服务供给体系如图 1.1 所示。

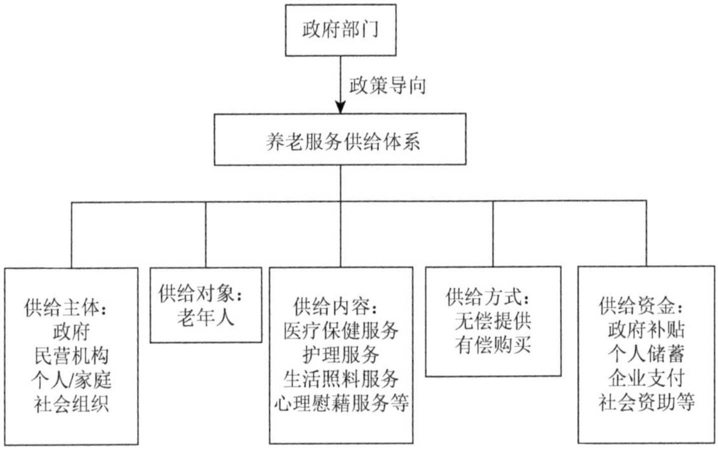

图 1.1　养老服务供给体系

2）养老服务供应链

养老服务供应链是一个完整的养老服务供给体系的模式，它不但包含了养老服务供给参与者，而且包含了参与者之间服务流、信息流、资金流等的交互与传递。

在介绍养老服务供应链的相关研究之前，首先对服务供应链的相关概念和研究进行简要介绍。Akkermans 和 Vos（2003）对电信行业供应链的研究是将供应链应用于服务业的首次尝试，开创了服务供应链研究的先河。随着服务行业的飞速发展，21 世纪初期，越来越多的学者将目光转向了对服务供应链的研究。近年来，服务供应链已经成为供应链管理领域的研究热点。Ellram 等（2004）较早地对服务供应链的概念进行了完整说明，将服务供应链定义为服务从上游供应商到达末端消费者过程中的数据、流程、资金及功能等的管理集。对于服务供应链的基本组成，学者已经有了一定的共识，即服务供应链的基本组成包括服务供应商、服务集成商和顾客。其中，服务供应商直接为顾客提供服务，服务集成商整合服务供应商提供的服务，基于自身专业的集成能力，为服务增加价值，同时实现供应链资源的优化配置，最终将一系列服务销售给顾客。

目前，已有很多学者对各种服务供应链进行了拓展研究，如物流服务供应链、网络服务供应链、旅游服务供应链、医疗服务供应链、航运服务供应链及养老服务供应链等。服务供应链的结构大致分为两种，分别是链式结构和网状结构。其中，物流服务供应链是典型的链式结构，而医疗服务供应链是典型的网状结构，具体结构如图1.2所示（李梦娜，2022）。

(a) 链式结构

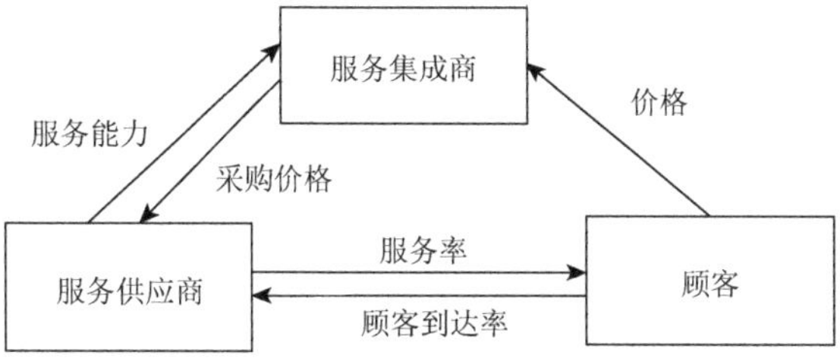

(b) 网状结构

图1.2 服务供应链结构

养老服务供应链的概念是随着服务供应链研究的兴起而提出的。目前，国内外对养老服务供应链的研究处于发展阶段，还未对养老服务供应链的定义形成共识。国内对养老服务供应链的早期研究中，张智勇等（2014）对养老服务供应链进行了界定。养老服务供应链是以老年顾客的需求为导向，综合管理服务供应链中的服务流、信息流和资金流，形成由养老服务供应商（医疗、餐饮、生活照护等养老服务供给参与者）、养老服务集成商（社区中心、线上平台、养老院等）及顾客（养老服务需求者）构成的功能齐全的网链结构。其中，养老服务供应商是服务的直接提供者，在所需的服务水平上生产老年人所需的服务；养老服务集成商负责一系列职能，包括需求预测与收集、养老服务供应商的选取、订单管理与供需匹配，以及对服务性能的控制等；有养老服务需求的老年顾客是养老服务供应链末端的消费者。

养老服务作为一种准公共产品，具有公共产品的相关性质，也具有商品的属性，可以通过引入市场机制，采取市场交换手段来进行交易。但是若完全采取市场引导，缺乏政府干预，可能导致养老服务的供给偏离公益性目标、服务质量下降、老年人的权益被损害等状况，所以政府部门在养老服务供给过程中有着不可忽视的作用。鉴于此，政府在养老服务供给过程中必须进行适当的干预，通过一系列政策手段促进养老服务行业的健康、稳定发展，从而保障老年人的合法权益。

综合张智勇等（2013a）、赵俊（2014）、Zhao（2023）的研究成果，图 1.3 给出考虑政府干预的养老服务供应链结构。

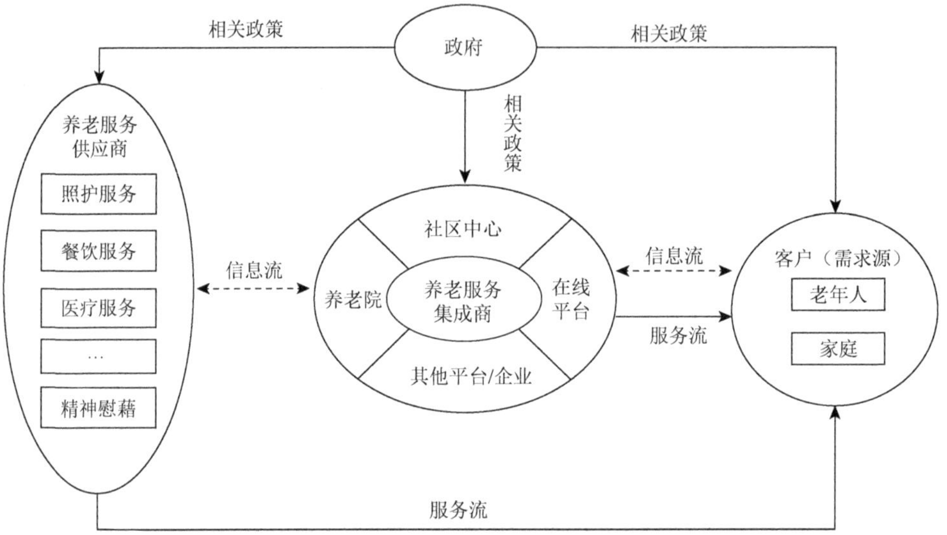

图 1.3 政府干预下养老服务供应链结构

在养老服务供应链的构建方面，张丽娜（2012）通过借鉴产品供应链与服务供应链中的成功模式，提出了社区养老服务供应链的概念，并对其结构、类型、功能设计及实施等方面进行了详细的介绍。赵俊（2014）从整体视角分析了养老服务供应链的服务设计、整合、供应及反馈过程中可能影响养老服务质量的风险性因素，并对其进行了风险识别，从而建立了养老服务供应链质量风险监管的优化体系，为促进养老服务供应链可持续发展作出了贡献。陈晓华（2020）对智慧养老服务供应链的相关概念进行了界定，构建了以智慧养老服务平台为中心，同时整合了其他相关要素的智慧养老服务供应链；在此基础上，对养老服务供应链的运行机制进行了研究，通过供应链系统中智能化机制（整合、引导、协调、合作及激励）来促进养老服务供给体系的健康发展。高秋萍和韩振燕（2019）在“互联网＋”背景下构建了居家养老服务供应链的网络模型，对居家养老服务供应链的运营基础及流程进行了分析，提出了一系列关键的运营策略。Dai 等（2023）将中国智慧养老服务供应链的构建分为政策、经济、社会和技术四个层面，选择并评估了构建智慧养老服务供应链的 4 个一级指标及 16 个二级指标。

在养老服务供应链的绩效评价方面，黄阿婧（2019）提出了考虑老年人个性化需求的养老服务供应链，在搭建基本运作框架的基础上研究了养老服务运作中的三个关键问题：需求分析、服务整合及质量评估。贾鸿飞等（2021）基于养老服务上市公司的相关数据，用主成分分析法对 10 个企业财务绩效指标进行降维处理，使供应链上下游能够更清晰地对企业绩效进行评价。曹洁洁（2017）基于创新模式下的养老服务供应链构建了养老服务供给能力评价体系及模糊综合评价模型。

在养老服务供应链的实证研究方面，周云和卢钊（2018）通过对武汉市社区养老服务供应链的调研，识别了目前制约城市社区养老服务供应链发展的四个瓶颈因素，其中最主要的因素为服务集成商定位不明确。邓振华等（2018）针对广东的老龄化状况进行调研，以期用供应链管理的思想解决居家养老中存在的一系列问题。李雪迎（2023）基于对武汉部分社区的调查，对政府购买居家养老服务进行了研究，从供应链的视角为改善养老服务供给、提升养老服务质量提供建议。朱萍（2021）以扬州市为例，从供应链的协同视角出发，对养老服务供应链相关产业协同进行了研究，从而促进养老服务行业效率的提升。王振华（2021）在对浙江省三种类型的养老服务机构进行深入调研分析的基础上，为养老服务机构的发展提出了一系列举措，这些举措能够有效地促进养老服务机构提升其服务质量，也为全国公立养老服务机构的改革提供了参考。保证养老服务质量的关键在于养老服务供应商的选取，陈帅等（2019）基于服务链和需求层次理论构建了居家养老服务供应链模型，并基于两个维度构建了养老服务供应商评价指标体系，为养老服务供应商的选择提供建议。肖娟（2021）提出了一种基于三角模糊数的多属性决策模型，以解决政府购买养老服务的供应商选择问题。

2. 政府政策对养老服务供给的影响

政府部门的干预措施常见于与民生相关的各个行业，如公共服务行业（医疗服务行业、养老服务行业、教育服务行业）、可持续发展相关的产业（新能源行业、低碳制造业）等。很多学者对政府干预下服务/产品供给策略进行了定量研究，其中比较常见的是政府干预对绿色产品供应链的影响研究，政府政策主要为税收和补贴政策，Fu 等（2018）将政府补贴分为固定型和线性型，政府补贴分别以供应商、制造商和顾客为受益者，在此基础上分析了不同类型政府补贴对电动汽车供应链的影响。Yang 和 Xiao（2017）分析了模糊不确定性下考虑不同渠道结构和政府干预的绿色供应链最优决策。Ma 等（2013）研究了消费补贴对双通道闭环供应链的影响，从消费者、闭环供应链规模和企业三个角度分析了消费补贴的效果。也有部分学者在关注企业最优决策的基础上，将政府部门作为博弈的参与者，考虑政府的最优政策（补贴等）设定水平。Sheu（2011）探讨了政府干预下供应链参与者之间的合作协议谈判，研究发现，政府的财政干预措施，如补贴和税收，会显著影响绿色供应链成员在谈判中的相对议价能力，但是过度的政府干预可能产生负面后果。Liu 等（2019b）在考虑企业社会责任要素的基础上，针对政府补贴下零售商主导的供应链决策问题进行了分析，利用三级斯塔克尔伯格（Stackelberg）博弈模型分析了有政府补贴和无政府补贴情况下的最优决策，并探讨了政府补贴对供应链成员利润的影响。He 等（2019）分析了双通道闭环供应链在不同供应链渠道结构下政府部门的最优补贴水平及供应链成员的最优决策。

对于养老服务供给，政府部门在其中的作用也是不可忽视的。政策是养老服务产业发展的推动力，不同学者从政策研究的视角对公共（养老）服务中政府所起到的作用进行了相关研究。Forder 和 Allan（2014）表明，随着养老服务行业市场竞争的不断加剧，政府在其中要起到监管作用，对服务的价格及服务质量进行监督。Lawn 等（2017）认为服务供给者本身素质的水平对最终服务的质量有着很大的影响，政府对服务供给者进行服务培训则显得尤为重要。面对我国复杂严峻的老龄化趋势，迫切需要政府建立一套完备的养老服务体系保障监督制度。丛春霞和曹光源（2017）从政治理论的视角出发，认为政府部门在实现养老服务供给职能转移之后，需要在养老服务供给的关键环节加强监管。张红凤和罗微（2019）从政府对老年人基本保障的视角出发，指出了政府在养老服务供给过程中存在的问题。养老服务供给体系的构建过程中很重要的一点在于不同主体之间职责的协调，彭青云（2019）认为政府在公共服务的供给过程中应起到重要的主导和引导作用。总的来说，政府部门在养老服务供给过程中主要起到引导、监督与支撑的作用。

目前，外文期刊中运用博弈理论来分析政府干预对养老服务供给过程影响的文章很少，但有很多学者关注政府相关政策对公共（医疗）服务体系的影响。Hua 等（2016）对免费和收费企业共存的双层公共服务体系进行了研究，结果表明，政府可以通过预算、社会成员目标的权衡及相对较低的税收补贴率实现双层公共服务体系的协调。Chen（2023）研究了政府补贴政策下双层服务系统中企业的竞争，所采取的补贴政策是政府预算在补贴公立医院的基础上，分出一部分补贴民营医院的患者。Chen 等（2015）研究了在政府统一定价及补贴协调机制下双层医疗服务系统的医疗保健制度，对政府部门在总预算约束下应该设定何种统一的服务价格及补贴率进行分析，从而为实现社会福利最大化提供建议。Wang 等（2021）研究了政府补贴对非营利性综合医院和营利性远程医疗公司组成的远程医疗服务系统等的影响，结果表明，政府对医院的补贴政策可以提高医院患者的总效用和医院的利润，但随着补贴预算的增加，这种影响变得不显著。在空间竞争的框架下，也有学者进行了相关研究。Montefiori（2005）利用霍特林（Hotelling）模型分析了报销方案和市场结构对医院战略选择的影响。Brekke 等（2012）考虑了利润约束的影响，发现利润约束会导致医院成本效率的降低。在英国和德国等国家，政府部门针对医疗保健服务实施预支付系统，它通过降低成本和缩短等待时间来影响医院间的竞争。Wang 和 Chen（2017）的研究表明，公立医院的医疗报销对民营医院的服务质量有刺激作用，而服务质量与竞争程度有关。Ghandour（2021）

探讨了政府补贴与共付费用的变化对混合市场中服务质量供给的影响。Ghandour 和 Straume（2022）研究了混合寡头垄断市场中公共融资方案的最优设计问题。

国内很多学者运用博弈理论对政府相关政策对养老服务供给过程的影响进行了分析。李梦娜（2022）分别对政府补贴养老服务中心及补贴医疗服务中心下的养老服务供应链的服务价格与服务质量的决策进行了分析，结果显示，政府对养老服务中心进行补贴的效果要优于对医疗服务中心进行补贴。王洪涛（2019）建立了两个模型，政府补贴养老服务供应链中单服务供应商的情形与政府补贴养老服务供应链中双服务供应商的情形，结果表明，政府对养老服务供应商的补贴对供应商的服务努力水平及整体社会福利均有改善作用。洪子鸣（2022）研究了集成商承担企业社会责任时，无政府补贴、政府补贴供应商及政府补贴集成商三种情境下，养老服务供应链的最优决策问题，政府补贴会提升养老服务的零售价格、采购价格及供应商和集成商的服务水平，对整个供应链也是有利的，此外，政府补贴对养老服务价格的影响较小，但对养老服务质量具有明显的改善作用。韦海民和毛伟伦（2023）分析了政府不同的补贴模式（成本总价补贴、质量投入补贴及组合补贴）对养老服务供应链市场的影响，三种补贴模式均有助于养老服务供应链的质量提升，其中，组合补贴模式对质量提升的效果最佳。郭倩和王效俐（2020）构建了公立养老服务机构与民营养老服务机构的动态服务供给模型，分析了建设补贴及运营补贴两种补贴模式对养老服务均衡供给量的影响，分析发现，政府对民营养老服务机构的建设补贴对服务供给量的提升效果显著。郭倩和王效俐（2018）构建了考虑政府补贴的养老服务供给三阶段博弈模型，以求得养老服务供给中政府的最优补贴系数、养老服务质量及价格，分析发现，当政府补贴对服务质量要求的下限提升时，养老服务价格及机构收益都会降低，政府的补贴力度也会降低，提供高质量服务的机构收益呈先上升后下降的趋势。

3. 养老服务供给参与主体策略分析

养老服务供给参与主体既包括养老服务的供给主体，也包括养老服务的供给对象（老年人）。不同学者对养老服务供给过程中参与主体的策略进行分析，以了解不同参与主体的策略、不同参与主体之间的关系，从而为养老服务供给体系的构建及机制设计提供建议。本节首先关注学者对养老服务供给参与主体的策略研究，然后关注养老服务供给参与主体之间策略交互的研究。

在对养老服务供给参与主体进行的相关研究中，很多学者关注政府在养老服务供给中的重要作用。何阳和娄成武（2024）针对养老服务供给过程中政府部门的服务响应机制进行研究，服务型政府在养老服务供给过程中应建立政府主导型与政府监管型精准服务相结合的响应机制，从而推动我国养老服务市场的适老化转型。鲁迎春（2014）在一系列参与式观察与结构化访谈研究的基础上，对上海市养老服务供给中政府责任对象、政府责任目标、政府责任约束机制的变化进行了深入分析。张干群（2023）关注老年人对政府养老责任的认知，通过对我国老年人的责任认知影响因素进行分析，归纳了其内外部的形成机制，从而为政府部门提供了政策建议。也有学者关注养老服务供给参与主体之间的相互协同。孙祎婉（2024）从公共物品和多元福利理论的视角出发，对社区居家养老服务中各供给主体进行了功能性定位，构建了多元主体协同供给养老服务的共同体模式，并提出了“五位一体”的社区居家养老服务新格局。王亚文（2017）从委托代理理论的视角出发，构建了包含政府部门、社会化企业和商业化企业三类供给主体的委托代理模型，并对各个层次的委托代理合约条件进行了分析，最后针对社会企业进入养老服务供给体系给出了相关政策性建议。

上述研究主要从定性研究的视角出发，针对养老服务供给体系的发展给出相应的政策建议，基于不同参与主体之间的交互，为健全养老服务供给体系的构建提出了新方案。接下来关注学者对养老服务供给参与者进行的定量研究。

王金永和董玉民（2015）构建了模糊博弈模型，对养老服务供给过程中养老服务机构和老年人的关系进行了分析，养老服务机构可以通过改变老年人的服务改进费用分担比例来提升老年人的服务改进参与度，并在此基础上阐明了养老服务供应链中上下游合作的重要性。郭倩和王效俐（2018）对养老服务供给参与者中的政府部门和养老服务机构进行分析，建立了政府部门为主导的 Stackelberg 博弈模型，分析了两类参与者在养老服务供给过程中的最优资源供给量。睢党臣和曹献雨（2018）运用动态与静态博弈相结合的方法对政府与民营养老服务供给企业的均衡进行分析，并从养老服务供给数量、结构和质量三个方面提出优化养老服务供给效率的方法。黄清敏和史健勇（2022）基于贝叶斯（Bayes）博弈模型，构建了政府部门、养老服务机构和老年人之间的博弈模型，并围绕养老服务的监管问题针对不同主体进行了分析，为完善政府部门的监管措施提出了建议。周海英等（2018）对养老服务供应商与养老服务集成商的竞争与合作进行了探讨，在博弈理论的框架下，分别求得了养老服务供给参与者在竞争及合作情境下的价格和利润，并得出了公平的合作机制是供应链成员的最终选择的结论。

上述对养老服务供给参与者的定量分析是建立在参与者完全理性假设的基础上的，但是在实际决策过程中，决策者很难保持完全理性。演化博弈理论是以博弈论为基础、与生物进化论有共性的、强调动态均衡的理论，它确立了有限理性和有限信息的假设前提。近年来，随着生物学中有关非合作博弈的研究不断开展，演化博弈理论得到了极大丰富，并在经济学及相关领域的研究中得到了广泛运用。很多学者运用演化博弈理论对养老服务供给参与者之间的策略交互进行了研究。

在养老服务企业的进入机制方面，王娜（2017）针对养老服务产业发展初期企业是否进入养老服务市场的行为建立了政企双方的演化博弈模型，分析了养老服务产业发展过程中政府对企业扶持的有效条件。郭敬和黄陈刘（2015）针对养老服务企业的进入机制构建了演化博弈模型，研究表明，地方政府的税收及补贴政策是影响养老服务企业进入行业的主要因素，地方政府品牌效应的扩大有利于提升其采取激励措施的积极性。姚翠友等（2020）从政府、企业及农民三方视角对京津冀农村地区的养老机制进行了演化博弈分析，结果表明，随着京津冀老龄化程度的不断加深，地方政府应该加强对养老方式稳定模式的控制，从而促进农村养老一体化的发展。

在政府的相关机制设计方面，夏涛（2019）建立了三方演化博弈模型，对政府购买机构养老服务进行了研究，降低政府部门与养老服务机构的合作成本、提高双方合作收益、提升非合作的负效应等方法有助于推进政府购买机构养老服务。Wang 等（2022）在“互联网＋”背景下建立了考虑政府、养老服务供给参与者、养老服务信息平台及老年人的四方养老服务体系演化博弈模型，研究表明，反馈机制可以有效遏制养老服务供给参与者和养老服务信息平台的投机行为。Hu 和 Zhang（2022）建立了包含失能老年人和护理机构的两方演化博弈模型，演化稳定策略（evolutionarily stable strategy，ESS）的存在意味着政府控制可能有一个理想的限度，在政府参与有限的情况下，“专业照护、居家照护”最终成为 ESS。秦书博（2022）为分析不同补贴机制给营利性养老服务机构带来的影响，建立了包含政府部门、营利性养老服务机构及老年人的三方演化博弈模型，研究表明，政府部门对营利性养老服务机构进行低水平的补贴会延长稳态实现的时间，进行中等水平的补贴可以缩短稳态实现的时间，补贴水平过高或过低将不能实现最终博弈的稳态，运营和信用补贴水平只会影响稳态实现的速度。张庭溢等（2023）构建了包含政府部门、养老服务供应商及养老服务社区的三方演化博弈模型，研究表明，政府在养老服务供给过程中发挥着重要作用，可以直接影响养老服务供应商及养老服务社区的策略选择，因此，政府部门需要设定合理的监督机制和措施来促进社区养老服务供应链的持续发展。马跃如等（2020a）在构建了三方演化博弈模型的基础上，结合系统动力学对养老服务监管进行了研究，结果表明，政府在三方博弈的过程中起主导作用，其合理的激励与处罚机制的设置有利于养老服务产业的健康发展，同时，老年消费者的监督作用也不容忽视。

在不同参与主体间策略交互的研究方面，石腾飞（2023）创造性地将公益组织考虑为智慧养老社区中的参与主体，公益组织起到协助养老服务供给企业的作用，并在此基础上建立了二者的演化博弈模型。胡黎秘和丘小玲（2023）在考虑政府、养老服务机构和老年人为养老服务体系的主要参与者的基础上，将第三方评估机构纳入考虑，建立了四方演化博弈模型，分析了各方博弈主体的动态演化过程。Ren 等（2023）构建了顾客、国内企业和政府部门的三方非对称演化博弈模型，研究发现，通过实施员工管理制度、制订顾客补贴计划、建立评估及监督机制来提高国内企业的市场份额是促进中国养老家政服务业正规化的有效途径，政府部门的补贴政策应侧重提高养老家政服务人员的专业技能和素质。Sun 等（2022）关注医疗保健与老年社会照护组织的协同效应，运用演化博弈模型对医疗保健与老年社会照护组织的合作进行了绩效分析和优化，研究表明，通过增加额外收益及降低边际成本，可以实现集成及有效协作。

4. 养老服务质量监管策略分析

养老服务质量监管不仅是政府部门的责任，而且是养老服务供给参与主体之间的利益协调问题。养老服务质量监管问题也大多是从演化博弈的视角进行探讨的。本节针对利用演化博弈对养老服务质量监管策略进行分析的研究进行综述。

针对养老服务质量监管问题，贾鸿飞（2022）建立了考虑政府、养老服务供应商及顾客的三方演化博弈模型，通过研究总结了影响政府严格监管、养老服务供应商提供高质量服务及顾客举报积极性的因素，并总结了满足最优演化稳定组合的条件。针对养老服务供给质量监管体系不健全及服务质量提升动力不足等问题，崔娟娟（2022）结合复杂网络构建了政府购买居家养老服务质量监管的三方演化博弈模型，研究表明，声誉收益、激励及惩罚的力度都能够有效解决养老服务质量监管薄弱的问题。针对养老服务质量监管体系缺失问题，岳向华和林毓铭（2020）以政府监管为出发点，构建了政府与民营养老服务机构之间的演化博弈模型，研究发现，惩罚措施可以有效促进民营养老服务机构提供高质量的服务，但政府疏于监管的情况会致使惩罚作用失灵。赵晓双（2022）运用演化博弈理论研究了养老服务供应链中集成商和供应商在质量控制与协调中的决策，并在此基础上考虑了老年顾客监督对策略演化的影响，结果表明，适当的超额收益分配比例可以极大地促进养老服务集成商与供应商之间的质量协调，合理的惩罚机制也有助于促进质量协调的实现。陈静怡等（2024）基于服务生态系统的理论，将政府干预引入包含老年顾客、数字平台、养老服务企业三方的演化博弈模型中，研究表明，政府部门可以通过合理的奖惩机制、声誉评价体系及动态的监管网络促使智慧养老服务生态走向稳定状态。Mu 等（2020）建立了包含政府、私人投资者及顾客的三方演化博弈模型，以分析政府监管、服务成本、顾客的初始状态、顾客成本和服务获取意识对政府决策过程的影响。Ren 等（2023）建立了包含政府部门在内的三方非对称演化博弈模型，其中，政府部门的决策集包括实施严格监管和宽松监管策略，最终为政府部门对养老服务供给企业的质量监管及补贴措施提供了建议。

5. 养老服务质量竞争策略分析

面对日益增长的养老服务需求，仅依靠家庭及政府部门供给养老服务显然是不够的。随着养老服务产业的不断发展及国家的政策导向，越来越多的社会资本进入养老服务供给体系中。目前，世界上绝大多数国家的养老服务供给市场是公立和民营养老服务供给企业并存，对公私并存的养老服务供给体系中供给者的服务质量竞争进行分析具有现实意义。目前绝大多数对服务质量竞争的研究集中在医疗服务领域，医疗服务与养老服务存在一定的共通性，它们都具有一定的公共产品的性质，且医疗保健服务是老年人所需服务中较重要的一种，本节主要针对目前养老服务及医疗服务质量竞争的研究进行综述。

养老服务供给企业的质量竞争方面，陈强（2022）以营利型和社会型两家养老服务机构为研究对象，运用博弈理论分别对竞争情况下两家机构的最优服务质量及价格，以及考虑政府补贴、质量标准和惩罚措施下两家机构的最优服务质量和价格竞争进行了分析。马跃如和陈强（2021）针对政府的两种干预行为（即政府购买服务干预与服务质量干预）下养老服务机构的质量竞争进行分析，结果表明，养老服务质量的竞争会降低养老服务机构的利润，而且对带有公益性质的养老服务机构影响更大，但政府的质量干预措施能够降低由质量竞争所带来的损失。陈武华（2016）关注双层服务系统之间的竞争与协调问题，运用混合寡头博弈模型研究免费服务系统与收费服务系统之间的质量竞争问题，以及政府部门对服务系统的协调措施。李晴晴（2022）通过Hotelling模型对异质养老服务机构的质量及价格竞争进行了分析，研究发现，公立养老服务机构更倾向成本导向型的定价策略，而民营养老服务机构有两种选择，可以提供高价格高质量的高端服务，也可以通过低价格服务打价格战，但此时的服务质量较低。

医疗服务体系中企业的质量竞争方面，Brekke等（2006）认为竞争可以提升医疗服务的质量，这是因为服务供给者可以通过提供更高水平的服务来吸引更多的顾客。Aiura（2013）分析了护理支付和患者选择对医院服务质量的影响，研究表明，单位治疗费用的增加提升了服务质量，但也导致顾客等待时间的延长。Kairies-Schwarz（2014）建立了考虑利他主义异质性的空间质量竞争模型，研究发现，更具有利他主义的服务提供者往往会选择提供更高水平的服务，并且更倾向靠近中心的位置。Brekke等（2018）在假设服务供给者是风险厌恶的情况下分析了竞争对服务质量的影响，研究表明，虽然竞争可能会降低服务质量，但是最终会提高整体社会福利。上述研究主要关注同质医院之间的竞争，很多学者关注混合寡头垄断医疗服务市场中企业的质量竞争。有关混合市场的研究起源于de Fraja和Delbono（1989）的论文，随后，很多研究关注混合市场的竞争。Barros和Martinez-Giralt（2002）使用同时及序贯决策框架研究了质量与价格竞争。一些研究集中在价格管制下公立和民营医疗机构之间的质量竞争。Ishibashi和Kaneko（2008）研究发现，上市公司的部分私有化会提高社会福利。Sanjo（2009）利用Hotelling模型研究了不确定性下混合双寡头医疗服务市场的质量竞争。Hehenkamp和Kaarbøe（2020）研究发现，放开公立医院市场促进了医疗服务质量的提高。

李欢（2013）研究了双寡头医疗服务市场在价格管制下的质量竞争问题，研究表明，政府不应当设置过高的管制价格，过高的管制价格下医疗服务市场的竞争不利于社会福利的增加。段金利和张岐山（2017）利用空间竞争模型分析双寡头垄断下医疗服务市场中的质量竞争问题，研究发现，价格的竞争会弱化质量竞争效应，同时，在政府价格规制和补偿双重政策措施下医疗服务质量要比质量-价格序贯博弈下医疗服务质量高。此外，也有一些学者关注非价格管制下服务市场中的服务质量竞争问题。何嘉敏等（2022）考虑了人口密度存在差异这一现实情况，通过数学模型分析两家医院之间的质量竞争问题。徐亮（2014）运用排队论构建了公立医院和民营医院的服务系统，以分析异质医疗服务供给市场的质量竞争问题，通过分析两家医院的均衡策略及相关因素的影响，对异质医疗服务供给体系的适宜市场条件进行了探讨。

6. *养老服务供应链最优决策分析*

关于养老服务供给的最优决策分析，本书主要关注养老服务供应链领域学者对养老服务最优质量决策的分析。前面已经对养老服务供应链的定性分析进行了简要综述，而对养老服务供应链的定量研究主要集中在养老服务供给的最优决策及供应链的协调两个方面，此外，一些因素的变动也会对养老服务供应链的最优决策产生影响。因此，本节主要从养老服务供应链的最优决策及协调、环境及结构因素变动对养老服务供应链决策的影响两个方面进行综述。

1）养老服务供应链的最优决策及协调策略分析

关于养老服务供应链最优决策的研究，学者主要关注养老服务的最优服务质量及服务价格。张智勇等（2013b）研究了包含养老服务供应商和集成商的两级养老服务供应链在不同需求规模下的质量决策问题，最终得出了在较大及较小需求规模下养老服务供应链最优服务质量的选取策略。张智勇等（2015）研究了单个及多个养老服务集成商在不同市场需求下的最优质量决策，同时考虑了质量风险影响下养老服务集成商的服务质量决策，为其在现实运作中做出有效的管理决策提供支持。任宗伟等（2021）在结合老年人个性化服务偏好的基础上对养老服务供应链的最优决策进行分析，建立了包含养老服务供应商、社区养老服务中心及老年人的动态博弈模型，求得了养老服务供应链的最优价格策略和最优服务质量。高晓波和孙行臻（2018）分析了在政府补贴政策下，包含政府部门和社区养老服务机构的两级养老服务供应链的最优服务价格和质量的决策。Dong 等（2024）研究了在政府供给侧和需求侧补贴两种情境下，养老服务供应链的最优价格策略和最优服务质量。Shi 等（2013）分析了在给定养老服务供应商服务质量的情况下，相互竞争的集成商的最优服务质量的决策，同时也考虑了市场规模和学习效应对养老服务集成商最优服务质量决策的影响。

学者也关注养老服务供应链的协调策略，马跃如等（2020b）基于养老服务供应链中服务集成商和供应商的服务质量及老年人的服务满意度构建了收益共享契约模型和奖惩契约模型，并对两种契约下养老服务供应链的协调进行了比较分析，研究发现，老年人不满意度的提升会导致养老服务价格的提升；奖惩契约下惩罚比率的变化对供应链的影响很小，而收益共享比例的变动对服务质量的改进有益。张智勇等（2016）分析了养老服务集成商和养老服务供应商在单独决策、联合决策及奖惩契约下的质量博弈，当养老服务需求对服务质量有较高的敏感度时，奖惩契约具有较好的协调效果。贾志保（2020）分别对服务平台主导时成本分担协调机制下的服务供应链及服务供应商主导时转移支付协调机制下的服务供应链进行了分析。纪伟（2019）考虑了养老服务供给过程中可能存在的服务质量及服务努力程度双重信息不对称的情形，建立了相应的供应链激励机制，在促使养老服务供应商对其服务质量进行真实报告的基础上，促进其服务质量的提升。Zhao（2020）考虑了信息不对称及需求不确定情况下两级养老服务供应链在期权契约下的协调问题，通过为养老服务供应商设计最优的期权合约订单，促进养老服务供应链的信息共享，在离散和连续分布的需求状态下，期权契约都能够实现供应链的协调。Zhao（2022）考虑了双链结构下养老服务供应链的协调问题，其中，双链结构包括线上由养老服务集成商整合养老服务的形式，以及传统的由养老服务供应商直接提供养老服务的形式，分别考虑了集中决策、伯川德（Bertrand）博弈及Stackelberg博弈三种情况，得到了适合养老服务供应链协调的最优关系结构。Zhao和Hou（2024）分析了双渠道智慧养老服务供应链在无契约和收益共享契约两种情况下供应商努力满足老年人需求的协调效应，研究表明，收益共享契约更有利于实现供应链的利润最大化，而老年人需求的细分有利于充分发挥双渠道供应链差异化服务的优势，可以提升智慧养老服务供应链的服务效率和老年人的幸福指数。

2）环境及结构因素变动对养老服务供应链决策的影响

养老服务供给体系是一个涉及多方参与的复杂体系，且养老服务供给是一个长期、动态的过程。在养老服务供给过程中，环境的不确定性及供应链渠道结构的变化都会给供应链的决策带来影响。本节关注不确定性及不同渠道结构对养老服务供应链决策的影响。

对不确定性因素的考虑常见于供应链的相关分析中，学者专注研究不确定性因素对供应链最优决策和供应链绩效的影响。He等（2009）对随机需求下供应链的渠道协调问题进行了研究。Ullah等（2021）分析了闭环供应链下需求和回报不确定性带来的影响。Hu和Feng（2017）探索了需求侧和供给侧不确定性情况下供应链的协调问题。杨帆（2019）在产能和需求不确定背景下，分析了不确定性对供应链成员的订购策略及绩效的影响。上述研究都是从产品供应链层面分析不确定性对供应链决策及市场绩效的影响。也有学者从服务供应链的视角对不确定性的影响进行分析，高卉杰（2017）在批发价格契约下考虑了信用支付，从而对需求不确定下物流服务供应链的最优决策进行了分析。Li 等（2023）在供需不确定背景下，利用模糊数建立了物流供应链系统的模糊综合优化模型。王晓立和马士华（2011）在供需不确定环境下建立了 Stackelberg 博弈模型，分析了物流服务集成商与采购商的决策及供应链协调问题。

目前，对不确定环境下产品和服务供应链进行研究的文章很多，但针对不确定条件下养老服务供应链的研究很少。供应链的渠道结构是影响供应链绩效的一个重要因素。在传统的产品供应链中，制造商往往有能力成为渠道领导者，并获取更高的利润。然而，沃尔玛和淘宝等零售商规模的逐渐壮大导致了零售商主导渠道结构的出现。学者针对渠道结构对供应链绩效的影响进行了很多研究，Chen 等（2017）关注成本不确定性和不同渠道结构下的最优定价和最优努力决策。Zheng 等（2017）研究了正向渠道竞争及渠道结构对由制造商、零售商和集成商组成的双渠道闭环供应链的影响，并分析了在不同情况下的优势渠道结构。Sun 等（2023）研究了三种渠道结构下低碳回收闭环供应链的回收、减排和定价决策。Li 等（2021）研究了政府补贴计划和渠道权力结构对双层供应链创新水平的影响，研究表明，在特定的渠道结构下，消费者补贴比生产者补贴更能促进创新投资，无论权力结构如何，供应链成员、消费者和社会都从消费者补贴中获益更多。但是在养老服务供应链领域，还缺乏不同渠道权力结构对养老服务供应链绩效影响的研究。

1.4.2　规划层面的养老服务相关研究及理论

1. 质量功能展开方法

1）质量功能展开的相关概念

质量功能展开（quality function deployment，QFD）是一种从产品开发阶段进行全方位质量设计与质量保证的系统化理论与方法。QFD 将定性的顾客声音（voice of customer）转换为定量的设计语言，使顾客需求驱动产品设计和生产的全过程，并通过协调各产品相关部门的工作以保证产品质量能真正满足顾客需求。QFD 自 20 世纪 60 年代由日本著名质量专家水野滋（Shigeru Mizuno）和赤尾洋二（Yoji Akao）提出后，首先在三菱重工和丰田等日本制造企业得到实施，并于 80 年代传入美国后在多家企业得到成功推广，目前已在全世界范围内被普遍应用。QFD 的应用行业领域十分广泛，既包括汽车、造船、航空、装备、电子等传统制造业，也涵盖软件、交通、教育、医疗、公共服务等多个非制造业，显示了 QFD 的强大生命力和领域适用性。

QFD 最重要的特点之一就是从源头上而不仅是从生产过程来保证产品的质

量。传统的质量控制主要是通过产品生产过程检查和产品检验来进行的；QFD 的思想则有所不同，它主张以满足顾客需求为主旨，从以产品检验和过程控制为核心转向提高产品设计的内在质量，将质量管理的重心从生产阶段前移至设计阶段。QFD 的主要思想依据是设计质量是产品质量的根本，如果产品设计质量低下，那么即使产品生产过程十分精良，也无法产出顾客满意的产品。一般认为，质量管理的发展经历了质量检验、统计质量控制和全面质量管理等阶段，而 QFD 正是全面质量管理的一种重要使能工具和方法，也是一种新颖的质量设计理论，已经得到了世界范围内各类企业的普遍重视。QFD 自提出以来，经过数十年的发展，已经形成了比较系统的理论和技术体系。

2）质量屋（house of quality，HoQ）的构建

QFD 主张以满足顾客需求为主旨，质量屋则是 QFD 中将顾客需求转化为质量特性的重要工具。质量屋的基本原理为通过输入相关信息的数据，定量地分析顾客需求和质量特性之间的关联关系，以此进行质量特性的重要度排序。质量屋的基本结构如图 1.4 所示。

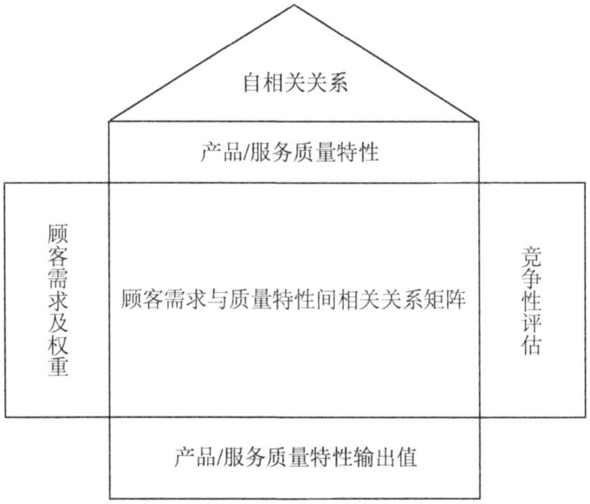

图 1.4 质量屋的基本结构

图 1.4 的基本构成部分解释如下。

（1）顾客需求及权重。该部分为质量屋的左墙，主要对顾客的需求信息进行描述，通常包含顾客需求项及其权重。QFD 是以满足顾客需求为主旨而开展的质量功能设计或评价工具，顾客需求项及其权重的获取是 QFD 中的关键。不同产品或服务有着不同的特征，顾客需求项及其权重会有所差异，根据产品或服务的特点选择相应的方法获取顾客需求项尤为重要。

（2）产品/服务质量特性。质量特性位于质量屋的屋顶，表示围绕顾客需求可

开展的具体工作，通常为可量化的质量特性，且由相关专家给出。质量特性与某项顾客需求之间的对应关系并非仅为一对一的对应，可能存在某项顾客需求对应多个质量特性或某个质量特性对应多项顾客需求的情况。

（3）自相关关系。该自相关关系为质量特性间的自相关关系，量化地表述了质量特性间相互促进或相互矛盾之处，可让设计人员了解到质量特性间存在的矛盾冲突，从而尽早进行规划。通常含三种关系：正相关关系、负相关关系及不相关关系。每一种关系下设多标度值来表示，例如，相关程度含强相关、弱相关及一般相关。

（4）顾客需求与质量特性间相关关系矩阵。该矩阵位于质量屋的“房间”，表示顾客需求与质量特性间的关联关系，一般以分值标度法进行表示。以 3 分制标度法为例，分值 0 表示该顾客需求与该质量特性间没有影响，分值 1 表示稍有影响，分值 2 表示有一定影响，当两者存在极大影响时，通常用分值 3 表示。

（5）竞争性评估。该部分属于质量屋的右墙，主要用于对市场上与本产品或企业相关的竞品进行分析，从顾客角度切入，分析相关产品的优势或劣势，在设计初期即可对产品劣势进行改进，以获得更强的市场竞争力。

（6）产品/服务质量特性输出值。该部分处于质量屋的地下室，是质量屋的输出部分，包含质量特性的重要度、质量特性值等信息，主要通过顾客需求权重、顾客需求与质量特性间的关联关系矩阵，或结合竞争性评估矩阵得出最终结果。

质量屋是 QFD 中的重要工具，其实现了将顾客需求转化为量化的质量特性，从输入获取的顾客需求到质量特性的分析，以及后续质量特性自相关关系、顾客需求与质量特性相关关系的建立，最终实现质量特性值或权重的计算，形象量化地展现了 QFD 的过程。

3）QFD 的理论与应用

为了减少 QFD 实施过程中的人工经验依赖和提高质量管理的精确性，许多学者在 QFD 基本模型的基础上提出了许多新的模型和量化方法。这些研究大致可以分为两类：一是增强 QFD，即在 QFD 中引入新的数学工具或方法，从而增强 QFD 基本模型的功能；二是扩展 QFD，即将 QFD 方法扩展到新的决策领域。通过对论文研究内容进行分析，各研究方向代表性论文数量及比例如图 1.5 所示。

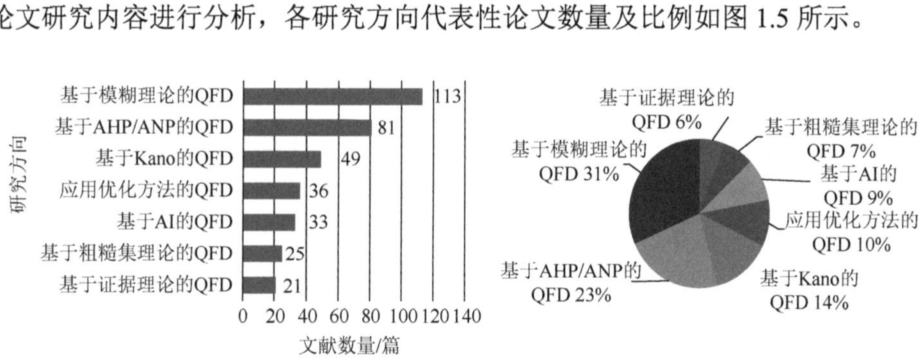

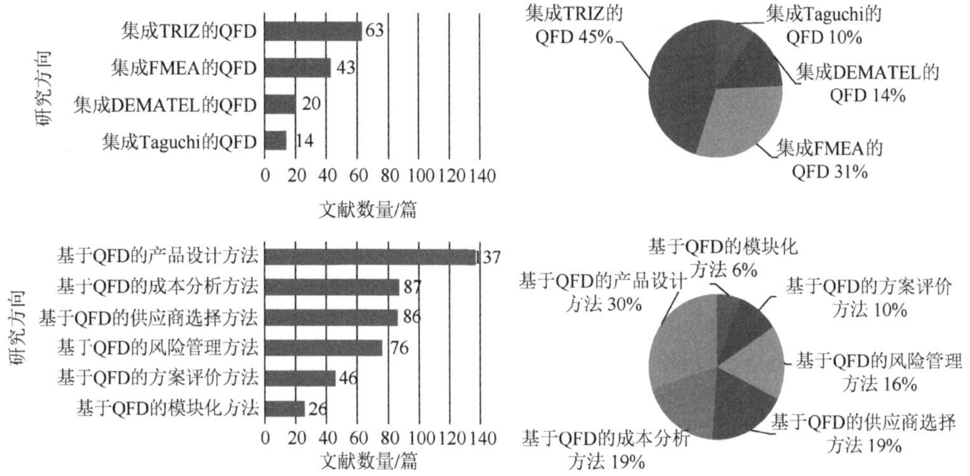

图 1.5　QFD 研究方向代表性论文数量及比例

AHP 指层次分析法（analytic hierarchy process）；ANP 指网络分析法（analytic network process）；Kano 指卡诺模型；AI 指人工智能（artificial intelligence）；TRIZ 指发明问题解决理论（theory of the solution of inventive problems）；FMEA 指失效分析法（failure mode and effect analysis）；DEMATEL 指决策试验和评价实验法（decision making trial and evaluation laboratory）；Taguchi 指田口方法

在增强 QFD 中，主要可以分为基于 AHP/ANP、Kano 的 QFD 等方面，其使 QFD 分析和实施过程更加规范和更具有操作性。

（1）基于 AHP/ANP 的 QFD。AHP 是一种确定评价指标相对重要性的科学方法，它通过对指标的两两对比和一致性分析来确定评价指标的权重。一些研究将 QFD 中的顾客需求作为一种评价指标，应用 AHP 将多个层次的候选顾客需求进行对比分析后，对顾客需求进行重要性排序，并在此基础上选取关键顾客需求作为 QFD 的输入。在顾客需求已经确定的前提下，也有研究直接用 AHP 确定质量屋左墙中顾客需求及权重。另外，与顾客需求关联的候选工程特性（或产品特性）通常比较多，QFD 中没有必要处理全部的工程特性，因此，Li 等（2011）将工程特性作为评价指标，应用 AHP 来进行工程特性的排序和选择。

AHP 的基本假设之一是同一层次的指标之间是相互独立的，然而，许多现实问题并非如此。ANP 是 AHP 的扩展，其主要思想是考虑同层次各指标之间及不同层次之间的相互作用与影响，利用超矩阵对各指标进行综合分析并获得指标的综合权重。一些研究考虑了 QFD 中顾客需求之间的相互影响，通过建立顾客需求之间的内部依赖性矩阵并应用 ANP 来计算顾客需求的权重。也有研究直接将质量屋的顾客需求和工程特性作为 ANP 的网络上下两层，通过分别计算顾客需求和工程特性的内部依赖矩阵，以及顾客需求和工程特性之间的层间依赖矩阵，构造超矩阵并经稳定收敛后得到工程特性的权重向量。

（2）基于 Kano 的 QFD。Kano 模型是一种对顾客需求进行分类的工具，体现了不同产品特性对顾客满意程度的差异和非线性关系。因此，如何在 QFD 中应用 Kano 模型对顾客需求的相对重要性进行合理的设置也成为学者感兴趣的研究问题之一。Kano 模型将顾客需求分为魅力型（attractive）需求、期望型（one-dimensional）需求、基本型（must-be）需求、无差异型（indifferent）需求、逆向型（reverse）需求、问题型（questionable）需求，其中和 QFD 相关的主要是前三种。这部分研究工作的基本思路是通过 Kano 评估表对顾客需求进行分类，分别计算满意需求的占比和不满意需求的占比，取二者的加权和或最大值并归一化后作为基本的需求权重。一些研究进一步考虑了不同 Kano 类型顾客需求对权重的影响，通过构造新的函数关系，由基本顾客需求权重来得到调整的顾客需求权重。一种方法是直接把基本顾客需求权重的 k 次幂作为调整后的权重，不同类型的需求则取不同的 k 值，实现非线性映射关系。另一种方法是将基本顾客需求权重和调整顾客需求权重设定为线性关系，通过 k 值来改变调整系数，实现不同 Kano 类型顾客需求对 QFD 结果影响不同的效果。k 值的确定一般采用经典的标度方法。孟庆良和蒋秀军（2012）提出采用基于极坐标方式表达的 Kano 满意度指标来折算 k 值。孙园园等（2014）假设魅力型需求和基本型需求的顾客满意度模型为指数函数，假设期望型需求的顾客满意度模型为线性函数，并通过参数估计方法来得到函数中的系数。这些不同的量化处理方法考虑了 Kano 模型对顾客需求的分类，影响了 QFD 的配置结果，并有利于更好地提高顾客满意度。

在扩展 QFD 中，主要分为两个方面：一方面是将 QFD 与其他方法进行集成，如 DEMATEL 等；另一方面是将 QFD 理念和方法扩展到新的企业决策领域，如产品设计等问题。

（1）集成 DEMATEL 的 QFD。DEMATEL 是一种对复杂系统进行因素分析的方法，通过计算可以直观地表现各因素间存在的相关关系及其影响关系。鉴于 DEMATEL 的优点，一些研究文献在 QFD 中引入了 DEMATEL，从而可以在考虑顾客需求自相关关系的基础上计算顾客需求权重。其主要思路是应用 DEMATEL 建立顾客需求间的直接影响矩阵来反映顾客需求间自相关关系，对该矩阵标准化后，确定顾客需求间的综合影响矩阵，通过综合影响矩阵及顾客需求间的中心度与原因度等得出顾客需求的最终权重。还有一些文献结合 DEMATEL 来分析 QFD 中顾客需求与工程特性间的因果关系并对其进行分类。例如，Wang 和 Shih（2013）建立了顾客需求与工程特性的 DEMATEL 直接影响矩阵，通过计算顾客需求与工程特性的中心度和原因度，得到顾客需求与工程特性的因果影响图并对其进行分类。

（2）基于 QFD 的产品设计方法。产品开发与设计能力体现了企业的核心竞争力，满足顾客需求则为产品设计的关键驱动因素。QFD 能有效地将顾客需求映射到产品的设计特性，成为面向顾客产品设计的重要工具之一。这些研究工作可以分为两大类。一类是通过确定 QFD 中产品的工程特性参数值或零部件配置方案直接进行产品设计。例如，Miao 等（2017）提出了两个不确定机会约束规划模型，使决策者分别在成本紧俏时，确定工程特性最优参数值并进行产品设计，以实现顾客满意度最大化，而在成本充足时，以最小化可变成本、最大化目标产品市场份额为目标，得出工程特性最优参数值。也有一些学者考虑了产品设计时工程特性存在离散值的情况。例如，Delice 和 Güngör（2013）以顾客满意度最大化、成本及技术难度最小化为目标，建立模糊混合整数规划产品优化设计模型，可以求得各工程特性最优连续值与离散值。Luo 等（2015）建立了目标产品各细分市场的质量屋，以产品改进的顾客满意度提高最大化为目标，分别求出工程特性参数的连续值与离散值，从而实现最优产品设计。一些研究则深入 QFD 零件配置阶段的产品零部件选择问题。例如，Luo 等（2008）构建了两阶段质量屋，将顾客需求映射到工程特性和产品零件属性，提出了一种基于 QFD 零部件选择的产品设计方法，以最大限度地减少顾客期望与所选产品之间的差异。另一类是在得到工程特性重要度的基础上，结合其他方法计算或选择产品设计方案。例如，胡东方等（2016）为实现产品的定制设计，构造了不同工程特性的顾客需求项间的偏差函数，将 QFD 输出的工程特性及其重要度作为人工免疫系统的约束条件，并应用改进的信息熵免疫算法获取产品定制的最优设计方案。

上述研究大多面向产品开发过程，而 QFD 同样适用于服务业的质量优化。Lin 等（2015）首先应用 Kano 模型对顾客需求进行分类，同时考虑 QFD 中的模糊性，基于此构建了集成 Kano 与模糊 QFD 的服务质量优化模型，并将其应用于实际案例验证其有效性。此外，Hartono 等（2013）在对顾客进行访谈分析和问卷调查的基础上，建立了顾客感知服务与顾客感性需求之间的关系，最终应用该质量屋对酒店服务进行优化方案设计。

2. 智慧养老服务的概念和模式

1）智慧养老服务概述

智慧养老的概念由英国提出，其主张应用互联网、物联网，结合现代通信与信息技术、计算机网络技术、智慧控制技术和养老服务行业，打破空间和时间的限制，从而为老年人提供个性化、高质量的养老服务。左美云（2018）提出的智慧养老服务运作机制如图 1.6 所示。

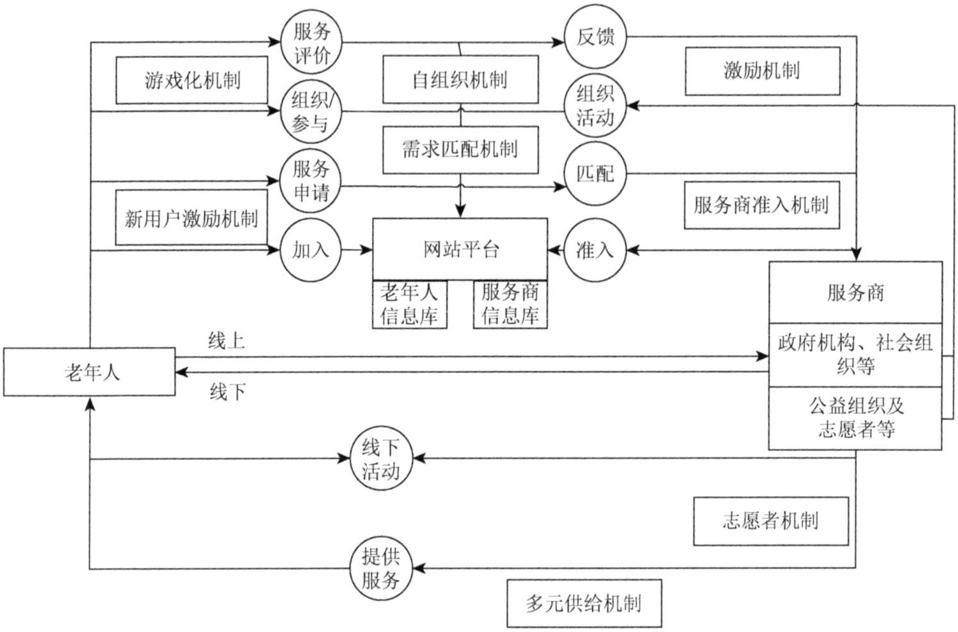

图 1.6　智慧养老服务运作机制

我国智慧养老服务经历了初期发展阶段，此阶段以政府建设和运营为主；2014～2016 年，政府加大了对智慧养老的探索力度，我国智慧养老服务步入中期发展阶段，此阶段以政府建设、企业运营为主；自 2017 年起，我国智慧养老服务逐渐步入成熟阶段，但此阶段仍有许多待完善的地方，以企业自主建设和运营、政府购买为主。随着养老问题的日益严峻和人们对该问题的重视，越来越多的学者对智慧养老服务进行研究，给出了智慧养老服务的不同定义。这些研究主要可以从资源整合角度、智能设备交互角度及社区居家养老角度进行分类。

许多学者从资源整合角度对智慧养老服务进行定义。例如，张玉琼（2015）、孙梦楚等（2016）提出智慧养老服务是应用物联网、互联网、各种智能技术，把政府、医院、各社区等连接起来为老年人提供便捷安全的一种新型养老模式。朱勇（2014）在此基础上进行细化定义，提出智慧养老服务是以互联网与物联网为基础，集中应用计算机网络技术、先进的通信技术与老年服务业相关标准等，为老年人提供全面舒适的现代化养老模式。吴诺（2012）则认为智慧养老服务是借助一体化智慧养老服务平台，并将各类生活照料类、医疗护理类及紧急救助类服务集中于该平台，从而为老年人提供一站式的数字化养老服务模式。

部分学者从智能设备交互角度对智慧养老服务进行概念界定。例如，左美云（2018）指出智慧养老服务是通过老年人与智能化养老设备的交互，实现老年人生理、心理等数据的自动检测，并适时对其进行异常处理，以求为老年人提供安全便捷的各类养老服务。张雷和韩永乐（2017）强调智慧养老服务是在老年人住所中使用高效的智能化设备，使老年人得以享受多种智慧养老服务。Sintonen和Immonen（2013）则提出智慧养老服务是在养老服务系统中进行老年人与智能化设备的信息交互分析，以解决老年人真正的需求。

此外，极少数学者从社区居家养老角度对智慧养老服务进行定义。例如，郑世宝（2014）认为智慧养老服务是以社区为基础，以远程医疗护理服务为基本服务，借助先进的物联网技术及专业的养老服务人员，为居家养老的老年人提供 24 小时全面监护的服务。McCall 等（2008）认为智慧养老需要以社区智慧养老为基础，整合政府、社区、家庭等多方资源，从而为老年人提供健康管理监控与意外救助服务。

传统的居家养老大多停留在人工养老服务阶段，以点对点的服务模式为主，即老年人可以在家中接受上门服务。例如，请钟点工或保姆等进行一对一服务。首先，传统的居家养老信息沟通不通畅，一般老年人或其亲属只能通过电话或中介联系相应的服务人员，缺乏灵活性且成本较高；然后，传统的居家养老局限于社区范围内，未能将社会零散资源进行有效整合，导致资源的浪费和服务模式的可选择性较差；最后，传统的居家养老没有有效的评价反馈机制，顾客处于较为被动的情境，影响了养老服务质量的进一步改进。

智慧养老是居家养老与现代互联网、信息通信等技术结合的产物，能够较好地弥补传统的居家养老的缺陷。首先，智慧养老通过信息技术的应用，整合社会零散资源，增加了老年人服务类型的可选择范围和服务接受途径，降低了养老服务的成本；然后，越来越多的养老服务企业关注老年人的需求，为老年人提供个性化、多样化的智慧养老服务，从而提高自身的企业竞争力；最后，智慧养老依托现代信息技术，其售后评价及顾客反馈机制越来越成熟，可及时了解顾客接受服务满意度的情况，进而有针对性地进行智慧养老服务质量的改进。

2）智慧养老服务特点

首先，智慧养老服务以现代信息科技为依托，保证了养老服务数据的传输与存储，以及智慧化养老服务平台及相关养老智能化设备正常运行。例如，互联网技术可支撑智慧养老服务的计算机终端、服务端及客户端的运行，其中，移动互联网技术实现老年人使用的智能穿戴设备及智能手机等的管理；物联网技术实现老年人与智能化设备的交互，涉及养老服务智能呼叫终端、智能监控终端等；云计算技术则实现养老服务数据的云存储及相关计算分析；现代通信网络技术连接智能呼叫中心与老年人使用端，使老年人信息得以传递。现代信息科技成就了智慧养老服务的发展。

然后，智慧养老服务以整合社会零散资源为前提，降低了养老服务中的人力与时间成本。智慧养老服务打破了传统养老方式的桎梏，使养老服务在时间和空间上有更大的发展。智慧养老服务使养老服务提供者聚集在互联网上，一方面，服务提供者可以获取用户需求，选择自己在内容、时间、地域上最为匹配的用户资源；另一方面，用户在选择自己所需服务内容时有了更大的自主权，同时可以直观地看到服务提供者的历史评价，享受服务后便捷地对服务满意度进行反馈评价。智慧养老服务平台方不仅可以在养老服务提供者的人力资源投入上节约成本，而且可以使用较少的资源最大限度地满足老年人的使用需求，提高服务工作的质量和效率。

最后，智慧养老服务的一大特点是以老年人需求为中心，并对老年人精神层面的需求关注逐渐增多。社会资源的整合使企业在进行智慧养老服务时可提供丰富的养老服务内容及可选择种类。通过各类大数据的分析，精准获取老年人服务需求，从而实现养老服务需求与供给的平衡，进而结合老年人的差异性，为老年人提供个性化服务。从老年人角度，服务提供者为了提升自己的竞争力，在互联网时代产品趋于同质化的背景下，其将更为注重自身养老服务质量，更加注重老年人对服务的体验及评价，老年人因此可获得更高质量的服务。

总而言之，智慧养老服务是随着社会与技术经济的发展产生的，人类社会越来越注重以人为本的思想，各服务行业将更加关注人的体验，且养老服务的长期性及持续性使养老服务业将更加注重其服务质量。

3）智慧养老服务模式

服务模式是从现实服务案例实践中抽象出来的，其将各服务案例中共有的规律、本质特征及服务资源部署配置进行归纳概括，并将顾客需求与其行为联系在一起，以产生价值的方式进行研究分析，使得出的服务模式对现实更具指导意义。智慧养老服务作为近年的朝阳产业，越来越多的学者对其进行了探索。

左美云（2018）通过对国内外文献的总结，将智慧养老服务模式划分为基于远程技术的智慧养老服务模式、基于养老管家的智慧养老服务模式、基于智能家居的智慧养老服务模式、基于多方参与的智慧养老服务模式，并通过各模式下国内外不同的养老服务企业提供的服务进行研究分析，提取出四种智慧养老服务模式的典型特征。从服务方式来看，智慧养老服务可分为人与环境、人与人、人机交互方式；从服务内容来看，智慧养老服务可分为状态监测、辅助生活和精神娱乐；从服务对象来看，智慧养老服务可分为居家老年人和护理人员，从护理人员角度看，部分养老服务企业应用远程技术对帮助老年人的家庭护理人员进行培训、提高其照护技能，从而实现间接提高老年人的生活质量；从服务广度来看，智慧养老服务可分为“小家式”和“大家式”，“小家式”指智慧养老服务重点围绕小家庭展开，“大家式”指解决在社区范围内的养老服务资源配置问题；从信息技术在智慧养老服务中的应用程度来看，智慧养老服务可分为数据层面的存储和记录、服务监测、数据的分析和决策、养老服务数据的监管及扩展到业务层应用中给传统养老服务流程带来的变革。各个模式并非适用于所有的情境，各维度间可能存在关联性及前后发展顺序，在实际的智慧养老服务应用中，应结合区域特色采取对应的智慧养老服务模式。

阊志俊（2018）从智慧养老服务提供者和运营者角度对智慧养老服务模式进行归类。第一种模式是第三方养老服务企业 + 养老服务平台 + 政府养老服务机构。在该模式下，第三方养老服务企业主要从政府获取资金、人员、场地等方面的支持，其负责养老服务的开展与平台运营，政府及社区则从养老服务平台上获取服务并进行评价。第二种模式是社区养老服务站 + 养老信息化平台 + 第三方养老服务企业。在该模式下，第三方养老服务企业仅作为养老服务的提供者，相关平台的运营工作则由社区养老服务站开展。第三种模式是医疗护理机构 + 养老信息化平台 + 保险公司。在该模式下，服务提供者是医疗护理机构，但服务内容较为局限，医疗护理机构将老年人的健康情况录入养老信息化平台，保险公司以平台数据为基础，为老年人制定个性化保险产品并简化理赔的手续。第四种模式是智能终端制造商 + 养老信息化平台 + 养老市场。在该模式下，智慧养老服务内容集中于智能化养老服务产品上，通过养老信息化平台的建立，连接老年人用户及智能化养老服务产品，使老年人的需求更好地得到满足，并避免智能产品制造商进入产品设计的误区。

袁小良（2016）以智慧养老服务现有的实践案例为基础，按智慧养老服务的使用地点和范围进行划分，包含智慧养老服务的社区模式（在社区范围内开展智慧养老相关服务）、智慧养老服务的机构模式（在智能老年人公寓中使用信息化技术，以提供智慧养老服务）、智慧养老服务的虚拟模式（智慧养老服务开展范围是城市各区域且具备社区养老的服务特点）、智慧养老服务的居家模式（特指老年人接受服务的范围仅在家庭之内）。

3. *养老服务质量的测度和规划方法*

养老服务质量研究是养老服务研究领域的一个重要问题。目前，我国的养老服务质量研究集中在服务质量评价上，且主要集中在机构养老、社区养老、居家养老等传统养老服务上。本节对部分相关论文进行整理，将养老服务质量的研究分为三大类：养老服务质量的测度研究、养老服务质量的评价研究及养老服务质量的设计研究。

1）养老服务质量的测度

养老服务质量的测度研究是按养老服务质量测量方法进行归类，目前主要可分为两大类。

一类是差距模式。该模式主张使用顾客期望的服务与其感知的服务之间的差距来表示服务质量，该模式应用最为广泛的方法是服务质量（service quality，

SERVQUAL）模型（Parasuraman et al.，1988）。Wang 等（2007b）结合专家调研结果，给出了一个基于 SERVQUAL 的养老服务机构服务质量评价模型。章晓懿和梅强（2012）在调研得到居家养老服务质量影响因素的基础上，应用 SERVQUAL 模型，将可感知性作为服务质量评价标准之一，构建了上海市居家养老服务质量测量模型。包国宪和刘红芹（2012）提出了一个基于 SERVQUAL 的政府购买居家养老服务质量评价模型，将接受服务前的顾客期望服务质量与接受服务后的顾客感受到的服务质量的差值作为该模式养老服务质量的评估值。郭奕芬等（2014）基于 SERVQUAL 模型的五大维度，将各种服务内容进行相应分类，最终通过计算分别得出相关的关键服务质量影响因素排序与政策建议。此外，还有一些学者使用帕拉休拉曼-赞瑟姆-贝利（Parasuraman-Zeithaml-Berry，PZB）模型（Ghotbabadi et al.，2015）对养老服务质量进行测度。例如，王文良等（2006）在 PZB 模型的基础上，建立了多个评价指标，最终对养老服务机构进行量化测定。

另一类是直接效能模式，即直接用效能测度表示服务质量。Lutfiyya 等（2013）将评估指标分为三大类，直接采用五点标度打分法对城市与乡村的养老服务质量进行测度。廖楚晖等（2014）直接应用模糊综合评价方法对评价指标进行权重确定，通过最终直接打分分析城市的养老服务质量。蔡中华等（2016）应用粗糙集对养老服务质量指标进行约简，并对社区养老服务质量进行直接评分和问卷调研。赵国伟（2015）在实地调研的基础上，建立了针对养老服务机构的评价指标，最终应用直接评分法对该方法进行实践验证。

2）养老服务质量的评价

养老服务质量评价是养老服务领域的一个重要研究问题。根据养老服务质量评价的对象，大致可将养老服务质量的评价研究分为三大类，即关于居家养老服务质量的评价、关于社区养老服务质量的评价及关于机构养老服务质量的评价。

关于居家养老服务质量的评价研究，杨鸿燕（2001）将居家养老服务质量的评价指标分为三个维度，分别是老年人背景状况评估指标（健康状态、生活背景等）、生活照料评估指标、照料者状况评估指标，以此为标准进行居家养老服务质量的评价。郭奕芬等（2014）将居家养老服务的研究目标集中在城市范围内，对居家养老服务内容进行配餐送餐、保洁清洁、医疗陪护、日间照料、紧急救助五个角度的评价。隋小磊（2016）从服务内容维度和服务质量维度对居家养老服务质量评价进行模型构建，前者分为助餐、助洁、助行、助急、助浴、助医等内容，后者则分为对服务可靠性、响应性、保证性、移情性、可感知性的评价。Yang（2016）侧重对居家养老护理服务质量进行评价，提出了一套可靠的居家养老护理服务质量的评价量表。

关于社区养老服务质量的评价研究，章晓懿和梅强（2012）在 SERVQUAL 五大维度的基础上，对社区养老服务质量从生活照料、精神慰藉、医疗护理三个方面进行评估，为社区养老服务质量的评估提供了一个基本的框架。牟娉婷（2014）应用模糊综合评价法将社区养老服务分为助餐服务、助洁服务、助医服务、助急服务、康乐服务五大维度并下设二级评价指标，对社区养老服务质量进行评价。王宇等（2017）基于 SERVQUAL 模型对青岛社区老年人进行调研，评估内容分为有形性、可靠性、保证性、响应性、移情性，并最终得出服务质量影响因素包含性别、年龄、教育水平、经济来源、健康状况等。

关于机构养老服务质量的评价研究，王立剑等（2017）对苏州某养老服务机构服务内容中生活服务、文化娱乐、医疗护理、精神慰藉进行评价，评价的维度则借鉴了 SERVQUAL 模型中的五个维度。Kim 和 Choi（2013）基于对养老福利中心的时政调研，得出影响机构养老服务质量的因素为专业性、可靠性、健康清洁、移情性、响应性、有形性等。Cordero Tous 等（2014）将服务感知质量分为技术质量、功能质量和基础设施三个方面，并基于此开展老年人对保健医院的感知质量评价分析。

3）养老服务质量的设计

质量大师约瑟夫·M. 朱兰（Joseph M. Juran）曾提出“质量源于设计”。现代质量管理的一项基本原则是“质量是规划出来的，不是检查出来的”。日本著名质量管理专家 Taguchi 也曾提出“产品的质量是设计出来的，其次才是制造出来的”。不论是产品质量还是服务质量，在面对顾客需求时，都需要从源头上进行质量设计，以保证产品或服务质量使顾客满意。养老服务具有区别于其他服务的长期性和持续性。目前，对养老服务质量的设计研究仍处于起步阶段，对养老服务质量设计的研究还较少。现有的研究主要集中于利用 QFD 方法对养老机构服务质量进行优化方案排序。例如，闫爽毅（2016）应用 QFD 技术，结合某疗养院的实地调研，提出了一个获取养老服务质量关键技术属性的框架，在获取顾客需求项的基础上，应用三角模糊数的模糊 AHP 得出各养老服务需求项的重要度，通过质量屋的转换，得出各养老机构服务技术属性的重要度并进行排序，最终给出该疗养院服务质量优化方案。Yeh 和 Chen（2014）首先应用 Kano 模型对养老机构服务质量指标进行分类，然后结合 QFD 和灰色管理分析法对该养老机构服务质量指标进行计算排序，结合研究结果给出了养老服务质量设计的意见。此外，还有学者对养老服务质量的设计进行定性分析。例如，陈友华等（2008）结合社区的特点，提出社区养老服务质量设计应涵盖居家入户服务、老年人志愿服务、老年活动中心、老年人心理辅导中心、老年人日间照料中心等多方面内容，且对各项内容的服务目的、服务内容、服务费用进行了阐述。马鸣啸（2017）从技术角度进行了社区养老服务质量评价系统的设计研究，但未从服务产品本身的质量入手进行分析和设计。综上，养老服务质量的设计是养老服务领域的关键问题，其从源头上保证养老服务的质量。目前的研究局限于机构养老和社区养老，未对智慧养老服务质量进行规划和设计，且研究结果偏向对养老服务质量特性进行排序并提出相应的方案，缺乏深入的量化研究。

4. 服务模块化理论及应用

产品配置的思想起源于 20 世纪 70 年代，目前已被广泛应用于计算机、汽车、电梯及一些机电产品等。产品配置方法根据其知识表达方式和推理机制，通常分为基于特征的配置方法、基于规则的配置方法、基于模型的配置方法、基于本体的配置方法等。相对于产品配置问题，服务配置的相关研究开始较晚，随着服务科学的发展，其正在吸引越来越多的学者关注。服务配置问题的基础是服务模块化，本节首先简要回顾服务模块化的相关文献，然后梳理和分析关于服务配置的最新研究进展。

服务模块化是改善服务效率的一种有效途径。使用模块化技术，服务企业可以更好地利用规模效应和服务资源，从而降低服务过程的复杂度，达到降低服务成本和增加服务弹性的目的。服务模块化相关文献主要集中于以下四类：①服务模块化的概念和框架模型（Gremyr et al.，2019；de Blok et al.，2010）；②医疗、旅游、物流、信息技术服务等典型服务领域的案例分析和解释（Avlonitis and Hsuan，2017；Venkatesh et al.，2018；Lin and Pekkarinen，2011；Du et al.，2014）；③基于实证分析方法的服务模块化过程的接口和效果评估等（de Blok et al.，2014；Cenamor et al.，2017）；④基于设计结构矩阵（design structure matrix，DSM）等方法的服务模块划分方法等（Zhang，2019）。这些文献的分类、比较和分析参见近期的相关综述论文（de Mattos et al.，2021；Brax et al.，2017；陶颜和魏江，2015）。

5. 服务配置的优化模型和算法

在服务配置的相关文献中，一些研究探讨了服务配置问题的概念、定义和概念模型等。例如，Heiskala 等（2005）给出了服务配置问题的定义，并用统一建模语言提出了服务配置的概念模型。Becker 等（2009）将产品工程的基本概念推及服务产品，提出采用大规模定制策略来处理服务多样化问题，并建立了一种基于规则的框架模型来表示不同的维修服务。Aurich 等（2009）在考虑顾客、生产商和产品生命周期特点的基础上，提出了一个产品服务系统的配置框架模型，并提供了一个简单的应用案例。Legnani 等（2009）为售后服务配置问题提出了一种新框架模型，并结合三种类型企业的产品售后服务进行了分析。Mannweiler 和 Aurich（2011）提出了针对顾客需求为产品服务系统进行配置的一个框架模型，主要包括系统需求采集与分析、产品服务系统的矩阵生成与配置规则表示、顾客订单评估与生成等部分。

与产品配置类似，服务配置也可以认为是一类特殊的约束满足问题，其中，配置约束的复杂程度和表示方法对配置结果影响很大。许多研究借鉴了产品推荐系统的概念，采用不同的知识表示模型来处理配置规则，提出了一些基于知识的服务配置方法。例如，Baida 等（2004）分析了服务和有形产品的不同点，建立了支持模块化结构的服务本体模型，描述了在此模型基础上自动生成多种能源服务配置解决方案的案例分析。Cao 等（2006）提出了一种应用本体表示服务流程结构和知识的服务配置模型，该模型交互性能良好，支持服务内容和服务流程的动态定制。Shen 和 Wang（2010）提出了一种基于人工神经网络的方法，结合规则提取算法，从历史数据中获得产品配置系统的配置知识。Dong 等（2011）构建了基于本体结构化知识的服务产品配置模型，应用语义网规则语言来表示配置约束，该方法可支持知识的复用和分享，帮助用户发现和配置符合要求的服务产品。Shen 等（2012）针对产品扩展服务采用网络本体语言来表示配置规则，可以实现顾客需求满足表示、规则推理和结构化知识表达等，并建立了一个基于 Jess 的决策支持系统。沈瑾等（2013）提出应用基于语义网规则语言等来表达结构及规则知识，通过专家系统实现配置方案的推理求解，并提供了楼宇产品服务的案例分析。

上述基于知识表示的服务配置方法能够表示复杂的配置规则，可通过推理算法生成满足所有配置要求的结果集合，但在处理规模比较大的配置问题时会产生过多的候选服务方案，不利于为顾客进行推荐和选择。针对这一问题，一些研究针对服务配置问题建立了优化模型，以帮助顾客选择最佳的配置方案。例如，Xiong 等（2009）采用佩特里（Petri）网结构对网络服务配置问题进行建模，并建立了一个考虑多属性服务质量的线性规划模型，其本质属于一种多属性决策问题模型，对小规模网络服务配置问题非常有效，但没有考虑大规模网络服务配置问题时的候选解集生成过程。Song 和 Chan（2015）针对产品扩展服务建立了一个多目标模型，可为用户提供非支配解集的服务配置方案，并采用一个电梯售后服务的例子进行案例研究，该模型适用于服务模块的服务时间独立场景，没有考虑服务流程中模块存在复杂时序约束的情形。Zhang 等（2017）研究了基于物联网环境的制造服务配置问题，提出采用目标分流法处理配置模型的分层次决策目标，但该配置模型的实质是顾客已经确定服务内容后的订单配置，不是以顾客需求的满足程度作为配置目标。Li 等（2017）为产品服务系统配置问题建立了一个双层规划（bi-level programming，BLP）模型，其中，上层的目标是顾客需求满意度最大化，下层的目标是公司利润最大化，但该模型没有考虑服务流程因素。

由上述文献综述可知，服务配置问题已受到学者的普遍关注。许多相关研究论文借鉴了产品配置的基本理论和方法，例如，通过产品服务系统的配置将产品配置扩展到产品和售后服务的组合配置。此外，也有研究考虑了一些特殊行业背景下的服务配置问题，如医疗服务配置问题和物流配置问题。

1.4.3 运行层面的养老服务相关研究及理论

1. 家庭护理调度的模型和算法

家庭养老服务这一概念在国外诞生较早，因此，在路径规划和调度问题领域的研究成果比较丰富。但是就国内来看，从运作优化方面来研究该问题的文献比较少，因此，文献综述主要集中在国外论文。本书研究分层决策下的家庭医疗护理调度问题（home health care routing and scheduling problem，HHCRSP）。一般来说，HHCRSP 定义如下：给定若干顾客集合及可供调度的护士集合，家庭医疗护理公司需要将顾客指派给护士，并为护士规划执行服务路径，从而满足顾客的护理需求。HHCRSP 可以看作车辆路径问题（vehicle routing problem，VRP）的扩展，该问题是物流运输中研究最多的问题之一。但是 HHCRSP 又不同于 VRP，这主要是因为家庭医疗护理服务具有特殊性，如医疗护理服务的连续性、服务可能存在护理的时序性要求（如多个护士同时护理）、服务资格水平和顾客偏好等。因此，VRP 领域的文献不能直接用来解决 HHCRSP。对 HHCRSP 进行决策是非常困难的，这是因为该问题通常是非确定性多项式（non-deterministic polynomial，NP）难问题，其方案数量可能十分庞大，管理者甚至很难为大量的顾客需求提供一个可行的路径规划与调度方案。由于路径规划和调度中存在优化的巨大潜力，近年来，HHCRSP 在学术界引起了极大的关注，感兴趣的读者可以阅读该领域最近的研究综述（Fikar and Hirsch，2017；Cissé et al.，2017；Grieco et al.，2021）。表 1.1 中总结了 HHCRSP 的相关文献。

表 1.1 HHCRSP 的相关文献总结

文献	目标类型	优化目标 最小化（↓）/最大化（↑）	决策者	求解方法
Bertels 和 Fahle（2006）	单目标	↓旅行时间、工作时间和软约束违反	公司	混合元启发式算法
Akjiratikarl 等（2007）	单目标	↓旅行距离	公司	粒子群优化算法
Rasmussen 等（2012）	单目标	↓未覆盖访问顾客、访问不公平及旅行成本	公司	分支定价算法
Hiermann 等（2015）	单目标	↓旅行时间和约束违反	公司	元启发式算法
Trautsamwieser 和 Hirsch（2011）	单目标	↓旅行时间、顾客不满意和护士不满意	公司	变邻域搜索算法
Mankowska 等（2014）	单目标	↓旅行距离、服务拖延开始的时间和最大服务拖延开始的时间	公司	适应性变邻域搜索算法
Fikar 和 Hirsch（2015）	单目标	↓车辆行驶时间和护士总工作时间	公司	元启发式算法
Grenouilleau 等（2019）	单目标	↓路径成本、护士加班成本、闲置时间成本及未安排访问惩罚成本	公司	混合元启发式算法

续表

文献	目标类型	优化目标 最小化（↓）/最大化（↑）	决策者	求解方法
Decerle 等（2019）	单目标	↓旅行时间、顾客不满意和护士中的最大工作时间	公司	混合元启发式算法
Fathollahi-Fard 等（2020b）	单目标	↓交通成本	公司	启发式及混合元启发式算法
Maya Duque 等（2015）	双目标	↑服务水平 ↓旅行距离	公司	混合元启发式算法
Braekers 等（2016a）	双目标	↓运营成本 ↓顾客不满意	公司	元启发式算法
Decerle 等（2019）	多目标	↓总工作时间 ↑服务质量 ↓工作时间不平衡	公司	差分算法
Fathollahi-Fard 等（2018）	双目标	↓交通成本 ↓污染排放	公司	启发式及元启发式算法
Fathollahi-Fard 等（2020b）	双目标	↓总运营成本 ↓污染排放	公司	模拟退火算法
Fathollahi-Fard 等（2020a）	双目标	↓总运营成本 ↑顾客满意	公司	元启发式算法

总结的文献考虑了多种多样的约束，总的来看，可以分为以下四类。①顾客时间窗的约束。时间窗可以是硬的、软的或混合的。在硬时间窗的约束中，护士开始服务的时间必须在顾客允许的时间范围内；否则，该访问是不可行的。在软时间窗的约束中，护士开始服务的时间允许在顾客给定的时间窗之外，超出时间窗的部分需要得到惩罚。在混合时间窗的约束中，护士可以在软时间窗的范围内访问顾客，但是不能超出硬时间窗的限制。除了这三种情况，Braekers 等（2016a）引入了包含两个软时间窗和一个硬时间窗的约束来评价顾客满意度。②与工作时间或者工作负荷相关的约束。一些文献考虑护士有一个最大工作时间，以此来限定护士每天的工作量。此外，部分文献也考虑护士的加班时间。护士有一个正常的工作时间，超过该正常工作时间的都可算为加班时间，在护士加班的情况下，家庭医疗护理公司必须为其支付加班费。③与服务资格相关的约束。在家庭医疗护理公司进行服务指派时经常需要考虑该约束，即护士能服务一个顾客的前提是她的技能水平必须高于顾客提出的护理要求。④服务时序依赖的约束。在调查的文献中，时序依赖包含护士工作的同时性依赖与先后性依赖。护士工作的同时性表示一些服务需要几个护士同时来进行，例如，一些护理活动可能需要抬举老年人的动作，仅靠一个护士是很难进行的，因此可能需要安排多个护士。护士工作的先后性表示顾客的服务需要多个护士依次进行服务，例如，为顾客提供午餐服

务的护士必须在提供打针的护士之前服务。

表 1.1 中的大多数文献建模 HHCRSP 为单目标优化模型，许多指标以加权的方式集成在一个目标函数中，并且通常使用启发式算法与元启发式算法来解决问题。在表 1.1 中还可以看到，运营成本和顾客满意是两个常见的优化目标。路径费用、人力使用成本、加班成本等相关的费用都可以归到运营成本中。顾客满意主要有三个常见的评价指标：护理的连续性、顾客对护士访问偏好，以及顾客对护士访问时间的偏好。护理的连续性经常作为一个硬约束条件考虑在多周期 HHCRSP 中，而顾客对护士访问偏好和顾客对护士访问时间的偏好经常作为优化目标考虑在单周期和多周期 HHCRSP 中。

Bertels 和 Fahle（2006）提出了一个混合元启发式算法，该算法结合了线性规划、约束规划及元启发式算法来解决 HHCRSP，旨在最小化旅行时间、工作时间和软约束违反的程度。Akjiratikarl 等（2007）提出了一个粒子群优化算法来优化 HHCRSP 中护士的旅行距离。Hiermann 等（2015）致力于优化 HHCRSP 中护士的总旅行时间和约束违反，并设计了多个元启发式算法对 HHCRSP 进行求解。Fikar 和 Hirsch（2015）考虑了最小化车辆行驶时间和护士总工作时间的优化目标，并设计了元启发式算法来解决 HHCRSP。Trautsamwieser 和 Hirsch（2011）针对每日的 HHCRSP 开发了一个变邻域搜索算法，其优化目标是最小化旅行时间、顾客及护士不满意的加权和。顾客不满意主要通过测量未被满足的顾客偏好及软时间窗惩罚来得到。Rasmussen 等（2012）为 HHCRSP 提出了一个集合划分模型，其优化目标是未覆盖访问顾客、访问不公平和旅行成本的加权和，并开发了一个分支定价算法来解决该问题。Mankowska 等（2014）提出了一个适应性变邻域搜索算法来解决 HHCRSP。Grenouilleau 等（2019）针对以周为计划周期的 HHCRSP 提出了一个集合划分模型，其优化目标为路径成本、护士加班成本、闲置时间成本及未安排访问惩罚成本之和最小，并提出了混合元启发式算法来解决该问题。Decerle 等（2019）提出了一个混合元启发式算法来解决考虑软时间窗和时序依赖的 HHCRSP，该算法结合了差分算法、蚁群优化算法来求解该问题。Fathollahi-Fard 等（2020b）设计了启发式算法和混合元启发式算法来解决 HHCRSP，其优化目标是最小化交通成本。

另外，一些文献将 HHCRSP 建模为多目标优化问题。Maya Duque 等（2015）建模 HHCRSP 为基于集合划分的双目标优化模型，在该模型中，服务水平和旅行距离按字母序进行优化，其中，服务水平根据访问顾客时间段和顾客对护士的访问偏好来计算；将护理的连续性建模为硬约束；目标的优化顺序不是必然的，模型允许以服务水平目标上的合理下降来换取旅行距离目标上的较大改进；设计了一个两阶段混合元启发式算法进行求解，并将该算法集成到一个决策支持系统。Braekers 等（2016a）处理了一个双目标的 HHCRSP 模型，在该模型中，运营成本和顾客不满意这两个目标同时被优化，其中，顾客不满意指标通过访问顾客的时间点及访问偏好来计算；设计了一个基于多方向邻域搜索框架的元启发式算法来找到问题的非支配解集，其中，该搜索主框架嵌入了大规模邻域搜索作为子算法；分析了顾客不满意和运营成本这两个目标的折中关系。Decerle 等（2019）规划 HHCRSP 为一个多目标优化模型，考虑了服务的时序依赖和护士工作量的平衡，设计了一个差分算法来解决该问题。Fathollahi-Fard 等（2018）第一次从绿色排放视角来研究 HHCRSP，并建立了一个双目标模型，旨在最小化交通成本和污染排放；设计了几个启发式算法和元启发式算法来解决该问题。Fathollahi-Fard 等（2020b）针对绿色 HHC 供应链问题建立了双目标模型，并设计了模拟退火算法来解决该问题。

2. *考虑不确定性的家庭养老服务调度*

在 HHCRSP 中，绝大部分文献专注研究确定性的问题环境，不确定因素在家庭医疗护理中很少被考虑。表 1.2 总结了考虑不确定因素的 HHCRSP 的相关文献。

表 1.2　考虑不确定因素的 HHCRSP 的相关文献总结

文献	因素	目标类型	优化目标						CS		求解方法
			CS	TC	TD	OT	SV	NC	VT	VP	
Yuan 等（2015）	随机服务时间	单目标	√	√			√		√		分支定价算法
Shi 等（2017）	模糊需求	单目标			√						混合遗传算法
Shi 等（2018）	随机服务时间、随机旅行时间	单目标	√	√			√		√		混合元启发式算法
Liu 等（2019a）	随机服务时间、随机旅行时间	单目标	√	√			√		√		分支定价算法
Shi 等（2019）	随机服务时间、随机旅行时间	单目标		√				√			模型求解器、元启发式算法
Fathollahi-Fard 等（2020a）	模糊环境	双目标	√	√	√					√	元启发式算法
吴萌（2016）、吴萌等（2017）	随机需求	单目标	√	√	√				√		元启发式算法

注：CS 指顾客满意；TC 指旅行成本；TD 指旅行距离；OT 指加班时间；SV 指软约束违反；NC 指护士数量；VT 指访问时间；VP 指访问偏好；“√”表示文献的优化目标考虑了该指标。

Yuan 等（2015）最早研究了随机 HHCRSP，考虑了随机服务时间和护士的技能资格，并开发了一种分支定价算法来解决问题，公司的运营成本和顾客满意水平是优化目标，其中，顾客满意水平通过服务期望延迟时间的惩罚来计算。Shi 等（2017）研究一个带有模糊顾客需求的 HHCRSP，并提出了一个模糊机会约束规划模型，设计了一个混合遗传算法并结合蒙特卡罗（Monte Carlo）模拟方法来解决该问题。Shi 等（2018）强调 HHCRSP 中旅行时间和服务时间的随机性，并提出了考虑补偿的随机规划模型，设计了一个混合元启发式算法集成蒙特卡罗模拟方法和模拟退火算法，优化目标是最小化旅行成本和延迟服务时间的修正成本。Shi 等（2019）从鲁棒优化的角度研究了带有随机旅行时间和服务时间的 HHCRSP，并且应用模型求解器和元启发式算法来求解该问题。Liu 等（2019a）也研究了带有随机旅行时间和服务时间的 HHCRSP，在模型中考虑了准时性服务的机会约束来保证服务的及时性，开发了一种带有离散近似的分支定价算法求解该问题。Fathollahi-Fard 等（2020a）考虑了一系列不确定参数的 HHCRSP，将其建模为双目标优化模型，优化目标是家庭医疗护理服务的总成本和顾客满意程度，并应用元启发式算法求解了该问题。吴萌（2016）、吴萌等（2017）应用元启发式算法并结合蒙特卡罗模拟方法处理带有不确定因素的周期性 HHCRSP。

与随机 HHCRSP 最相关的一个研究领域是随机车辆路径问题（stochastic vehicle routing problem，SVRP）。Gendreau 等（1996）全面综述了 SVRP，并将该领域文献根据随机因素分为三类：随机旅行时间、随机顾客数量和随机顾客需求。在该领域文献中，随机顾客数量及随机顾客需求研究得最多，而随机旅行时间相对较少地受到关注。Laporte 等（1992）考虑了带有随机旅行时间和随机服务时间的 VRP，并建立了三种基于随机规划的模型，最后使用分支定界算法解决了该问题。Russell 和 Urban（2008）考虑了一个带有软时间窗和随机旅行时间的 VRP，假设旅行时间服从偏移伽马分布，使用 Taguchi 二次式损失函数来计算迟到与早到的惩罚，并使用禁忌搜索算法解决了该问题。Taş 等（2013）研究了同样的问题，假设旅行时间服从伽马分布，由于时间窗是可以违反的，到达时间的均值和方差可以很容易地根据伽马分布的可加性进行计算，最后设计了一个三阶段禁忌搜索算法解决该问题。Taş 等（2014）开发了分支定价算法来解决同样的问题。

3. 服务路径规划的模型和算法

服务路径规划的主要任务是针对服务业务的一组服务进行服务路径的规划，典型的场景包括若干地理位置不同的顾客节点，而服务人员需要按照一定的路径逐次服务顾客。许多服务业存在服务路径规划问题，如物流服务、交通服务、应急服务、养老照护服务等。

服务路径规划可以描述为一种优化问题，优化目标可以是最小化总旅行时间，也可以是最小化相关费用及其他费用（如启动费用）的综合。考虑的基本约束主要包括每个顾客节点正好被一辆车访问一次和车载量不超过其容量等。从运筹学的角度来看，这个问题可以抽象为 VRP，属于经典旅行商问题（traveling salesman problem，TSP）的一种特例。

作为一类基础的运筹优化问题，VRP 引起了大量学者和企业人士的关注，不仅因为它是一类具有挑战的组合优化问题，而且因为它与许多企业实际应用场景具有极高的相关性。很多现实问题都可以转化为 VRP 进行研究。另外，VRP 的许多模型和算法对其他类型的运筹优化问题也具有非常好的借鉴意义。

VRP 自提出以来，吸引了大量学者对其进行深入研究，目前，针对 VRP 已有相当丰富的研究成果。下面在 VRP 的典型变种问题、VRP 的求解算法、考虑不确定性的 VRP、VRP 变种的特征描述等方面对现有的研究进行简要分类。对 VRP 感兴趣的读者可以参阅 Paolo 和 Daniele（2014）的经典专著和 Braekers 等（2016b）的综述论文。

1）VRP 的典型变种问题

根据实际场景，在基本 VRP 的基础上产生了很多变种问题，常见的 VRP 变种问题列举如下。

（1）具有容量约束的 VRP（capacitated vehicle routing problem，CVRP）（Ralphs et al.，2003）。在 CVRP 中，每个节点上的顾客有不同的需求，若干车辆需要按照一定的次序服务节点上的顾客，但每辆车有容量约束。CVRP 在许多物流配送服务中有广泛应用。

（2）带时间窗的 VRP（vehicle routing problem with time windows，VRPTW）（Agra et al.，2013）。在 VRPTW 中，每个节点上的顾客要求不同的服务时间范围，超出了服务时间范围将不被允许或车辆进行等待。时间窗可以进一步分为硬时间窗和软时间窗：前者是硬约束，后者对超出服务时间范围的规划方案进行一定的惩罚。

（3）考虑需求分割的 VRP（vehicle routing problem with split demands，VRPSD）（Gulczynski et al.，2010）。在 VRPSD 中，允许一辆以上的车为某个节点上的顾客服务；换句话说，顾客需求可以在不同路线的多辆车之间进行分配。

（4）时间依赖的 VRP（time dependent vehicle routing problem，TDVRP）（Malandraki and Daskin，1992）。在 TDVRP 中，两个顾客之间或顾客与车场之间的行程时间不仅取决于节点之间的距离，而且与车辆离开节点的时间有关。为了建模和求解的方便，时间依赖函数通常采用分段函数进行近似。

（5）多车场 VRP（multiple depot vehicle routing problem，MDVRP）（Lim and Wang，2005）。在 MDVRP 中，考虑已知多个车场和顾客的位置，每辆车从一个车场出发，依次服务多个节点的顾客，然后回到出发时的车场。一些 MDVRP 还进一步考虑了异质容量的车型。

（6）周期 VRP（period vehicle routing problem，PVRP）（Mourgaya and Vanderbeck，2006）。在 PVRP 中，考虑一个比较长的规划时间周期，通常是几天或几周，每个顾客都有一组相关的允许访问时间表，问题的目标是在规划时间周期内设计一组最低成本的访问路线方案，根据顾客的访问要求为所有顾客提供服务。

（7）开放 VRP（open vehicle routing problem，OVRP）（Yu et al.，2016）。OVRP 的一般性更强，其特征是服务网络是开放的，路径可以从一个顾客节点开始，顺次服务多个顾客后，终止于车场；也可以从车场开始，服务多个顾客后，终止于其中一个顾客节点，不用返回车场。

（8）带回程 VRP（vehicle routing problem with backhauls，VRPB）（Cagri and Gilbert，2018）。在 VRPB 中，顾客集划分为运送顾客和回程顾客，每个运送顾客都需要送货，每个回程顾客都需要提货。首先访问运送顾客，然后访问回程顾客。所有运送的货物必须在仓库装货，所有回程的货物必须运至仓库。例如，在零售业中，超市和商店是运送顾客，零售供应商是回程顾客。

（9）多车程 VRP（multiple-trip vehicle routing problem，MTVRP）（Cattaruzza et al.，2016）。MTVRP 比经典 VRP 具有更一般的形式，允许每辆车执行多个行程。例如，很多城市禁止大货车进入市区，因此只能利用能通过狭窄街道的小型货车通过多个行程来完成配送。

（10）接送 VRP（vehicle routing problem with pickup and delivery，VRPPD）（Ruland and Rodin，1997）。在 VRPPD 中，一些物品需要从一些节点搬运到另一些节点。该问题同样适用于某些接送旅客服务，例如，一些服务平台提供的带拼车的机场接送服务，可以提前预约并规划服务路径。

2）VRP 的求解算法

VRP 及其变种问题的求解算法主要分为以下三类。

（1）精确算法。其主要思路是基于具体问题建立数学模型，并通过分析模型的数学特性将优化问题转化为比较容易求解的问题。目前应用比较多的精确算法包括分支定界、分支切割、分支定价、列生成、本德（Bender）分解等。

（2）经典的启发式算法。其思路是基于经验来发现规则，并通过规则来构造相对有效解或满意解。常用的启发式算法主要包括最短距离插入算法、节约里程算法、最小生成树算法、最近邻算法、花瓣（petal）算法、扫描（sweep）算法、交换算法等。

（3）亚启发式算法。其思路是在算法迭代中利用人工智能来不断改进解的质量，其中，利用群体智能和邻域是比较重要的两个方向。常见的亚启发式算法包括遗传算法、禁忌搜索算法、粒子群优化算法、模拟退火算法、蚁群优化算法、大邻域算法、变邻域算法、自适应邻域算法等。

3）考虑不确定性的 VRP

考虑不确定性的 VRP 大致可分为以下两类。

（1）SVRP。在现实问题中，某些模型参数是难以精确估计的。SVRP 将这些参数定义为随机变量，并假定可以通过历史数据来估计这些随机变量的统计特征。一般定义为随机变量的模型参数主要包括节点间的距离、顾客的需求量、顾客的服务时间等。

（2）模糊 VRP（fuzzy vehicle routing problem，FVRP）。与 SVRP 类似，FVRP 也考虑到某些模型参数难以精确估计，但是 FVRP 将这些参数定义为模糊量，其中大部分采用了三角模糊数或梯形模糊数。定义为模糊量的重要理由是一些场景缺乏历史数据，只能通过主观方式来确定模型参数的一些特征。

4）VRP 变种的特征描述

VRP 有非常丰富的变种问题，下面对这些变种问题的特征进行简要描述（Eksioglu et al.，2009）。

（1）VRP 的场景特征。从路径中的停靠次数来分，可分为确定，部分确定、部分随机两种；从装货可拆分约束来分，可分为不可拆分和可拆分；从顾客服务需求数量来分，可分为确定型和随机型；从新顾客请求次数来分，可分为确定型、随机型、未知型；从站点服务时间来分，可分为确定型、随机型、时间依赖型；从时间窗结构来分，可分为硬时间窗、软时间窗、软硬综合；从规划周期来分，可分为单周期和多周期；从回程运输来分，可分为单个服务节点同时需要取货与送货、单个服务节点只有取货或送货；从节点或弧的约束来分，可分为顺序及耦合约束、子集覆盖约束和资源允许约束。

（2）VRP 的物理特征。从交通网络结构来分，可分为有向交通网络和无向交通网络；从顾客位置建模来分，可分为顾客位于节点和顾客位于边；从起始点来分，可分为单起始点和多起始点；从车场数量来分，可分为单车场和多车场；从时间窗类型来分，可分为来自顾客的限制、来自车场的限制、来自车辆或驾驶员的限制；从车辆数量来分，可分为确定车辆数量、估计车辆数量和不限定车辆数量；从车辆容量来分，可分为考虑车辆容量和不考虑车辆容量；从车辆同质性来分，可分为同种车辆、异种车辆、特定负载车辆、顾客要求负载车辆；从旅行时间来分，可分为确定型、不确定型、时间依赖函数型、未知型；从目标来分，可分为与旅行时间相关、与距离相关、与车辆相关、与迟到惩罚相关、与风险相关等。

（3）VRP 的信息特征。从信息演化角度来分，可分为静态和部分动态；从信息质量角度来分，可分为确定型、不确定型、预测型、未知型（实时）；从信息可用性角度来分，可分为本地信息和全局信息；从信息处理角度来分，可分为中心化和去中心化；从案例数据角度来分，可分为现实场景数据、人工生成数据或二者综合。

4. 基于 BLP 理论的服务路径规划

多层决策技术由于其在工程设计和分层管理问题上的广泛应用，在学术界受到了越来越多的关注。一个多层决策的过程涉及多个决策者，这些决策者有着各自的目标，并在一定的约束条件下做出各自利益最大化的决策。BLP 问题是多层决策规划的一个特例，其决策过程只包含两个决策者。在 BLP 问题中，上层的决策者称为领导者，而下层的决策者称为跟随者。BLP 问题的决策顺序可描述如下：首先，领导者考虑自身的约束及跟随者可能会采取的反应进行决策；然后，跟随者在领导者给定的决策下进一步做出关于自身利益最大化的决策。

BLP 问题是非常难求解的问题，原因主要有以下三点：首先，在 BLP 模型中，即使是最简单的线性模型，也是一个强 NP 难问题；然后，如果下层存在多个最优解，则 BLP 能否取到最优解是不确定的；最后，BLP 问题是非凸且不可微的优化问题。

关于求解 BLP 问题的文献有许多，总的来看，可以分为两类：一类是精确算法；另一类是元启发式算法。解决 BLP 问题的传统精确算法主要包含顶点枚举法、罚函数法、梯度下降法和卡鲁什-库恩-塔克（Karush-Kuhn-Tucker）方法。但是由于精确算法无法解决更大规模的 BLP 问题，元启发式算法在近年来得到了广泛的关注。成功解决 BLP 问题的元启发式算法包括粒子群优化算法、遗传算法、蚁群优化算法和禁忌搜索算法。BLP 问题的求解是根据特定的模型而设计的，因此不同的模型造成了文献中算法多样化。

BLP 模型已经较多地被考虑在路径规划相关问题中。Marinakis 等（2007）将 VRP 建模为 BLP 模型，领导者负责将顾客指派给车辆并考虑其容量可行性，跟随者做出路径规划的决策。尽管 VRP 中只有一个决策者，但是他们虚拟了另一个决策者负责路径规划的行为，开发了双层遗传算法来解决提出的 BLP 模型。Ning 和 Su（2017）研究了一个带有随机旅行时间的 VRP，并为该问题构建了一个 BLP 模型，使用遗传算法进行求解。Calvete 等（2011）针对一个物流配送问题建立了 BLP 模型，其中考虑了配送商和制造商这两个决策者的决策；在模型上层，配送商为零售商指定仓库，并设计为他们提供服务的最佳途径，在模型下层，制造商从仓库接收订单，并做出有关向工厂分配生产的决策；设计了蚁群优化算法来求解该模型。Kheirkhah 等（2016）研究了一个危险品的运输问题，并将该问题建模为 BLP 模型；在模型下层，配送公司为了优化其路径成本，决定路径顺序，而模型上层需要做出控制配送公司路径行为的决策，以此来降低运输风险。Parvasi 等（2017）将 BLP 模型应用在考虑站点选择和外包需求的校车路径规划问题中，上层领导者选择校车经过的站点，并且为校车规划好路径访问顺序，下层学生根据校车的站点远近做出是否乘坐校车的选择；设计了两个元启发式算法来解决该问题。Hajiaghaei-Keshteli 和 Fathollahi-Fard（2018）将物流配送网络问题设计建模为 BLP 模型，并设计了一系列快速启发式算法和两个混合元启发式算法来解决该问题。Tang 等（2019）研究了共享单车运营中的单车重定位问题；在模型上层，共享单车供应商决定在每个站点装载和卸载单车的数量，在模型下层，负责运送这些单车的配送商将为配送路线做出规划；设计了迭代邻域搜索和禁忌搜索算法来解决该问题。

5. 养老服务组合优化方法

服务组合的观点来源于服务架构领域的研究。服务组合是因顾客的复杂需求而产生的研究课题，即在已有的单个服务不能满足顾客的需求时，组合已有的服务来满足顾客需求。按照顾客提出的复杂要求，将具有不同作用的服务相互组合，产生服务组合。服务组合通过组合由不同机构或组织所发布的服务而完成不能由单一服务完成的复杂任务。

可以依据功能和非功能两个方面对服务组合优化问题进行分类。为了组合出能够满足功能要求的服务组合方案，对于功能方面的组合优化问题，研究的重点是服务的自动查找和组合。这些过程多使用智能化和自动化的算法（其中包含使用本体论、语义网和描述逻辑、Petri 网及多智能体等多种算法）来组合可用的服务，又称自动组合算法。这类算法主要优化的目标是提高需求与服务资源在功能上的匹配度。此外，一些算法还能够考虑非功能方面。

近些年，对服务选用问题和服务组合问题的讨论热点是服务质量（quality of service，QoS），许多研究内容都是基于万维网（Web）服务的研究。Zeng 等（2004）对四种主要控制过程的服务组合流程结构进行了研究，包括顺序、选择、并发及循环结构，针对组合 QoS，构建了反应时间、实用性、信誉和价格等 QoS 评价指标体系，对服务资源的选择采用非线性规划方法从全局角度考虑。王勇等（2006）针对 QoS 计算指标体系，考虑了反应时间、价格、信用、可靠性及可供应性指标，构建了根据 QoS 的网络服务组合协调问题的数学模型，并设计了遗传算法进行求解。

这类文献采用相似的研究思路，首先建立相关的数学模型，然后采用不同方法求解基于 QoS 的服务选择问题和服务组合问题。对于特殊的服务组合结构，Qu 等（2006）给出了一个根据 QoS 的服务组合模型，并且给出了一类服务组合算法来选择最优的服务，以满足顾客 QoS 指标约束。代钰等（2006）研究了服务组合的特性，针对影响组合 QoS 的因素，探讨了服务之间的相关程度，得到了一种层次架构的 QoS 结构，用来帮助服务的遴选，设计了一个路径剪枝思路，用于服务组合的选取。

由上述文献可知，基于 QoS 的服务选择可大致分为两种类型：一类是以 QoS 语义为基础，处理办法是使用本体论知识；另一类是以 QoS 指标为基础，使用相关算法进行计算。分析发现，使用 QoS 属性计算方法可以较好地满足顾客对服务组合的限制和顾客的偏好。启发式算法和线性规划方法是两种常用的 QoS 属性计算办法。由于得到顾客期望的全局限制及找出最优的组合方案属于组合优化领域，使用线性规划方法存在运算时间长和扩展性差等不足，人工智能优化算法可以处理非线性规划问题，更适用于处理组合优化问题。

徐晓飞等（2015）针对最佳服务工作流程及与最佳接近的 Web 服务的确定问题，根据 QoS 指标设计了一个基于图的粒子群优化算法，与基于贪心的粒子群优化算法相比，虽然基于图的粒子群优化算法耗费较长的运行时间，但是它可以得到适应性较优的方案。王显志等（2011）提出蚁群优化算法具有优越的分布式计算性能和较优的鲁棒性，适合处理服务组合优化问题，并且得到了一个改进蚁群优化算法。该算法使用两种方法控制蚁群的行为：一种是随机加权路由选择的方法；另一种是以伪随机比例选择为基础的非线性动态参数的方法。评估解的优劣水平使用适应度函数和五维质量向量；单个蚂蚁信息素的改善依据其得到的求解方案的结果。这些方法能够显著提升蚁群的演变能力。刘海滨等（2016）以 QoS 为基础遴选恰当的 Web 服务，从而将服务组合优化问题转化为多目标规划模型，并且设计了多种群遗传算法求解该模型。应用该模型进行服务组合时，不但自动遴选质量高的 Web 服务，而且通过减弱 QoS 约束来满足顾客需求，找到高质量的服务组合。

Wang 等（2015b）在解决服务组合优化问题时，考虑到了经验性和近似性两个服务领域的特性，还考虑到了衡量服务置信度和丰富度的一些指标，分析了用人工蜂群算法求解服务组合优化问题时服务范围内的性质对最优解的作用。徐晓飞等（2015）考虑了服务之间的关联性，引导服务组合优化问题的求解，并且研究了在处理服务组合优化问题时服务范围内的性质对组合结果的作用；为了提升求解服务组合优化问题的效率，对人工蜂群算法进行了改进，达到了较好的效果。

刘海滨等（2016）给出了一种可以提供服务选择的服务间相关的 QoS 层次结构模型，并且在 QoS 评价指标中尽量地研究了顾客的特点，从而促进了服务之间的协同合作。Wu 等（2014）为了更好地符合需求顾客的特征，并且可以为顾客支持频繁的服务组合，对语义本体和服务使用关联规则挖掘方法进行了深入的研究，提出了以相关关系为基础的服务组合优化方法。Jadhav 和 Deshpande（2016）基于使用的关联规则挖掘算法中没有考虑顾客需求的不足，给出了以顾客需求的语义本体为基础的改进关联规则挖掘算法。

Wang 等（2013）对组合优化问题采用人工蜂群算法求解，并且与粒子群优化算法、遗传算法的求解性能进行对比与归纳，提出人工蜂群算法具备调试容易、收敛性好的优势。Liu 和 Xu（2014）针对大数据环境，给出了一种以服务先验性和服务之间相似性为引导的改进人工蜂群算法，用于求解服务平台上同时存在大量服务要求的服务组合优化问题。Azari 等（2015）针对云环境下服务需求顾客和服务供应商不断扩大的情况，提出了一个将人工蜂群算法与迁徙鸟优化算法相组合的新算法，从而使组合优化得到的 QoS 有很大的提升。Hancer 等（2015）对特征选择方法使用经典的人工蜂群算法进行分析，得到了一种以模糊交互信息为基础的人工蜂群特征选择改进算法。Lartigau 等（2015）为了更好地选择符合顾客需求的服务，将人工蜂群算法使用到云制造范畴的服务组合优化问题中。

面对老年人口数量持续增加的情况，一些研究在了解和总结许多国家对养老服务的整合办法后，提出了整合养老服务的重要性。Wodchis 等（2015）对多个国家的案例进行分析后，提出了应对老年顾客组合需求的整合方案。Laura（2015）为应对英国养老住房压力，提出了满足老年团体需求的住房组合方案。Blom 等（2016）根据老年顾客多种服务需求和长期照料情况，整合了所有养老服务供应商，为老年顾客供应服务，进而提高顾客生活质量，增加成本收入。在对上述服务组合优化问题的分析和总结中，可以看到，对养老服务领域的服务组合优化问题还有待探究。

6. 服务可信度的度量

目前，互联网领域对可信的定义暂未统一。可信计算组织（Trusted Computing Group）将可信定义为"假如事物的结果一贯按照期望的方法满足希望的结果，它就是可信的"。Avizienis 等（2004）认为可信是指互联网体系供应的服务的可靠性是能够被证明的。国际标准化组织（International Organization for Standardization，ISO）/国际电工委员会（International Electrotechnical Commission，IEC）认为可信是指可以预料在任何情况下参加运算的步骤、过程或器件，并且可以抵挡安全威胁和适当的物理干预。可信实质体现在一个系统的客观行动和成效与顾客期望的结果和目标一致。

在社会网络研究领域，Kalaï 等（2016）提到普及社交网络为推荐社会关系提供了一个良好的选择，促使顾客之间交互成功的首要前提是信任；研究了顾客随时间交流的动态与其爱好的类似性，提出了一种在社交关系中检验可信朋友的方法；给出了一种 Web 服务社交推荐方法，参考服务被调用的历史数据和活跃的顾客对服务的查询来实行推荐。Deng 等（2014）将社交网络中的信任关系和服务推荐的顾客反馈相联合，给出了一个根据社交网络的、具备信任增强作用的服务推荐算法；使用了矩阵分解法来计算社交网络中顾客之间的信任度，并且使用了一个扩展随机游走算法来得到推荐结果。

对服务可信暂时也没有统一的定义。Steele 和 Tao（2005）按照角色分配、授权及认证来计算模型是否可信，认为只要能够保证服务的安全性，服务即可信。丁滟等（2015）认为"假如服务的实施过程和结果通常与顾客的期望需求吻合，该服务就能够称为可信的”。

针对可信度计算在服务计算领域的应用，Staff（2014）认为由于市场对云服务的安全性和可信性持续增长，云服务选择的主要技术是可信性评估，并给出了一种探究多属性可信度计算及预测缺省值的个性化服务选择方法，从而方便地处理云服务环境下多种基于可信度的服务选择问题。孟顺梅（2016）提出了一种以关键词感知为基础的个性化服务推荐方法，从而在云服务环境下为顾客推荐可信服务，满足其个性化服务要求；给出了根据聚类分析及 QoS 历史记录的服务组合优化方法，以提升服务组合结果的可信度。Wang 等（2015b）提出优选的服务组合未必是十分可信的服务组合，正如不可信的服务组合也许是相当优选的服务组合，在服务组合优化过程中，需要同时考虑服务可信度及数量和质量上的要求，以此构建多目标优化模型，分别使用模拟退火算法和改进的遗传算法对模型求解。Yun（2013）创立了以 Pi 计算为基础的可信服务组合优化模型；利用 Pi 计算来形容可信服务组合的核心交互及布局，建立了 Pi 计算和信任实体的相互关系。Wang 等（2015c）对分布式计算系统的信任性质进行了研究，首先对信任实行观测与排名，然后根据贝叶斯网络建立整体的信任计算模型，最后进行仿真实验，分析表明，该模型是有效和无偏见的。Jules 等（2014）根据贝叶斯网络计算的信任来选择可信的服务供应商，给出了一种利用概率来检测或许会背离合同数据的潜在行为，而且能够告诫服务供应商这些失信行为的智能和动态的服务水平协议（service level agreement）方案。

综上，服务计算领域有关服务可信度的计算已有许多研究成果，然而与具体业务场景相结合的服务可信度的度量研究很少。

1.4.4 基础层面针对养老服务数据的机器学习算法及理论

1. 养老服务的数据特点及对机器学习的挑战

机器学习模型在养老服务场景的应用是以其较高的精度为前提的。研究表明，训练数据的分布是机器学习模型精度的关键影响因素。因此，在建模之前理清养老服务过程数据的分布至关重要。

首先，养老服务过程数据通常是非平衡数据，其合格样本的占比通常较大，形成一个较高的非平衡比例。然而，现实中正是这些少数不合格样本可能给公司带来较大的经济损失，但由于其类别体量小，在质量预测中经常被忽略而产生较高的错分率。因此，在算法层面预测模型对少数类的识别能力异常重要。

然后，随着先进传感器、射频识别（radio frequency identification，RFID）、物联网智能终端等数据采集技术的发展，养老服务过程得以积累大量相关数据，有力夯实了机器学习中的数据基础。然而，数据规模的扩张伴随着数据维度的增大。研究发现，高维度的特征将提高计算代价，并引起维数灾难。同时，高维特征中必不可少地包含不相关特征、冗余特征、噪声特征，可能降低算法性能。精选特征降低维度、以较少的特征数量反映数据全貌成为建模的关键。

最后，养老服务工程数据中的类别重叠现象也很普遍，这一部分是由于服务过程存在各类不确性，在同类任务内存在数量相似的不同类别样本，另一部分是由于数据搜集能力不足，系统并没有记录到类别可分的数据特征。类别重叠现象对质量预测造成了挑战。

2. 针对非平衡数据的机器学习算法

非平衡数据是指数据集中某类样本的数量明显少于其他类别。以二分类为例，样本量较少的类别称为少数类，样本量较多的类别称为多数类。多数类样本数量与少数类样本数量的比值称为非平衡比例（imbalance ratio，IR），其显示了数据的不平衡程度。

在面对非平衡数据时，传统分类器的性能往往大幅下降，其主要原因可归纳如下。

（1）失效的分类器评价规则。传统分类器的构建以类别平衡分布为前提，以全部样本分类准确率（accuracy，ACC）为评价准则，忽略了类别不均衡的影响，进而造成评价规则的失效。以决策树预剪枝过程为例，当预剪枝后的分类精度不变或低于当前条件时，依据规则不减枝，当前节点类别以节点中样本数量最多的样本类别为准。当数据非平衡比例较高时，节点内的样本统统被多数类样本占据而判定为大类，少数类的“声音”将永远无法被“统治规则”听到。此外，以全部样本分类准确率为标准的评价方式将造成“虚假”的精确。若分类器“牺牲”掉唯一的少数类样本而将整体 100 个样本全部预测成多数类样本，分类器整体精度达到 99%，多数类样本分类精度将达到 100%，此时少数类样本分类精度仅为 0，显然是不可接受的。

（2）少数类样本的稀缺性。“巧妇难为无米之炊”，稀少的少数类样本难以形成独特的类别画像。换言之，其分布规律很难使分类器建立起有效的归纳映射规则，而模糊的规则必然导致少数类样本识别准确率的下降。此外，少数类样本的稀缺分为相对稀缺和绝对稀缺。绝对稀缺是指少数类样本数量少且不可增加。例如，我国 2020 年新冠疫苗三期实验期间，由于国内患者数量极少，而且几无再次暴发可能，此时的少数类样本即绝对稀缺。相比而言，2021 年 4 月美国确诊的 3000 万名新冠患者仅占总人口的约 1/10，此时的少数类样本即相对稀缺。

（3）各自分离的小区块/数据碎片，也称类内非平衡（between- class imbalance），是指成簇的少量同类别样本各自孤立地分布在样本空间内，其可以是多数类样本，也可以是少数类样本，如图 1.7 所示。通常小区块内的样本数量明显少于同类别的大区块（也称主导区块），因而很难被分类规则覆盖，进而易产生错分。在少数类样本中产生小区块时，错分现象更为明显。理论上说，小区块/数据碎片问题是由分类算法与数据分布一起导致的。目前很多分类算法采用“分而治之”的方式把原始问题分解为若干子问题并逐级解决。以决策树为例，其利用 if-then 条件规则语句将样本空间划分为众多较小的样本空间区域，并在各自微小空间内进行决策。由于小区块使其所在局部子空间内的类别比例异于全局类别比例，分类器无法准确决策。

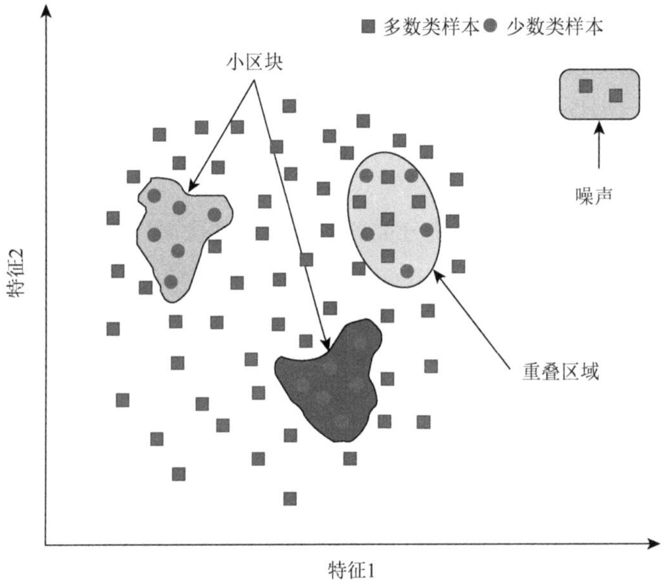

图 1.7　类内非平衡

（4）噪声。样本空间中噪声的影响在非平衡分类问题中得以放大。一方面，少数类样本和噪声都具有稀缺性，分类器将少数类样本误分为噪声的可能性增大，尤其是一些具备防止过拟合设计的分类器往往误将少数类样本和噪声全部删除；另一方面，若噪声分布在少数类样本区域，则会影响决策边界的学习，使分类器误将噪声判定为少数类样本而加以重视。

目前针对非平衡分类问题的解决方案主要分为两种思路：一种是在数据层面，通过改进数据原始分布，利用抽样、人工生成数据等方式降低数据的非平衡程度；另一种是在算法层面，通过赋予少数类样本更大的权重、改变决策阈值等方法，使决策边界更偏向少数类样本。下面将对这两种方法分别展开讨论，相关示意图如图 1.8 所示。

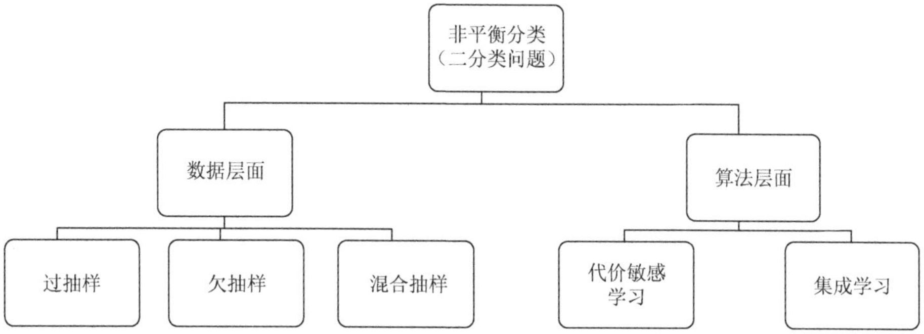

图 1.8 非平衡分类问题的解决方案

1）数据层面的“平衡化”化改进

非平衡分类最根本的问题就是类别比例不均衡，因此，如何在保持原始数据分布的基础上构造一个类别比例平衡的数据集成为研究焦点。目前相关研究可以分为三种技术路线，即过抽样、欠抽样和混合抽样。

过抽样通过增加少数类样本数量使数据类别达到平衡。典型的随机过抽样（random oversampling）以随机的方式复制少数类样本，直到两类样本数量大体相等。然而，随机过抽样的重复抽样原则过度地刻画了已知少数类样本空间的边界特征，忽略了对未知少数类样本分布的判断，易导致数据过拟合，进而降低分类器泛化性能。合成少数类过抽样技术（synthetic minority oversampling technique，SMOTE）很好地解决了过拟合问题，其利用近邻样本的插值策略生成人工合成样本，使抽样后新样本的分布区别于已知训练样本，提高了算法的泛化能力。然而，一个 SMOTE 插值样本的生成取决于位置随机选取的两个训练样本，这忽略了类别边界等错分率较高区域对分类性能的重要影响。为此，Borderline-SMOTE 改进规则，只针对边界（borderline）附近的少数类样本进行插值。Safe-level-SMOTE 则另辟蹊径，采用安全级别（safe-level）区域的样本进行插值，以获取稳定的类别区域范围。GA-SMOTE 利用遗传算法（genetic algorithm，GA）确定类别抽样比例。自适应动态邻域（adaptive dynamic neighboring，ADN）-SMOTE 预先设定的 k 值确保少数类合成样本的范围，以避免数据中噪声、小区块的干扰。总体来说，SMOTE 系列算法都属于基于距离的方法范畴。除此之外，相关研究的方法思路还包括基于聚类的思想、基于进化的思想、基于密度的思想、基于自适应技术、基于深度神经网络和基于半监督技术等。研究表明，最佳抽样非平衡比例并不一定是 1∶1，具体数值应根据数据的分布特点而定（Zhou，2013）；相关研究也试图建立一种自动确定最佳非平衡比例的机制（Napierala and Stefanowski，2016）。

欠抽样通过减少多数类样本数量使数据类别达到平衡。随机删除多数类样本的方法——随机欠抽样（random undersampling）简单易实现，但无差别的删除样本容易造成关键信息损失，导致决策边界的偏移。聚类算法常用来筛选有价值信息，其以聚类簇为单位，成比例地去除冗余的多数类样本并保留少量关键的多数类样本。单边选择（one-sided selection，OSS）算法根据类别分布特点，将多数类样本分为噪声型、边界型、冗余型和安全型四种类型。为了挑选有价值的多数类样本，OSS 算法完全保留安全型样本，部分保留冗余型样本，删除噪声型和边界型样本。告知型欠抽样（informed undersampling）最大限度地保留了多数类样本的原始信息。其中，典型算法 EasyEnsemble 保留所有少数类样本，利用有放回抽样的方式生成 N 个多数类样本子集，分别与少数类样本结合形成 N 个训练子集，最后以并联的方式为算法提供训练数据。相应地，BalanceCascade 以串联的方式抽取多数类样本，在两类样本第一轮结合后，利用基分类器进行训练，去除被正确分类的多数类样本，剩余的多数类样本参与下一轮训练，直到满足停止条件。该方式始终利用最新错分多数类样本与少数类样本合成训练子集，在平衡数据分布的同时重视为错分样本建立更准确的规则。此外，欠抽样的方法思想还包括基于聚类的思想、基于距离的思想、基于进化的思想、基于分类器的思想等。

混合抽样结合了过抽样和欠抽样两种方式的优点，试图避免欠抽样造成的关键信息缺失和过抽样导致的噪声引入。典型的混合抽样方法如 SMOTE-ENN、SMOTE-Tomek links、SMOTE-IPF、Constructive Covering Algorithm、SPIDER、SPIDER2、M-SMOTE、Spatio-temporal 等①（Sáez et al.，2015）。以 SMOTE-Tomek links 为例，SMOTE 负责合成少数类样本，Tomek links 负责在多数类样本中抽样，以删除冗余型样本。

2）算法层面的改进

算法层面的改进主要集中于算法结构设计、阈值调整和权重设置，以提高少数类样本的地位，使决策边界向少数类方向倾斜，进而提高少数类样本的识别率。其中最典型的是代价敏感算法，其根据最小期望损失准则将测试样本 x 分类为第 j 类：

$$\phi^*(x) = \min_j : \text{loss}(x, j) \tag{1.1}$$

其中，$\text{loss}(x,j)=\sum_i p(i|x)C_{ij}$ 为样本 x 被分类为第 j 类的期望损失，为样本 x 属于第 i 类的后验概率，C 为代价矩阵，C_{ij} 为第 i 类样本错分为第 j 类样本的错分代价。实际应用中，不同类别的代价一般由专家指定，在没有先验知识的情况下，非平衡比例通常作为少数类样本的错分代价，1 作为多数类样本的错分代价。从技术上说，代价敏感算法可归类为两种形式，即代价敏感学习和集成学习。

① ENN 指编辑最近邻（edited nearest neighbors）；IPF 指基于实例的原型过滤（instance-based prototype filtering）。

其中，代价敏感学习可分为基于代价敏感的元学习和基于代价敏感的传统分类器改进。

区别于单分类器的规则学习，基于代价敏感的元学习强调更高层次的学会学习、“授之以渔”。典型算法如 Metacost、D-MetaCost、PTBagging（Loyola-González et al.，2019）等。基于代价敏感的传统分类器改进的典型算法有 Boosting-SVM、Adaboost.NC、DC-LDM、BSIA、USST、COLPEL 等（Castro and Braga，2013）。例如，依据错分代价将支持向量机（support vector machine，SVM）少数类惩罚因子值设置得较大，多数类惩罚因子值设置得较小；将决策树特征选择原则由信息增益较大改进为代价降低较大；将代价矩阵集成到基于模糊规则的分类系统中；将基于代价成本的误差函数应用于神经网络分类器。此外，代价敏感学习具有较高的效率，更适合大规模数据应用。

集成学习也是应对非平衡分类的有力武器。基于“三个臭皮匠顶个诸葛亮”的思想，集成学习有机整合了若干基分类器进行最终决策，使其具有优于单一基分类器的分类性能和更好的泛化能力。严格来说，集成方法不应自成一派，其更多的是对抽样方式和代价敏感方式的有机整合和升级。DBN-based ensemble 在深度信念网络中添加重抽样过程，以 SVM 为基分类器，有效应对了高度非平衡数据。ECO-Ensemble 通过优化样本子集中多数类样本类内与类间生成比例，提高了集成学习多样性和均匀分布程度。SMOTEBagging 利用 SMOTE 等比例生成少数类样本，以平衡各个训练子集的类别分布。下抽样近邻平衡算法 uNBBag 利用 k 最邻近（k-nearest neighbor，kNN）分类算法捕捉样本局部特征和类别比例，对易错样本分配更高的权重，并基于权重抽样生成训练子集。BPSO-Adaboost-KNN ensemble、Reduced Kernelized WELM（RKWELM）、Diversified Error Correcting Output Codes（DECOC）等近年来提出的算法也极大地丰富了集成学习应对非平衡问题的思想和技巧（Raghuwanshi and Shukla，2018）。此外，基于代价敏感的集成学习算法通过分配给易错分少数类样本更大的错分代价，使训练规则对其重视。典型的集成学习方法如 SMOTEBagging、SMOTEBoosting 等（Bi and Zhang，2018）。

3. 针对高维数据的机器学习算法

特征选择和特征抽取（feature extraction）是机器学习中降低数据维度的主要方式。相比于特征抽取利用映射对信息进行压缩处理，特征选择更侧重保留特征原貌挑选关键特征。

设数据集由 n 个特征向量组成，每个特征向量由 m 个样本构成，特征选择是指在 n 个特征中遴选出 k 个（$k \leqslant n$）“有用的”特征组成特征子集 S，以使评价函数 $J(S)$取得最优。通常，$J(S)$以预测精度是否较优、目标能否被识别、是否改变原始数据类别分布为度量标准。特征选择作为消除无关特征、弱相关特征，保留强相关特征的有效方法，可以实现以更少的计算成本达到与原始数据近似甚至更好的分类效果。

根据数据类别标签情况，特征选择可分为监督型、半监督型和无监督型；根据特征子集搜索方式，特征选择可分为全局搜索、局部搜索、序列搜索和随机搜索；根据数据类型，特征选择可分为静态型和数据流型；根据评价准则，特征选择可分为过滤式（filter）、包裹式（wrapper）、嵌入式（embedded）。养老服务过程中的特征选择方法更多地应用于预测模型精度的提高，因此，本节只讨论基于评价准则的划分方式。

过滤式特征选择独立于机器学习算法，即算法性能不作为特征选择的评价标准，一些统计量常被用作过滤的排序依据，如一致性度量、距离度量、依赖性度量、信息度量、粗糙集度量等。过滤式特征选择具有计算代价小、效率高的特点，但其所选特征子集的分类效果通常不是最优的。董红斌等（2016）基于多传感器领域关联信息熵的思想提出自适应子集规模的特征排序算法（adaptive feature subset selection algorithm based on correlation information entropy measurement and η，CMFS-η），解决了特征成组后缺少组合效应度量的问题。Cekik 和 Uysal（2020）提出了一种面向短文本的比例粗糙集特征选择器（proportional rough feature selector，PRFS），其利用粗糙集以词条值为对象对不同类别的区域差异进行区分，并计算了词向量空间稀疏性的影响。李郅琴等（2019）认为"类内距离小，类间距离大"的特征与类别相关性大，并列出科尔莫戈罗夫距离、巴氏距离、库尔贝克-莱布勒（Kullback-Leibler，KL）距离、切尔诺夫（Chernoff）距离、马氏距离等常用的概率距离。许尧等（2016）在最大相关最小冗余（max-relevance and min-redundancy，MRMR）算法的基础上利用典型相关分析（canonical correlation analysis，CCA）法计算特征组之间的相关性和冗余性，并提出了基于组策略的 MRMR 改进算法。

包裹式特征选择以分类算法的性能作为最优特征子集的评价标准，这是包裹式特征选择与过滤式特征选择的本质区别。以决策树为例，Hsu（2004）采用遗传算法作为搜索策略，以决策树分类精度作为评价标准搜寻一组特征子集，使分类性能最优。Maldonado 和 Weber（2009）选择顺序向后搜索策略，利用 SVM 分类准确率作为评价标准选择最优特征。Mafarja 和 Mirjalili（2018）创新地将鲸鱼优化算法改进为二进制版本嵌入特征选择，其结果被证实优于粒子群优化算法、遗传算法、蚁狮优化器。相比于过滤式特征选择，包裹式特征选择在运算效率和泛化性上较差，但其特征子集规模小且分类效果较优。

嵌入式特征选择将特征选择嵌入分类器训练过程，二者融为一体，分类器训练结束后，特征子集随之产生。以 C4.5 为例，其决策树生长的过程就是特征选择的过程，决策每选择一个属性进行划分即确定一个最优特征。与过滤式特征选择中基于信息增益的特征选择方法不同，C4.5 中的特征选择虽然也采用信息增益作为评价标准，但是其利用的数据是每一步划分后的数据子集或者树每生长一次后的数据子集。典型的嵌入式特征选择算法有最小绝对值收敛和选择算子（least absolute shrinkage and selection operator，Lasso）、岭（Ridge）、弹性网络（Elastic Net）等。嵌入式特征选择的计算代价介于过滤式特征选择和包裹式特征选择之间，且拥有较好的分类性能。

上述特征选择算法能较好地应对平衡数据集，但当数据集非平衡分布时，传统的特征选择算法需改进以偏向少数类样本。李岸达等（2016）在分类错误率和特征子集数量两个目标的基础上，引入第二类错误率作为第三个优化目标，利用非支配排序遗传算法Ⅱ（non-dominated sorting genetic algorithm Ⅱ，NSGA-Ⅱ）求解，以提高少数类的识别率，其应用在制造领域的关键质量（critical to quality，CTQ）指标识别过程。Wasikowski 和 Chen（2010）另辟蹊径，在不改进算法的情况下，比较了不同特征选择算法在非平衡数据下的性能表现，并选择最优算法。虽然目前一些学者关注了非平衡和高维数据同时出现的现象，但相关研究还远远不足。

4. 针对数据重叠的机器学习算法

数据重叠性是指在样本空间中的某个区域不同类别样本数量大体相等的现象，这使不同类别样本在该区域的先验概率大体相同以致难以区分。从另一个角度说，重叠现象易造成类别边界区域的“犬牙交错”形态，这种模糊的边界形态给分类器的规则建立带来了极大的挑战，错分不可避免。

相关研究从重叠区域划分、重叠程度度量方式、重叠对分类性能的影响、重叠应对措施等方面进行了分析讨论（García et al.，2008）。其中，费希尔（Fisher）判别系数（F1）通常用来衡量一个特征的重叠程度，F1 值越大，特征的类别区分能力越强，重叠程度越低。多维数据集中判别能力最好的特征将决定数据集的可区分性。换言之，F1 值越小，数据集重叠程度越高。Oh（2011）提出了 R 值的概念，其利用 kNN 判断每个样本的位置归属。若一个样本与其最近邻样本类别相同，则该样本处在非重叠区；反之，该样本处在重叠区域。基于此思想，数据集中重叠样本占总体样本的比例得以确定，其比值越大，R 值越大，重叠程度越高。

Prati 等（2004）同时改变数据集非平衡程度和类别重叠程度，并利用 C4.5 算法进行分类实验，结果显示，当非平衡程度较大但重叠程度较小时，曲线下面积（area under curve，AUC）值仍可以超过 0.9，然而，当两类数据平衡但重叠程度较高时，AUC 值始终徘徊在较低的 0.5 附近。显然，相比于非平衡因素，重叠因素对分类性能的影响更大，其他研究也证实了这一结论（García et al.，2006）。Tang 等（2010）提出了数据中重叠区域与非重叠区域的界定方法，其利用概率神经网络（probabilistic neural network，PNN）生成概率模型，并把重叠区域划分的问题转化为边界区域划定的优化问题。其中，决策变量为 θ，目标函数考虑两个因素：一是重叠区域要足够大，这样才能保证非平衡区域有较高的准确率；二是重叠区域要尽量紧凑，这样可以减少后续关于重叠区域建模的计算开销。在此基础上，该方法利用加权平均值确定 θ 值，即重叠区域范围。Vorraboot 等（2015）首先利用豪斯多夫距离确定非重叠区域，然后提取数据集的四个特征统计量（非平衡比例、Fisher 判别系数、KL 散度、两个类别中心点之间的距离）作为输入，对神经网络进行训练，输出最佳马氏距离以确定边界区域。非重叠和边界区域以外的区域定义为重叠区域。Wang 等（2007a）开发了自适应 *k*NN（adaptive *k*NN）算法，其通过改进距离度量对重叠区域的“不可靠”训练样本施加惩罚，增大“不可靠”训练样本与测试样本的距离；反之，缩小“可靠”训练样本与测试样本的距离，其最终目的是利用最“可靠”的 k 近邻样本进行类别预测。Fernandez 等（2015）引入多目标优化算法，从特征和样本两个方向对数据集进行改造。一方面，利用特征选择去除类别重叠程度较大的特征；另一方面，利用样本选择去掉噪声样本和边界样本，使训练数据集更具有类别区分性。

养老服务过程数据中非平衡和重叠现象往往同时出现，这使本就稀缺的少数类样本更难被识别。对此，Alejo 等（2013）提出了一种“分而治之”的解决方案，其利用修改的反向传播（modified back-propagation，MBP）算法应对训练中存在的类别不平衡问题，利用加布里埃尔图编辑（Gabriel graph editing，GGE）技术去除重叠区域多数类样本，降低重叠程度，进而提高分类器的性能。

5. 机器学习算法的性能评估方法

预测模型的性能好坏往往是智能场景能否落地的重要因素，其不仅衡量了分类器的性能优劣，而且是分类器设计与改进的重要参考。传统上，分类器一般基于类别平衡的数据训练与预测，其分类目标是样本总体的准确率最高。表 1.3 描述了二分类问题结果可能出现的四种情况，显然，一个优秀分类结果的真阳性（true positive，TP）、真阴性（true negative，TN）指标较高，假阴性（false negative，FN）、假阳性（false positive，FP）指标较低。

表 1.3　二分类问题混淆矩阵

预测少数类	预测多数类
正确分类的少数类（TP）	错误分类的多数类（FN）
错误分类的少数类（FP）	正确分类的多数类（TN）

准确率如式（1.2）所示，统计了所有错分样本占整体样本的比例。准确率没有类别偏好，多数类或少数类的错误划分对准确率具有相同的影响。然而，准确

率在面对非平衡数据时往往具有“欺骗性”——即使少数类完全错分，只要多数类的准确率较高，总体的准确率仍会很大，即准确率很容易被多数类样本支配而忽略少数类样本的识别率。针对此现象，相关学者分别提出了针对单一类别样本的性能评价指标和针对全局样本的性能评价指标。

针对少数类样本的性能评价指标有召回率（recall）、查准率（precision）、*F*-度量（*F*-measure）和精确-召回曲线下面积（area under precision-recall curve，AUPRC）。召回率又称敏感性（sensitivity），度量了正确分类的少数类样本占全体少数类样本的比例，如式（1.3）所示。查准率度量了正确分类的少数类样本占全体预测为少数类样本的比例，如式（1.4）所示。*F*-measure 同时考察了少数类的召回率和查准率，只有二者的数值同时较高且没有偏倚，*F*-measure 才会较高，通常，权重系数 β 取 1，如式（1.5）所示。AUPRC 可以看作 *F*-measure 的算术平均值版本，如式（1.6）所示。

$$\mathrm{ACC}=\frac{\mathrm{TP}+\mathrm{TN}}{\mathrm{TP}+\mathrm{FP}+\mathrm{TN}+\mathrm{FN}} \tag{1.2}$$

$$\mathrm{recall}=\mathrm{sensitivity}=\frac{\mathrm{TP}}{\mathrm{TP}+\mathrm{FN}} \tag{1.3}$$

$$\mathrm{precision}=\frac{\mathrm{TP}}{\mathrm{TP}+\mathrm{FP}} \tag{1.4}$$

$$F\text{-measure}=\mathrm{F1}=\frac{\left(1+\beta^2\right)\cdot\mathrm{recall}\cdot\mathrm{precision}}{\beta^2\cdot\mathrm{recall}+\mathrm{precision}} \tag{1.5}$$

$$\mathrm{AUPRC}=\frac{1}{2}(\mathrm{precision}+\mathrm{recall}) \tag{1.6}$$

针对多数类样本的性能评价标准有特异性（specificity）。特异性度量了正确分类的多数类样本占全体多数类样本的比例，该值越大说明多数类的召回率越高，如式（1.7）所示。

$$\mathrm{specificity}=\frac{\mathrm{TN}}{\mathrm{TN}+\mathrm{FP}} \tag{1.7}$$

针对全局样本的性能评价指标有几何平均（geometric mean，GM）、受试者操作特征曲线下面积（area under the receiver operating characteristic，AUROC）和 AUC，这些指标综合考虑了多数类和少数类的分类性能。从式（1.8）中可以看出，GM 以几何平均值的方式兼顾了多数类指标特异性（specificity）和少数类指标敏感性（sensitivity），只有二者性能俱佳才能保证 GM 值较大。AUC 作为非平衡分类评价指标，经常被运用到多个分类器性能比较中，综合考虑不同阈值下分类性能的结果。相比其他评价指标，以分类器决策阈值 0.5 为前提条件，AUC 更多地展示了一个分类器在不同阈值下的综合分类能力。设 FPR（false positive rate）为多数类的错分率，当只有一个阈值时，AUC 值的计算可以简化为式（1.10）。AUROC 可以看作 GM 的算术平均值版本，其内部指标组成与 GM 相同，如式（1.11）所示。

$$\mathrm{GM}=\sqrt{\mathrm{recall}\cdot\mathrm{specificity}} \tag{1.8}$$

$$\mathrm{FPR}=\frac{\mathrm{FP}}{\mathrm{FP}+\mathrm{TN}} \tag{1.9}$$

$$\mathrm{AUC}=\frac{1+\mathrm{recall}-\mathrm{FPR}}{2} \tag{1.10}$$

$$\mathrm{AUROC}=\frac{1}{2}(\mathrm{recall}+\mathrm{specificity}) \tag{1.11}$$

单个数据集算法结果对比可以利用评价指标排序，但多数据集算法结果对比需要依赖基于假设检验（hypothesis test）的统计分析方法，其中包括用于分类器两两比较的非参数假设检验——威尔科克森（Wilcoxon）符号秩检验、成对 T 检验、赢输平的计数统计、符号检验，以及多分类器比较的方差分析（analysis of variance，ANOVA）、弗里德曼（Friedman）检验、图形分析等（Demšar，2006）。

本书是多分类器比较且每组对比均来源于多分类器在同一数据集的结果，具有一定的对应关系，因而本书的分类器实验主要采用 Friedman 检验作为算法比较的统计方法，并利用双尾邦费罗尼-邓恩（Bonferroni-Dunn）检验（Demšar，2006）进行事后检验。

设一组实验由 K 个分类器和 N 个数据集组成。r_{ij} 代表第 j 个算法在第 i 个数据集上的秩次，1 代表算法性能最好，K 代表算法性能最差。令 R_j 为第 j 个算法在所有数据集结果的平均秩次，如式（1.12）所示。依据 Friedman 检验，若零假设成立，即多个分类器性能没有显著区别，检验统计量应满足 $K-1$ 个自由度的卡方分布 χ_F^2，如式（1.13）所示。改进版的 Friedman 检验提出了新的检验值 F_F，如式（1.14）所示，其中，F 分布具体数值可以查表。计算临界值 $q_\beta=F\left(\alpha,K-1,(K-1)(N-1)\right)$，若 $F_F>q_\beta$，则拒绝零假设，即多个分类器的性能存在显著差异；反之，则不存在显著差异。若结果显示存在显著差异，则采用 Bonferroni-Dunn 事后检验进行两两比较。当目标算法与对比算法的平均秩次差值大于临界差异时，判定二者存在显著差异，如式（1.15）所示；反之，二者不存在显著差异。

$$R_j=\frac{1}{N}\sum_i r_{ij} \tag{1.12}$$

$$\chi_F^2=\frac{12N}{K(K+1)}\left(\sum_j R_j^2-\frac{K(K+1)^2}{4}\right) \tag{1.13}$$

$$F_F=\frac{(N-1)\cdot\chi_F^2}{N(K-1)-\chi_F^2} \tag{1.14}$$

$$\mathrm{CD}=q_\gamma\sqrt{\frac{K(K+1)}{6N}} \tag{1.15}$$

1.4.5 研究评述

通过分析现有的相关文献可以看到，养老服务相关研究正在受到越来越多的关注，但针对数智背景及深入分析养老服务特点的相关研究相对较少，尚未形成完整的体系，具体来说在以下方面还有待进行深入研究。

（1）有待考虑数智环境下的新组织模式。目前，养老服务质量的相关研究主要针对传统的养老机构，对数智环境下的研究非常少。虽然少数文献涉及互联网环境下的养老服务集成商，但对于数智环境带来的服务整合、医养结合、多层次协调等相关质量问题都没有展开研究。

（2）有待强调养老服务的特点。现有养老服务质量的相关研究中没有很好地体现养老服务的重要特点，如服务的持续性、医疗系统的介入、养老服务的公益性等，只是作为一般类型的服务在养老服务背景下的应用研究，因此难以凝练出针对养老服务质量的基础科学问题。

（3）有待引入新的研究理论和方法。现有养老服务供应链质量契约设计的文献中因研究问题的假设而只采用了一般的博弈理论，对于复杂情形，需要用信号博弈和演化博弈等理论进行深入研究。现有养老服务系统设计的研究比较初步，对于质量设计模型，需要多阶段质量屋方法，并结合不确定性理论、人工智能方法、优化理论等进行深入研究。

1.5 本书的主要思路和体系结构

1.5.1 本书的主要思路

养老服务运营管理是指对养老服务机构的经营活动进行规划、组织、指导和控制，以实现养老服务目标的过程，其范围包括但不限于服务系统设计、服务运营计划、服务供应链管理、服务质量管理等方面，其目标是提高养老服务的效率、效益和质量，满足老年人不断增长的养老需求。养老服务运营管理很大程度上决定了养老服务企业的竞争力和成本结构，不但是企业发展的核心保障，而且是企业提高经济效益的重要途径。

传统的服务运营管理很大程度上依赖管理者的经验。数智环境下，养老服务运营管理与传统方式有了显著区别，服务企业可以采集大量的服务相关信息，利用这些数据改进运营管理过程。数字化技术和人工智能技术的广泛应用可以帮助养老服务实现智能化监控、数据化管理、个性化定制等，提升了服务的智能化水平，增加了服务的可持续性和定制性，使运营管理更加科学、精准、高效。

养老服务运营管理领域有许多相关的研究论文，但现有研究普遍缺乏对数智环境下养老服务运营管理的深入分析，对数智技术给养老服务运营管理带来的变化认识不足，尚未挖掘数智环境下养老服务运营管理的新研究问题，缺乏个性化养老服务的案例分析，需要进一步完善和深化相关的研究内容。

在这种背景下，作者及其研究团队针对数智环境下养老服务运营管理中的实际需求进行了分析，凝练了一些基础科研问题并开展了研究，提出了一系列与养老服务运营管理相关的创新性理论和方法，并在一些典型的案例中得到了成功应用。本书汇集了近年来作者及其研究团队在养老服务运营管理领域的一些阶段性研究成果。

1.5.2　本书的体系结构

本书以数智环境下的养老服务为研究对象，以数学建模、统计分析、优化算法、运筹学、人工智能和系统工程等为基本理论工具，以为企业的养老服务运营过程提供智能化和系统化的决策和优化方法及技术框架为目标，对养老服务决策分析、养老服务供应链协调、智慧养老服务质量规划、养老服务配置多目标优化、HHCRSP 优化、养老服务组合优化、养老服务质量数据的特征选择算法和分类算法等进行了深入研究。全书共分 9 章，各章的名称及各章之间的联系、各章对应的研究问题、采取的主要工具和方法如图 1.9 所示。

内容	章名	研究问题	主要工具和方法
简介	第1章：绪论		
策略层	第2章：考虑政府干预的养老服务决策分析与管理策略	养老服务决策分析	演化博弈；主从博弈；行为理论
	第3章：考虑服务质量的养老服务供应链协调与博弈分析	养老服务供应链协调	主从博弈；信号博弈；仿真分析
规划层	第4章：基于QFD的智慧养老服务质量规划方法	智慧养老服务质量规划	QFD；数学规划；DEMATEL
	第5章：服务质量驱动的养老服务配置多目标优化方法	养老服务配置多目标优化	多目标优化；数学建模；最小二乘回归
运行层	第6章：零工经济背景下的HHCRSP优化方法	家庭医疗护理调度	BLP；不确定性规划；分支定界算法
	第7章：针对多样化用户需求的养老服务组合优化方法	养老服务组合优化	数学规划；犹豫模糊理论；可信分析
基础层	第8章：针对养老服务质量数据高维特点的特征选择算法	特征选择算法	正则分析；数学分析；集成学习算法
	第9章：针对养老服务质量数据非平衡+重叠特点的分类算法	分类算法	聚类分析；算法设计；统计分析

图 1.9　本书的章节安排和结构

本书各章的主要内容如下。

第 1 章介绍本书的研究背景，总结一些与养老服务运营管理有关的概念，对养老服务运营管理相关领域的研究进行回顾和分析，包括策略层面、规划层面、运行层面等的相关研究工作，明确本书的主要研究内容和重点方向。

第 2 章考虑养老服务系统中的政府干预，分别建立基于政府部门和民营养老服务供给企业的演化博弈模型、混合双寡头养老服务供给市场中服务供给机构的质量竞争博弈模型、考虑政府干预的养老服务供应链模型，分析不同情形下决策过程和结果，得到一些相关的结论和政策建议。

第 3 章考虑政府对服务供应商进行补贴，研究其服务质量控制问题，构建政府补贴下的养老服务供应链协调模型及政府与养老服务企业间基于服务努力信号的博弈模型，基于所建立的数学模型对养老服务质量控制问题进行分析和研究，同时关注供应链成员的收益和政府社会福利情况，得到一些相关的管理启示和管理建议。

第 4 章根据智慧养老服务质量影响因素调查问卷分析，对智慧养老服务质量影响因素重视程度进行分析，构建智慧养老服务质量屋，计算智慧养老服务质量特性的排序，建立智慧养老服务整数规划模型，以求用量化方法进行质量特性级别设定，进而实现养老服务质量规划，并结合某集团智慧养老服务质量规划案例对模型的可行性和有效性进行验证。

第 5 章在养老服务配置中考虑服务流程的时序关系和时变资源约束，建立多目标服务配置优化模型，将模型转化为等价的线性形式。针对中小规模问题设计空间划分精确算法，以获得模型的帕累托（Pareto）前沿解集；针对大规模问题设计 NSGA-Ⅱ算法，以获得模型的非支配解前沿。通过一个养老服务案例的配置结果分析，说明服务配置中考虑时序关系和时变资源约束的必要性，并针对案例进行敏感性分析。

第 6 章建立零工经济背景下的 BHHCRSP 模型，考虑旅行时间的不确定性，分别设计基于隐枚举的二阶段精确算法和二阶段混合元启发式算法对模型进行求解。通过随机生成的案例分析提出模型的特性和两个算法的有效性，为零工经济背景下的家庭医疗护理调度决策提供一些管理启示。针对家庭医疗护理调度中下层的 VRP 子问题进行深入研究，分别针对考虑碳排放量的 VRP 和考虑不确定旅行时间的 VRP 设计精确算法，并通过数值实验验证所提算法的有效性。

第 7 章针对功能单一的养老服务无法满足顾客要求的问题，结合养老服务的特点，提出基于 QoS 的养老服务组合优化模型。针对养老服务中顾客和养老服务供应商都存在犹豫模糊的心理，提出基于犹豫模糊供需信息的养老服务组合优化模型。针对在开放的养老服务市场环境中养老服务的可信度难以得到保证，给出养老服务的可信度度量方法，在此基础上，提出基于可信度的养老服务组合优化模型。

第 8 章提出一种针对养老服务质量数据高维特点的特征选择算法，其考虑服务数据非平衡+重叠的数据分布，并引入增强 R 值度量数据集的不平衡和重叠程度。在此基础上，利用拉普拉斯正则化项和 L_2 正则化项以最小化特征之间的冗余信息，达到特征选择的目的。实验结果表明，在随机森林（random forest，RF）分类器下，所提算法在六个数据集的分类性能优于其他七种典型的特征选择算法。

第 9 章提出一种针对养老服务质量数据非平衡 + 重叠特点的分类算法，以处理养老服务质量数据的非平衡 + 重叠问题。该算法基于数据密度和类别寻找最“可靠”的 k 近邻样本以做出最终决策。与现有的基于 kNN 算法的方法不同，该算法在“可靠”最近邻样本选择机制中纳入局部和全局的分布信息，考虑噪声因素影响以提高分类性能。数值实验结果表明，该算法在 F1 和 GM 指标上占据显著优势。

1.6 本章小结

本章介绍了本书的研究背景，总结了一些与养老服务和数智环境相关的概念，分析了养老服务运营管理的内涵、主要研究问题和特征，对本书相关的养老服务运营管理问题国内外研究现状进行了回顾和分析，从策略层面包括养老服务供给体系、政府政策对养老服务供给的影响、养老服务供给参与主体策略、养老服务质量监管策略、养老服务质量竞争策略、养老服务供应链最优决策等；从规划层面包括 QFD 方法、智慧养老服务的概念和模式、养老服务质量的测度和规划、服务模块化理论及应用、服务配置的优化模型和算法等；从运行层面包括家庭护理调度的模型和算法、考虑不确定性的家庭养老服务调度、服务路径规划的模型和算法、基于 BLP 理论的服务路径规划、养老服务组合优化方法、服务可信度的度量等；从基础层面包括养老服务的数据特点及对机器学习的挑战、针对非平衡数据的机器学习算法、针对高维数据的机器学习算法、针对数据重叠的机器学习算法、机器学习算法的性能评估方法等。此外，本章介绍了本书的主要思路和体系结构。

策 略 篇

第 2 章　考虑政府干预的养老服务决策分析与管理策略

2.1　问 题 背 景

国际上通用的人口老龄化衡量标准为 60 岁及以上人口占总人口比例为 10%以上，或者 65 岁及以上人口占总人口比例为 7%以上（国家统计局，2023b）。根据这一标准，我国 2000 年便已进入老龄化社会，且在随后的 20 多年，我国的老龄化速度明显加快。截至 2022 年底，我国 65 岁以上的老年人口约为 2.09 亿人，占总人口比例已达到 14.9%（国家统计局，2023a）。根据国家统计局相关数据预测，到 2050 年，我国的老年人口将达到 4.8 亿人（雷洋，2016）。人口老龄化趋势的不断加剧导致养老产业需求的快速增长，在政策引导及养老产业市场需求的双重驱动下，养老产业市场规模不断扩大。相关数据显示，2017 年我国养老产业市场规模为 2.5 万亿元，到 2021 年，我国养老产业市场规模已经达到 12.8 万亿元；经预测，到 2025 年，我国养老产业市场规模将超过 20 万亿元（民政部，全国老龄办，2022）。尽管养老服务产业发展态势迅猛，我国的养老服务供给仍面临一系列问题，主要表现在以下方面。

（1）养老服务的供需发展不平衡问题。面对我国庞大的老年人口基数，目前的养老服务供给很难满足老年人的需求。这表现在两个方面：一是服务供给数量缺乏。民政部《2022 年度国家老龄事业发展公报》相关数据显示，截至 2022 年末，我国各类养老机构共有床位 829.4 万张；在发达国家中，养老床位数与老年人口总数比例为 5%～7%，相较于这一比例，我国目前的养老床位数存在着严重的供需不平衡（民政部，全国老龄办，2022）。二是服务质量参差不齐，服务资源未得到充分利用。从政策层面，目前对养老服务行业的标准化规定不健全，部分地区存在监管不到位的情况，导致了部分养老服务供给参与者偷工减料情况的出现。从企业层面，养老服务供给尤其是养老服务机构具有投资回报周期长、投资回报率低的特点，很多养老服务供给企业尤其是民营养老服务供给企业入不敷出、经营困难，导致了目前养老市场服务供给水平参差不齐。部分民营养老服务机构服务较好，但收费较高，这也导致了养老服务资源闲置情况的出现。如何从政策层面吸引社会资本进入养老服务供给行业，同时能够为老年人提供高质量的养老服务是政府迫切需要解决的问题。

（2）养老服务供给区域发展不平衡问题。其主要原因如下：一是地域差异，我国东部与西部、南部与北部、城镇与农村的经济和社会发展程度差异较大，区域发展不平衡是养老服务供给不平衡问题的重要原因之一；二是人口迁移，受城市化进程的影响，出现了农村人口向城镇迁移、人才向大中型城市迁移的现象，这一现象不仅使大中型城市的养老服务压力过大，而且导致农村、小城镇等经济欠发达地区老年人比例提升，这些地区的养老服务资源却相对匮乏；三是政策实施，地方政府对养老服务问题的重视程度不同，部分地区缺乏对养老服务体系建设政策的落实。此外，由于地域等差异的存在，也很难将成功地区的经验照搬到其他地区。因此，如何因地制宜地制定适合区域养老服务行业发展的政策，从而促进服务质量的提升是决策制定者关注的要点。

（3）养老资金压力大。目前，我国倡导的养老模式为“9073”，即90%的老年人居家养老，7%的老年人社区养老，3%的老年人机构养老（潘蓉，2020）。其根本原因之一就是“未富先老”。养老保险是国家提供养老资金的一个重要来源。近年来，我国养老保险支出不断增加，部分地区的收支出现了严重不平衡的情况。此外，我国还有近1亿的60岁以上农民，很多农村老年人没有基本的养老保险，没有经济能力负担一系列养老服务。为促进养老服务行业的快速发展，政府的财政措施是必不可少的。目前，我国对养老服务行业的支持政策主要体现在税收和补贴政策上，对养老服务供给的补贴主要体现对供给方补贴和对需求方补贴两个层面。对养老服务供给参与者的补贴有助于解决养老服务供给参与者资金不足的问题，促进养老服务产业的可持续发展，而对老年人的直接补贴有助于激发市场活力，提升养老服务市场的需求。这些必要的财政措施的实施给我国财政支出带来了巨大压力，政府如何节约资金及如何利用有限的资金更好地实现养老服务体系建设是一个值得思考的问题。

由于养老服务具有准公共产品的性质，政府部门在养老服务供给过程中有着不可或缺的作用。国外学者对政府部门应当承担的养老服务保障责任已经形成了普遍的共识。例如，在英国，政府部门的角色包括资金与服务的提供者、服务的购买者、服务规范的制定者，以及服务的监督者；在日本，政府部门提供的公共福利服务及市场化的养老服务共同作为家庭养老服务的补充；德国把养老服务纳入了公共服务的范畴，以养老保险制度为支撑，由政府部门进行统一的管理与协调。我国政府也颁布了一系列法律法规用于支撑并建设我国的社会化养老服务体系，从政策层面上为社会化养老服务体系的建设提供了引导和支撑。这既体现了政府参与社会化养老服务体系建设的必要性，也突出了政府部门在养老服务供给体系建设中的重要作用。在政府部门对养老服务供给体系实施干预措施的情况下，养老服务供给体系中的参与者决策问题及养老服务供给体系的可持续发展问题也成为需要探讨的关键点。

面对养老服务供给过程中的一系列问题，考虑政府部门在我国社会化养老服务供给体系建设中的重要作用，对政府干预下养老服务供给策略的分析是建设健全社会化养老服务供给体系的关键。通过对相关研究的梳理发现，目前针对养老服务供给体系决策的研究中缺乏从质量管理的多种视角对政府干预下养老服务供给体系中各参与者之间的关系进行系统的分析。本章运用博弈理论，从横向视角及服务质量管理的角度对养老服务供给体系中不同参与者之间的策略交互进行一系列研究，分别是：政府部门与养老服务供给参与者之间（养老服务质量监管策略）的关系分析；不同财政政策下异质养老服务供给参与者之间（养老服务质量竞争策略）的关系分析；政府部门与养老服务供应链成员之间（养老服务最优质量决策）的关系分析；考虑环境和顾客要素时，政府部门与养老服务供应链成员之间（养老服务最优质量决策）的关系分析。上述理论研究为政府部门的决策制定、养老服务供给企业的决策制定，以及社会化养老服务供给体系的建设提供决策支撑。

2.2　政府治理视角下养老服务供给参与者的策略分析

2.2.1　引言

近年来，随着出生率和死亡率的降低，人口老龄化趋势的加剧已经成为日益严峻的社会问题。由人口老龄化导致的养老服务需求的急剧上升给养老服务体系带来了巨大的挑战。发达国家的人口老龄化过程相对缓慢，针对人口老龄化问题建立了成熟的长期照护体系。由于发展中国家经济和社会发展不协调，人口老龄化给发展中国家带来了疾病负担重、残疾风险增加、养老服务成本高等一系列挑战。我国的养老服务体系构建较晚，且受限于有限的政府预算，面对激增的养老服务需求与老年人对品质养老服务的需要，不能仅依靠政府部门提供养老服务，应不断完善社会资本在养老服务体系中的作用。我国政府制定了相关政策，促进了民营养老服务供给企业及养老服务体系的健全发展。随着社会资本在我国养老服务体系中的作用由补充到支持的转变，养老服务的供给问题不仅应关注如何充分调动社会力量加入养老服务的供给体系，而且应关注民营养老服务供给企业的服务质量，而政府部门在这个过程中的作用是不可或缺的，既要采取相应政策促进社会资本的加入，又要对民营养老服务供给企业进行监管，以期提高企业的服务质量。

目前，关于养老服务的研究多集中于养老服务政策与现状的定性分析、养老服务体系的实证研究、养老服务供给策略的定量研究等。研究者普遍认为，养老服务的供给是构建养老服务体系的重要部分，而利益相关者和参与者之间的决策分析是体系成功的关键因素，因此，在定量决策的框架下分析养老服务供给体系主要参与者的供给策略具有重要的意义。目前，对养老服务供给策略的定量研究大多集中在一次性交易中的最优决策分析。事实上，养老服务供给是一个长期、动态的过程，养老服务供给参与者的决策过程往往也是长期、动态的，在养老服务供给过程中往往会发生一些变化，如参与者的策略选择的变化、老年人的养老服务需求的变化等，这些因素都会使养老服务体系发生新的变化，并最终影响政府及养老服务供给企业的决策制定。此外，在养老服务供给决策过程中，政府部门及养老服务供给企业的决策制定者很难保持完全理性，因此本节关注我国养老服务主体在有限理性的条件下，面对动态、长期、复杂的养老服务供给过程的决策制定。

本节在政府治理视角下，建立养老服务供给策略分析的演化博弈模型，对政府部门与民营养老服务提供者在长期和动态环境中的策略交互进行研究。虽然有学者已经进行了这方面的相关研究，本节除对养老服务供给体系参与者在不同情境下的演化策略及不同参数对系统演化结果的影响进行分析之外，与之前研究的主要区别如下：①考虑动态环境的变动对系统参与者决策的影响，找到分析需求扰动影响的关键节点值，并分析不同程度需求扰动对系统演化结果的影响；②考虑动态补贴策略对系统参与者决策的影响，分析动态补贴策略对参与者博弈过程及结果的影响，此外，通过对静态补贴策略与动态补贴策略演化过程及结果的对比分析，找到不同策略适用的情况，以期从政府不同的监管目标出发，为政府的决策制定提供可行性建议。

2.2.2　模型建立及分析

1. 问题描述

本节考虑的养老服务供给参与者为政府部门和以社会力量为主导的民营养老服务供给企业。民营养老服务供给企业是养老服务的直接提供者，直接为老年人提供服务，其所追求的目标是自身利润的最大化。养老服务供给由于其服务对象的特殊性，具有投资水平高、投资回报周期长、营利性偏低的特点，为了保证服务的供给量，政府的相关补贴措施是必不可少的。政府部门可以通过政策导向来引导养老服务的供给，例如，通过对提供养老服务的民营养老服务供给企业实施补贴政策、税收减免政策、政策倾斜等，吸引社会资本投入养老服务供给。除补贴措施和提供激励以外，为了确保养老服务的质量，政府部门也需要建立相关的监督机制来约束养老服务供给参与者的行为，例如，对提供低质量服务的民营养老服务供给企业实施惩罚措施，对服务满意率低的民营养老服务供给企业取消补贴等。政府部门所追求的主要目标是社会福祉的改善。图 2.1 描述了本节所研究的养老服务供给体系中参与者间的结构关系。

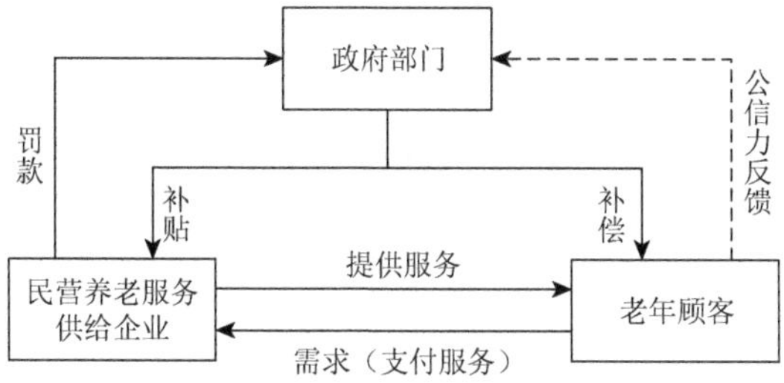

图 2.1　结构关系示意图

2. 基本假设

假设 2.1：政府部门和民营养老服务供给企业是博弈的主要参与者。政府部门的决策者和民营养老服务供给企业的决策者都是有限理性的，他们在长期、动态的养老服务供给过程中不断地调节自身的策略。

假设 2.2：政府部门的决策者拥有两种策略，即实施严格监管策略和实施宽松监管策略，其可能性分别为 x 和 $1-x$，并忽略了政府部门实施宽松监管策略的成本。在养老服务的供给过程中，民营养老服务供给企业有两种策略，即提供高质量的服务和提供低质量的服务，其可能性分别为 y 和 $1-y$。其中，$x,y\in[0,1]$。

假设 2.3：当民营养老服务供给企业提供高质量的服务时，由于社会福祉的改善，政府部门收获一个正的效用 R。当政府部门实施严格监管策略且民营养老服务供给企业提供高质量的服务时，会给政府部门带来一个额外正的效用，这个正的效用是通过顾客满意度或顾客的反馈得到的政府公信力的提升。

假设 2.4：当民营养老服务供给企业提供低质量的服务时，采取严格监管措施的政府部门会对民营养老服务供给企业进行罚款并没收原有的补贴，同时对接受低质量服务的老年顾客提供补偿。但当政府部门实施宽松监管策略时，无法确定企业服务质量，依然为提供低质量服务的企业提供补贴。

假设 2.5：由于养老服务体系的服务对象为老年人，其突发疾病和意外事故的风险更高，提供低质量服务的企业可能面临更高的风险成本。

假设 2.6：民营养老服务供给企业提供高质量服务的成本高于提供低质量服务的成本，即满足 $C_0>C_1$。

3. 模型建立

根据上述假设，构建养老服务供给过程中政府部门和民营养老服务供给企业的演化博弈模型，并构建政府部门和民营养老服务供给企业的支付矩阵，其中，政府部门的策略集为{严格监管，宽松监管}，民营养老服务供给企业的策略集为{高质量服务，低质量服务}。

模型的具体参数及释义见表 2.1。

表 2.1　模型参数及释义

参数	描述
R	当民营养老服务供给企业提供高质量服务时，政府部门的收益
S	政府部门实施严格监管的成本
θ	政府对民营养老服务供给企业单位服务的补贴
K	当政府部门实施严格监管且民营养老服务供给企业提供高质量服务时，政府部门的额外收益
F	当政府部门实施严格监管但民营养老服务供给企业提供低质量服务时，政府部门对其的惩罚额
M	当政府部门实施严格监管但民营养老服务供给企业提供低质量服务时，政府部门对顾客的补偿值
$x,1-x$	政府部门实施严格监管/宽松监管的可能性
$y,1-y$	民营养老服务供给企业提供高质量服务/低质量服务的可能性
$E_{g1},E_{g2},\overline{E_g}$	严格监管/宽松监管政府部门的期望收益及政府部门的平均期望收益
$E_{s1},E_{s2},\overline{E_s}$	高服务质量/低服务质量企业的期望收益及企业的平均期望收益
P	养老服务的单价
q	养老服务的需求
Δq	养老服务需求量的变动
C_0	高质量服务的单位成本
C_1	低质量服务的单位成本
V	企业提供低质量服务时所面临的风险成本

政府部门和民营养老服务供给企业博弈的支付矩阵见表 2.2。

表 2.2　政府部门和民营养老服务供给企业博弈的支付矩阵

政府部门	高服务质量企业	低服务质量企业
严格监管	$R-S-\theta q+K$；$Pq-C_0q+\theta q$	$-S+F-M$；$Pq-C_1q-F-V$
宽松监管	$R-\theta q$；$Pq-C_0q+\theta q$	$-\theta q$；$Pq-C_1q+\theta q-V$

根据博弈的支付矩阵，可以获得政府部门的期望收益。政府部门采取严格监管和宽松监管的支付方程分别为

$$E_{g1}=y(R-S-\theta q+K)+(1-y)(-S+F-M) \tag{2.1}$$

$$E_{g2}=y(R-\theta q)+(1-y)(-\theta q) \tag{2.2}$$

政府部门的平均期望收益可以表示为

$$\bar{E}_g = xE_{g1} + (1-x)E_{g2} \tag{2.3}$$

在复制动态系统中，策略的增长率等于其适应度与种群平均适应度的差。因此，政府部门实施严格监管的复制动态方程可以表示为

$$\begin{aligned} F(x) = \dot{x} = \frac{\mathrm{d}x}{\mathrm{d}t} &= x(E_{g1} - \bar{E}_g) \\ &= x(1-x)\left[y(K - F + M - \theta q) + F - S - M + \theta q\right] \end{aligned} \tag{2.4}$$

类似地，民营养老服务供给企业提供高质量服务的复制动态方程可以表示为

$$\begin{aligned} F(y) = \dot{y} = \frac{\mathrm{d}y}{\mathrm{d}t} &= y(E_{s1} - \bar{E}_s) \\ &= y(1-y)\left[x(F + \theta q) - C_0 q + C_1 q + V\right] \end{aligned} \tag{2.5}$$

式（2.4）和式（2.5）组成了养老服务供给的复制动态系统。

4. 均衡分析

通过上述复制动态系统，可以得到命题 2.1。

命题 2.1：对于养老服务供给的复制动态系统，可得

（1）(0,0)、(0,1)、(1,0)、(1,1)是复制动态系统的均衡点。

（2）若满足条件 $0 \leqslant C_0 q - C_1 q - V \leqslant F + \theta q$ ，$S \leqslant K$ 和 $S + M - F - \theta q > 0$ ，或 $0 \leqslant C_0 q - C_1 q - V \leqslant F + \theta q$ ， $K < S$ 和 $S + M - F - \theta q < 0$ ， $x^* = \dfrac{C_0 q - C_1 q - V}{F + \theta q}$ ， $y^* = \dfrac{S + M - F - \theta q}{K + M - F - \theta q}$ ，则 $\left(x^*, y^*\right)$ 也是复制动态系统的一个均衡点。

证明：根据微分方程的稳定性原理，如果一个策略是稳定的，那么 x 和 y 应该满足

$$F(x) = 0,\quad \frac{\partial F(x)}{\partial x} < 0,\quad F(y) = 0,\quad \frac{\partial F(y)}{\partial y} < 0$$

其中，$(x, y) \in [0,1] \times [0,1]$ 。令 $F(x) = 0$ ，$F(y) = 0$ ，可以很容易获得四个固定均衡点(0,0)、(0,1)、(1,0)和(1,1)。

当 $\left(x^*, y^*\right)$ 满足条件 $y(K - F + M - \theta q) + F - S - M + \theta q = 0$ 和 $x(F + \theta q) - C_0 q + C_1 q + V = 0$ 时，也是系统的一个均衡点。可以得到 $0 \leqslant C_0 q - C_1 q - V \leqslant F + \theta q$ ，以及当 $S \leqslant K$ 时，$S + M - F - \theta q > 0$ ；或当 $K < S$ 时，$S + M - F - \theta q < 0$ ，命题得证。

均衡取决于参与人初始策略的比例及相应区间内微分方程的符号。根据Hofbauer和Sigmund（1998）给出的线性化方法，可以用雅可比（Jacobi）矩阵来评价均衡点的稳定性。当满足条件 $\det J > 0$ 和 $\mathrm{tr}J < 0$ 时，均衡点为 ESS。复制动态系统的雅可比矩阵可以表示为

$$J=\begin{bmatrix}\partial F(x)/\partial x & \partial F(x)/\partial y\\ \partial F(y)/\partial x & \partial F(y)/\partial y\end{bmatrix}$$
$$=\begin{bmatrix}(1-2x)\left[y(K-F+M-\theta q)+F-S-M+\theta q\right] & x(1-x)(K-F+M-\theta q)\\ y(1-y)(F+\theta q) & (1-2y)\left[x(F+\theta q)-C_0q+C_1q+V\right]\end{bmatrix} \tag{2.6}$$

通过系统的雅可比矩阵 J，可以获取矩阵的行列式和迹的表达式：

$$\begin{aligned}\det J=&(1-2x)[y(K-F+M-\theta q)+F-S-M+\theta q](1-2y)[x(F+\theta q)-C_0q+C_1q+V]\\&-x(1-x)(K-F+M-\theta q)y(1-y)(F+\theta q)\end{aligned} \tag{2.7}$$

$$\mathrm{tr}J=(1-2x)[y(K-F+M-\theta q)+F-S-M+\theta q]+(1-2y)[x(F+\theta q)-C_0q+C_1q+V] \tag{2.8}$$

表 2.3 为矩阵的行列式和迹在各个均衡点处的表达式。

表 2.3　均衡点行列式和迹的表达式

均衡点	$\det J$	$\mathrm{tr}J$
$A(0,0)$	$(F-S-M+\theta q)(-C_0q+C_1q+V)$	$(F-S-M+\theta q)+(-C_0q+C_1q+V)$
$B(0,1)$	$(K-S)(C_0q-C_1q-V)$	$K-S+C_0q-C_1q-V$
$C(1,0)$	$-(F-S-M+\theta q)(F+\theta q-C_0q+C_1q+V)$	$-(F-S-M+\theta q)+(F+\theta q-C_0q+C_1q+V)$
$D(1,1)$	$(K-S)(F+\theta q-C_0q+C_1q+V)$	$-(K-S)-(F+\theta q-C_0q+C_1q+V)$
$E(x^*,y^*)$	$-\dfrac{(S+M-F-\theta q)(C_0q-C_1q-V)(K-S)\times(F+\theta q-C_0q+C_1q+V)}{(F+\theta q)(K+M-F-\theta q)}$	0

为了便于表示，定义如下四个表达式，$\pi_1=F+\theta q-C_0q+C_1q+V$，$\pi_2=-C_0q+C_1q+V$，$\pi_3=K-S$，以及 $\pi_4=\theta q+F-S-M$。其中，π_1 代表当政府部门采取严格监管措施时，相对于提供低质量的服务，民营养老服务供给企业提供高质量服务的净收益（简称提供高质量服务的净收益）；π_2 代表当政府部门采取宽松监管措施时，相对于提供低质量的服务，民营养老服务供给企业提供高质量服

务的净收益；π_3 代表当民营养老服务供给企业提供高质量服务时，相对于宽松监管策略，政府部门实施严格监管的净收益（简称政府部门实施严格监管的净收益）；π_4 代表当民营养老服务供给企业提供低质量服务时，相对于宽松监管策略，政府部门实施严格监管的净收益。此外，当政府实施宽松监管策略时，民营养老服务供给企业提供低质量服务的净收益高于提供高质量服务的净收益，这也是符合常识的；否则，民营养老服务供给企业将不会选择低质量服务的策略。因此，始终有 $\pi_2 < 0$。表 2.4 根据 $\pi_1 \sim \pi_4$ 的符号给出了八种可能的博弈情境。

表 2.4　八种情境的分类

情境	π_1	π_2	π_3	π_4
情境 1	+	–	+	–
情境 2	+	–	–	–
情境 3	+	–	+	+
情境 4	+	–	–	+
情境 5	–	–	+	–
情境 6	–	–	–	–
情境 7	–	–	+	+
情境 8	–	–	–	+

将博弈分为八种可能的情境之后，可以得到雅可比矩阵的行列式 det$J$ 和迹 tr$J$ 在每种情境下均衡点处的符号，并进一步获得均衡点的局部稳定性，结果如表 2.5 所示。

表 2.5　均衡点的局部稳定性

均衡点	情境 1			情境 2			情境 3			情境 4		
	det$J$	tr$J$	S	det$J$	tr$J$	S	det$J$	tr$J$	S	det$J$	tr$J$	S
$A(0,0)$	+	–	ESS	+	–	ESS	–	Uc	Sa	–	Uc	Sa
$B(0,1)$	+	+	Us	–	Uc	Sa	+	+	Us	–	Uc	Sa
$C(1,0)$	+	+	Us	+	+	Us	–	Uc	Sa	–	Uc	Sa
$D(1,1)$	+	–	ESS	–	Uc	Sa	+	–	ESS	–	Uc	Sa
$E(x^*,y^*)$	–	0	Sa	/	/	/	/	/	/	+	0	Sa

续表

均衡点	情境 5			情境 6			情境 7			情境 8		
	det*J*	tr*J*	*S*	det*J*	tr*J*	*S*	det*J*	tr*J*	*S*	det*J*	tr*J*	*S*
A(0,0)	+	–	ESS	+	–	ESS	–	Uc	Sa	–	Uc	Sa
B(0,1)	+	+	Us	–	Uc	Sa	+	+	Us	–	Uc	Sa
C(1,0)	–	Uc	Sa	–	Uc	Sa	+	–	ESS	+	–	ESS
D(1,1)	–	Uc	Sa	+	+	Us	–	Uc	Sa	+	+	Us

注：/代表不存在；*S* 代表稳定性；Us 代表不稳定点；Uc 代表不确定；Sa 代表鞍点。

情境 1：当满足条件 $\pi_1>0$，$\pi_2<0$，$\pi_3>0$，$\pi_4<0$ 时，养老服务供给体系的 ESS 为(1,1)和(0,0)，其演化相位图如图 2.2 所示。在这种情境下，政府部门的额外收益大于政府部门实施严格监管的成本；政府制定的单位补贴和惩罚额之和小于政府部门的监管成本与对顾客的补偿值之和。此外，民营养老服务供给企业提供高质量服务的总花费小于惩罚额、补贴、服务成本与风险成本。最终的演化结果与系统的初始状态有关，当初始状态处于图 2.2 中区域 *ABEC* 时，系统的 ESS 为(0,0)；当初始状态处于图 2.2 中区域 *BECD* 时，系统的 ESS 为(1,1)。

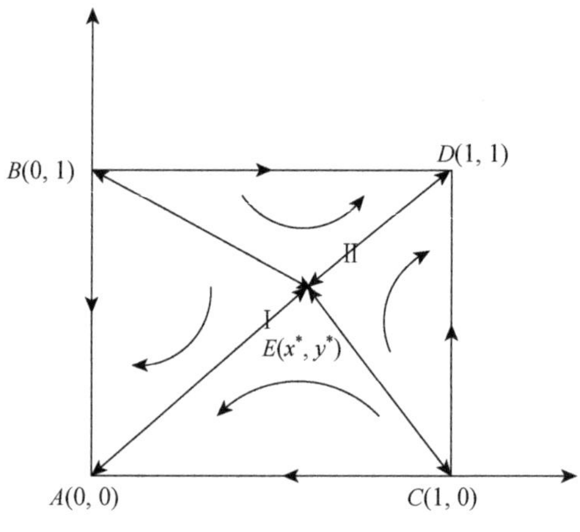

图 2.2　情境 1 的演化相位图

情境 2：当满足条件 $\pi_1>0$，$\pi_2<0$，$\pi_3<0$，$\pi_4<0$ 时，养老服务供给体系的 ESS 为(0,0)。在这种情境下，无论民营养老服务供给企业提供何种质量的服务，政府部门实施严格监管策略的净收益都是负的，因此政府部门会选取宽松的监管

策略，而在宽松的监管策略下，民营养老服务供给企业最终一定会选择提供低质量的服务。

情境 3：当满足条件$\pi_1>0$，$\pi_2<0$，$\pi_3>0$，$\pi_4>0$时，养老服务供给体系的 ESS 为(1,1)。在这种情境下，无论民营养老服务供给企业提供何种水平的服务，政府部门实施严格监管的净收益为正。政府部门实施严格监管的额外收益高于其监管成本，补贴与惩罚额之和高于监管成本与顾客补偿值之和。民营养老服务供给企业提供高质量服务的净收益为正，这意味着提供高质量服务的总成本要低于提供低质量服务的惩罚额、补贴、服务成本与风险成本之和，民营养老服务供给企业会选择提供高质量的服务。

情境 4：当满足条件$\pi_1>0$，$\pi_2<0$，$\pi_3<0$，$\pi_4>0$时，养老服务供给体系不存在 ESS，系统不能达到一个最终稳定的状态。

情境 5：当满足条件$\pi_1<0$，$\pi_2<0$，$\pi_3>0$，$\pi_4<0$时，养老服务供给体系的 ESS 为(0,0)。在这种情境下，无论政府部门采取何种监管策略，民营养老服务供给企业提供高质量服务的净收益是负的，因此民营养老服务供给企业会提供低质量的服务。尽管当民营养老服务供给企业提供高质量服务时，政府部门进行严格监管的净收益是正的，但是由于民营养老服务供给企业必然会提供低质量的服务，政府部门最终也会向宽松监管的方向演化。

情境 6：当满足条件$\pi_1<0$，$\pi_2<0$，$\pi_3<0$，$\pi_4<0$时，养老服务供给体系的 ESS 为(0,0)。在这种情境下，无论民营养老服务供给企业提供何种水平的服务，政府部门实施严格监管策略的净收益是负的。无论政府部门采取何种监管措施，民营养老服务供给企业提供高质量服务的净收益也是负的。

情境 7：当满足条件$\pi_1<0$，$\pi_2<0$，$\pi_3>0$，$\pi_4>0$时，养老服务供给体系的 ESS 为(1,0)。在这种情境下，无论政府部门采取何种监管策略，民营养老服务供给企业提供高质量服务的净收益是负的。政府部门采取严格监管策略的净收益始终为正，所以政府部门会采取严格的监管措施。

情境 8：当满足条件$\pi_1<0$，$\pi_2<0$，$\pi_3<0$，$\pi_4>0$时，养老服务供给体系的 ESS 为(1,0)。在这种情境下，无论政府部门采取何种监管措施，民营养老服务供给企业提供高质量服务的净收益是负的，因此它会选取提供低质量的服务。当民营养老服务供给企业提供低质量服务时，政府部门实施严格监管的净收益为正，因此最终系统的 ESS 为政府采取严格监管，民营养老服务供给企业提供低质量服务。

通过上述分析，可以得到命题 2.2。

命题 2.2：（1）如果满足$\pi_1>0$且$\pi_3>0$，那么均衡点(1,1)是一个 ESS。

（2）如果满足$\pi_4<0$，那么均衡点(0,0)是一个 ESS。

（3）如果满足$\pi_1<0$且$\pi_4>0$，那么均衡点(1,0)是一个 ESS。

证明：通过表 2.4，可以很容易得到每种情境下的 ESS。

（1）当满足条件$\pi_1 > 0$和$\pi_3 > 0$时，有$F + \theta q - C_0 q + C_1 q + V > 0$和$K > S$。根据表 2.3 中雅可比矩阵的行列式和迹的表达式在均衡点(1,1)处的表达式，可以得到在均衡点(1,1)处满足$\det J > 0$，$\operatorname{tr} J < 0$，此时，均衡点(1,1)为 ESS。

（2）当满足条件$\pi_4 < 0$时，有$F - S - M + \theta q < 0$。在均衡点(0,0)处满足$\det J > 0$，$\operatorname{tr} J < 0$，此时，均衡点(0,0)为 ESS。

同理，（3）可证。

通过表 2.5 可知，除情境 4 不存在 ESS 外，其他情境最终的 ESS 包含多种可能情况：（严格监管，高质量服务），（宽松监管，低质量服务），（严格监管，低质量服务）。当政府部门实施宽松监管时，民营养老服务供给企业一定会提供低质量的服务。此外，即使政府部门最终进化到实施严格监管策略，如果提供高质量服务的净收益为负，那么民营养老服务供给企业也会选择提供低质量的服务。当满足条件$\pi_1 > 0$且$\pi_3 > 0$时，博弈最终的 ESS 为（严格监管，高质量服务），这意味着当政府部门实施严格监管策略且民营养老服务供给企业的净收益为正，以及民营养老服务供给企业提供高质量服务且政府部门实施严格监管的净收益为正同时满足时，养老服务供给体系可以达到一个理想的结果。民营养老服务供给企业提供高质量服务是政府追求的一个理想状态，这是因为政府的目标是为老年顾客群体提供充足、优质的养老服务。可以通过调整π_1和π_3中的相应参数，促进博弈向理想的结果演化。

政府部门对提供低质量服务企业的惩罚额、对企业的单位补贴，以及实施严格监管的成本都会对π_1和π_3值产生影响。因此，政府部门可以通过实施高水平的惩罚额、高水平的单位补贴、提升其工作效率以降低监管成本等措施来促进π_1和π_3值的增大。

对于民营养老服务供给企业，不同服务质量间的成本差也会影响π_1值。通过分析，可以得到推论 2.1。

推论 2.1：当民营养老服务供给企业提供不同水平服务的成本差满足条件$C_0 - C_1 < \dfrac{F + \theta q + V}{q}$时，且当$K > S$时，博弈最终会向（严格监管，高质量服务）策略演化（对于情境 1，可能的演化结果为（严格监管，高质量服务）或（宽松监管，低质量服务），具体取决于群体的初始状态和参数的值）。

证明：由表 2.5 可知，情境 1 和情境 3 的 ESS 可能是(1,1)。这意味着，当满足条件$\pi_1 > 0$且$\pi_3 > 0$时，博弈最终会向均衡点(1,1)演化（情境 1 中，最终演化结果还取决于系统的初始状态）。因此，只有满足条件$F + \theta q - C_0 q + C_1 q + V > 0$，即成本差满足$C_0 - C_1 < \dfrac{F + \theta q + V}{q}$，博弈才有可能演化到理想的均衡点。

当民营养老服务供给企业采取投机行为的成本差异高于单位补贴、单位惩罚额与单位风险成本之和时，无论政府部门采取何种监管策略，民营养老服务供给企业会选择提供低质量的服务。当不同服务质量成本的差值较大时，养老服务供给体系很难演化到理想的结果，可以通过调整相应参数促进博弈向（严格监管，高质量服务）方向演化。

对于情境 1，存在两个可能的演化结果。情境 1 的演化相位图如图 2.2 所示。通过点 $E\left(x^*,y^*\right)$，可以得到图 2.2 中的区域Ⅱ的面积，表示如下：

$$S_\Delta=\frac{1}{2}\left(1-\frac{C_0q-C_1q-V}{F+\theta q}\right)+\frac{1}{2}\left(1-\frac{S+M-F-\theta q}{K-F+M-\theta q}\right) \tag{2.9}$$

通过对情境 1 的分析，可以得到命题 2.3。

命题 2.3：在情境 1 中，当参数 C_1、F、θ 值增大时，或当参数 C_0、q、S、M 值下降时，养老服务供给体系向（严格监管，高质量服务）的结果演化的可能性增加。

证明：求参数 S_Δ 对参数 C_1、F、θ、C_0、q、S、M 的偏导数，可得

$$\frac{\partial S_\Delta}{\partial C_1}=\frac{q}{2(F+\theta q)}>0,\quad \frac{\partial S_\Delta}{\partial C_0}=-\frac{C_0}{2(F+\theta q)}<0$$

$$\frac{\partial S_\Delta}{\partial F}>0,\quad \frac{\partial S_\Delta}{\partial \theta}>0,\quad \frac{\partial S_\Delta}{\partial q}<0,\quad \frac{\partial S_\Delta}{\partial S}<0,\quad \frac{\partial S_\Delta}{\partial M}<0$$

由此得证。

2.2.3　需求扰动下系统的 ESS

对于养老服务体系，养老服务需求的波动在短时期内不会很大，然而，从长远来看，政府政策的变动、人口结构的变化、地区差异或一些偶发事件都可能影响养老服务需求。将养老服务需求扰动量定义为 Δq，则 $q+\Delta q$ 代表需求扰动情况下养老服务需求量。

从政府的视角，情境 3 的 ESS 是理想的。因此，本节以情境 3 为例，探讨需求扰动对演化结果的影响。

当满足情境 3 的条件时，$0<C_0q-C_1q-V<F+\theta q$ 和 $S+M-F-\theta q<K+M-F-\theta q<0$ 成立。因此，当需求扰动量 Δq 满足 $\max\left(\frac{V}{C_0-C_1},\frac{S+M-F}{\theta}\right)-$

$q<\Delta q<\dfrac{F+V}{C_0-C_1-\theta}-q$时，均衡点与无需求扰动下的均衡点有相同的局部稳定性，均衡点(1,1)为 ESS。当需求扰动量不在上述范围内时，会对最终的均衡策略产生什么样的影响呢？前面已经假设当政府采取宽松监管策略时，民营养老服务供给企业提供低质量服务的收益大于提供高质量服务的收益，需求的变化也要满足这一假设条件，所以需求扰动量需满足条件$\Delta q>\dfrac{V}{C_0-C_1}-q$。当满足情境 3 的其他条件不变时，有命题 2.4。

命题 2.4：当考虑其他超出范围的需求扰动量时，可知：

（1）当满足条件$\dfrac{S+M-F}{\theta}<\dfrac{V}{C_0-C_1}$且服务需求扰动量满足$\Delta q>\dfrac{F+V}{C_0-C_1-\theta}-q$时，均衡点(1,0)是 ESS。

（2）当满足条件$\dfrac{V}{C_0-C_1}<\dfrac{S+M-F}{\theta}<\dfrac{F+V}{C_0-C_1-\theta}$且服务需求扰动量满足$\dfrac{V}{C_0-C_1}-q<\Delta q<\dfrac{S+M-F}{\theta}-q$时，均衡点(0,0)和(1,1)是 ESS。

（3）当满足条件$\dfrac{V}{C_0-C_1}<\dfrac{S+M-F}{\theta}<\dfrac{F+V}{C_0-C_1-\theta}$且服务需求扰动量满足$\Delta q>\dfrac{F+V}{C_0-C_1-\theta}-q$时，均衡点(1,0)是 ESS。

证明：当满足条件$\det J>0$和$\operatorname{tr}J<0$时，均衡点为 ESS。因此，当（1）的条件满足时，有$F+\theta(q+\Delta q)-C_0(q+\Delta q)+C_1(q+\Delta q)+V<0$和$F+\theta(q+\Delta q)-S-M>0$。在均衡点(1,0)处满足$\det J>0$，$\operatorname{tr}J<0$，（1）得证。

类似地，当（2）的条件满足时，有$F+\theta(q+\Delta q)-C_0(q+\Delta q)+C_1(q+\Delta q)+V>0$和$F+\theta(q+\Delta q)-S-M<0$。在均衡点(0,0)和(1,1)处满足$\det J>0$，$\operatorname{tr}J<0$，（2）得证。

对于（3），满足条件$F+\theta(q+\Delta q)-C_0(q+\Delta q)+C_1(q+\Delta q)+V<0$，均衡点(1,0)是 ESS。

存在三个主要的节点值$\dfrac{S+M-F}{\theta}$、$\dfrac{V}{C_0-C_1}$和$\dfrac{F+V}{C_0-C_1-\theta}$，可以用于分析当需求扰动值超出区间$\max\left(\dfrac{V}{C_0-C_1},\dfrac{S+M-F}{\theta}\right)-q<\Delta q<\dfrac{F+V}{C_0-C_1-\theta}-q$时的情形。通过上述分析，对于情境 3，当需求扰动量满足$\Delta q>\dfrac{F+V}{C_0-C_1-\theta}-q$时，即使政府部门采取严格监管措施，民营养老服务供给企业也会提供低质量的服务，此

时，政府部门可以通过提升单位惩罚额或降低单位补贴的方式来促使博弈向理想结果的方向演化；当需求扰动量满足 $\frac{V}{C_0-C_1}-q<\Delta q<\frac{S+M-F}{\theta}-q$ 时，最终的 ESS 还取决于系统的初始状态。

2.2.4 动态补贴政策下系统的 ESS

本节考虑政府部门将静态补贴转换为动态补贴策略，根据民营养老服务供给企业的供给意愿来设置动态补贴。具体来说，当民营养老服务供给企业提供高质量服务的可能性较低时，政府部门对企业提供高额补贴；当民营养老服务供给企业提供高质量服务的可能性较高时，政府部门降低对企业的补贴。假设政府部门对民营养老服务供给企业的补贴与企业提供高质量服务的可能性成反比，对企业的补贴总额由原有的 θq 变为 $B(1-y)$，其中，B 为政府补贴的最大限额（预算）。定义 $f(y)=B(1-y)$，并将其代入由式（2.4）和式（2.5）组成的复制动态系统中。动态补贴下的复制动态系统可以表示为

$$F(x)'=\frac{\mathrm{d}x}{\mathrm{d}t}=x(1-x)\{y[K-F+M-f(y)]+F-S-M+f(y)\} \quad (2.10)$$

$$F(y)'=\frac{\mathrm{d}y}{\mathrm{d}t}=y(1-y)\{x[F+f(y)]-C_0q+C_1q+V\} \quad (2.11)$$

系统的四个固定均衡点为 $A'(0,0)$、$B'(0,1)$、$C'(1,0)$、$D'(1,1)$，且当满足条件 $0<\frac{C_0q-C_1q-V}{F+B(1-y)}<1$ 和 $0<\frac{S+M-F-B(1-y)}{K+M-F-B(1-y)}<1$ 时，点 $E'(x^{**},y^{**})$ 即 $E'\left(\frac{C_0q-C_1q-V}{F+B(1-y)},\frac{S+M-F-B(1-y)}{K-F+M-B(1-y)}\right)$ 也是系统的一个均衡点。复制动态系统的雅可比矩阵如下：

$$J'=\begin{bmatrix}\partial F(x)/\partial x & \partial F(x)/\partial y\\ \partial F(y)/\partial x & \partial F(y)/\partial y\end{bmatrix}$$
$$=\begin{bmatrix}(1-2x)\{y[K-F+M-g(y)]+F-S-M+g(y)\} & x(1-x)[K-F+M-g(y)-yg'(y)+g'(y)]\\ y(1-y)[F+g(y)] & (1-2y)\{x[F+g(y)]-C_0q+C_1q+V\}+xy(1-y)g'(y)\end{bmatrix}$$
$$(2.12)$$

雅可比矩阵的行列式和迹在均衡点处的表达式如表 2.6 所示。

表 2.6 动态补贴政策下均衡点处行列式和迹的表达式

均衡点	detJ	trJ
$A'(0,0)$	$[F-S-M+B(1-y)](-C_0q+C_1q+V)$	$[F-S-M+B(1-y)]+(-C_0q+C_1q+V)$
$B'(0,1)$	$(K-S)(C_0q-C_1q-V)$	$K-S+C_0q-C_1q-V$
$C'(1,0)$	$-[F-S-M+B(1-y)][F+B(1-y)-C_0q+C_1q+V]$	$-[F-S-M+B(1-y)]+[F+B(1-y)-C_0q+C_1q+V]$
$D'(1,1)$	$(K-S)(F-C_0q+C_1q+V)$	$-(K-S)-(F-C_0q+C_1q+V)$

当满足条件$F-C_0q+C_1q+V>0$时，只有情境 1～4 存在，情境 1～3 在动态补贴策略下的 ESS 不变。若无法满足条件$F-C_0q+C_1q+V>0$，则新的复制动态方程无法在点(1,1)处实现演化稳定，所以忽略了无法达到理想演化结果的情况。因此，当政府部门选择实施动态补贴策略时，针对提供低质量服务的企业制定合理的惩罚措施是必要的。为了理解动态补贴政策对政府支出的影响，通过对动态补贴政策下情境 1 和情境 3 进行分析，得到结论 2.1。

结论 2.1：（1）当满足情境 1 的条件时，若政府部门的补贴满足条件$S+M-F>\theta q>(1-y)B$，则政府选择动态补贴的成本更低。

（2）当满足情境 3 的条件时，若政府部门的补贴满足条件$S+M-F<(1-y)B<\theta q$，则政府选择动态补贴的成本更低。

由于政府部门经常面临预算的压力，当满足上述条件时，政府部门可以通过选取动态补贴的方式减少支出，同时也不会改变最终系统的演化结果。

接下来讨论情境 1 和情境 4。处于这两种情境时，均衡点E'也是系统的均衡点，讨论在动态补贴策略下参数变动对情境 1 和 4 的演化结果的影响。通过分析，可以得到命题 2.5。

命题 2.5：（1）在情境 1 中，保持其他参数不变，当参数$B(F, C_1)$值提升时或当参数$S(M, C_0)$值下降时，系统向(1,1)演化的可能性增大。

（2）在情境 4 中，当参数$B(F)$值增大时或当参数$S(M)$值减小时，民营养老服务供给企业提供高质量服务的可能性增大。

证明：情境 1 在动态补贴决策下的结果与命题 2.3 类似。求S_{BECD}对参数的偏导数，可得

$$\frac{\partial S_{BECD}}{\partial C_1}=\frac{q}{2[F+B(1-y)]}>0$$

$$\frac{\partial S_{BECD}}{\partial C_0}=-\frac{q}{2[F+B(1-y)]}<0$$

$$\frac{\partial S_{BECD}}{\partial F}=\frac{C_0q-C_1q-V}{2[F+B(1-y)]^2}+\frac{K-S}{2[K-F+M-B(1-y)]^2}>0$$

$$\frac{\partial S_{BECD}}{\partial S}=-\frac{1}{2[K-F+M-B(1-y)]}<0$$

$$\frac{\partial S_{BECD}}{\partial M}=\frac{S-K}{2[K-F+M-B(1-y)]^2}<0$$

$$\frac{\partial S_{BECD}}{\partial B}=\frac{(1-y)(C_0q-C_1q-V)}{2[F+B(1-y)]^2}+\frac{(1-y)(K-S)}{2[K-F+M-B(1-y)]^2}>0$$

由此，(1) 得证。

在动态补贴政策下，情境 4 中，系统在点 $E'(x^{**},y^{**})$ 处渐近稳定，所以当 y^{**} 值增大时，民营养老服务供给企业提供高质量服务的可能性增大。因此，求 y^{**} 对参数的偏导数，可得

$\frac{\partial y^{**}}{\partial F}<0$，$\frac{\partial y^{**}}{\partial B}<0$，$\frac{\partial y^{**}}{\partial S}>0$，$\frac{\partial y^{**}}{\partial M}>0$，由此，(2) 得证。

对于情境 1，命题 2.5 的 (1) 与命题 2.3 类似。政府部门可以采取一些措施使博弈向理想的结果方向演化，如提升补贴预算、提升惩罚额等。对于情境 4，在动态补贴政策下，系统最终会在点 $E'(x^{**},y^{**})$ 处达到渐近稳定状态。对于命题 2.5 的 (2)，参数 B、F、S、M 的变动会影响点 $E'(x^{**},y^{**})$ 的坐标。当补贴预算 B 或惩罚额 F 增加时，有助于降低政府部门实施严格监管的可能性，同时提升民营养老服务供给企业提供高质量服务的可能性。当政府部门实施严格监管的成本或对顾客的补偿值提高时，民营养老服务供给企业提供高质量服务的可能性也会增大。参数的变动对民营养老服务供给企业的影响与情境 1 相同，但是，补贴预算及惩罚额的提升有助于提升民营养老服务供给企业提供优质服务的可能性，同时降低政府部门采取严格监管的可能性。

2.2.5　数值仿真

1. 系统的初始状态对演化结果的影响

当系统处于情境 1 和情境 3 时，最终的演化结果可能是理想的演化结果，因此首先选取两组参数值，如表 2.7 所示，以研究系统的不同初始状态对参与者最终演化结果的影响。此外，对于情境 4 这种特殊情况（无 ESS），也关注系统的初始状态对参与者演化结果的影响。与金额相关的单位为千元，需求量的单位为人。

表 2.7　三种情境的初始参数设置

情境	F	C_0	C_1	q	S	M	V	K	θ
情境 1	10	0.8	0.5	100	20	5	15	30	0.1
情境 3	10	0.8	0.5	100	15	3	15	30	0.1
情境 4	10	0.8	0.5	100	15	3	15	10	0.1

对于情境 1，由图 2.3（a）可知，当政府部门实施严格监管的可能性极低（$x=0.2$）时，且企业提供高质量服务的可能性极高时，政府部门会向实施严格监管的方向演化。当政府部门实施严格监管的可能性相对较低（$x=0.4$）时，随着企业提供高质量服务的可能性提高到相对较高的水平，政府部门会选取实施严格监管的策略。当政府部门实施严格监管的可能性相对较高（$x=0.6$）时，随着企业提供高质量服务的可能性的提高(除了企业提供高质量服务的可能性极低)，政府部门更快地向实施严格监管策略的方向演化。当政府部门实施严格监管的可能性极高（$x=0.8$）时，随着企业提供高质量服务的可能性的提高，政府部门将更快地向实施严格监管策略的方向演化。除此之外，随着政府部门实施严格监管的可能性的提高，政府部门达到最终 ESS 状态（实施严格监管）的时间更短。对图 2.3（b）中政府实施严格监管可能性变动对企业策略的影响分析与上述分析类似。

对于情境 3，分析企业初始策略变动对政府决策的影响，从图 2.3（c）中可以看出，无论企业提供高质量服务的初始可能性如何，最终政府都会选择实施严格监管策略。随着企业提供高质量服务的可能性提高，政府部门可以更快地达到 ESS 状态。此外，随着政府部门实施严格监管可能性的增大，政府部门可以更快地达到 ESS 状态。分析政府初始策略变动对企业决策的影响，从图 2.3（d）中可以看出，无论政府部门实施严格监管的初始可能性如何，最终企业都会选择提供高质量的服务。随着政府部门实施严格监管可能性的增大，企业达到最终 ESS 状态的速度更快。此外，随着企业提供高质量服务可能性的增大，企业更快地达到 ESS 状态。

对于情境 1 和情境 3，增大政府部门严格监管的初始可能性，增大企业提供高质量服务的初始可能性，都有助于博弈更快地向理想结果的方向演化。

对于情境 4，无论系统初始状态如何，两个参与者都无法达到最终稳定状态。如图 2.3（e）所示，分析企业初始策略变动对政府部门决策的影响。随着企业提供高质量服务可能性的增大，政府部门决策波动的幅度变大。当政府部门实施严格监管的可能性适中（$x=0.4,0.6$）且企业提供高质量服务的可能性极低（$y=0.2$）时，政府部门决策波动的幅度最小；当政府部门实施严格监管的可能性极低（$x=0.2$）且企业提供高质量服务的可能性极高（$y=0.8$）时，政府部门决策波动的幅度最大。如图 2.3（f）所示，分析政府部门初始策略变动对企业决策的影响。当企业提供高质量服务的可能性较低（$y=0.2,0.4$）且政府部门实施严格监管的可能性适中（$x=0.4,0.6$）时，企业决策的波动幅度最小；当企业提供高质量服务的可能性极高（$y=0.8$）且政府部门实施严格监管的可能性极低或极高（$x=0.2,0.8$）时，企业决策的波动幅度最大。

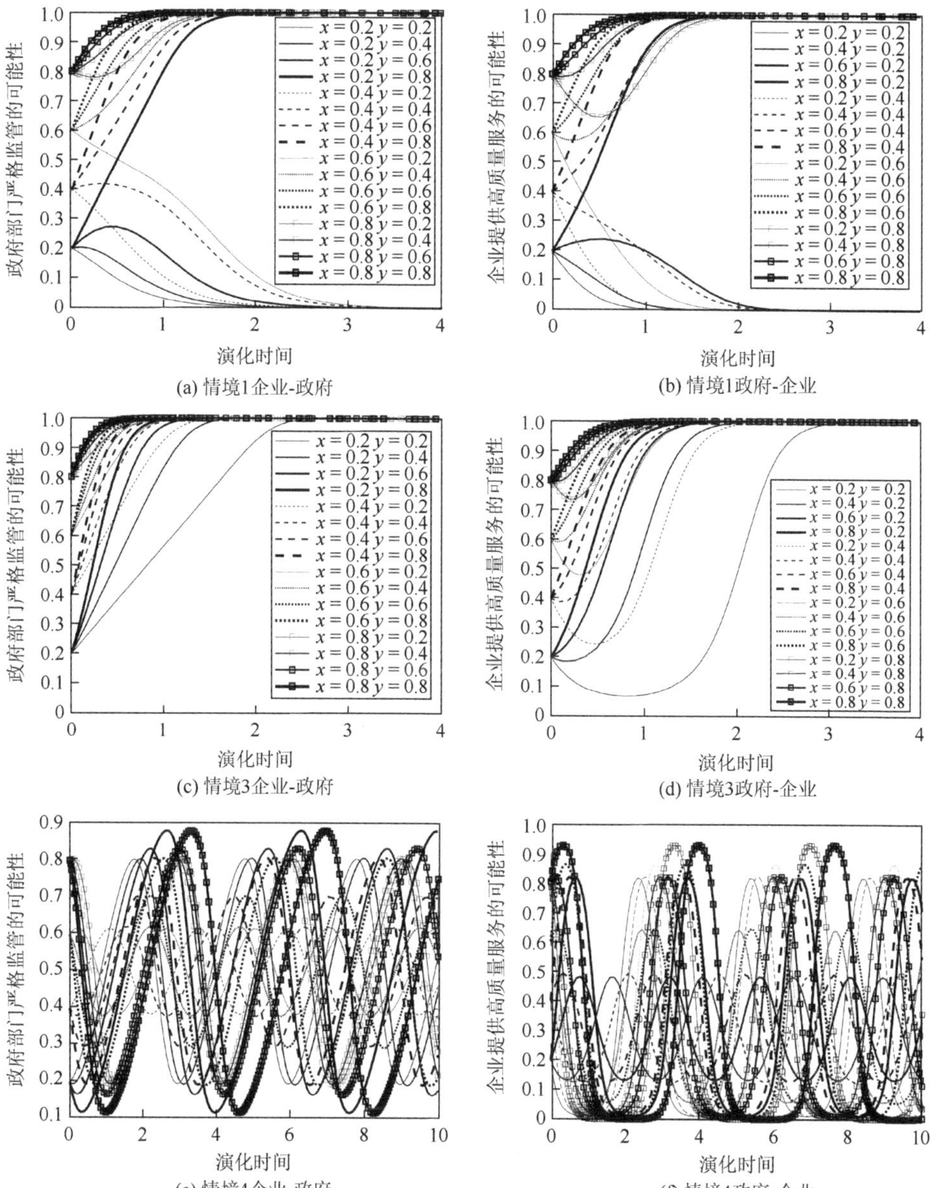

(a) 情境1企业-政府　(b) 情境1政府-企业

(c) 情境3企业-政府　(d) 情境3政府-企业

(e) 情境4企业-政府　(f) 情境4政府-企业

图 2.3　参与者 A 初始策略变动对参与者 B 策略的影响

图 2.3（e）和（f）的图例分别同图 2.3（c）和（d）

2. 参数变动对演化结果的影响

关注不同参数的变动对系统演化结果的影响，以情境 3 为例进行分析，参数的具体取值与前面相同。

1）惩罚额变动的影响

调整政府对提供低质量服务的企业的惩罚额，以观察其变动对系统演化结果的影响，如图 2.4 所示，其中选取了三个参数F的值。

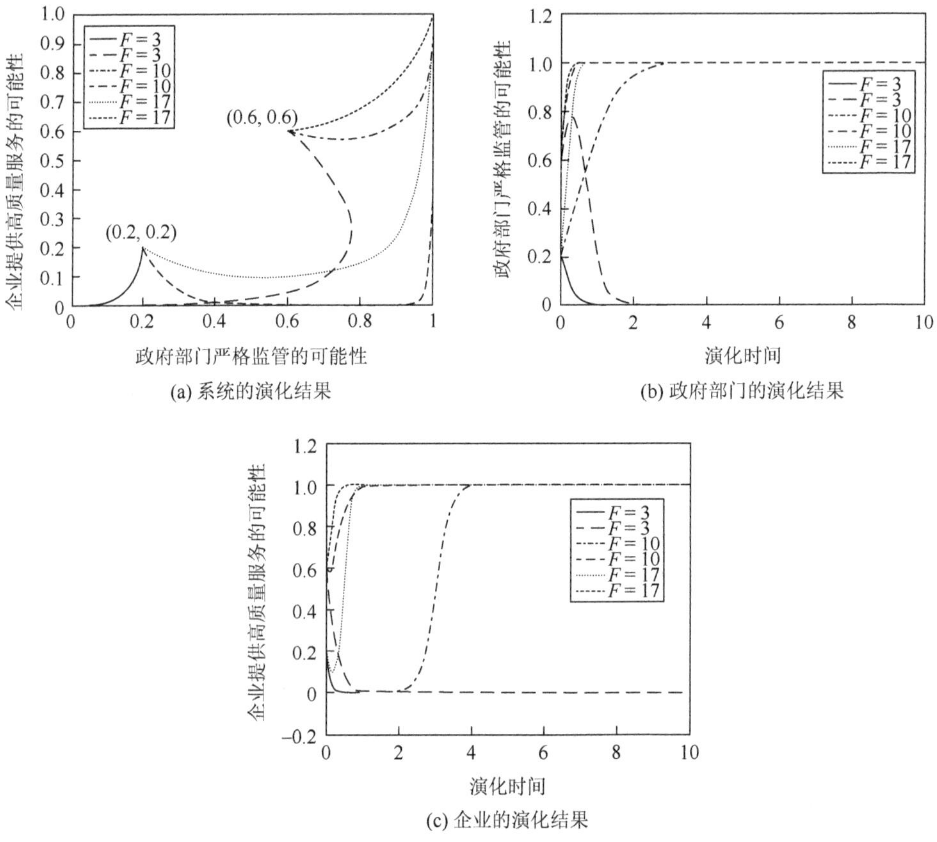

图 2.4　惩罚额的变动对系统演化结果的影响

选取两组系统的初始状态值，分别为(0.2,0.2)和(0.6,0.6)，在不同的初始状态及不同的惩罚额取值下观察系统最终的演化结果。从图 2.4（a）中可以看出，当惩罚额较低（$F=3$）时，无论系统的初始状态如何，最终的 ESS 为（宽松监管，低质量服务）。当惩罚额为$F=10,17$时，无论系统的初始状态如何，最终的 ESS 为（严格监管，高质量服务）。从图 2.4（b）中可以看出，当惩罚额较低（$F=3$）且政府部门实施严格监管的可能性较高（$x=0.6$）时，政府部门在短时间内可能会增大严格监管的可能性，但随着时间推移，依然会选择实施宽松监管的策略。随着惩罚额的提升（$F=10\to17$）及政府部门实施严格监管可能性的提高（$x=0.2\to0.6$），政府部门达到稳定状态的周期缩短。从图 2.4（c）中可以看出，当企业提供高质量服务的可能性较低（$y=0.2$）且惩罚额为$F=10,17$时，企业在短时期内会向提供低质量服务的方向演化，但随着时间的推移，最终会选择提供高质量的服务。此外，随着惩罚额的提升（$F=10\to17$），企业达到稳定状态的周期缩短。总的来说，较高的惩罚额设定有利于系统向理想结果方向演化，且系统可以更快的速度达到稳定状态。

2）政府监管成本变动的影响

分析政府监管成本的变动对系统演化结果的影响，如图 2.5 所示，其中选取了四个参数S的值。

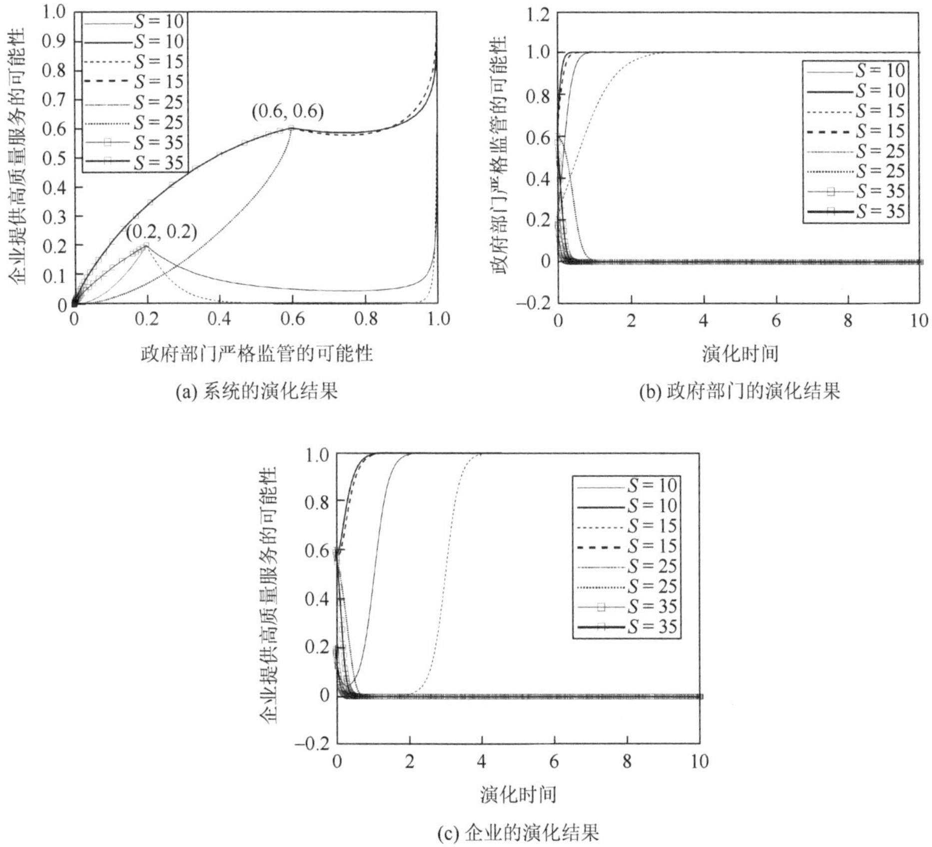

图 2.5　严格监管成本的变动对系统演化结果的影响

从图 2.5（a）中可以看出，当实施严格监管的成本$S=10,15$时，无论系统的初始状态如何，系统最终的演化结果为（严格监管，高质量服务）；当实施严格监管的成本较高时，系统最终的演化结果为（宽松监管，低质量服务）。从图 2.5（b）中可以看出，当实施严格监管的成本较低（$S=10,15$）时，随着严格监管成本的降低，政府部门达到稳定状态的周期缩短，随着政府部门实施严格监管可能性的增大，政府部门达到稳定状态的周期缩短。从图 2.5（c）中可以看出，当实施严格监管的成本较低（$S=10,15$）时，随着严格监管成本的降低，企业达到稳定状态的周期缩短，随着企业提供高质量服务的可能性增大，企业达到稳定状态的周期缩短。总的来说，较低的政府监管成本有利于系统向理想结果方向演化，且系统可以更快的速度达到稳定状态。

3）顾客补偿值变动的影响

调整政府对接受低质量服务的顾客的补偿值，以观察其变动对系统演化结果的影响，如图 2.6 所示，其中选取了四个参数 M 的值。

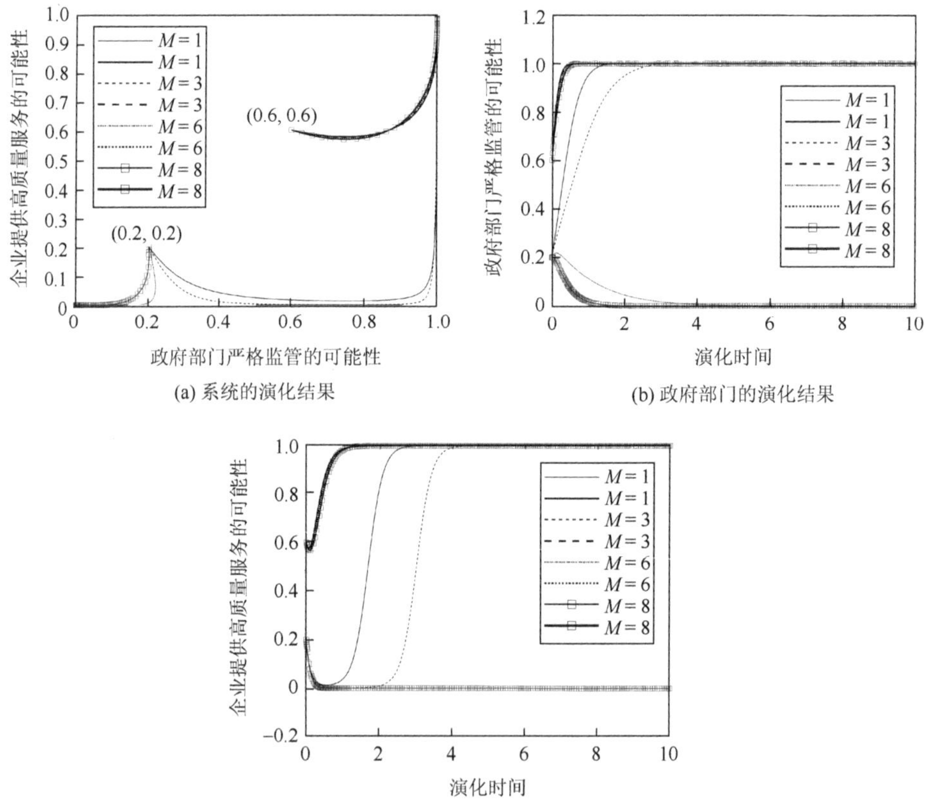

(a) 系统的演化结果　　(b) 政府部门的演化结果

(c) 企业的演化结果

图 2.6　顾客补偿值的变动对系统演化结果的影响

从图 2.6（a）中可以看出，当顾客补偿值较低（$M=1,3$）时，无论系统的初始状态如何，系统最终的演化结果为（严格监管，高质量服务）；当顾客补偿值较高（$M=6,8$）且系统初始状态为(0.2,0.2)时，系统最终的演化结果为（宽松监管，低质量服务），当系统初始状态为(0.6,0.6)时，系统最终的演化结果为（严格监管，高质量服务）。从图 2.6（b）中可以看出，过高的顾客补偿值不利于系统向理想结果的方向演化，此外，政府实施严格监管可能性的增大有利于政府部门更快地达到稳定状态。从图 2.6（c）中可以看出，过高的顾客补偿值不利于系统向理想结果的方向演化，企业提供高质量服务可能性的增大有利于其更快地达到稳定状态。

4）成本差变动的影响

分析企业提供高、低质量服务成本差变动对系统演化结果的影响，如图 2.7 所示，其中选取了三组成本差 $C_0 - C_1$。

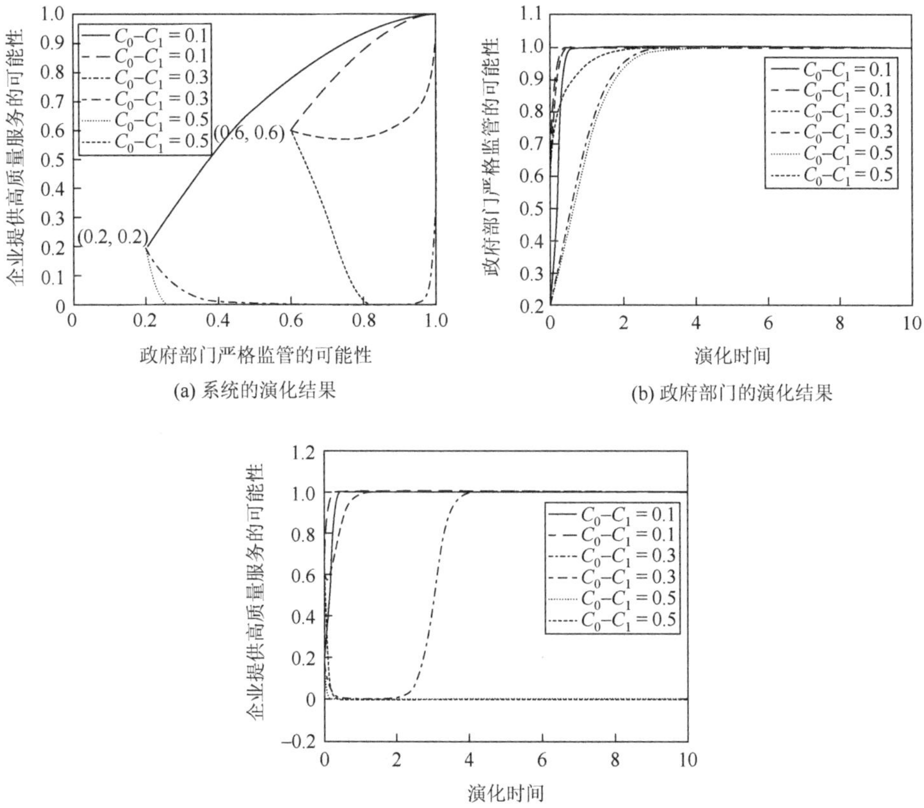

(a) 系统的演化结果　(b) 政府部门的演化结果

(c) 企业的演化结果

图 2.7　不同质量服务成本差的变动对系统演化结果的影响

从图 2.7（a）中可以看出，当高、低质量服务的成本差过高（$C_0 - C_1 = 0.5$）时，系统最终的演化结果为（严格监管，低质量服务），高额的服务质量成本差使企业即使面临罚款与风险依然选择提供低质量的服务，此时，政府部门应采取提升补贴与罚款等措施来减小企业提供低质量服务的可能性。从图 2.7（b）中可以看出，高、低质量服务成本差变动没有影响政府部门最终的 ESS，较大的政府部门严格监管可能性有利于政府部门更快地达到稳定状态，较小的成本差也有助于政府部门更快地达到稳定状态。从图 2.7（c）中可以看出，较高的成本差不利于企业选取提供高质量的服务。当成本差不过高时，企业提供高质量服务可能性的增大有助于企业更快地达到稳定状态。

3. 动态环境、政策对演化结果的影响

这里主要关注需求扰动、动态补贴策略对系统演化结果的影响。

1）需求扰动对演化结果的影响

考虑需求扰动对系统演化结果的影响，依然以情境 3 为例，参数的取值同上，并选取了四组需求扰动量进行对比，结果如图 2.8 所示。

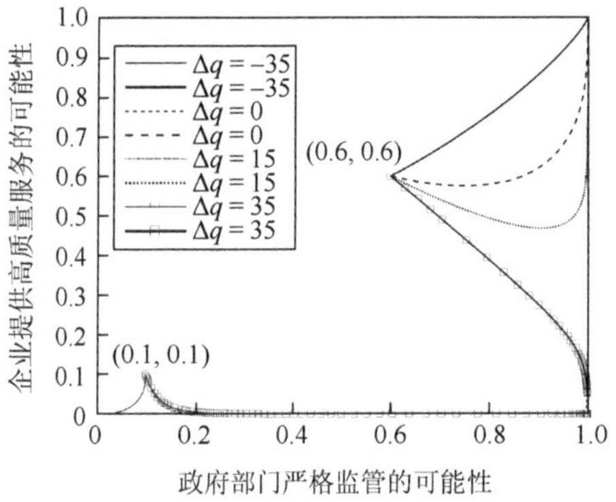

(a) 系统的演化结果

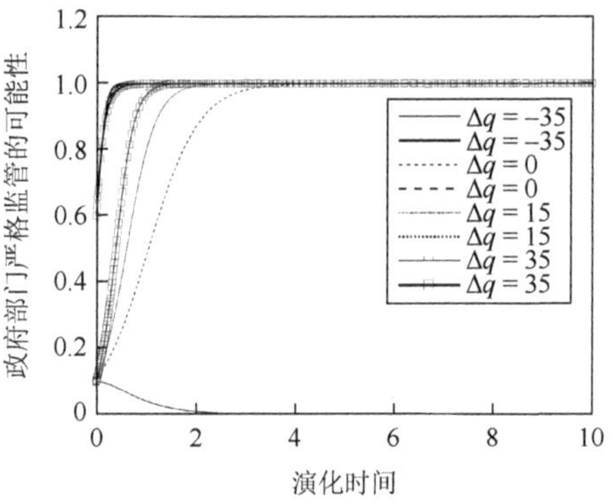

(b) 政府部门的演化结果

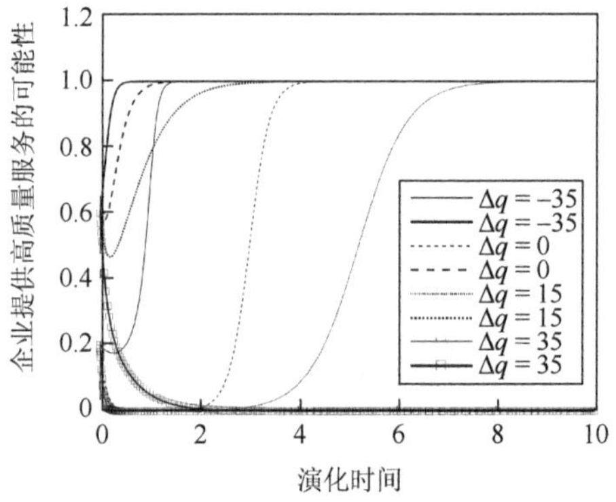

(c) 企业的演化结果

图 2.8　需求扰动对系统演化结果的影响

从图 2.8（a）中可以看出，当需求扰动量处于命题 2.4（2）中的区间时，系统最终的 ESS 与系统的初始状态有关，最终在（严格监管，高质量服务）或（宽松监管，低质量服务）达到稳定。当需求扰动量处于不会引起变化的区间时，最终系统的 ESS 不变，为（严格监管，高质量服务）。当需求扰动量处于命题 2.4（3）中的区间时，最终系统在（严格监管，低质量服务）达到稳定。从图 2.8（b）中可以看出，政府严格监管可能性的增大有利于政府部门更快地达到稳定状态。随着需求扰动量的不断增大，政府部门更快地达到稳定状态。从图 2.8（c）中可以看出，需求扰动量的增大不利于企业更快地达到稳定状态，且当需求扰动量超过一定值时，即使政府部门采取严格监管策略，企业也不会提供高质量的服务，因此政府部门需要整体把握服务需求的扰动量，根据服务供给量的变动来调整企业服务需求的供给，以避免服务需求激增而缺乏服务供给的情况出现，也可以通过相关政策的调整来避免需求的激增导致低质量服务的情况出现。

2）动态补贴对演化结果的影响

关注动态补贴策略的实施对系统演化结果的影响。因为动态补贴策略的实施不会影响情境 1～3 的系统演化结果，所以只选取了两种情境进行分析，分别为情境 3 和情境 4。

图 2.9 为情境 3 中参与者在静态补贴和动态补贴下演化结果的对比。可以看出，动态补贴策略的实施不会影响系统参与者最终的稳定状态，但会影响其达到稳定状态的时间。当政府部门的预算相对充足时，选择动态补贴策略有助于系统更快地达到稳定状态。此外，也可以发现一个有趣的现象。当政府部门实施严格监管的可能性较小时，如果政府部门补贴预算充足，政府部门也可以更快的速度达到稳定状态。民营养老服务供给企业达到稳定状态的速度随着企业提供高质量服务可能性的增大而提升。

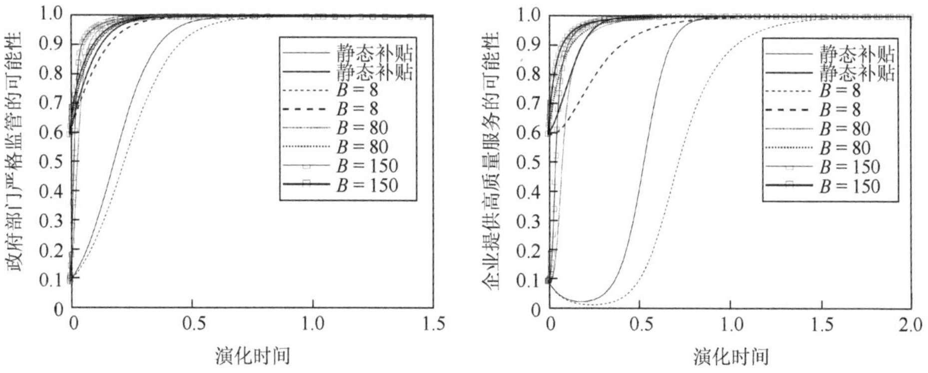

(a) 政府部门的演化结果　　(b) 企业的演化结果

图 2.9　情境 3 中静态补贴和动态补贴对系统演化结果的影响

图 2.10 为情境 4 中参与者在静态补贴和动态补贴下演化结果的对比。可以看出，当政府部门采取静态补贴政策时，系统很难达到稳定状态，处于周期波动状态中。当政府部门采取动态补贴策略时，系统最终能够达到稳定状态，且随着政府部门补贴预算的增加，政府部门及企业都能以更快的速度达到稳定状态。政府部门的稳定状态值（严格监管的可能性）随着其补贴预算的增加而减小，而民营养老服务供给企业的稳定状态值（企业提供高质量服务的可能性）随着政府部门补贴预算的增加而增大。

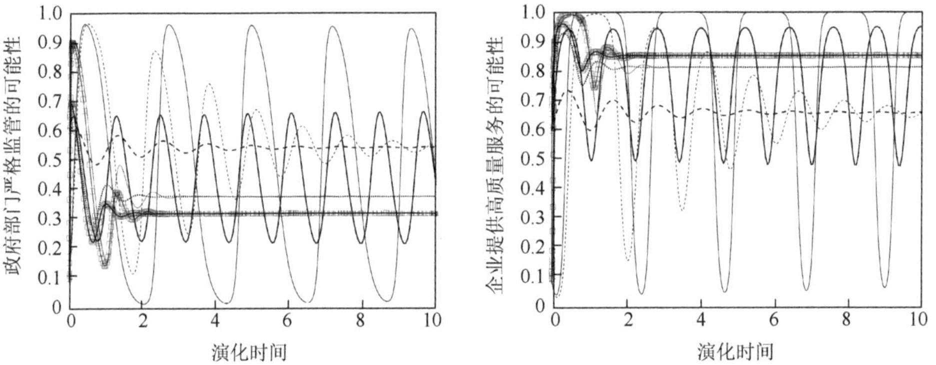

(a) 政府部门的演化结果　　(b) 企业的演化结果

图 2.10　情境 4 中静态补贴和动态补贴对系统演化结果的影响

图例同图 2.9

2.2.6　结论

本节建立了基于政府部门和民营养老服务供给企业的演化博弈模型，以分析民营养老服务供给企业和政府部门在养老服务供给过程中的行为决策过程和结果。通过分析不同的情境、动态环境及动态政策下系统的 ESS，为政府部门和养老服务供给企业的决策制定提供建议。

通过模型及数值实验的分析，得到主要结论如下。

（1）给出了政府部门和民营养老服务供给企业博弈可能的八种情境及对应的 ESS。总结了实现理想均衡结果所需要满足的条件同时满足时，即当政府部门采取严格监管策略时，相对于提供低质量的服务，民营养老服务供给企业提供高质量服务的净收益为正，以及当民营养老服务供给企业提供高质量服务时，相对于宽松监管策略，政府部门实施严格监管的净收益为正，系统最终会在理想的均衡结果处达到稳定。

（2）分析了相关参数对系统演化结果的影响。惩罚额、补贴的增加，顾客补偿值的降低以及监管成本的降低有利于促进系统向理想结果的方向演化。

（3）分析了企业成本参数对系统演化结果的影响。当企业提供高、低质量服务成本差高于单位补贴、单位惩罚额与单位风险成本之和时，无论政府部门采取何种监管策略，企业都会选择提供低质量的服务。

（4）总结了需求扰动对系统演化结果的影响，以情境 3 为例，需求扰动量的增大有利于政府更快达到稳定状态，但不利于企业更快达到稳定状态。此外，也分析了面对特定范围的需求扰动时，可以通过提高惩罚额、降低单位补贴的方式促使系统向理想结果方向演化。

（5）总结了动态补贴策略对系统演化结果的影响。当政府部门实施动态补贴策略时，需要制定合理的惩罚措施；找出了政府部门实施动态补贴措施不影响最终演化结果且成本更低的条件；静态补贴下存在演化稳定的情境（情境 1～3），系统的演化结果不受动态补贴的影响，但会影响系统达到稳定状态的时间，政府部门的补贴预算越大，达到稳定状态的周期越短。对于静态补贴下不存在演化稳定的情境，通过动态补贴，系统可以在政府部门较低的严格监管可能性和企业较高的服务质量处达到稳定。

通过上述分析过程和结论，针对养老服务供给体系的发展给出如下建议。

（1）由于民营养老服务供给企业具有投机性，为了保证养老服务的质量，政府部门应该保持较大的严格监管的可能性状态。此外，政府部门也应采取措施提高其监管效率，降低其监管成本，避免无效监管。可以通过相关研究和数据收集来支持其政策的制定，如“互联网＋”养老服务平台的建设，将老年顾客群体纳入体系的监管中，提升老年顾客群体的参与度，收集其满意度，根据满意度对民营养老服务供给企业进行奖励或惩罚。

（2）政府部门对养老服务体系的规划及相关政策的制定应当是长期的或周期的，且不同情境下关键因素对系统的影响是不同的。因此，针对现实环境及系统所处状态的不同，政府的政策侧重点应当是不同的。对不同情境下系统 ESS 的研究，以及分析不同参数对系统 ESS 的影响恰恰符合这一实际情况，通过模型分析并结合养老服务供给的实际情况，可以因地制宜地制定相关政策。

此外，政府部门在不同的阶段也面临不同的目标，当面临扩大市场规模的需求时，应当提升补贴促进服务的供给；当市场发展到一定规模后，逐步完善奖惩措施，实现民营养老服务供给企业的优胜劣汰；当面临提高市场稳定性的需求时，应针对实际情况制定合理政策，增大严格监管的可能性，以促进系统快速地实现稳定状态。

（3）政府部门应加大对民营养老服务供给企业的补贴与支持，优化补贴结构。目前，我国已经提出并实施了建设补贴、经营补贴、免税及土地划拨等政策，需要因时、因地制宜针对不同时间点和地区提出更适宜的政策。当政府部门的补贴预算充足时，或当养老服务供给体系发展到较成熟的水平时，动态补贴政策对系统的发展是更有利的，在一定条件下，不仅有助于节省政府财政补贴支出，而且有利于系统更快地实现稳定。

（4）建立完善的市场准入体系、服务质量监督与评价体系。首先，政府部门需要制定一套完善的养老服务市场供给的准入标准。然后，政府部门可以与市场组织进行合作，制订合理的评估和监督方案，也可以将第三方评估或监管机构引入监督与评价体系。例如，可以与大数据资源管理等相关单位或企业进行合作，将养老服务供给企业都纳入平台，对其经营管理记录、补贴、惩罚、评级、评价等方面实施统一综合管理。

2.3 政府不同财政政策下养老服务市场的决策分析

2.3.1 引言

养老服务市场的服务质量是决策制定者主要关注点之一。为了促进养老服务质量的提升，很多国家对其养老服务供给体系进行了改革，以促使养老服务供给参与者之间的竞争，引入新的服务供给者是刺激竞争的一种常见方式。我国已经颁布并实施了一系列法规，以促进养老服务供给体系的竞争与发展，促进民营资本进入养老服务供给体系，与公立养老服务机构进行竞争，从而提升养老服务供给的质量，公立养老服务机构与民营养老服务机构共同组成了我国的混合养老服务供给体系。

对于公共服务（如养老服务和医疗服务）的供给，政府部门相关政策的实施对系统的市场绩效有重要的影响，如利润约束带来的影响、政府补贴带来的影响等。本节主要关注政府部门对养老服务供给市场的三种主要财政政策，第一种是公立养老服务机构的支出由政府补贴承担，如美国，满足条件的老年人去公立养老服务机构接受服务是免费的，选择民营养老服务机构则需支付高昂的费用；第二种是去公立养老服务机构接受服务的顾客需要支付一部分费用，称为共付费用，公立养老服务机构的其余成本由政府补贴承担，如日本，选择公立养老服务机构接受服务的顾客只需支付一部分费用，其余由政府补贴；第三种是政府部门对公立养老服务机构的成本及去民营养老服务机构接受服务的顾客进行补贴，例如，我国部分地区对满足条件的老年人提供免费服务，对去民营养老服务机构接受服务的顾客进行补贴。

本节在Hotelling模型的框架下分析三种财政政策下混合双寡头养老服务供给市场的均衡结果。不仅关注财政政策对养老服务机构服务质量和服务价格的影响，而且重点关注社会福利和政府支出等因素。此外，对于不同地区或不同国家，因地制宜采取哪种财政政策更合适；如何在不同的财政政策间进行选择；在不同的财政政策下，采取什么措施来提高服务质量、社会福利或减少政府开支，都是值得决策者考虑的问题。本节的研究与以往通过空间竞争模型对养老服务或医疗服务市场进行研究的主要区别在于：①分析三种财政政策下双寡头养老服务供给市场的最优决策，并进行对比分析；②除分析市场竞争程度和关键财政政策参数变化对服务质量的影响外，还考虑它们对社会福利、政府支出、平均服务质量和民营养老服务机构利润的影响；③为不同财政政策的实施提供建议，并根据实际情况指导决策者在三种财政政策中进行选择，以从不同角度为决策制定者提供可行性建议。

2.3.2　模型建立

考虑一个标准 Hotelling 模型下双寡头垄断的养老服务供给市场，老年顾客均匀地分布在 $L=[0,1]$的线上。将顾客的总量定义为 1，每个顾客需要且仅需要 1 单位的养老服务。养老服务供给市场包括两个服务供应商，它们都可以提供足够数量的服务。假设养老服务机构 1 是由政府主导的公立养老服务机构，它坐落在线段的左端点，其服务质量受政府部门的监管，其目标是最大化社会福利。养老服务机构 2 是由社会资本主导的民营养老服务机构，它坐落在线段的右端点，其目标是最大化自身的利润。

假设公立养老服务机构提供服务的成本支出来源为一般收入所得税，且政府部门以税率 τ 从居民处征收收入所得税。公立养老服务机构对顾客是免费的，而选取民营养老服务机构接受服务的顾客需要支付一定的服务费用。位于 x 处（$x\in L$）从养老服务机构 i（$i=1,2$）接受服务的顾客效用可以表示为

$$U(x,i)=\begin{cases}y(1-\tau)+v+\beta q_1-tx, & i=1\\ y(1-\tau)+v+\beta q_2-P-t(1-x), & i=2\end{cases} \tag{2.13}$$

其中，v 为顾客的初始总效用，它足够高且能够确保每个顾客可以消费 1 单位的养老服务；t 为顾客的边际交通成本，又称服务的水平分化程度，竞争的影响也可以通过其来衡量（t 值的减少意味着竞争的加剧）；q_i 为养老服务机构 i 的服务质量；β 用来衡量养老服务质量的边际效用，且其值为正；y 为个体的总收入；τ 为收入所得税税率；P 为民营养老服务机构的服务价格。

假设接受养老服务的顾客是同质的，他们从两个养老服务机构中挑选一个接受服务以最大化其自身的效用。去两个养老服务机构接受服务无差异的顾客位于点

$$\overline{X}=\frac{\beta(q_1-q_2)+P}{2t}+\frac{1}{2} \tag{2.14}$$

随后，也可以推得两个养老服务机构各自的需求函数，公立养老服务机构的顾客需求为$D_1=\overline{X}$，民营养老服务机构的顾客需求为$D_2=1-\overline{X}$。

若养老服务机构i面临的顾客需求为D_i，提供总量为D_i且服务质量为q_i的服务所需要花费的成本可以表示为

$$C_i = cD_i + \frac{kq_i^2}{2} \tag{2.15}$$

其中，c为提供1单位养老服务的边际成本，假设c是常数；k为质量成本的一个参数，且其值为正。

公立养老服务机构由政府部门主导，在没有价格作为决策变量的情况下，公立养老服务机构只能决策其服务质量，其目标是最大化社会福利。社会福利的表达式如下：

$$W = y(1-\tau) + \int_0^{\overline{X}} (v + \beta q_1 - tx)\mathrm{d}x + \int_{\overline{X}}^1 \left[v + \beta q_2 - t(1-x) - P\right]\mathrm{d}x + \pi \tag{2.16}$$

其中，π为民营养老服务机构的利润，民营养老服务机构可以决策其价格和服务质量，以实现其利润最大化为目标。民营养老服务机构的利润表达式如下：

$$\pi = (P-c)D_2 - \frac{kq_2^2}{2} \tag{2.17}$$

本节考虑决策者可能采取的三种财政政策，分别将其定义为三种情境。

（1）情境OP。收入所得税完全用来补贴公立养老服务机构的运营成本。这一情境的政府支出可以表示为

$$\tau y = cD_1 + \frac{kq_1^2}{2} \tag{2.18}$$

（2）情境CP。去公立养老服务机构接受服务的顾客需要支付一定的共付费用T，与收入所得税一起共同补贴公立养老服务机构的运营成本。此外，假设单位服务的共付费用小于民营养老服务机构的服务价格，这在现实中也是合理的。这一情境的政府支出可以表示为

$$\tau y = cD_1 + G(q_1) - TD_1 \tag{2.19}$$

（3）情境PP。收入所得税一部分用来补贴公立养老服务机构的运营成本，另一部分用来补贴去民营养老服务机构接受服务的顾客。假设去民营养老服务机构接受服务的顾客只需要支付服务价格的a部分（$0\leqslant a\leqslant 1$），其余部分由政府部门补贴给民营养老服务机构。这一情境的政府支出可以表示为

$$\tau y = cD_1 + G(q_1) + (1-a)PD_2 \tag{2.20}$$

为了便于分析，将三种财政政策（情境）下公立养老服务机构的决策目标——社会福利综合表述如下：

$$W = y(1-\tau) + \int_0^{\overline{X}} (v + \beta q_1 - T - tx)\mathrm{d}x + \int_{\overline{X}}^1 \left[v + \beta q_2 - t(1-x) - aP\right]\mathrm{d}x + (P-c)(1-\overline{X}) - G(q_2) \tag{2.21}$$

三种财政政策（情境）下，公立养老服务机构的顾客需求综合表述为

$$\overline{X} = \frac{\beta(q_1 - q_2) + aP - T}{2t} + \frac{1}{2} \tag{2.22}$$

其中，当$T=0$，$a=1$时，等式对应情境 OP；当$T\neq 0$，$a=1$时，等式对应情境 CP；当$T=0$，$0\leqslant a<1$时，等式对应情境 PP。此外，用q_{im}代表养老服务机构i在情境m中的服务质量，其中，$m\in(\mathrm{OP,CP,PP})$，例如，$q_{1\mathrm{CP}}$代表公立养老服务机构在情境 CP 中的服务质量。

应用 Hotelling 模型框架分析竞争对均衡结果的影响，考虑一个两阶段的博弈过程：①在第一阶段，两个养老服务机构各自决策自身的服务质量；②在第二阶段，民营养老服务机构决策自身的服务价格。

2.3.3　均衡分析

本节首先求出博弈的均衡解，然后关注关键财政政策参数及竞争程度对均衡结果的影响，以及在不同财政政策下均衡结果的对比。

1. 均衡结果

通过逆向归纳法求解博弈，对不同情境下民营养老服务机构的服务价格进行探讨。

1）最优服务价格

在三种情境中，民营养老服务机构在博弈的第二阶段决策其服务价格。为了获取三种情境下民营养老服务机构的最优服务价格，通过求取函数的一阶偏导数，并令其等于 0，可将最优服务价格表示为

$$P = \frac{t - \beta(q_1 - q_2) + ac + T}{2a} \tag{2.23}$$

因为二阶偏导数满足$\dfrac{\partial^2\pi}{\partial P^2}<0$，所以均衡解存在。由最优服务价格的表达式可知，共付费用（T）、边际交通成本（t）及养老服务的边际成本（c）对民营养老服务机构的最优服务价格有正向影响。最优服务价格也与公立养老服务机构和民营养老服务机构之间的服务质量差异有关，服务质量差异越大，其对服务价格的负效用越大。

2）质量竞争

在获取民营养老服务机构最优服务价格之后，分析博弈第一阶段养老服务机

构的均衡服务质量。由于两个养老服务机构同时决策其服务质量，将式（2.23）分别代入式（2.21）和式（2.17）中，随后，分别求取社会福利（W）对q_1的偏导数及利润（π）对q_2的偏导数，令一阶偏导数分别为0 $\left(\frac{\partial W}{\partial q_1}=0，\frac{\partial \pi}{\partial q_2}=0\right)$，可以得到最优反应方程：

$$q_1(q_2)=\frac{3\beta^2 q_2-\beta c-5\beta t+(1-a)\beta c+\beta T}{3\beta^2-8kt} \tag{2.24}$$

$$q_2(q_1)=\frac{\beta^2 q_1+\beta c-\beta t-\beta T-(1-a)\beta c}{a\beta^2-4kt} \tag{2.25}$$

此外，需要满足对应的二阶偏导数为负，即$\frac{\partial^2 W}{\partial q_1^2}<0$，$\frac{\partial^2 \pi}{\partial q_2^2}<0$，且黑塞矩阵（Hessian matrix）负定。因此需满足以下必要条件：

$$\beta^2<\frac{8}{5}kt，\ a>\frac{2\beta^2}{8kt-3\beta^2}$$

公立养老服务机构服务质量的最优反应方程$q_1(q_2)$与民营养老服务机构的服务质量成反比，$\frac{\partial q_1(q_2)}{\partial q_2}=\frac{3\beta^2}{3\beta^2-8kt}<0$。这意味着较高的民营养老服务机构服务质量会导致公立养老服务机构的需求量降低，从公立养老服务机构服务质量提升中受益的顾客也相应减少。公立养老服务机构质量投资的边际收益降低，导致公立养老服务机构选择降低其服务质量。因此，较高的民营养老服务机构服务质量会导致公立养老服务机构较低的服务质量。

民营养老服务机构服务质量的最优反应方程$q_2(q_1)$与公立养老服务机构的服务质量成反比，$\frac{\partial q_2(q_1)}{\partial q_1}=\frac{\beta^2}{a\beta^2-4kt}<0$。这意味着较高的公立养老服务机构服务质量会导致民营养老服务机构的需求量降低，这也意味着需求更具价格弹性。较高的公立养老服务机构服务质量导致较低的民营养老服务机构服务价格，更低的服务价格导致更低的民营养老服务机构服务质量。

可以求得均衡结果如下：

$$q_1^*=\frac{\beta\left(-2a^2ckt-a\beta^2c-10akt^2+\beta^2T+2Tkt+4\beta^2t\right)}{2kt\left(3a\beta^2-8akt+2\beta^2\right)} \tag{2.26}$$

$$q_2^*=\frac{\beta\left(4ackt-a\beta^2c+\beta^2T-4Tkt+4\beta^2t-4kt^2\right)}{2kt\left(3a\beta^2-8akt+2\beta^2\right)} \tag{2.27}$$

$$P^*=\frac{2a\beta^2c-4ackt+\beta^2T-4Tkt+2\beta^2c+4\beta^2t-4kt^2}{3a\beta^2-8akt+2\beta^2} \tag{2.28}$$

为了确保均衡结果存在，需要找出在不同情境下使均衡服务质量和均衡服务价格均为正的必要条件。当$T=0$，$a=1$时，为了确保均衡服务质量为正，需要满足必要条件$\beta^2<kt$和$t>c$，此时，民营养老服务机构的均衡服务价格始终为正；当$T\neq 0$，$a=1$时，为了确保公立养老服务机构的均衡服务质量为正，共付费用T应当小于定值T_1（$T_1=t+c$），此时，民营养老服务机构的均衡服务价格始终为正；当$T=0$，$0<a<1$时，a存在一个下界

$$a_1=\frac{\sqrt{\beta^4c^2+52\beta^2t^2ck+100k^2t^4}-\beta^2c-10kt^2}{4ckt}$$

当a高于这一临界值时，公立养老服务机构的均衡服务质量为正，a也存在一个上界

$$a_2=\min\left(\frac{4t\left(kt-\beta^2\right)}{c\left(4kt-\beta^2\right)},1\right)$$

当a低于这一临界值时，民营养老服务机构的均衡服务质量为正，此时，民营养老服务机构的均衡服务价格始终为正。因此，处于情境 PP 时，均衡存在需要满足必要条件$a_1<a<a_2$。

2. 关键财政政策参数对均衡服务价格和质量的影响

求得不同财政政策下的均衡结果后，关注关键财政政策参数对均衡结果的影响。因为在情境 OP 中不存在关键财政政策参数，所以主要关注情境 CP 和情境 PP。通过分析，可以得到命题 2.6。

命题 2.6：（1）在情境 CP 中，共付费用的提升会导致公立养老服务机构均衡服务质量的降低，但会提升民营养老服务机构的均衡服务质量和均衡服务价格。

（2）在情境 PP 中，顾客补贴的提升会导致公立养老服务机构均衡服务质量的降低，但会提升民营养老服务机构的均衡服务质量和均衡服务价格。

证明：根据情境 CP 中的均衡结果对T求偏导数，可以得到

$$\frac{\partial q_{1\mathrm{CP}}^*}{\partial T}=\frac{\beta\left(\beta^2+2kt\right)}{2kt\left(5\beta^2-8kt\right)}<0$$

$$\frac{\partial q_{2\mathrm{CP}}^*}{\partial T}=\frac{\beta\left(\beta^2-4kt\right)}{2kt\left(5\beta^2-8kt\right)}>0$$

$$\frac{\partial P_{\mathrm{CP}}^*}{\partial T}=\frac{\beta^2-4kt}{5\beta^2-8kt}>0$$

因此，（1）很容易得证。

（2）对于情境 PP，首先求取公立养老服务机构的均衡服务质量对 a 的偏导数，可以得到

$$\frac{\partial q_{1\mathrm{PP}}^{*}}{\partial a}=-\frac{\beta\left(3a^{2}\beta^{2}ckt-8a^{2}ck^{2}t^{2}+4ackt+\beta^{4}c+6\beta^{4}t-6\beta^{2}kt^{2}\right)}{kt\left(3a\beta^{2}-8akt+2\beta^{2}\right)^{2}}$$

令 $A=-\left(3a^{2}\beta^{2}ckt-8a^{2}ck^{2}t^{2}+4ackt+\beta^{4}c+6\beta^{4}t-6\beta^{2}kt^{2}\right)$，并求取 A 对 a 的偏导数，可得 $\frac{\partial A}{\partial a}=2ckt\left(-3a\beta^{2}+8akt-2\right)>0$，当 $a\to 0$ 时，$A=-\beta^{4}c-6\beta^{4}t+6\beta^{2}kt^{2}=\beta^{2}\left[6t\left(kt-\beta^{2}\right)-\beta^{2}c\right]$。若满足 $6t\left(kt-\beta^{2}\right)-\beta^{2}c>0$，则 $c<\frac{6t\left(kt-\beta^{2}\right)}{\beta^{2}}$。因为均衡存在需要满足的必要条件包括 $c<\frac{4t\left(kt-\beta^{2}\right)}{4kt-\beta^{2}}$，且 $\beta^{2}<4kt-\beta^{2}$ 也很容易得证，所以 $\left[6t\left(kt-\beta^{2}\right)-\beta^{2}c\right]$ 始终为正。因此可知，$\frac{\partial q_{1\mathrm{PP}}^{*}}{\partial a}>0$。

然后求取民营养老服务机构的均衡服务质量对 a 的偏导数，可以很容易得到

$$\frac{\partial q_{2\mathrm{PP}}^{*}}{\partial a}=-\frac{\beta\left(\beta^{4}c+6\beta^{4}t-4\beta^{2}ckt-22\beta^{2}kt^{2}+16k^{2}t^{3}\right)}{kt\left(3a\beta^{2}-8akt+2\beta^{2}\right)^{2}}$$

令 $M=\beta^{4}c+6\beta^{4}t-4\beta^{2}ckt-22\beta^{2}kt^{2}+16k^{2}t^{3}$，将 M 重新表述为 $M=\beta^{2}c\left(\beta^{2}-4kt\right)+2t\left(3\beta^{2}-8kt\right)\left(\beta^{2}-kt\right)$。若 M 为正，则需要满足 $c<\frac{2t\left(3\beta^{2}-8kt\right)\left(\beta^{2}-kt\right)}{\beta^{2}\left(4kt-\beta^{2}\right)}$；否则，若不满足 $c<\frac{2t\left(3\beta^{2}-8kt\right)\left(\beta^{2}-kt\right)}{\beta^{2}\left(4kt-\beta^{2}\right)}$，则 M 为负。已知必要条件 $c<\frac{4t\left(kt-\beta^{2}\right)}{4kt-\beta^{2}}$，且 $\frac{4t\left(kt-\beta^{2}\right)}{4kt-\beta^{2}}<\frac{2t\left(8kt-3\beta^{2}\right)\left(kt-\beta^{2}\right)}{\beta^{2}\left(4kt-\beta^{2}\right)}$ 成立，所以 M 始终为正。因此可知，$\frac{\partial q_{2\mathrm{PP}}^{*}}{\partial a}<0$。

最后求取民营养老服务机构的均衡服务价格对 a 的偏导数，可以得到

$$\frac{\partial P_{\mathrm{PP}}^{*}}{\partial a}=-\frac{2\left(\beta^{4}c+6\beta^{4}t-4\beta^{2}ckt-22\beta^{2}kt^{2}+16k^{2}t^{3}\right)}{\left(3a\beta^{2}-8akt+2\beta^{2}\right)^{2}}$$

通过前面的假设及必要条件可以很容易得到 $\frac{\partial P_{\mathrm{PP}}^{*}}{\partial a}<0$。

命题 2.6 是很直观的。在情境 CP 中，当共付费用提升而其他条件不变时，更多的顾客会选择去民营养老服务机构接受服务。民营养老服务机构为了追求更高的利润，会选择提升其服务价格，更高的利润也会促使民营养老服务机构提供更

高质量的服务。因此，公立养老服务机构的服务质量会下降（决策替代性 $\frac{\partial q_1(q_2)}{\partial q_2}<0$）。在情境 PP 中，政府部门对顾客补贴的提升会使更多的顾客选择去民营养老服务机构接受服务，民营养老服务机构为了追求更高的利润，会选择提升其服务价格，更高的利润也会促使民营养老服务机构提供更高质量的服务。由于决策替代性，最终公立养老服务机构的服务质量会下降。

3. 竞争程度对均衡服务价格和质量的影响

边际交通成本可以作为衡量竞争程度的指标，具体来说，较低的边际交通成本意味着更高的竞争程度。下面针对竞争程度对均衡结果的影响进行分析。

首先，分析竞争程度对公立养老服务机构均衡服务质量的影响，可得到命题 2.7。

命题 2.7：对于三种情境下的公立养老服务机构，

（1）当 $T=0$，$a=1$ 时，更高的竞争程度导致公立养老服务机构服务质量的提升。

（2）当 $T\neq 0$，$a=1$ 时，更高的竞争程度导致公立养老服务机构服务质量的提升。

（3）当 $T=0$，$0\leqslant a<1$ 时，若满足条件 $\overline{a_1}<a_1<a$ 或 $a_1<\overline{a_1}<a$，则更高的竞争程度会导致公立养老服务机构服务质量的提升；若满足条件 $a_1<a<\overline{a_1}<a_2$，则更高的竞争程度会导致公立养老服务机构服务质量的下降。

证明：（1）情境 OP 中，令公立养老服务机构的均衡服务质量对 t 求偏导数，根据假设和必要条件，可以很容易得出

$$\frac{\partial q_{1\mathrm{OP}}^*}{\partial t}=\frac{\beta\left(5\beta^4-16\beta^2ckt-18\beta^2kt^2-16ck^2t^2\right)}{2kt^2\left(5\beta^2-8kt\right)^2}<0$$

（2）情境 CP 中，令公立养老服务机构的均衡服务质量对 t 求偏导数，可得

$$\frac{\partial q_{1\mathrm{CP}}^*}{\partial t}=-\frac{\beta\left(5T\beta^4-16T\beta^2kt-16Tk^2t^2-5\beta^4c+16\beta^2ckt+18\beta^2kt^2+16ck^2t^2\right)}{2kt^2\left(5\beta^2-8kt\right)^2}$$

令 $S=-\left(5T\beta^4-16T\beta^2kt-16Tk^2t^2-5\beta^4c+16\beta^2ckt+18\beta^2kt^2+16ck^2t^2\right)$，求 S 对 T 的偏导数，可得 $\frac{\partial S}{\partial T}>0$，当 $T\to 0$ 时，可知 $S<0$。当 $S=0$ 时，可以获得关键值 $\overline{T_1}=\frac{16\beta^2ckt+18\beta^2kt^2+16ck^2t^2-5\beta^4c}{16k^2t^2+16\beta^2kt-5\beta^4}$。因为 $T<T_1<\overline{T_1}$，所以 $\frac{\partial q_{1\mathrm{CP}}^*}{\partial t}<0$。

（3）情境 PP 中，令公立养老服务机构的均衡服务质量对 t 求偏导数，可得

$$\frac{\partial q_{1\mathrm{PP}}^{*}}{\partial t}=\frac{a\beta\left(3a\beta^{4}c-16a^{2}ck^{2}t^{2}-16a\beta^{2}ckt-30a\beta^{2}kt^{2}+2\beta^{4}c+12\beta^{2}kt^{2}\right)}{2kt^{2}\left(3a\beta^{2}-8akt+2\beta^{2}\right)^{2}}$$

令 $B=3a\beta^{4}c-16a^{2}ck^{2}t^{2}-16a\beta^{2}ckt-30a\beta^{2}kt^{2}+2\beta^{4}c+12\beta^{2}kt^{2}$，可以很容易得到 $\frac{\partial B}{\partial a}<0$。当 $a\to 0$ 时，$B=2\beta^{4}c+12\beta^{2}kt^{2}>0$；当 $a\to 1$ 时，$B=5\beta^{4}c-16ck^{2}t^{2}-16\beta^{2}ckt-18\beta^{2}kt^{2}<0$。因此，存在一个令 B 等于 0 的关键值

$$\overline{a_{1}}=\frac{\beta\left(\begin{array}{l}3c\beta^{3}-16\beta ckt-30\beta kt^{2}+\left(9\beta^{6}c^{2}-96\beta^{4}c^{2}kt-180\beta^{4}ckt^{2}+384\beta^{2}c^{2}k^{2}t^{2}\right.\\ \left.+960\beta^{2}ck^{2}t^{3}+900\beta^{2}k^{2}t^{4}+768ck^{3}t^{4}\right)^{\frac{1}{2}}\end{array}\right)}{32ck^{2}t^{2}}$$

可以推导出，当 $\overline{a_{1}}<a_{1}<a$ 或 $a_{1}<\overline{a_{1}}<a$ 时，$\frac{\partial q_{1\mathrm{PP}}^{*}}{\partial t}<0$；当 $a_{1}<a<\overline{a_{1}}<a_{2}$ 时，$\frac{\partial q_{1\mathrm{PP}}^{*}}{\partial t}>0$。

对于命题 2.7（1），结论是符合直觉的，当竞争程度较低时，更高的边际交通成本会使顾客不愿意选择离他们较远的服务机构接受服务，更高的边际交通成本降低了通过质量改进带来的需求收益，公立养老服务机构会选择降低其服务质量。因此，当边际交通成本较低时，更高的竞争程度会导致公立养老服务机构服务质量的提升。对于情境 CP，顾客选取公立养老服务机构接受服务时需要支付一个共付费用，且共付费用不会过高。当竞争程度较高时，服务质量的变动对顾客选择有很大的影响。因此，在这种情境下，公立养老服务机构会选择提升其服务质量，以吸引更多的顾客。对于情境 PP，当顾客只需要花费一个相对较低的价格去民营养老服务机构接受服务（较低的 a）时，更多的顾客会选择去民营养老服务机构接受服务。此时，民营养老服务机构会选择提高其服务价格，从而增加其边际利润，最终有利于其追求更高的收益。在这种情况下，民营养老服务机构有强烈的动机提升自身的服务质量，这也会导致公立养老服务机构服务质量的降低（策略替代性）。当顾客需要花费一个相对较高的价格去民营养老服务机构接受服务（较高的 a）时，养老服务机构之间竞争的加剧使顾客对价格变化的反应更加强烈，民营养老服务机构会选择以较低的价格来吸引更多的顾客，而较低的利润率会导致较低的服务质量。由于策略替代性，公立养老服务机构的服务质量会有所提升。

总的来说，更高的竞争程度会导致公立养老服务机构服务质量的提升（情境 OP 和情境 CP）。在情境 PP 中，当政府部门对选择民营养老服务机构接受服务的顾客补贴较低时，更高的竞争程度会导致公立养老服务机构服务质量的提升；反之，结论相反。因此，在确定的条件下，养老服务机构之间竞争程度的提升有益于公立养老服务机构服务质量的提升。

然后，分析竞争程度对民营养老服务机构均衡服务质量的影响，可以得到命题 2.8。

命题 2.8：对于三种情境下的民营养老服务机构，

（1）当$T=0$，$a=1$时，更高的竞争程度会导致民营养老服务机构服务质量的降低。

（2）当$T\neq 0$，$a=1$时，若满足条件$T<\overline{T_2}<T_1$，则更高的竞争程度会导致民营养老服务机构服务质量的降低；若满足条件$\overline{T_2}<T<T_1$，则更高的竞争程度会导致民营养老服务机构服务质量的提升。

（3）当$T=0$，$0\leqslant a<1$时，若满足条件$\overline{a_2}<a_1<a$或$a_1<\overline{a_2}<a$，更高的竞争程度会导致民营养老服务机构服务质量的降低；若满足条件$a_1<a<\overline{a_2}<a_2$，更高的竞争程度会导致民营养老服务机构服务质量的提升。

证明：（1）情境 OP 中，令民营养老服务机构的均衡服务质量对t求偏导数，可得

$$\frac{\partial q_{2\mathrm{OP}}^*}{\partial t}=\frac{c\left(5\beta^2-11kt\right)\left(\beta^2-kt\right)+21ck^2t^2+12\beta^2kt^2}{2kt^2\left(5\beta^2-8kt\right)^2}$$

通过假设及必要条件可以很容易得知偏导数值为正。

（2）情境 CP 中，令民营养老服务机构的均衡服务质量对t求偏导数，可得

$$\frac{\partial q_{2\mathrm{CP}}^*}{\partial t}=-\frac{\beta\left(5T\beta^4-16T\beta^2kt+32Tk^2t^2-5\beta^4c+16\beta^2ckt-12\beta^2kt^2-32ck^2t^2\right)}{2kt^2\left(5\beta^2-8kt\right)^2}$$

令$H=-\left(5T\beta^4-16T\beta^2kt+32Tk^2t^2-5\beta^4c+16\beta^2ckt-12\beta^2kt^2-32ck^2t^2\right)$，将$H$对$T$求偏导数，可以得到$\frac{\partial H}{\partial T}=-\left[\left(5\beta^2-11kt\right)\left(\beta^2-kt\right)+21k^2t^2\right]<0$。当$T\to 0$时，$H=5\beta^4c-16\beta^2ckt+12\beta^2kt^2+32ck^2t^2>0$。存在关键值可以令$H$等于 0，$\overline{T_2}=\frac{5\beta^4c-16\beta^2ckt+32ck^2t^2+12\beta^2kt^2}{5\beta^4-16\beta^2kt+32k^2t^2}$，也可以很容易推得$\overline{T_2}<T_1$。所以，当$T<\overline{T_2}<T_1$时，$\frac{\partial q_{2\mathrm{CP}}^*}{\partial t}>0$；当$\overline{T_2}<T<T_1$时，$\frac{\partial q_{2\mathrm{CP}}^*}{\partial t}<0$。

（3）情境 PP 中，令民营养老服务机构的均衡服务质量对t求偏导数，可得

$$\frac{\partial q_{2\mathrm{PP}}^*}{\partial t}=\frac{\beta\left(3a^2\beta^4c-16a^2\beta^2ckt+32a^2ck^2t^2+2a\beta^4c+20a\beta^2kt^2-8\beta^2kt^2\right)}{2kt^2\left(3a\beta^2-8akt+2\beta^2\right)^2}$$

令$J=3a^2\beta^4c-16a^2\beta^2ckt+32a^2ck^2t^2+2a\beta^4c+20a\beta^2kt^2-8\beta^2kt^2$，求$J$对$a$的偏导数，$\frac{\partial J}{\partial a}=6a\beta^4c-32a\beta^2ckt+64ack^2t^2+2\beta^4c+20\beta^2kt^2>0$。当$a\to 0$时，

$J=-8\beta^2kt^2<0$；当 $a\to 1$ 时，$J=5\beta^4c-16\beta^2ckt+32ck^2t^2+12\beta^2kt^2>0$。因此，存在一个关键值使 J 等于 0，

$$\overline{a_2}=\frac{\beta\left(-\beta^3c-10k\beta t^2+\sqrt{\beta^6c^2+44\beta^4ckt^2-128\beta^2ck^2t^3+100\beta^2k^2t^4+256ck^3t^4}\right)}{c\left(3\beta^4-16\beta^2kt+32k^2t^2\right)}$$

可以推导出，当 $\overline{a_2}<a_1<a$ 或 $a_1<\overline{a_2}<a$ 时，$\frac{\partial q_{2\text{PP}}^*}{\partial t}>0$；当 $a_1<a<\overline{a_2}<a_2$ 时，$\frac{\partial q_{2\text{PP}}^*}{\partial t}<0$。

养老服务机构之间竞争的加剧对民营养老服务机构均衡服务质量的影响包括：①更高的竞争程度会使顾客对价格更加敏感，从而激励民营养老服务机构以更低的价格提供服务。较低的价格使民营养老服务机构的利润率降低，从而降低了其通过提升服务质量以吸引更多顾客的动力。②当共付费用相对较高时，较低的边际交通成本 t 使顾客的选择受服务质量的影响较大，民营养老服务机构会选择提升其服务质量。当共付费用相对较低时，公立养老服务机构质量的提升带来的收益并不显著。竞争的加剧使顾客对价格变化的反应更加强烈，民营养老服务机构选择以较低的价格来吸引更多的顾客，而较低的利润率会导致较低的服务质量。③当顾客去民营养老服务机构接受服务支付的价格相对较低（较低的 a）时，较低的边际交通成本使服务在质量维度上的竞争更加明显。因此，民营养老服务机构有较强的动机来提升其服务质量。当顾客去民营养老服务机构接受服务支付的价格相对较高（较高的 a）时，更高的竞争程度使顾客对价格变化的反应更加强烈，民营养老服务机构会选择制定较低的价格来吸引更多的顾客，而较低的利润率也会导致民营养老服务机构较低的服务质量。

总的来说，竞争程度的加剧导致情境 OP 下民营养老服务机构的服务质量下降；当共付费用较高时，竞争程度的加剧导致情境 CP 下民营养老服务机构服务质量的提升；当政府对去民营养老服务机构接受服务的顾客补贴较高时，竞争加剧导致情境 PP 下民营养老服务机构的服务质量提升。因此，在一定的条件下，政府部门的决策制定者应当选择适当的措施，增加养老服务供应商之间的竞争，这有助于民营养老服务机构提供更高质量的服务。

通过命题 2.7 和命题 2.8 的证明过程，可以得到推论 2.2。

推论 2.2：（1）当满足条件 $\overline{T_2}<T<T_1$ 时，更高的竞争程度会导致情境 CP 中养老服务机构服务质量的提升；

（2）当满足条件 $a_1<\overline{a_1}<a<\overline{a_2}$ 时，更高的竞争程度会导致情境 PP 中养老服务机构服务质量的提升。

因此，对于政府部门的决策者，当采取措施促进养老服务供应商之间的竞争时，

选择适当的共付费用水平（或顾客补贴水平）有利于促进养老服务质量的提升。

最后，关注竞争程度对民营养老服务机构均衡服务价格的影响，可以得到如下命题。

命题 2.9：对于三种情境下的民营养老服务机构的服务价格，

（1）当 $T=0$，$a=1$ 时，更高的竞争程度会导致民营养老服务机构服务价格的降低。

（2）当 $T\neq 0$，$a=1$ 时，满足条件 $T<T_1<\overline{T_3}$ 时，更高的竞争程度会导致民营养老服务机构服务价格的降低。

（3）当 $T=0$，$0\leqslant a<1$ 时，满足条件 $\overline{a_3}<a_1<a$ 或 $a_1<\overline{a_3}<a$ 时，更高的竞争程度会导致民营养老服务机构服务价格的降低；当满足条件 $a_1<a<\overline{a_3}<a_2$ 或 $\overline{a_3}>a_2$ 时，更高的竞争程度会导致民营养老服务机构服务价格的提升。

证明：（1）情境 OP 中，求取民营养老服务机构的服务价格对 t 的偏导数，求导结果为 $\frac{\partial P_{\mathrm{OP}}^*}{\partial t}=\frac{4\left[5(\beta-kt)^2+3\beta^2ck+3k^2t^2\right]}{\left(5\beta^2-8kt\right)^2}$，可以很容易得到偏导数值为正。

（2）情境 CP 中，求取民营养老服务机构的服务价格对 t 的偏导数，求导结果为 $\frac{\partial P_{\mathrm{CP}}^*}{\partial t}=\frac{4\left(5\beta^4-3T\beta^2k+3\beta^2ck-10\beta^2kt+8k^2t^2\right)}{\left(5\beta^2-8kt\right)^2}$。

令 $F=5\beta^4-3T\beta^2k+3\beta^2ck-10\beta^2kt+8k^2t^2$，可以很容易得到 $\frac{\partial F}{\partial T}=-3\beta^2k<0$，且当 $T\to 0$ 时，$F=5\beta^4+3\beta^2ck-10\beta^2kt+8k^2t^2>0$。存在一个关键值使 F 等于 0，$\overline{T_3}=\frac{5\beta^4+3\beta^2ck-10\beta^2kt+8k^2t^2}{3\beta^2k}$，可以很容易知道 $T_1<\overline{T_3}$，所以当 $T<T_1<\overline{T_3}$ 时，$\frac{\partial P_{\mathrm{CP}}^*}{\partial t}>0$。

（3）情境 PP 中，求取民营养老服务机构的服务价格对 t 的偏导数，求导结果为 $\frac{\partial P_{\mathrm{PP}}^*}{\partial t}=\frac{4\left(a^2\beta^2ck+3a\beta^4+2a\beta^2ck-6a\beta^2kt+8ak^2t^2+2\beta^4-4\beta^2kt\right)}{\left(3a\beta^2-8akt+2\beta^2\right)^2}$。

令 $R=a^2\beta^2ck+3a\beta^4+2a\beta^2ck-6a\beta^2kt+8ak^2t^2+2\beta^4-4\beta^2kt$，可以很容易得到 $\frac{\partial R}{\partial a}=2a\beta^2ck+2\beta^2ck+3\left(\beta^2-kt\right)^2+5k^2t^2>0$。当 $a\to 0$ 时，$R=2\beta^4-4\beta^2kt<0$；当 $a\to 1$ 时，$R=5\beta^4+3\beta^2ck-10\beta^2kt+8k^2t^2>0$。因此，存在一个关键值使 R 等于 0，

$$\overline{a_3}=\frac{-3\beta^4-2\beta^2ck+6\beta^2kt-8k^2t^2+\left(9\beta^8+4\beta^6ck-36\beta^6kt+4\beta^4c^2k^2-8\beta^4ck^2t+84\beta^4k^2t^2+32\beta^2ck^3t^2-96\beta^2k^3t^3+64k^4t^4\right)^{\frac{1}{2}}}{2\beta^2ck}$$

。可

以推导出当$\overline{a_3} < a_1 < a$或$a_1 < \overline{a_3} < a$时，$\frac{\partial P_{\mathrm{PP}}^*}{\partial t} > 0$；当$a_1 < a < \overline{a_3} < a_2$或$\overline{a_3} > a_2$时，$\frac{\partial P_{\mathrm{PP}}^*}{\partial t} < 0$。

养老服务机构之间竞争的加剧对民营养老服务机构均衡服务价格的影响如下：①更高的竞争程度使顾客对价格更加敏感，从而激励民营养老服务机构以更低的价格提供养老服务，从而吸引更多的顾客。②较低的边际交通成本使需求更具价格弹性，民营养老服务机构会选择降低其服务价格以吸引更多的顾客。③当顾客去民营养老服务机构接受服务支付的价格相对较低（较低的a）时，较低的边际交通成本使服务质量需求弹性提升，而服务价格弹性降低，这导致民营养老服务机构的服务质量提升，从而导致民营养老服务机构服务价格的提升；当顾客去民营养老服务机构接受服务支付的价格相对较高（较高的a）时，较低的边际交通成本使需求更具价格弹性，民营养老服务机构会选择降低其服务价格来吸引更多的顾客。

总的来说，养老服务机构之间竞争的加剧会导致民营养老服务机构的服务价格降低（情境 OP 和情境 CP）。当政府部门对去民营养老服务机构接受服务的顾客补贴水平较低时，竞争的加剧也会导致民营养老服务机构服务价格的降低（情境 PP）；否则，结果相反。

4. 不同财政政策下均衡服务质量和价格的比较

1）三种财政政策下均衡服务质量的对比

关注不同财政政策下同种养老服务机构均衡服务质量的比较。结合均衡结果，通过对比分析，可以得到命题 2.10。

命题 2.10：（1）对于公立养老服务机构，若满足条件$T < T_1 < T_3$或$T < T_3 < T_1$，公立养老服务机构的均衡服务质量满足$q_{1\mathrm{OP}}^* > q_{1\mathrm{CP}}^* > q_{1\mathrm{PP}}^*$；若满足条件$T_3 < T < T_1$，公立养老服务机构的均衡服务质量满足$q_{1\mathrm{OP}}^* > q_{1\mathrm{PP}}^* > q_{1\mathrm{CP}}^*$。

（2）对于民营养老服务机构，若满足条件$T_2 < T < T_1$，民营养老服务机构的均衡服务质量满足$q_{2\mathrm{CP}}^* > q_{2\mathrm{PP}}^* > q_{2\mathrm{OP}}^*$；若满足条件$T < T_1 < T_2$或$T < T_2 < T_1$，民营养老服务机构的均衡服务质量满足$q_{2\mathrm{PP}}^* > q_{2\mathrm{CP}}^* > q_{2\mathrm{OP}}^*$。

证明：情境 CP 和情境 OP 之间公立养老服务机构的服务质量差异为$\frac{\beta T\left(\beta^2+2kt\right)}{2kt\left(5\beta^2-8kt\right)}$，因此，情境 OP 中公立养老服务机构的服务质量高于情境 CP。此外，可以很容易得到，随着共付费用T的提升，情境 OP 和情境 CP 之间公立养老服务机构的服务质量差异增加。

情境 CP 和情境 OP 之间民营养老服务机构的服务质量差异为$\frac{\beta T\left(\beta^2-4kt\right)}{2kt\left(5\beta^2-8kt\right)}$。

因此，情境 CP 中民营养老服务机构的服务质量高于情境 OP。此外，可以很容易得到，随着共付费用T的提升，情境 CP 和情境 OP 之间民营养老服务机构的服务质量差异增加。

情境 PP 和情境 OP 之间公立养老服务机构的服务质量差异为

$$-\frac{\beta(a-1)\left(5a\beta^2ckt-8ack^2t^2+\beta^4c+6\beta^4t+2\beta^2ckt-6\beta^2kt^2\right)}{kt\left(3a\beta^2-8akt+2\beta^2\right)\left(5\beta^2-8kt\right)}$$

令$E=5a\beta^2ckt-8ack^2t^2+\beta^4c+6\beta^4t+2\beta^2ckt-6\beta^2kt^2$，并求$E$对$a$的偏导数，可得$\frac{\partial E}{\partial a}=5\beta^2ckt-8ck^2t^2<0$，因此，$E$随着$a$的提升单调递减。当$a$值足够大时，令$a\to1$，$E=\beta^4c+6\beta^4t+7\beta^2ckt-6\beta^2kt^2-8ck^2t^2$，化简为$E=6\beta^2t\left(\beta^2-kt\right)+7ckt\left(\beta^2-kt\right)+c\left(\beta^4-k^2t^2\right)$，可以很容易知道$E$为负。当$a$值足够小时，令$a\to0$，$E=\beta^4c+6\beta^4t+2\beta^2ckt-6\beta^2kt^2$，化简为$E=c\left(\beta^2+2kt\right)+6t\left(\beta^2-kt\right)$。由于$c<\frac{4t\left(kt-\beta^2\right)}{4kt-\beta^2}$是质量均衡存在的必要条件，且满足$\frac{4t\left(kt-\beta^2\right)}{4kt-\beta^2}<\frac{6t\left(kt-\beta^2\right)}{\beta^2+2kt}$，可得$c<\frac{6t\left(kt-\beta^2\right)}{\beta^2+2kt}$。当$a\to0$时，$E$为负。情境 OP 中公立养老服务机构的服务质量高于情境 PP。

情境 PP 和情境 OP 之间民营养老服务机构的服务质量差异为

$$-\frac{\beta(a-1)\left(\beta^4c+6\beta^4t-4\beta^2ckt-22\beta^2kt^2+16k^2t^3\right)}{kt\left(3a\beta^2-8akt+2\beta^2\right)\left(5\beta^2-8kt\right)}$$

前面证明了该式的分子值为正，因此，情境 PP 中民营养老服务机构的服务质量高于情境 OP。

情境 PP 和情境 CP 之间公立养老服务机构的服务质量差异为

$$-\frac{\beta\begin{pmatrix}10a^2\beta^2ckt-16a^2ck^2t^2+3Ta\beta^4-2Ta\beta^2kt-16Tak^2t^2+2a\beta^4c+12a\beta^4t-6a\beta^2ckt\\-12a\beta^2kt^2+16ack^2t^2+2T\beta^4+4T\beta^2kt-2\beta^4c-12\beta^4t-4\beta^2ckt+12\beta^2kt^2\end{pmatrix}}{2kt\left(3a\beta^2-8akt+2\beta^2\right)\left(5\beta^2-8kt\right)}$$

令 $Z=10a^2\beta^2ckt-16a^2ck^2t^2+3Ta\beta^4-2Ta\beta^2kt-16Tak^2t^2+2a\beta^4c+12a\beta^4t-6a\beta^2ckt-12a\beta^2kt^2+16ack^2t^2+2T\beta^4+4T\beta^2kt-2\beta^4c-12\beta^4t-4\beta^2ckt+12\beta^2kt^2$，求$Z$对$T$的偏导数，将求导结果化简，可得$\frac{\partial Z}{\partial T}=\left(\beta^2+2kt\right)\left(3a\beta^2-8akt+2\beta^2\right)<0$，因此，$Z$随着$T$的增大而减小。令$T\to0$，$Z$可以化简为$(a-1)\left(\beta^4c+6\beta^4t-6\beta^2kt^2+2\beta^2ckt+5a\beta^2ckt-8ack^2t^2\right)$，且其值为正。当$Z=0$时，可以得到$T$与$a$

之间的关系式为

$$T_3=\frac{2(1-a)\left(5a\beta^2ckt-8ack^2t^2+\beta^4c+6\beta^4t+2\beta^2ckt-6\beta^2kt^2\right)}{\left(3a\beta^2-8akt+2\beta^2\right)\left(\beta^2+2kt\right)}$$

结合对情境 PP 和情境 OP 中公立养老服务机构的服务质量差异的分析，可以得到如下结论。当满足其他条件时，若 $T<T_1<T_3$ 或 $T<T_3<T_1$，情境 CP 中公立养老服务机构的服务质量高于情境 PP；若 $T_3<T<T_1$，情境 PP 中公立养老服务机构的服务质量高于情境 CP。

情境 PP 和情境 CP 之间民营养老服务机构的服务质量差异为

$$-\frac{\beta\begin{pmatrix}3Ta\beta^4-20Ta\beta^2kt+32Tak^2t^2+2a\beta^4c+12a\beta^4t-8a\beta^2ckt-44a\beta^2kt^2+32ak^2t^3\\+2T\beta^4-8T\beta^2kt-2\beta^4c-12\beta^4t+8\beta^2ckt+44\beta^2kt^2-32k^2t^3\end{pmatrix}}{2kt\left(3a\beta^2-8akt+2\beta^2\right)\left(5\beta^2-8kt\right)}$$

令 $N=3Ta\beta^4-20Ta\beta^2kt+32Tak^2t^2+2a\beta^4c+12a\beta^4t-8a\beta^2ckt-44a\beta^2kt^2+32ak^2t^3+2T\beta^4-8T\beta^2kt-2\beta^4c-12\beta^4t+8\beta^2ckt+44\beta^2kt^2-32k^2t^3$，求 N 对 T 的偏导数，可以得到 $\frac{\partial N}{\partial T}=\left(3a\beta^2-8akt+2\beta^2\right)\left(\beta^2-4kt\right)>0$，因此，$N$ 随着 T 的增大而增大。令 $T\to 0$，N 可以化简为 $2(a-1)(\beta^4c+6\beta^4t-4\beta^2ckt-22\beta^2kt^2+16k^2t^3)$。已经证明 $\beta^4c+6\beta^4t-4\beta^2ckt-22\beta^2kt^2+16k^2t^3$ 值为正，所以当 $T\to 0$ 时，$N<0$。如果令 N 等于 0，可以得到 T 与 a 之间的关系式

$$T_2=\frac{2(1-a)\left(\beta^4c+6\beta^4t-4\beta^2ckt-22\beta^2kt^2+16k^2t^3\right)}{\left(3a\beta^2-8akt+2\beta^2\right)\left(\beta^2-4kt\right)}$$

若满足条件 $T<T_1<T_2$ 或 $T<T_2<T_1$，情境 PP 中民营养老服务机构的服务质量高于情境 CP；若满足条件 $T_2<T<T_1$，情境 CP 中民营养老服务机构的服务质量高于情境 PP。

由命题 2.10 可知，三种情境中没有任何一种情境下养老服务机构的均衡服务质量完全优于另外两种情境下的均衡服务质量。公立养老服务机构在情境 OP 下的均衡服务质量最高，民营养老服务机构在情境 OP 下的均衡服务质量最低，即情境 OP 不利于民营养老服务机构的质量竞争。较高的共付费用导致情境 CP 下民营养老服务机构的均衡服务质量在三种情境中最高，但与此同时，较高的共付费用不利于公立养老服务机构均衡服务质量的提升，而较低的共付费用有利于民营养老服务机构在情境 PP 下均衡服务质量的提升。

根据命题 2.10 的证明过程，可以得到推论 2.3。

推论 2.3：（1）当满足条件 $T_2<T<T_1<T_3$ 时，情境 CP 下两个养老服务机构的均衡服务质量均高于情境 PP 下对应的养老服务机构的均衡服务质量。

（2）当满足条件 $T_3 < T < T_2 < T_1$ 时，情境 PP 下两个养老服务机构的均衡服务质量均高于情境 CP 下对应的养老服务机构的均衡服务质量。

因此，当政府部门的相关决策制定者在情境 CP 和情境 PP 的两种财政政策之间进行选择时，设置恰当的共付费用（或对顾客的补贴）可以使养老服务机构的服务质量高于其他财政政策下的服务质量。

2）三种财政政策下均衡服务价格的对比

关注三种财政政策下民营养老服务机构均衡服务价格的对比。通过均衡服务价格的结果对比，可以得到命题 2.11。

命题 2.11：（1）当满足条件 $T < T_4 < T_1$ 或 $T < T_1 < T_4$ 时，民营养老服务机构的均衡服务价格满足 $P_{\text{CP}}^* > P_{\text{PP}}^* > P_{\text{OP}}^*$。

（2）当满足条件 $T_4 < T < T_1$ 时，民营养老服务机构的均衡服务价格满足 $P_{\text{PP}}^* > P_{\text{CP}}^* > P_{\text{OP}}^*$。

证明：情境 CP 和情境 OP 之间民营养老服务机构的服务价格差异为 $\dfrac{T\left(\beta^2 - 4kt\right)}{5\beta^2 - 8kt}$，其值为正，所以有 $P_{\text{CP}}^* > P_{\text{OP}}^*$，且服务价格差异随着共付费用的提升而增大。

情境 PP 和情境 OP 之间民营养老服务机构的服务价格差异为 $\dfrac{2(1-a)\left(\beta^4 + 6\beta^4 t - 4\beta^2 ckt - 22\beta^2 kt^2 + 16k^2t^3\right)}{\left(3a\beta^2 - 8akt + 2\beta^2\right)\left(5\beta^2 - 8kt\right)}$，从命题 2.10 的证明过程中可以推得其值为正，因此，$P_{\text{PP}}^* > P_{\text{OP}}^*$。

情境 PP 和情境 CP 之间民营养老服务机构的服务价格差异为

$$-\frac{\begin{gathered}3Ta\beta^4 - 20Ta\beta^2kt + 32Tak^2t^2 + 2a\beta^4c + 12a\beta^4t - 8a\beta^2ckt - 44a\beta^2kt^2\\ +32ak^2t^3 + 2T\beta^4 - 8T\beta^2kt - 2\beta^4t + 8\beta^2ckt + 44\beta^2kt^2 - 32k^2t^3\end{gathered}}{\left(3a\beta^2 - 8akt + 2\beta^2\right)\left(5\beta^2 - 8kt\right)}$$

，将上式的分子定义为 L，并求其对 T 的偏导数，$\dfrac{\partial L}{\partial T} = -\left(3a\beta^2 - 8akt + 2\beta^2\right)\left(\beta^2 - 4kt\right) > 0$。当 $T \to 0$ 时，化简为 $L = (a-1)(2\beta^4c + 12\beta^4t - 8\beta^2ckt - 44\beta^2kt^2 + 32k^2t^3)$，可以很容易得出，$L$ 为负。因此，存在 T 与 a 之间的关系式：

$$T_4 = \frac{(1-a)\left(2\beta^4c + 12\beta^4t - 8\beta^2ckt - 44\beta^2kt^2 + 32k^2t^3\right)}{\left(3a\beta^2 - 8akt + 2\beta^2\right)\left(\beta^2 - 4kt\right)}$$

可以很容易推导出 $\dfrac{\partial T_4}{\partial a} < 0$。当满足条件 $T < T_4 < T_1$ 或 $T < T_1 < T_4$ 时，情境 CP 中民营养老服务机构的均衡服务价格高于情境 PP；当满足条件 $T_4 < T < T_1$ 时，情境 PP 中民营养老服务机构的均衡服务价格高于情境 CP。

由命题 2.11 可知，情境 OP 中民营养老服务机构的均衡服务价格是最低的，而情境 CP 和情境 PP 中均衡服务价格的高低取决于T与a之间的关系式。当共付费用很低时，情境 CP 中的均衡服务价格是高的；否则，情境 PP 中的均衡服务价格是高的。此外，也可以发现，较大的a值可以提升情境 PP 中更高均衡服务价格的可能性。

2.3.4　不同财政政策下市场绩效的对比

本节关注不同情境下的市场绩效（主要包括社会福利、政府支出、平均服务质量及民营养老服务机构利润），并分析关键财政政策参数对市场绩效的影响。基于市场绩效表达式的复杂性，对其进行比较很困难，因此本节通过一组数值仿真实验来对不同情境下的市场绩效进行进一步分析。

在确保满足基本假设条件及均衡存在的必要条件的基础上，假设的参数值如下：$y=33$，$c=1.5$，$v=10$，$\beta=1$，$k=1$，其中，养老服务的边际成本及收入的单位为千元。

1. 社会福利的对比以及参数对其的影响

关注三种情境下社会福利的对比。基于表达式的复杂性，这些分析是通过数值实验进行的。这里选取两种竞争程度进行数值实验，分别是高竞争程度（$t=3$）与低竞争程度（$t=6$），数值实验结果如图 2.11 所示。

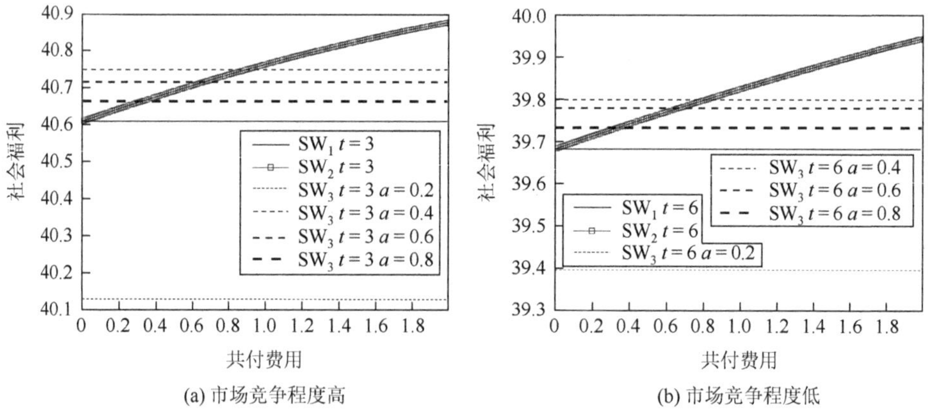

图 2.11　社会福利的对比以及参数对社会福利的影响

SW_i代表不同情境下的社会福利（social welfare），i=1,2,3 分别代表 OP 情境、CP 情境、PP 情境，下同

如图 2.11 所示，情境 CP 下的社会福利始终高于情境 OP 下的社会福利。对情境 CP 和情境 PP 下的社会福利进行比较，可以看出，当a值相对较小时，情境 PP 中的社会福利比情境 CP 中的社会福利低；随着a值的增大，当共付费用也较小时，情境

PP 中的社会福利高于情境 CP 中的社会福利，但当共付费用超过一个确定值时，情境 CP 中的社会福利高于情境 PP 中的社会福利。比较情境 OP 和情境 PP 下的社会福利，可以看出，当 a 值相对较小时，情境 PP 中的社会福利低于情境 OP 中的社会福利；当 a 值超过一个确定值时，情境 PP 中的社会福利高于情境 OP 中的社会福利。

对于情境 CP，当考虑关键财政政策参数对社会福利的影响时，可以获得命题 2.12。

命题 2.12：在情境 CP 中，社会福利随着共付费用的提升而提升。

证明：在情境 CP 中，求取社会福利表达式对 T 的偏导数，可以得到

$$\frac{\partial W_{\mathrm{CP}}}{\partial T}=\frac{\left(kt-\beta^2\right)\left(2kt-\beta^2\right)\left(\beta^2+8kt\right)\left(t+c-T\right)}{2kt^2\left(5\beta^2-8kt\right)^2}>0$$

命题得证。

根据图 2.11 的数值实验结果，在情境 CP 中，更大的共付费用会导致更大的社会福利。

对于情境 PP，当考虑关键财政政策参数对社会福利的影响时，基于求导后的表达式的复杂性，通过对数值实验的结果进行分析，结果如图 2.12 所示。可以看出，在情境 PP 中，社会福利随着 a 值的增大先增大后减小。存在一个较小的确定值 a 使情境 PP 中的社会福利最大，当 a 值小于这一确定值时，随着 a 值的增大，社会福利呈增大趋势；当 a 值大于这一确定值时，随着 a 值的增大，社会福利呈减小趋势，但整体仍处在相对较高的水平。

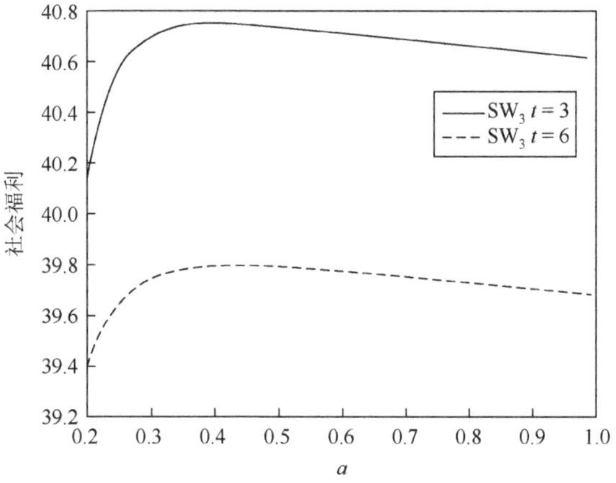

图 2.12　a 值变动对情境 PP 中社会福利的影响

当考虑养老服务机构之间竞争程度对社会福利的影响时，从图 2.11 中可以看出，三种情境下，养老服务机构之间的竞争程度越高，社会福利越大。

因此，如果决策制定者选择情境 OP 中的财政政策，可以采取措施提升养老

服务机构之间的竞争程度，以促进社会福利的增大。如果决策制定者选择情境 CP 中的财政政策，相对较高的共付费用有助于社会福利的增大，提升养老服务机构之间竞争程度的措施对社会福利的增大也是有益的。

如果决策制定者选择情境 PP 中的财政政策，a 值的设定不应过小，这意味着政府部门对选择民营养老服务机构进行服务的顾客补贴不应过高，以确保整体社会福利较大。当决策制定者只需考虑整体社会福利时，如果设定了适当的共付费用，情境 CP 所对应的财政政策是一个很好的选择。

2. 政府支出的对比以及参数对其的影响

政府支出也是决策制定者在提供公共服务或准公共服务时要考虑的一个重要方面。这里关注三种情境下政府支出的对比，以及相关参数对政府支出的影响。在本模型中，τy 为政府支出。数值实验依然在两种市场竞争程度下进行，分别是高竞争程度（$t=3$）与低竞争程度（$t=6$），数值实验结果如图 2.13 所示。

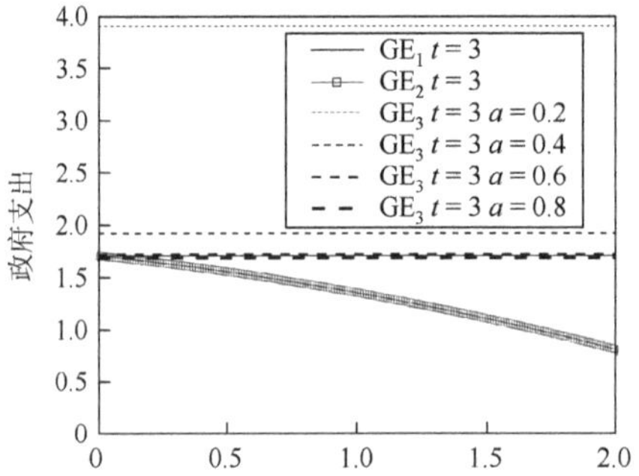

(a) 市场竞争程度高

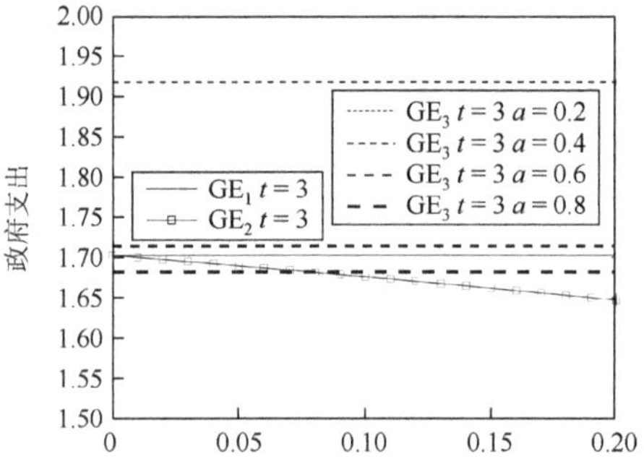

(b) 市场竞争程度高

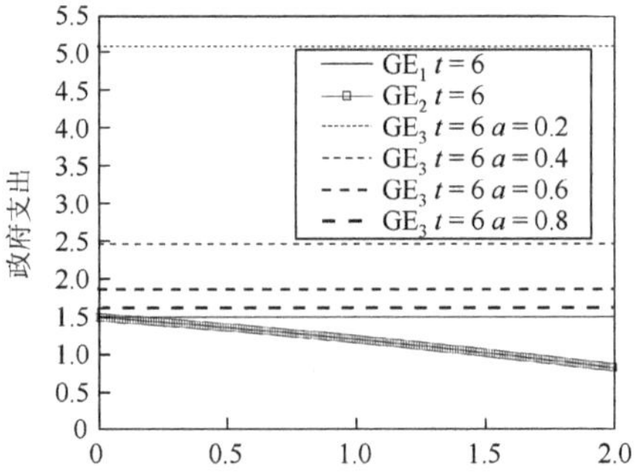

(c) 市场竞争程度低

图 2.13　政府支出的对比以及参数对政府支出的影响

为了便于观察数值实验结果，图（b）是图（a）的局部放大；GE_i 代表不同情境下的政府支出（government expenditure）

如图 2.13 所示，情境 OP 下的政府支出始终高于情境 CP 下的政府支出。当养老服务机构之间的竞争程度较高且 a 值小于一个确定值时，情境 PP 下的政府支出是三种情境中最高的。当 a 值大于一个确定值时，情境 OP 下的政府支出比情境 PP 下的政府支出高，当 a 值相当大且共付费用极小时，情境 CP 下的政府支出高于情境 PP 下的政府支出；否则，结论相反。当养老服务机构之间的竞争程度较低时，情境 PP 下的政府支出高于情境 OP 下的政府支出，而情境 CP 下的政府支出是三种情境中最低的。

当考虑养老服务机构之间的竞争程度及关键财政政策参数对政府支出的影响时，通过数值实验结果可以观察到，在情境 OP 中，养老服务机构之间的竞争程度越高，政府支出越高。但是从图 2.13 中很难直观地获取情境 CP 和情境 PP 的相关结论，因此针对这两种情境，分析养老服务机构之间的竞争程度及关键财政政策参数的变动对政府支出的影响。

从图 2.14（a）中可以看出，在情境 CP 中，当共付费用较低时，政府支出随着养老服务机构之间竞争程度的升高而增加；当共付费用超过一个确定值时，政府支出随着养老服务机构之间竞争程度的降低而减少。从图 2.14（b）中可以看出，在情境 PP 中，当 a 值小于一个确定值时，政府支出随着养老服务机构之间竞争程度的升高而减少；当 a 值大于一个确定值时，政府支出随着养老服务机构之间竞争程度的升高而增加。此外，也可以看出当竞争程度较高时，政府支出随着 a 值的增大而减少；当 a 值大于一个较高的确定值时，政府支出随着 a 值的增大而增加。当竞争程度较低时，政府支出随着 a 值的增大而减少。

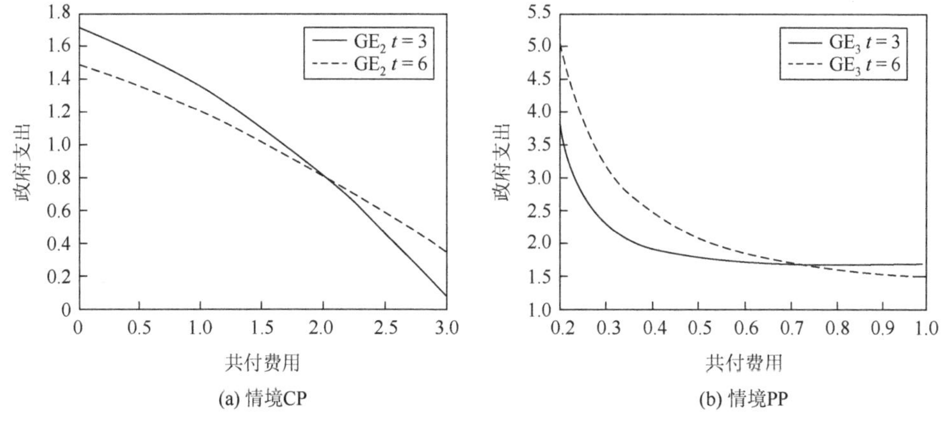

图 2.14　竞争程度的变动以及关键财政政策参数的变动对政府支出的影响

因此，如果决策制定者选择情境 OP 所对应的财政政策，养老服务机构之间竞争程度的提升会导致政府支出的增加。决策制定者需要在不同的关注点之间做出权衡，如社会福利、政府支出或服务质量等。如果政府部门的财政支出压力较大，或者居民收入水平相对较低，不宜过度提升养老服务机构之间的竞争程度。

如果决策制定者选择情境 CP 所对应的财政政策，政府支出处于相对较低的水平，可以综合考虑其他因素（服务质量、社会福利等）来制定合适的共付费用。此外，共付费用存在一个阈值，当共付费用超过这一阈值时，促进养老服务机构间竞争的措施也可以使政府支出减少。

如果决策制定者选择情境 PP 所对应的财政政策，政府部门对选择民营养老服务机构接受服务的顾客的补贴不能过高，否则会导致政府支出的增加。建议决策制定者在此时选择适度的顾客补贴，以使政府支出处于相对较低的水平。

3. 平均服务质量的对比以及参数对其的影响

除社会福利和政府支出以外，市场的平均服务质量也是政府部门关注的一个要素。关注三种情境下平均服务质量的对比，以及相关参数对平均服务质量的影响。市场的平均服务质量定义为

$$\overline{q}=q_{1m}{}^{*}\overline{X}_{m}\left(q_{1m}{}^{*},q_{2m}{}^{*}P_{m}{}^{*}\right)+q_{2m}{}^{*}\left[1-\overline{X}_{m}\left(q_{1m}{}^{*},q_{2m}{}^{*}P_{m}{}^{*}\right)\right]$$

这里依然在两种市场竞争程度下进行数值实验，分别是高竞争程度（$t=3$）与低竞争程度（$t=6$），数值实验结果如图 2.15 所示。

从图 2.15（a）中可以看出，情境 OP 下的平均服务质量始终高于情境 CP 下的平均服务质量，这是由于公立养老服务机构在情境 OP 下具有较强的竞争力，促使了平均服务质量的提升。当a值相对较小时，情境 PP 下的平均服务质量最高，这意味着给去民营养老服务机构接受服务的顾客相对较高的补贴有利于提升情境 PP 中养老服务市场的平均服务质量。当a值超过一个较小的确定值时，情境 PP 下市场的平均服务质量低于情境 OP 下的平均服务质量。情境 PP 与情境 CP 之间平均服务质量的高低取决于参数a和T的值。当a值超过一个较小的确定值时，较小的共付费用提升了情境 CP 比情境 OP 平均服务质量高的可能性。从图 2.15（b）中可以看出，情境 OP 下的平均服务质量始终高于情境 CP 下的平均服务质量。当a值不超过一个确定值时，情境 PP 下的平均服务质量是最高的；当a值超过这一确定值时，只有当共付费用极小时，情境 CP 下的平均服务质量才高于情境 PP 下的平均服务质量。

当考虑养老服务机构之间竞争程度对市场平均服务质量的影响时，可以很容易看出，在情境 OP 下，随着市场竞争程度的提升，养老服务市场的平均服务质量提高。在情境 CP 下，可以从图 2.16（a）中看出，当共付费用超过一个确定值时，更高的市场竞争程度会导致平均服务质量降低。在情境 PP 下，当a值超过一个确定值时，更高的市场竞争程度会导致平均服务质量的提高；否则，更高市场竞争程度的影响是不确定的。

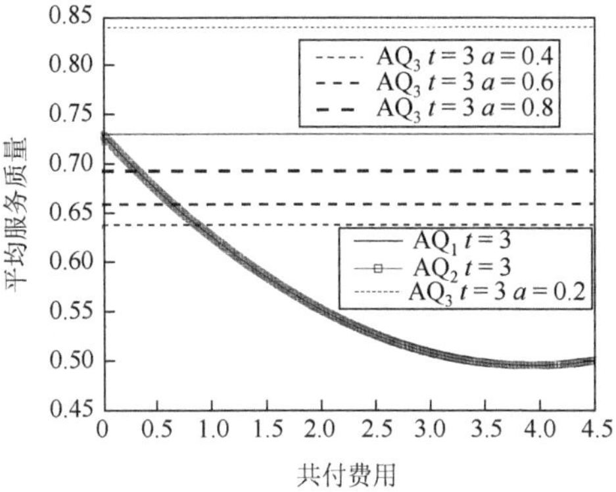

(a) 市场竞争程度高

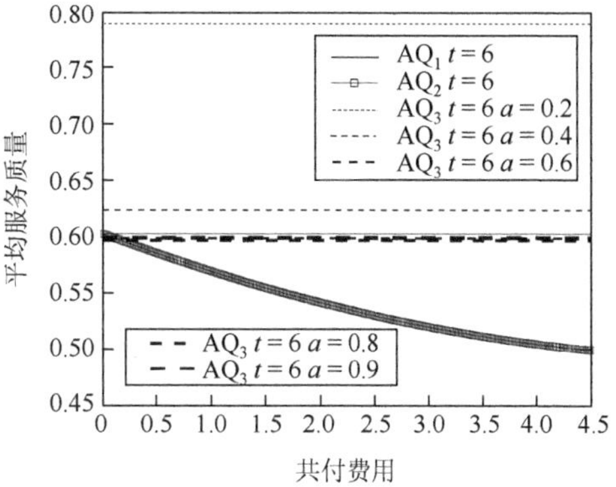

(b) 市场竞争程度低

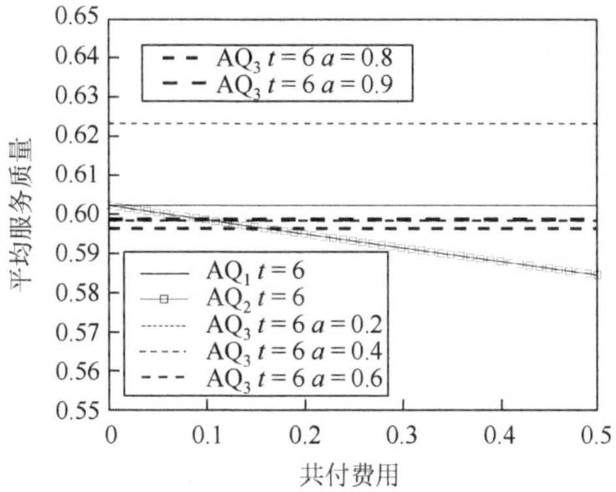

(c) 市场竞争程度低

图 2.15　平均服务质量的对比以及参数对平均服务质量的影响

为了便于观察数值实验结果，图（c）是图（b）的局部放大；AQ$_i$ 代表不同情境下的平均服务质量（average quality）

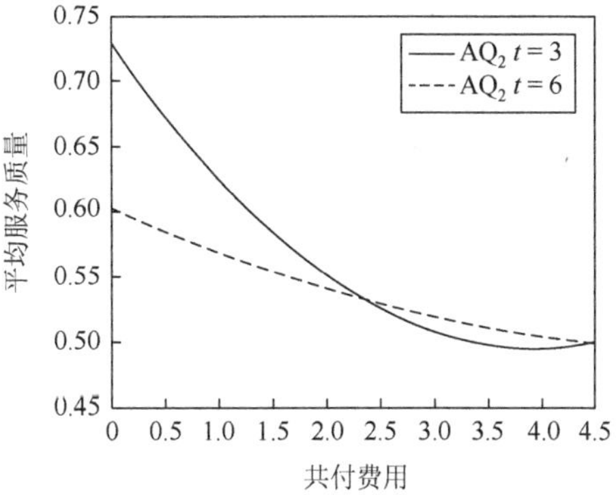

(a) 情境CP

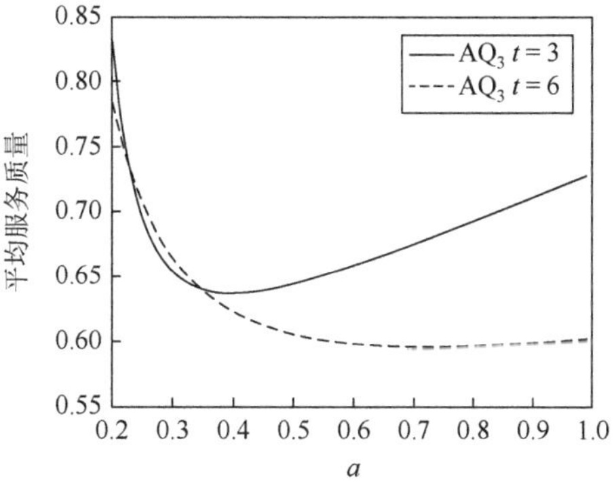

(b) 情境PP

图 2.16　竞争程度的变动以及关键财政政策参数的变动对平均服务质量的影响

当考虑关键财政政策参数对养老服务市场平均服务质量的影响时，可以看出，在情境 CP 下，平均服务质量随着共付费用的增加而降低，当共付费用超过一个较高的确定值，且养老服务机构之间的竞争程度较高时，平均服务质量随着共付费用的增加而提高。当养老服务机构之间的竞争程度较低时，情境 CP 下的平均服务质量随着共付费用的增加而下降。在情境 PP 下，当养老服务机构之间的竞争程度较高时，情境 PP 下的平均服务质量随着 a 值的增大而下降，当 a 值超过一个较小的确定值时，平均服务质量随着 a 值的增大而提高。当养老服务机构之间的竞争程度较低时，平均服务质量随着 a 值的提高而下降，当 a 值超过一个较大的确定值时，平均服务质量随着 a 值的增大而提高。

当考虑养老服务市场的平均服务质量时，若决策制定者选择情境 OP 所对应的财政政策，可以采取措施提升养老服务机构之间的竞争程度，以获取更高的平均服务质量。若决策制定者选择情境 CP 所对应的财政政策，政府部门可以设定一个不过高的共付费用，在增加市场竞争程度的基础上，可以使养老服务市场的平均服务质量保持在相对较高的水平。若决策制定者选择情境 PP 所对应的财政政策，在增加市场竞争程度的基础上，应采取相对低或相对高水平的顾客补贴，以促进平均服务质量的提升。但是，若市场中养老服务机构之间的竞争程度不高，则应对顾客提供相对高水平的补贴，以保证平均服务质量处于一个相对较高的水平。

4. 民营养老服务机构利润的对比以及参数对其的影响

除关注上述市场绩效指标之外，还需要关注民营养老服务机构的利润。这里对三种情境下民营养老服务机构的利润进行对比，并分析相关参数变动对民营养老服务机构利润的影响，数值实验结果如图 2.17 所示。

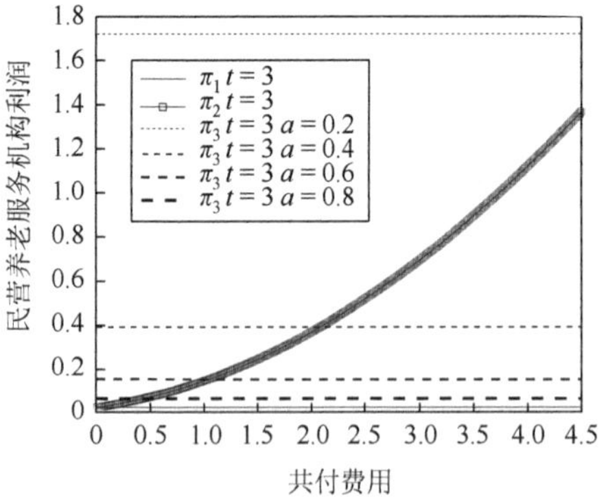

(a) 市场竞争程度高

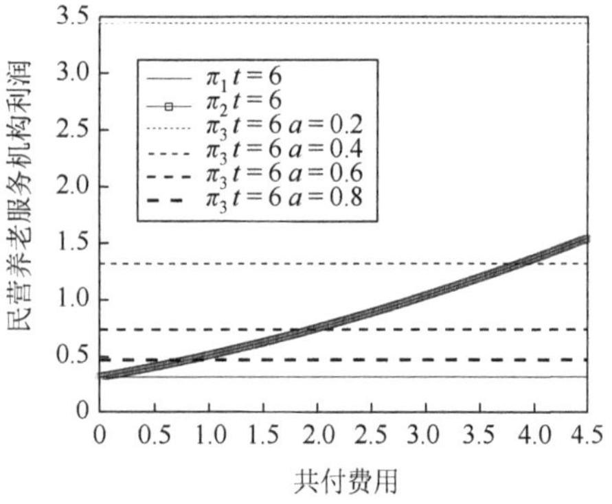

(b) 市场竞争程度低

图 2.17　民营养老服务机构利润的对比以及参数对民营养老服务机构利润的影响

π_i 代表不同情境下的民营养老服务机构利润

从图 2.17（a）和（b）中可以看出，情境 OP 下民营养老服务机构的利润始终最低；当 a 值较小时，情境 PP 下民营养老服务机构的利润最高；当 a 值超过这一较小的确定值，且共付费用较低时，情境 PP 下民营养老服务机构的利润最高，但随着共付费用增加到一定程度，情境 CP 下民营养老服务机构的利润最高。

当考虑养老服务机构之间竞争程度对民营养老服务机构利润的影响时，可以很容易看出，随着市场竞争程度的提升，三种情境下民营养老服务机构的利润呈下降趋势。

当考虑关键财政政策参数对民营养老服务机构利润的影响时，可以看出，在情境 CP 下，随着共付费用的增加，民营养老服务机构的利润呈上升趋势。在情境 PP 下，随着 a 值的增大，民营养老服务机构的利润呈下降趋势。

因此，较低的市场竞争程度对民营养老服务机构的发展是有利的。当政府部门选取情境 CP 所对应的财政政策时，政府部门可以通过增加去公立养老服务机构接受服务顾客的共付费用来促进民营养老服务机构的发展。当政府部门选取情境 PP 所对应的财政政策时，政府部门可以通过增加对选择民营养老服务机构的顾客补贴的方式促进民营养老服务机构的发展。

2.3.5　结论

本节分析了三种财政政策下混合双寡头养老服务供给市场中养老服务机构的质量竞争问题，在求得不同财政政策下均衡结果的基础上，对不同财政政策之间的社会福利、政府支出、平均服务质量及民营养老服务机构利润进行了进一步的比较分析，并分析了关键财政政策参数及竞争程度的变动对均衡结果以及对应市场绩效的影响。根据理论以及数值分析结果，可以得到以下主要结论。

首先，本节论证了不同财政政策下促进养老服务机构服务质量提升的措施。考虑市场竞争程度对服务质量的影响：①在情境 OP 下，竞争加剧导致公立养老服务机构服务质量的提升，但会导致民营养老服务机构服务质量的下降。②在情境 CP 下，竞争加剧导致公立养老服务机构的服务质量提升，而对民营养老服务机构的影响是不确定的。当设定的共付费用较高时，竞争加剧可能会提升民营养老服务机构的服务质量。因此，设定较高的共付费用有助于在较低的政府支出下提升养老服务机构的服务质量。③在情境 PP 下，当满足一定的顾客补贴条件时，市场竞争的加剧导致养老服务机构双方的服务质量都有所提升；否则，市场竞争加剧带来的影响是不确定的。适当的顾客补贴可以使决策者在促进养老服务机构之间竞争的基础上，以较低的成本促进服务质量的提升。

然后，为了分析是否存在某一种财政政策完全优于其他两种财政政策，或者在不同的目标下找出最有利的财政政策，得出以下结论。

通过对比三种情境下的市场绩效可知：①在情境 OP 下，公立养老服务机构的服务质量始终是三种情境中最高的，而民营养老服务机构的服务质量始终是三种情境中最低的。在一定情况下，情境 PP（情境 CP）下两个养老服务机构的服务质量均高于情境 CP（情境 PP）；否则，它们之间的服务质量关系是模糊的。因此，在三种财政政策之间进行选择时，设定适当的共付费用（或顾客补贴）可以使情境 CP（情境 PP）中的养老服务机构保持相对较高的服务质量。②当决策制定者关注市场的平均服务质量时，情境 OP 中的平均服务质量始终高于情境 CP。当决策制定者选择情境 OP 所对应的财政政策时，增加市场竞争程度可以使平均服务质量更高。当市场竞争程度较高时，只有当情境 PP 下顾客补贴很高时，情境 PP 的平均服务质量才最高。否则，当顾客补贴低于某确定值时，较高的顾客补贴和较低的共付费用设定会使情境 CP 下的平均服务质量高于情境 PP。在情境 OP 下，市场竞争越激烈，平均服务质量越高，而在情境 CP（情境 PP）下，只有当共付费用（顾客补贴）不超过某确定值时，市场越激烈，平均服务质量才会越高。③在社会福利方面，情境 CP 下的社会福利始终高于情境 OP，情境 PP 和情境 CP 下的社会福利关系不确定，但当共付费用的设定超过一定范围时，情境 CP 下的社会福利最大。因此，当决策制定者选择情境 CP 所对应的财政政策时，可以通过设定较高的共付费用来促进社会福利的增大，此外，市场竞争程度的提升也有利于社会福利的增大。当决策制定者选择情境 PP 所对应的财政政策时，应对顾客提供适度的补贴，以确保相对较大的社会福利。④政府支出是决策制定者在制定政策时需要考虑的一个重要方面。当决策制定者选择情境 OP 所对应的财政政策时，促进市场竞争将导致政府支出的增加，过度的竞争也会导致民营养老服务机构服务质量的降低，因此，不应过度提升养老服务机构之间的竞争程度。当决策制定者选择情境 CP 所对应的财政政策时，政府支出相对较低。此外，当共付费用超过一定阈值时，加强市场竞争的措施有利于减少政府支出。当决策制定者选择情境 PP 所对应的财政政策时，过度的补贴将会导致政府支出较高，所以建议对顾客提供适度补贴。⑤对于民营养老服务机构，其最重要的目标是利润。情境 OP 所对应的财政政策最不利于民营养老服务机构发展，其利润最低。当共付费用较高，且政府对顾客补贴不过高时，情境 CP 所对应的财政政策对民营养老服务机构的发展最有利；否则，情境 PP 所对应的财政政策是更有利的。此外，市场竞争的加剧对民营养老服务机构的发展是不利的，会降低其利润。

结合上述分析及结论，本节提出以下建议，以帮助决策制定者选择合适的财政政策，并促进政策的有效实施。

（1）当决策制定者选择情境 OP 所对应的财政政策时，可以通过采取一定措施来提升养老服务供给市场竞争程度，从而提升养老服务供给市场的平均服务质量和社会福利，但代价是政府支出的增加及对民营养老服务机构利润的不利影响。此外，过多的顾客选择公立养老服务机构，可能导致公立养老服务机构过度拥挤、资源短缺及民营养老服务机构资源闲置。因此，在资金预算有限、公立养老服务机构人满为患的国家或地区，决策制定者应采取措施降低养老服务机构之间的竞争程度。

（2）当决策制定者选择情境 CP 所对应的财政政策时，只要将共付费用设定超过一定范围，社会福利将始终处于较高水平，且政府支出始终处于较低水平，因此这种财政政策更适合政府预算不充足的地区。但是，共付费用的设定不宜过高，一方面，过高的共付费用设定会增加居民的负担；另一方面，共付费用应该设定在一个有效减少财政支出的水平上。决策制定者也可以采取措施提升养老服务供给市场的竞争程度，在较高的竞争程度下，相对较高共付费用的设定有利于提升服务质量，同时也可以增加社会福利，减少政府支出。

（3）当决策制定者选择情境 PP 所对应的财政政策时，政府支出相对较高，此种财政政策更适用于经济较发达地区。选择此种财政政策时，顾客补贴不宜过高，否则政府支出将过高。决策制定者可以设定适度的顾客补贴，以确保社会福利保持在相对较高的水平。只要顾客补贴符合一定的条件，决策制定者就可以采取措施增加养老服务机构之间的竞争，以提高养老服务机构的服务质量。然而，当竞争程度较高时，适度的顾客补贴不利于提高平均服务质量，反而有利于减少政府支出。

（4）当决策制定者在三种财政政策之间进行选择时，由于其目标是最大化社会福利，情境 CP 所对应的财政政策是最优的选择。政府部门可以以较低的支出获得较高的社会福利。决策者可以调整共付费用，以保持相对较高的服务质量，也可以采取相关措施，增加养老服务机构之间的竞争程度，提高平均服务质量。

2.4　政府干预下养老服务供应链的最优决策分析

2.4.1　引言

近年来，随着养老服务需求的不断增加，养老服务市场面临着一些新的发展。例如，受英国的社区照护模式启发，中国涌现出了社区养老服务的新模式——社区养老服务中心。目前，中国的社区养老服务中心由政府部门主导，考虑社会组织的参与，并通过市场化运作。这种模式以一种更舒服和便捷的方式为老年人提供更多种类的服务。此外，随着互联网与养老服务体系的深入结合，也出现了很多在线服务平台，如“社村通”“太和养老”“君无忧”等。社区养老服务中心或在线养老服务平台整合了一系列养老服务供应商，使老年人能够更便捷地获取并购买相应服务。这些新兴的养老服务供给体系可以被视为养老服务供应链，其中，社区养老服务中心或在线养老服务平台充当养老服务集成商，直接为老年人提供服务的企业称为养老服务供应商。图 2.18 为养老服务供应链体系的典型模式。

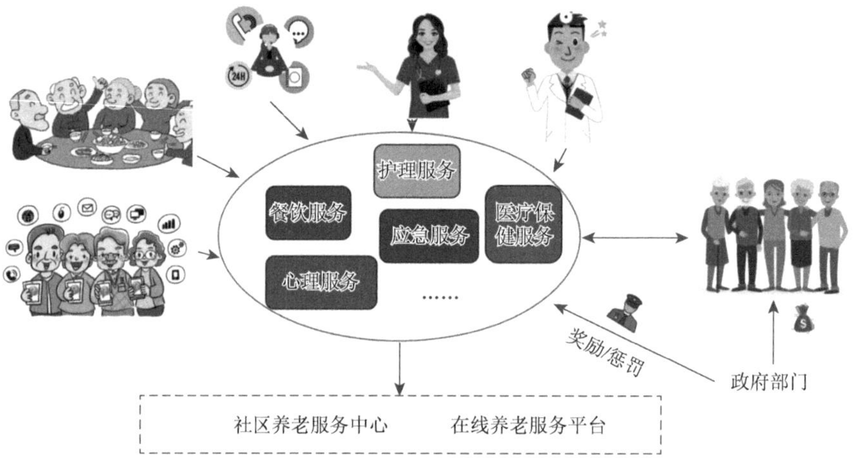

图 2.18　养老服务供应链体系典型模式

与其他服务（如物流服务、旅游服务等）不同的是，养老服务因其服务对象的特殊性而具有公共服务的性质，政府部门在养老服务的供给过程中扮演着重要的角色。很多国家对养老服务都有补贴政策，以促进老年人获取养老服务，例如，意大利根据老年人的健康状况提供补贴，我国也为老年人提供补贴。随着经济的不断发展，老年人对品质服务的需求也有所提升。政府部门除了提供补贴，还需要对养老服务质量进行监管。例如，苏格兰设立了护理监察局以管理服务部门向老年人提供高质量的服务；我国江苏省也设立了养老服务水平的基础标准，提供不合格服务的养老服务机构将面临处罚，而评级较高的养老服务机构将获得额外补贴。因此，对于新兴的养老服务供应链模式，探讨养老服务供应链在政府干预下的最优决策及政府干预对其的影响，对于促进养老服务的发展，为老年人提供可持续的、优质的养老服务具有重要意义。

本节研究考虑政府部门参与的三阶养老服务供应链模型的最优决策问题。这个模型受 Ma 等（2013）的启发，与文献的模型有两点主要差异：①在政府干预措施方面，Ma 等（2013）考虑政府部门对养老服务供应商的补贴。本节考虑的因素为政府部门对顾客的补贴，以及政府部门对养老服务集成商服务水平的约束；②在对供应链复杂性的考虑方面，本节考虑不同的渠道权利结构及不确定性因素对决策的影响，而 Ma 等（2013）未考虑以上两点。本节建立一个三阶养老服务供应链模型，考虑政府部门作为决策参与者，分析了政府部门及养老服务供应链成员在不同渠道结构下的最优决策及市场绩效，同时针对不同情境下的结果进行对比分析，以为养老服务供应链体系的建设、发展，以及政府政策的制定提供建议。

2.4.2 模型建立

本节建立一个包含一个养老服务集成商（下简称集成商）、一个养老服务供应商（下简称供应商）及政府部门的养老服务供应链体系。政府部门作为整个养老服务供应链的领导者，为接受服务的老年人提供补贴，同时对集成商实施服务水平监管措施。本节考虑两种类型的渠道结构，分别为集成商主导的供应链结构与供应商主导的供应链结构。

集成商支付给供应商 1 单位服务的批发价为 w，并以 1 单位服务的零售价 p 将服务出售给老年人，研究者普遍认为 $p>w$。集成商的服务水平为 e，同时受到政府部门设定的服务水平阈值 e_0 的限制。如果 $e<e_0$，那么集成商将面临惩罚；否则，集成商会收到来自政府部门的奖励。假设 h 代表奖惩因子，用以量化政府部门对集成商的奖惩金额。此外，提供服务水平为 e 的服务会给集成商带来额外的花费，包括仪器/设备购买、人员培训等相关费用。对于供应商，假设提供 1 单位服务的成本为 c，且有 $w>c$。政府部门对接受 1 单位服务的老年人提供的补贴为 s。

假设顾客需求受购买价格和集成商服务水平的影响，线性需求函数可以定义为如下形式：

$$D(p,e)=a-(p-s)+\gamma e \tag{2.29}$$

其中，a 为总的潜在市场需求，价格对需求的弹性为 1；γ 为服务水平对需求的弹性系数（简称服务水平弹性系数），其为一个线性不确定性参数，并定义它的分布为 $\phi(x)$，且 $x\in[0,1]$。因此，顾客需求 D 也为一个不确定性变量，集成商的服务水平成本可以表示为

$$C(e)=\frac{(1-\gamma)^2e^2}{2} \tag{2.30}$$

其中，$\gamma\in[0,1]$。当 $\gamma=0$ 时，集成商维持同等服务水平的成本较高，导致其不愿通过提高服务水平来影响需求；当 $\gamma=1$ 时，小额的投资就会影响服务需求，使集成商更有动力提供高水平的服务。本节的模型中，服务水平弹性系数需满足条件 $E[\gamma]\in[0,0.5)$，这意味着服务水平弹性系数具有期望边界，而这个范围来源于本节

模型必须满足的基本需求，以确保有意义的结果取值。

随后给出各个参与者的目标函数。政府部门的目标是社会福利最大化，由生产者剩余、消费者剩余和政府收支三部分组成。生产者剩余是集成商和供应商收益的总和，消费者剩余一般表示为$D^2/2$，政府收支可以表示为$hD(e_0-e)-sD$，包括对集成商的奖惩及对顾客的补贴支出。集成商的利润包含以下三个部分：总收入、向供应商批发服务成本支出和服务水平成本支出，以及由政府服务水平监管带来的得失。供应商的利润包含以下两个部分：提供服务的收入及提供服务的成本。

政府部门的社会福利可以表示为

$$\mathrm{SW}=\Pi_{\mathrm{ESI}}+\Pi_{\mathrm{ESP}}+\frac{D^2}{2}+hD(e_0-e)-sD \tag{2.31}$$

其中，下标 ESI 表示集成商；ESP 表示供应商。

集成商和供应商的利润可分别表示为

$$\Pi_{\mathrm{ESI}}=(p-w)\left[a-(p-s)+\gamma e\right]-\frac{e^2(1-\gamma)^2}{2}-h(e_0-e)\left[a-(p-s)+\gamma e\right] \tag{2.32}$$

$$\Pi_{\mathrm{ESP}}=(w-c)\left[a-(p-s)+\gamma e\right] \tag{2.33}$$

养老服务供应链的总利润可以表示为

$$\begin{aligned}\Pi_{\mathrm{SC}}&=\Pi_{\mathrm{ESI}}+\Pi_{\mathrm{ESP}}\\&=(p-c)\left[a-(p-s)+\gamma e\right]\\&\quad-h(e_0-e)\left[a-(p-s)+\gamma e\right]-\frac{e^2(1-\gamma)^2}{2}\end{aligned} \tag{2.34}$$

博弈过程的顺序如下：①政府部门公布对老年人接受服务的补贴；②集成商设定其服务零售价和服务水平（集成商主导结构下）或供应商设定其服务批发价（供应商主导结构下）；③供应商设定其服务批发价（供应商主导结构下）或集成商设定其服务零售价和服务水平（集成商主导结构下）。模型参数及定义如表 2.8 所示。决策顺序图如图 2.19 所示。

表 2.8　模型参数及定义

符号	描述
c	养老服务供应商单位服务能力的成本（简称服务成本）
w	养老服务供应商单位服务能力的批发价（简称服务批发价）
e	养老服务集成商的服务水平

续表

符号	描述
p	养老服务集成商对顾客提供单位服务的零售价（简称服务零售价）
D	顾客需求
γ	服务水平弹性系数
a	总的潜在市场需求
Π_i	养老服务集成商/供应商/供应链的利润（i 代表养老服务集成商/供应商/供应链）
SW	社会福利
s	政府部门对顾客接受服务的单位补贴（简称补贴）
h	对养老服务集成商服务水平的奖惩因子
e_0	政府部门设定的服务水平阈值
m	养老服务集成商的边际利润

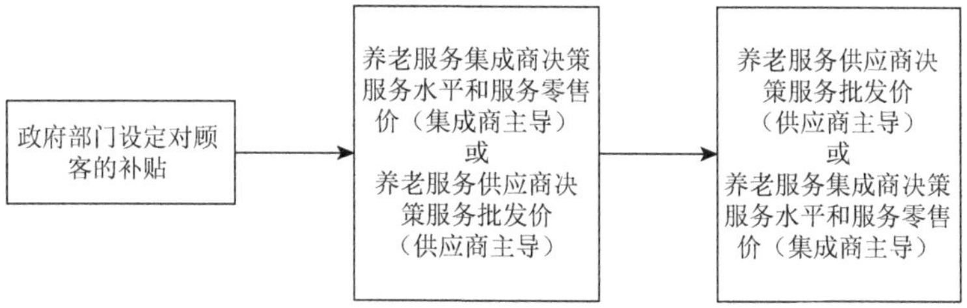

图 2.19　决策顺序图

其中，养老服务供应链包含养老服务集成商和供应商。

2.4.3　模型分析

本节关注分析养老服务供应链在不同情境下的最优决策，以及不同情境下结果的对比。

1. 无政府干预下的最优决策

这里将无政府干预的情况作为基准，以与由政府干预情况下的结果做对比。考察在两种渠道结构下养老服务供应链的最优决策。由集成商主导的 Stackelberg 博弈称为情境 IS，其中，集成商充当领导者，供应商充当跟随者。由供应商主导的 Stackelberg 博弈称为情境 PS，其中，供应商比集成商拥有更多的议价能力。无政府干预的养老服务供应链模型如下。

顾客的需求函数可表示为

$$D(p,e)=a-p+\gamma e \tag{2.35}$$

集成商和供应商的利润可分别表示为

$$\varPi_{\mathrm{ESI}}=(p-w)(a-p+\gamma e)-\frac{e^2(1-\gamma)^2}{2} \tag{2.36}$$

$$\varPi_{\mathrm{ESP}}=(w-c)(a-p+\gamma e) \tag{2.37}$$

假设$E\left[\varPi_i^k\right]$为情境k下i的期望利润（情境k代表情境IS或情境PS）；p_k^*、e_k^*和w_k^*分别为情境k下最优服务零售价、最优服务水平及最优服务批发价；SW为社会福利。

1）情境IS

当集成商拥有更多的议价能力时，博弈过程如下：①集成商决策服务零售价及服务水平；②供应商决策服务批发价。

$$\begin{cases}\max\limits_{(p,e)}\ E\left[\varPi_{\mathrm{ESI}}\left(p,e,w_{\mathrm{IS}}^*\right)\right]\\ \qquad\text{其中，}w_{\mathrm{IS}}^*\text{通过求解以下问题所得}\\ \qquad\left\{\max\limits_{(w)} E\left[\varPi_{\mathrm{ESP}}(w)\right]\right.\end{cases} \tag{2.38}$$

由于 m 代表集成商的边际利润，有 $p=w+m$ 。通过逆向归纳法求解博弈，首先，求解供应商的最优服务批发价 w_{IS}^*；然后，将最优服务批发价代入$E\left[\varPi_{\mathrm{ESI}}\left(p,e,w_{\mathrm{IS}}^*\right)\right]$中，以确定最优服务零售价与服务水平，可以得到命题2.13。

命题2.13：（1）无政府干预下，集成商最优服务零售价和服务水平分别为

$$p_{\mathrm{IS}}^*=\frac{3aE^2[\gamma]+(1-2E[\gamma])(3a+c)}{3E^2[\gamma]-8E[\gamma]+4},\quad e_{\mathrm{IS}}^*=\frac{E[\gamma](a-c)}{3E^2[\gamma]-8E[\gamma]+4}$$

（2）无政府干预下，供应商最优服务批发价为

$$w_{\mathrm{IS}}^*=\frac{aE^2[\gamma]+2cE^2[\gamma]+(1-2E[\gamma])(a+3c)}{3E^2[\gamma]-8E[\gamma]+4}$$

（3）集成商和供应商的期望利润分别为

$$\varPi_{\mathrm{ESI}}^{\mathrm{IS}}=\frac{(a-c)^2(E[\gamma]-1)^2}{2\left(3E^2[\gamma]-8E[\gamma]+4\right)},\quad \varPi_{\mathrm{ESP}}^{\mathrm{IS}}=\frac{(a-c)^2(E[\gamma]-1)^4}{\left(3E^2[\gamma]-8E[\gamma]+4\right)^2}$$

（4）期望社会福利为

$$\mathrm{SW}_{\mathrm{IS}}=\frac{(a-c)^2\left(6E^2[\gamma]-14E[\gamma]+7\right)(E[\gamma]-1)^2}{2(3E[\gamma]-2)^2(E[\gamma]-2)^2}$$

证明：通过式（2.36）和式（2.37）中期望算子的线性关系，可以得到集成商和供应商的期望利润分别为

$$E\left[\Pi_{\text{ESI}}(m,e)\right]=E\left[(m+w-w)\left[a-(m+w)+\gamma e\right]-\frac{e^2(1-\gamma)^2}{2}\right]$$

$$=am-m(m+w)+E[\gamma]me-\frac{e^2}{2}+E[\gamma]e^2-\frac{E^2[\gamma]e^2}{2}$$

$$E\left[\Pi_{\text{ESP}}(w)\right]=E\left[(w-c)\left(a-(m+w)+\gamma e\right)\right]$$

$$=a(w-c)-(w-c)(m+w)+e(w-c)E[\gamma]$$

通过逆向归纳，求 $E\left[\Pi_{\text{ESP}}(w)\right]$ 对 w 的一阶和二阶偏导数，可得 $\frac{\partial E\left[\Pi_{\text{ESP}}(w)\right]}{\partial w}=a-2w-m+E[\gamma]e+c$，且二阶偏导数为负。令一阶偏导数等于 0，可以得到供应商的最优反应函数为 $w_{\text{IS}}^*=\frac{E(\gamma)e+a+c-m}{2}$。将 w_{SI}^* 代入 $E\left[\Pi_{\text{ESI}}(m,e)\right]$ 中，分别求 $E\left[\Pi_{\text{ESI}}\left(m,e,w_{\text{IS}}^*\right)\right]$ 对 m 和 e 的一阶偏导数，可以得到对应的黑塞矩阵 $H_1=\begin{bmatrix}-1 & E[\gamma]/2\\ E[\gamma]/2 & -(1-E[\gamma])^2\end{bmatrix}$。当满足假设条件 $3E^2[\gamma]-8E[\gamma]+4>0$ 时，$E\left[\Pi_{\text{ESP}}(m,e)\right]$ 在 m 和 e 处是联合凹的。令对应的一阶偏导数等于 0，可以得到最优边际利润及服务水平。集成商最优边际利润为 $m=\frac{2(a-c)\left(E(\gamma)-1\right)^2}{3E^2(\gamma)-8E(\gamma)+4}$，可以很容易获得 p_{IS}^* 和 w_{IS}^*。集成商和供应商可以在点 $\left(p_{\text{IS}}^*,w_{\text{IS}}^*,e_{\text{IS}}^*\right)$ 获取最大预期利润，也可以求得期望的社会福利为 $\text{SW}_{\text{IS}}=\frac{(a-c)^2\left(6E^2[\gamma]-14E[\gamma]+7\right)\left(E[\gamma]-1\right)^2}{2\left(3E[\gamma]-2\right)^2\left(E[\gamma]-2\right)^2}$。

通过命题 2.13，可以得到推论 2.4。

推论 2.4：无政府干预时，当集成商拥有更多的议价能力时，最优服务零售价、服务批发价及服务水平都随着服务水平弹性系数期望值的增大而提高。集成商在养老服务供应链中的主导地位使其能够获得比供应商更高的利润。

证明：通过下式，可以很容易地证明推论 2.4。

$$\frac{\partial p_{\text{IS}}^*}{\partial E[\gamma]}=-\frac{6E[\gamma](a-c)\left(E[\gamma]-1\right)}{\left(3E^2[\gamma]-8E[\gamma]+4\right)^2}>0$$

$$\frac{\partial w_{\text{IS}}^*}{\partial E[\gamma]}=-\frac{2E[\gamma](a-c)\left(E[\gamma]-1\right)}{\left(3E^2[\gamma]-8E[\gamma]+4\right)^2}>0$$

$$\frac{\partial e_{\mathrm{IS}}^{*}}{\partial E[\gamma]}=-\frac{(a-c)\left(3E^{2}[\gamma]-4\right)}{\left(3E^{2}[\gamma]-8E[\gamma]+4\right)^{2}}>0$$

$$\Pi_{\mathrm{ESI}}^{\mathrm{IS}}-\Pi_{\mathrm{ESP}}^{\mathrm{IS}}>0$$

当集成商拥有更多的议价能力时，随着服务水平弹性系数期望值的增大，它有提升养老服务供应链需求的动力。集成商愿意提升服务水平，但这会导致其成本的增加，因此，集成商会提高服务零售价。为了追求更高的利润，供应商也会选择提高服务批发价。

2）情境 PS

当供应商具有更多的议价能力时，博弈过程如下：①供应商决策服务批发价；②集成商决策服务零售价和服务水平。

$$\begin{cases}\max\limits_{w}\ E\left[\Pi_{\mathrm{ESP}}\left(w,e_{\mathrm{PS}}^{*},p_{\mathrm{PS}}^{*}\right)\right]\\ \qquad \text{其中，}e_{\mathrm{PS}}^{*}\text{、}p_{\mathrm{PS}}^{*}\text{通过求解以下问题所得}\\ \qquad \left\{\max\limits_{(e,p)} E\left[\Pi_{\mathrm{ESI}}(e,p)\right]\right.\end{cases}\tag{2.39}$$

首先，推导集成商的反应函数；然后，供应商可以利用集成商的反应函数确定其最优服务批发价，从而使其期望利润最大。可以得到命题 2.14。

命题 2.14：（1）无政府干预下，供应商的最优服务批发价为

$$w_{\mathrm{PS}}^{*}=\frac{a+c}{2}$$

（2）无政府干预下，集成商的最优服务零售价和服务水平分别为

$$p_{\mathrm{PS}}^{*}=\frac{2aE^{2}[\gamma]+(1-2E[\gamma])(3a+c)}{2\left(E^{2}[\gamma]-4E[\gamma]+2\right)},\quad e_{\mathrm{PS}}^{*}=\frac{E[\gamma](a-c)}{2\left(E^{2}[\gamma]-4E[\gamma]+2\right)}$$

（3）集成商和零售商的期望利润分别为

$$\Pi_{\mathrm{ESI}}^{\mathrm{PS}}=\frac{(a-c)^{2}(E[\gamma]-1)^{2}}{8\left(E^{2}[\gamma]-4E[\gamma]+2\right)},\quad \Pi_{\mathrm{ESP}}^{\mathrm{PS}}=\frac{(a-c)^{2}(E[\gamma]-1)^{2}}{4\left(E^{2}[\gamma]-4E[\gamma]+2\right)}$$

（4）期望社会福利为

$$\mathrm{SW}_{\mathrm{PS}}=\frac{(a-c)^{2}\left(4E^{2}[\gamma]-14E[\gamma]+7\right)(E[\gamma]-1)^{2}}{8\left(E^{2}[\gamma]-4E[\gamma]+2\right)^{2}}$$

证明：通过逆向归纳，分别求 $E\left[\Pi_{\mathrm{ESI}}(p,e)\right]$ 对 p 和 e 的一阶偏导数，也可以得到对应的黑塞矩阵为 $H_{2}=\begin{bmatrix}-2 & E[\gamma]\\ E[\gamma] & -(1-E[\gamma])^{2}\end{bmatrix}$。当满足假设

$E^2[\gamma]-4E[\gamma]+2>0$ 时，黑塞矩阵负定，可以得到集成商的反应函数为 $p_{\text{PS}}^*=\dfrac{E^2[\gamma]a-2aE[\gamma]-2wE[\gamma]+a+w}{E^2[\gamma]-4E[\gamma]+2}$ 和 $e_{\text{PS}}^*=\dfrac{E[\gamma](a-w)}{E^2[\gamma]-4E[\gamma]+2}$。将 p_{PS}^* 和 e_{PS}^* 代入 $E\left[\Pi_{\text{ESP}}(w)\right]$ 中，求 $E\left[\Pi_{\text{ESP}}\left(w,e_{\text{PS}}^*,p_{\text{PS}}^*\right)\right]$ 对 w 的一阶和二阶偏导数，可知二阶偏导数为负。令一阶偏导数等于 0，可以得到最优服务批发价，从而可以得到最优服务零售价和服务水平。（3）和（4）进而得证。

通过命题 2.14，可以得到推论 2.5。

推论 2.5：无政府干预时，当供应商拥有更多的议价能力时，最优服务零售价和最优服务水平都随着服务水平弹性系数期望值的增大而提高，最优服务批发价不受服务水平弹性系数期望值的影响。供应商在供应链中处于优势地位，可以获取比集成商更高的利润。

证明：通过下式，可以很容易地证明推论 2.5。

$$\frac{\partial p_{\text{PS}}^*}{\partial E[\gamma]}=-\frac{E[\gamma](a-c)\left(E[\gamma]-1\right)}{\left(E^2[\gamma]-4E[\gamma]+2\right)^2}>0$$

$$\frac{\partial e_{\text{PS}}^*}{\partial E[\gamma]}=-\frac{(a-c)\left(E^2[\gamma]-2\right)}{2\left(E^2[\gamma]-4E[\gamma]+2\right)^2}>0$$

$$\Pi_{\text{ESP}}^{\text{PS}}-\Pi_{\text{ESI}}^{\text{PS}}=\frac{\left(E[\gamma]-1\right)^2(a-c)^2}{8\left(E^2[\gamma]-4E[\gamma]+2\right)}>0$$

当供应商的议价能力较强时，最优服务批发价不受服务水平弹性系数变动的影响。当面对需求不确定性时，集成商应通过提高零售价来抵御风险，收入的增加将有助于其服务水平的提升。

3）无政府干预下的对比分析

通过对情境 IS 和情境 PS 下的结果进行对比，可以得到命题 2.15。

命题 2.15：当考虑无政府干预下的养老服务供应链决策时，可以得到

$$e_{\text{IS}}^*<e_{\text{PS}}^*,\quad w_{\text{IS}}^*<w_{\text{PS}}^*,\quad p_{\text{IS}}^*>p_{\text{PS}}^*$$

$$\Pi_{\text{ESP}}^{\text{IS}}<\Pi_{\text{ESP}}^{\text{PS}},\quad \Pi_{\text{ESI}}^{\text{IS}}>\Pi_{\text{ESI}}^{\text{PS}},\quad \Pi_{\text{SC}}^{\text{IS}}<\Pi_{\text{SC}}^{\text{PS}}$$

$$\text{SW}_{\text{IS}}<\text{SW}_{\text{PS}}$$

证明：基于命题 2.13 和命题 2.14，可以很容易获得不同渠道结构下的最优决策、利润及社会福利的差值，化简后的对比结果如下。

最优服务水平对比：

$$e_{\text{IS}}^*-e_{\text{PS}}^*=-\frac{E[\gamma]^3(a-c)}{2\left(3E^2[\gamma]-8E[\gamma]+4\right)\left(E^2[\gamma]-4E[\gamma]+2\right)}<0$$

最优服务批发价对比：

$$w_{\mathrm{IS}}^{*}-w_{\mathrm{PS}}^{*}=-\frac{\left(E^{2}[\gamma]-4E[\gamma]+2\right)(a-c)}{2\left(3E^{2}[\gamma]-8E[\gamma]+4\right)}<0$$

最优服务零售价对比：

$$p_{\mathrm{IS}}^{*}-p_{\mathrm{PS}}^{*}=\frac{E[\gamma]^{2}(a-c)\left(1-2E[\gamma]\right)}{2\left(3E^{2}[\gamma]-8E[\gamma]+4\right)\left(E^{2}[\gamma]-4E[\gamma]+2\right)}>0$$

供应商利润对比：

$$\Pi_{\mathrm{ESP}}^{\mathrm{IS}}-\Pi_{\mathrm{ESP}}^{\mathrm{PS}}=-\frac{\left(E[\gamma]-1\right)^{2}(a-c)^{2}\left(5E^{4}[\gamma]-24E^{3}[\gamma]+12E^{2}[\gamma]+8\left(1-2E[\gamma]\right)^{2}\right)}{4\left(3E^{2}[\gamma]-8E[\gamma]+4\right)\left(E^{2}[\gamma]-4E[\gamma]+2\right)}<0$$

集成商利润对比：

$$\Pi_{\mathrm{ESI}}^{\mathrm{IS}}-\Pi_{\mathrm{ESI}}^{\mathrm{PS}}=\frac{\left(E[\gamma]-1\right)^{2}(a-c)^{2}\left(E^{2}[\gamma]-8E[\gamma]+4\right)}{8\left(3E^{2}[\gamma]-8E[\gamma]+4\right)\left(E^{2}[\gamma]-4E[\gamma]+2\right)}>0$$

供应链总利润对比：

$$\Pi_{\mathrm{SC}}^{\mathrm{IS}}-\Pi_{\mathrm{SC}}^{\mathrm{PS}}=-\frac{E^{2}[\gamma]\left(E[\gamma]-1\right)^{2}(a-c)^{2}\left(7E^{2}[\gamma]-16E[\gamma]+8\right)}{8\left(3E^{2}[\gamma]-8E[\gamma]+4\right)^{2}\left(E^{2}[\gamma]-4E[\gamma]+2\right)}<0$$

社会福利对比：

$$\mathrm{SW}_{\mathrm{IS}}-\mathrm{SW}_{\mathrm{PS}}=-\frac{E^{2}[\gamma]\left(E[\gamma]-1\right)^{2}(a-c)^{2}\left(12E^{4}[\gamma]-70E^{3}[\gamma]+35E^{2}[\gamma]+24\left(1-2E[\gamma]\right)^{2}\right)}{8\left(3E^{2}[\gamma]-8E[\gamma]+4\right)^{2}\left(E^{2}[\gamma]-4E[\gamma]+2\right)^{2}}<0$$

由此可知，当供应商拥有更多的议价能力时，顾客可以较低的价格从集成商处获取更高水平的服务，养老服务供应链的利润相较于集成商主导时更高。此外，政府的整体社会福利也更高。总的来说，在无政府干预的情形下，供应商主导的渠道结构对政府、整个供应链及顾客更有利。

2. 政府干预下集成商主导的养老服务供应链的最优决策

考虑政府部门作为决策参与者为养老服务顾客提供补贴，并对集成商的服务水平进行监管。求解并分析考虑政府干预下集成商主导（用 GSI 表示）的养老服务供应链成员及政府部门最优决策。博弈过程如下：①政府部门决策补贴；②集成商决策服务零售价和服务水平；③供应商决策服务批发价。

$$\begin{cases}\max\limits_{s}\ E\left[\mathrm{SW}_{\mathrm{GSI}}\left(s,w_{\mathrm{GSI}}^{*},e_{\mathrm{GSI}}^{*},p_{\mathrm{GSI}}^{*}\right)\right]\\ \quad \text{其中，}p_{\mathrm{GSI}}^{*}\text{、}e_{\mathrm{GSI}}^{*}\text{通过求解以下问题所得}\\ \quad \begin{cases}\max\limits_{(p,e)} E\left[\Pi_{\mathrm{ESI}}\left(p,e,w_{\mathrm{GSI}}^{*}\right)\right]\\ \quad \text{其中，}w_{\mathrm{GSI}}^{*}\text{通过求解以下问题所得}\\ \quad \begin{cases}\max\limits_{(w)} E\left[\Pi_{\mathrm{ESP}}\left(w\right)\right]\end{cases}\end{cases}\end{cases} \tag{2.40}$$

通过逆向求解，首先，求得供应商的最优服务批发价 w_{GSI}^{*}。然后，将最优服务批发价代入 $E\left[\Pi_{\mathrm{ESI}}\left(p,e,w_{\mathrm{GSI}}^{*}\right)\right]$ 中，以求得最优服务零售价及集成商的服务水平。最后，将 w_{GSI}^{*}、p_{GSI}^{*} 和 e_{GSI}^{*} 代入 $E\left[\mathrm{SW}_{\mathrm{GSI}}\left(s,w_{\mathrm{GSI}}^{*},e_{\mathrm{GSI}}^{*},p_{\mathrm{GSI}}^{*}\right)\right]$ 中，以获取最优补贴。可以得到命题 2.16。其中，$E\left[\Pi_{i}^{k}\right]$ 代表情境 k 下 i 的期望利润，i 为集成商/供应商/供应链；情境 k 为情境 GSI 或情境 GSP（即供应商主导的情形）。

命题 2.16：（1）政府部门对顾客最优补贴为

$$s_{\mathrm{GSI}}^{*}=\frac{(a-c)\left(3E^{2}[\gamma]-2E[\gamma]h-2h^{2}-6E[\gamma]+3\right)+e_{0}h\left(h^{2}+1-2E[\gamma]\right)}{h^{2}+1-2E[\gamma]}$$

集成商最优服务零售价和服务水平分别为

$$p_{\mathrm{GSI}}^{*}=\frac{(a-c)\left(3E^{2}[\gamma]-hE[\gamma]\right)+(3a-2c)\left(1-2E[\gamma]\right)-h^{2}(a-2c)+e_{0}h\left(h^{2}+1-2E[\gamma]\right)}{h^{2}+1-2E[\gamma]}$$

$$e_{\mathrm{GSI}}^{*}=\frac{(a-c)\left(h+E[\gamma]\right)}{h^{2}+1-2E[\gamma]}$$

供应商最优服务批发价为

$$w_{\mathrm{GSI}}^{*}=\frac{a\left(E[\gamma]-1\right)^{2}+c\left(h^{2}-E^{2}[\gamma]\right)}{h^{2}+1-2E[\gamma]}$$

（2）集成商和供应商的期望利润分别为

$$\Pi_{\mathrm{ESI}}^{\mathrm{GSI}}=\frac{\left(E[\gamma]-1\right)^{2}(a-c)^{2}\left(3E[\gamma]+h-2\right)\left(E[\gamma]-h-2\right)}{2\left(h^{2}+1-2E[\gamma]\right)^{2}}$$

$$\Pi_{\mathrm{ESP}}^{\mathrm{GSI}}=\frac{\left(E[\gamma]-1\right)^{4}(a-c)^{2}}{\left(h^{2}-2E[\gamma]+1\right)^{2}}$$

供应链的总期望利润为

$$\Pi_{\text{SC}}^{\text{GSI}}=\frac{(a-c)^2\left(E[\gamma]-1\right)^2\left(5E^2[\gamma]-2hE[\gamma]-h^2-12E[\gamma]+6\right)}{2\left(h^2-2E[\gamma]+1\right)^2}$$

（3）期望社会福利为

$$\text{SW}_{\text{GSI}}=\frac{(a-c)^2\left(E[\gamma]-1\right)^2}{2h^2-4E[\gamma]+2}$$

证明：通过逆向归纳，将式 $p=w+m$ 代入期望利润的表达式中，求 $E\left[\Pi_{\text{ESP}}^{\text{GSI}}(w)\right]$ 对 w 的一阶和二阶偏导数，可以得到 $\frac{\partial E\left[\Pi_{\text{ESP}}^{\text{GSI}}(w,e)\right]}{\partial w}=a-2w-m+s+E[\gamma]e+c$，且二阶偏导数为负。令一阶偏导数等于 0，可以得到供应商的最优反应函数 $w_{\text{GSI}}^{*}=\frac{E[\gamma]e+a+c+s-m}{2}$。将 w_{GSI}^{*} 代入 $E\left[\Pi_{\text{ESI}}^{\text{GSI}}(m,e)\right]$ 中，分别求 $E\left[\Pi_{\text{ESI}}\left(m,e,w_{\text{GSI}}^{*}\right)\right]$ 对 m 和 e 的偏导数，可以得到黑塞矩阵为 $H_3=\begin{bmatrix}-1 & \frac{E[\gamma]-h}{2}\\ \frac{E[\gamma]-h}{2} & hE[\gamma]-\left(1-E[\gamma]\right)^2\end{bmatrix}$，且当满足假设条件 $3E^2[\gamma]-2hE[\gamma]-4-h^2>0$ 和 $hE[\gamma]-\left(1-E[\gamma]\right)^2<0$ 时，黑塞矩阵负定。集成商的最优边际利润为

$$m=\frac{\left(2E^2[\gamma]-hE[\gamma]-h^2-4E[\gamma]+2\right)(a-c+s)+e_0h\left(E^2[\gamma]-hE[\gamma]-4E[\gamma]+2\right)}{3E^2[\gamma]-2hE[\gamma]-8E[\gamma]+4-h^2}$$

可以得到集成商的最优反应函数分别为

$$p_{\text{GSI}}^{*}=\frac{(3a+c+3s)\left(2E[\gamma]-1\right)+(a+s)\left(h^2-3E^2[\gamma]\right)+E[\gamma]h(a+c+s)+e_0h\left(E[\gamma]h+2E[\gamma]-1\right)}{\left(h+3E[\gamma]-2\right)\left(h-E[\gamma]+2\right)}$$

$$e_{\text{GSI}}^{*}=\frac{\left(a-c+s-e_0h\right)\left(E[\gamma]+h\right)}{3E^2[\gamma]-2hE[\gamma]-h^2-8E[\gamma]+4}$$

也可以得到最优服务批发价为

$$w_{\text{GSI}}^{*}=\frac{\left(he_0-a-2c-s\right)E^2[\gamma]+\left(\left(2c-2e_0\right)h+2a+6c+2s\right)E[\gamma]+ch^2+e_0h-a-3c-s}{\left(h+3E[\gamma]-2\right)\left(h-E[\gamma]+2\right)}$$

将 e_{GSI}^{*}、w_{GSI}^{*} 和 p_{GSI}^{*} 代入期望社会福利的表达式中，并将该表达式对 s 求偏导数，可以得到 $\frac{\partial^2E\left[\text{SW}_{\text{GSI}}\left(s,p_{\text{GSI}}^{*},e_{\text{GSI}}^{*},w_{\text{GSI}}^{*}\right)\right]}{\partial s^2}=\left(E[\gamma]-1\right)^2\left(-h^2+2E[\gamma]-1\right)<0$，令一阶偏导数等于 0，可以得到政府部门最优补贴为

$$s_{\text{GSI}}^* = \frac{(a-c)\left(3E^2[\gamma]-2E[\gamma]h-2h^2-6E[\gamma]+3\right)+e_0h\left(h^2+1-2E[\gamma]\right)}{h^2+1-2E[\gamma]}$$

代入各表达式中，命题得证。

通过命题 2.16，可以得到推论 2.6。

推论 2.6：集成商主导的渠道结构下，政府部门的最优补贴以及服务零售价随着服务水平阈值的增大而提高。然而，最优服务水平和服务批发价不受服务水平阈值的影响。集成商最优服务水平随着服务水平弹性期望值的增大而提升。

证明：通过下式很容易证明推论 2.6。

$$\frac{\partial p_{\text{GSI}}^*}{\partial e_0} = h > 0$$

$$\frac{\partial s_{\text{GSI}}^*}{\partial e_0} = h > 0$$

$$\frac{\partial e_{\text{GSI}}^*}{\partial E[\gamma]} = \frac{(h+1)^2(a-c)}{\left(h^2-2E[\gamma]+1\right)^2} > 0$$

服务水平阈值越大，集成商为避免罚款所需支出的服务成本越高，所以集成商会制定更高的服务零售价。此时，政府部门可能会选择增加补贴，减少顾客的单位服务支出，从而鼓励顾客购买服务。

此外，由命题 2.16 证明过程中的最优反应函数可知，当集成商拥有更多的议价能力时，政府补贴与最优服务水平正相关，与最优服务零售价和最优服务批发价负相关（$\frac{\partial e_{\text{GSI}}^*}{\partial s} > 0, \frac{\partial p_{\text{GSI}}^*}{\partial s} < 0, \frac{\partial w_{\text{GSI}}^*}{\partial s} < 0$）。

3. 政府干预下供应商主导的养老服务供应链的最优决策

这里关注求解和分析政府干预下供应商主导的（GSP）养老服务供应链成员及政府部门的最优决策。博弈过程如下：①政府部门设定补贴；②供应商决策服务批发价；③集成商决策服务零售价和服务水平。

$$\begin{cases} \max\limits_{s} \ E\left[\text{SW}_{\text{GSP}}\left(s, w_{\text{GSP}}^*, e_{\text{GSP}}^*, p_{\text{GSP}}^*\right)\right] \\ \qquad \text{其中，} w_{\text{GSP}}^* \text{通过求解以下问题所得} \\ \qquad \begin{cases} \max\limits_{(w)} E\left[\varPi_{\text{ESP}}\left(w, e_{\text{GSP}}^*, p_{\text{GSP}}^*\right)\right] \\ \qquad \text{其中，} p_{\text{GSP}}^*\text{、} e_{\text{GSP}}^* \text{通过求解以下问题所得} \\ \qquad \begin{cases} \max\limits_{(p,e)} E\left[\varPi_{\text{ESI}}(p,e)\right] \end{cases} \end{cases} \end{cases} \tag{2.41}$$

首先，推导集成商的反应函数；供应商可以利用集成商的反应函数决策最优服务批发价，从而使其预期利润最大化。然后，政府部门可以利用上述信息使社会福利最大化，以获取最优补贴。可以得到命题 2.17。

命题 2.17：（1）政府部门的最优补贴为

$$s_{\mathrm{GSP}}^{*}=\frac{(a-c)\left(2E^{2}[\gamma]-4hE[\gamma]-3h^{2}-6E[\gamma]+3\right)+e_{0}h\left(h^{2}-2E[\gamma]+1\right)}{h^{2}-2E[\gamma]+1}$$

供应商最优服务批发价为

$$w_{\mathrm{GSP}}^{*}=\frac{(a-c)\left(E^{2}[\gamma]-2hE[\gamma]\right)+\left(1-2E[\gamma]\right)(2a-c)-h^{2}(a-2c)}{h^{2}-2E[\gamma]+1}$$

集成商最优服务水平和服务零售价分别为

$$e_{\mathrm{GSP}}^{*}=\frac{(a-c)\left(E[\gamma]+h\right)}{h^{2}-2E[\gamma]+1}$$

$$p_{\mathrm{GSP}}^{*}=\frac{(a-c)\left(2E^{2}[\gamma]-3hE[\gamma]\right)-h^{2}(2a-3c)+(3a-2c)\left(1-2E[\gamma]\right)+e_{0}h\left(h^{2}-2E[\gamma]+1\right)}{h^{2}-2E[\gamma]+1}$$

（2）集成商和供应商的期望利润分别为

$$\Pi_{\mathrm{ESI}}^{\mathrm{GSP}}=\frac{\left(E[\gamma]-1\right)^{2}(a-c)^{2}\left(E^{2}[\gamma]-2hE[\gamma]-4E[\gamma]-h^{2}+2\right)}{2\left(-h^{2}+2E[\gamma]-1\right)^{2}}$$

$$\Pi_{\mathrm{ESP}}^{\mathrm{GSP}}=\frac{\left(E[\gamma]-1\right)^{2}(a-c)^{2}\left(E^{2}[\gamma]-2hE[\gamma]-4E[\gamma]-h^{2}+2\right)}{\left(-h^{2}+2E[\gamma]-1\right)^{2}}$$

供应链的总期望利润为

$$\Pi_{\mathrm{SC}}^{\mathrm{GSP}}=\frac{3\left(E[\gamma]-1\right)^{2}(a-c)^{2}\left(E^{2}[\gamma]-2hE[\gamma]-h^{2}-4E[\gamma]+2\right)}{2\left(-h^{2}+2E[\gamma]-1\right)^{2}}$$

（3）期望社会福利为

$$\mathrm{SW}_{\mathrm{GSP}}=\frac{(a-c)^{2}\left(E[\gamma]-1\right)^{2}}{2\left(h^{2}+1-2E[\gamma]\right)}$$

证明：对 $E\left[\Pi_{\mathrm{ESP}}(p,e)\right]$ 分别求 p 和 e 的偏导数，可以得到黑塞矩阵为 $H_{4}=\begin{bmatrix}-2 & E[\gamma]-h\\ E[\gamma]-h & 2hE[\gamma]-\left(1-E[\gamma]\right)^{2}\end{bmatrix}$，当满足假设 $E^{2}[\gamma]-2hE[\gamma]-h^{2}-4E[\gamma]+2>0$ 和 $E^{2}[\gamma]-2hE[\gamma]-h^{2}-4E[\gamma]+2>0$ 时，黑塞矩阵负定（由 $E[\gamma]<0.5$ 可以得到 $h<0.25$）。令一阶偏导数等于 0，可以得到集成商的最优反应函数。将 p_{GSP}^{*} 和 e_{GSP}^{*} 代入 $E\left[\Pi_{\mathrm{ESP}}^{\mathrm{GSP}}(w)\right]$ 中，并求其对 w 的一阶偏导数，可以得到

$$e_{\mathrm{GSP}}^{*}=\frac{-hE[\gamma]e_0-h^2e_0+aE[\gamma]-cE[\gamma]+sE[\gamma]+ah-hc+hs}{2E^2[\gamma]-4hE[\gamma]-2h^2-8E[\gamma]+4}$$

$$w_{\mathrm{GSI}}^{*}=-\frac{he_0}{2}+\frac{a}{2}+\frac{c}{2}+\frac{s}{2}$$

$$p_{\mathrm{GSP}}^{*}=\frac{\begin{array}{c}-h^2E[\gamma]e_0+2aE^2[\gamma]+2sE^2[\gamma]-3ahE[\gamma]-chE[\gamma]-2e_0hE[\gamma]-3hsE[\gamma]-2ah^2\\-2sh^2-6aE[\gamma]-2cE[\gamma]-6sE[\gamma]+he_0+3a+c+3s\end{array}}{2E^2[\gamma]-4hE[\gamma]-2h^2-8E[\gamma]+4}$$

将 $w_{\mathrm{GSP}}^{*}(s)$、$p_{\mathrm{GSP}}^{*}(s)$ 和 $e_{\mathrm{GSP}}^{*}(s)$ 代入期望社会福利的表达式中，并求该式对 s 的偏导数，可以得到

$$\frac{\partial^2 E\left[\mathrm{SW}_{\mathrm{GSP}}\left(s,p_{\mathrm{GSP}}^{*},e_{\mathrm{GSP}}^{*},w_{\mathrm{GSP}}^{*}\right)\right]}{\partial s^2}=\left(E[\gamma]-1\right)^2\left(-h^2+2E[\gamma]-1\right)<0$$

令一阶偏导数等于 0，可以得到最优补贴，将该值代入各表达式中，命题得证。

通过命题 2.17，可以得到推论 2.7。

推论 2.7：在供应商主导的供应链结构下，政府最优补贴及服务零售价随着服务水平阈值的增大而提高，而最优服务水平和服务批发价不受服务水平阈值的影响。集成商的最优服务水平随着服务水平弹性系数期望值的增大而提升。

证明：可以通过下式很容易地证明推论 2.7。

$$\frac{\partial p_{\mathrm{GSP}}^{*}}{\partial e_0}=h>0$$

$$\frac{\partial s_{\mathrm{GSP}}^{*}}{\partial e_0}=h>0$$

$$\frac{\partial e_{\mathrm{GSP}}^{*}}{\partial E[\gamma]}=\frac{(h+1)^2(a-c)}{\left(h^2-2E[\gamma]+1\right)^2}>0$$

通过推论 2.6 和推论 2.7，可以得出一个有意思的结论：服务水平阈值只能够影响最优补贴和服务零售价。集成商最优服务水平及供应链的市场绩效不受此阈值的影响。政府可以通过调整奖惩因子及补贴来实现其相应目标。

根据命题 2.17 证明过程中所给出的最优反应函数，可以确定当供应商拥有更多的议价能力时，政府补贴与最优服务水平正相关，与最优服务零售价和最优服务批发价负相关（$\frac{\partial e_{\mathrm{GSP}}^{*}}{\partial s}>0,\frac{\partial p_{\mathrm{GSP}}^{*}}{\partial s}<0,\frac{\partial w_{\mathrm{GSP}}^{*}}{\partial s}<0$）。

4. 比较分析

前面求得了考虑不同渠道结构及有无政府干预下政府部门和供应链成员的最优决策。接下来对上述场景中所求得的结果进行比较分析。

1）有无政府干预下的结果对比

下面分析政府干预养老服务供应链的优势。

命题 2.18：考虑政府干预下集成商最优服务水平高于无政府干预下的最优服务水平，即 $e_{\mathrm{GSI}}^{*} > e_{\mathrm{IS}}^{*}$，$e_{\mathrm{GSP}}^{*} > e_{\mathrm{PS}}^{*}$。

证明：对有无政府干预下集成商在不同渠道结构下的服务水平进行对比，化简后的结果为

$$e_{\mathrm{GSI}}^{*} - e_{\mathrm{IS}}^{*} = \frac{(a-c)\left(3E^{3}[\gamma] - 6E^{2}[\gamma] + 3E[\gamma] + 3E^{2}[\gamma]h - 8E[\gamma]h - E[\gamma]h^{2} + 4h\right)}{\left(h^{2} - 2E[\gamma] + 1\right)\left(3E^{2}[\gamma] - 8E[\gamma] + 4\right)} > 0$$

$$e_{\mathrm{GSP}}^{*} - e_{\mathrm{PS}}^{*} = \frac{(a-c)\left\{E[\gamma]\left[3\left(E[\gamma]-1\right)^{2} - E[\gamma]\left(E[\gamma]+h\right)\right] + \left(3E^{2}[\gamma]h - 8E[\gamma]h - E[\gamma]h^{2} + 4h\right)\right\}}{\left(h^{2} - 2E[\gamma] + 1\right)\left(3E^{2}[\gamma] - 8E[\gamma] + 4\right)} > 0$$

由命题 2.18 可知，政府干预对提升集成商的服务水平起到了有利的作用，这个结论即使在政府只提供补贴而不实施服务水平限制的情况下也成立（$h=0$）。其他最优决策及市场绩效的对比基于式子表述的复杂性，将在数值实验部分予以体现。

2）考虑政府干预下不同渠道结构下的结果对比

通过对考虑政府干预下不同渠道结构下模型求解结果的对比，可以得到命题 2.19。

命题 2.19：（1）$p_{\mathrm{GSI}}^{*} > p_{\mathrm{GSP}}^{*}$，$s_{\mathrm{GSI}}^{*} > s_{\mathrm{GSP}}^{*}$，$e_{\mathrm{GSI}}^{*} = e_{\mathrm{GSP}}^{*}$，$\Pi_{\mathrm{ESI}}^{\mathrm{GSI}} > \Pi_{\mathrm{ESI}}^{\mathrm{GSP}}$，$\Pi_{\mathrm{SC}}^{\mathrm{GSI}} > \Pi_{\mathrm{SC}}^{\mathrm{GSP}}$，$\mathrm{SW}_{\mathrm{GSI}} = \mathrm{SW}_{\mathrm{GSP}}$；

（2）当满足 $h + 2E[\gamma] - 1 > 0$ 时，$w_{\mathrm{GSI}}^{*} > w_{\mathrm{GSP}}^{*}$，$\Pi_{\mathrm{ESP}}^{\mathrm{GSI}} > \Pi_{\mathrm{ESP}}^{\mathrm{GSP}}$；否则，结论相反。

证明：考虑政府干预下不同渠道结构对供应链的影响，对不同渠道结构下的最优服务零售价、最优服务水平、最优服务批发价、利润及政府最优补贴进行对比，化简后的结果如下。

（1）最优服务零售价对比：

$$p_{\mathrm{GSI}}^{*} - p_{\mathrm{GSP}}^{*} = \frac{\left(E[\gamma] + h\right)^{2}(a-c)}{h^{2} - 2E[\gamma] + 1} > 0$$

最优补贴对比：

$$s_{\mathrm{GSI}}^{*} - s_{\mathrm{GSP}}^{*} = \frac{\left(E[\gamma] + h\right)^{2}(a-c)}{h^{2} - 2E[\gamma] + 1} > 0$$

最优服务水平对比：

$$e_{\mathrm{GSI}}^{*} - e_{\mathrm{GSP}}^{*} = 0$$

集成商的利润对比：

$$\varPi_{\mathrm{ESI}}^{\mathrm{GSI}}-\varPi_{\mathrm{ESI}}^{\mathrm{GSP}}=\frac{\left(E[\gamma]-1\right)^4(a-c)^2}{\left(h^2-2E[\gamma]+1\right)^2}>0$$

供应链的利润对比：

$$\varPi_{\mathrm{SC}}^{\mathrm{GSI}}-\varPi_{\mathrm{SC}}^{\mathrm{GSP}}=\frac{\left(E[\gamma]-1\right)^2(a-c)^2\left(E[\gamma]+h\right)^2}{\left(h^2-2E[\gamma]+1\right)^2}>0$$

社会福利对比：

$$\mathrm{SW}_{\mathrm{GSI}}-\mathrm{SW}_{\mathrm{GSP}}=0$$

（2）最优服务批发价对比：

$$w_{\mathrm{GSI}}^{*}-w_{\mathrm{GSP}}^{*}=\frac{(h+1)\left(2E[\gamma]+h-1\right)(a-c)}{h^2-2E[\gamma]+1}$$

集成商的利润对比：

$$\begin{aligned}\varPi_{\mathrm{ESP}}^{\mathrm{GSI}}-\varPi_{\mathrm{ESP}}^{\mathrm{GSP}}&=\frac{\left(E[\gamma]-1\right)^2(a-c)^2\left(2E[\gamma]h+h^2+2E[\gamma]-1\right)}{\left(h^2-2E[\gamma]+1\right)^2}\\&=\frac{\left(E[\gamma]-1\right)^2(a-c)^2(h+1)\left(h+2E[\gamma]-1\right)}{\left(h^2-2E[\gamma]+1\right)^2}\end{aligned}$$

命题得证。

当集成商拥有更多的议价能力时，最优服务零售价和政府最优补贴要高于供应商主导的供应链的对应结果。集成商制定更高的服务零售价来追求更高的利润，而政府部门的高额补贴恰恰弥补了顾客接受服务时所增加的费用。此时，集成商缺乏提升其服务水平来吸引顾客的动力。政府部门对顾客更高的补贴转移到供应链体系中，有利于供应链的整体绩效，并为集成商带来更高的利润。此外，不同的渠道结构对最优服务水平、消费者剩余及社会福利没有影响。这些结论也适用于政府只提供补贴而不实施服务水平限制的情况（$h=0$）。

当其他条件不变时，如果服务水平弹性系数γ期望值较高且超过$(1-h)/2$，集成商和供应商都受益于高额的政府补贴；否则，集成商从政府补贴中获益更多，顾客和供应商则没有。当政府部门只提供补贴而不实施服务水平限制（$h=0$）时，集成商从政府补贴中获益更多，顾客和供应商则没有。

2.4.4　数值实验及讨论

本节首先求解并对比有无政府干预时不同渠道结构下的最优决策及市场绩

效，以验证模型的有效性。此外，为了获取更多的管理启示，将政府干预的情况分为三种情境：无政府干预；政府仅提供补贴；政府提供补贴的同时对集成商服务水平进行监管。然后，针对关键参数进行一系列敏感性分析。

由于模型的输入参数在现有文献中很难找到单一而全面的数据来源，在考虑满足必要假设的前提下，从与研究高度相关的几篇文献中获取实验参数的输入范围。总的潜在市场需求设置为$a=150$；服务水平弹性系数的分布假设为$L(0,0.8)$，其期望值为$E[\gamma]=0.4$；奖惩因子设定为$h=0.13$；单位服务成本设定为$c=20$；服务水平阈值设置为$e_0=80$。

1. 有无政府干预时不同渠道结构下最优决策的对比

表 2.9 给出了考虑三种政府干预情境时不同渠道结构下养老服务供应链及政府的最优决策和市场绩效。

表 2.9　最优决策和市场绩效的对比

均衡结果	集成商主导			供应商主导		
	NI	OS	SR	NI	OS	SR
p^*	129.6875	722	636.4074	126.7857	618	468.0487
w^*	56.5625	254	235.7676	85	384	283.1766
e^*	40.625	260	317.6579	46.4286	260	317.6579
s^*	—	702	575.1118	—	598	406.7531
Π_{ESI}	2.3766×10^3	9.7344×10^4	7.4948×10^4	1.358×10^3	4.2588×10^4	2.8392×10^4
Π_{ESP}	1.358×10^3	5.4756×10^4	4.6556×10^4	2.7161×10^3	8.5176×10^4	5.6785×10^4
Π_{SC}	3.7134×10^3	1.521×10^5	1.215×10^5	4.0741×10^3	1.2776×10^5	8.5177×10^4
SW	4.3818×10^3	15210	1.4025×10^4	4.9471×10^3	15210	1.4025×10^4
UCE	129.6875	20	61.2956	126.7857	20	61.2956
GE	—	1.6427×10^5	1.3076×10^5	—	1.3993×10^5	9.443×10^4

注：NI 代表无政府干预；OS 代表仅提供补贴；SR 代表补贴 + 服务水平监管；UCE 代表单位服务的顾客支出（简称顾客支出）；GE 代表政府支出。

通过对不同情境及不同渠道结构下的最优决策与市场绩效进行比较分析可知：

（1）对情境 NI 下的均衡结果及市场绩效进行对比可知，在供应商主导的供应链结构下，服务零售价较低，服务水平较高，对接受服务的顾客是有利的。此时对供应商的发展更有利（相比于集成商主导的供应链对集成商），这是因为其服务批发价差值更大，但服务零售价差值不大。此外，整个供应链也可以获取更高的期望利润，整体社会福利也更高。

（2）对比有政府干预情境 SR（OS）和无政府干预情境 NI 下的结果可知，政府部门对养老服务供应链实施干预措施会使服务零售价、服务批发价、集成商的服务水平及供应商和集成商的期望利润都提高，整体社会福利也显著提升，但顾客支出会显著减少。

（3）对比处于情境 SR 时不同渠道结构下的结果可知，集成商的最优服务水平不受渠道结构的影响。集成商主导的供应链对集成商更有利（相比于供应商主导的供应链对供应商），这是因为服务零售价的提高是显著的。此外，渠道结构的改变对顾客支出是没有影响的，顾客可以相同的花费获取同等水平的服务。集成商主导的结构对整个供应链是有利的，供应链可以获取相对于供应商主导供应链时更高的总期望利润。集成商主导供应链时，政府支出更高，但期望社会福利没有改变。当供应商具有更高的议价能力时，政府部门可以在不改变社会福利的基础上节省支出，然而，此时供应链的期望总利润不高。

（4）对比有政府干预的情境 SR 和情境 OS 下的结果可知，在情境 OS 下，顾客支出更低，但是此时集成商的服务水平低于情境 SR。供应商和集成商在情境 OS 下都可以获取更高的期望利润，政府部门也可以获取更高的期望社会福利，但代价是政府支出的增加。

总的来说，当不考虑政府对养老服务供应链的干预措施时，在供应商主导的供应链结构下，顾客可以更低的支出获取更高水平的服务，且期望社会福利和供应链的整体期望利润更高。当考虑政府对养老服务供应链的干预措施时，与无政府干预情形比较，供应链成员的期望利润及期望社会福利都显著提升，顾客可以更低的支出获取更高水平的服务。在政府对养老服务供应链实施干预措施的情境下，当考虑不同渠道结构的影响时，尽管不同的渠道结构对最优服务水平、期望社会福利、顾客支出没有影响，集成商主导下的养老服务供应链能够获取更高的总期望利润，这是有益于供应链发展的，但此时的政府支出较高。当仅考虑政府补贴时，顾客支出更低，但是此时的政府支出要高于情境 SR，集成商和供应商能获取更高的期望利润。

2. 敏感性分析

主要关注关键参数（服务水平弹性系数及奖惩因子）的变动带来的影响。假设服务水平弹性系数期望值为 $E[\gamma]\in[0.1,0.48]$，奖惩因子设置为 $h\in[0,0.24]$。通过数值实验分析服务水平弹性系数期望值的变动及奖惩因子的变动对最优决策、参与者的目标值及市场绩效的影响。

1）服务水平弹性系数对最优决策的影响

这里关注服务水平弹性系数期望值的变动对模型最优决策的影响。参数设定如上，其中选取了较低的奖惩因子（$h=0.03$）。

（1）图 2.20（a）关注服务水平弹性系数期望值的变动对集成商最优服务水平

的影响。由于考虑政府干预下集成商的最优服务水平不受渠道结构变动的影响，图中的曲线代表在两种渠道结构下最优服务水平的变动情况。随着服务水平弹性系数期望值的增大，最优服务水平也呈上升趋势，当服务水平弹性系数期望值很大时，最优服务水平显著提升。

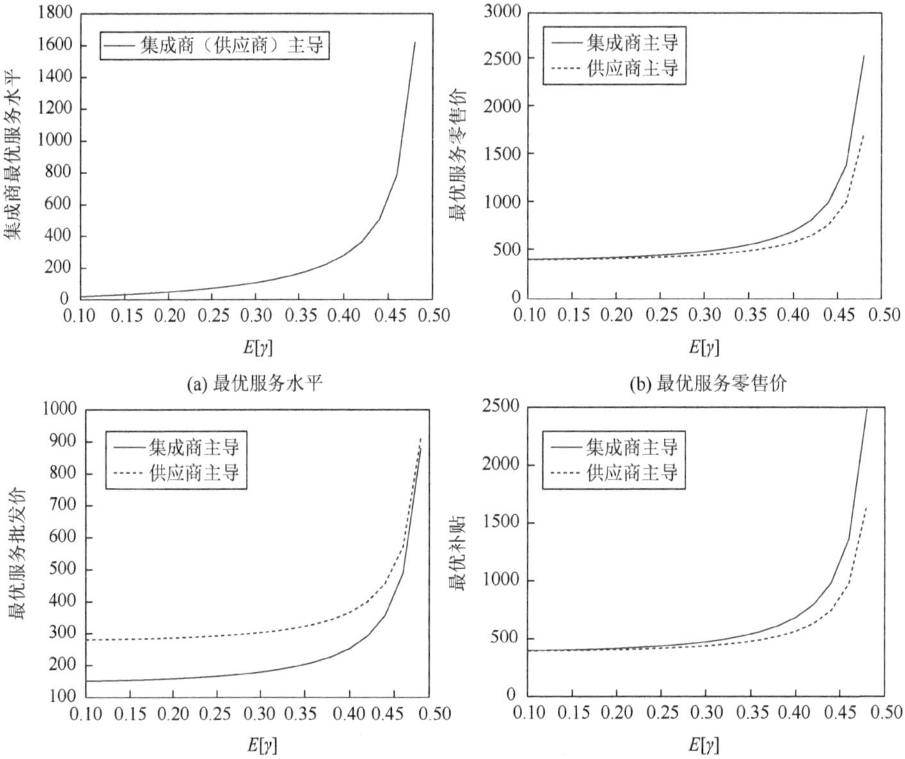

(a) 最优服务水平　(b) 最优服务零售价　(c) 最优服务批发价　(d) 最优补贴

图 2.20　服务水平弹性系数期望值变动对最优决策的影响

（2）图 2.20（b）关注服务水平弹性系数期望值的变动对最优服务零售价的影响。无论哪种渠道结构下，随着服务水平弹性系数期望值的增大，最优服务零售价都呈现上升趋势，当服务水平弹性系数期望值很大时，这种上升趋势更为显著。当集成商为供应链主导者时，最优服务零售价更高，两种渠道之间最优服务零售价的差距随着服务水平弹性系数期望值的增大而增大。

（3）图 2.20（c）关注服务水平弹性系数期望值的变动对最优服务批发价的影响。无论在哪种渠道结构下，随着服务水平弹性系数期望值的增大，最优服务批发价都呈现上升趋势，当服务水平弹性系数期望值很大时，这种上升趋势更为显著。当供应商为主导者时，最优服务批发价更高，两种渠道结构下最优服务批发价的差距随着服务水平弹性系数期望值的增大而减小。

（4）图 2.20（d）关注服务水平弹性系数期望值的变动对最优补贴的影响。无论在哪种渠道结构下，随着服务水平弹性系数期望值的增大，最优补贴都呈现上升趋势，当服务水平弹性系数期望值很大时，这种上升趋势更为显著。当集成商为供应链主导者时，最优补贴更大，两种渠道结构下最优补贴的差距随着服务水平弹性系数期望值的增大而增大。

2）服务水平弹性系数对目标值的影响

这里关注服务水平弹性系数期望值的变动对模型目标值的影响。参数设定如上，奖惩因子设定为 $h = 0.03$。

（1）图 2.21（a）关注服务水平弹性系数期望值的变动对社会福利的影响。由于在政府干预措施下社会福利不受渠道结构变动的影响，图中的曲线代表在两种渠道结构下社会福利的变动情况。随着服务水平弹性系数期望值的增大，社会福利呈上升趋势，当服务水平弹性系数期望值很大时，社会福利显著提升。

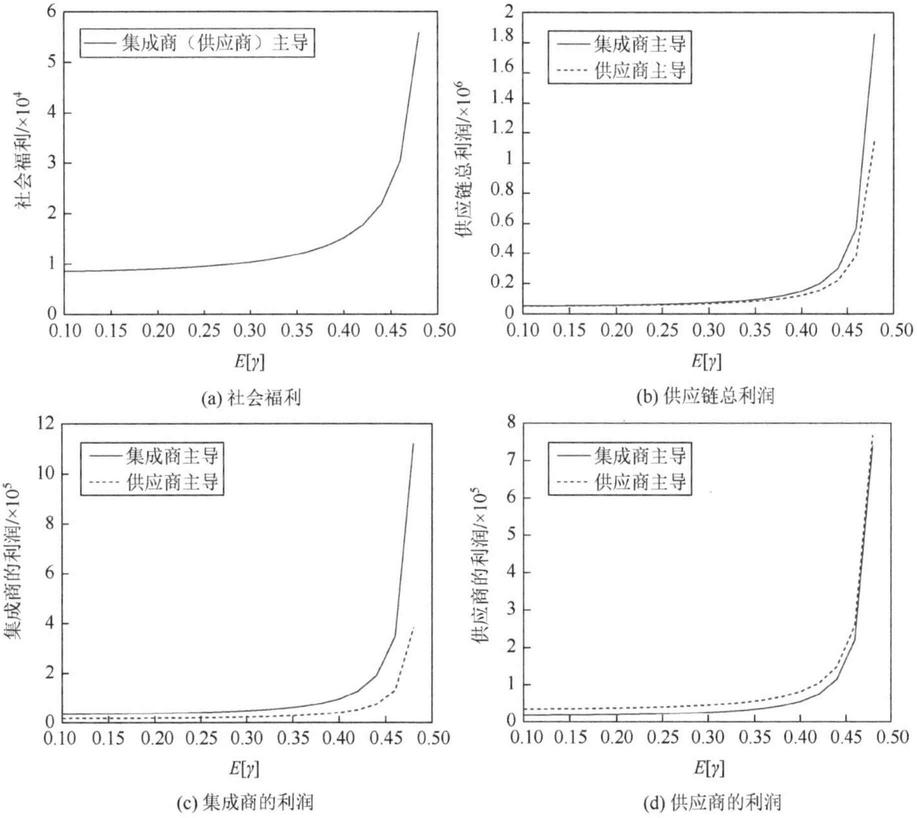

图 2.21　服务水平弹性系数期望值变动对目标值的影响

（2）图 2.21（b）～（d）关注服务水平弹性系数期望值的变动对供应链利润的影响。随着服务水平弹性系数期望值的增大，集成商、供应商的利润及供应链总利润都呈现上升趋势，且这种趋势随着服务水平弹性系数期望值不断增大而愈加明显。集成商主导下的供应链会使集成商和供应链整体获取更高的利润，且集成商之间的利润差值及供应链总体的利润差值随着服务水平弹性系数期望值的增大而变大。在供应商主导下的供应链中，供应商可以获取更高的利润，且与集成商主导下的供应商之间的利润差值随服务水平弹性系数期望值的增大而减小。

3）服务水平弹性系数对市场绩效的影响

除了考虑服务水平弹性系数对决策参与者的最优决策和目标值的影响，还考虑两个指标，分别是政府支出和消费者剩余，奖惩因子设定为$h = 0.03$。

（1）图 2.22（a）关注服务水平弹性系数期望值的变动对政府支出的影响。两种渠道结构下，政府支出都随着服务水平弹性系数期望值的增大而增加，且当服务水平弹性系数期望值很大时，政府支出达到很高的水平。此外，集成商主导供应链时的政府支出要高于供应商主导供应链时的政府支出，且政府支出的差值随着服务水平弹性系数期望值的增大而增大。

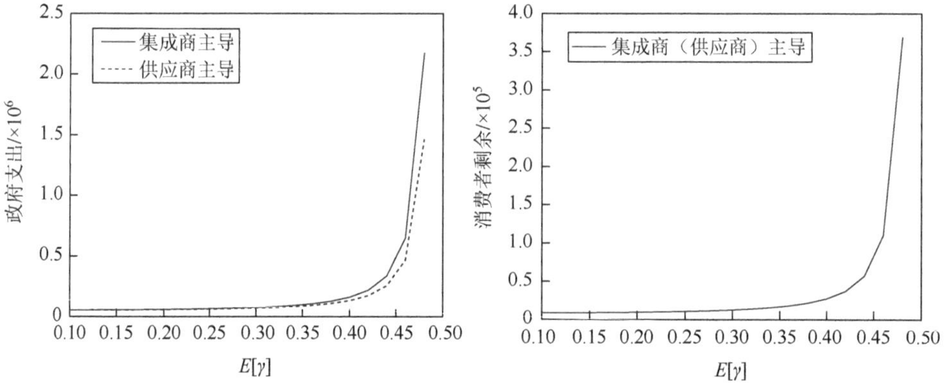

(a) 政府支出　　(b) 消费者剩余

图 2.22　服务水平弹性系数期望值变动对市场绩效的影响

（2）图 2.22（b）关注服务水平弹性系数期望值的变动对消费者剩余的影响。由于消费者剩余不受渠道结构变动的影响，图中的曲线代表在两种渠道结构下消费者剩余的变动情况。随着服务水平弹性系数期望值的增大，消费者剩余呈现上升趋势，且当服务水平弹性系数期望值较大时，这种上升趋势更加显著。

4）奖惩因子对最优决策的影响

这里关注奖惩因子h的变动对最优决策的影响。参数设定如上，选取了较高的服务水平弹性系数期望值（$E[\gamma]=0.4$）。

（1）图 2.23（a）关注奖惩因子的变动对集成商最优服务水平的影响。由于考虑政府干预下集成商的最优服务水平不受渠道结构变动的影响，图中的曲线代表在两种渠道结构下最优服务水平的变动情况。随着奖惩因子的增大，最优服务水平首先呈上升趋势，但当奖惩因子超过一定范围时，最优服务水平呈下降趋势。这意味着较低和中等水平的奖惩因子的设定有助于集成商提升其服务水平，但较高水平奖惩因子的设定会导致服务水平降低。

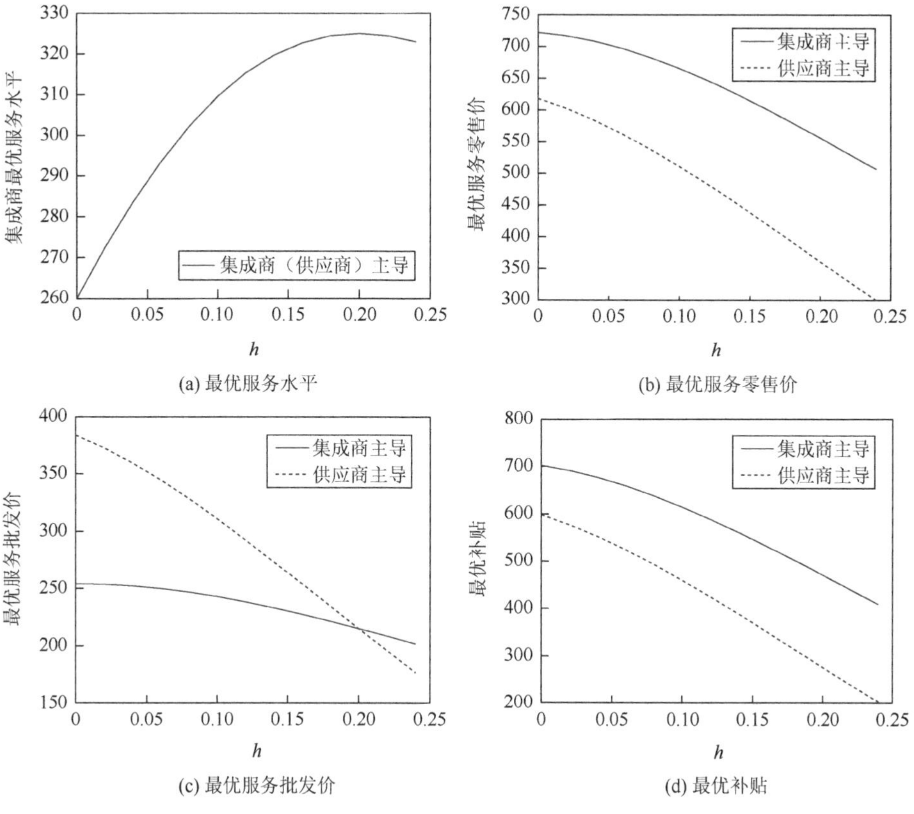

图 2.23　奖惩因子变动对最优决策的影响

（2）图 2.23（b）关注奖惩因子的变动对最优服务零售价的影响。两种渠道结构下，随着奖惩因子的增大，最优服务零售价都呈现下降趋势，这意味着高水平奖惩因子的设定对集成商的发展是不利的。当集成商为供应链主导者时，最优服务零售价更高，两种渠道结构下最优服务零售价的差距随着奖惩因子的增大而增大。

（3）图 2.23（c）关注奖惩因子的变动对最优服务批发价的影响。两种渠道结构下，随着奖惩因子的增大，最优服务批发价都呈现下降趋势，在供应商为供应链主导者的结构下，这种下降趋势更明显。在供应商为供应链主导者的结构下，当奖惩因子处于较低或中等水平时，最优服务批发价较高，但当奖惩因子超过某一阈值时，集成商主导下的供应链的最优服务批发价更高。这意味着较高奖惩因子的设定不利于供应商的发展。

（4）图 2.23（d）关注奖惩因子的变动对最优补贴的影响。两种渠道结构下，随着奖惩因子的增大，最优补贴都呈现下降趋势，且两种渠道结构下最优补贴的差距随着奖惩因子的增大而增大。

5）奖惩因子对目标值的影响

这里关注奖惩因子 h 的变动对目标值的影响。参数设定如上，服务水平弹性系数期望值设置为 $E[\gamma]=0.4$。

（1）图 2.24（a）关注奖惩因子的变动对社会福利的影响。由于考虑政府干预下社会福利不受渠道结构变动的影响，图中的曲线代表在两种渠道结构下社会福利的变动情况。随着奖惩因子的增大，社会福利呈下降趋势，这意味着高水平奖惩因子设定对整体社会福利是不利的。

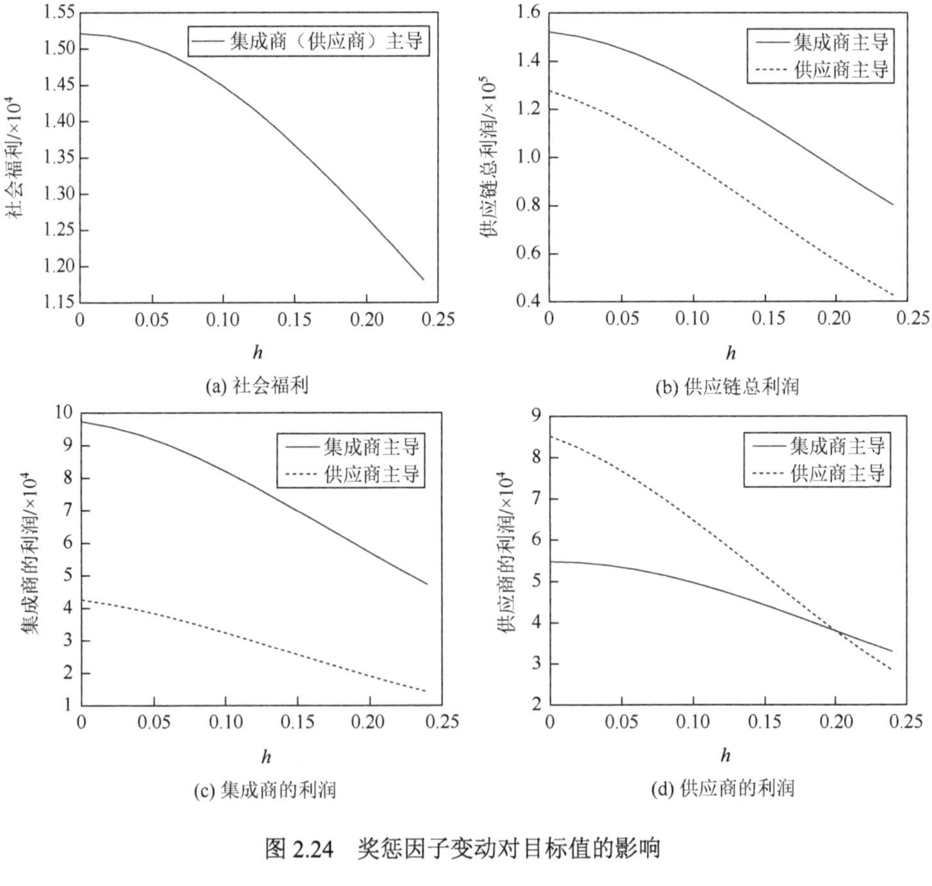

图 2.24　奖惩因子变动对目标值的影响

（2）图 2.24（b）～（d）关注奖惩因子的变动对供应链利润的影响。随着奖惩因子的增大，集成商、供应商的利润及供应链总利润都呈现下降趋势。集成商主导下的供应链会使集成商和供应链整体获取更高的利润，且集成商之间的利润差值随着奖惩因子的增大而减小，而供应链总体的利润差值随着奖惩因子的增大而增大。这也意味着奖惩因子的增大对供应商利润的影响更为显著。对于供应商的利润，当供应商具有更多的议价能力且奖惩因子处于较低或中等水平时，供应商主导下的供应链中供应商的利润更高，但当奖惩因子超过某一阈值时，集成商主导下的供应链中供应商的利润更高。这意味着较高奖惩因子的设定不利于供应商的发展。

6）奖惩因子对市场绩效的影响

除考虑服务水平弹性系数对决策参与者的最优决策和目标值的影响之外，还考虑两个指标，分别是政府支出和消费者剩余，参数设定如上，服务水平弹性系数期望值设置为 $E[\gamma]=0.4$。

（1）图 2.25（a）关注奖惩因子的变动对政府支出的影响。两种渠道结构下，政府支出都随着奖惩因子的增大而减少，这意味着高水平奖惩因子的设定对于有预算约束的政府部门是有利的。

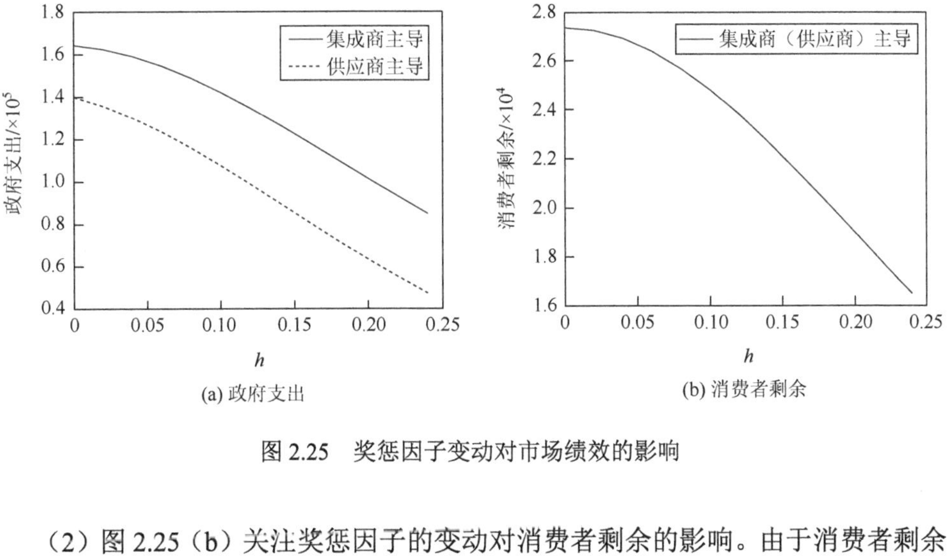

(a) 政府支出　　(b) 消费者剩余

图 2.25　奖惩因子变动对市场绩效的影响

（2）图 2.25（b）关注奖惩因子的变动对消费者剩余的影响。由于消费者剩余不受渠道结构变动的影响，图中的曲线代表在两种渠道结构下消费者剩余的变动情况。随着奖惩因子的增大，消费者剩余呈现下降趋势，这意味着高水平奖惩因子的设定对顾客是不利的。

总的来说，服务水平弹性系数期望值的增大对供应链成员是有利的；政府部门也会从服务水平弹性系数期望值增大中获益，但代价是更多的政府支出；对于顾客，服务水平弹性系数期望值的增大会使消费者剩余增大。当考虑奖惩因子带来的影响时，对于政府部门，过高的奖惩因子设定虽然会减少政府支出，但同时也会导致社会福利的降低；对于供应链成员，高水平的奖惩因子设定对他们是不利的；对于顾客，尽管在一定范围内奖惩因子的设定有利于其获取更高水平的服务，但是会降低消费者剩余。

2.4.5　管理启示

本节的模型可用于指导养老服务供应链成员的决策过程，并为供应链的可持续发展提供建议，更重要的是，它可以用来协助政府部门决策，解决现实中的一系列问题（如有限的预算、不同区域的政策制定等）。除政府干预下的养老服务供应链系统外，本节的模型具有广泛的适用性，其他涉及政府干预的服务供应链系统也可以运用本节的模型进行相关分析。根据本节的理论及数值实验分析结果，提出具体的管理建议如下。

（1）政府部门对养老服务供给体系的干预措施是必要的。在干预措施的选取方面，仅对顾客提供补贴的方式更适用于为有经济困难的老年人所提供的服务，这样可以吸引更多的服务供给者参与养老服务供给，促进服务的普及，减少顾客支出，提升服务需求，也有助于减少养老服务资源的闲置情况。当养老服务供给体系发展到一定程度时，或者对于一些有服务水平要求的服务，采用补贴顾客与服务水平限制相结合的方式，既能满足顾客更高层次的服务需求，又能减少政府部门相应的财政支出。

（2）从供应链的可持续发展角度来看，集成商主导的供应链结构更容易被接受。在养老服务供应链发展的初期阶段，或在政府预算充足的情况下，政府部门可以采取措施促进养老服务集成商的快速发展，包括强化在线养老服务平台（或社区养老服务中心）的准入和审核标准，政府部门与平台共同建设、合作推广，以及提高集成商的规模与声誉等措施。倡导集成商主导的供应链结构有助于在不减少社会福利的情况下提升养老服务供应链的整体绩效。集成商和供应商之间可以通过制定适合的契约来实现利润共享、成本分担，从而有利于供应链的可持续发展。供应商主导的供应链结构更适合政府预算有限的欠发达地区，在这种情况下，政府可以采取相应的政策来增加养老服务供应商的规模经济效应，从而提升供应商的议价能力，有助于其获取供应链中的主导地位。

（3）对于养老服务集成商，要提高其自身的竞争力，从而在供应链中获取更多的议价能力。加强平台建设、规范平台运营管理、完善合作服务商准入标准、加强对服务供应商的监督、重视顾客评价等都有利于提升集成商自身的竞争力，从而有助于其在供应链系统中的决策地位。对于养老服务供应商，控制其服务成本、提升品牌效应、加强服务人员的培训、扩大经营规模等都有助于提升其议价能力。

2.4.6 结论

本节建立了考虑政府干预的养老服务供应链模型以分析养老服务供应链成员及政府部门的决策问题。考虑了三种政府干预的情境：无政府干预、政府仅提供补贴、政府提供补贴同时对服务水平实施监管，在两种渠道结构下获得了参与者的最优决策及相应的市场绩效。通过一系列分析得到以下主要结论。

（1）政府部门对养老服务供应链实施干预对养老服务集成商、养老服务供应商、整个供应链、顾客及整体社会福利都是有利的。

（2）考虑不同渠道结构对市场绩效的影响，可以发现，在无政府干预的情境下，供应商主导的结构更有利于驱动整个供应链的发展，也有助于政府部门实现更高的期望社会福利。此外，顾客也可以更低的价格获取高水平的服务。当考虑政府对供应链体系的干预时，尽管集成商的服务水平、社会福利及顾客支出不受渠道结构的影响，但集成商主导的供应链更有利于供应链整体的发展。当政府面临有限的预算时，供应商主导的供应链结构是更合适的。

（3）通过对有政府干预的两种情境下结果的对比，可以发现，政府仅提供补贴的情境对整体社会福利、顾客支出、供应链成员的利润都是有利的，但是代价是更高的政府支出及较低的集成商服务水平。

（4）服务水平弹性系数期望值的增大对供应链成员是有利的，这是因为供应链的利润会随其增大而增大，政府部门也会从服务水平弹性系数期望值增大中获益，但代价是更高的政府支出。对于顾客，服务水平弹性系数期望值的增大会使其获取更高水平的服务，消费者剩余也随之提升。

（5）高水平的奖惩因子会使顾客获取更高水平的服务，也会减少政府部门的支出。但高水平的奖惩因子会导致社会福利的降低，也会减少供应链成员的利润。因此，从供应链的发展角度来看，政府奖惩因子的设定不宜过高。

2.5 本章小结

本章考虑了养老服务系统中政府干预的特点，首先，建立了基于政府部门和民营养老服务供给企业的演化博弈模型，分析了养老服务供给企业和政府部门在养老服务供给过程中的行为决策过程和结果；然后，建立了三种财政政策下混合双寡头养老服务供给市场中服务供给机构的质量竞争博弈模型，在求得不同财政政策下均衡结果的基础上，对不同财政政策之间的社会福利、政府支出、平均服务质量及民营养老服务机构的利润进行了比较分析；最后，建立了考虑政府干预的养老服务供应链模型以分析养老服务供应链成员及政府部门的决策博弈模型，分析了三种政府干预的情境和两种渠道结构下参与者的最优决策及相应的市场绩效。通过对上述所建立模型的深入分析，得到了一些相关的管理启示和政策建议。

第 3 章　考虑服务质量的养老服务供应链协调与博弈分析

3.1　问 题 背 景

我国当前养老服务行业发展仍然处在低水平阶段，面临着众多挑战。首先，养老服务供需矛盾突出。全国养老服务机构的数量相对于庞大的养老人口仍有相当大的缺口，养老服务的供给仍然难以满足需求。然后，养老服务行业普遍服务质量不高，市场管理混乱。部分养老服务机构标准化建设滞后，例如，护理服务标准、老年人身体机能评估标准等尚不健全，专业护理和管理人才极度短缺，部分护理人员甚至没有任何从业证书，难以保证养老服务质量。最后，民营养老服务机构生存发展困难，这也使得民营养老服务机构既难以弥补公立养老服务机构留下的养老缺口，也无法解决其服务质量问题。高运营成本和行业风险、低政府补助是民营养老服务机构发展的主要障碍，长期的亏损势必打击社会化资本投资养老服务产业的积极性，进而影响养老服务行业发展。

借鉴国外养老服务行业发展经验，强化政府在养老服务行业建设中的责任担当，能有效缓解当前我国的养老服务困境。《国务院关于加快发展养老服务业的若干意见》中明确指出，可根据养老服务的实际需要，通过运营补贴、政策扶持等方式适当鼓励和支持引入社会化资本，以加快推进养老服务建设。这也标志着我国政府在养老服务行业的发展中将扮演更加重要的角色。

当前，服务供应链的思想逐步应用到各行各业中，其在管理和协调上的优势为解决上述问题提供了一种新的方案。通过养老服务供应链中的集成商对市场上供应商的服务资源进行统一整合，并充分收集老年群体的需求信息，实现供应商服务供给与老年人服务需求的高效对接，有效缓解供需矛盾问题。同时，集成商通过合理的市场选择，与较高服务质量的供应商进行合作，规范监督其服务提供过程，以保证服务的高质量；作为养老服务的直接提供者，供应商也应加强自身的服务质量建设，以扩大市场规模和利润。因此，供应链中供应商和集成商的合作能有效提升整体服务质量。政府则作为养老服务产业全局的协调者与监管者，发挥主体导向作用，为养老服务行业提供政策支持与补贴保障，规范养老服务行业的法律法规。

综上所述，政府支持和养老服务供应链的结合为解决我国社会化养老问题提供了新的方案，而养老服务质量问题是关乎老年人生活质量和养老服务行业健康发展的关键因素。因此，本章对政府补贴参与下的养老服务供应链的服务质量控制问题进行探究，通过分析各参与主体的决策行为，寻找提高养老服务质量、兼顾养老服务企业效益和社会福利的有效方案，为政府和养老服务行业的参与者提供切实有效的理论性建议。

3.2 基于双服务供应商竞争的养老服务供应链协调分析

3.2.1 引言

养老服务供应链中的集成商负责将市场上服务供应商的资源进行整合，以提供全方位、一站式的养老服务。在集成商整合的供应商中，有时单个供应商具有服务能力上限，当某项服务有较大的市场需求规模时，单个供应商不足以满足该服务的需求量，因此，集成商需要整合多家提供该服务的供应商以满足市场需求。不同的养老服务供应商的服务成本、服务质量等存在差异，集成商也会根据供应商的这些信息对总需求进行分配，这势必造成供应商间的竞争。因此，本节建立政府补贴下双服务供应商竞争的养老服务供应链模型，并对成员的决策进行分析，通过构建合理的三成员间的旁支付契约（multilateral side-payment contract，MSC）达成供应链协调，改善服务质量。

本节首先分析政府补贴的必要性问题，从社会福利及服务质量方面揭示政府补贴的作用。然后，参考旁支付契约设计准则，解决政府补贴下两个养老服务供应商和一个养老服务集成商的协调问题。最后，在算例分析中对得出的部分结论进行验证。通过本节分析，为竞争状态下的养老服务供应链的运作提供合理化建议。

3.2.2 假设与模型

假设市场上存在两个养老服务供应商（下简称供应商）S_1 和 S_2，两个供应商面向养老服务集成商（下简称集成商）I 提供同一种养老服务，但是受限于自身规模，单独的 S_1 和 S_2 均无法满足该养老服务的市场需求，因此需要集成商 I 对两者的服务进行整合。假设供应商间的服务质量相差不大，因此，在老年群体的接受范围之内，集成商以同样的价格 p 出售该养老服务。

上述养老服务供应链的运作过程如下：首先，政府根据已知信息确定对供应商 S_1 和 S_2 的补贴 m，以获得最大化社会福利 π_G；然后，为追求最大化利润 π_I，集成商 I 决策服务价格 p，并根据其对供应商 S_1 和 S_2 的分配偏好 r、供应商的服

务努力水平 e_i 和服务批发价 w_i 等因素综合考虑，将服务需求分配给供应商 S_1 和 S_2；最后，供应商 S_1 和 S_2 分别决策自身的服务努力水平 e_i，以获取各自的最大收益 π_{S_1} 和 π_{S_2}。

假设潜在市场规模为 a，服务总需求量受到服务价格 p 和服务努力水平 e_i 的双重影响，总需求量表示为 $d=a-bp+l\sum_{i=1}^{2}e_i$，其中，$b$ 为老年群体对服务价格的敏感度，l 为老年群体对服务努力水平的敏感度。由表达式可以看出，任意供应商单方面提升服务质量都会扩大总需求量。市场上的集成商在进行服务需求分配时总是偏向于某一个供应商，以 r 表示集成商对供应商 S_1、S_2 的不同偏好，即对于总需求量 d，供应商 S_1 得到的需求量为 $d_1=rd$，供应商 S_2 得到的需求量为 $d_2=(1-r)d$。本节考虑将两个供应商的服务批发价 w_i 作为外生变量。集成商在对需求进行分配时，会综合考虑供应商的服务努力水平和服务批发价因素。令 $r_1=r$，$r_2=1-r$，那么供应商 S_i 最终获取到的需求量为

$$d_i=r_id-f\left(\frac{e_j}{w_j}-\frac{e_i}{w_i}\right),\quad i=\{1,2\},j=\{1,2\},i\neq j \tag{3.1}$$

其中，f 为集成商的分配敏感系数，表示该供应商与竞争对手在服务努力水平与服务批发价比值上的差异对集成商分配需求的影响。当竞争对手有更大的服务努力水平与服务批发价比值时，集成商会更倾向将需求交给竞争对手去处理。因此，f 反映了供应商之间的竞争强度。

参考 Scrimitore（2013）计算社会福利的方式，本模型中的消费者剩余（consumer surplus，CS）可以表示为

$$\mathrm{CS}=\frac{d^2}{2b}=\frac{[a-bp+l(e_1+e_2)]^2}{2b} \tag{3.2}$$

因此，本模型中供应商 S_1、S_2 获得的收益分别为

$$\pi_{S_1}=(w_1-c_1+m)d_1-\frac{1}{2}k_1e_1^{\ 2} \tag{3.3}$$

$$\pi_{S_2}=(w_2-c_2+m)d_2-\frac{1}{2}k_2e_2^{\ 2} \tag{3.4}$$

其中，k_1、k_2 分别为供应商 S_1 和 S_2 的服务努力成本系数，供应商的服务努力成本采用二次方的形式；c_1、c_2 分别为供应商 S_1 和 S_2 的单位服务成本。为方便区分，假设供应商 S_1 在企业运作管理上更有效率，有较小的服务努力成本系数和单位服务成本，即 $k_1<k_2$ 且 $c_1<c_2$。

集成商 I 的收益 π_I 表示为

$$\pi_I=(p-w_1)d_1+(p-w_2)d_2 \tag{3.5}$$

其中，$(p-w_1)d_1$ 表示集成商 I 通过供应商 S_1 获取的收益；$(p-w_2)d_2$ 表示集成商 I

通过供应商 S_2 获得的收益。

总社会福利 π_G 仍然由消费者剩余（CS）与生产者剩余（producer surplus，PS）之和减去政府支出（GS）表示，其中，CS为式（3.2），$\text{PS}=\pi_{S_1}+\pi_{S_2}+\pi_I$，$\text{GS}=md$。故社会福利表示为

$$\pi_G=\frac{d^2}{2b}+\pi_{S_1}+\pi_{S_2}+\pi_I-md \tag{3.6}$$

3.2.3 政府补贴养老服务供应商的决策分析

供应链的集中决策能够实现最大化的供应链整体收益。因此，本节对含有竞争性供应商的养老服务供应链在有无政府补贴参与下的决策进行对比，从服务努力水平和社会福利方面说明政府补贴的必要性。为了让结论更具有说服力，假设 $bk_1k_2>l^2(k_1+k_2)$ 成立，即供应商的服务努力成本系数 k_i 具有相对较大的值。

1. 无政府补贴下的集中决策分析

供应链在无政府补贴下进行集中决策时，供应商 S_1、S_2 和集成商 I 作为企业联合体（简称联合体）SI，为获取最大化联合体收益 π_{SI} 进行共同决策：

$$\max_{p,e_1,e_2}\pi_{\text{SI}}=(p-w_1)d_1+(p-w_2)d_2+(w_1-c_1)d_1+(w_2-c_2)d_2-\frac{1}{2}k_1e_1^2-\frac{1}{2}k_2e_2^2 \tag{3.7}$$

由式（3.6）可求得此时政府的社会福利：

$$\pi_G=\frac{[a-bp+l(e_1+e_2)]^2}{2b}+\pi_{\text{SI}} \tag{3.8}$$

由式（3.7）不难得出 π_{SI} 对 e_1、e_2、p 的二阶偏导数均满足小于零的条件，对应曲线为凹性。将 π_{SI} 分别求对 e_1、e_2、p 的一阶偏导数，联立并令其等于零，以 e_1'、e_2' 和 p' 表示无政府补贴下的联合体的服务努力水平决策和服务价格决策，求解结果为

$$\begin{cases}e_1'=\dfrac{lw_1w_2[k_2(a-bc_2)-brk_2(c_1-c_2)]-(c_1-c_2)[2bfk_2w_2-fl^2(w_1+w_2)]}{w_1w_2[2bk_1k_2-l^2(k_1+k_2)]}\\[2ex] e_2'=\dfrac{lw_1w_2[k_1(a-bc_2)-brk_1(c_1-c_2)]+(c_1-c_2)[2bfk_1w_1-fl^2(w_1+w_2)]}{w_1w_2[2bk_1k_2-l^2(k_1+k_2)]}\\[2ex] p'=\dfrac{\begin{array}{c}-\{rw_1w_2(c_1-c_2)[bk_1k_2-l^2(k_1+k_2)]+(c_1-c_2)[fl(k_1w_1-k_2w_2)\\-w_1w_2c_2l^2]+w_1w_2k_1k_2(bc_2-a)\}\end{array}}{w_1w_2[l^2(k_1+k_2)-2bk_1k_2]}\end{cases} \tag{3.9}$$

将式（3.9）代入式（3.7），得到无政府补贴下的最大化联合体收益π'_{SI}，基于表达式的复杂性，在此仅表示为

$$\pi'_{SI}=\pi_{SI}(e_1',e_2',p') \tag{3.10}$$

将式（3.9）代入式（3.8），得到无政府补贴下的社会福利为

$$\pi'_G=\pi_G(e_1',e_2',p') \tag{3.11}$$

购买该养老服务的老年群体分别由S_1和S_2进行服务提供，根据式（3.1）计算可得S_1和S_2获取的需求量分别为d_1'和d_2'，总需求量为d'，可计算老年群体获取的平均服务努力水平e_{ave}^1表示为

$$e_{ave}^1=\frac{e_1'd_1'+e_2'd_2'}{d'} \tag{3.12}$$

2. 政府补贴下的集中决策分析

假设政府向供应商S_1和S_2提供相同的补贴m，以实现最大化社会福利。其决策过程表示为

$$\begin{aligned}&\max_{m}\pi_G=\frac{[a-bp+l(e_1+e_2)]^2}{2b}+\pi_{SI}-md\\&\text{s.t. }\max_{p,e_1,e_2}\pi_{SI}=(p-w_1+m)d_1+(p-w_2+m)d_2+(w_1-c_1)d_1+(w_2-c_2)d_2\\&\qquad\qquad-\frac{1}{2}k_1e_1^2-\frac{1}{2}k_2e_2^2\end{aligned} \tag{3.13}$$

由式（3.13）不难得出π_{SI}对e_1、e_2、p的二阶偏导数均满足小于零条件，对应曲线为凹性。对π_{SI}分别求e_1、e_2和p的一阶偏导数，并令其等于零，联立得到其决策值表示为p''、e_1''、e_2''，将该决策值代入π_G中并取其对m的一阶偏导数等于零，得到政府的最佳补贴m^*为

$$m^*=\frac{(c_1-c_2)[rbw_1w_2k_1k_2-lf(k_1w_1-k_2w_2)]+w_1w_2k_1k_2(bc_2-a)}{w_1w_2[l^2(k_1+k_2)-2bk_1k_2]} \tag{3.14}$$

将m^*代入上一步所求得的p''、e_1''和e_2''中，以e_1^*、e_2^*和p^*表示联合体的最佳决策结果，计算可得

$$\begin{cases}e_1^*=\dfrac{lw_1w_2[k_2(a-bc_2)-brk_2(c_1-c_2)]-(c_1-c_2)[bfk_2w_2-fl^2(w_1+w_2)]}{w_1w_2[bk_1k_2l^2-(k_1+k_2)]}\\[2ex]e_2^*=\dfrac{lw_1w_2[k_1(a-bc_2)-brk_1(c_1-c_2)]+(c_1-c_2)[bfk_1w_1-fl^2(w_1+w_2)]}{w_1w_2[bk_1k_2l^2-(k_1+k_2)]}\\[2ex]p^*=rc_1+(1-r)c_2\end{cases} \tag{3.15}$$

将式（3.15）代回式（3.13）中，可得到联合体的收益和社会福利分别表示为

$$\pi_{SI}^{\ *}=\pi_{SI}(m^*,e_1^{\ *},e_2^{\ *},p^*) \tag{3.16}$$

$$\pi_G^*=\pi_G(m^*,e_1^{\ *},e_2^{\ *},p^*) \tag{3.17}$$

根据式（3.1），可求得供应链在政府补贴下进行集中决策时，供应商 S_1 和 S_2 的需求量分别为 d_1^* 和 d_2^*，总需求量为 d^*。可计算出购买服务的老年群体获取的平均服务努力水平为

$$e_{\text{ave}}^*=\frac{e_1^*d_1^*+e_2^*d_2^*}{d^*} \tag{3.18}$$

命题 3.1：在满足条件 $\begin{cases} a>bc_2 \\ w_1w_2brk_2>fl(w_1+w_2) \end{cases}$ 时，有 $e_1^{\ *}>e_1'$ 且 $e_2^{\ *}>e_2'$，此时，政府补贴后的供应商均有更高的服务努力水平。

证明：根据本节假设条件，已知 $c_2>c_1$ 且 $bk_1k_2>l^2(k_1+k_2)$。根据 $e_1^{\ *}$、e_1' 的表达式，令 $A=lw_1w_2[k_2(a-bc_2)+brk_2(c_2-c_1)]+(c_2-c_1)[bfk_2w_2-fl^2(w_1+w_2)]$，$B=w_1w_2[bk_1k_2-l^2(k_1+k_2)]$，那么 e_1' 可表示为 $e_1'=\dfrac{A+bfk_2w_2(c_2-c_1)}{B+bw_1w_2k_1k_2}$，$e_1^{\ *}$ 可表示为 $e_1^{\ *}=\dfrac{A}{B}$，将两式相减，有 $e_1'-e_1^{\ *}=\dfrac{bfk_2w_2(c_2-c_1)B-bw_1w_2k_1k_2A}{B(B+bw_1w_2k_1k_2)}$，不难得到 $bw_1w_2k_1k_2>B$。由前期假设条件知，$bk_1k_2>l^2(k_1+k_2)>0$，那么当条件 $0<bfk_2w_2(c_2-c_1)<A$ 成立时，即可保证 $e_1'-e_1^{\ *}<0$。化简得 $lw_1w_2k_2(a-bc_2)+(c_2-c_1)l[w_1w_2brk_2-fl(w_1+w_2)]>0$。那么当 $\begin{cases} a>bc_2 \\ w_1w_2brk_2>fl(w_1+w_2) \end{cases}$ 时，命题成立。

同理，令 $C=lw_1w_2[k_2(a-bc_2)+brk_2(c_2-c_1)]-(c_2-c_1)[bfk_2w_2-fl^2(w_1+w_2)]$，那么 e_2' 可表示为 $e_2'=\dfrac{C-bfk_2w_2(c_2-c_1)}{B+bw_1w_2k_1k_2}$，$e_2^{\ *}$ 可表示为 $e_2^{\ *}=\dfrac{C}{B}$，两式相减可得 $e_2'-e_2^{\ *}=\dfrac{-bfk_2w_2(c_2-c_1)B-bw_1w_2k_1k_2C}{B(B+bw_1w_2k_1k_2)}$，有 $bw_1w_2k_1k_2>B$，则当 $-bfk_2w_2(c_2-c_1)<C$ 时，能保证 $e_2'-e_2^{\ *}<0$ 成立，对其进行化简可得 $-bfk_2w_2(c_2-c_1)<lw_1w_2k_2(a-bc_2)-(c_2-c_1)l[w_1w_2brk_2-fl(w_1+w_2)]$，进一步化简得 $lw_1w_2k_2(a-bc_2)+(c_2-c_1)fl(w_1+w_2)>0$，那么，当 $a>bc_2$ 时，即可保证 $e_2'-e_2^{\ *}<0$ 成立。

命题 3.1 的前提条件是容易满足的，在正常的参数范围内，w_1 与 w_2 的乘积往往大于两者之和，后期的数值实验中也满足了命题 3.1 的前提条件。命题 3.1 说明，从服务努力水平的角度考虑，在一定条件下，政府补贴对两个供应商的服务努力水平 e_i 都有促进作用，意味着其服务质量都得到了有效提升，因此，政府补贴有利于提升竞争下的供应商的整体服务质量。

命题 3.2： $\pi_G^* > \pi_G'$，政府补贴后的社会福利相比补贴之前进一步增加。

证明：根据式（3.17）中 π_G^* 和式（3.11）中 π_G' 的表达式，将两参数相减，有 $\pi_G^* - \pi_G' = \dfrac{b^2 k_1 k_2 \{k_1 k_2 w_1 w_2 [br(c_2 - c_1) + (a - bc_2) + fl(c_1 - c_2)(k_1 w_1 - k_2 w_2)]\}^2}{2w_1 w_2 [bk_1 k_2 - l^2(k_1 + k_2)][2bk_1 k_2 - l^2(k_1 + k_2)]^2}$，由其形式可知，分子为正值，已知 $bk_1 k_2 > l^2(k_1 + k_2)$，因此分母也为正值，故 $\pi_G^* - \pi_G' > 0$。

综合命题3.1和命题3.2可知，政府补贴不但在一定条件下促进了整体服务努力水平，而且有效提高了社会福利。对以社会福利最大化为目标的政府而言，在竞争性供应商的养老服务供应链中实行补贴仍然是有必要的。

3. 政府补贴下的分散决策分析

在分散决策模式下，政府，集成商 I，供应商 S_1、S_2 均作为单独个体进行决策，追求个体利益的最大化。因此，养老服务供应链在分散决策模式下的博弈过程如下：首先，政府以最大化社会福利 π_G 决定最佳补贴 m；然后，集成商 I 制定服务价格 p，以获取收益 π_I，并将总需求量分别分配给供应商 S_1 和 S_2；最后，两个供应商同时决策自身的服务努力水平。整个博弈过程可以表示为

$$\begin{aligned} &\max_m \pi_G = \frac{[a - bp + l(e_1 + e_2)]^2}{2b} + \pi_{S_1} + \pi_{S_2} + \pi_I - md \\ &\text{s.t. } \max_p \pi_I = (p - w_1)d_1 + (p - w_2)d_2 \\ &\text{s.t. } \begin{cases} \max\limits_{e_1} \pi_{S_1} = (w_1 - c_1 + m)d_1 - \dfrac{1}{2}k_1 e_1^2 \\ \max\limits_{e_2} \pi_{S_2} = (w_2 - c_2 + m)d_2 - \dfrac{1}{2}k_2 e_2^2 \end{cases} \end{aligned} \tag{3.19}$$

将式（3.19）中的 π_{S_1} 与 π_{S_2} 分别对 e_1 和 e_2 求一阶偏导数，并令其等于零，可求得供应商 S_1、S_2 的服务努力水平决策为

$$e_1'' = \frac{(f + lrw_1)(m - c_1 + w_1)}{k_1 w_1}, \quad e_2'' = \frac{[f + lw_2(1 - r)](m - c_2 + w_2)}{k_2 w_2} \tag{3.20}$$

将（3.20）代入式（3.19）中的 π_I，易得 $\dfrac{\partial^2 \pi_I}{\partial p^2} < 0$，令其对 p 的一阶偏导数等于零，得到集成商的服务价格决策为

$$p'' = \frac{a + l(e_1'' + e_2'') + [bw_1 r + bw_2(1 - r)]}{2b} \tag{3.21}$$

由于 e_1 和 e_2 的表达式中不包含参数 p，直接将 e_1''、e_2'' 和 p'' 代入式（3.19）中

的社会福利函数π_G，此时政府的最佳补贴决策m^{**}应满足式（3.22）。

$$m^{**}=\arg\max_m\left\{\frac{\left\{-2l(e_1''+e_2'')\left[(1-r)c_2+rc_1\right]+2a(r-1)c_2-2arc_1-k_1e_1''^2-k_2e_2''^2\right\}}{2}\right.$$
$$\left.+\frac{[l(e_1''+e_2'')+a]^2}{2b}+\frac{(c_1-c_2)(w_1e_2''-w_2e_1'')}{w_1w_2}+\frac{b[p''-2(r-1)c_2+rc_1]}{2}\right\} \tag{3.22}$$

将m^{**}代回e_1''、e_2''和p''，并以p^{**}、e_1^{**}和e_2^{**}表示供应链在政府补贴下进行分散决策时各成员的最佳决策值，可得

$$p^{**}=p(m^{**}),\quad e_1^{**}=e_1(m^{**}),\quad e_2^{**}=e_2(m^{**}) \tag{3.23}$$

将式（3.23）中的各决策值的具体形式代回式（3.19），可求得供应商S_1和S_2及集成商I的收益、政府的社会福利分别为

$$\pi_{S_1}^{**}(e_1^{**},e_2^{**},p^{**},m^{**}),\quad \pi_{S_2}^{**}(e_1^{**},e_2^{**},p^{**},m^{**}) \tag{3.24}$$

$$\pi_I^{**}(e_1^{**},e_2^{**},p^{**},m^{**}),\quad \pi_G^{**}(e_1^{**},e_2^{**},p^{**},m^{**}) \tag{3.25}$$

3.2.4 政府补贴下的养老服务供应链的协调

1. 旁支付契约的设计

供应链中的旁支付契约一般通过将获利较多的参与成员的收益以旁支付的形式部分转移给获利较少的一方，使其得到收益补偿，进而接受契约。常用的收益共享契约、数量折扣契约等均属于旁支付契约的具体形式。旁支付契约能保证供应链的参与成员在达成契约后，各成员的收益均获得 Pareto 改进。

旁支付契约应当满足以下两个标准。

（1）激励相容约束。供应链中的所有参与成员在契约下的均衡解都应该等于全局最优下的最优解。

（2）参与约束。只有在供应链的参与成员在接受契约后获取更多收益的情况下，其才会接受并保证契约的执行。

假设模型中包含两个参与成员，在分散决策时其收益分别表示为$J_1(x_1,x_2)$和$J_2(x_1,x_2)$，其中，x_1、x_2为成员的决策参数。在两成员间构建的旁支付契约包含转移支付$L(x_1,x_2)$和固定支付γ两部分，其关系为

$$\begin{cases}\tilde{J}_1(x_1,x_2)=J_1(x_1,x_2)-L(x_1,x_2)-\gamma\\ \tilde{J}_2(x_1,x_2)=J_2(x_1,x_2)+L(x_1,x_2)+\gamma\end{cases}$$

其中，$\tilde{J}_i(x_1,x_2)$ 为旁支付契约施行后两个成员的收益；转移支付为与双方决策变量相关的函数，其作用主要在于满足激励相容约束，保证供应链分散决策下的均衡解与集中决策下的均衡解相同；固定支付 γ 与决策变量无关，主要用于解决剩余利润的分配问题，使其满足参与约束。旁支付契约的设计主要关注供应链协调的结果，对于常用的基本契约，供应链的领导者在设计契约参数时只需要保证跟随者一方的效益有所增加即可，这对跟随者一方而言往往是不公平的。因此，可采用合作博弈中的纳什谈判模型对供应链转移支付后的剩余利润进行公平分配，表示为

$$\max_{f_1 \geqslant f_1^0, f_2 \geqslant f_2^0} (f_1 - f_1^0)(f_2 - f_2^0)$$

其中，f_i 为成员 i 在旁支付契约（只包含转移支付）施行后的收益增长量；f_i^0 为成员 i 的现状点，一般设置为零。

基于以上标准，可将其扩展到 MSC，以实现供应链的全链协调。在由三成员组成的供应链系统中，将其分为三个两两成员子系统以构建双边线性支付关系，因此，在 MSC 下，供应链三个成员的收益可分别表示为

$$\begin{cases} \tilde{\pi}_0(s_1,s_2,s_0) = \pi_0(s_1,s_2,s_0) - T_0(s_1,s_2,s_0) - \tau_0 \\ \tilde{\pi}_1(s_1,s_2,s_0) = \pi_1(s_1,s_2,s_0) + T_1(s_1,s_2,s_0) + \tau_1 \\ \tilde{\pi}_2(s_1,s_2,s_0) = \pi_2(s_1,s_2,s_0) + T_2(s_1,s_2,s_0) + \tau_2 \end{cases}$$

其中，$\pi_i(s_1,s_2,s_0)$ 为成员 i 的收益；$\tilde{\pi}_i(s_1,s_2,s_0)$ 为成员 i 在采用 MSC 之后的收益；$T_i(s_1,s_2,s_0)$ 为成员 i 应该向其他成员转移或获取的转移支付；τ_i 为成员 i 应该向其他成员转移或获取的固定支付。

转移支付的具体形式与三者决策变量相关。为了便于分析，一般采用线性形式即可实现，表示为

$$T_i(s_1,s_2,s_0) = n_i s_1 + t_i s_2 + m_i s_0$$

其中，n_i、t_i 和 m_i 为转移支付参数，在计算三成员间的转移支付时，需要保证各成员在契约下的决策与集中决策有相同的决策值。对于固定支付 τ_i，同样关注剩余利润的公平分配并采用纳什谈判模型进行计算：

$$\max \prod_{i=0}^{2}(x_i - \sigma_i)$$
$$\text{s.t. } x_i \geqslant \sigma_i$$

其中，x_i 为成员 i 在只包含转移支付的旁支付契约施行后的收益增长量；σ_i 为成员 i 的现状点，一般设置为零。

2. *旁支付契约参数计算*

当政府为双服务供应商提供补贴时，在供应链的分散和集中模式下具有不同

的补贴。双服务供应商竞争下的养老服务供应链的全链协调可以使各成员在分散决策模式下具有集中决策下的均衡解。已求得政府在供应链集中决策模式下的最佳补贴为m^*，即式（3.14）。

在双服务供应商竞争的养老服务供应链模型中，该养老服务供应链系统亦可分为三个两两成员子系统：集成商I与供应商S_1、集成商I与供应商S_2，以及供应商S_1与供应商S_2。集成商I的转移支付既有可能支付给供应商S_1，也有可能支付给供应商S_2，因此，集成商的转移支付与三者决策变量均相关。同理，供应商S_1和S_2各自的转移支付也与三者决策变量相关。本节以线性关系对转移支付进行描述，那么集成商I与供应商S_1、S_2的转移支付T_0、T_1、T_2可以表示为

$$\begin{cases} T_0(e_1,e_2,p)=x_1e_1+x_2e_2+x_0p \\ T_1(e_1,e_2,p)=y_1e_1+y_2e_2+y_0p \\ T_2(e_1,e_2,p)=z_1e_1+z_2e_2+z_0p \end{cases} \tag{3.26}$$

其中，T_0、T_1和T_2本身可正可负，为正值时，该成员需要从外部成员处获得转移支付，为负值时，该成员需要向其他成员输送转移支付。由于转移支付都来自供应链的内部成员，应满足转移支付和为零的条件，即$T_0(e_1,e_2,p)+T_1(e_1,e_2,p)+T_2(e_1,e_2,p)=0$。

在政府补贴为集中决策下的补贴m^*时，加入上述转移支付后，该养老服务供应链中各成员的收益可表示为

$$\begin{cases} \overline{\pi}_I(m^*,p,e_1,e_2)=\pi_I(m^*,p,e_1,e_2)+T_0(p,e_1,e_2) \\ \overline{\pi}_{S_1}(m^*,p,e_1,e_2)=\pi_{S_1}(m^*,p,e_1,e_2)-T_1(p,e_1,e_2) \\ \overline{\pi}_{S_2}(m^*,p,e_1,e_2)=\pi_{S_2}(m^*,p,e_1,e_2)-T_2(p,e_1,e_2) \end{cases} \tag{3.27}$$

其中，$\pi_I(m^*,p,e_1,e_2)$为补贴为m^*时供应链分散决策下集成商的收益，即式（3.25）中$m=m^*$时的结果；$\pi_{S_1}(m^*,p,e_1,e_2)$和$\pi_{S_2}(m^*,p,e_1,e_2)$分别为补贴为m^*时供应商S_1和S_2的收益，其取值可通过将m^*代入式（3.24）求得。

转移支付$T_i(e_1,e_2,p)$，$i=\{0,1,2\}$的作用是使养老服务供应链的各成员在分散决策下与集中决策下有相同的决策值。式（3.14）已求得在政府补贴为m^*时，供应链集中决策的决策值分别为p^*、e_1^*、e_2^*，那么式（3.27）在分散决策下决策结果也应当为p^*、e_1^*、e_2^*。

根据式（3.27）中集成商和供应商的收益函数，各成员取得最大收益的条件为各收益函数对决策变量的一阶偏导数在最佳决策值处均等于零。例如，对于供应商S_1，$\dfrac{\partial\overline{\pi}_{S_1}}{\partial e_1}$、$\dfrac{\partial\overline{\pi}_{S_1}}{\partial e_2}$和$\dfrac{\partial\overline{\pi}_{S_1}}{\partial p}$在代入$(p,e_1,e_2)=(p^*,e_1^*,e_2^*)$后均等于零。据此，可以求得供应商$S_1$的转移支付参数，其求解过程为

$$\begin{cases} y_0 = \dfrac{\partial T_1(p,e_1,e_2)}{\partial p} = \dfrac{\partial \pi_{S_1}(m^*,p,e_1,e_2)}{\partial p} \mid (p,e_1,e_2) = (p^*,e_1^*,e_2^*) \\ y_1 = \dfrac{\partial T_1(p,e_1,e_2)}{\partial e_1} = \dfrac{\partial \pi_{S_1}(m^*,p,e_1,e_2)}{\partial e_1} \mid (p,e_1,e_2) = (p^*,e_1^*,e_2^*) \\ y_2 = \dfrac{\partial T_1(p,e_1,e_2)}{\partial e_2} = \dfrac{\partial \pi_{S_1}(m^*,p,e_1,e_2)}{\partial e_2} \mid (p,e_1,e_2) = (p^*,e_1^*,e_2^*) \end{cases} \tag{3.28}$$

将集中决策结果 (p^*,e_1^*,e_2^*) 代入式（3.28），可求得转移支付 T_1 中的参数为

$$\begin{cases} y_0^* = -br(m^* - c_1 + w_1) \\ y_1^* = \dfrac{k_1\{(c_1-c_2)[fl^2(1+w_1) - 2bfk_2w_2] + w_1Mk_2l\}}{w_1w_2[(k_1+k_2)l^2 - 2bk_1k_2]} + \dfrac{(lrw_1+f)(m^*-c_1+w_1)}{w_1} \\ y_2^* = \left(lr - \dfrac{f}{w_2}\right)(m^* - c_1 + w_1) \end{cases} \tag{3.29}$$

其中，$M = [(r-1)c_2 - rc_1 + m^*]b + a$。

同理，可求得供应商 S_2 的转移支付 T_2 中的参数为

$$\begin{cases} z_0^* = -b(1-r)(m^* - c_2 + w_2) \\ z_1^* = \left[l(1-r) - \dfrac{f}{w_1}\right](m^* - c_2 + w_2) \\ z_2^* = \dfrac{k_2\{[fl^2(1+w_2) + 2bfk_1w_1](c_2-c_1) + w_2Mk_1l\}}{w_1w_2[(k_1+k_2)l^2 - 2bk_1k_2]} + \left[l(1-r) + \dfrac{f}{w_2}\right](m^* - c_2 + w_2) \end{cases} \tag{3.30}$$

对于集成商 I，可求得其转移支付 T_0 中的参数为

$$\begin{cases} x_0^* = -\dfrac{[Krw_1^2w_2 + K(r-1)w_2^2 + Rw_2 + flk_1(c_1-c_2)]w_1 - w_2flk_2(c_1-c_2)b}{Kw_1w_2} \\ x_1^* = \left[l(r-1) + \dfrac{f}{w_1}\right][(c_1-c_2)r + c_2 - w_2] - \left(lr + \dfrac{f}{w_1}\right)[(c_1-c_2)r + c_2 - w_1] \\ x_2^* = \left[l(r-1) - \dfrac{f}{w_2}\right][(c_1-c_2)r + c_2 - w_2] - \left(lr - \dfrac{f}{w_2}\right)[(c_1-c_2)r + c_2 - w_1] \end{cases} \tag{3.31}$$

其中，$K=\dfrac{2bk_1k_2-(k_1+k_2)l^2}{2}$，$R=\{(k_1+k_2)l^2(m^*+c_2)+k_1k_2(a+4bc_2)+r(c_1-c_2)\times[(k_1+k_2)l^2-2bk_1k_2]\}/2$。由各转移支付参数形式可知，各成员的转移支付量不仅受自身决策参数的影响，而且与其他成员的决策值相关。

假设集成商 I 与供应商 S_1、S_2 的固定支付分别为 A_0、A_1 和 A_2。同样地，A_i 本身亦可正可负，为正值时，该成员需要从外部成员处获得固定支付；为负值时，该成员需要向其他成员输送固定支付。

当旁支付契约只包含转移支付时，供应链中每个成员的决策已经达到集中决策效果，但是某些供应链成员可能会出现转移支付后的收益小于契约采用前的收益的情况，此时，该成员将不会选择接受该旁支付契约。固定支付转移主要用来平衡各成员的剩余利润，保证在完整的旁支付契约下，各个成员的收益都能够有所增加，从而满足参与约束。因此，定义 $\Delta\pi_{S_1}$、$\Delta\pi_{S_2}$ 和 $\Delta\pi_I$ 分别表示两个供应商 S_1、S_2 和集成商 I 的剩余利润，其取值为只采用转移支付时的各成员收益减去无契约时各成员分散决策下的收益：

$$\begin{cases}\Delta\pi_{S_1}=\pi_{S_1}(m^*,p^*,e_1^*,e_2^*)-T_1(p^*,e_1^*,e_2^*)-\pi_{S_1}(m^*,e_1'',e_2'',p'')\\ \Delta\pi_{S_2}=\pi_{S_2}(m^*,p^*,e_1^*,e_2^*)-T_2(p^*,e_1^*,e_2^*)-\pi_{S_2}(m^*,e_1'',e_2'',p'')\\ \Delta\pi_I=\pi_I(m^*,p^*,e_1^*,e_2^*)+T_0(p^*,e_1^*,e_2^*)-\pi_I(m^*,e_1'',e_2'',p'')\end{cases}\tag{3.32}$$

其中，等号右侧前两项为只包含转移支付时的各成员收益，同式（3.27），此时已经可以达到集中决策下的决策结果；等号右侧第三项表示当政府提供补贴 m^* 时，各成员在分散决策模式下的收益；e_1''、e_2''、p'' 为其分散决策结果。进一步可得 e_1''、e_2''、p'' 分别为

$$e_1''=\frac{(f+lrw_1)(m^*-c_1+w_1)}{k_1w_1},\quad e_2''=\frac{[f+lw_2(1-r)](m^*-c_2+w_2)}{k_2w_2}$$

$$p''=\frac{a+l(e_1''+e_2'')+[bw_1r+bw_2(1-r)]}{2b}$$

将固定支付 A_0、A_1、A_2 代入式（3.32），此时，集成商 I 和供应商 S_1、S_2 各自的剩余利润为 $\Delta\pi_I+A_0$、$\Delta\pi_{S_1}-A_1$、$\Delta\pi_{S_2}-A_2$，将其代入纳什谈判模型中，并令初始状态点为零，有

$$\begin{aligned}&\max(\Delta\pi_{S_1}-A_1)(\Delta\pi_{S_2}-A_2)(\Delta\pi_I+A_0)\\&\text{s.t.}\quad A_1+A_2=A_0\end{aligned}\tag{3.33}$$

同样地，固定支付也来自供应链内部成员间的支付转移，故有 $A_0=A_1+A_2$。通过拉格朗日乘数法，可求得集成商 I 和供应商 S_1、S_2 的固定支付分别为

$$\begin{cases} A_0 = \dfrac{-2\Delta\pi_I + \Delta\pi_{S_1} + \Delta\pi_{S_2}}{3} \\ A_1 = \dfrac{2\Delta\pi_{S_1} - \Delta\pi_I - \Delta\pi_{S_2}}{3} \\ A_2 = \dfrac{2\Delta\pi_{S_2} - \Delta\pi_{S_1} - \Delta\pi_I}{3} \end{cases} \tag{3.34}$$

至此已经得到在政府补贴下实现双服务供应商竞争的养老服务供应链协调的旁支付契约，其中，转移支付参数为式（3.29）～式（3.31），固定支付参数为式（3.34）。

3.2.5 算例分析

本节通过设计数例实验，计算旁支付契约的具体参数，并验证该支付契约的有效性。相关参数取值如下：$a=10$，$b=2$，$l=2$，$f=0.6$，$r=0.5$。供应商 S_1 的相关参数为 $c_1=3$，$k_1=8$，供应商 S_2 的相关参数为 $c_2=4$，$k_2=10$。

计算可得，实现该养老服务供应链协调的旁支付契约的转移支付参数见表 3.1，固定支付参数见表 3.2。

表 3.1　转移支付参数

参数	取值	参数	取值
x_0	−6.98	y_2	2.86
x_1	1.24	z_0	−3.74
x_2	1.68	z_1	3.10
y_0	−3.24	z_2	−1.18
y_1	−1.86		

表 3.2　固定支付参数

参数	取值	参数	取值
A_0	30.41	A_2	16.07
A_1	14.34		

表 3.1 和表 3.2 所示的旁支付契约中各参数需满足条件 $T_0=T_1+T_2$ 和 $A_0=A_1+A_2$，验证可知，$x_0=y_0+z_0$，$x_1=y_1+z_1$，$x_2=y_2+z_2$，$A_0=A_1+A_2$，故上述条件满足。因此，上述求得的契约满足旁支付契约中对转移支付和固定支付的要求。

在上述旁支付契约下，分别计算供应链在无政府补贴下的集中决策、政府补贴下的供应链的分散决策和集中决策，以及采用上述旁支付契约下的各成员决策参数和收益情况，计算结果如表 3.3 所示。

表 3.3　各决策模式下的决策参数与收益

模式	m	e_1	e_2	p	π_{S_1}	π_{S_2}	π_I	π_G
无补贴集中	0	0.26	0.18	4.47	0.22	0.78	0.47	2.42
补贴下分散	1.81	0.34	0.32	4.95	1.21	1.42	1.06	1.60
补贴下集中	2.74	0.71	0.54	3.50	7.09	8.62	–4.03	4.15
补贴下旁支付契约	2.74	0.71	0.54	3.50	3.89	4.10	3.69	4.15

竞争条件下，两个供应商自身服务努力水平决策影响着各自服务需求量 d_i 和养老群体享受的平均服务努力水平 e_{ave}。其中，在政府补贴下，供应链实行旁支付契约与供应链集中决策下有相同的服务需求量和服务努力水平决策值，故三种情形下的计算结果见表 3.4。

表 3.4　各决策模式下的市场需求和平均服务努力水平

模式	d_1	d_2	e_{ave}
无补贴集中	1.00	0.95	0.22
补贴下分散	0.72	0.68	0.33
补贴下旁支付契约	2.80	2.69	0.63

由表 3.3 和表 3.4 可以看出，该旁支付契约能够实现供应链的整体协调，供应商的服务努力水平和服务价格均达到了最佳值。①从服务努力水平来看，与无政府补贴时相比，老年群体享受到的平均服务努力水平提高了 186%，平均服务努力与政府补贴下的分散决策相比提高了 91%。可以看出，政府的补贴和供应链的旁支付契约的结合能有效提高老年群体享受到的养老服务质量，同时，在政府补贴下实行旁支付契约的供应链的市场需求达到最大。②从养老服务供应链的收益来看，与无补贴集中和补贴下分散决策相比，旁支付契约下各参与成员的收益均实现了增长。在政府补贴下的集中决策时，集成商的收益为负值。因此，一个理性的集成商不可能直接与供应商合作进行集中决策，需要在契约中对其损失进行弥补，以保证其收益相比契约之前是增加的。③从政府角度而言，虽然服务的补贴 m 的提高和需求量 d 的增加导致支出增长，但是老年人购买服务的价格降低，这也意味着更多的低收入老年人有能力承担养老服务的开支。相比无政府补贴和政府补贴下的分散决策模式，政府的社会福利有较大提高。

相关参数的取值同上，考察集成商的分配敏感系数 f 对供应链各成员的收益、社会福利和服务努力水平的影响，结果如图 3.1 和图 3.2 所示。

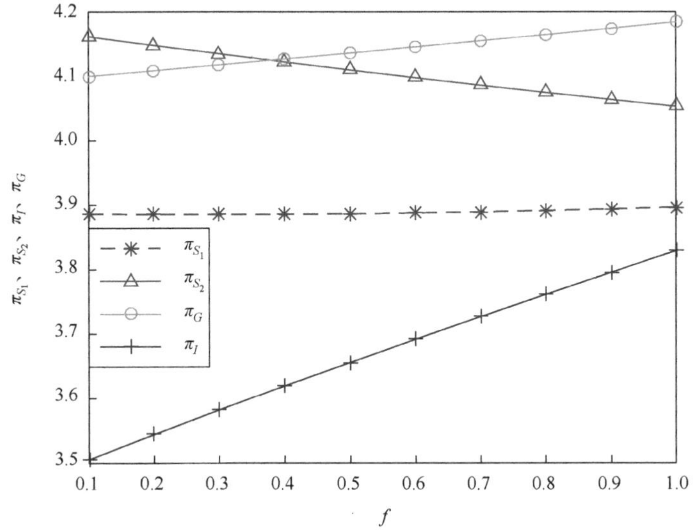

图 3.1　分配敏感系数 f 对供应链成员收益 π_{S_1}、π_{S_2}、π_I 及社会福利 π_G 的影响

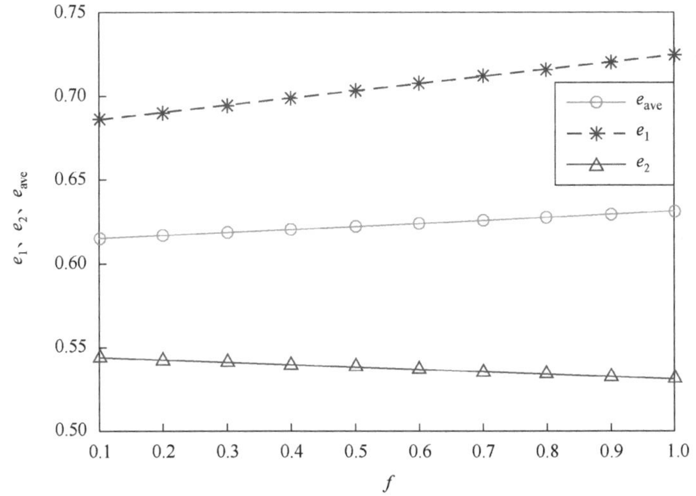

图 3.2　分配敏感系数 f 对服务努力水平 e_1、e_2 及平均服务努力水平 e_{ave} 的影响

由图 3.1 和图 3.2 可知，供应商 S_1 的服务努力水平与服务批发价比值相对较大，故 f 的增大提高了分配给 S_1 的服务需求量，降低了分配给 S_2 的服务需求量，进而提高了 S_1 的收益并削弱了 S_2 的收益。集成商利润 π_I 和社会福利 π_G 均与 f 正相关，说明集成商在进行需求分配时应当更加关注服务努力水平与服务批发

价比值，以提高自身收益。从图 3.2 中看出，集成商的上述行为对老年群体享受的平均服务努力水平也发挥了促进作用。随着 f 的提高，有较高服务努力水平的供应商 S_1 的服务努力水平 e_1 得到进一步提升，从而使更多的老年人可以享受到 S_1 的服务；相反，供应商 S_2 由于需求的缩小，只能降低服务努力水平 e_2，以避免较高的成本支出。由于更多购买服务的老年群体享受的是供应商 S_1 的养老服务，所以平均服务努力水平 e_{ave} 随 f 的提高而上升。

综上可知，在双服务供应商竞争的养老服务供应链的运作过程中，不仅需要政府部门的补贴支持，以促进服务质量和社会福利的提升，而且需要供应链的各参与者之间加强合作，合理利用补贴资金，进一步提升养老服务质量，扩大养老服务的覆盖面积。处于竞争弱势的供应商应合理利用补贴，通过提升自身的服务质量，加强竞争力；处于竞争优势的供应商应进一步优化企业与成本管理，降低服务的边际成本，提高服务质量，扩大竞争优势；集成商在需求分配时应更多地关注供应商的服务质量因素，相对激烈的市场竞争反而有利于服务质量和集成商收益的提高。通过政府和养老服务企业的精诚合作，实现养老服务的低价格高质量，进而扩大养老服务的覆盖范围，使更多老年群体享受到养老服务带来的实惠。

3.2.6 结论

本节对政府补贴下基于双服务供应商竞争的养老服务供应链模型进行分析，阐明了政府补贴供应商和供应链协调在成员收益、社会福利、服务努力水平上的改善作用。对模型和相关参数进行了阐述；计算并比较了无政府补贴、政府补贴下供应链集中决策及政府补贴下供应链分散决策时的服务努力水平和社会福利；通过 MSC 设计，实现该供应链的整体协调。

本节结论表明，政府对竞争性的养老服务供应商进行补贴仍然是有必要的，养老服务供应链的协调也推动着整体服务质量的提升。通过以上研究，提出以下建议：政府应继续推动落实对养老服务企业的补贴政策，使更多老年人享受养老服务的便利；养老服务集成商在需求分配上应更关注养老服务供应商的服务质量因素，适当激励养老服务供应商间的竞争行为，以加强服务质量建设；养老服务供应商应进一步优化企业管理，以降低服务成本，提升服务质量，实现自身健康发展。

3.3 基于服务努力信号的政府与养老服务供应商博弈分析

3.3.1 引言

在我国目前的养老服务市场中，各地政府针对不同的养老服务供应商的补贴标准并不一致，对高标准建设的养老服务供应商提供较高级别的补贴，既缓解了这些前期高投入的养老服务供应商的资金压力，又能减少中小型养老服务供应商扩大经营规模时面临的障碍，为市场输送更多的服务供给。政府可以通过考察养老服务供应商的硬件设施、专业护理人员级别及数量等条件，对不同的养老服务供应商实行不同级别的补贴，以加快各地养老服务产业的健康发展。

在政府补贴养老服务机构和企业时，由于不能完全了解机构或企业的信息，可能存在养老服务机构或企业申报补贴时弄虚作假、骗取高额补贴的行为。有些医院为骗取政府高额补贴，不顾养老院设备设施标准规定，私加床位，巧立名目，骗取补贴。对此，各地相关政府部门出台了对应的法规措施，例如，某市民政局对养老服务机构和企业弄虚作假、骗取补贴、违规挪用补贴资金的，由民政部门责令整改，追回补贴资金并加以处罚。

综合以上事实，在政府对养老服务企业进行补贴时，存在养老服务相关信息不对称的情况。就服务质量而言，政府试图根据养老服务企业的服务质量信息对企业进行分级补贴，而企业实际的服务质量信息是其私有信息，并不能被政府直接观察，故政府对养老服务企业的服务质量判断主要来自对其企业硬件设施、护理人员水平、企业管理制度等可观测信号的考察，并据此给予企业相应的补贴。以上措施都存在企业造假的可能。因此，本节基于服务努力信号，构建政府和养老服务企业间的博弈模型，实现政府对养老服务企业服务质量类型的准确判断并提供针对性补贴。

3.3.2　假设与模型

市场上的养老服务企业为老年群体提供其所需的养老服务，由于成本问题，其在运营过程中需向政府申请补贴。由于服务质量不直接可见，政府需要通过该企业释放的服务努力信号对企业的服务质量类型进行判断，从而决策向该企业提供高补贴或者低补贴。为了构建其博弈模型，相关假设如下。

1. 养老服务企业相关假设

假设市场上仅存在两种服务质量类型的养老服务企业，分别为高服务质量 v_{H} 和低服务质量 v_{L} 。养老服务企业 S 的服务质量类型信息只为企业自身所知。政府和老年群体虽然不知道养老服务企业的服务质量类型，但是对企业的服务质量类型判断有先验概率 $u_0=\Pr(S=\mathrm{H})$ 、$1-u_0=\Pr(S=\mathrm{L})$ ，即政府和老年群体认为某个养老服务企业为高服务质量类型的概率为 u_0 ，为低服务质量类型的概率为 $1-u_0$ 。

养老服务企业可对外发送服务努力信号 t ，以此来传递有关自身服务质量的信息。假设服务努力信号类型分为高服务努力信号 t_{H} 和低服务努力信号 t_{L} ，服务努力信号 t 可以由企业的投资水平、软硬件设施、护工素质等表征。但是，由于服务努力信号具有伪装性，低服务质量企业可以通过信号伪装，发出较高的服务努力信号以获取市场和补贴。服务努力信号的传递需要成本，假设高服务质量企业的单位信号成本为 k_{H} ，单位服务成本为 c_{H} ；低服务质量企业的单位信号成本为 k_{L} ，单位服务成本为 c_{L} 。高服务质量企业在运作管理上往往更有效率，故有 $k_{\mathrm{L}} > k_{\mathrm{H}}$ 。较高的服务质量也意味着较高的边际成本，因此假设 $v_{\mathrm{H}} > v_{\mathrm{L}}, c_{\mathrm{H}} > c_{\mathrm{L}}$ 。假设高服务质量企业的服务质量与其成本相比有更高的差值，即 $v_{\mathrm{H}} - c_{\mathrm{H}} > v_{\mathrm{L}} - c_{\mathrm{L}}$ 。

政府和老年群体观察到养老服务企业所发出的服务努力信号 t 后，会根据 t 将 u_0 修正为后验概率 $u = \Pr(S = \mathrm{H} \mid t)$ 。政府和老年群体认为较高的服务努力信号往往意味着该企业能提供较高质量的养老服务，故假设 $\dfrac{\partial u}{\partial t} > 0$ 。养老服务企业以最大收益为目标决策服务价格 p 。

2. 老年群体相关假设

老年群体是养老服务的实际需求者，假设老年群体具有异质性，以 δ 表示老年群体对单位服务质量的效用感知，δ 服从 $[0,1]$ 上的均匀分布。已知市场所售的养老服务的服务质量为 v_{H} 和 v_{L} ，服务价格为 p 。当老年群体观察到养老服务企业发出的服务努力信号后，由后验概率可知，δ 类型的老年人购买该服务时，其所获得的期望服务质量为 $v(u) = uv_{\mathrm{H}} + (1-u)v_{\mathrm{L}}$ ，其所获得的期望剩余效用为 $E_\delta = \delta v(u) - p$ 。只有当 $E_\delta(v(u)) > 0$ ，即 $\delta > \dfrac{p}{v(u)}$ 时，该老年人才会产生购买行为。因此，可以得出该养老服务企业的市场需求为

$$d(u) = \int_{\frac{p}{v(u)}}^{1} \mathrm{d}\delta = 1 - \frac{p}{uv_{\mathrm{H}} + (1-u)v_{\mathrm{L}}} \tag{3.35}$$

同时，可计算老年群体的消费者剩余为

$$\mathrm{CS}(u) = \int_{\frac{p}{v(u)}}^{1} [\delta v(u) - p]\mathrm{d}\delta = \left[\frac{1}{2}v(u)\delta^2 - p\delta\right]\Bigg|_{\frac{p}{v(u)}}^{1} = \frac{[v(u)-p]^2}{2v(u)} \tag{3.36}$$

3. 政府相关假设

政府观察到养老服务企业释放的服务努力信号 t 后，会对先验概率进行修正，假设政府和老年群体有相同的后验概率。政府以最大化社会福利 π_G 为目标决策对企业的补贴 m ，政府对其认为是高服务质量类型的企业提供高补贴 m_{H} ，对其认为是低服务质量类型的企业提供低补贴 m_{L} 。因此，政府的后验概率 u 和补贴 m 包含以下情况。

情况 1：当政府观测到一个高服务努力信号 t_{H} 时，以 $u_1=\Pr(S=\mathrm{H}\mid t_{\mathrm{H}})$ 的后验概率认为该企业为高服务质量类型，向其提供高补贴 m_{H}；若认为该企业为低服务质量类型，则向其提供低补贴 m_{L}。

情况 2：当政府观测到一个低服务努力信号 t_{L} 时，以 $u_2=\Pr(S=\mathrm{H}\mid t_{\mathrm{L}})$ 的后验概率认为该企业为高服务质量类型，向其提供高补贴 m_{H}；若认为该企业为低服务质量类型，则向其提供低补贴 m_{L}。

由于养老服务企业存在伪装可能，政府在补贴之后会对企业进行后期检查，若发现低服务质量企业有伪装为高服务质量企业骗取高补贴的行为，则对该养老服务企业进行一次性罚款处罚。假设政府在后期检查中识破伪装概率为 f，一次性罚款为 g，那么政府的社会福利 π_G 除包括消费者剩余 CS、生产者剩余 PS 及政府支出 GS 外，还包括政府在后期检查中获取的惩罚性收入期望 fg，故社会福利 π_G 可表示为

$$\pi_G=\mathrm{CS}+\mathrm{PS}-\mathrm{GS}+fg \tag{3.37}$$

政府和养老服务企业信号博弈过程如下：首先，自然选择养老服务企业的服务质量类型，且该信息为养老服务企业私有；然后，养老服务企业为了最大化自身收益 π_{S}，决定其释放的服务努力信号 t 和服务价格 p；最后，政府观察到该信号后，由先验概率修正为后验概率，并根据最大化社会福利 π_G 决策给予该企业高补贴或者低补贴。

3.3.3　信号博弈决策分析

由博弈过程可知，养老服务企业自身的服务质量类型和服务努力信号选择可以构成四种策略组合，即低服务质量企业伪装为高服务质量企业，释放高服务努力信号 t_{H}；低服务质量企业不进行伪装，释放低服务努力信号 t_{L}；高服务质量企业伪装为低服务质量企业，释放低服务努力信号 t_{L}；高服务质量企业不进行伪装，释放高服务努力信号 t_{H}。

上述第三种情况可能发生在这样一种情形下：过高的服务努力信号成本导致高服务质量企业的信号边际成本高于信号边际收益，因此即使是高服务质量企业也不会主动释放信号。本节通过对以上四种情形的分析，考察养老服务企业收益和社会福利，方便后续寻找分离均衡。

1. 低服务质量企业伪装时的收益分析

当低服务质量企业伪装时，会发出信号 t_{H}，政府观察到信号为 t_{H}，修正后验概率为 u_1，即政府以 u_1 的概率认为该企业为高服务质量企业。因此，政府的期望补贴为 $u_1m_{\mathrm{H}}+(1-u_1)m_{\mathrm{L}}$，故低服务质量企业预估其发送信号 t_{H} 后的期望收益为

$$\pi_S^1 = [p - c_L + u_1 m_H + (1-u_1)m_L]d_1 - k_L t_H - fg \tag{3.38}$$

由于该养老服务企业存在后期被政府发现伪装的可能，需要减去政府的期望惩罚 fg。式（3.38）中的 d_1 为服务需求量，老年群体与政府有相同的后验概率。由式（3.35）和式（3.36）可知，该企业的服务需求量及消费者剩余为

$$d_1 = 1 - \frac{p}{u_1 v_H + (1-u_1)v_L}，\quad \mathrm{CS}_1 = \frac{[v(u_1) - p]^2}{2v(u_1)} \tag{3.39}$$

此时，政府并不能确定该企业的单位信号成本是 k_H 或 k_L，同样也不能推断企业的实际成本是 c_L 或 c_H。政府通过后验概率认为该企业单位信号成本期望为 $u_1 k_H + (1-u_1)k_L$，单位服务成本期望为 $u_1 c_H + (1-u_1)c_L$。政府的后期惩罚性收入期望为 $(1-u_1)fg$。据此，可求得政府判断该养老服务企业的期望收益为

$$\begin{aligned}\pi_{S\_G}^1 = {} & [p - u_1 c_H - (1-u_1)c_L + u_1 m_H + (1-u_1)m_L]d_1 \\ & - u_1 k_H t_H - (1-u_1)k_L t_H - (1-u_1)fg\end{aligned} \tag{3.40}$$

式（3.40）即政府社会福利目标中的生产者剩余，政府根据社会福利的最大化决策对该企业的补贴，由式（3.39）和式（3.40）可计算政府此时的社会福利为

$$\pi_G^1 = \frac{[v(u_1) - p]^2}{2v(u_1)} + [p - u_1 c_H - (1-u_1)c_L]d_1 - u_1 k_H t_H - (1-u_1)k_L t_H \tag{3.41}$$

政府首先根据式（3.40）预估该养老服务企业的服务价格决策，对 p 求一阶偏导数并令其等于零，解得其服务价格决策；然后将该决策值代入式（3.41）中，分别对 m_H 和 m_L 求一阶偏导数并令其等于零，可解得政府在基于后验概率 u_1 的判断下，对该企业的补贴为

$$\begin{cases} m_H = \dfrac{u_1(v_H - c_H) + (1-u_1)(v_L - c_L)}{u_1} \\ m_L = 0 \end{cases} \tag{3.42}$$

特殊地，当 $u_1 = 0$ 时，政府认为所有传递 t_H 信号的企业都是低服务质量企业，给予补贴 $m_L = v_L - c_L$。将式（3.42）代入式（3.41），可解得政府的期望社会福利为

$$\pi_G^1 = \frac{\{u_1 c_H + (1-u_1)c_L - [u_1 v_H + (1-u_1)v_L]\}^2}{2[u_1(v_H - v_L) + v_L]} - k_L t_H (1-u_1) - k_H t_H u_1 \tag{3.43}$$

由于该企业的服务质量类型是私有信息，该企业仍按照式（3.38）进行决策，将式（3.42）代入式（3.38）中，并令其对 p 的一阶偏导数等于零，可求解其服务价格决策为

$$p^1 = c_L + \frac{u_1(c_H - c_L)}{2} \tag{3.44}$$

将式（3.44）代回式（3.38）中，得到低服务质量企业伪装时的期望收益为

$$\pi_S^1 = \left\{ \frac{2c_L + u_1(c_H - c_L)}{2[u_1 v_H + (1-u_1)v_L]} - 1 \right\} \left[c_L + \frac{u_1(c_H - c_L)}{2} - u_1 v_H - (1-u_1)v_L \right] - k_L t_H - gf \tag{3.45}$$

2. 低服务质量企业不伪装时的收益分析

当低服务质量企业不伪装时，会发出正常的低服务努力信号 t_L，政府观察到 t_L 后，政府和老年群体也不能直接确定该企业的类型，修正后验概率为 $u_2 = \Pr(S = H \mid t_L)$，政府对该企业的期望补贴为 $u_2 m_H + (1-u_2)m_L$。此时，该低服务质量企业的期望收益为

$$\pi_S^2 = [p - c_L + u_2 m_H + (1-u_2)m_L]d_2 - k_L t_L \tag{3.46}$$

其中，d_2 为服务需求量，根据假设，老年群体与政府有相同的后验概率。由式(3.35)和式（3.36）可求得该企业的服务需求量和消费者剩余分别为

$$d_2 = 1 - \frac{p}{u_2 v_H + (1-u_2)v_L}，\quad CS_2 = \frac{[v(u_2) - p]^2}{2v(u_2)} \tag{3.47}$$

同样地，政府认为该企业的单位信号成本期望为 $u_2 k_H + (1-u_2)k_L$，单位服务成本为 $u_2 c_H + (1-u_2)c_L$。由于该企业发出的是低服务努力信号，并且申请的是低补贴，即使政府错误判断企业的类型并给予其高补贴，企业也不会受到后期惩罚。因此，政府认为该企业的期望收益为

$$\begin{aligned}\pi_{S\_G}^2 = {} & [p - u_2 c_H - (1-u_2)c_L + u_2 m_H + (1-u_2)m_L]d_2 \\ & - u_2 k_H t_L - (1-u_2)k_L t_L\end{aligned} \tag{3.48}$$

式（3.48）即政府社会福利目标中的生产者剩余，政府根据社会福利的最大化决策对该企业的补贴，由式（3.47）和式（3.48）可计算政府此时的社会福利函数为

$$\pi_G^2 = \frac{[v(u_2) - p]^2}{2v(u_2)} + [p - u_2 c_H - (1-u_2)c_L]d_2 - u_2 k_H t_L - (1-u_2)k_L t_L \tag{3.49}$$

首先将式（3.48）对 p 求一阶偏导数并令其为零，得到其服务价格决策，然后将该服务价格决策代入式（3.49）中，对 m_H 和 m_L 求一阶偏导数。解得政府在基于后验概率 u_2 的判断下，对该企业的补贴为

$$\begin{cases} m_H = \dfrac{u_2(v_H - c_H) + (1-u_2)(v_L - c_L)}{u_2} \\ m_L = 0 \end{cases} \tag{3.50}$$

当 $u_2 = 0$ 时，政府认为所有发出低服务努力信号的企业都是低服务质量企业，给予补贴 $m_L = v_L - c_L$。将式（3.50）代回式（3.49），可解得政府的期望社会福利为

$$\pi_G^2 = \frac{[(1-u_2)v_L + u_2 v_H - c_H u_2 - (1-u_2)c_L]^2}{2[(1-u_2)v_L + u_2 v_H]} - k_L t_L (1-u_2) - k_H t_L u_2 \tag{3.51}$$

企业仍然按照式（3.46）进行服务价格决策，将式（3.50）代入式（3.46），并令其对 p 的一阶偏导数等于零，得到服务价格决策为

$$p^2 = c_L + \frac{u_2(c_H - c_L)}{2} \tag{3.52}$$

将 p^2 代回式（3.46），可得到低服务质量企业不进行伪装时的期望收益为

$$\pi_S^2 = \left\{\frac{2c_L + u_2(c_H - c_L)}{2[u_2 v_H + (1-u_2)v_L]} - 1\right\}\left[c_L + \frac{u_2(c_H - c_L)}{2} - u_2 v_H - (1-u_2)v_L\right] - k_L t_L \tag{3.53}$$

3. 高服务质量企业伪装时的收益分析

当高服务质量企业伪装时，发出低服务努力信号 t_L，政府和老年群体观测到 t_L 后，修正其后验概率为 $u_2 = \Pr(S = H \mid t_L)$。基于后验概率 u_2，该企业所能获取的期望补贴为 $[u_2 m_H + (1-u_2)m_L]$。因此，该高服务质量企业的期望收益为

$$\pi_S^3 = [p - c_H + u_2 m_H + (1-u_2)m_L]d_3 - k_H t_L \tag{3.54}$$

其中，d_3 为服务需求量，根据式（3.35）和式（3.36）可求得该企业的服务需求量和消费者剩余分别为

$$d_3 = 1 - \frac{p}{u_2 v_H + (1-u_2)v_L},\quad \mathrm{CS}_3 = \frac{[v(u_2) - p]^2}{2v(u_2)} \tag{3.55}$$

政府根据后验概率 u_2 认为该企业的单位信号成本期望为 $u_2 k_H + (1-u_2)k_L$，单位服务成本期望为 $u_2 c_H + (1-u_2)c_L$。此时，政府对该高服务质量企业的收益期望为

$$\pi_{S\_G}^3 = [p - u_2 c_H - (1-u_2)c_L + u_2 m_H + (1-u_2)m_L]d_3 - u_2 k_H t_L - (1-u_2)k_L t_L \tag{3.56}$$

式（3.56）也代表着生产者剩余，政府根据最大化社会福利的原则决策对该企业的补贴，由式（3.55）和式（3.56）可计算政府此时的社会福利函数为

$$\pi_G^3 = \frac{[v(u_2) - p]^2}{2v(u_2)} + [p - u_2 c_H - (1-u_2)c_L]d_3 - u_1 k_H t_L - (1-u_1)k_L t_L \tag{3.57}$$

首先，令式（3.56）对 p 的一阶偏导数等于零，将求解结果代入式（3.57）；然后，对 m_H 和 m_L 求一阶偏导数，并令其等于零，联立解得政府在基于后验概率 u_2 的判断下，对该企业的补贴为

$$\begin{cases} m_H = \dfrac{u_2(v_H - c_H) + (1-u_2)(v_L - c_L)}{u_2} \\ m_L = 0 \end{cases} \tag{3.58}$$

当后验概率 $u_2 = 0$ 时，政府认为所有发出低服务努力信号 t_L 的企业都是低服务质量企业，此时给予补贴 $m_L = v_L - c_L$。将式（3.58）代回式（3.57），可解得政府的期望社会福利为

$$\pi_G^3 = \frac{[(1-u_2)v_L + u_2 v_H - u_2 c_H - (1-u_2)c_L]^2}{2[(1-u_2)v_L + u_2 v_H]} - k_L t_L (1-u_2) - k_H t_L u_2 \tag{3.59}$$

该企业知道自己的服务质量类型并根据式（3.54）进行服务价格 p 的决策。将 m_H、m_L 代入式（3.54），求其对服务价格 p 的一阶偏导数，并令其等于零，解得此时该企业的服务价格决策为

$$p^3 = \frac{c_H + c_L + u_2(c_H - c_L)}{2} \tag{3.60}$$

将 p^3 代回式（3.54），可得到高服务质量企业伪装时的期望收益为

$$\begin{aligned}\pi_S^3 = &\left\{\frac{c_H + c_L + u_2(c_H - c_L)}{2[u_2 v_H + (1-u_2)v_L]} - 1\right\}\left[\frac{c_H + c_L + u_2(c_H - c_L)}{2} - u_2 v_H\right. \\ &\left. -(1-u_2)v_L\right] - k_H t_L\end{aligned} \tag{3.61}$$

4. 高服务质量企业不伪装时的收益分析

高服务质量企业不伪装时，正常发出服务努力信号为 t_H，政府观察到 t_H 后。政府和老年群体修正先验概率为后验概率 $u_1 = \Pr(S = H \mid t_H)$，政府以 u_1 的概率认为发出 t_H 信号的企业都是高服务质量企业。因此，政府对该企业的期望补贴为 $u_1 m_H + (1-u_1)m_L$，故高服务质量企业的期望收益为

$$\pi_S^4 = [p - c_H + u_1 m_H + (1-u_1)m_L]d_4 - k_H t_H \tag{3.62}$$

其中，d_4 为服务需求量，老年群体对该养老服务企业的服务质量判断仍然基于后验概率 u_1，因此，由式（3.35）和式（3.36），求得企业的服务需求量和消费者剩余为

$$d_4 = 1 - \frac{p}{u_1 v_H + (1-u_1)v_L},\quad \mathrm{CS}_4 = \frac{[v(u_1) - p]^2}{2v(u_1)} \tag{3.63}$$

同样地，政府也只能通过后验概率 u_1 判断该企业的期望收益。政府认为该企业的单位信号成本期望为 $u_1 k_H + (1-u_1)k_L$，单位服务成本期望为 $u_1 c_H + (1-u_1)c_L$。政府对该企业的惩罚性收入期望为 $(1-u_1)fg$。据此，可求政府对该企业的期望收益为

$$\begin{aligned}\pi_{S\_G}^4 = &[p - u_1 c_H - (1-u_1)c_L + u_1 m_H + (1-u_1)m_L]d_4 \\ &- u_1 k_H t_H - (1-u_1)k_L t_H - (1-u_1)fg\end{aligned} \tag{3.64}$$

式（3.64）即政府社会福利目标中的生产者剩余，政府根据社会福利的最大化决

策对该企业的补贴，由式（3.64）和式（3.63）可计算政府此时的社会福利函数为

$$\pi_G^4 = \frac{[v(u_1) - p]^2}{2v(u_1)} + [p - u_1 c_{\mathrm{H}} - (1-u_1)c_{\mathrm{L}}]d_4 - u_1 k_{\mathrm{H}} t_{\mathrm{H}} - (1-u_1)k_{\mathrm{L}} t_{\mathrm{H}} \tag{3.65}$$

政府首先根据式（3.64）预估该养老服务企业的服务价格决策，对 p 求一阶偏导数并令其等于零，求解得其服务价格决策，然后将该决策值代入式（3.65）中，对 m_{H} 和 m_{L} 分别求一阶偏导数并令其等于零，解得政府在基于后验概率 u_1 的判断下对该企业的补贴为

$$\begin{cases} m_{\mathrm{H}} = \dfrac{u_1(v_{\mathrm{H}} - c_{\mathrm{H}}) + (1-u_1)(v_{\mathrm{L}} - c_{\mathrm{L}})}{u_1} \\ m_{\mathrm{L}} = 0 \end{cases} \tag{3.66}$$

特殊地，当后验概率 $u_1 = 0$ 时，政府认为所有传递 t_{H} 信号的企业都是低服务质量企业，给予补贴 $m_{\mathrm{L}} = v_{\mathrm{L}} - c_{\mathrm{L}}$。将 m_{H} 和 m_{L} 代入式（3.65），可解得政府的期望社会福利为

$$\pi_G^4 = \frac{[u_1 v_{\mathrm{H}} + (1-u_1)v_{\mathrm{L}} - u_1 c_{\mathrm{H}} - (1-u_1)c_{\mathrm{L}}]^2}{2[u_1 v_{\mathrm{H}} + (1-u_1)v_{\mathrm{L}}]} - k_{\mathrm{L}} t_{\mathrm{H}}(1-u_1) - k_{\mathrm{H}} t_{\mathrm{H}} u_1 \tag{3.67}$$

由于该企业的服务质量类型是私有信息，该企业仍按照式（3.62）进行决策，将式（3.66）代入式（3.62）中，对其求 p 的一阶偏导数并令其等于零，解得其服务价格决策为

$$p^4 = \frac{c_1 + c_2 + u_1(c_1 - c_2)}{2} \tag{3.68}$$

将 p^4 代回式（3.62）中，得到高服务质量企业不伪装时的期望收益为

$$\begin{aligned} \pi_S^4 = & \left\{\frac{c_{\mathrm{H}} + c_{\mathrm{L}} + u_2(c_{\mathrm{H}} - c_{\mathrm{L}})}{2[u_2 v_{\mathrm{H}} + (1-u_2)v_{\mathrm{L}}]} - 1\right\}\left[\frac{c_{\mathrm{H}} + c_{\mathrm{L}} + u_2(c_{\mathrm{H}} - c_{\mathrm{L}})}{2} - u_2 v_{\mathrm{H}} \right. \\ & \left. -(1-u_2)v_{\mathrm{L}}\right] - k_{\mathrm{H}} t_{\mathrm{H}} \end{aligned} \tag{3.69}$$

综上，可以得到四种情形下的养老服务企业收益、政府的补贴决策分别如命题 3.3 和命题 3.4 所述。

命题 3.3：政府和老年群体的后验概率为 $u_1 = \Pr(S = \mathrm{H} \mid t_{\mathrm{H}})$，$u_2 = \Pr(S = \mathrm{H} \mid t_{\mathrm{L}})$ 时，养老服务企业在不同策略选择下的期望收益如下。

（1）当低服务质量企业伪装为高服务质量企业时，该企业期望收益为

$$\pi_S^1 = \left\{\frac{2c_{\mathrm{L}} + u_1(c_{\mathrm{H}} - c_{\mathrm{L}})}{2[u_1 v_{\mathrm{H}} + (1-u_1)v_{\mathrm{L}}]} - 1\right\}\left[c_{\mathrm{L}} + \frac{u_1(c_{\mathrm{H}} - c_{\mathrm{L}})}{2} - u_1 v_{\mathrm{H}} - (1-u_1)v_{\mathrm{L}}\right] - k_{\mathrm{L}} t_{\mathrm{H}} - gf$$

（2）当低服务质量企业不伪装时，该企业期望收益为

$$\pi_S^2=\left\{\frac{2c_{\mathrm{L}}+u_2(c_{\mathrm{H}}-c_{\mathrm{L}})}{2[u_2v_{\mathrm{H}}+(1-u_2)v_{\mathrm{L}}]}-1\right\}\left[c_{\mathrm{L}}+\frac{u_2(c_{\mathrm{H}}-c_{\mathrm{L}})}{2}-u_2v_{\mathrm{H}}-(1-u_2)v_{\mathrm{L}}\right]-k_{\mathrm{L}}t_{\mathrm{L}}$$

（3）当高服务质量企业伪装为低服务质量企业时，该企业期望收益为

$$\pi_S^3=\left\{\frac{c_{\mathrm{H}}+c_{\mathrm{L}}+u_2(c_{\mathrm{H}}-c_{\mathrm{L}})}{2[u_2v_{\mathrm{H}}+(1-u_2)v_{\mathrm{L}}]}-1\right\}\left[\frac{c_{\mathrm{H}}+c_{\mathrm{L}}+u_2(c_{\mathrm{H}}-c_{\mathrm{L}})}{2}-u_2v_{\mathrm{H}}-(1-u_2)v_{\mathrm{L}}\right]-k_{\mathrm{H}}t_{\mathrm{L}}$$

（4）当高服务质量企业不伪装时，该企业期望收益为

$$\pi_S^4=\left\{\frac{c_{\mathrm{H}}+c_{\mathrm{L}}+u_2(c_{\mathrm{H}}-c_{\mathrm{L}})}{2[u_2v_{\mathrm{H}}+(1-u_2)v_{\mathrm{L}}]}-1\right\}\left[\frac{c_{\mathrm{H}}+c_{\mathrm{L}}+u_2(c_{\mathrm{H}}-c_{\mathrm{L}})}{2}-u_2v_{\mathrm{H}}-(1-u_2)v_{\mathrm{L}}\right]-k_{\mathrm{H}}t_{\mathrm{H}}$$

命题 3.4：政府的补贴策略根据其观测的服务努力信号而定。

（1）当政府观察到高服务努力信号 t_{H} 时，后验概率修正为 u_1。若 $u_1\neq 0$，此时其补贴策略为 $m_{\mathrm{H}}=\dfrac{u_1(v_{\mathrm{H}}-c_{\mathrm{H}})+(1-u_1)(v_{\mathrm{L}}-c_{\mathrm{L}})}{u_1}$，$m_{\mathrm{L}}=0$；若 $u_1=0$，此时对判定为低服务质量企业的补贴为 $m_{\mathrm{L}}=v_{\mathrm{L}}-c_{\mathrm{L}}$。

（2）当政府观察到低服务努力信号 t_{L} 时，后验概率修正为 u_2。若 $u_2\neq 0$，此时其补贴策略为 $m_{\mathrm{H}}=\dfrac{u_2(v_{\mathrm{H}}-c_{\mathrm{H}})+(1-u_2)(v_{\mathrm{L}}-c_{\mathrm{L}})}{u_2}$，$m_{\mathrm{L}}=0$；若 $u_2=0$，此时对判定为低服务质量企业的补贴为 $m_{\mathrm{L}}=v_{\mathrm{L}}-c_{\mathrm{L}}$。

由命题 3.4 可知，若政府的后验概率为 $u_1=u_2=0$，政府为所有申请补贴的企业统一提供补贴 $m=v_{\mathrm{L}}-c_{\mathrm{L}}$，此情况下服务努力信号将失去作用。

3.3.4　博弈的分离均衡

信号博弈中的精炼贝叶斯均衡通常可以划分为三类：混同均衡、准分离均衡和分离均衡，其中，混同均衡描述为所有类型信号发送者偏向于某种信号；准分离均衡描述为部分类型信号发送者任意选择信号，其他信号发送者统一选择某种既定信号；分离均衡描述为不同类型的信号发送者以概率 1 选择发送不同的信号。该模型在混同均衡和准分离均衡下，政府无法通过服务努力信号准确识别养老服务企业的服务质量类型，对政府的分级补贴没有帮助；在分离均衡下，两种服务质量类型的养老服务企业分别发出不同水平的服务努力信号，政府能根据观察的信号，准确获知有关企业服务质量的信息，实现分级补贴的目的。

因此，本节希望证明以下一种分离均衡的存在：所有高服务质量企业选择发出高服务努力信号，政府以概率 1 认为发出高服务努力信号的企业是高服务质量企业，并提供高额补贴；所有低服务质量企业都释放低服务努力信号，政府以概

率 1 认为发出低服务努力信号的企业是低服务质量企业，从而提供低补贴。

分离均衡是信号博弈的一种可能的精炼贝叶斯均衡的结果，该均衡下的成员概率与均衡战略应该相互验证、不可分离。因此，上述分离均衡在该模型中的存在性描述如下。

（1）给定政府的后验概率 $u_1 = \Pr(S = \mathrm{H} \mid t_{\mathrm{H}}) = 1$ ，$u_2 = \Pr(S = \mathrm{H} \mid t_{\mathrm{L}}) = 0$ ，可求得低服务质量企业的最佳策略是释放低服务努力信号 t_{L} ，高服务质量企业的最佳策略是释放高服务努力信号 t_{H} 。

（2）给定低服务质量企业和高服务质量企业的最佳策略分别为选择服务努力信号 t_{L} 和 t_{H} ，可以推出政府的后验概率为 $u_1 = \Pr(S = \mathrm{H} \mid t_{\mathrm{H}}) = 1$ ，$u_2 = \Pr(S = \mathrm{H} \mid t_{\mathrm{L}}) = 0$ 。

假设该模型中上述分离均衡存在，那么有命题 3.5。

命题 3.5：在分离均衡下，高、低服务质量企业的服务努力信号选择分别为 t_{L} 和 t_{H} ，则有

（1） $t_{\mathrm{L}} = 0$ 且 $u(t_{\mathrm{L}}) = 0$ ；

（2） $t_{\mathrm{H}} > 0$ 且对于任意的 $t \geqslant t_{\mathrm{H}}$ ， $u(t) = 1$ 。

证明：如果 $t_{\mathrm{L}} > t_{\mathrm{H}}$ ，根据假设 $\partial u / \partial t > 0$ ，政府认为所有释放信号 t_{L} 的企业都是高服务质量企业，与所求分离均衡的前提条件矛盾，因此， $t_{\mathrm{L}} < t_{\mathrm{H}}$ 。由于老年群体认为所有释放信号 t_{L} 的企业都是低服务质量企业，由命题 3.3 的(2)可知，任何大于零的 t_{L} 不会为该企业带来收益增长，反而会使企业付出额外的信号成本，因此， $t_{\mathrm{L}} = 0$ 。高服务质量企业需要通过 t_{H} 表明类型，对于任何释放 $t > t_{\mathrm{H}}$ 信号的养老服务企业，由假设 $\partial u / \partial t > 0$ 可知，政府和老年群体认为该企业一定是高服务质量企业，故 $u(t) = \Pr(S = \mathrm{H} \mid t) = 1$ ，命题得证。

命题 3.5 表明，在分离均衡下，低服务质量企业没有动力去伪装成高服务质量企业并释放信号 t_{H} ，其释放的服务努力信号为 $t_{\mathrm{L}} = 0$ 。但是命题 3.5 没有揭示高服务质量企业应该选择传递什么水平的 t_{H} 才能阻止低服务质量企业的伪装行为。

假设该博弈可以达到分离均衡，即所有的企业都按自己的真实服务质量类型发送信号，且有后验概率 $u_1 = \Pr(S = \mathrm{H} \mid t_{\mathrm{H}}) = 1$ ， $u_2 = \Pr(S = \mathrm{H} \mid t_{\mathrm{L}}) = 0$ 。此时，对所有的理性企业，必有

(1)当该企业为低服务质量企业时，必然有 $\pi_S^2 \geqslant \pi_S^1$ 成立。由命题 3.3 和命题 3.4，将 $u_1 = 1$ 、 $u_2 = 0$ 、 $t_{\mathrm{L}} = 0$ 代入命题 3.3 中的（1）和（2），可得

$$\pi_S^2 = \frac{(c_{\mathrm{L}} - v_{\mathrm{L}})^2}{v_{\mathrm{L}}}, \quad \pi_S^1 = \frac{(c_{\mathrm{H}} + c_{\mathrm{L}} - 2v_{\mathrm{H}})^2}{4v_{\mathrm{H}}} - k_{\mathrm{L}} t_{\mathrm{H}} - fg$$

令 $\pi_S^2 - \pi_S^1 \geqslant 0$ ，可求得服务努力信号 t_{H} 的下限为 t_1 ：

$$t_{\mathrm{H}} \geqslant \frac{1}{k_{\mathrm{L}}}\left[\frac{(c_{\mathrm{H}} + c_{\mathrm{L}} - 2v_{\mathrm{H}})^2}{4v_{\mathrm{H}}} - \frac{(v_{\mathrm{L}} - c_{\mathrm{L}})^2}{v_{\mathrm{L}}} - fg\right] = t_1 \qquad (3.70)$$

式（3.70）表明，高服务质量企业要阻止低服务质量企业的伪装行为，应保证其释放的服务努力信号满足条件 $t_{\mathrm{H}} \geqslant t_1$。此时，低服务质量企业伪装成高服务质量企业所付出的成本不小于其伪装所获取的额外收益。

（2）当该企业为高服务质量企业时，必然有 $\pi_S^4 \geqslant \pi_S^3$ 成立。根据命题 3.3 和命题 3.4，将 $u_1=1$ 、 $u_2=0$ 、 $t_{\mathrm{L}}=0$ 代入命题 3.3 中的（3）和（4），可得

$$\pi_S^3=\frac{(c_{\mathrm{H}}+c_{\mathrm{L}}-2v_{\mathrm{L}})^2}{4v_{\mathrm{L}}}，\quad \pi_S^4=\frac{(v_{\mathrm{H}}-c_{\mathrm{H}})^2}{v_{\mathrm{H}}}-k_{\mathrm{H}}t_{\mathrm{H}}$$

令 $\pi_S^4-\pi_S^3 \geqslant 0$，可求得服务努力信号 t_{H} 的上限为 t_2：

$$t_{\mathrm{H}} \leqslant \frac{1}{k_{\mathrm{H}}}\left[\frac{(v_{\mathrm{H}}-c_{\mathrm{H}})^2}{v_{\mathrm{H}}}-\frac{(c_{\mathrm{H}}+c_{\mathrm{L}}-2v_{\mathrm{L}})^2}{4v_{\mathrm{L}}}\right]=t_2 \tag{3.71}$$

式（3.71）表明，高服务质量企业不能为了使低服务质量企业“知难而退”而无限制地提高其释放的服务努力信号。为了保证高服务质量企业不会因过高的分离信号成本而选择伪装成低服务质量企业，高服务质量企业传递的信号应满足条件 $t_{\mathrm{H}} \leqslant t_2$ 。

命题 3.6： 当条件 $t_2 \geqslant t_1$ 成立时，存在上述所求的分离均衡。其特征如下。

（1）高服务质量企业释放高服务努力信号 $t_{\mathrm{H}} \in [t_1, t_2]$，低服务质量企业释放低服务努力信号 $t_{\mathrm{L}}=0$ 。

（2）政府和老年群体的后验概率为

$$u=\begin{cases}0, t<t_{\mathrm{H}}\\ 1, t \geqslant t_{\mathrm{H}}\end{cases} \tag{3.72}$$

（3）低服务质量企业和高服务质量企业的收益分别为

$$\begin{cases}\pi_{S\_\mathrm{L}}=\pi_S^2=\dfrac{(v_{\mathrm{L}}-c_{\mathrm{L}})^2}{v_{\mathrm{L}}}\\[2ex] \pi_{S\_\mathrm{H}}=\pi_S^4=\dfrac{(v_{\mathrm{H}}-c_{\mathrm{H}})^2}{v_{\mathrm{H}}}-k_{\mathrm{H}}t_{\mathrm{H}}\end{cases} \tag{3.73}$$

（4）在两种类型企业下对应的政府的社会福利分别为

$$\begin{cases}\pi_{G\_\mathrm{L}}=\dfrac{(v_{\mathrm{L}}-c_{\mathrm{L}})^2}{2v_{\mathrm{L}}}\\[2ex] \pi_{G\_\mathrm{H}}=\dfrac{(v_{\mathrm{H}}-c_{\mathrm{H}})^2}{2v_{\mathrm{H}}}-k_{\mathrm{H}}t_{\mathrm{H}}\end{cases} \tag{3.74}$$

（5）政府的补贴决策为

$$\begin{cases}m_{\mathrm{H}}=v_{\mathrm{H}}-c_{\mathrm{H}}\\ m_{\mathrm{L}}=v_{\mathrm{L}}-c_{\mathrm{L}}\end{cases} \tag{3.75}$$

证明：根据分离均衡的定义，首先证明在给定政府后验概率为式(3.72)时，

高服务质量企业会选择高服务努力信号 $t_{\mathrm{H}} \in [t_1, t_2]$，低服务质量企业会选择低服务努力信号 $t_{\mathrm{L}} = 0$。

以 $\pi'_{S\_i}(t, m_i; u), i = \{\mathrm{H}, \mathrm{L}\}$ 表示养老服务企业发出信号 t，政府基于后验概率 u 提供补贴 m_i 后养老服务企业的收益。如果低服务质量企业释放的服务努力信号为 $t' = t_{\mathrm{L}} = 0$，政府以概率 1 认为该企业为低服务质量企业，并提供低补贴 m_{L}，由命题 3.3 中的（2）知，该情况下企业的收益为

$$\pi'_{S\_\mathrm{L}}(0, m_{\mathrm{L}}; 0) = \frac{(v_{\mathrm{L}} - c_{\mathrm{L}})^2}{v_{\mathrm{L}}}$$

如果该类型的养老服务企业释放的服务努力信号为 $t'' \in (0, t_{\mathrm{H}})$，政府的后验概率为 $u = 0$，仍然认为该企业为低服务质量企业，并提供低补贴 m_{L}，此时，该企业的收益为

$$\pi'_{S\_\mathrm{L}}(t'', m_{\mathrm{L}}; 0) = \frac{(v_{\mathrm{L}} - c_{\mathrm{L}})^2}{v_{\mathrm{L}}} - k_{\mathrm{L}} t''$$

当该类型的企业释放的服务努力信号为 $t''' > t_{\mathrm{H}}$ 时，由命题 3.5 可知，政府后验概率为 $u = 1$，认为所有发出信号 t''' 的养老服务企业都是高服务质量企业，且政府对该类型企业提供高补贴 m_{H}。由命题 3.3 中的（1）可求得此时该类型企业的收益为

$$\pi'_{S\_\mathrm{L}}(t''', m_{\mathrm{H}}; 1) = \frac{(c_{\mathrm{H}} + c_{\mathrm{L}} - 2v_{\mathrm{H}})^2}{4v_{\mathrm{H}}} - k_{\mathrm{L}} t''' - fg$$

对比低服务质量企业的上述三种信号选择，可以发现：

$$\begin{cases} \pi'_{S\_\mathrm{L}}(t'', m_{\mathrm{L}}; 0) < \pi'_{S\_\mathrm{L}}(0, m_{\mathrm{L}}; 0) \\ \pi'_{S\_\mathrm{L}}(t''', m_{\mathrm{H}}; 1) < \dfrac{(v_{\mathrm{L}} - c_{\mathrm{L}})^2}{v_{\mathrm{L}}} = \pi'_{S\_\mathrm{L}}(t_1, m_{\mathrm{H}}; 1) = \pi'_{S\_\mathrm{L}}(0, m_{\mathrm{L}}; 0) \end{cases} \tag{3.76}$$

式（3.76）说明，在给定政府后验概率 $u = \begin{cases} 0, t < t_{\mathrm{H}} \\ 1, t \geqslant t_{\mathrm{H}} \end{cases}$ 的基础上，$t = t_{\mathrm{L}} = 0$ 是低服务质量企业的最佳信号选择，此时，该类型的养老服务企业可以获得最大化的收益。

如果高服务质量企业释放的服务努力信号为 $t' = [0, t_{\mathrm{H}})$，根据命题 3.5，对于所有的 $t < t_{\mathrm{H}}$，有 $u = 0$，此时，政府以概率 1 认为企业为低服务质量企业，并提供低补贴 m_{L}。由命题 3.3 的（3）可知，此时，该企业的收益为

$$\pi'_{S\_\mathrm{H}}(t', m_{\mathrm{L}}; 0) = \frac{(c_{\mathrm{H}} + c_{\mathrm{L}} - 2v_{\mathrm{L}})^2}{4v_{\mathrm{L}}} - k_{\mathrm{H}} t'$$

如果该养老服务企业释放的服务努力信号为 $t'' = t_{\mathrm{H}}$，此时，政府仍然以概率 $u = 1$ 认为该类型的企业为高服务质量企业，并提供高补贴 m_{H}。由命题 3.3 的（4）

可知，此时，该类型企业的收益为

$$\pi'_{S\_H}(t_H, m_H; 1) = \frac{(v_H - c_H)^2}{v_H} - k_H t_H$$

如果该类型的养老服务企业释放的服务努力信号为 $t''' > t_H$，由命题 3.5 可判断政府同样以概率 $u = 1$ 认为该类型的企业为高服务质量企业。此时，政府对其提供高补贴 m_H。由命题 3.3 的（4）可知，该类型企业的收益为

$$\pi'_{S\_H}(t''', m_H; 1) = \frac{(v_H - c_H)^2}{v_H} - k_H t'''$$

根据式（3.71）中 t_2 的表达式，对比高服务质量企业的三种信号选择，可推出

$$\begin{cases} \pi'_{S\_H}(t', m_L; 0) < \dfrac{(c_H + c_L - 2v_L)^2}{4v_L} = \pi'_{S\_H}(t_2, m_H; 1) \leqslant \pi'_{S\_H}(t_H, m_H; 1) \\ \pi'_{S\_H}(t''', m_H; 1) < \dfrac{(v_H - c_H)^2}{v_H} - k_H t_H = \pi'_{S\_H}(t_H, m_H; 1) \end{cases} \tag{3.77}$$

因此，在给定政府后验概率 $u = \begin{cases} 0, t < t_H \\ 1, t \geqslant t_H \end{cases}$ 的基础上，高服务质量企业的最佳信号选择为 $t = t_H$，此时，该类型的养老服务企业可以获得最大化的收益。

至此已经证明，在给定上述后验概率的基础上，能够推得两种服务质量类型养老服务企业的均衡策略为 $\{t_L = 0, t_H\}$。

然后证明，在给定高服务质量企业选择高服务努力信号 $t_H \in [t_1, t_2]$、低服务质量企业选择低服务努力信号 $t_L = 0$ 时，政府后验概率为式（3.72）。

给定高服务质量企业选择释放高服务努力信号、低服务质量企业选择释放低服务努力信号，即高服务质量企业以概率 1 释放信号 t_H，低服务质量企业以概率 1 释放信号 t_L，可以表示为 $P(t_H \mid S = \mathrm{H}) = 1$，$P(t_L \mid S = \mathrm{H}) = 0$，$P(t_H \mid S = \mathrm{L}) = 0$，$P(t_L \mid S = \mathrm{L}) = 1$。政府和老年群体观察到养老服务企业发出的服务努力信号 t 后，根据贝叶斯法则修正先验概率为后验概率。已知政府和老年群体对企业是高服务质量企业判断的先验概率为 u_0，那么政府和老年群体的后验概率修正过程为

$$\begin{cases} u_1 = P(S = \mathrm{H} \mid t_H) = \dfrac{P(t_H \mid S = \mathrm{H})u_0}{P(t_H \mid S = \mathrm{H})u_0 + P(t_H \mid S = \mathrm{L})(1 - u_0)} = \dfrac{u_0}{u_0 + 0} = 1 \\ u_2 = P(S = \mathrm{H} \mid t_L) = \dfrac{P(t_L \mid S = \mathrm{H})(1 - u_0)}{P(t_L \mid S = \mathrm{H})u_0 + P(t_L \mid S = \mathrm{L})(1 - u_0)} = \dfrac{0}{0 + (1 - u_0)} = 0 \end{cases}$$

至此也能证明，在给定养老服务企业的分离信号为 $\{t_L = 0, t_H\}$ 时，能够求得

政府修正后的概率为$u=\begin{cases}0, t<t_{\mathrm{H}}\\1, t\geqslant t_{\mathrm{H}}\end{cases}$。

上述证明过程表明该分离均衡的存在性，符合分离均衡关于其存在性的表述。已知高服务质量企业选择高服务努力信号，低服务质量企业选择低服务努力信号，并将$u_1=1$、$u_2=0$代入命题 3.4，得到政府的补贴如命题 3.6 中的（5）所示，将$u_1=1$、$u_2=0$代入式（3.51）和式（3.67），得到不同类型养老服务企业下政府的社会福利如命题 3.6 中的（4）所示，将$u_1=1$、$u_2=0$代入命题 3.3 的（2）和（4），可得两种类型的养老服务企业的收益如命题 3.6 中的（3）所示。命题 3.6 得证。

命题 3.6 表明，存在分离均衡使得高服务质量企业能通过向政府和老年群体传递一定水平的服务努力信号，将其与低服务质量企业分开。其原因在于，服务努力信号的传递需要成本，而低服务质量企业往往需要更高的单位信号成本进行信号传递。现实中，高服务质量企业往往有较高的发展程度，在企业结构、运营管理方面更加高效。因此，较低的边际信号成本假设是合理的。高服务质量企业往往希望市场和政府能准确识别自己的类型，防止低服务质量企业通过伪装行为来侵害自己的收益。较高的边际信号成本意味着低服务质量企业通过伪装获取的边际信号收益难以抵消其边际信号成本，所以低服务质量企业不会主动伪装成高服务质量企业。因此，两种类型的养老服务企业实现了发送信号上的分离，政府和老年群体通过观察其服务努力信号，可以正确识别养老服务企业的服务质量类型。

命题 3.6 中，有$t_{\mathrm{H}}\in[t_1,t_2]$，即高服务质量企业的信号选择在$[t_1,t_2]$区间，因此，对于任意$t_{\mathrm{H}}\in[t_1,t_2]$，都能达成一组分离均衡，即该博弈存在多组分离均衡解。但以上所求的多组分离均衡并不都是合理的，高服务质量企业在$[t_1,t_2]$区间含有其劣战略，后面通过直观标准剔除这些不合理的精炼贝叶斯均衡。

3.3.5　直观标准下的均衡选择

直观标准通常可以用来剔除均衡中存在的不合理的精炼贝叶斯均衡，从而选出唯一的分离均衡。根据直观标准的定义，在一个由两成员组成的信号博弈中，假定$(a_1^*,a_2^*;\tilde{\mu})$是该博弈的一个精炼贝叶斯均衡，令$u_1^*(\theta_1)$是类型为$\theta_1$的参与人 1 的均衡效用。那么，$a_1'\in A_1$是参与人 1 相对于均衡$(a_1^*,a_2^*;\tilde{\mu})$的劣战略，如果对于参与人 2 的所有行动$a_2\in A_2$，满足下述条件：

$$u_1(a_1',a_2,\theta_1)\leqslant u_1^*(\theta_1)$$

其中，a_2为给定后验概率$\tilde{\mu}$下的参与人 2 的最佳反应，且至少有一个a_2使得严格不等式成立，进一步，令$\tilde{\Theta}_1\subset\Theta_1$为符合该条件的$\theta_1$的集合，如果$\tilde{\Theta}_1\neq\Theta_1$，那么

参与人 2 在非均衡路径上的合理的后验概率应为

$$\sum_{\theta_1 \in \Theta_1} \tilde{\mu}(\theta_1 \mid a_1') = 0$$

如上所述，如果一个均衡存在某些 a_1' 和某些 θ_1，使得 $u_1(a_1', a_2, \theta_1) \leqslant u_1^*(\theta_1)$ 且 $\theta_1 \in \tilde{\Theta}_1 \neq \Theta_1$，这个均衡就是不合理的。直观标准应将所有的不符合上述要求的精炼贝叶斯均衡进行剔除。

本节的信号博弈模型中包含政府和养老服务企业两个成员，其中，养老服务企业拥有自身养老服务质量的私人信息，并作为服务努力信号的发送者，政府作为服务努力信号的接收者，分别对应定义中的参与人 1 和参与人 2。养老服务企业的服务质量类型分为高服务质量类型和低服务质量类型，即 $\theta_1 \in \Theta = \{\mathrm{H}, \mathrm{L}\}$。首先，选择养老服务企业的类型 θ，该企业观察到自己的类型后，选择养老服务努力信号 t，即定义中的行动 a_1。观察到服务努力信号 t 后，政府形成后验概率 u，并选择对该企业的补贴 $m \in \{m_{\mathrm{L}}, m_{\mathrm{H}}\}$，即定义中的行动 a_2。在相同的后验概率下，由老年群体达成市场需求。

以 θ 表示企业服务质量类型，以 $\pi_{S\_i}(t_i, m_i, u)$、$\pi_{G\_i}(t_i, m_i, u)$，$i = \theta = \{\mathrm{H}, \mathrm{L}\}$ 表示在给定服务努力信号 t 及政府对养老服务企业类型判断 u 和补贴 m 下的养老服务企业的收益和政府的社会福利，以 $\pi_S^*(\theta)$ 表示类型为 θ 的养老服务企业的均衡收益，以 $(t^*, m^*; u)$ 表示政府和养老服务企业间信号博弈的均衡策略。由此，本模型的直观标准描述为：对于非均衡路径 $t \neq t^*$，如果对某些 θ 类型的企业，有 $\pi_S(t, \theta) < \pi_S(t^*, \theta)$，那么 $t_0 \neq t^*$ 就是 θ 类型的养老服务企业相对于 $(t^*, m^*; u)$ 的劣战略。进一步，对所有满足上述关系的类型 θ，若政府基于该信号对 θ 类型的养老服务企业的判断为 $u(\theta \mid t_0) \neq 0$，那么该分离均衡 $(t^*, m^*; u)$ 不满足直观标准，否则，该分离均衡就是合理的。

命题 3.7：基于命题 3.6 表示的政府和养老服务企业的精炼贝叶斯均衡，符合直观标准的唯一的分离均衡为

$$t_{\mathrm{H}} = t_1 = \frac{1}{k_{\mathrm{L}}}\left[\frac{(c_{\mathrm{H}} + c_{\mathrm{L}} - 2v_{\mathrm{H}})^2}{4v_{\mathrm{H}}} - \frac{(v_{\mathrm{L}} - c_{\mathrm{L}})^2}{v_{\mathrm{L}}} - fg\right] \tag{3.78}$$

证明：首先，需要证明给定分离均衡 $t_0 \in (t_1, t_2]$ 时不符合直观标准条件。此时，t_1 处在非均衡路径上，由式（3.76）可知，低服务质量企业不会选择任何 t_0 而偏离其均衡策略 $t_{\mathrm{L}} = 0$，那样反而会使其收益降低。对于高服务质量企业，容易判断：

$$\pi_{S\_\mathrm{H}}(t_1, m_{\mathrm{H}}; 1) = \frac{(v_{\mathrm{H}} - c_{\mathrm{H}})^2}{v_{\mathrm{H}}} - k_{\mathrm{H}} t_1 > \frac{(v_{\mathrm{H}} - c_{\mathrm{H}})^2}{v_{\mathrm{H}}} - k_{\mathrm{H}} t_0 = \pi_{S\_\mathrm{H}}(t_0, m_{\mathrm{H}}; 1)$$

因此，高服务质量企业会偏离均衡 t_0 而选择信号 t_1。此时，符合直观标准的后验概率应为 $u(t_1) = 1$，而由命题 3.6 中的（2）可知，政府的后验概率为

$u(t_1)=0$。因此，任何 $t_0\in(t_1,t_2]$ 上的分离均衡都因不满足直观标准而被剔除。

然后，需要证明 $t_{\mathrm{H}}=t_1$ 时的均衡满足直观标准。给定均衡路径 t_1，则任何 $t'\neq t_1$ 都处在其非均衡路径上。当 $t'>t_1$ 时，已经证明，信号 t_1 为高服务质量企业的最佳策略，不会偏离。由式（3.76）可知，低服务质量企业也不会偏离 $t_{\mathrm{L}}=0$，故 $t'>t_1$ 时满足直观标准。

对于非均衡路径 $0<t'<t_1$，若 $u(t')=1$，则高服务质量企业也选择信号 t' 而偏离 t_1，这是因为

$$\pi_{S\_\mathrm{H}}(t',m_{\mathrm{H}};1)=\frac{(v_{\mathrm{H}}-c_{\mathrm{H}})^2}{v_{\mathrm{H}}}-k_{\mathrm{H}}t'>\frac{(v_{\mathrm{H}}-c_{\mathrm{H}})^2}{v_{\mathrm{H}}}-k_{\mathrm{H}}t_1=\pi_{S\_\mathrm{H}}(t_1,m_{\mathrm{H}};1)$$

低服务质量企业也会偏离 $t_L=0$ 而选择 $t_L=t'$，这是因为

$$\pi_{S\_\mathrm{L}}(t',m_{\mathrm{H}};1)>\frac{(c_{\mathrm{H}}+c_{\mathrm{L}}-2v_{\mathrm{H}})^2}{4v_{\mathrm{H}}}-k_{\mathrm{L}}t_1-fg=\frac{(v_{\mathrm{L}}-c_{\mathrm{L}})^2}{v_{\mathrm{L}}}=\pi_{S\_\mathrm{L}}(0,m_{\mathrm{L}};0)$$

因此，当后验概率为 $u(t')=1$ 时，两种类型的养老服务企业都会偏离而选择策略 t'，故不满足直观标准的剔除条件中部分类型的条件。当 $u(t')=0$ 时，对于高服务质量企业，有

$$\pi_{S\_\mathrm{H}}(t_1,m_{\mathrm{H}};1)=\frac{(v_{\mathrm{H}}-c_{\mathrm{H}})^2}{v_{\mathrm{H}}}-k_{\mathrm{H}}t_1>\frac{(v_{\mathrm{L}}-c_{\mathrm{L}})^2}{v_{\mathrm{L}}}-k_{\mathrm{H}}t'=\pi_{S\_\mathrm{H}}(t',m_{\mathrm{L}};0)$$

对于低服务质量企业，有

$$\pi_{S\_\mathrm{L}}(0,m_{\mathrm{L}};0)=\frac{(v_{\mathrm{L}}-c_{\mathrm{L}})^2}{v_{\mathrm{L}}}>\frac{(v_{\mathrm{L}}-c_{\mathrm{L}})^2}{v_{\mathrm{L}}}-k_{\mathrm{L}}t'=\pi_{S\_\mathrm{L}}(t',m_{\mathrm{L}};0)$$

此时，高服务质量企业不会偏离分离均衡 t_1，低服务质量企业不会偏离均衡 $t_{\mathrm{L}}=0$，因此也不满足直观标准中关于部分类型参与人的设定，$t_{\mathrm{H}}=t_1$ 下的分离均衡不被剔除，满足直观标准的要求，命题 3.7 得证。

命题 3.7 通过直观标准剔除了非均衡路径上的不合理的概率，证明了唯一的分离均衡是高服务质量企业选择分离区间内服务努力信号下限 t_1。由 t_1 的表达式可以看出，高服务质量企业的服务努力信号下限选择与低服务质量企业的单位信号成本 k_{L}、政府一次性罚款 g 及政府在后期检查中识破伪装概率 f 相关。

命题 3.8：在满足直观标准的分离均衡下，

（1）高服务质量企业的信号选择 $t_{\mathrm{H}}=t_1$ 与低服务质量企业单位信号成本 k_{L}、政府一次性罚款 g 和政府在后期检查中识破伪装概率 f 负相关。与高服务质量企业自身的单位信号成本 k_{H} 无关。

（2）低服务质量企业的收益及对应政府的社会福利分别为

$$\pi_{S\_\mathrm{L}}=\frac{(v_{\mathrm{L}}-c_{\mathrm{L}})^2}{v_{\mathrm{L}}},\quad \pi_{G\_\mathrm{L}}=\frac{(v_{\mathrm{L}}-c_{\mathrm{L}})^2}{2v_{\mathrm{L}}} \tag{3.79}$$

高服务质量企业的收益及对应政府的社会福利分别为

$$\pi_{S\_H} = \frac{(v_H - c_H)^2}{v_H} - \frac{k_H}{k_L}\left[\frac{(c_H + c_L - 2v_H)^2}{4v_H} - \frac{(v_L - c_L)^2}{v_L} - fg\right] \tag{3.80}$$

$$\pi_{G\_H} = \frac{(v_H - c_H)^2}{2v_H} - \frac{k_H}{k_L}\left[\frac{(c_H + c_L - 2v_H)^2}{4v_H} - \frac{(v_L - c_L)^2}{v_L} - fg\right] \tag{3.81}$$

（3）$\frac{\partial \pi_{S\_H}}{\partial v_H} > 0$、$\frac{\partial \pi_{S\_H}}{\partial k_L} > 0$、$\frac{\partial \pi_{S\_H}}{\partial k_H} < 0$、$\frac{\partial \pi_{S\_H}}{\partial f} > 0$。高服务质量企业的收益正相关于其服务质量 v_H、低服务质量企业的单位信号成本 k_L 及政府在后期检查中识破伪装概率 f，与自身的单位信号成本 k_H 负相关。

（4）$\frac{\partial \pi_{G\_H}}{\partial k_L} > 0$、$\frac{\partial \pi_{G\_H}}{\partial k_H} < 0$、$\frac{\partial \pi_{G\_H}}{\partial f} > 0$。高服务质量企业给政府带来的社会福利与低服务质量企业的单位信号成本 k_L 及政府在后期检查中识破伪装概率 f 正相关，与自身的单位信号成本 k_H 负相关。

证明：将 t_1 分别对 t_L、g、f 求偏导数，可知 $\frac{\partial t_1}{\partial t_L} < 0$，$\frac{\partial t_1}{\partial g} < 0$，$\frac{\partial t_1}{\partial f} < 0$，命题3.8中的（1）得证。将 t_1 代入命题3.6中的（3）、（4），可分别求得低服务质量企业和高服务质量企业的收益及社会福利，式（3.79）～式（3.81）得证。

将 π_{S_H} 对 v_H 求一阶偏导数：

$$\frac{\partial \pi_{S\_H}}{\partial v_H} = \frac{1}{k_L} - \frac{(c_H + c_L)^2}{4k_L v_L^2} = \frac{(2v_L + c_H + c_L)(2v_L - c_H - c_L)}{4k_L v_L^2}$$

根据假设，有 $v_L > c_L$，$v_H > c_H$ 成立，可得 $\frac{\partial \pi_{S\_H}}{\partial v_H} > 0$。基于 π_{G_H} 与 π_{S_H} 在表达式上的相似性，仅将 π_{S_H} 分别对 k_L、k_H、f 求一阶偏导数，可得 $\frac{\partial \pi_{S\_H}}{\partial k_L} = \frac{t_1}{k_L^2} > 0$，$\frac{\partial \pi_{S\_H}}{\partial k_H} = \frac{-t_1}{k_L} < 0$、$\frac{\partial \pi_{S\_H}}{\partial f} = \frac{k_H}{k_L} g > 0$。同理，可得到社会福利 π_{G_H} 对 k_L、k_H、f 的一阶偏导数的正负同 π_{S_H}，命题得证。

命题3.8表明，在上述唯一分离均衡下，高服务质量企业选择何种水平的服务努力信号 $t_H = t_1$ 不受自身单位信号成本 k_H 的影响。当低服务质量企业的单位信号成本 k_L 增高时，低服务质量企业不会选择伪装行为，高服务质量企业只需要发送较小的信号 t_H 就可以实现分离。单位信号成本 k_H 的降低促进了高服务质量企业的收益和社会福利的提升。同样地，单位信号成本 k_H 的提升造成了企业收益和社会福利的降低。另外，服务质量 v_H 的增大增加了高服务质量企业的收益，由于此时低服务质量企业伪装为高服务质量企业的期望收益增加，高服务质量企业需要提高服务努力信号 t_H。从政府角度而言，政府提高一次性罚款 g 和后期检查中识破伪装概率 f，进一步提升了低服务质量企业的伪装风险成本，降低了其伪装概率，避免了高服务质量企业过高的信号成本，从而提升了高服务质量企业的收益和政府的社会福利。

3.3.6　算例分析

为了更直观地展示命题 3.8 中的结论，本节通过数值分析展示相关参数对分离均衡下的高服务质量企业信号 t_{H}、企业收益 π_{S_H} 和社会福利 π_{G_H} 的影响。

首先，考察高服务质量企业的服务质量 v_{H} 的影响，相关参数取值为 $c_{\mathrm{H}}=3$、$c_{\mathrm{L}}=2$、$k_{\mathrm{H}}=0.3$、$k_{\mathrm{L}}=0.8$、$v_{\mathrm{L}}=8$、$g=4$、$f=0.6$。如图 3.3 所示，可以看出 t_{H}、π_{S_H} 和 π_{G_H} 都是关于 v_{H} 的单调递增函数，因此，高服务质量企业的服务质量提高会增加该类型企业的收益和社会福利。此时，低服务质量企业若伪装成功，将得到较高的补贴和市场需求，故高服务质量企业需要提升服务努力信号，以实现与低服务质量企业的分离。

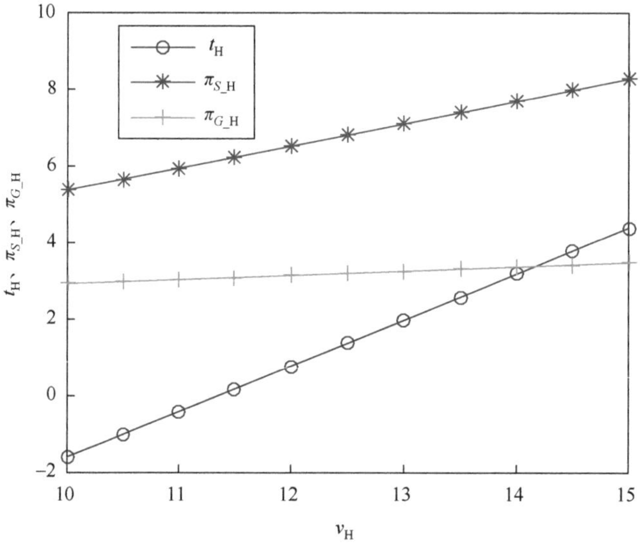

图 3.3　高服务质量企业的服务质量 v_{H} 对其信号 t_{H}、收益 π_{S_H} 和社会福利 π_{G_H} 的影响

然后，考察高服务质量企业的单位信号成本 k_{H} 的影响。取 $c_{\mathrm{H}}=3$，$c_{\mathrm{L}}=2$，$k_{\mathrm{L}}=1.2$，$v_{\mathrm{L}}=8$，$v_{\mathrm{H}}=12$，$g=3$，$f=0.6$。如图 3.4 所示，可以发现信号 t_{H} 不受高服务质量企业的单位信号成本 k_{H} 的影响。随着 k_{H} 的增大，在同等信号水平下高服务质量企业需要付出更高的成本才能阻止低服务质量企业的伪装行为，造成高服务质量企业收益 π_{S_H}、政府的社会福利 π_{G_H} 的下降。

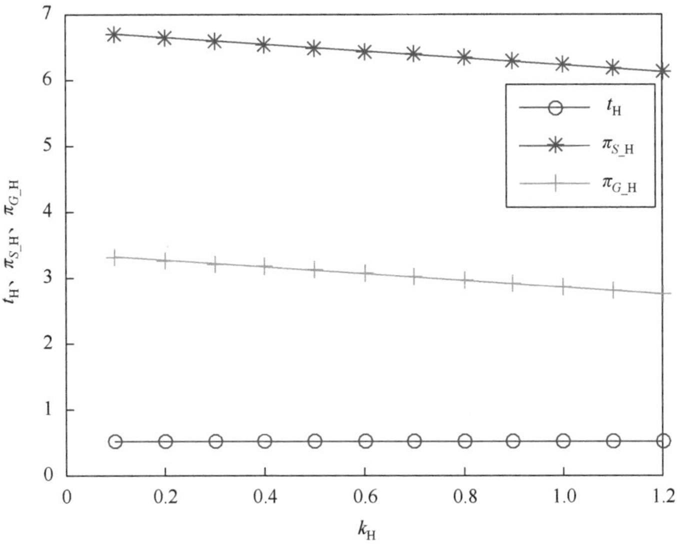

图 3.4　高服务质量企业的单位信号成本 k_H 对其信号 t_H、收益 π_{S_H} 和社会福利 π_{G_H} 的影响

最后，考察低服务质量企业的单位信号成本 k_L 的影响。取 $c_H=3$，$c_L=2$，$k_H=0.3$，$v_L=8$，$v_H=12$，$g=3$，$f=0.6$。如图 3.5 所示，随着低服务质量企业单位信号成本 k_L 的增大，高服务质量企业的服务努力信号 t_H 不断降低，其单位信号成本随之降低，信号成本的节省提升了高服务质量企业的收益和社会福利。

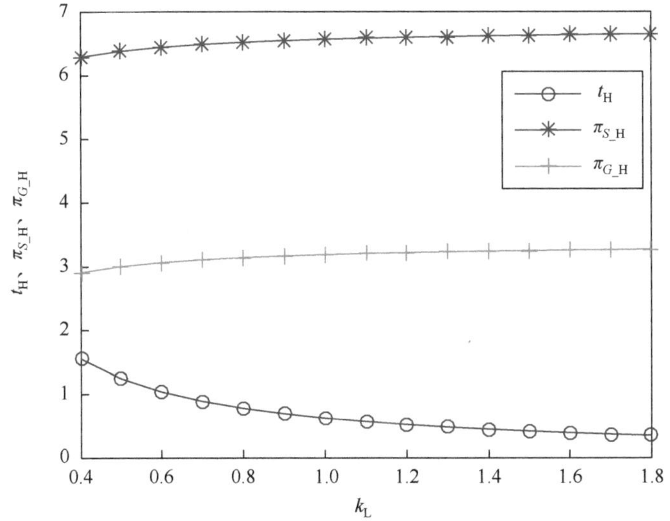

图 3.5　低服务质量企业单位信号成本 k_L 对高服务质量企业信号 t_H、收益 π_{S_H} 和社会福利 π_{G_H} 的影响

3.3.7 结论

本节研究了政府补贴与养老服务供应商间基于服务努力信号的博弈问题，找到并证明了政府正确识别高低服务质量企业类型的唯一的分离均衡解，并对部分参数如信号成本、服务质量等的影响进行了分析。描述了实际市场上政府对养老服务供应商或机构分级补贴的事实，引出了本节的问题；将上述问题简化为政府和两种服务质量类型的养老服务企业的信号博弈问题，对相关假设和参数进行说明。分析了政府和养老服务企业在四种策略组合下的收益和社会福利，求得了其分离均衡；通过直观标准对不合理的精炼贝叶斯均衡进行了剔除，得到唯一的分离均衡结果。通过研究，提出以下建议。

（1）高服务质量的养老服务供应商有必要通过合理的服务努力信号表明自身的服务质量，从而赢得政府补贴和养老市场，也能打击市场上的虚假宣传、虚假服务问题；对于低服务质量的养老服务供应商，提升服务质量，降低信号成本，是对企业长远发展更加正确的选择。

（2）政府应该提高对养老服务补贴的监管力度，不但要在养老服务企业申请时加强鉴别，而且要在补贴发放之后进一步跟踪资金去向和接收资金的企业的行为，提高对弄虚作假、骗取补贴行为的发现概率，一旦发现，追回补贴并处以高额罚款，以此提高养老服务企业弄虚作假的风险损失，实现养老服务市场的有序、良性发展。

3.4 本章小结

随着我国老龄化程度的加深，相关涉老问题逐渐引起学术界的重视。本章以养老服务供应链为研究对象，考虑政府对服务供应商进行补贴，分析了其服务质量控制问题，构建了政府补贴下的养老服务供应链协调模型和政府与养老服务企业间基于服务努力信号的博弈模型，对养老服务质量控制问题进行了分析和研究，同时关注了供应链成员的收益和政府社会福利情况，得到了一些相关的管理启示和管理建议。

规　划　篇

第4章　基于QFD的智慧养老服务质量规划方法

4.1　问题背景

随着我国政府部门对养老服务产业的重视和互联网科技的普及，养老服务产业的发展迎来了新的机遇，智慧养老服务产业应运而生。我国传统的养老模式主要分为家庭养老、社会养老（机构养老）、社区养老等三大模式。智慧养老则是应用互联网并结合现代通信与信息技术、计算机网络技术、智慧控制技术，为老年人提供安全便捷、健康舒适服务的现代化养老模式。区别于传统的三大养老模式，智慧养老使得老年人或其家属通过智慧养老服务平台选择老年人所需的多种服务并享受养老上门服务成为可能。此外，智慧养老实现资源的有效整合，便于社会资源的最大化利用，同时，智慧养老以养老服务需求为出发点，使得养老服务更加人性化及个性化。

然而，养老服务质量问题一直备受关注，养老服务产业也因缺乏服务标准而难以保证服务质量。尤其对于智慧养老，其涉及的服务提供方与服务对象的范围更广，含社会组织、专业服务供应商、政府机构、老年人及其干系人等，且其间的关系较为松散，服务质量的规划更为重要和艰难。政府部门对养老服务质量问题更加重视，出台的政策文件和标准包括2016年的《国务院办公厅关于全面放开养老服务市场提升养老服务质量的若干意见》、2017年的《养老机构服务质量基本规范》等。国内外大量学者对养老服务质量进行了研究，但大部分集中在养老服务质量评价上。鲜有研究涉及养老服务质量特性规划，且其主要针对机构养老服务。尚未发现关于智慧养老模式下的养老服务质量特性规划的研究。QFD是一种质量分析和设计方法。应用QFD可以将定性的顾客需求转化为定量的设计语言，其主张设计质量是产品质量的根本。QFD以顾客需求为主旨，与智慧养老以养老服务需求为出发点恰为契合。因此，应用QFD技术对智慧养老服务质量进行规划方法的探索，在企业资源有限条件下，提高智慧养老服务质量，确定质量特性级别设定，从而最大化顾客满意度，是目前需要研究的问题。

本章主要通过应用QFD技术和DEMATEL模型提出智慧养老服务质量规划方法，提供保障智慧养老服务质量的可参考服务内容，并给出最终养老服务质量特性级别获取的大致思路，使企业在资源有限条件下保证养老服务质量，实现最大化顾客满意度。

4.2　智慧养老服务质量影响因素分析

4.2.1　问卷设计及统计分析

1. 问卷设计

目前国内尚未出现能够提供完善智慧养老服务的企业，相关企业开发的智慧养老服务网站大多集中于养老服务机构的推荐与老年人商品购买，少数支持对养老服务选购的网站则主要提供老年人医疗照护类服务。在该市场空缺的背景下，开展智慧养老服务质量规划的相关研究是有必要且有价值的。

为了更好地进行智慧养老服务质量规划，有必要进行智慧养老服务质量影响因素的调研；本章提及的智慧养老服务质量规划主要为未来智慧养老服务企业提供相关参考信息，可将调查对象聚集在非老年群体（如家属）。

问卷调查法是一种运用广泛的数据收集方法，可节约大量的人力和物力，避免较为主观的误差，且可得到结构化数据，用于统计分析。因此，本章采用问卷调查法对智慧养老服务质量影响因素进行分析。

此次问卷主要分为三大部分：第一部分是对智慧养老顾客需求的调查；第二部分是对智慧养老服务质量影响因素的调查，调查内容分为养老服务平台、设备、工作人员及内容四个方面；第三部分是对问卷填写者基本信息的调查，含性别、年龄、月收入及文化程度等。问卷的开始介绍了问卷的目的，各部分起始处则给出了填写说明。此外，为增加问卷结果的可靠性，将问卷中最简单客观的问卷填写者基本信息放在问卷结尾处。

在总结文献、问卷预调研及养老服务相关从业者意见的基础上，作者对问卷内容进行了一些调整。为了更细致地表达调查对象对智慧养老服务质量影响因素的重视程度，该问卷应用了利克特（Likert）七级量表进行重要度表示，分值越高，调查对象认为该因素越重要。

2. 样本数据描述性统计分析

此次问卷采用线上调查问卷与线下纸质问卷相结合的方式，共发放问卷 310 份，问卷调查共经历 10 天时间。在剔除答题时间过短（小于 50s）及所有选项答案一致的问卷后，共得到有效问卷 268 份，有效率为 86.5%。有效样本的人口统计特征分布情况见表 4.1。

表 4.1　有效样本的人口统计特征分布情况

统计项	类型	频数（$N=268$）	百分比
性别	男	101	37.69%
	女	167	62.31%
年龄	18 周岁以下	6	2.24%
	18～30 周岁	130	48.51%
	31～50 周岁	114	42.54%
	51～70 周岁	18	6.72%
文化程度	高中及以下	13	4.85%
	大专	51	19.03%
	本科	188	70.15%
	硕士及以上	16	5.97%
月收入	3000 元以下	42	15.67%
	3000～5999 元	69	25.75%
	6000～8999 元	101	37.69%
	9000～12000 元	43	16.04%
	12000 元以上	13	4.85%

注：百分比加和不等于 100.00%系数据四舍五入处理所致。

上述样本特征分布情况涉及问卷调查对象的基本信息，涵盖了性别、年龄、文化程度及月收入四个基本人口统计特征，直接反映了此次调查对象的性别占比、年龄分布、文化程度、月收入情况。分析表 4.1 中数据可发现：①性别占比，样本中男性 101 人，占比为 37.69%，女性 167 人，占比为 62.31%，女性人数多于男性；②年龄分布，年龄在 18～30 周岁的样本占比最高，高达 48.51%；其次是 31～50 周岁的样本，占比为 42.54%，因此，样本年龄主要集中在 18～50 周岁，其占比高达 91.05%，基本符合我国网民年龄结构；③文化程度，76.12%的调查对象具有本科及以上的学历，样本整体文化程度较高，其对新事物有较好的适应性，对新事物的理解更为深刻，因此其数据具备较高的可参考性；④月收入，样本的月收入在 6000～8999 元占比最高，为 37.69%，其与 3000～5999 元月收入的样本数量加和超过样本总量的一半，月收入在 12000 元以上的样本占比较少，仅为 4.85%。后续可展开高收入者对智慧养老服务质量的重视程度研究。

4.2.2　问卷结果分析

1. 信度检验

问卷的调查结果是否可靠、设计的问卷能否较为客观地反映大众对智慧养老服务质量影响因素的重视程度，这是问卷调查法较为关键的两个点。因此，在问卷结果分析之前，需要分析问卷的可靠性。信度分析又称可靠性分析，常用于反映问卷数据的一致性和稳定性。一致性即考察同一维度内的题项是否测量相同的内容与特质；稳定性则主要用于分析同样的问卷对相同测试者不同时间上重复测量的可靠性程度。这里使用克龙巴赫 α 系数（Cronbach's α coefficient）法来衡量内部一致性，以此计算问卷的信度。克龙巴赫 α 系数一般为 0～1，其值越大，内部一致性越好。一般而言，克龙巴赫 α 系数大于 0.8，表示内部一致性极好；克龙巴赫 α 系数介于 0.6～0.8，表示内部一致性较好；克龙巴赫 α 系数低于 0.6，表示内部一致性较差。通过 SPSS 分析，可得出各维度的克龙巴赫 α 系数，如表 4.2 所示。

表 4.2　克龙巴赫 α 系数

维度	影响因素	项已删除的克龙巴赫 α 系数	项数	克龙巴赫 α 系数
服务平台	Q_{11} 平台及时处理订单与咨询	0.500	5	0.609
	Q_{12} 平台支持多种方式下单	0.560		
	Q_{13} 平台提供齐全的可选服务项目	0.579		
	Q_{14} 平台工作人员不定期进行话务跟踪或走访	0.544		
	Q_{15} 平台评论的真实性	0.574		
服务设备	Q_{21} 齐全的紧急救助设备	0.635	5	0.727
	Q_{22} 可靠先进的医疗设备	0.689		
	Q_{23} 对养老服务设备的定期维护	0.686		
	Q_{24} 对老年人使用设备的用前指导	0.702		
	Q_{25} 供老年人使用设备的便捷性	0.685		
服务人员	Q_{31} 服务人员具有相关资格证书	0.753	5	0.772
	Q_{32} 服务人员提供服务的准时性	0.697		
	Q_{33} 服务人员提供服务的效率高	0.729		
	Q_{34} 服务人员态度和蔼有耐心	0.724		
	Q_{35} 服务人员注重保护老年人隐私	0.744		
服务内容	Q_{41} 服务项目定价的合理性	0.735	5	0.742
	Q_{42} 为老年人提供定期的健康检查	0.675		
	Q_{43} 老年人能及时获得医疗服务	0.705		
	Q_{44} 饮食服务的安全性	0.669		
	Q_{45} 结合老年人的生理特点、身体状况、生活习惯等具体情况开展服务	0.695		

由表 4.2 可见，各维度的克龙巴赫 α 系数均大于 0.6，说明问卷具有较好的信度，可进行下一步分析。此外，项已删除的克龙巴赫 α 系数一般用于表示若对应项删除，该维度克龙巴赫 α 系数的变化情况，若其值大于该项所在总维度的克龙巴赫 α 系数，则需要删除该项以提高该维度的信度。此次问卷数据各项已删除的克龙巴赫 α 系数均小于其所在维度值，因此无须进行删除。

2. 不同类别样本对各影响因素评分分析

为更直观地统计样本的特征，在问卷通过信度检验后，根据问卷目的，使用 Excel 统计样本数据，主要分析不同样本特征对智慧养老服务的接受意愿和不同样本特征对智慧养老服务质量影响因素的态度。以此侧面反映该课题的必要性，并为后续章节的展开提供一定的参考信息。

1）智慧养老服务接受意愿分析

对总体样本数据进行统计分析，从而对总体样本对智慧养老服务接受意愿进行了解。通过对问卷数据的统计，如图 4.1 所示，发现超过 97%的调查对象对智慧养老服务为非排斥态度，其中，接受智慧养老服务的人数占比第一，为 52.24%。由此可见，大众对智慧养老服务接受意愿较好。

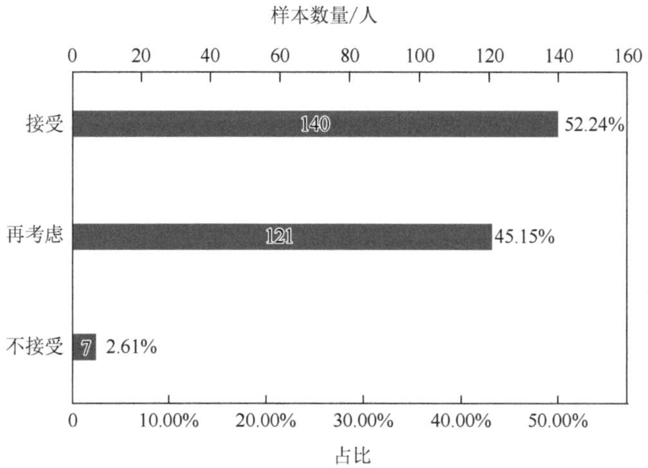

图 4.1　总体样本对智慧养老服务的接受意愿

如图 4.2 所示，从年龄分布看，18 周岁以下样本不接受智慧养老服务的占比在各年龄段中是最多的，可能是 00 后对养老问题考虑较少，对该领域问题的关注较少；90 后、80 后以独生子女居多，对互联网较为熟悉，且其对未来的思考增多，关注父母的养老问题，因此其对智慧养老服务大多持支持态度；50 周岁以上的用户会关注自身或父母的养老问题，几乎对智慧养老服务不排斥，其不接受智慧养老服务的占比为零，但由于其对互联网的了解相对年轻群体较为浅显，持观望态度者较多。

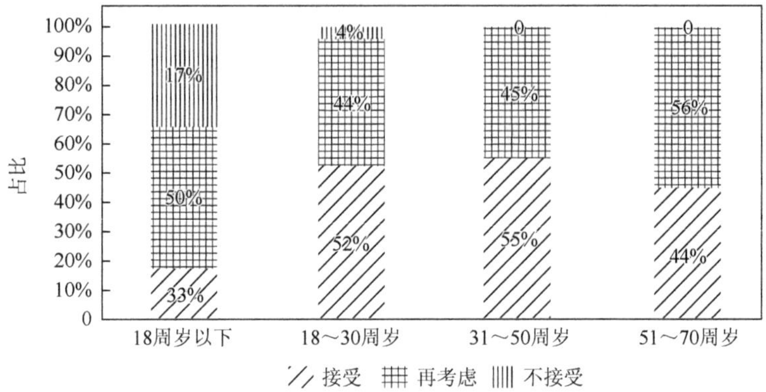

图 4.2 不同年龄样本对智慧养老服务的接受意愿

如图 4.3 所示，从文化程度看，学历越高，其对智慧养老服务接受意愿越好。学历为本科及以上的用户对智慧养老服务的接受人数超过样本总数的一半。不接受智慧养老服务的样本随着学历的提升其比例也在不断下降。通常情况下，学历高，其对新事物的关注更积极主动，对智慧养老服务的接受意愿更好，且更注重养老服务的质量。

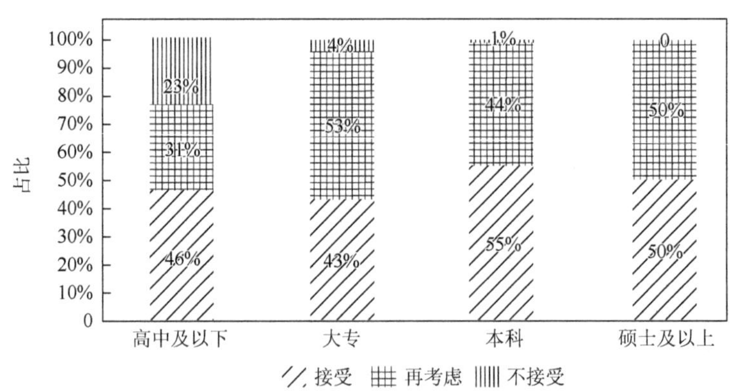

图 4.3 不同学历样本对智慧养老服务的接受意愿

如图 4.4 所示，月收入对用户智慧养老服务接受意愿的影响更为显著。随着月收入增高，用户对智慧养老服务持接受态度的占比增大。持观望态度的用户则随着月收入的增加而减少。

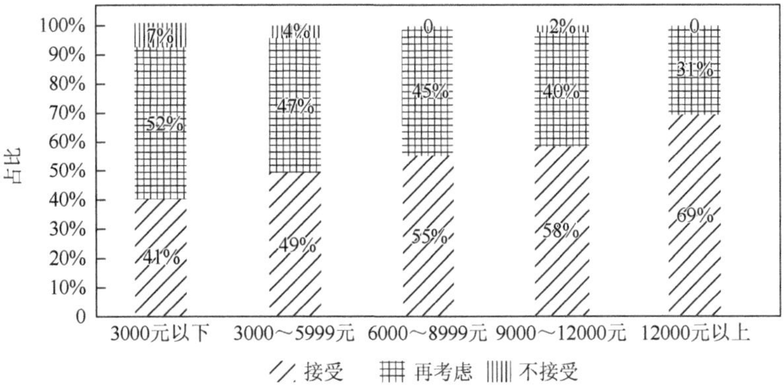

图 4.4　不同月收入样本对智慧养老服务的接受意愿

2）智慧养老服务质量影响因素分析

总体看，各影响因素的重要度平均评分都大于 5 分，说明用户对智慧养老服务质量影响因素都比较看重，其中，重要度平均评分在 6 分以上的影响因素含平台评论的真实性（6.00 分）、齐全的紧急救助设备（6.01 分）、服务人员态度和蔼有耐心（6.09 分）、老年人能及时获得医疗服务（6.01 分）及饮食服务的安全性（6.10 分）。该结果为智慧养老服务质量特性分析提供了一定的参考，有助于结合专家意见，给出质量特性规划方法。限于篇幅，只对随着样本特征有显著规律变化的影响因素进行分析。

从性别角度看，女性对各影响因素的重要度评分普遍高于男性。此外，女性与男性对各影响因素重要度评分的趋势大致相同。但在服务项目定价的合理性和服务人员具有相关资格证书两个影响因素上，女性的重要度评分略低于男性。一般而言，相较于男性，女性对价格的敏感度低；且男性更为理性，更关注服务人员的相关资格证书等硬性指标。在进行服务质量规划时，可按照顾客性别对其进行差异化服务。具体数据如图 4.5 所示。

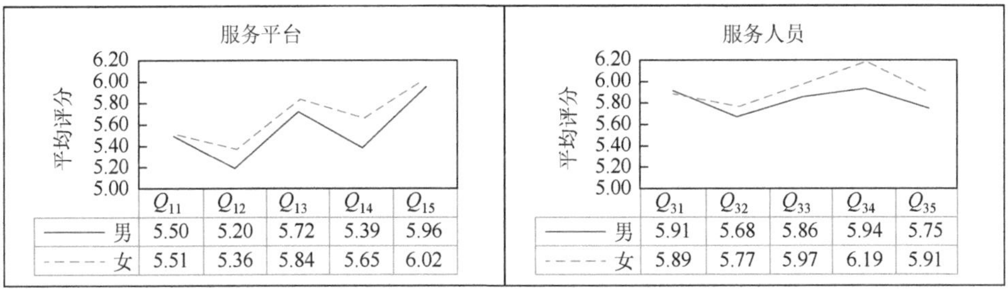

	Q_{11}	Q_{12}	Q_{13}	Q_{14}	Q_{15}
—— 男	5.50	5.20	5.72	5.39	5.96
- - - 女	5.51	5.36	5.84	5.65	6.02

	Q_{31}	Q_{32}	Q_{33}	Q_{34}	Q_{35}
—— 男	5.91	5.68	5.86	5.94	5.75
- - - 女	5.89	5.77	5.97	6.19	5.91

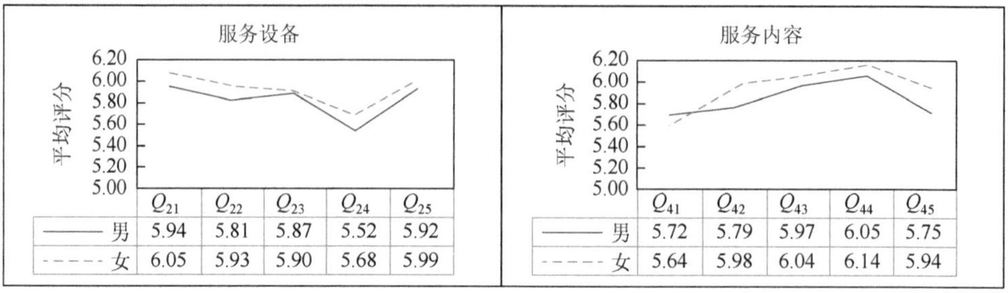

图 4.5　不同性别样本对智慧养老服务质量影响因素重要度评分

从年龄角度看，随着年龄的增加，平台及时处理订单与咨询、平台提供齐全的可选服务项目、服务人员注重保护老年人隐私、服务项目定价的合理性、老年人能及时获得医疗服务这五项影响因素的重要度评分有增大的趋势，表明用户对其重视程度逐渐增大。观察数据可发现，18～30 周岁与 31～50 周岁的年龄段重要度评分趋势趋同，该样本年龄区间大部分集中在 80 后、90 后。由于养老服务具有特殊性及长期性，用户对智慧养老服务的及时性、全面性及老年人医护、服务价格比较重视。另外，随着年龄的增大，用户对服务人员提供服务的效率高这项影响因素的重要度评分减小，其区别于服务及时性，表示响应服务需求后提供服务过程中的服务效率。具体数据如图 4.6 所示。

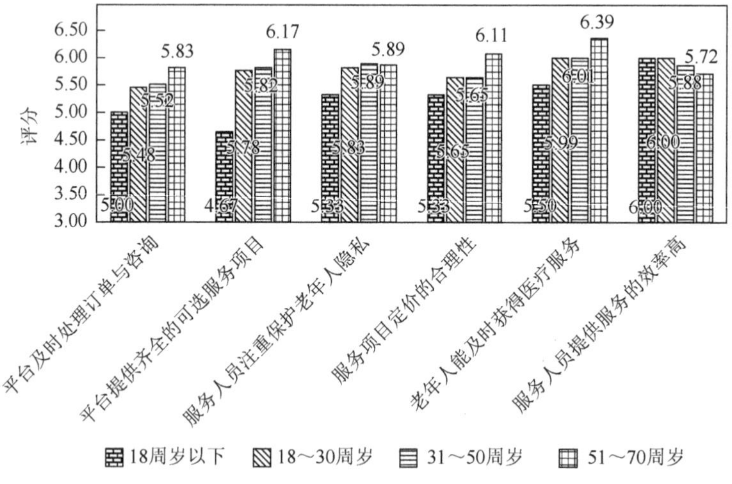

图 4.6　不同年龄样本对智慧养老服务质量的影响因素重要度评分

如图 4.7 所示，可得出部分影响因素与学历的关系。该样本特征下，学历越高，其对服务获取途径的便利性越重视，具体表现为随着学历提升，平台提供齐全的可选服务项目、平台支持多种方式下单及服务人员提供服务的效率高的重要度评分增加。一般情况下，拥有较高学历的人往往具有较高的工作效率，因此其对服务效率的要求更高，这在一定程度上影响该群体对某项服务质量的期望。齐全的紧急救助设备的重要度评分也与学历正相关，学历高，其更注重服务内容实质且具备更高的风险意识。一般情况下，随着学历的提升，用户的隐私保护意识逐渐增强，如服务人员注重保护老年人隐私的重要度评分随着学历的提升而增大。

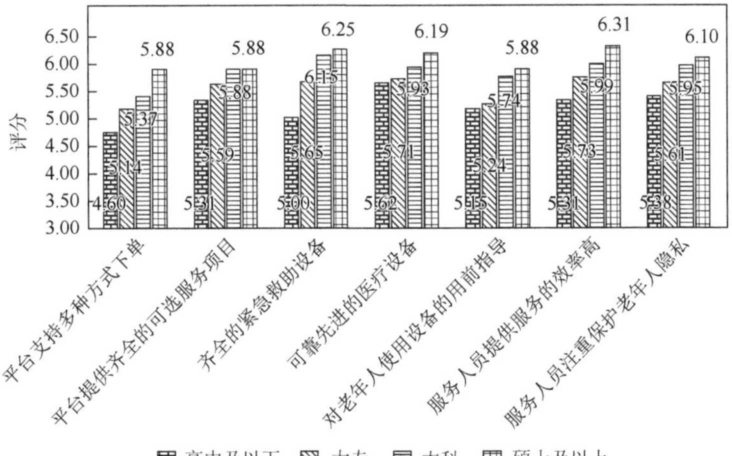

图 4.7　不同学历样本对智慧养老服务质量影响因素重要度评分

4.3　基于 QFD 的智慧养老服务质量屋构建与分析

4.3.1　顾客需求及其重要度获取

1. 智慧养老服务顾客需求项确定

顾客需求的获取是 QFD 模型中的关键步骤，在以往研究提出的养老服务机构顾客需求项的基础上，结合 GB/T 37276—2018《养老机构等级划分与评定》等标准文件，确定了八项顾客需求：①平台友好易用；②服务快捷及时；③服务专业规范；④服务全面多样；⑤服务态度好；⑥服务设备安全可靠；⑦人文关怀细致；⑧质量管控有效。仅从文献获取顾客需求不能完全反映顾客的真正需求。因此，最终通过问卷调查，对顾客需求项进行调整，获取表 4.3 所示的较重要的六项智慧养老服务顾客需求。

表 4.3　智慧养老服务顾客需求

需求项	需求描述	需求项来源
cr_1 服务专业规范	服务人员具有资格证书；医疗、护理正确有效；结合老年人自身特征开展服务等	Yeh 和 Chen（2014）；闫爽毅（2016）
cr_2 服务态度好	服务人员工作认真负责；服务人员热情耐心；服务人员文明礼貌等	
cr_3 服务快捷及时	接单与咨询回复及时；提供服务准时；投诉反馈及时等	
cr_4 服务设备安全可靠	设备设施符合质量要求；对设备定期维护等	
cr_5 服务全面多样	服务种类齐全；特定服务的个性化选择多样；提供不同层次的个性化服务等	问卷分析获取
cr_6 应急措施到位	异常情况处理制度成熟；提供紧急救助方案等	专家修改意见及 GB/T 37276—2018

2. 基于 AHP 的顾客需求初始权重求解

在确定顾客需求的基础上，本章应用 AHP 由邀请专家做出评分，利用通过一致性检验的专家评分求出智慧养老服务顾客需求的初始权重。顾客需求判断矩阵的评分标准如表 4.4 所示。

表 4.4　顾客需求判断矩阵评分标准

分值	含义
1	需求 i 与需求 j 同等重要
3	需求 i 比需求 j 略为重要
5	需求 i 比需求 j 较为重要
7	需求 i 比需求 j 非常重要
9	需求 i 比需求 j 绝对重要
2,4,6,8	以上两判断之间的中间状态对应值
倒数	需求 j 比需求 i 的重要性

综合邀请专家的意见，得到顾客需求判断矩阵，如表 4.5 所示。

表 4.5　顾客需求判断矩阵

	cr_1	cr_2	cr_3	cr_4	cr_5	cr_6
cr_1	1	5	3	2	7	1/3
cr_2	1/5	1	1/3	1/5	3	1/8
cr_3	1/3	3	1	1/2	4	1/6

续表

	cr_1	cr_2	cr_3	cr_4	cr_5	cr_6
cr_4	1/2	5	2	1	6	1/4
cr_5	1/7	1/3	1/4	1/6	1	1/9
cr_6	3	8	6	4	9	1

根据表 4.5 的数据，应用 MATLAB 计算得出该顾客需求判断矩阵的 $\lambda_{\max}=6.2733$，并计算出一致性指标（consistency index，CI）$=\dfrac{\lambda_{\max}-n}{n-1}=\dfrac{6.2733-6}{6-1}=0.0547$。查表得，当 n=6 时，随机一致性指标（random consistency index，RI）=1.26，由此计算得到一致性比率（consistency ratio，CR）$=0.0434<0.1$，故该判断矩阵通过一致性检验。因此，计算得出顾客需求初始权重为W=$(0.2198,0.0466,0.0906,0.1529,0.0278,0.4623)^{\mathrm{T}}$。

3. 基于 DEMATEL 模型的顾客需求最终权重确定

在采用 AHP 求顾客需求初始权重时，并未考虑顾客需求间的相关关系。这里将通过 DEMATEL 模型计算顾客需求间的相关关系，并最终应用于修正顾客需求初始权重，以此保证求得的智慧养老服务顾客需求权重更为准确。

DEMATEL 模型又称决策试验与评价实验方法，是一种运用图论或矩阵工具进行系统因素分析的方法，适用于分析复杂系统因素间的相关关系与因果关系。近年来，DEMATEL 模型广泛应用于各领域的决策问题。在 QFD 中应用 DEMATEL 模型，使得 QFD 在考虑顾客需求和质量特性间自相关关系的基础上确定相应的权重。其计算过程如下。

（1）根据研究目的，确定研究因素$U=\{u_1,u_2,\cdots,u_m\}$，整合专家意见，量化各因素间的相互影响关系，建立直接影响矩阵X：

$$X=\begin{bmatrix} 0 & b_{12} & \cdots & b_{1m} \\ b_{21} & 0 & \cdots & b_{2m} \\ \vdots & \vdots & & \vdots \\ b_{m1} & b_{m2} & \cdots & 0 \end{bmatrix} \tag{4.1}$$

其中，$b_{ij}(i,j=1,2,\cdots,m)$为因素u_i对因素u_j的影响程度；m为因素的个数。

（2）计算规范化直接影响矩阵M：

$$M=\lambda\times X \tag{4.2}$$

$$\lambda=\frac{1}{\max\limits_{0\leqslant i\leqslant m}\left(\sum_{j=1}^{m}b_{ij}\right)} \tag{4.3}$$

（3）计算综合影响矩阵 T：

$$T=[t_{ij}]_{m\times m}=M(I-M)^{-1} \tag{4.4}$$

其中，I 为单位矩阵。

（4）由综合影响矩阵 T，计算各因素的影响度 R_i 和被影响度 C_j；影响度 R_i 为综合影响矩阵 T 的各行和，其表示因素 u_i 对系统中其他因素的影响程度；被影响度 C_j 为综合影响矩阵 T 的各列和，其表示因素 u_j 受其他因素的影响程度。

$$R_i=\sum_{j=1}^{m}t_{ij} \tag{4.5}$$

$$C_j=\sum_{i=1}^{m}t_{ij} \tag{4.6}$$

（5）计算各因素的中心度 h_i 和原因度 e_i。

当 $i=j$ 时，中心度 h_i 为该因素的影响度 R_i 与被影响度 C_j 的和，其综合反映了某一因素与其他因素的关系，代表该因素在系统中所起的作用程度。原因度 e_i 为该因素影响度 R_i 与被影响度 C_j 之差，当原因度 e_i>0 时，该因素对其他因素影响较大，称为原因要素；当原因度 e_i<0 时，该因素受其他因素影响较大，称为结果要素。

$$h_i=R_i+C_j(i=j) \tag{4.7}$$

$$e_i=R_i-C_j(i=j) \tag{4.8}$$

（6）通过中心度 h_i，修正初始权重 w_i，得到最终权重 z_i。

在得到初始权重 w_i 后，应用式（4.9）对权重进行修正，得到最终权重 z_i：

$$z_i=h_iw_i/\sum_{i=1}^{m}h_iw_i \tag{4.9}$$

在建立顾客需求项的直接影响矩阵时，采用 0～3 标度法表示各顾客需求项间的相关关系，0,1,2,3 依次表示“无影响”“稍有影响”“有影响”“有极大影响”。由邀请专家对顾客需求项间的相关关系进行评分，并将其平均评分作为直接影响矩阵的分值，从而得出智慧养老服务顾客需求直接影响矩阵，如表 4.6 所示。

表 4.6　顾客需求的直接影响矩阵

	cr_1	cr_2	cr_3	cr_4	cr_5	cr_6
cr_1	0	2	2.25	1.75	1.25	2.75
cr_2	2	0	1.5	0	0	0.75
cr_3	1.75	1.5	0	0	0	2.5
cr_4	2.25	0	2.25	0	0.75	2
cr_5	1	1.25	1.25	1.25	0	1.25
cr_6	2.5	0	2.75	0	1.75	0

根据式（4.2）与式（4.3），将直接影响矩阵规范化，获得顾客需求的规范化直接影响矩阵，如表 4.7 所示。

表 4.7　顾客需求的规范化直接影响矩阵

	cr_1	cr_2	cr_3	cr_4	cr_5	cr_6
cr_1	0	0.2	0.225	0.175	0.125	0.275
cr_2	0.2	0	0.15	0	0	0.075
cr_3	0.175	0.15	0	0	0	0.25
cr_4	0.225	0	0.225	0	0.075	0.2
cr_5	0.1	0.125	0.125	0.125	0	0.125
cr_6	0.25	0	0.275	0	0.175	0

在得到顾客需求规范化直接影响矩阵的基础上，通过式（4.4）计算顾客需求的综合影响矩阵，如表 4.8 所示。

表 4.8　顾客需求的综合影响矩阵

	cr_1	cr_2	cr_3	cr_4	cr_5	cr_6
cr_1	0.4995	0.4495	0.7158	0.3046	0.3377	0.7282
cr_2	0.4132	0.1558	0.3911	0.0868	0.1159	0.3299
cr_3	0.4680	0.3144	0.3402	0.1017	0.1584	0.5275
cr_4	0.5880	0.2436	0.6209	0.1358	0.2628	0.5952
cr_5	0.4054	0.2904	0.4438	0.2137	0.1419	0.4297
cr_6	0.5745	0.2497	0.6252	0.1415	0.3278	0.4023

结合顾客需求的综合影响矩阵及式（4.5）、式（4.6），计算智慧养老服务顾客需求项间的影响度 R_i 和被影响度 C_j，再根据式（4.7）、式（4.8），计算智慧养老服务顾客需求的中心度 h_i 和原因度 e_i。计算结果如表 4.9 所示。

表 4.9　顾客需求的 DEMATEL 计算结果

顾客需求项	影响度 R_i	被影响度 C_j	中心度 h_i	原因度 e_i
cr_1	3.0354	2.9487	5.9841	0.08667
cr_2	1.4927	1.7034	3.1961	−0.2107
cr_3	1.9104	3.1370	5.0474	−1.2266

续表

顾客需求项	影响度 R_i	被影响度 C_j	中心度 h_i	原因度 e_i
cr_4	2.4464	0.9841	3.4305	1.4623
cr_5	1.9248	1.3446	3.2694	0.5802
cr_6	2.3210	3.0128	5.3338	−0.6918

综合 AHP 求得的顾客需求初始权重和 DEMATEL 模型获取的顾客需求中心度，应用式（4.9）对顾客需求初始权重进行修正，得到顾客需求最终权重，如表 4.10 所示。

表 4.10　顾客需求最终权重计算结果

顾客需求项	中心度 h_i	初始权重 w_i	$h_i \times w_i$	最终权重 z_i
cr_1	5.9841	0.2198	1.3153	0.2629
cr_2	3.1961	0.0466	0.1489	0.0298
cr_3	5.0474	0.0906	0.4573	0.0914
cr_4	3.4305	0.1529	0.5245	0.1048
cr_5	3.2694	0.0278	0.0909	0.0182
cr_6	5.3338	0.4623	2.4658	0.4929

4.3.2 智慧养老服务质量特性的确定

1. 智慧养老服务质量特性来源及选取

为构建完整的质量屋，在完成质量屋的左墙顾客需求的分析后，需对质量屋的屋顶智慧养老服务质量特性进行分析。这里的智慧养老服务质量特性是指为保证智慧养老服务质量所需的可量化的服务质量规划指标。

智慧养老服务的质量特性与服务提供方密切相关。在对国内外养老服务领域文献与标准进行总结的基础上，智慧养老服务质量特性由国内“虚拟养老院”服务提供方有关专家进行修订。区别于传统的养老院，智慧养老服务具有互联网特征，结合智慧养老服务影响因素问卷结果，其服务质量不仅由线下服务资源构成，而且受到线上智慧养老服务平台及智能化设备的影响。如表 4.11 所示，智慧养老服务质量特性分为三部分：智能化养老设备、线上养老服务平台、线下养老服务资源。具体质量特性描述如下。

表 4.11　智慧养老服务质量特性

质量特性划分	质量特性细节项
智能化养老设备	EC_1 智能呼叫终端级别
	EC_2 健康管理终端级别
	EC_3 智能安防终端级别
	EC_4 智能监控终端级别
线上养老服务平台	EC_5 提供的养老服务种类数
	EC_6 客服响应时间
	EC_7 平台网络性能
	EC_8 个人信息安全级别
线下养老服务资源	EC_9 医疗护理服务水平
	EC_{10} 生活照料服务水平
	EC_{11} 膳食服务供应水平
	EC_{12} 心理咨询服务水平
	EC_{13} 设备设施检修水平
	EC_{14} 突发事件应对水平

1）智能化养老设备

智能化养老设备特指在物联网环境下，适合老年人使用的智能居家设备和可穿戴设备。其可量化的质量特性包含智能呼叫终端级别、健康管理终端级别、智能安防终端级别、智能监控终端级别。不同级别可对应企业对自身养老服务的不同质量要求。

（1）智能呼叫终端级别。一般含紧急呼叫和定位功能。呼叫器级别越高，其使用范围越广且功能越丰富。

（2）健康管理终端级别。如智能电子血压计、血糖监测仪、心电监测仪等。不同级别的健康管理终端拥有不同的检测精度与功能（如生理数据异常提示、与医生关联的联网分析等功能）。

（3）智能安防终端级别。如燃气、烟雾、水位、门磁等传感器组合而成的安防系统。其传感器的覆盖率、传感器组合种类等可以区分智能安防终端级别。

（4）智能监控终端级别。监控可记录相应的服务过程，较为重要；不同级别的监控终端具有不同的功能（如双向通话、人脸识别等功能）和视频监测覆盖率。

2）线上养老服务平台

线上养老服务平台是支持老年人或其家属为老年人在线购买上门服务的平

台。通过专家最终评定，确定其质量特性有提供的养老服务种类数、客服响应时间、平台网络性能、个人信息安全级别。

（1）提供的养老服务种类数。不同企业因其资源的限制，可提供不同的养老服务种类。企业提供的服务种类越齐全，其服务质量高的可能性越大。

（2）客服响应时间。含服务售前和服务过程中顾客咨询的响应时间与顾客投诉响应时间，指在一定次数范围内，从顾客咨询到客服回应的每次时间差均值。客服响应时间越短越好。

（3）平台网络性能。智慧养老服务依赖互联网技术，平台网络性能可在一定程度上影响用户体验。可通过设计最大并发用户数、带宽等实现不同的平台网络性能。

（4）个人信息安全级别。网络时代个人信息安全尤为重要，企业配备的网络信息安全工程师级别、防火墙级别、合作的网络安全服务商级别影响个人信息安全级别。

3）线下养老服务资源

线下养老服务资源专注于企业所能提供的服务类别的水平，其质量特性包含医疗护理服务水平、生活照料服务水平、膳食服务供应水平、心理咨询服务水平、设备设施检修水平、突发事件应对水平。

（1）医疗护理服务水平。医疗护理服务包含上门服务、线下专家会诊、远程就诊等服务内容。企业合作医院的数量、等级及医疗人员的职称等影响着医疗护理服务水平。

（2）生活照料服务水平。生活照料服务包含居室保洁、老年人个人卫生护理、粮油商务配送等服务内容。线下合作商的规模、照护人员等级等为生活照料服务水平的影响因素。

（3）膳食服务供应水平。膳食服务供应包含上门送餐及上门做饭等服务。该质量特性的水平越高，其对应的可选套餐种类越多、营养师及厨师级别越高。

（4）心理咨询服务水平。心理咨询服务含定期探访老年人、解答老年人咨询的相关心理问题等服务内容。不同水平的心理咨询服务配备不同级别的心理咨询师及合作的心理咨询机构。

（5）设备设施检修水平。设备设施检修包含对老年人家用设备的检修及平台使用的设备检修。不同等级的检修人员、设备备件等对应不同的设备设施检修水平。

（6）突发事件应对水平。突发事件包含老年人意外伤害、突发疾病、火灾等危险性事件。突发事件应对水平越高，意味着涵盖越全面的各类事件应急预案、使用越高级别的应急设备及越大规模的应急预案演练。

2. 智慧养老服务质量特性级别设定

为便于后续对智慧养老服务质量特性进行定量规划，从而使得企业在智慧养老服务质量规划时更为清晰客观，对最终确定的智慧养老服务质量特性进行级别划分。在进行级别划分时，以各质量特性来源特点为依据，重点关注与顾客需求相关联的影响因素，最终结合国家各级别划分标准与专家意见进行修正。另外，此次级别划分中每个级别的设定为该级别的最低标准，在满足低级别，但不满足上一级别的条件下，其属于较低级别。因此，大部分质量特性级别仅分为 A、B、C 级，但对含有国家标准文件的相关质量特性根据其国家标准进行级别划分。最终得出的结果如表 4.12 所示。

表 4.12　智慧养老服务质量特性级别划分

质量特性	质量特性级别划分
智能呼叫终端级别	C 级：有线；家庭范围内使用；仅含 SOS 紧急呼叫功能。 B 级：无线；社区范围内使用；含 SOS 紧急呼叫功能、双向通话功能、GPS/LBS 定位功能。 A 级：无线；不限距离；含 B 级功能的基础上，手环类含心率监测、计步器、睡眠质量监测等功能，智能机类含相机、任意拨号、手电筒等功能
健康管理终端级别	C 级：仅屏幕显示；不含误动作提示；不含生理数据异常提示；不支持与医生的联网分析。 B 级：仅屏幕显示；含误动作提示；含生理数据异常提示；不支持与医生的联网分析。 A 级：屏幕显示和语音播报；含误动作提示；含生理数据异常提示；支持与医生的联网分析
智能安防终端级别	C 级：报警声音响度小于 95dB；不支持自定义设置；传感器覆盖率为 50%；传感器种类至少含烟雾报警器、燃气报警器。 B 级：报警声音响度大于等于 95dB；仅支持配套遥控自定义设置；传感器覆盖率为 70%。 A 级：在 C 级传感器基础上，支持配套遥控设置及应用程序（application，APP）自定义设置；传感器覆盖率为 100%；在 B 级传感器基础上，传感器种类至少含空气质量传感器
智能监控终端级别	C 级：清晰度为 270P；不含智能报警功能；不含双向通话功能；视频监测范围覆盖率为 50%；不含人脸识别功能；视频保存时间为一周。 B 级：清晰度为 720P；含智能报警功能；不含双向通话功能；视频监测范围覆盖率为 70%；不含人脸识别功能；视频保存时间为一个月。 A 级：清晰度为 1080P；含智能报警功能；含双向通话功能；视频监测范围覆盖率为 100%；含人脸识别功能；视频保存时间为三个月
提供的养老服务种类数	C 级：含医疗护理服务、生活照料服务、膳食服务、心理健康服务。 B 级：含 C 级服务项基础上，含文化娱乐服务。 A 级：含 B 级服务项基础上，含安宁服务、教育服务等
客服响应时间	E 级：客服响应时间＞30s。 D 级：20s＜客服响应时间≤30s。 C 级：15s＜客服响应时间≤20s。 B 级：10s＜客服响应时间≤15s。 A 级：客服响应时间≤10s
平台网络性能	D 级：50QPS 以下；带宽 1～2Mbit/s。 C 级：50～100QPS；带宽 10Mbit/s。 B 级：300～800QPS；带宽 50Mbit/s。 A 级：500～1000QPS；带宽 200Mbit/s

续表

质量特性	质量特性级别划分
个人信息安全级别	E 级：网络安全服务商三级；软件防火墙；初级网络信息安全工程师。 D 级：网络安全服务商三级；软件防火墙；中级网络信息安全工程师。 C 级：网络安全服务商三级；硬件防火墙；中级网络信息安全工程师。 B 级：网络安全服务商二级；硬件防火墙；中级网络信息安全工程师。 A 级：网络安全服务商一级；芯片级防火墙；高级网络信息安全工程师
医疗护理服务水平	C 级：合作医院数量为 1 家；合作医院的级别含一级；医疗人员为初级职称以上。 B 级：合作医院数量为 5 家；合作医院的级别含二级；医疗人员为中级职称以上。 A 级：合作医院数量为 10 家；合作医院的级别含三级；医疗人员为副高级职称以上
生活照料服务水平	C 级：线下合作商为便利店；照护人员为一星级。 B 级：线下合作商为超级市场；照护人员为三星级。 A 级：线下合作商为百货店；照护人员为五星级
膳食服务供应水平	C 级：可选饮食套餐种类为 10 个；初级营养师；初级厨师。 B 级：可选饮食套餐种类为 20 个；中级营养师；高级厨师。 A 级：可选饮食套餐种类为 30 个；高级营养师；高级技师厨师
心理咨询服务水平	C 级：三级心理咨询师；合作机构仅含社会心理咨询机构。 B 级：二级心理咨询师；合作机构含心理卫生医疗机构。 A 级：一级心理咨询师；合作机构含心理卫生医疗机构
设备设施检修水平	C 级：初级检修人员；基础级设备备件。 B 级：高级检修人员；普通级设备备件。 A 级：高级技师检修人员；特级设备备件
突发事件应对水平	C 级：应急预案桌面演练；基础级应急设备；应急预案含老年人意外伤害应急预案、老年人突发疾病应急预案、火灾应急预案。 B 级：应急预案功能演练；普通级应急设备；应急预案在 C 级预案基础上，含老年人食物中毒应急预案、煤烟中毒应急预案等。 A 级：应急预案全面演练；特级应急设备；应急预案在 B 级预案基础上，含治安案件应急预案等

注：SOS 为国际莫尔斯电码救难信号；GPS 为全球定位系统（global positioning system）；LBS 为基于位置服务（location based service）；P 为逐行扫描（progressive scanning）；QPS 为每秒查询率（queries per second）。

3. 智慧养老服务质量特性自相关关系分析

在使用 QFD 进行质量规划时，产品或服务的质量特性间往往存在着自相关关系，而设计人员在进行质量规划时，往往需要考虑质量特性之间的相互促进或相互矛盾的关系，保证质量特性的有效性。因此，在构建质量屋时，通常需要考虑质量特性的自相关关系，使最终输出结果更为准确。

采用 DEMATEL 模型对智慧养老服务质量特性进行自相关关系分析。为保持调研结果的一致性，其评分度量与顾客需求相同，采用 0～3 标度法，0,1,2,3 依次表示为“无影响”“稍有影响”“有影响”“有极大影响”。由四位专家对自相关关系进行评分，并将其平均评分作为直接影响矩阵的分值，评分结果如表 4.13 所示。

表 4.13　智慧养老服务质量特性 DEMATEL 计算结果

智慧养老服务质量特性	影响度	被影响度	中心度	原因度
EC_1	1.8054	2.2187	4.0241	−0.4133
EC_2	2.2603	2.3225	4.5828	−0.0622
EC_3	1.7298	1.5129	3.2427	0.2169
EC_4	1.9517	1.9069	3.8586	0.0448
EC_5	1.8406	1.9247	3.7653	−0.0841
EC_6	2.1320	1.8591	3.9911	0.2729
EC_7	2.0739	1.9131	3.9870	0.1608
EC_8	1.3455	1.6323	2.9778	−0.2868
EC_9	2.2267	2.1256	4.3523	0.1011
EC_{10}	2.1832	2.0335	4.2167	0.1497
EC_{11}	1.2670	1.4636	2.7306	−0.1966
EC_{12}	1.4118	1.4277	2.8395	−0.0159
EC_{13}	1.9840	1.7729	3.7569	0.2111
EC_{14}	2.9299	3.0282	5.9581	−0.0983

最终，应用 MATLAB 对智慧养老服务质量特性直接影响矩阵进行计算，结果如表 4.14 所示。

表 4.14　智慧养老服务质量特性直接影响矩阵

	EC_1	EC_2	EC_3	EC_4	EC_5	EC_6	EC_7	EC_8	EC_9	EC_{10}	EC_{11}	EC_{12}	EC_{13}	EC_{14}
EC_1	0	1.75	0	0	1	2.75	1.75	0	1	1	0	0	1.5	2.75
EC_2	2	0	0	0	1.75	1.75	1.5	1.75	2.25	1.5	1.25	1	1.5	2.25
EC_3	1.5	0	0	2	0.75	0	2.25	2.25	0	0.75	0	0	2.25	2.25
EC_4	0	0	2	0	1	0	2	2	1.5	1.75	0	0	2.5	2.75
EC_5	1.5	1.75	1	1.25	0	0	0.75	1.25	2	1.5	1.5	1.75	0.25	1
EC_6	0.75	1.25	0.5	1.5	1	0	1.25	0	2	1.25	1.25	1.25	1	2.75
EC_7	2.5	2	1.75	2	1	2.5	0	2	0.25	0.25	0.25	0.5	0	2
EC_8	1.25	1.5	2.25	1.75	0	0	1.25	0	0.5	0.5	0.25	0.5	0.5	0.75
EC_9	2	1.75	0	1.25	1.75	1	0.75	0.5	0	2	1.75	2	1	2.5
EC_{10}	1.25	1.75	0.75	1.25	1.75	1	0.75	0.5	1.5	0	2.25	2.25	1.25	2
EC_{11}	0	1.25	0	0	1.5	1	0.5	0.5	1.5	2	0	0	0.25	1.25
EC_{12}	0	1.5	0	0	1.5	0.75	0.75	1	1.5	1.5	1.5	0	0.5	1
EC_{13}	1.5	2.25	2	2	0.5	0.75	0	1.25	1.25	1	0.5	0.75	0	2.25
EC_{14}	2.25	2.25	2	2.5	2	2.75	2	0.75	2	1.75	1.25	1.25	1.75	0

4.3.3　智慧养老服务质量屋的构建及分析

1. 智慧养老服务质量屋建立

通过上述分析，得出智慧养老服务的顾客需求权重及智慧养老服务质量特性中心度。在此基础上，借助 QFD 的相关知识，智慧养老服务质量屋的构建过程如下。

（1）根据计算结果，将智慧养老服务顾客需求及其最终权重作为质量屋的左墙。

（2）计算智慧养老服务质量特性的自相关关系，将其中心度作为质量特性修正因素。

（3）确定智慧养老服务顾客需求与质量特性之间的关联关系。采用 0～9 标度法表示顾客需求与质量特性间的相关程度，0 表示不存在关联关系，9 表示存在极强的关联关系。综合四位专家评分，最终得出关联关系的评分。

（4）由上述所得的智慧养老服务顾客需求最终权重、顾客需求与质量特性的关联关系，计算智慧养老服务质量特性的初始权重。

（5）根据式（4.9）计算智慧养老服务质量特性的最终权重并排序，最终的智慧养老服务质量屋如图 4.8 所示。

			智能化养老设备				线上养老服务平台				线下养老服务资源					
		顾客需求最终权重	智能呼叫终端级别	健康管理终端级别	智能安防终端级别	智能监控终端级别	提供的养老服务种类数	客服响应时间	平台网络性能	个人信息安全级别	医疗护理服务水平	生活照料服务水平	膳食服务供应水平	心理咨询服务水平	设备设施检修水平	突发事件应对水平
智慧养老服务顾客需求	服务专业规范	0.2629	6.5	6.5	6.75	6.75	6.5	6.25	3.5	6.75	8.25	8.5	6	7	5.25	7.5
	服务态度好	0.0298						6.75			6	5.5	5.25	5.75	4	5
	服务快捷及时	0.0914	7.25	6.75	6.25		1.75	8	6.75		2.75	3.25	2.75	2.75		8
	服务设备安全可靠	0.1048	6.25	6.5	7	6.5				6.25	4.75	3	3	3.5	5.75	6
	服务全面多样	0.0182					8.5				4.75	4.75	5	4.5		4
	应急措施到位	0.4929	6.5	6	7.25	7.5		6.75	3.5		6	5.25	3.25	3	5.75	9
	初始权重		0.0871	0.0834	0.0930	0.0860	0.0283	0.0825	0.0456	0.0340	0.0858	0.0794	0.0558	0.0586	0.0690	0.1117
	质量特性中心度		4.0241	4.5828	3.2427	3.8586	3.7653	3.9911	3.9870	2.9778	4.3523	4.2167	2.7306	2.8395	3.7569	5.9581
	最终权重		0.0868	0.0947	0.0747	0.0822	0.0264	0.0816	0.0450	0.0251	0.0925	0.0830	0.0378	0.0412	0.0642	0.1648
	排序		4	2	8	6	13	7	10	14	3	5	12	11	9	1

图 4.8　智慧养老服务质量屋

2. 关键服务质量特性确定及分析

通过已构建的智慧养老服务质量屋，可得出智慧养老服务质量设计关键质量特性的排序如下：①突发事件应对水平；②健康管理终端级别；③医疗护理服务水平；④智能呼叫终端级别；⑤生活照料服务水平；⑥智能监控终端级别；⑦客服响应时间；⑧智能安防终端级别；⑨设备设施检修水平；⑩平台网络性能；⑪心理咨询服务水平；⑫膳食服务供应水平；⑬提供的养老服务种类数；⑭个人信息安全级别。

基于计算和分析结果，为保证智慧养老服务质量，在资源受限情况下，企业可着重关注以下智慧养老服务质量特性。

1）建立有效完善的突发事件应对体系

基于老年人的特殊性，老年群体在日常生活中更容易发生意外突发事件，且其发生意外时往往会造成较为严重的后果。区别于传统养老服务机构，智慧养老服务人员并非 24h 在老年人身边，突发事件的危险性极大地增加。因此，在智慧养老服务中有效预防、降低老年人突发事件的危害尤为重要。

为有效应对智慧养老服务中的突发事件，可从以下方面提供相应的服务。首先，完善应急预案的类别，选择合适的应急设备。在突发事件发生前，尽量全面考虑可能发生的突发事件，并给出相应的应对预案，如老年人意外伤害应急预案、老年人突发疾病应急预案、火灾应急预案等；应急设备的选择应与企业规模相匹配。然后，完善对老年人突发事件的监测，定期对老年人进行安全检查，并做到对突发事件的及时发现、及时报告、及时处理。最后，对突发事件进行定期演练。增强养老服务人员及服务对象的突发事件处理能力，加快反应速度，并掌握突发事件处理方法。

2）医疗健康仍是智慧养老服务的重点内容

老年人对医疗健康的需求居重要地位。研究结果显示，健康管理终端级别在智能化养老设备质量特性排序中居第一；医疗护理服务水平则为线下养老服务资源质量特性中最为重要的。此外，养老服务的专业性比服务种类的全面性更为重要，在资源有限的条件下，最优选择是将资源投入于服务的精细化管理上。

为保证智慧养老服务中医疗健康服务质量，首先，建立老年人的健康管理档案，并进行定时跟踪记录。根据老年人自身的健康情况计划并实施个性化疗养方案，同时将相关信息及时反馈给老年人家属。然后，医护人员的资质应与服务对象的服务需求相匹配。保证医疗服务的准确性与专业性，并能够及时给出老年人健康情况的相关指导。最后，保证医疗服务合作的医院数量与等级。无论是远程医疗服务还是定期线下义诊，都能保证老年人医疗服务的效率与效果。

3）智慧养老服务质量与智能化设备质量密切相关

智能化设备是智慧养老服务中重要的一环，其使得老年人足不出户地享受外部环境所提供的便捷服务。智能化设备的使用体现了服务质量中的有形性。智能化设备一方面为老年人的日常生活提供服务，另一方面可提供远程监控功能，为服务人员及老年人家属提供便利。

智能化养老设备的质量可由以下方面进行保证。首先，选择与企业匹配的智能化设备级别。不同级别的智能化养老设备意味着不同的成本投入，级别越高，企业投入的成本越多。在匹配企业基本业务的前提下，智能化养老设备无须一味追求高级别。然后，加强对老年人智能设备的用前指导。目前老年人对智能设备的接受程度不高，影响了智慧养老的推进进程。因此，对老年人智能设备的用前指导不仅能够提高设备测量的准确率，而且能够推进智慧养老服务的发展。最后，智能化养老设备的检修水平至关重要。设备检修人员级别、设备备件级别及设备检修周期等都在一定程度上影响着智能化养老设备的检修水平。

4）线上养老服务平台的响应性需重点关注

研究结果显示，智慧养老服务中，线上养老服务平台中的质量特性整体重要度较低，且各质量特性重要度差异大。其中，客服响应时间具有较高的重要度，表明大众对平台响应时间关注较多。在服务质量评价中，服务的响应性为一个重要的因素。此外，在各类系统平台研究中，客服响应时间为服务质量重要的衡量因素。因此，“互联网 +”环境下的智慧养老服务平台亟须缩短客服响应时间。

为有效缩短智慧养老服务平台客服响应时间，首先，对客服人员进行培训，让其充分了解养老服务的特征与常见问题。对问题的熟悉程度往往会缩短客服人员回复问题的时间。然后，针对不同情况，设定不同类别客服岗位。例如，老年人的医护问题咨询需专业的客服人员回复。最后，注重售后投诉响应。良好的售后服务是客服响应性的体现，其从侧面保证了智慧养老服务质量。

5）心理健康问题需引起重视

随着老年人生理机能、生活环境及社会角色的变化，其更容易产生心理上的焦虑等负面情绪。心理健康为影响老年人身心健康的重要因素，老年人负面情绪没有得到及时的发现与调节将对老年人的健康造成极大的影响。研究结果显示，人们对老年人的心理健康问题认知不足。

欲提高智慧养老服务质量，老年人心理健康问题不可忽视，可从以下方面进行设计。首先，配备拥有资质的心理咨询师。企业可依据自身实力，配备多个级别的心理咨询师，为不同需求的老年人提供有偿差异的心理咨询服务。然后，与专业的心理咨询机构合作。专业的心理咨询机构具有较好的治疗设备，且其中的心理咨询师可根据老年人的总体情况进行分析并给出更好的对策建议。最后，开设互联网老年大学。企业可在网络上开设与老年人有关的课程，以便老年人根据自己的兴趣爱好选择学习内容。同时，服务提供者可定期收集老年人学习情况并进行反馈，从而激发老年人对生活的热情。

4.4　基于智慧养老服务质量屋的规划模型

基于智慧养老服务质量屋获取的质量特性重要度、智慧养老服务顾客需求与质量特性相关性，本节将顾客满意度设为目标值，智慧养老服务质量特性作为决策变量，建立适用于智慧养老服务质量规划的数学模型，从而实现企业在资源约束条件下完成质量特性最优值的设定，最终实现顾客满意度最大化。

4.4.1　规划问题的描述

通过智慧养老服务质量屋的构建，各个顾客需求已转化为可量化的质量特性，并得出智慧养老服务质量特性的重要度排序，同时实现了顾客需求与服务质量特性之间关联关系的量化表达。本节所描述的规划问题即基于此转化的计算过程，应用智慧养老服务质量屋获取的数据信息，借鉴质量屋中的经典规划模型，分析各个智慧养老服务质量特性级别成本，计算企业在一定成本约束下，实现顾客满意度最大化的服务质量特性级别组合。

1. *质量特性成本分析*

质量屋中经典的规划模型的质量特性值全部为连续值，为使得该模型更加适用于现实情况，已有学者考虑到质量特性为离散值时的情况。本节中智慧养老服务质量特性值的选择是各个级别值，即质量特性全部为离散值。

为了使企业能够更好地开展养老服务质量规划，这里通过调研，给出各个服务质量特性级别的单位成本，使得企业在一定成本约束下，最大化成本使用效率。由于服务具有无形性特征，其价格宽度远大于有形产品。另外，服务的需求波动性大，此次服务质量特性级别成本为基于现有信息对价格的整合情况，可为企业提供有意义的价格参考。当智慧养老服务企业进行服务质量规划时，可根据现实情况进行调整。

在设定单位成本时，参考线上各购物平台设备品牌（如鱼跃、欧姆龙等）的价格、养老服务供应商（如杰佳通、医家通等）各服务种类的价格，并实地调研企业（乌镇居家养老服务照料中心、苏州居家乐养老服务中心等）的产品或服务定价、绩效考核标准等，最终整理所得智慧养老服务质量特性各级别的单位成本如表 4.15 所示。

表 4.15　智慧养老服务质量特性各级别的单位成本

质量特性	级别划分	各级别单位成本/万元
智能呼叫终端级别	C/B/A 级	0.02/0.04/0.08
健康管理终端级别	C/B/A 级	0.01/0.03/0.05
智能安防终端级别	C/B/A 级	0.01/0.03/0.06
智能监控终端级别	C/B/A 级	0.01/0.02/0.05
提供的养老服务种类数	C/B/A 级	2.00/4.00/5.00
客服响应时间	E/D/C/B/A 级	0.10/0.30/7.00/1.00/2.00
平台网络性能	D/C/B/A 级	0.05/0.10/0.50/2.00
个人信息安全级别	E/D/C/B/A 级	3.87/4.57/5.10/10.10/15.00
医疗护理服务水平	C/B/A 级	1.60/6.00/12.00
生活照料服务水平	C/B/A 级	0.45/1.00/4.00
膳食服务供应水平	C/B/A 级	1.01/1.80/3.03
心理咨询服务水平	C/B/A 级	1.70/3.20/5.50
设备设施检修水平	C/B/A 级	0.70/1.80/4.20
突发事件应对水平	C/B/A 级	0.30/1.00/2.00

2. 模型相关定义

该规划问题的目标值是顾客满意度最大化，最终目的是在考虑企业成本约束的情况下得出各智慧养老服务质量特性的级别组合，以此进行智慧养老服务质量的规划。该规划模型中有关参数及定义如表 4.16 所示。

表 4.16　模型参数及定义

参数	定义
n	质量特性的个数
m	顾客需求的个数
V	总顾客满意度函数
y_i	第 i 个顾客满意度
ω_i	第 i 个顾客需求的权重
f_i	第 i 个顾客需求与质量特性的函数关系
r_{ij}	第 i 个顾客需求与第 j 个质量特性的关联系数

续表

参数	定义
x_{jk}	第 j 个质量特性的第 k 个级别的特性值
x_j	改进后第 j 个质量特性的值
J_j	第 j 个质量特性的级别总数
c_{jk}	第 j 个质量特性取第 k 个级别的单位成本
z_{jk}	第 j 个质量特性的第 k 个级别是否被选中（0-1 决策变量，1 表示选中该级别）

4.4.2　规划模型的建立

1. 模型的目标函数

服务质量规划模型目标函数可以简单表示如下：求各质量特性值 $(x_1,x_2,\cdots,x_n)$，使得目标值即顾客满意度 $V(y_1,y_2,\cdots,y_m)$ 最大化。$V(y_1,y_2,\cdots,y_m)$ 是一个与 m 个顾客满意度相关的多变量函数。通过各顾客需求的顾客满意度与相应的顾客需求权重 $\omega_i(i=1,2,\cdots,m)$ 的聚集，反映顾客对该服务的总满意度。该聚集关系可以使用加、乘、非线性等方式进行表示，目前应用最广泛的方式是线性加和，因此，使用加的方式表示顾客满意度与对应顾客需求权重的聚集。最终的目标函数如下：

$$V(y_1,y_2,\cdots,y_m)=\sum_{i=1}^{m}\omega_i y_i \tag{4.10}$$

2. 模型的约束条件

根据质量屋中经典的规划模型，质量特性的重要度及质量屋中的关联关系矩阵都是建立该规划模型的关键。其中，质量特性的重要度在目标函数中得以体现，关联关系矩阵则是推导出顾客需求和服务质量特性函数关系 f_i 的关键。

各项顾客需求所对应的顾客满意度与其相关的服务质量特性值密不可分。换言之，服务质量特性值影响着顾客满意度：

$$y_i - f_i(x_1,x_2,\cdots,x_n),\ \ i-1,2,\cdots,m \tag{4.11}$$

由模型最初的定义可知，质量特性与顾客满意度之间可用线性关系表达，而该线性关系可通过关联关系矩阵表示。由此，该线性函数可以表示为

$$y_i=\sum_{j=1}^{n}r_{ij}x_j,\ \ i=1,2,\cdots,m \tag{4.12}$$

由于智慧养老服务的质量特性值设置为级别，该模型只考虑决策变量为离散值的情况。对于此类离散型的服务质量特性，其取值为对应质量特性可取的级别数，因此，各服务质量特性值和可选级别间的关系可以表示为

$$x_j=\sum_{k=1}^{J_j}z_{jk}x_{jk},\ j=1,2,\cdots,n \tag{4.13}$$

其中，各项质量特性中的各个级别数仅能选取一项给定的级别，表示该质量特性应选取的级别。该约束条件可以表示为

$$\sum_{k=1}^{J_j}z_{jk}=1,\ j=1,2,\cdots,n \tag{4.14}$$

另外，现实企业不论是产品还是服务质量的规划都有一定的资金约束，在建立相应模型时，往往需要考虑规划过程中的费用问题。因此，成本约束是模型的一个重要组成部分，有

$$\sum_{j=1}^{n}\sum_{k=1}^{J_j}z_{jk}c_{jk}\leqslant B \tag{4.15}$$

其中，z_{jk} 为 0-1 决策变量；c_{jk} 为第 j 个质量特性取第 k 个级别的单位成本；B 为可使用的金额。

3. 优化模型

综合式（4.10）～式（4.15）所给出的目标函数及各个约束条件，可得出以下基于 QFD 的智慧养老服务质量规划模型，使得智慧养老服务类企业在考虑成本约束下，为达到顾客满意度最大化的各项智慧养老服务质量特性的级别组合，以此进行服务质量规划。

$$\max\quad V(y_1,y_2,\cdots,y_m)=\sum_{i=1}^{m}\omega_i y_i$$

$$\begin{aligned}\text{s.t.}\quad & y_i=\sum_{j=1}^{n}r_{ij}x_j,\quad i=1,2,\cdots,m\\ & x_j=\sum_{k=1}^{J_j}z_{jk}x_{jk},\quad j=1,2,\cdots,n\\ & \sum_{k=1}^{J_j}z_{jk}=1,\quad j=1,2,\cdots,n\\ & \sum_{j=1}^{n}\sum_{k=1}^{J_j}z_{jk}c_{jk}\leqslant B\\ & z_{jk}\in\{0,1\},\quad j=1,2,\cdots,n,\quad k=1,2,\cdots,J_j\end{aligned}$$

4.4.3 质量特性组合方案案例分析

1. 案例描述

通过对 G 集团养老服务中心进行调研，该单位已开始建设智慧养老服务的相关设施，关于智慧养老服务的顾客需求与调研结果基本吻合，质量特性集中于部分养老服务，且涵盖范围较小，仍处于成长期。这里将应用基于 QFD 的智慧养老服务质量规划方法对其后期养老服务质量规划进行分析。应用整理所得的质量特性单位成本、智慧养老服务质量特性级别设定及服务质量规划模型，分析 G 集团在一定成本下进行的量化服务质量规划。通过市场调研，其确定智慧养老服务的顾客需求主要有 6 项：服务专业规范、服务态度好、服务快捷及时、服务设备安全可靠、服务全面多样、应急措施到位。服务质量特性则含 14 项：突发事件应对水平、健康管理终端级别、医疗护理服务水平、智能呼叫终端级别、生活照料服务水平、智能监控终端级别、客服响应时间、智能安防终端级别、设备设施检修水平、平台网络性能、心理咨询服务水平、膳食服务供应水平、提供的养老服务种类数、个人信息安全级别。这与前面结论相同，因此，应用前面的质量规划方法对智慧养老服务质量进行规划。

由智慧养老服务质量特性各级别单位成本可知，G 集团质量规划最低成本投入为 11.83 万元，此时，顾客满意度最小，当其成本投入超过 54.97 万元时，顾客满意度最大。考虑该成本投入范围，G 集团预计投入 35 万元以求达到智慧养老服务质量规划的中等水平。下面将分析在 35 万元成本投入情况下，G 集团应该如何进行养老服务质量特性级别设定，才能达到顾客满意度最大，使得成本投入发挥最大效用。

2. 模型求解与分析

根据前面质量屋的相关数据及提出的规划模型，可建立如下智慧养老服务质量顾客满意度数学模型：

$$
\begin{aligned}
\max\quad V = {} & 0.0868X_1 + 0.0947X_2 + 0.0747X_3 + 0.0822X_4 + 0.0264X_5 \\
& + 0.0816X_6 + 0.0450X_7 + 0.0251X_8 + 0.0925X_9 + 0.0830X_{10} \\
& + 0.0378X_{11} + 0.0412X_{12} + 0.0642X_{13} + 0.1648X_{14}
\end{aligned}
$$

$$
\begin{aligned}
\text{s.t.}\quad & X_1 = Z_{11} + 2Z_{12} + 3Z_{13} \\
& X_2 = Z_{21} + 2Z_{22} + 3Z_{23} \\
& X_3 = Z_{31} + 2Z_{32} + 3Z_{33}
\end{aligned}
$$

$$
\begin{aligned}
&X_4 = Z_{41} + 2Z_{42} + 3Z_{43} \\
&X_5 = Z_{51} + 2Z_{52} + 3Z_{53} \\
&X_6 = Z_{61} + 2Z_{62} + 3Z_{63} + 4Z_{64} + 5Z_{65} \\
&X_7 = Z_{71} + 2Z_{72} + 3Z_{73} + 4Z_{74} \\
&X_8 = Z_{81} + 2Z_{82} + 3Z_{83} + 4Z_{84} + 5Z_{85} \\
&X_9 = Z_{91} + 2Z_{92} + 3Z_{93} \\
&X_{10} = Z_{101} + 2Z_{102} + 3Z_{103} \\
&X_{11} = Z_{111} + 2Z_{112} + 3Z_{113} \\
&X_{12} = Z_{121} + 2Z_{122} + 3Z_{123} \\
&X_{13} = Z_{131} + 2Z_{132} + 3Z_{133} \\
&X_{14} = Z_{141} + 2Z_{142} + 3Z_{143}
\end{aligned}
$$

$$
\begin{aligned}
&0.02Z_{11} + 0.01Z_{21} + 0.01Z_{31} + 0.01Z_{41} + 2.00Z_{51} + 0.10Z_{61} + 0.05Z_{71} \\
&+3.87Z_{81} + 1.60Z_{91} + 0.45Z_{101} + 1.01Z_{111} + 1.70Z_{121} + 0.70Z_{131} + 0.30Z_{141} \\
&+0.04Z_{12} + 0.03Z_{22} + 0.03Z_{32} + 0.02Z_{42} + 4.00Z_{52} + 0.30Z_{62} + 0.10Z_{72} \\
&+4.57Z_{82} + 6.00Z_{92} + 1.00Z_{102} + 1.80Z_{112} + 3.20Z_{122} + 1.80Z_{132} + 1.00Z_{142} \\
&+0.08Z_{13} + 0.05Z_{23} + 0.06Z_{33} + 0.05Z_{43} + 5.00Z_{53} + 7.00Z_{63} + 0.50Z_{73} + 5.10Z_{83} \\
&+12.00Z_{93} + 4.00Z_{103} + 3.03Z_{113} + 5.50Z_{123} + 4.20Z_{133} + 2.00Z_{143} + 1.00Z_{64} + 2.00Z_{74} \\
&+10.10Z_{84} + 2.00Z_{65} + 15.00Z_{85} \leqslant 35
\end{aligned}
$$

$$
\begin{aligned}
&1 = Z_{11} + Z_{12} + Z_{13} \\
&1 = Z_{21} + Z_{22} + Z_{23} \\
&1 = Z_{31} + Z_{32} + Z_{33} \\
&1 = Z_{41} + Z_{42} + Z_{43} \\
&1 = Z_{51} + Z_{52} + Z_{53} \\
&1 = Z_{61} + Z_{62} + Z_{63} + Z_{64} + Z_{65} \\
&1 = Z_{71} + Z_{72} + Z_{73} + Z_{74} \\
&1 = Z_{81} + Z_{82} + Z_{83} + Z_{84} + Z_{85} \\
&1 = Z_{91} + Z_{92} + Z_{93} \\
&1 = Z_{101} + Z_{102} + Z_{103} \\
&1 = Z_{111} + Z_{112} + Z_{113} \\
&1 = Z_{121} + Z_{122} + Z_{123} \\
&1 = Z_{131} + Z_{132} + Z_{133} \\
&1 = Z_{141} + Z_{142} + Z_{143} \\
&Z_{jk} = \{0,1\}
\end{aligned}
\tag{4.16}
$$

将上述模型代入 LINGO 软件中进行求解，实际成本投入为 34.84 万元，顾客满意度达到 92.84%，所得解及对应所得智慧养老服务质量特性规划值如表 4.17 所示。

表 4.17　G 集团智慧养老服务质量特性级别组合规划结果

决策变量	所得解	质量特性	级别	决策变量	所得解	质量特性	级别
X_1	3	EC_1	A 级	X_8	3	EC_8	C 级
X_2	3	EC_2	A 级	X_9	2	EC_9	B 级
X_3	3	EC_3	A 级	X_{10}	3	EC_{10}	A 级
X_4	3	EC_4	A 级	X_{11}	2	EC_{11}	B 级
X_5	1	EC_5	C 级	X_{12}	3	EC_{12}	A 级
X_6	5	EC_6	A 级	X_{13}	3	EC_{13}	A 级
X_7	4	EC_7	A 级	X_{14}	3	EC_{14}	A 级

由求解结果可知，在企业成本与尽可能满足顾客需求的约束下，智慧养老服务质量特性并不能够都达到最高级别，但求解结果给出了质量规划的最优方案。对于智能化养老设备，G 集团的成本投入可实现所有设备级别最优，智能呼叫终端级别、健康管理终端级别、智能安防终端级别、智能监控终端级别都可规划使用 A 级。第一，设备的单位成本总体低于其他质量特性，较少的成本投入即可规划使用较高级别的设备；第二，随着物联网技术的发展，智能化设备将在各行业发挥着不可忽视的作用；第三，在养老服务业，人们对养老设备的重视程度较高，尤其是老年人医疗设备及紧急救助设备，设备的好坏直接影响老年人的日常生活的质量与应急保障，问卷调查结果及质量屋质量特性最终排序输出可验证该结论。对于线上养老服务平台，G 集团成本投入为 35 万元时，级别设定最低的质量特性为提供的养老服务种类数与个人信息安全级别，这与调研结果显示的用户对其的关注略低于智能化养老设备与线下养老服务资源相吻合。通常情况下，人们更关注服务的专业性而非服务的种类，因此，在企业成本有限的情况下，关注提升养老基础服务的专业性相比服务种类齐全更为重要；信息安全的部署在企业运作中是重要的，但其要求系统化运作与专业人才等的投入，成本投入巨大，因此，在资金有限的情况下，考虑基本保障信息安全即可。对于线下养老服务资源，人们对其相关的实质性服务内容重视程度较高，是智慧养老服务质量中最为关键的部分，即使受到成本限制，其质量特性也都在 B 级及以上，因此，企业应注重该维度质量特性的设定。

由此可见，虽然并非所有智慧养老服务质量特性都达到最高级别，但是该质量规划方法输出的质量特性规划方案仍能在极大程度上满足顾客需求。若企业能增大成本投入，使得在进行智慧养老服务质量规划时不再受成本限制，则企业可在更大程度上满足顾客需求。

4.5 本章小结

本章首先根据智慧养老服务质量影响因素调查问卷的回收情况，进行样本的描述性统计分析，在通过信度检验的基础上，围绕不同样本的特征，对其对智慧养老服务质量影响因素重视程度进行分析。在获取智慧养老服务顾客需求项的基础上，通过 AHP 和 DEMATEL 模型确定顾客需求最终权重；对智慧养老服务质量特性的来源及选取进行阐述，对质量特性进行自相关分析和级别划分，为智慧养老服务质量屋的构建提供输入信息，构建最终的智慧养老服务质量屋，并输出智慧养老服务质量特性的排序。然后，由服务质量特性排序得出关键服务质量特性，基于关键服务质量特性给出相关企业开展养老服务质量规划的建议。由研究结果可知，突发事件应对水平对智慧养老服务最为关键，但仅提高突发事件应对水平不能完全保证智慧养老服务的质量，企业还需关注医疗护理服务水平、心理咨询服务水平等专业服务内容。最后，基于智慧养老服务质量屋的相关信息，建立智慧养老服务整数规划模型，以求用量化方法进行质量特性级别设定，进而实现养老服务质量规划，并结合 G 集团智慧养老服务质量规划案例对模型的可行性和有效性进行验证。

第 5 章　服务质量驱动的养老服务配置多目标优化方法

5.1　问 题 背 景

世界经济重心正由制造业不断向服务业倾斜，服务业已成为当今世界经济增长的新引擎，因此倍受各国政府的重视。近年来，我国服务业增加值和就业规模也在不断增长，已成为国民经济的第一大产业。在互联网和信息技术的支撑下，新的商务模式和服务业态不断涌现，许多传统的产品导向型企业开始转变盈利模式，蜕变为服务导向型企业。

在服务的开发和设计过程中，满足大规模个性化顾客需求的一个重要使能技术是模块化（modularization）。服务模块化的基本思路是将服务分解为若干模块，模块之间存在接口，模块内部包含若干可替换的服务模块组件。服务配置就是将服务模块中的服务模块组件按照一定的方式组合起来，形成可以满足特定顾客需求的服务解决方案。目前，服务配置方法已成功应用于物流服务、制造服务、旅游服务、信息技术服务、医疗服务、金融服务等领域。服务模块化的优点主要包括降低成本、提高服务柔性、增强服务可复用性、改善服务标准化、降低系统复杂性等。

服务是一种特殊类型的产品，服务模块化和服务配置的主要概念均来自实体产品。但是，服务具有无形性、易逝性、异质性、可变性等特征，这使服务模块化和产品模块化亦有所不同，典型区别之一就是服务模块化不需要考虑几何尺寸和物理接口等。此外，服务流程是服务区别于产品的一个重要特征，服务模块中的服务模块组件不仅存在复杂配置约束，而且服务模块组件之间可能存在串并行等时序执行关系；服务配置中选择不同服务模块组件，可能会超过顾客所要求的服务时间，导致不可行的配置结果。另外，服务在执行过程中需要各类服务资源的支持（如人员和设备等），有必要在配置过程中考虑时变资源的限制，达到合理利用瓶颈资源的目的。

本章旨在解决服务配置过程中的优化问题，具体可描述为已知服务的模块化结构、流程约束和时变资源约束等，根据顾客需求对预先定义的可配置服务的模块组件进行组合，为顾客配置得到最满意的个性化服务过程。该问题包括以下要点：①在优化模型中需考虑多种优化目标，如最大化顾客需求指数、最小化总服务成本和最小化总服务时间等；②在服务配置中需考虑服务模块组件之间的相容关系和排斥关系；③在配置优化过程中，需考虑各服务模块之间存在时序关系和时变资源约束。

5.2　基于 QFD 的服务配置框架模型

首先定义服务配置问题的一些术语。如图 5.1 所示，为了满足顾客的多样化需求，可将服务设计成模块化结构以供顾客选择。服务模块（如 M_1）中包含若干服务模块组件（如 I_{11} 和 I_{12} 等），这些服务模块组件功能相似且可以互换，但具体实现、成本、质量等可能有所不同，对应服务中的某些服务要素。例如，旅游服务可以分成远距交通模块、接站模块、住宿模块、餐食模块、景点模块、购物模块、快递模块等，每个服务模块中提供不同的服务模块组件，例如，远距交通模块中的服务模块组件可包括飞机头等舱、飞机经济舱、高铁一等座、高铁二等座、列车软卧、列车硬卧等。

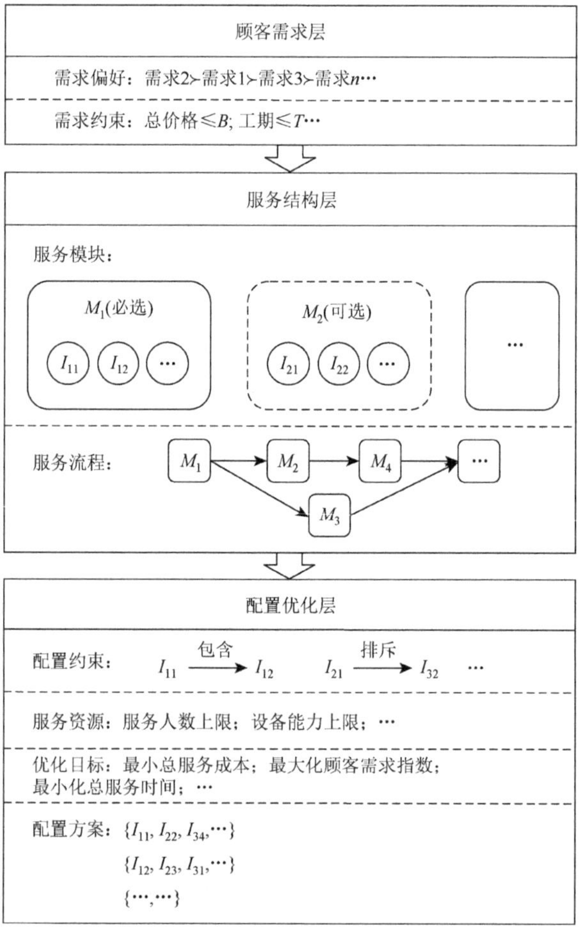

图 5.1　服务的模块化结构和配置

服务模块可以分为两类：一是必选服务模块（如 M_1），用户在配置服务时必须要从必选服务模块中选择一个服务模块组件；二是可选服务模块（如 M_2），用户可不必从可选服务模块中选择服务模块组件。例如，对于一些旅游服务，住宿模块和餐食模块等是必选服务模块，购物模块和一些特殊景点模块是可选服务模块。

服务的过程可以通过服务流程来进行描述。在服务流程中，服务模块之间可能存在复杂的时序关系。有些服务模块需要另一些服务模块执行完毕才能进行，即服务模块之间存在先后序关系。例如，接站服务发生在远距交通服务之后。有些服务模块之间并没有时序关系，二者可以并行执行。例如，旅游过程中的餐食服务和快递服务。在一些工程服务中，服务模块之间的关系更加复杂，不但有任务并行和任务串行，而且可能存在服务资源的共享。

在配置过程中，服务模块组件之间可能存在相容关系和排斥关系。配置的相容关系是指当一个服务模块组件被选中后，另外某个服务模块组件也一定会被选中。例如，对于某些一日游服务，一旦选择豪华型轿车，就需选择资深级司机。配置的排斥关系是指当一个服务模块组件被选中后，另外某个服务模块组件不可以被选中。例如，一旦选择某个郊区景点，就不能选择市中心餐饮。

顾客的需求偏好信息和需求约束信息是服务配置问题的主要输入，不同的顾客有不同的具体要求。在服务模块化结构的支撑下，考虑服务流程的时序关系和服务模块组件之间的配置约束，可以选定不同的优化目标建立优化模型，如最小化总服务成本、最小化总服务时间、最大化顾客需求指数等，为顾客提供最优或次优的配置方案。

本章提出的服务配置方法主要包括以下步骤。

（1）建立服务模块化结构。通过分析服务特征，找到可分解的服务要素，辨析服务要素之间的联系，建立服务接口和模块化结构。对于服务流程比较复杂的情形，可采用设计结构矩阵方法获得高内聚和低耦合的服务模块。定义服务模块中可供选择的服务模块组件及其基本属性值，如成本、时间等。

（2）构造服务的两级 QFD 质量屋。借鉴 QFD 中产品质量设计的质量屋结构，首先建立服务规划质量屋，其中，左墙是顾客需求，屋顶是基本服务属性。然后建立模块配置质量屋，其中，左墙是基本服务属性，屋顶是各服务模块的服务模块组件。通过服务的两级质量屋，可将顾客需求的重要性映射到服务模块的服务模块组件偏好中。

（3）建立多目标服务配置优化模型。在上述两个步骤的基础上，建立多目标服务配置优化模型，综合考虑服务流程的时序关系、时变资源约束、服务模块组件的配置约束、顾客的总服务时间和总服务成本约束等，具体的数学建模过程参见 5.3 节。

（4）根据问题规模应用不同算法求解多目标服务配置优化模型。对于中小规模问题，采用空间划分算法来求得多目标服务配置优化模型的精确 Pareto 解集；

对于大规模问题，设计 NSGA-Ⅱ算法来求得多目标服务配置优化模型的非支配解集，算法细节参见 5.4 节。

（5）解集的缩减和交互选择。针对获得的 Pareto 解集或非支配解集，首先采用 K 均值聚类方法确定聚类中心，然后寻找距离聚类中心最近的配置解，将解集缩减到数量比较小的候选解集，最后由顾客进行满意解的目标调整和交互选择。

5.3 多目标服务配置优化模型

5.3.1 问题描述和假设

设必选服务模块的个数为 N_m，每个服务模块中有 $N_i\left(i=1,2,\cdots,N_m\right)$ 个服务模块组件。服务模块组件的服务时间和服务单位成本分别表示为 t_{ij} 和 $c_{ij}\left(i=1,2,\cdots,N_m;j=1,2,\cdots,N_i\right)$，服务的固定成本为 C_{fix}，且时间和成本均以整数表示。顾客所要求的总服务成本上限和总服务时间上限分别为 C_R 和 T_R。

设顾客需求的个数为 $K1$，其相对重要性表示为 $w_{k1}\left(k1=1,2,\cdots,K1;\sum_{k1=1}^{K1}w_{k1}=1\right)$。质量屋中，服务属性的个数为 $K2$，顾客需求和服务属性的相关关系表示为 $q1_{k1k2}\left(k1=1,2,\cdots,K1;k2=1,2,\cdots,K2\right)$；服务属性和服务模块组件的相关关系表示为 $q2_{k2ij}\left(k2=1,2,\cdots,K2;i=1,2,\cdots,N_m;j=1,2,\cdots,N_i\right)$。服务模块组件对顾客的重要性指数为 $p_{ij}\left(i=1,2,\cdots,N_m;j=1,2,\cdots,N_i\right)$，可通过两级质量屋进行计算（具体计算过程参照 5.2 节）。

服务流程中的活动时序关系用服务模块之间的邻接矩阵来表示，其矩阵元素为 $\varphi_{ii'}\left(i,i'=1,2,\cdots,N_m;i\neq i'\right)$。当第 i 个服务模块是第 i' 个服务模块的前序时（只有第 i 个服务模块的任务执行完毕，第 i' 个服务模块的任务才能执行），$\varphi_{ii'}=1$；否则，$\varphi_{ii'}=0$。对于一个配置方案，服务模块中只能有一个服务模块组件被选中，其开始时间表示为 $s_i\left(i=1,2,\cdots,N_m\right)$。设 T 为整数表示的最大服务周期，其值可取各服务模块中各服务模块组件的最大服务时间之和，即 $T=\sum_{i=1}^{N_m}\max_{j\in N_i}\left(t_{ij}\right)$；$L$ 表示资源种类的个数，第 l 种资源在时间 t 的总量为 $R_{lt}\left(l=1,2,\cdots,L;t=1,2,\cdots,T\right)$，第 i 个服务模块的第 j 个服务模块组件在执行时所需的资源为 $r_{ijl}\left(i=1,2,\cdots,N_m;j=1,2,\cdots,N_i;l=1,2,\cdots,L\right)$。

服务模块组件的相容关系和排斥关系用矩阵形式表示，其矩阵元素分别为

$\delta_{iji'j'}$ 和 $\delta'_{iji'j'}$ $\left(i,i'=1,2,\cdots,N_m;j,j'=1,2,\cdots,N_i;i\,\&\,j\neq i'\,\&\,j'\right)$。当服务模块组件之间存在相容关系时（如果配置方案中选择了第 i' 个服务模块的第 j' 个服务模块组件，那么第 i 个服务模块的第 j 个服务模块组件也一定被选中），$\delta_{iji'j'}=1$；否则，$\delta_{iji'j'}=0$；类似地，当服务模块组件之间存在排斥关系时（如果配置方案中选择了第 i' 个服务模块的第 j' 个服务模块组件，那么第 i 个服务模块的第 j 个服务模块组件不可以被选中），$\delta'_{iji'j'}=1$；否则，$\delta'_{iji'j'}=0$。

优化问题的主决策变量为 $x_{ij}\left(i=1,2,\cdots,N_m;j=1,2,\cdots,N_i\right)$。如果配置方案中选择第 i 个服务模块的第 j 个服务模块组件，那么 $x_{ij}=1$；否则，$x_{ij}=0$。另外，引入辅助变量 y_{ijt} 表示第 i 个服务模块的第 j 个服务模块组件在时间块 t 的任务结束状态，即如果时间块 t 是该模块组件结束时间，那么 $y_{ijt}=1$；否则，$y_{ijt}=0$。

优化问题的目标如下。

（1）最小化总服务成本 C_{All}。

（2）最小化总服务时间 T_{All}。

（3）最大化顾客需求指数 I。

模型的基本假设如下。

（1）总服务成本由固定成本和变动成本构成，其中，变动成本和服务单位成本是线性加总关系。该假设被多项相关研究所采用。

（2）顾客需求和服务产品属性之间的复杂关系可用 QFD 中的质量屋进行近似表达，即采用定量定性结合的方式通过质量屋来表示二者的映射关系。该假设被多个文献所采用，涉及多个服务产品和有形产品的案例。

（3）顾客需求指数由服务模块的重要度评分线性加总获得。该假设被相关文献所采用，在一些针对有形产品的研究中也有类似的假设。

为统一建模方便，在可选服务模块中增加一个虚模块组件，其对应的服务时间、服务单位成本和顾客需求指数均为 0，这样服务模块可统一按照必选服务模块进行建模。另外，为方便服务流程时序关系的表达，在模型中增加了一个虚模块，其中包含一个虚模块组件，并将流程的结束节点设置为虚模块的前序节点，这样可以用 s_{N_m+1} 来表示整个服务流程的结束时间。

5.3.2 数学模型

考虑服务流程时序关系和时变资源约束的多目标服务配置优化模型（P）表示如下：

Obj1：
$$\min C_{\mathrm{All}}=C_{\mathrm{fix}}+\sum_{i=1}^{N_m}\sum_{j=1}^{N_i}c_{ij}x_{ij} \tag{5.1}$$

Obj2：
$$\min T_{\text{All}} = s_{N_m+1} \tag{5.2}$$

Obj3：
$$\max I = \frac{\sum_{i=1}^{N_m}\sum_{j=1}^{N_i}\sum_{k2=1}^{K2}\sum_{k1=1}^{K1} w_{k1} q1_{k1k2} q2_{k2ij} x_{ij}}{N_m \cdot \sum_{k2=1}^{K2}\sum_{k1=1}^{K1} w_{k1} q1_{k1k2} \cdot \sum_{i=1}^{N_m}\sum_{j=1}^{N_i}\sum_{k2=1}^{K2}\sum_{k1=1}^{K1} w_{k1} q1_{k1k2} q2_{k2ij}} \tag{5.3}$$

s.t.

$$\sum_{j=1}^{N_i} x_{ij} = 1,\ i = 1,2,\cdots,N_m \tag{5.4}$$

$$s_i + \sum_{j=1}^{N_i} t_{ij} x_{ij} \leqslant s_{i'} + M\left(1 - \varphi_{ii'}\right),\ i,i' = 1,2,\cdots,N_m+1, i \neq i' \tag{5.5}$$

$$x_{ij} \geqslant \delta_{iji'j'} x_{i'j'}\ , i,i' = 1,2,\cdots,N_m, j,j' = 1,2,\cdots,N_i\ , i \,\&\, j \neq i' \,\&\, j' \tag{5.6}$$

$$x_{ij} \leqslant 2 - \delta'_{iji'j'} - x_{i'j'}, i,i' = 1,2,\cdots,N_m, j,j' = 1,2,\cdots,N_i\ , i \,\&\, j \neq i' \,\&\, j' \tag{5.7}$$

$$\sum_{i=1}^{N_m}\sum_{j=1}^{N_i}\sum_{t'=t}^{\min\left(T, t+t_{ij}-1\right)} r_{ijl} x_{ij} y_{ijt'} \leqslant R_{lt}, l = 1,2,\cdots,L, t = 1,2,\cdots,T \tag{5.8}$$

$$\sum_{t=1}^{T} t y_{ijt} = s_i + t_{ij}, i = 1,2,\cdots,N_m, j = 1,2,\cdots,N_i \tag{5.9}$$

$$\sum_{t=1}^{T} y_{ijt} = 1, i = 1,2,\cdots,N_m, j = 1,2,\cdots,N_i \tag{5.10}$$

$$C_{\text{All}} \leqslant C_R \tag{5.11}$$

$$T_{\text{All}} \leqslant T_R \tag{5.12}$$

$$s_1 = 0,\ s_i \geqslant 0, i = 2,\cdots,N_m+1 \tag{5.13}$$

$$x_{ij} \in \{0,1\}, i = 1,2,\cdots,N_m, j = 1,2,\cdots,N_i \tag{5.14}$$

其中，M 为一个比较大的正数。Obj1 表示顾客所选择服务配置的总服务成本。Obj2 表示顾客所选择服务配置的总服务时间，由虚模块的开始时间来进行等价表示。Obj3 表示顾客所选择服务配置的顾客需求指数，由需求权重和两级 QFD 质量屋计算而来。约束（5.4）表示每个服务模块中的服务模块组件只能有一个被选中。约束（5.5）表示服务模块节点在服务流程中的时序关系。约束（5.6）表示服务模块组件之间的相容配置关系。约束（5.7）表示服务模块组件之间的排斥配置关系。约束（5.8）表示在整个服务过程中各服务模块组件所占用的资源不能超过其上限。约束（5.9）和约束（5.10）限定了辅助变量 y_{ijt} 的取值符合其定义。约束（5.11）和约束（5.12）分别表示总服务成本和总服务时间不能超过顾客给定的上限。约束（5.13）表示服务模块组件开始时间的初始设定和非负约束。约束（5.14）给出了配置决策变量的具体定义。

多目标服务配置优化模型（P）主要用于含有服务流程和时变资源约束的复杂服务，但也可适用于更一般的情形。如果服务产品没有服务流程，可将邻接矩阵元素 $\varphi_{ii'}$ 全部设为 0，使得模型中的约束（5.5）失去作用；如果服务过程没有时变资源约束，可删除约束（5.8）或将 R_{lt} 设为一个大的正数。

5.4 求解算法

多目标服务配置优化模型（P）的三个目标函数均为线性，但约束中存在非线性约束，因此是一个非线性整数规划模型。对于多目标优化模型，比较简单的方法是几个目标加权求和转变成单目标，但权重往往主观而不易设定，即使采用逼近理想解排序法（technique for order preference by similarity to ideal solution，TOPSIS）等方法也有类似的问题。本节采用直接求解 Pareto 解集并进行聚类和交互选择的方法。对于中小规模问题，采用精确算法获得问题的 Pareto 前沿解集；对于大规模问题，采用亚启发式算法获得问题的非支配解前沿。

5.4.1 精确算法

多目标服务配置优化模型（P）中只有一个非线性约束，即约束（5.8）。该约束中的决策变量均为 0-1 决策变量，容易将其转换为等价的线性约束。定义一个新的辅助决策变量 $z_{ijt}(i=1,2,\cdots,N_m;j=1,2,\cdots,N_i;t=1,2,\cdots,T)$，将约束（5.8）替换为以下约束：

$$\sum_{i=1}^{N_m}\sum_{j=1}^{N_i}\sum_{t'=t}^{\min(T,t+t_{ij}-1)} r_{ijl}z_{ijt'} \leqslant R_{lt}, l=1,2,\cdots,L, t=1,2,\cdots,T \tag{5.15}$$

$$M\left(2-x_{ij}-y_{ijt}\right) \geqslant 1-z_{ijt}, i=1,2,\cdots,N_m, j=1,2,\cdots,N_i, t=1,2,\cdots,T \tag{5.16}$$

$$z_{ijt} \leqslant x_{ij}, z_{ijt} \leqslant y_{ijt}, i=1,2,\cdots,N_m, j=1,2,\cdots,N_i, t=1,2,\cdots,T \tag{5.17}$$

$$z_{ijt} \in \{0,1\}, i=1,2,\cdots,N_m, j=1,2,\cdots,N_i, t=1,2,\cdots,T \tag{5.18}$$

转换后多目标线性优化模型的决策变量是 0-1 决策变量，系数可以规范化为整数类型的参数，进而采用精确算法求得 Pareto 前沿解集。本节采用 Lokman 和 Köksalan（2013）提出的目标函数值空间划分算法，其特点是代码实现容易且调用单目标线性整数规划的求解过程比较简单。该方法的思路是将多目标优化问题转换为单目标优化问题，每次求解单目标线性整数规划问题得到新的非支配解，然后利用新的非支配解划分搜索空间，剔除被该非支配解所支配的空间，并更新非支配解集，重复以上过程，直到没有新的非支配解生成，得到多目标优化问题的全部 Pareto 解集。求解每个子问题的单目标线性整数规划模型时，可以采用 CPLEX 等优化软件。

针对多目标服务配置优化模型（P），可以构造如下的单目标服务配置优化模型（P^b）：

$$\max I-\varepsilon\left(C_{\text{All}}+T_{\text{All}}\right) \tag{5.19}$$

s.t.

$$\text{约束（5.4）～约束（5.14）}$$

$$C_{\text{All}}\leqslant b_1 \tag{5.20}$$

$$T_{\text{All}}\leqslant b_2 \tag{5.21}$$

其中，ε 为一个非常小的正数，目的是将多目标优化问题转换为单目标优化问题，并避免产生多目标优化问题的弱有效解。向量 $b=\left(b_1,b_2\right)$ 表示 Obj1 和 Obj2 的目标函数上界。

令 $Z^{(P^b)}=\left(z_1^{(P^b)},z_2^{(P^b)},z_3^{(P^b)}\right)$ 表示单目标优化问题（P^b）的非支配解；$\left(P^{b^{k,n}}\right)(k=0,1,2,\cdots,n)$ 表示单目标优化问题（P^b）划分的 n+1 个子问题，其中，n 为现有非支配解的个数；$S_n=\left\{z^t:1\leqslant t\leqslant n\right\}$ 表示已知的非支配解集，其中，$z^t=\left(z_{t1},z_{t2},z_{t3}\right)$ 为第 t 个非支配解。求解多目标服务配置优化模型的精确算法见算法 5.1。

算法 5.1：求解多目标服务配置优化模型的精确算法

1. 初始化 $b^{0,0}=(M,M)$，调用线性整数规划模块（如 CPLEX）求解问题 $\left(P^{b^{0,0}}\right)$，若无解，则转步骤 4；否则，令 $n=1$，$z^1=z^{\left(P^{b^{0,0}}\right)}$。
2. 计算 $S_n^k=\left\{z^t:z_{t1}\leqslant b_1^{k,n},z^t\in S_n\right\}$，$k=0,1,2,\cdots,n$，并设置 $b^{k,n}=\left(b_1^{k,n},b_2^{k,n}\right)$，$k=0,1,2,\cdots,n$ 为子问题 k 对应 Obj1 和 Obj2 的上界：①若 $k=0$ 且 $S_n^k\neq\varnothing$，则 $b_1^{k,n}=M$，$b_2^{k,n}=\max\limits_{z^t\in S_n^k}\left\{z_{t2}\right\}-1$；②若 $k>0$ 且 $S_n^k\neq\varnothing$，则 $b_1^{k,n}=z_{k1}-1$，$b_2^{k,n}=\max\limits_{z^t\in S_n^k}\left\{z_{t2}\right\}-1$；③若 $k>0$ 且 $S_n^k=\varnothing$，则 $b_1^{k,n}=z_{k1}-1$，$b_2^{k,n}=M$。
3. 求解问题 $\left(P^{b^{k,n}}\right),k=0,1,2,\cdots,n$ 的最优目标函数解 $z^{\left(P^{b^{k,n}}\right)}$，即找到 k^* 满足 $z_3^{\left(P^{b^{k^*,n}}\right)}=\max_{k=0,1,2,\cdots,n}\{z_3^{\left(P^{b^{k,n}}\right)}\}$；若子问题均无可行解，则转步骤 4；否则，产生新的非支配解 $z^{n+1}=z^{\left(P^{b^{k^*,n}}\right)}$，令 $n=n+1$，循环执行步骤 2。
4. 输出 S_n，程序结束。S_n 中包括问题（P）的所有非支配解。

5.4.2 NSGA-Ⅱ算法

对于大规模问题，问题解空间存在组合爆炸问题，精确算法无法在用户需要的时间内获得结果。因此，本节设计亚启发式算法来求解大规模服务配置问题。NSGA-Ⅱ算法是在 NSGA 的基础上改进的亚启发式算法，在许多复杂优化问题中都有成功的应用。本节求解多目标服务配置优化模型的染色体主要采用整数编码结构，模型约束用罚函数法处理，遗传操作采用单点交叉和邻域变异（算法 5.2）。

算法 5.2：求解多目标服务配置优化模型的 NSGA-Ⅱ算法

1. 初始化变量和参数，如模块组件编号 I_{ij}、时间 t_{ij}、成本 c_{ij}、重要性指数 p_{ij}、邻接矩阵 $\varphi_{ii'}$、种群规模 N、迭代次数 G、交叉算子 px 和变异算子 pm。
2. 根据给定的种群规模 N，初始化种群 pop。
3. 通过二元竞标赛方式选择子代个体，并进行交叉和变异操作，产生子代种群 popChild_i，$i = 1,2,\cdots,G$。
4. 合并父代种群 popParent_i 和子代种群 popChild_i，通过模型条件约束计算得到可行方案解集 feasible_pop_i 及解集中各个体的三个目标函数集 popObj_i^k，$k = 1,2,3$。
5. 进行带精英保留策略的非支配排序。①遍历可行方案解集的目标函数集 $P = \text{popObj}_i^k(p)$，$k = 1,2,3$，$p = 1,2,\cdots,\text{size}(\text{popObj}_i^k)$，对其进行种群的非支配解分层排序操作；②计算每层 F_i^j 非支配排序集的拥挤度值 $\text{CD}(F_i^j)$；③采取精英保留策略，根据个体 $\text{CD}(F)$拥挤度值从大到小排列，依次放入 popParent_{i+1} 中，直至种群规模达到 N。
6. 重复步骤 3，依次类推，直至迭代次数达到设定的 G，算法结束。获得 Pareto 前沿解集。

5.5　案例分析和数值实验

5.5.1　案例分析

下面以某养老服务公司为例，对本章提出的服务配置方法进行详细说明。

1. 建立服务模块化结构

对服务进行特征分析，利用服务模块化设计思想，将养老服务流程划分为 16 个服务模块及对应的 46 个服务模块组件配置，具体名称及其基本属性值（如时间、成本、重要性指数等）如表 5.1 所示。各服务模块之间存在一定的紧前后序关系，具体如表 5.2 的邻接矩阵所示，其中，1 表示服务模块之间存在横向服务模块是纵向服务模块的紧前序关系，0 表示不存在前后序关系。每个服务模块组件需要占用不同的人工资源，本案例主要考虑整个服务过程中的照护人员，结合公司实际情况对服务模块 4 和服务模块 15 中的服务模块组件 I_{41}、I_{42} 和 I_{152} 分别设定 2 个、2 个和 3 个人工资源。

表 5.1　服务模块及服务模块组件信息

服务模块	服务模块组件 I_{ij}	编号	时间 t_{ij}/天	成本 c_{ij}/元	重要性指数 p_{ij}/×10^{-1}
1	I_{11}	1	4	20	0.228
	I_{12}	2	5	60	0.277
	I_{13}	3	7	90	0.351

续表

服务模块	服务模块组件 I_{ij}	编号	时间 t_{ij}/天	成本 c_{ij}/元	重要性指数 p_{ij}/$\times 10^{-1}$
2	I_{21}	4	2	12	0.148
	I_{22}	5	3	6	0.133
3	I_{31}	6	5	50	0.295
	I_{32}	7	4	46	0.252
4	I_{41}	8	5	60	0.261
	I_{42}	9	8	120	0.360
5	I_{51}	10	2	25	0.274
	I_{52}	11	1	12	0.120
	I_{53}	12	1	5	0.055
6	I_{61}	13	4	88	0.246
	I_{62}	14	5	74	0.271
	I_{63}	15	8	160	0.351
7	I_{71}	16	2	10	0.059
	I_{72}	17	3	32	0.228
	I_{73}	18	3	68	0.279
8	I_{81}	19	5	92	0.197
	I_{82}	20	6	192	0.288
	I_{83}	21	8	457	0.334
	I_{84}	22	9	330	0.305
9	I_{91}	23	2	10	0.091
	I_{92}	24	3	32	0.218
	I_{93}	25	4	95	0.385
	I_{94}	26	0	0	0
10	I_{101}	27	1	34	0.255
	I_{102}	28	1	22	0.217
	I_{103}	29	2	9	0.091
	I_{104}	30	2	13	0.147
11	I_{111}	31	2	6	0.023
	I_{112}	32	2	8	0.070
	I_{113}	33	0	0	0

续表

服务模块	服务模块组件 I_{ij}	编号	时间 t_{ij}/天	成本 c_{ij}/元	重要性指数 p_{ij}/×10^{-1}
12	I_{121}	34	22	70	0.284
	I_{122}	35	17	96	0.337
	I_{123}	36	18	82	0.304
13	I_{131}	37	5	94	0.323
	I_{132}	38	2	12	0.113
	I_{133}	39	3	63	0.252
14	I_{141}	40	1	60	0.226
	I_{142}	41	3	190	0.341
15	I_{151}	42	2	120	0.305
	I_{152}	43	1	250	0.371
	I_{153}	44	0	0	0
16	I_{161}	45	2	10	0.090
	I_{162}	46	7	60	0.244

表 5.2　服务模块间关系的邻接矩阵

服务模块	1	2	3	4	5	6	7	8	9	10	11	12	13	14	15	16
1	—	1	0	0	0	0	0	0	0	0	0	0	0	0	0	0
2	0	—	1	1	0	0	0	0	0	0	0	0	0	0	0	0
3	0	0	—	0	1	0	0	0	0	0	0	0	0	0	0	0
4	0	0	0	—	1	0	0	0	0	0	0	0	0	0	0	0
5	0	0	0	0	—	1	1	0	0	0	0	0	0	0	0	0
6	0	0	0	0	0	—	0	1	0	0	0	0	0	0	0	0
7	0	0	0	0	0	0	—	0	1	0	0	0	0	0	0	0
8	0	0	0	0	0	0	0	—	1	0	0	0	0	0	0	0
9	0	0	0	0	0	0	0	0	—	1	1	0	0	0	0	0
10	0	0	0	0	0	0	0	0	0	—	0	0	0	1	0	0
11	0	0	0	0	0	0	0	0	0	0	—	1	0	0	0	0
12	0	0	0	0	0	0	0	0	0	0	0	—	1	0	0	0
13	0	0	0	0	0	0	0	0	0	0	0	0	—	0	1	0

续表

服务模块	1	2	3	4	5	6	7	8	9	10	11	12	13	14	15	16
14	0	0	0	0	0	0	0	0	0	0	0	0	0	—	1	0
15	0	0	0	0	0	0	0	0	0	0	0	0	0	0	—	1
16	0	0	0	0	0	0	0	0	0	0	0	0	0	0	0	—

为便于建模，将可选服务模块假设为必选服务模块，同时在可选服务模块中添加一个服务模块组件为“不选择”。在服务模块组件中，I_{42} 和 I_{142}、I_{13} 和 I_{142}、I_{62} 和 I_{103}、I_{94} 和 I_{113}、I_{11} 和 I_{153}、I_{13} 和 I_{73}、I_{11} 和 I_{132} 存在相容关系；I_{93} 和 I_{112}、I_{11} 和 I_{83}、I_{11} 和 I_{162} 存在排斥关系。

2. 构造服务的两级 QFD 质量屋

养老服务公司的专业技术人员对服务模块需求和工程特性进行调研，通过借鉴 QFD 产品质量设计四级质量屋结构中的前两级（即产品规划和零部件规划），先后构建服务规划质量屋和模块配置质量屋，将顾客需求重要性映射到服务模块组件中，如图 5.2 所示。

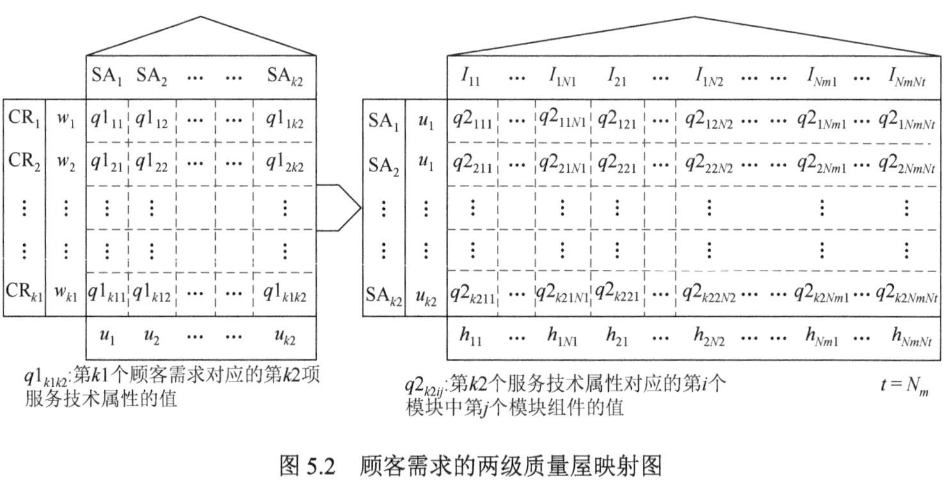

图 5.2　顾客需求的两级质量屋映射图

通过养老服务公司的调研和分析，有 6 个顾客需求（customer requirement，CR_1～CR_6）和 13 个基本服务属性（service attribute，SA_1～SA_{13}）。通过专业技术人员分析，该 13 个基本服务属性有高内聚性，因此不考虑自相关关系。

某顾客根据自身需求，对 CR_1～CR_6 进行主观评分，得到评分 $s^c = [10,8,9,10,7,7]$，并给出总服务成本 1600 元和总服务时间 70 天。首先，对顾客需求评分归一化处理，

$w_{k1}=s_{k1}^{c}/\sum_{k'=1}^{6}s_{k'}^{c}\ (k1=1,2,\cdots,6)$；然后，根据服务规划质量屋计算基本服务属性值 $u_{k2}=\sum_{k1=1}^{6}w_{k1}q1_{k1k2}\ (k2=1,2,\cdots,13)$，归一化得 $v_{k2}=u_{k2}/\sum_{k'=1}^{13}u_{k'}$；最后，根据模块配置质量屋计算服务模块组件性能值 $h_{ij}=\sum_{k2=1}^{13}v_{k2}q2_{k2ij}\ (i=1,2,\cdots,16;j=1,2,\cdots,N_i)$，归一化得到服务模块组件对顾客的重要性指数 $p_{ij}=h_{ij}/\sum_{i'=1}^{16}\sum_{j'=1}^{N_{i'}}h_{i'j'}$，结果如表 5.1 最后一列所示。其中，质量屋参数 $q1_{k1k2}$ 和 $q2_{k2ij}$ 的值由企业召集相关专家综合分析得到。由于这些参数值的获取和计算只涉及优化模型的参数且矩阵比较大，这里没有列出中间计算过程。

3. 建立多目标服务配置优化模型

服务配置优化过程就是在满足一定条件约束下（如本案例中服务模块组件之间的相容与排斥关系、顾客要求总服务时间 $T_{\mathrm{All}}\leqslant 70$ 天、总服务成本 $C_{\mathrm{All}}\leqslant 1600$ 元），找出服务配置方案中使顾客获得最小服务成本 $C_{\min}$、最小服务时间 $T_{\min}$ 和最大顾客需求指数 $I_{\max}$。模型中，Obj1 根据表 5.1 的成本列进行构造，Obj2 根据表 5.1 的时间列和表 5.2 的邻接矩阵进行构造，Obj3 根据质量屋参数进行构造，并按照模型目标函数进行计算，其中，Obj2 受约束（5.5）和约束（5.8）影响，后者主要考虑照护人员在不同时期的时变资源约束。这里对时变资源约束的处理主要考虑不同的服务模块组件在服务模块的最早开始时间和最晚完成时间这个时间段中，计算企业能够提供资源数高于服务模块组件所需资源数的天数之和，若该值大于服务模块组件所需执行的时间，则不影响整个服务时间。本案例中从服务开始后的 12 周（84 天）内的可用照护人员数如表 5.3 所示。

表 5.3　服务的时变可用照护人员数（单位：个）

周次	天	可用照护人员数	周次	天	可用照护人员数
1	0～6	1	7	42～48	5
2	7～13	2	8	49～55	1
3	14～20	2	9	56～62	1
4	21～27	0	10	63～69	0
5	28～34	0	11	70～76	1
6	35～41	2	12	77～83	2

4. 求解多目标服务配置优化模型

本案例共计 13436928 个配置组合方案，属中小规模问题，通过基于全枚举的精确算法求解多目标服务配置优化模型，分别运行 1180s 和 803s，得到本案例精确 Pareto 前沿解集，包含解的个数 Pn = 334。所有算法采用 MATLAB 2016 编程，计算机配置为中央处理器（central processing unit，CPU）2.7GHz 和内存 8GB，操作系统为 Windows 10。

采用 NSGA-Ⅱ算法求解本案例，在交叉概率为 0.9、变异概率为 0.1、种群规模为 300、迭代次数为 1000 时，运行时长为 107s（3 次运算均值）。NSGA-Ⅱ算法每次运行均可得到与精确算法相同的 Pareto 解集，程序运算的初始种群和算法迭代之后最终获得的 Pareto 前沿解集分别如图 5.3（a）和（b）所示。

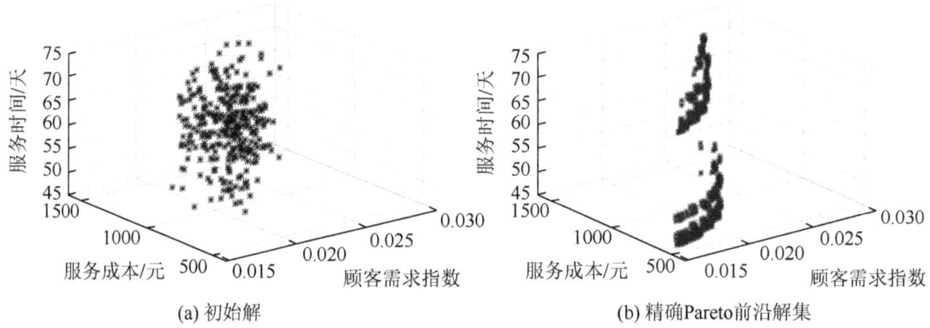

图 5.3　NSGA-Ⅱ算法的初始解和获得的精确 Pareto 前沿解集

NSGA-Ⅱ算法在不同种群规模下得到快速有效收敛，如图 5.4 所示。在种群规模为 200、300、400 的情况下，分别通过 507 次、240 次、176 次迭代即可收敛到 Pareto 前沿解集，说明 NSGA-Ⅱ算法有良好的收敛性能。

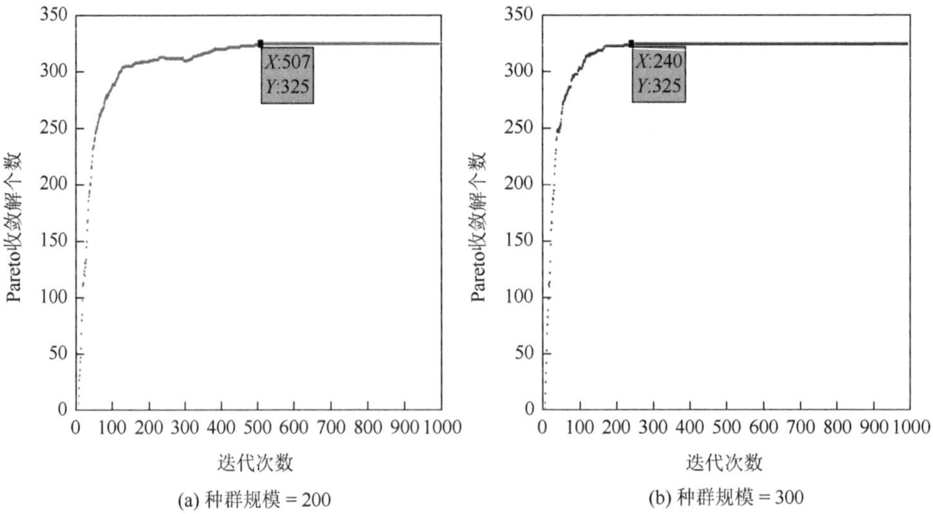

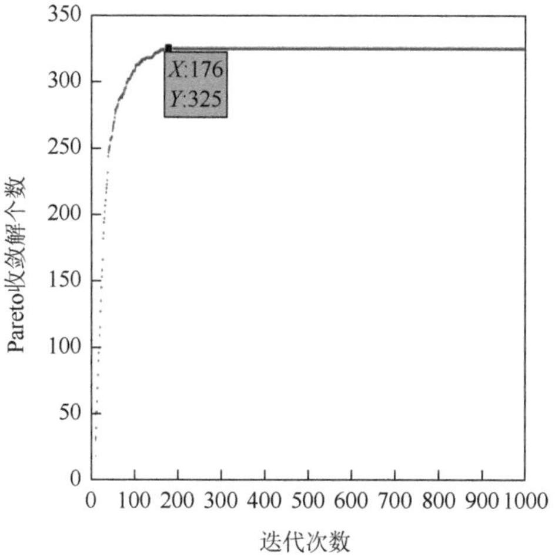

(c) 种群规模 = 400

图 5.4 不同种群规模下的 Pareto 解集收敛图

为观测不同遗传算子可能对 Pareto 解集产生的影响，对遗传迭代过程中交叉算子和变异算子进行组合实验。利用间距度量（记为 Spacing，衡量个体空间分布情况）值评价算法性能，通过组合实验（3 次平均值）计算结果和执行时间发现，当交叉概率 = 0.9 和变异概率 = 0.1 时，效果最好，即组合实验解与精确解的 Spacing 差值为 0 且执行时间最短，具体的实验结果如图 5.5（a）和（b）所示。

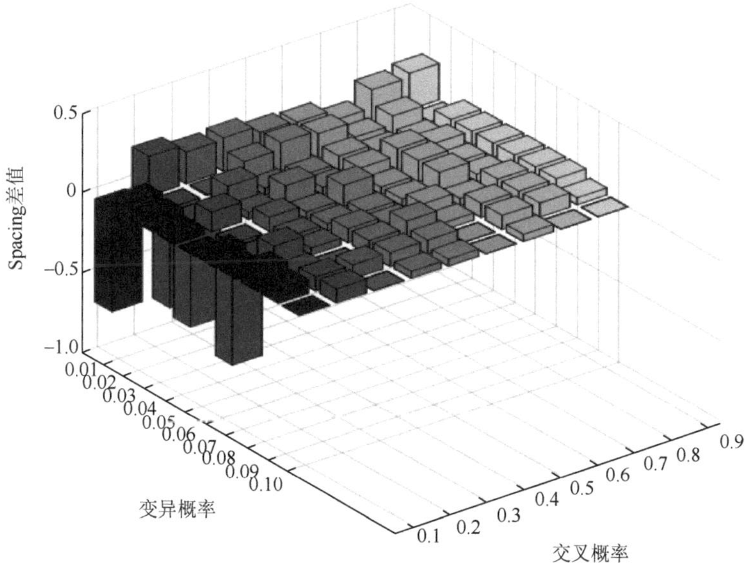

(a) 组合实验解与精确解的Spacing差值图

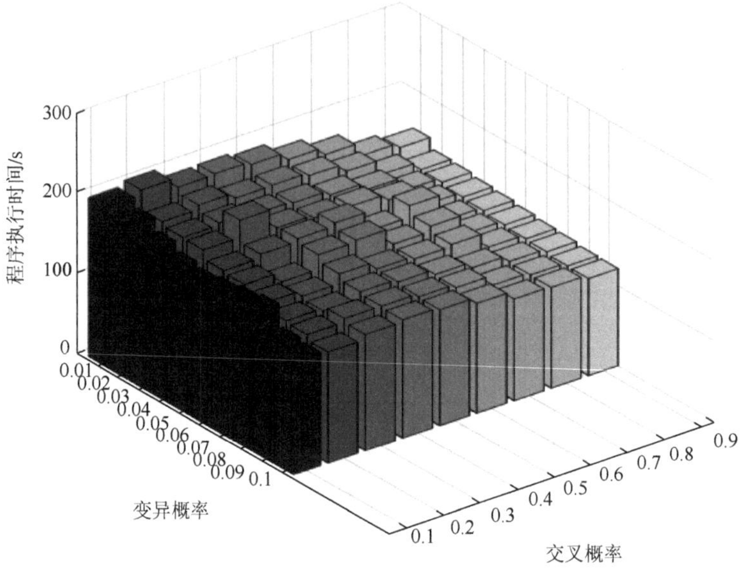

(b) 不同概率组合的程序执行时间

图 5.5　不同交叉/变异概率组合的 NSGA-Ⅱ算法性能

5. 解集的缩减和交互选择

已求得的 Pareto 解的个数为 Pn = 334，解的个数太多不利于用户交互选择。因此，首先，采用 K 均值聚类算法将 Pareto 解集聚为 5 类，计算聚类中心点，“•”为聚类的中心点，如图 5.6（a）和（b）所示，图 5.6（b）为图 5.6（a）的旋转图，聚类效果可视性更好。

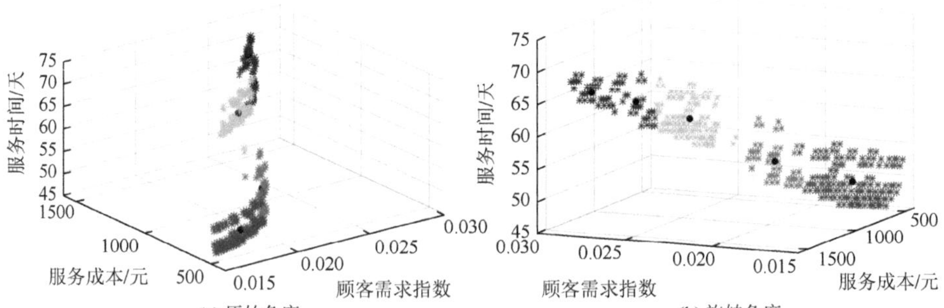

(a) 原始角度　　(b) 旋转角度

图 5.6　Pareto 解集的聚类结果

然后，利用目标优化解集的欧氏距离计算得到离 5 个聚类中心最近的配置解，得到缩减解集，如表 5.4 所示。其中，表 5.4 前 5 行以第三个目标值（顾客需求指数）作为第一排序准则进行降序排序，后 3 行则分别按照单个目标进行计算并给出服务配置方案。

表 5.4　*K*均值聚类后的服务配置组合示例

方案选择	方案	服务模块组件	服务成本/元	服务时间/天	顾客需求指数/$\times 10^{-1}$
*K*均值聚类选择方案	1	I_{13}，I_{22}，I_{31}，I_{42}，I_{51}，I_{61}，I_{73}，I_{83}，I_{92}，I_{101}，I_{112}，I_{122}，I_{131}，I_{142}，I_{151}，I_{162}	1538	68	0.273
	2	I_{12}，I_{22}，I_{31}，I_{41}，I_{51}，I_{61}，I_{72}，I_{83}，I_{93}，I_{101}，I_{111}，I_{122}，I_{131}，I_{141}，I_{151}，I_{162}	1343	64	0.259
	3	I_{12}，I_{21}，I_{31}，I_{41}，I_{51}，I_{62}，I_{72}，I_{83}，I_{92}，I_{103}，I_{112}，I_{123}，I_{133}，I_{141}，I_{151}，I_{162}	1204	62	0.237
	4	I_{11}，I_{22}，I_{31}，I_{41}，I_{51}，I_{61}，I_{72}，I_{82}，I_{93}，I_{102}，I_{111}，I_{123}，I_{132}，I_{141}，I_{153}，I_{161}	760	52	0.207
	5	I_{11}，I_{21}，I_{32}，I_{41}，I_{51}，I_{61}，I_{71}，I_{81}，I_{91}，I_{102}，I_{112}，I_{123}，I_{132}，I_{141}，I_{153}，I_{161}	557	48	0.174
单目标最优值方案	1	服务成本最优：I_{11}，I_{22}，I_{32}，I_{41}，I_{53}，I_{62}，I_{71}，I_{81}，I_{91}，I_{103}，I_{112}，I_{121}，I_{132}，I_{141}，I_{153}，I_{161}	492	53	0.151
	2	服务时间最优：I_{11}，I_{21}，I_{31}，I_{41}，I_{52}，I_{61}，I_{72}，I_{81}，I_{91}，I_{101}，I_{112}，I_{122}，I_{132}，I_{141}，I_{153}，I_{161}	596	46	0.181
	3	顾客需求指数最优：I_{13}，I_{22}，I_{31}，I_{42}，I_{51}，I_{61}，I_{73}，I_{83}，I_{93}，I_{101}，I_{111}，I_{122}，I_{131}，I_{142}，I_{151}，I_{162}	1599	69	0.280

由上述结果可知，本案例最优服务配置组合 Pareto 解集共有 334 个前沿解，聚类可得五种服务方案。养老服务公司向顾客提供方案集合，顾客可对这些解的目标进行调整和交互选择，选择最满意的服务配置组合。

在以本案例作为基本问题（即 $C_{\mathrm{All}} \leqslant 1600$ 元，$T_{\mathrm{All}} \leqslant 70$ 天，Pn = 334）的基础上，进行一些敏感性分析。首先，假定总服务成本发生变化，通过本案例服务模块组件相关数据，可以优先计算得到所有服务方案中 $C_{\mathrm{All}}^{\min} = 480$ 元，$C_{\mathrm{All}}^{\max} = 1809$ 元，在此区间内改变 C_{All}，重新求解问题，Pn 的变化如图 5.7 所示。

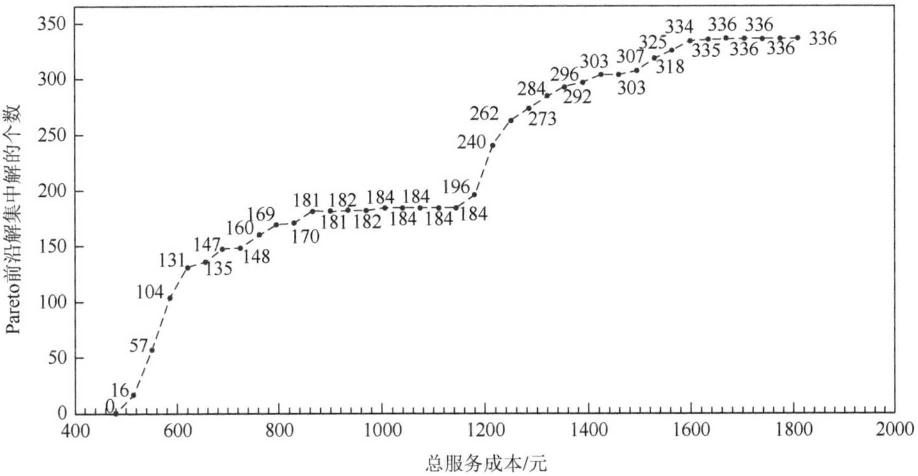

图 5.7　总服务成本对 Pareto 解集中解个数的影响

（1）减少总服务成本，则 Pn 逐渐变少；反之，Pn 逐渐增多。总服务成本的增加和减少会对符合约束的可行解产生影响，Pn 也随之变化。

（2）当 $C_{All}\geqslant 1670$ 元时，Pn 保持不变，Pn = 336。这说明当 $C_{All}=1670$ 元时，所得到的 Pareto 解集中的解能够支配所有可行解，再增加总服务成本将不再影响推荐服务方案结果。

（3）当 C_{All} 为[1180,1215]元时，Pn 从 196 增大至 240，增幅较大，其被支配的可行解变化较多，可行解在此区域的密集性比较高，此区域为总服务成本的敏感点；当 C_{All} 为[1005,1145]元时，Pn 始终稳定在 184，此区域总服务成本不影响推荐服务方案结果。

然后，假定顾客所要求的总服务时间发生变化，通过本案例服务模块的邻接关系和服务模块组件相关数据，可以计算得到所有服务方案中 $T_{All}^{min}=43$ 天，$T_{All}^{max}=79$ 天，在此区间内改变 T_{All}，重新求解问题，进一步分析可得到与改变 C_{All} 类似的结论，且当 $T_{All}\geqslant 74$ 天时，Pn 不再变化。

为了进一步说明本章考虑时序关系和时变资源约束的必要性，分别将本案例的服务模块间时序关系和时变资源约束去除，得到对应的 Pn、目标值变化情况、解集中的解针对原问题的可行性等：①当不考虑时序关系时，服务时间目标函数平均值明显高于原问题，说明增加时序关系可以使更多服务模块并发执行，因此缩短了服务时间；如果没有时序关系，则所得 Pareto 解集中的解针对原问题全部不可行，且大部分被原问题解所支配。②当不考虑时变资源约束时，服务供应商能够在任何时段供应足够的人工资源以保证项目的实施，从 Pareto 解集来看，其方案更优，但本案例只考虑了照护人员，对原问题影响有限。

下面进一步分析照护人员数对最优解目标值的影响。在保持其他时段不变的基础上，分别对某一特定时段（周次）内的可用照护人员数以 1 个单位持续增加或减少，当所得 Pareto 解集不再变化时，停止改变照护人员数，结果如表 5.5 所示。

表 5.5　调整照护人员数对原问题解集的影响

周次	天	原问题	变化数量	周次	天	原问题	变化数量
1	0～6	1	—	7	42～48	5	—
2	7～13	2	−1	8	49～55	1	+2
3	14～20	2	−1	9	56～62	1	+2
4	21～27	0	—	10	63～69	0	—
5	28～34	0	—	11	70～76	1	—
6	35～41	2	—	12	77～83	2	—

注：—表示增加或减少照护人员数均对解集不产生影响。

针对表 5.5 中照护人员数变化，对解集中解的个数、目标值变化情况、解集中解针对原问题的可行性等进行分析，如表 5.6 所示。

表 5.6　照护人员数调整后 Pareto 解集的变化情况

时变资源变化	Pareto 解集中解的个数	目标值变化情况（平均）			解集中的解针对原问题的可行性	说明
		Obj1/元	Obj2/天	Obj3/$\times10^{-1}$		
原问题	334	925.413	56.422	0.213	不适用	
第 2 周时变资源−1	0	0	0	0	无可行解	解集为空集
第 3 周时变资源−1	303	862.528	55.323	0.207	100%可行	Pn 交集为 303 个
第 8 周时变资源+2	372	971.548	56.688	0.216	99.4%可行	Pn 交集为 332 个，原问题中剩余 2 个解支配该问题剩余解集中其他 4 个解
第 9 周时变资源+2	339	933.566	56.525	0.214	99.1%可行	Pn 交集为 331 个，原问题中剩余 3 个解支配该问题剩余解集中其他 4 个解

结合表 5.6 可以得出以下结论和管理建议。

（1）当服务时间在第 2 周时，减少 1 个照护人员将导致没有可行解；增加照护人员则不影响最终解集的 Pareto 前沿分布，说明第 2 周增加照护人员意义不大。

（2）当服务时间在第 3 周时，减少 1 个照护人员将会缩减 Pareto 解集中解的个数。通过对 Pareto 解集数据进行分析，对比原问题的解集数据，照护人员的减少只影响了 Pareto 解集中的少部分区域。因此，如果此时段资源比较紧张，那么服务供应商可酌情抽调该资源前往其他时段或其他项目。

（3）当服务时间在第 8 周或第 9 周时，增加 2 个照护人员后，Pareto 解集中解的个数显著增加。如果人工资源充足，那么服务供应商可考虑在此时段增加 2 个照护人员，以提供更加丰富和优质的服务组合方案。

（4）当服务时间在第 1 和 10 周时，照护人员的增减对配置结果不产生影响，可将过剩资源调配到其他时段或其他项目。

5.5.2　数值实验

为进一步评估所设计的 NSGA-Ⅱ算法在求解服务配置问题上的效率，随机生成带有时序关系和时变资源约束的服务配置仿真案例，进一步验证精确算法和亚启发式算法的运行效率。

对于 NSGA-Ⅱ算法的性能评价主要从解集的收敛性、均匀性和广泛性等三个维度进行，分为两种情况：①已知精确 Pareto 解集，主要采用间距度量（Spacing）、当代距离（generational distance，GD）、覆盖率（Coverage）、错误率（error ratio，ER）等指标；②未知准确 Pareto 解集，主要采用 Spacing、GD、倒代距离（inverted generational distance，IGD）、超体积（hyper volume，HV）、超体积差（hyper volume difference，HVD）等指标。随机生成不同规模案例基础，设置种群规模为 300，迭代次数为 1000，对第一种情况采用小规模案例（服务模块数 = 20）进行实验，结果如表 5.7 所示；对第二种情况采用大规模案例（服务模块数 = 50）进行实验，结果如表 5.8 所示。

表 5.7　精确 Pareto 解集已知时的数值实验结果

服务模块数	服务模块组件数	服务配置规模	Pareto 解集中精确解的个数	Pareto 精确解集 Spacing	算法评价指标（5 次平均值）					
					Pareto 解集中解的个数	执行时间/s	Spacing	GD	Coverage	ER
20	69	1.79×10^{10}	54	4.66	50.6	157.0	4.65	0.05	1	0.74%
	75	1.01×10^{11}	152	4.78	125.6	179.2	5.55	0.09	1	0.39%
	80	3.19×10^{11}	98	2.47	98	177.8	2.468	2.61×10^{-14}	1	0.24%
	72	3.22×10^{10}	64	3.82	60.4	168.7	3.470	0.25	1	1.56%
	77	1.17×10^{11}	206	3.22	190.8	199.5	3.430	0.03	1	0.19%

表 5.8　精确 Pareto 解集未知时的数值实验结果

服务模块数	服务模块组件数	服务配置规模	Pareto 参照前沿解集的解的个数	算法评价指标（5 次平均值）							
				Pareto 解集中解的个数	执行时间/s	Spacing	GD	IGD	参照解 HV2	算法解 HV1	HVD
50	184	2.52×10^{27}	363	227.2	435.78	0.0106	0.0011	0.0552	1.0152	0.9913	0.0240
	208	6.42×10^{29}	1960	461	492.43	0.0216	0.0016	0.0336	0.9883	0.9008	0.0875
	210	1.17×10^{30}	1358	390.8	411.48	0.0185	0.0046	0.0860	0.9280	0.7037	0.2243
	186	9.03×10^{26}	570	219.8	384.84	0.0213	0.0030	0.1477	0.8833	0.6297	0.2536
	183	8.12×10^{26}	453	193	420.66	0.0248	0.0033	0.0776	0.8833	0.6449	0.2384

表 5.7 中，GD 表示 NSGA-Ⅱ算法所得解到精确解之间的平均最小距离，GD 值越小表明算法所得解越接近精确解，当 GD = 0 时，算法所得解均包含在精确解

集中；Coverage 表示 NSGA-Ⅱ算法所得解与精确解之间支配关系个数与算法所得解个数的比值，即解的覆盖率，Coverage 值越大说明算法所得解越倾向精确解，当 Coverage = 1 时，精确解完全覆盖算法所得解；ER 表示 NSGA-Ⅱ算法所得解中不属于精确解集的比例，当 ER = 0 时，算法所得解完全属于精确解集。结合以上三个指标，再根据 NSGA-Ⅱ算法和精确算法所得解个数及 Spacing 值，充分说明算法能够快速得到较为理想的解集，具备良好的收敛性，能够很好地为服务提供满意的解决方案。

表 5.8 中，IGD 表示参照前沿解到 NSGA-Ⅱ算法所得解之间的平均最小距离。Pareto 参照前沿为通过本算法更大种群规模（2000）和更高迭代次数（20000）所得的参照 Pareto 解集，具备更趋于 Pareto 精确解集的趋势。因此，由 GD 和 IGD 的数据可知，算法所得解比较倾向参照前沿解，只有很少一部分会被参照前沿解所支配，说明算法能够较快收敛到较为理想的结果集。HV 表示 Pareto 前沿解集与某一参照点所围成的目标空间体积，HVD 表示同一参照点与参照 Pareto 前沿解集和算法 Pareto 前沿解集之间的 HV 差值，可评价算法的收敛性。从表 5.8 中数据可知，HVD 值比较小，说明算法解集已经靠近参照 Pareto 前沿解集，故算法具有较好的收敛性。

5.6　模型扩展：多顾客和不确定情形

5.6.1　问题背景介绍

一方面，前面的多目标服务配置优化模型仅对单顾客执行配置，没有考虑对多顾客执行配置。实际上，在节假日和在线批量订单等多顾客的情况下，需要在有限的资源下处理多顾客的需求并平衡配置结果。因此，有必要将前面的多目标服务配置优化模型扩展为支持多顾客的多目标服务配置优化模型。

另一方面，前面的多目标服务配置优化模型中质量屋的元素是清晰（crisp）的数值。实际上，QFD 整合了定量信息和定性信息，其中，定性信息包括由人类专家基于个人经验获得的信息，并且本质上是不确定的。特别需要指出的是，HoQ1 和 HoQ2 的元素没有用于估计解的历史数据，属于一种主观不确定性元素，不适合将其定义为随机数，而应将其表示为模糊数。

本节对多目标服务配置优化模型进行扩展，使之能解决上述两个问题。

5.6.2　支持多顾客的多目标服务配置优化模型

支持多顾客的多目标服务配置优化模型表示如下。

Model Ⅰ：

$$\max_{h\in H}\min\sum_{i\in I}\sum_{j\in J_i}\sum_{k2\in K2}\sum_{k1\in K1}w_{hk1}q1_{k1k2}q2_{k2ij}x_{hij}/\left(q1_{\max}q2_{\max}N_mK1\right) \tag{5.22}$$

s.t.

$$\sum_{j\in J_i}x_{hij}=1, i\in I, h\in H \tag{5.23}$$

$$s_{hi}+\sum_{j\in J_i}d_{ij}x_{hij}\leqslant s_{hi'}+M\left(1-\varphi_{ii'}\right), i,i'\in\left\{1,2,\cdots,N_m+1\right\}, i\neq i', h\in H \tag{5.24}$$

$$x_{hij}\geqslant\delta_{iji'j'}x_{hi'j'}\ \ , i,i'\in I, j,j'\in J_i, i\,\&\,j\neq i'\,\&\,j', h\in H \tag{5.25}$$

$$x_{hij}\leqslant 2-\delta'_{iji'j'}-x_{hi'j'}, i,i'\in I, j,j'\in J_i, i\,\&\,j\neq i'\,\&\,j', h\in H \tag{5.26}$$

$$\sum_{h\in H}\sum_{i\in I}\sum_{j\in J_i}\sum_{t'=t}^{\min\left(T,t+d_{ij}-1\right)}r_{ijl}x_{hij}y_{hijt'}\leqslant R_{lt}, l\in L, t\in T \tag{5.27}$$

$$\sum_{t\in T}ty_{hijt}=s_{hi}+d_{ij}, i\in I, j\in J_i, h\in H \tag{5.28}$$

$$\sum_{t\in T}y_{hijt}=1, i\in I, j\in J_i, h\in H \tag{5.29}$$

$$C_{\text{fix}}+\sum_{i\in I}\sum_{j\in J_i}c_{ij}x_{hij}\leqslant C_{hR}, h\in H \tag{5.30}$$

$$\mathrm{s}_{hN_m+1}\leqslant T_{hR}, h\in H \tag{5.31}$$

$$s_{h1}=0, s_{hi}\geqslant 0, i\in\left\{2,\cdots,N_m+1\right\}, h\in H \tag{5.32}$$

$$x_{hij}\in\{0,1\}, i\in I, j\in J_i, h\in H \tag{5.33}$$

其中，M 为一个很大的正数；目标函数（5.22）最大化顾客需求指数的最小值，顾客需求指数由顾客需求的权重和质量屋的关系矩阵计算；约束（5.23）确保在每个服务模块中只选择一个服务模块组件；约束（5.24）保证服务过程中服务模块的时序关系；约束（5.25）保证服务模块组件的相容配置关系；约束（5.26）保证服务模块组件的排斥配置关系；约束（5.27）保证整个服务过程中每个服务模块组件占用的资源不超过上限；约束（5.28）和约束（5.29）确保 y_{ijt} 的值满足其定义；约束（5.30）和约束（5.31）确保总服务成本和总服务时间不超过上限；约束（5.32）保证进程的启动时间为 0，任意服务模块组件的启动时间为非负；约束（5.33）限制决策变量的取值范围。

在 Model Ⅰ中，基于以下考虑，应用离散时间来处理模型：①在大多数服务过程中，时间的粒度通常不是很小（例如，以小时或天为单位），因此，离散时间对实际情况来说已经足够；②基于离散时间的二值型决策变量可以方便地将

Model Ⅰ转化为线性决策变量，大大降低了计算复杂度。

Model Ⅰ的目标函数是非线性的，可以将其很容易地转换为如下线性形式：

Model Ⅱ：

max　R

s.t.

$$R \leqslant \sum_{i\in I}\sum_{j\in J_i}\sum_{k2\in K2}\sum_{k1\in K1} w_{hk1} q1_{k1k2} q2_{k2ij} x_{hij} \Big/ \left(q1_{\max} q2_{\max} N_m K1\right), h\in H \tag{5.34}$$

约束（5.23）～约束（5.33）

其中，R 为一个非负小数，表示顾客需求指数的最小值。

除了约束（5.27），Model Ⅱ的所有约束都是线性的。通过定义新的辅助变量 $z_{hijt}\left(i\in I; j\in J_i; t\in T; h\in H\right)$，Model Ⅱ的约束（5.27）可用下面的约束来进行替代：

$$\sum_{h\in H}\sum_{i\in I}\sum_{j\in J_i}\sum_{t'=t}^{\min\left(T, t+d_{ij}-1\right)} r_{ijl} z_{hijt'} \leqslant R_{lt}, l\in L, t\in T \tag{5.35}$$

$$M\left(2 - x_{hij} - y_{hijt}\right) \geqslant 1 - z_{hijt}, i\in I, j\in J_i, t\in T, h\in H \tag{5.36}$$

$$z_{hijt} \leqslant x_{hij}, z_{hijt} \leqslant y_{hijt}, i\in I, j\in J_i, t\in T, h\in H \tag{5.37}$$

$$z_{hijt} \in \{0,1\}, i\in I, j\in J_i, t\in T, h\in H \tag{5.38}$$

变换后的模型是一个线性整数规划模型。如果问题规模不大，可以直接使用 CPLEX 等商业优化软件包进行求解。

5.6.3　支持模糊 QFD 的多目标服务配置优化模型

令 HoQ1 中的顾客需求和服务属性之间的关系为三角模糊数，表示为 $\widetilde{q1}_{k1k2} = \left(q1_{k1k2}^L, q1_{k1k2}^M, q1_{k1k2}^R\right)\left(k1\in K1; k2\in K2\right)$，其中，$q1_{k1k2}^L$、$q1_{k1k2}^M$ 和 $q1_{k1k2}^R$ 分别为最悲观、最可能和最乐观的值。类似地，令 HoQ2 中的服务属性与服务模块组件之间的关系为三角模糊数，表示为 $\widetilde{q2}_{k2ij} = \left(q2_{k2ij}^L, q2_{k2ij}^M, q2_{k2ij}^R\right)\left(k2\in K2; i\in I; j\in J_i\right)$，其中，$q2_{k2ij}^L$、$q2_{k2ij}^M$ 和 $q2_{k2ij}^R$ 分别为最悲观、最可能和最乐观的值。支持模糊 QFD 的多目标服务配置优化模型表示如下。

Model Ⅲ：

$$\max \min_{h\in H} I_h = \sum_{i\in I}\sum_{j\in J_i}\sum_{k2\in K2}\sum_{k1\in K1} w_{hk1} \widetilde{q1}_{k1k2} \widetilde{q2}_{k2ij} x_{hij} \Big/ \left(q1_{\max} q2_{\max} N_m K1\right) \tag{5.39}$$

s.t.

约束（5.23）～约束（5.33）

根据模糊数学，I_h 不是一个三角模糊数，而是一个左右（left right，LR）型模糊数。I_h 可以表示为 $\left(I_h^L, I_h^M, I_h^R\right)_{\mathrm{LR}}$，且

$$I_h^L = \sum_{i\in I}\sum_{j\in J_i}\sum_{k2\in K2}\sum_{k1\in K1} w_{hk1} q1_{k1k2}^L q2_{k2ij}^L x_{hij} \Big/ \left(q1_{\max} q2_{\max} N_m K1\right),\ h\in H \quad (5.40)$$

$$I_h^M = \sum_{i\in I}\sum_{j\in J_i}\sum_{k2\in K2}\sum_{k1\in K1} w_{hk1} q1_{k1k2}^M q2_{k2ij}^M x_{hij} \Big/ \left(q1_{\max} q2_{\max} N_m K1\right),\ h\in H \quad (5.41)$$

$$I_h^R = \sum_{i\in I}\sum_{j\in J_i}\sum_{k2\in K2}\sum_{k1\in K1} w_{hk1} q1_{k1k2}^R q2_{k2ij}^R x_{hij} \Big/ \left(q1_{\max} q2_{\max} N_m K1\right),\ h\in H \quad (5.42)$$

其中，I_h^L、I_h^M 和 I_h^R 分别为最悲观、最可能和最乐观的值。I_h 的隶属函数的左半部分单调增加，I_h 的隶属函数的右半部分单调减少。

定义 5.1：令 M 和 N 为 LR 型模糊数；当 $m_\alpha^L \leqslant n_\alpha^L$ 且 $m_\alpha^U \leqslant n_\alpha^U$，$\alpha\in[0,1]$ 时，M 严格小于等于 N（$M \dot{\leqslant} N$），其中，$\left[m_\alpha^L, m_\alpha^U\right]$ 和 $\left[n_\alpha^L, n_\alpha^U\right]$ 分别为 M 和 N 的 α 割集。

命题 5.1：令 $M_i = \left(m_i^L, m_i^M, m_i^R\right)_{\mathrm{LR}}, i\in\{1,2,\cdots,n\}$ 为 LR 型模糊数，$\hat{m}^M = \min\limits_{i\in\{1,2,\cdots,n\}} m_i^M$，$\hat{m}^L = \min\limits_{i\in\{1,2,\cdots,n\}} m_i^L$，$\hat{m}^R = \min\limits_{i\in\{1,2,\cdots,n\}} m_i^R$，则必然存在一个 LR 型模糊数 $M^* = \left(\hat{m}^L, \hat{m}^M, \hat{m}^R\right)_{\mathrm{LR}}$，满足 $M^* \dot{\leqslant} M_i, i\in\{1,2,\cdots,n\}$。

证明：$M_i\ ,i\in\{1,2,\cdots,n\}$ 的隶属函数表示为

$$\mu_{M_i}(x)=\begin{cases} L_i\left(\dfrac{m_i^M - x}{m_i^M - m_i^L}\right) & ,x\in[m_i^L, m_i^M] \\ 1 & ,x = m_i^M \\ R_i\left(\dfrac{x - m_i^M}{m_i^R - m_i^M}\right) & ,x\in[m_i^M, m_i^R] \\ 0 & ,x\notin[m_i^L, m_i^R] \end{cases}$$

其中，L_i 和 R_i 分别为 M_i 的隶属函数的左半部分和右半部分，且 $L_i(0)=R_i(0)=1$，$L_i(1)=R_i(1)=0$。

（1）当 n=2 时，仅有 2 个 LR 型模糊数，即 $i=1,2$。进一步分析，对于左半部分的隶属函数，有如下两种可能的情况。

① M_1 和 M_2 的隶属函数的左半部分没有相交。

令 $\hat{m}^M=\min\{m_1^M,m_2^M\}$。不失一般性，令 $\hat{m}^M=m_1^M$，可得 $m_1^L<m_2^L$，$\hat{m}^L=m_1^L$，因此存在

$$L_*=\begin{cases}L_1\left(\dfrac{\hat{m}^M-x}{\hat{m}^M-\hat{m}^L}\right), x\in(\hat{m}^L,\hat{m}^M]\\0 \qquad\qquad\qquad\quad ,x\in(-\infty,\hat{m}^L]\end{cases}$$

$\forall\alpha\in[0,1]$，令 $[m_\alpha^{*L},m_\alpha^{*U}]$、$[m_\alpha^{1L},m_\alpha^{1U}]$ 和 $[m_\alpha^{2L},m_\alpha^{2U}]$ 分别为 M^*、M_1 和 M_2 的 α 割集。因为 L_i 是单调连续的，所以 L_* 是一个单调递减函数，且有 $m_\alpha^{*L}=L_*^{-1}(\alpha)=L_1^{-1}(\alpha)=m_\alpha^{1L}$。

因为 $m_1^L<m_2^L$、$\hat{m}^L=m_1^L$、M_1 和 M_2 的隶属函数的左半部分没有相交，所以根据单调性和反函数的性质，$m_\alpha^{*L}\leqslant m_\alpha^{1L},m_\alpha^{*L}\leqslant m_\alpha^{2L}$，有 $\forall x\in[m_2^L,m_1^M]$，$L_1(x)>L_2(x)$，$m_\alpha^{1L}=L_1^{-1}(\alpha)<L_2^{-1}(\alpha)=m_\alpha^{2L}$。

② M_1 和 M_2 的隶属函数的左半部分有 k 个交点。

令 $\hat{m}^L=\min\{m_1^L,m_2^L\}$，$\hat{m}^M=\min\{m_1^M,m_2^M\}$，交点为 $(x_i,y_i),i=1,2,\cdots,k$，那么存在

$$L_*=\begin{cases}0 & ,x\in(-\infty,\hat{m}^L]\\ L_i\left(\dfrac{x_1-x}{x_1-\hat{m}^L}\right) & ,x\in(\hat{m}^L,x_1],\hat{m}^L=m_i^L,i=1,2\\ \max\left\{L_1\left(\dfrac{x_{i+1}-x}{x_{i+1}-x_i}\right),L_2\left(\dfrac{x_{i+1}-x}{x_{i+1}-x_i}\right)\right\} & ,x\in(x_i,x_{i+1}],i=1,2,\cdots,k-1\\ L_i\left(\dfrac{\hat{m}^M-x}{\hat{m}^M-x_k}\right) & ,x\in(x_k,\hat{m}^M],\hat{m}^M=m_i^M,i=1,2\end{cases}$$

因为 L_i 是单调连续的，所以 L_* 在 $[\hat{m}^L,\hat{m}^M]$ 内是单调递减的。$\forall\alpha\in[0,1]$，令 $[m_\alpha^{*L},m_\alpha^{*U}]$、$[m_\alpha^{1L},m_\alpha^{1U}]$ 和 $[m_\alpha^{2L},m_\alpha^{2U}]$ 分别为 M^*、M_1 和 M_2 的 α 割集。

当 $0\leqslant\alpha<y_1$ 时，$m_\alpha^{*L}=\min\{L_1^{-1}(\alpha),L_2^{-1}(\alpha)\}=\min\{m_\alpha^{1L},m_\alpha^{2L}\}$；当 $y_1\leqslant\alpha\leqslant y_k$ 时，$m_\alpha^{*L}=L_*^{-1}(\alpha)=\min\{L_1^{-1}(\alpha),L_2^{-1}(\alpha)\}=\min\{m_\alpha^{1L},m_\alpha^{2L}\}$；当 $y_k<\alpha\leqslant 1$ 时，$m_\alpha^{*L}=\min\{L_1^{-1}(\alpha),L_2^{-1}(\alpha)\}=\min\{m_\alpha^{1L},m_\alpha^{2L}\}$，即 $m_\alpha^{*L}\leqslant m_\alpha^{1L},m_\alpha^{*L}\leqslant m_\alpha^{2L}$。

因此，当 n=2 时，有 $m_\alpha^{*L}\leqslant m_\alpha^{1L},m_\alpha^{*L}\leqslant m_\alpha^{2L}$。

右半部分的隶属函数 R_* 的构建过程与 L_* 类似。也可以得到，当 n=2 时，有 $m_\alpha^{*U}\leqslant m_\alpha^{1U},m_\alpha^{*U}\leqslant m_\alpha^{2U}$，具体证明过程略。

根据定义 5.1，有

$$M^*\dot{\leqslant}M_1,M^*\dot{\leqslant}M_2$$

即存在一个 LR 型模糊数 M^*，使得 $M^* \dot{\leqslant} M_i, i=1,2$。

（2）假设命题 5.1 在 $n=J(J\geqslant 2)$ 时成立，即存在一个 LR 型模糊数 $M^*=(\hat{m}^L,\hat{m}^M,\hat{m}^R)_{\mathrm{LR}}$，使得 $M^* \dot{\leqslant} M_i, i=1,2,\cdots,J$，其中，$\hat{m}^L=\min\limits_{i\in\{1,2,\cdots,J\}} m_i^L$，$\hat{m}^M=\min\limits_{i\in\{1,2,\cdots,J\}} m_i^M$，$\hat{m}^R=\min\limits_{i\in\{1,2,\cdots,J\}} m_i^R$。

当 $n=J+1$ 时，$M^*=(\hat{m}^L,\hat{m}^M,\hat{m}^R)_{\mathrm{LR}}$，$M_{J+1}=(m_{J+1}^L,m_{J+1}^M,m_{J+1}^R)_{\mathrm{LR}}$，根据 $n=2$ 的证明结果，存在一个 LR 型模糊数 $M^{**}=(\hat{m}_{**}^L,\hat{m}_{**}^M,\hat{m}_{**}^R)_{\mathrm{LR}}$，使得 $M^{**} \dot{\leqslant} M^*$，$M^{**} \dot{\leqslant} M_{J+1}$，其中，$\hat{m}_{**}^L \leqslant \hat{m}^L, \hat{m}_{**}^L \leqslant \hat{m}_{J+1}^L$。

因为 $\hat{m}^L=\min\limits_{i\in\{1,2,\cdots,J\}} m_i^L$，即 $\hat{m}^L \leqslant m_i^L, i\in\{1,2,\cdots,J\}$，所以有 $\hat{m}_{**}^L \leqslant \hat{m}_i^L$，$i\in\{1,2,\cdots,J+1\}$，即 $\hat{m}_{**}^L \leqslant \min\limits_{i\in\{1,2,\cdots,J+1\}} m_i^L$。考虑 M^{**} 的存在性，可以设 $\hat{m}_{**}^L=\min\limits_{i\in\{1,2,\cdots,J+1\}} m_i^L$。

类似地，有 $\hat{m}_{**}^M=\min\limits_{i\in\{1,2,\cdots,J+1\}} m_i^M$，$\hat{m}_{**}^R=\min\limits_{i\in\{1,2,\cdots,J+1\}} m_i^R$。

因此，命题 5.1 在 n=$J+1$ 时成立。根据数学归纳法，命题 5.1 对于 $\forall n\in N(N\geqslant 2)$ 成立。

基于定义 5.1 和命题 5.1，Model Ⅲ可以重新表示为

Model Ⅳ：

$$\max \quad I^* \tag{5.43}$$

s.t.

$$I^* \dot{\leqslant} I_h, \quad h\in H \tag{5.44}$$

$$I_h=\sum_{i\in I}\sum_{j\in J_i}\sum_{k2\in K2}\sum_{k1\in K1} w_{hk1}\widetilde{q1}_{k1k2}\widetilde{q2}_{k2ij}x_{hij} \Big/ \left(q1_{\max}q2_{\max}N_m K1\right), \quad h\in H \tag{5.45}$$

约束（5.23）～约束（5.33）

其中，I^* 为一个 LR 型模糊数。Model Ⅳ的目标是最大化 I^*。约束（5.44）确保 I^* 严格小于等于 I_h，后者也是一个 LR 型模糊数。

Model Ⅳ中最优解的目标函数值也是一个模糊数。图 5.8（a）给出了一个简单的例子，其中，Obj2 明显优于 Obj1，因为 Obj2 的最悲观、最可能或最乐观的值分别大于 Obj1 的最悲观、最可能或最乐观的值。然而，如图 5.8（b）所示，Obj1 的最乐观值大于 Obj2 的最乐观值，而 Obj2 的最可能值大于 Obj1 的最可能值，因此很难对 Obj1 和 Obj2 进行排序。因此，最好通过多目标函数来评估模糊数，其中解的最悲观、最可能和最乐观的值被视为单个目标。因此，对于图 5.8（a），只有 Obj2 在 Pareto 集合中，这是因为 Obj2 支配 Obj1；对于图 5.8（b），Obj1 和 Obj2 都在 Pareto 集合中，这是因为两个解中的任何一个解都不能支配另一个解。决策者可以根据其偏好从 Pareto 集合中交互式地选择 Obj1 或 Obj2。

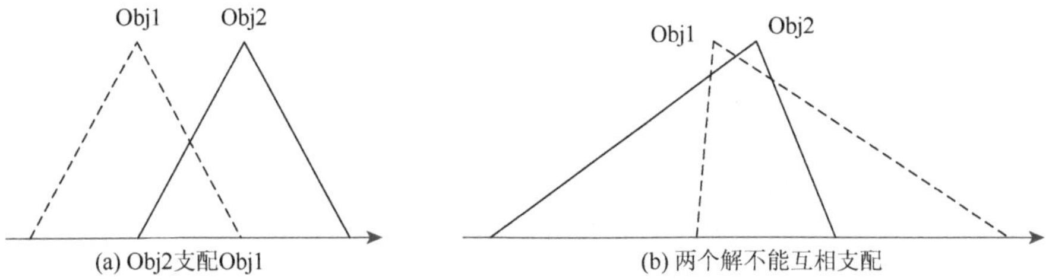

图 5.8　两个模糊数的排序

与最大化一个清晰数相比，最大化 I^* 意味着同时尽可能最大化 I^* 的最悲观、最可能和最乐观的值。根据命题 5.1，可以用 I^* 的三个关键元素 $\hat{I}^M$ 、$\hat{I}^L$ 、$\hat{I}^R$ 来形成不等式约束。因此，可以避免计算 I^* 的特点成员函数，将 Model Ⅳ转换为如下多目标服务配置优化模型。

Model Ⅴ：

$$\max \quad \hat{I}^L \tag{5.46}$$

$$\max \quad \hat{I}^M \tag{5.47}$$

$$\max \quad \hat{I}^R \tag{5.48}$$

s.t.

$$\hat{I}^L \leqslant I_h^L, h \in H \tag{5.49}$$

$$\hat{I}^M \leqslant I_h^M, h \in H \tag{5.50}$$

$$\hat{I}^R \leqslant I_h^R, h \in H \tag{5.51}$$

$$\hat{I}^L \leqslant \hat{I}^M \leqslant \hat{I}^R \tag{5.52}$$

约束（5.40）～约束（5.42）

约束（5.23）～约束（5.33）

Model Ⅴ是一个多目标线性整数规划模型，可以采用前面所提的算法进行求解。

5.7　本 章 小 结

服务配置可在模块化服务的基础上针对特定的需求为顾客提供最适合的服务，是实现服务大规模定制的重要途径之一。在服务配置的过程中如果忽略服务流程的特征，可能导致配置生成的服务无法充分利用企业资源和满足顾客需求。本章的研究工作总结如下。

（1）在服务配置中考虑了服务流程的时序关系和时变资源约束，建立了多目标服务配置优化模型，并将模型转化为等价的线性形式。

（2）针对中小规模问题设计了空间划分精确算法以获得模型的 Pareto 前沿

解集，针对大规模问题设计了 NSGA-Ⅱ算法以获得模型的非支配解前沿。数值实验的结果表明，两种算法均具有较好的效率。

（3）通过一个养老服务案例的配置结果分析，比较了考虑和不考虑服务流程特征的几种情形，说明了服务配置中考虑时序关系和时变资源约束的必要性，并针对案例进行了敏感性分析，主要管理启示如下：①总服务成本或总服务时间的变化只在一些特定范围内才对服务配置方案有显著影响；②服务供应商可考虑对一些关键服务资源进行调配，进一步提升最优配置方案中的顾客满意度。本章提出的多目标服务配置优化模型和算法可形成软件模块，嵌入服务型企业的管理信息系统中，帮助企业为不同类型的顾客快速生成个性化服务方案，达到改善顾客满意度、节省服务成本、提升市场份额等目的。

在本章模型的基础上，可以进一步进行相关扩展。例如，企业可能对服务模块设定执行时间窗，要求某些服务模块组件在一定的时间窗内执行，这可以在原模型的基础上通过增加时间窗约束来进行扩展。这些模型扩展可以根据企业的需要进行，并不影响数学模型表示的复杂程度，且模型仍然可以是线性形式。

本章的局限之一是所提的方法主要适用于基于模块化服务。服务的范畴非常广泛，有的服务很难进行模块化。因此，将来的研究可从以下方面继续深入：①顾客需求的不确定性方面，基于顾客需求的不明确和定性表达等，服务配置优化模型的表示和求解更加复杂；②多顾客同步或异步模式方面，由于多个类型的顾客同时在线参与配置，服务配置优化问题的复杂度将显著增加；③优化求解算法方面，多目标优化算法的求解效率需要不断改进，根据问题的特性寻求更高质量的求解算法。

运 行 篇

第 6 章　零工经济背景下的 HHCRSP 优化方法

6.1　问 题 背 景

我国现有的养老模式主要分为三种：个人养老、机构养老、社区养老。个人养老是我国当前以及未来 20～30 年的主要养老模式，具体是指老人的子女将老人安置在家，由个人进行照护的养老方式。机构养老是指由养老院、护理院及老人公寓等社会性质的机构提供老人照护服务的养老方式。在当前人口老龄化严峻的情况下，医院的医疗资源无法满足老人长期的护理需求，同时，随着老人对养老服务的异质化要求，传统的养老模式已经逐渐显露弊端。此外，老人子女多数承担着社会工作，年轻人很难抽出空闲时间去承担长期照顾老人的任务，而且他们大多是非专业的护理人员，无法为老人提供规范的护理服务，因此迫切需要新的养老模式去解决这个问题。

家庭医疗护理是指以医院、社区疗养院和提供医疗服务的社会企业为主体，由这些机构指定护士上门提供护理服务的养老模式。一般来说，提供的服务包括药物递送、医疗护理及生活照护等，老年人足不出户就可以享受到相应的服务。在国外，家庭医疗护理服务已经发展了很多年，居家护理的观念已经能被大多数人接受。根据 Fikar 和 Hirsch（2017）提供的数据，2011 年美国有 470 万名患者接受了家庭医疗护理服务，注册了 1.2 万家提供家庭医疗护理的企业，由这些企业雇佣的护士多达 14.3 万名。然而，在国内，这种养老模式还处于发展的初步探索阶段，尽管一些企业在国内的一线城市提供了居家护理的在线预约服务，如二毛科技（北京）有限公司、海阳集团等，但是与我国的人口基数相比，当前家庭医疗护理覆盖的老龄人口是非常少的。因此，可预见的是，随着中国人口老龄化问题不断严峻，未来的家庭医疗护理具有很大的发展空间及市场。

随着信息技术及互联网的高速发展，近年来，零工经济作为一种新的服务提供方式在各个服务行业出现，它为顾客提供了一个在线预约服务的平台，并且雇佣临时的工作者为顾客提供服务。出行服务行业的滴滴出行、国外的任务众包平台 TaskRabbit 等企业已经凭借零工经济的低人力成本运作和按需分配的工作模式获得了巨大的成功，在未来，越来越多的企业为了迅速迎合市场需求、完成更多灵活和短期订单，将雇佣非合同制员工。

在传统的家庭医疗护理服务中，顾客提出需求，家庭医疗护理公司指派护士进行护理，并且公司需要为护士规划好出行路径及出发时间。一般来说，护士与公司签订的是长期的合同，这就使得在市场订单不多的情况下，医疗资源出现了闲置，并且公司要承担昂贵的人力成本。此外，当某个时段出现大量订单的情况时，公司现有的人力资源无法满足全部顾客的需求，因此仍然需要花费高额的成本雇佣外包的护士。由于零工经济具有轻资产运作的优点，一些提供家庭养老服务的公司已经建立其在线预约网站或者APP来为有护理需要的顾客与平台注册的护士进行匹配。在该模式下，护士的工作时间由其根据空闲时间灵活选择，而公司需要根据平台上注册护士的可利用时间来合理地指派订单。

根据对基于零工经济的护理服务在线预约网站的调查，家庭医疗护理的运作过程可以分为五个部分（图 6.1）：护士注册、订单生成、订单指派、服务执行、订单评价和支付。

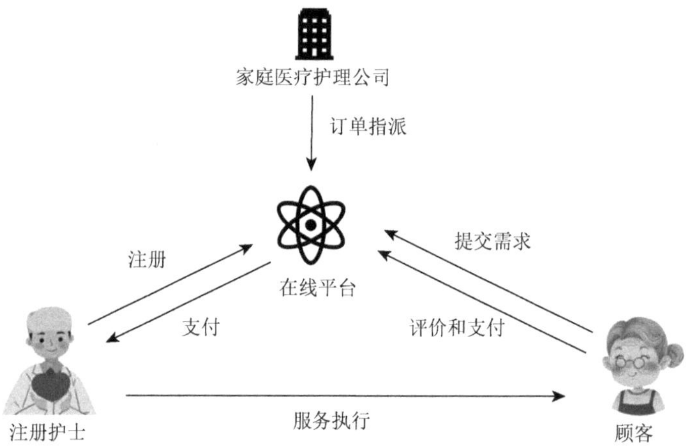

图 6.1 家庭医疗护理公司在零工经济背景下的运营过程

（1）护士注册。护士在在线平台上填写个人信息以完成注册过程。此信息通常包含姓名、地址、电话号码、技能水平、可用的工作时间和其他详细信息等。之后将由家庭医疗护理公司进行资格审核，通过审核后，护士就可以收到来自平台指派的订单。

（2）订单生成。需要医疗服务的顾客通过在线平台提交信息以预订护理服务，然后创建相应的订单。顾客信息通常包含姓名、性别、地址和护理要求等。

（3）订单指派。家庭医疗护理公司的决策者首先审核订单的真实性，然后根据顾客要求和工作规则将在线订单指派给护士。

（4）服务执行。从在线平台接受订单的护士确定这些订单的访问顺序和出发时间，由公司提供车辆，用于执行护理过程中的接送任务。

（5）订单评价和支付。当护士完成服务订单时，顾客首先评估服务满意度，然后通过在线平台支付相应的护理服务成本。

由于与护理服务成本有关的成本是由顾客而不是家庭医疗护理公司来支付，在零工经济模式下，公司无法用强制的行政命令去安排护士的全部工作内容，护士通常追求自己的利益最大化来执行服务。护士的收入主要来自顾客支付的基本护理工资及其服务质量的奖金，公司承诺为护士的出行提供保障并承担由过多的任务导致的加班成本。除此之外，公司也从原来的服务提供方转变为需求指派的中间角色，公司的利润也不再是收取护理服务成本，而是待服务完成后从每一次指派的订单中收取固定的佣金。在这样的环境下，如何将可利用的人力资源与顾客的需求相匹配是一个复杂的优化问题，公司的不同指派可能导致护士不同的决策行为，它将进一步影响公司的运营成本及顾客的满意度。考虑到我国的老龄人口基数大，对医疗服务的需求将会在未来呈爆发性增长，会有越来越多的企业提供家庭医疗护理服务。因此，本章旨在为零工经济背景下的家庭医疗护理上门服务提供优化的调度方案。

6.2　零工经济背景下的 HHCRSP 模型与算法

在零工经济背景下，家庭医疗护理公司基于在线平台指派顾客订单，在在线平台注册的护士接到在线平台指派的订单进而执行服务。护士的收入主要来自顾客支付的基本护理工资及其服务质量的奖金，公司需要承担护士在执行工作期间产生的交通成本及加班成本。在描述的问题中，如何指派订单对家庭医疗护理公司来说是一个比较大的挑战。公司指派的订单不同，会直接影响护士服务执行时的路径规划与时间安排决策，该决策进一步导致公司承担的交通成本和加班成本不同。这个问题不同于以往研究的 HHCRSP，其原因主要有两点。首先，在零工经济背景下的 HHCRSP 中，公司没有强制的行政权力安排护士的工作，在线平台的订单指派和护士的服务执行实际上是一个分层决策的过程；公司只负责指派订单给可执行工作的护士，每个护士接到订单后独立进行访问顺序和出发时间的决策。然后，公司的利益和护士的利益存在不一致。公司的主要目标是让护士的交通成本和加班成本尽可能低；护士关注的是尽可能多地获得来自顾客的奖金，而不会关注交通成本，因为这部分成本由公司进行支付。

为了构建该问题的模型，作如下主要假设。

（1）护士执行服务时从家中出发，执行完所有服务后，回到家中。

（2）护士只能执行符合自身技能水平的服务，如果顾客要求的技能高于护士的技能水平，那么护士没有资格服务该顾客。

（3）每个顾客都有一个服务时间窗，护士开始服务的时间必须在该时间窗内，否则，顾客有权利拒绝提供护理服务成本。

（4）顾客评价服务的满意水平根据护士的到达时间来衡量，并且评价的结果与护士得到的奖金挂钩。

（5）护士如果在服务时间窗允许的服务最早开始时间之前到达，则必须等待直到服务允许开始；否则，护士必须立即开始服务。

（6）每个护士有正常工作时间和最大工作时间限制，如果护士一天中的工作时间超过了正常工作时间，那么家庭医疗护理公司必须额外支付给护士加班成本；另外，家庭医疗护理公司在指派订单时必须考虑到指派的工作量不能超过护士的最大工作时间。

基于上述假设的问题背景，本节将为提出的问题建立双层家庭医疗护理调度问题模型（bi-level model for home health care routing and scheduling problem，BHHCRSP），后续将对建模过程进行详细介绍。

6.2.1 模型符号表示

本节规划的 BHHCRSP 涉及的符号如下：给定护士集合 $N=\{1,2,\cdots,M\}$ 和顾客集合 $C=\{1,2,\cdots,I\}$，定义所有的顶点集合 $V=C\cup\{0,I+1\}$，其中，0 和 I+1 分别表示一个护士开始服务的起点和终点（通常是护士家的位置）。每个护士 $n\in N$ 拥有一个技能水平 $q^n\in L$，其中，L 为技能水平集合，该集合的元素用整数表示，数值越大表示服务技能水平越高。护士 $n\in N$ 的工作时间窗用 $[a^n,b^n]$ 表示，且护士的正常工作时间和最大工作时间分别用 r^n 和 m^n 表示。根据问题假设，显然可以得到 $0\leqslant r^n\leqslant m^n\leqslant b^n-a^n$。如果护士 n 的工作时间大于 r^n，那么家庭医疗护理公司需要支付给护士加班成本，单位时间加班成本为 d^n。顾客 $i\in C$ 要求的服务时间为 s_i，服务时间窗为 $[e_i,l_i]$，偏好的服务开始时间为 t_i^p，服务要求的技能水平为 q_i^R。c_{ij}^n 和 t_{ij}^n 分别表示护士 n 从顾客 i 到顾客 j 的旅行成本和旅行时间。表 6.1 总结了本章涉及的参数和变量的定义。

表 6.1 参数和变量定义

符号	定义
参数	
C	顾客集合
N	护士集合
K	评分档次集合
L	技能水平集合

续表

符号	定义
q^n	护士 n 的技能水平
s_i	顾客 i 要求的服务时间
t_i^p	顾客 i 偏好的服务开始时间
w^k	第 k 个评分档次的宽度
q_i^R	顾客 i 服务要求的技能水平
c_{ij}^n	护士 n 从顾客 i 到顾客 j 的旅行成本
t_{ij}^n	护士 n 从顾客 i 到顾客 j 的旅行时间
$[a^n,b^n]$	护士 n 的工作时间窗
$[e_i,l_i]$	顾客 i 的服务时间窗
r^n	护士 n 的正常工作时间
m^n	护士 n 的最大工作时间
d^n	护士 n 的单位时间加班成本
o^n	护士 n 的加班时间
决策变量	
y_i^n	0-1 决策变量：若为 1，则顾客 i 被指派给护士 n；否则，顾客 i 没有被指派给护士 n
T_s^n	护士 n 的出发时间
x_{ij}^n	0-1 决策变量：若为 1，则护士 n 从顾客 i 到顾客 j；否则为 0
辅助变量	
T_i	顾客 i 的服务开始时间
T_e^n	护士 n 的服务结束时间
p_i	顾客 i 的服务满意水平
p_i^k	0-1 决策变量：若为 1，则服务开始时间与顾客 i 的偏好的服务开始时间的差距小于 w_k；否则为 0
z_1^n	0-1 决策变量：若为 1，则护士 n 存在加班时间；否则为 0
h_i	0-1 决策变量；若为 1，则护士 n 需要在顾客 i 处等待服务开始；否则为 0

6.2.2　服务满意水平度量

根据之前的假设，模型中考虑顾客对服务满意的评价主要通过护士的到达时间进行测量，本节对服务满意水平的测量进行建模。p_i^k 表示服务开始时间 T_i 和偏好的服务开始时间 t_i^p 的偏离程度，本节使用该变量来表示顾客 i 的服务满意水平，其表达式如下：

$$p_i^k = \begin{cases} 1, & \text{服务开始时间与顾客}i\text{的偏好的服务开始时间的差距小于}w_k \\ 0, & \text{否则} \end{cases}, i \in C, k \in K$$

其中，K 为评分档次集合，$K = \{1, 2, \cdots, n^K\}$；$w^k$ 为第 k 个评分档次的宽度，且有 $w^k < w^{k+1}, k = 1, 2, \cdots, n^K - 1$。在实际运营中，$w^k$ 通常可以通过对顾客的问卷来获得。对于 n^K 个评分档次，其在顾客 i 处的服务满意水平可以表示为 $p_i = \sum_{k \in K} p_i^k$ 。图 6.2 给出了服务满意水平随服务开始时间变化的图例，其中，$n^K = 2$。

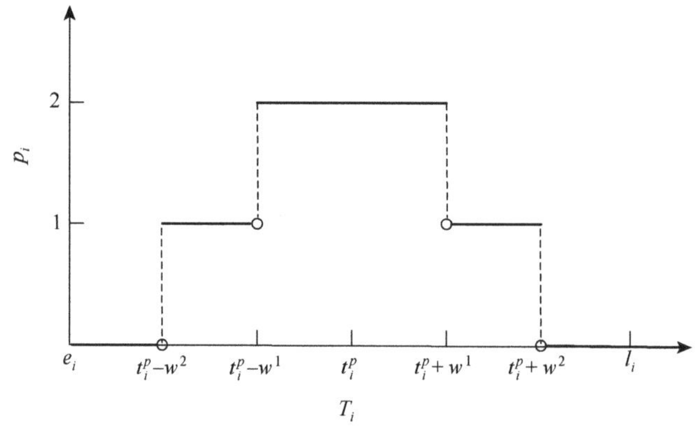

图 6.2　$n^K = 2$ 时的服务满意评分取值

由图 6.2 可以看出，根据顾客 i 的服务开始时间 T_i，服务满意水平的取值一共有 0、1、2 三种。当 T_i 位于 $[t_i^p - w^1, t_i^p + w^1]$ 时，有 $p_i^1 = 1$，$p_i^2 = 1$，进而有 $p_i = p_i^1 + p_i^2 = 2$；当 T_i 位于 $[t_i^p - w^2, t_i^p - w^1)$ 或者 $(t_i^p + w^1, t_i^p + w^2]$ 时，有 $p_i^1 = 0$，$p_i^2 = 1$，进而有 $p_i = p_i^1 + p_i^2 = 1$；当 T_i 位于 $(e_i, t_i^p - w^2)$ 或者 $(t_i^p + w^2, l_i)$ 时，有 $p_i^1 = 0$，$p_i^2 = 0$，进而有 $p_i = p_i^1 + p_i^2 = 0$。所有服务满意水平除以顾客总人数即整体服务满意水平（以下简称服务满意水平）。

6.2.3　数学模型

图 6.3 为 BHHCRSP 的决策结构图，上层负责订单指派的决策并带有运营成本的优化目标，下层在上层指派的顾客决策下进行访问顺序和出发时间安排的

决定，其优化目标是最大化顾客满意水平（护士会追求来自顾客支付的奖金最大化）。

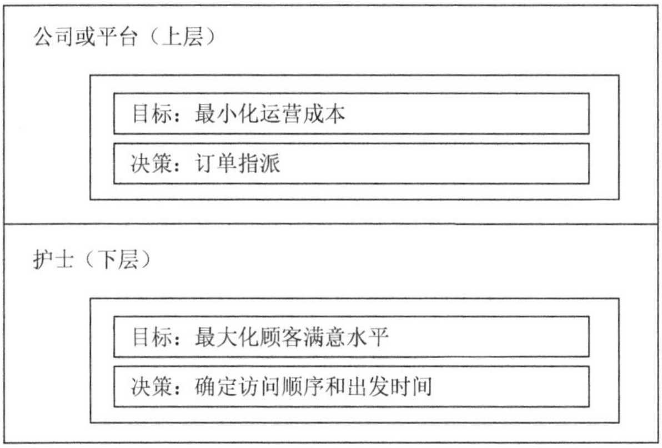

图 6.3　BHHCRSP 的决策结构图

1. 上层模型

BHHCRSP 上层模型建立如下：

$$f_U = \min_{y_i^n} \sum_{n\in N}\sum_{i\in V}\sum_{j\in V, i\neq j} c_{ij}^n x_{ij}^n + \sum_{n\in N} d^n o^n \tag{6.1}$$

$$\sum_{n\in N} y_i^n = 1, \quad \forall i\in C \tag{6.2}$$

$$y_i^n q_i^R \leqslant q^n, \quad \forall i\in C, n\in N \tag{6.3}$$

式（6.1）表示最小化运营成本，其主要包含交通成本与加班成本。约束（6.2）确保每个顾客都能被服务。约束（6.3）保证指派给护士的订单都是护士有资格去提供服务的。

2. 下层模型

BHHCRSP 下层模型建立如下：

$$f_L = \max_{x_{ij}^n, T_s^n} M\sum_{i\in C} p_i - \sum_{n\in N}(T_e^n - T_s^n) \tag{6.4}$$

$$\sum_{j\in C} x_{0j}^n \leqslant 1, \quad \forall n\in N \tag{6.5}$$

$$\sum_{i\in C} x_{i,I+1}^n \leqslant 1, \quad \forall n\in N \tag{6.6}$$

$$\sum_{j\in C\cup\{I+1\},j\neq i} x_{ij}^n = \sum_{j\in C\cup\{0\},j\neq i} x_{ji}^n = y_i^n, \quad \forall i\in C, n\in N \tag{6.7}$$

$$T_s^n + t_{0j}^n \leqslant T_j + M_{0j}^n(1-x_{0j}^n), \quad \forall n\in N, j\in C, M_{0j}^n = b^n + t_{0j}^n - e_j \tag{6.8}$$

$$\begin{aligned}&T_i + s_i + \sum_{n\in N} t_{ij}^n x_{ij}^n \leqslant T_j + M_{ij}^1\left(1-\sum_{n\in N} x_{ij}^n\right), \quad \forall i\in C, j\in C, j\neq i,\\ &M_{ij}^1 = l_i + s_i - e_j\end{aligned} \tag{6.9}$$

$$\begin{aligned}&T_i + s_i + t_{i,I+1}^n + M_{i,I+1}^n(x_{i,I+1}^n - 1) \leqslant T_e^n, \quad \forall n\in N, i\in C,\\ &M_{i,I+1}^n = l_i + s_i - a^n\end{aligned} \tag{6.10}$$

$$e_i \leqslant T_i \leqslant l_i, \quad \forall i\in C \tag{6.11}$$

$$\begin{aligned}&T_j \leqslant T_i + s_i + \sum_{n\in N} t_{ij}^n x_{ij}^n + M_{ij}^2\left(1-\sum_{n\in N} x_{ij}^n + h_i\right), \quad \forall i\in C, j\in C, j\neq i,\\ &M_{ij}^2 = l_i - s_i - e_j\end{aligned} \tag{6.12}$$

$$T_j \leqslant e_j + M_j(1-h_j), \quad \forall j\in C, M_j = l_j - e_j \tag{6.13}$$

$$T_j \leqslant T_s^n + t_{0j}^n + M_j^n(1-x_{0j}^n), \quad \forall n\in N, j\in C, M_j^n = l_j - a^n - t_{0j}^n \tag{6.14}$$

$$\begin{aligned}&T_e^n \leqslant T_i + s_i + t_{i,I+1}^n + M_i^n(x_{i,I+1}^n - 1), \quad \forall n\in N, j\in C,\\ &M_i^n = b^n - e_i - s_i - t_{i,I+1}^n\end{aligned} \tag{6.15}$$

$$a^n \leqslant T_s^n \leqslant b^n, \quad \forall n\in N \tag{6.16}$$

$$a^n \leqslant T_e^n \leqslant b^n, \quad \forall n\in N \tag{6.17}$$

$$T_e^n - T_s^n \leqslant m^n, \quad \forall n\in N \tag{6.18}$$

$$-M_o^n(1-z_1^n) < T_e^n - T_s^n - r^n \leqslant M_o^n z_1^n, \quad \forall n\in N, M_o^n = b^n - a^n - r^n \tag{6.19}$$

$$z_1^n(T_e^n - T_s^n - r^n) \leqslant o^n \leqslant z_1^n M_o^n, \quad \forall n\in N, M_o^n = b^n - a^n - r^n \tag{6.20}$$

$$\begin{aligned}&-w^k - (1-p_i^k)M_i^{2,k} \leqslant T_i - t_i^p \leqslant w^k + (1-p_i^k)M_i^{1,k}, \quad \forall i\in C, k\in K,\\ &M_i^{1,k} = l_i - t_i^p - w^k, M_i^{2,k} = t_i^p - e_i - w^k\end{aligned} \tag{6.21}$$

$$p_i = \sum_{k\in K} p_i^k, \quad \forall i\in C \tag{6.22}$$

$$x_{ij}^n, y_i^n, z_1^n, h_i, p_i^k \in \{0,1\}, \quad \forall i\in C, j\in C, n\in N, k\in K \tag{6.23}$$

式（6.4）是按字母序优化的两级目标，第一级是最大化所有顾客的服务满意水平，使用一个很大的整数 M 来保证该层级的优化顺序，第二级是最小化工作时间。约束（6.5）和约束（6.6）确保每个护士从家出发与返回最多一次。约束（6.7）确保每个顾客由同一个护士进出访问最多一次。约束（6.8）～约束（6.11）保证访问顺序正确，并且每个顾客的服务开始时间都符合服务时间窗约束。约束（6.12）～约束（6.15）确保服务等待时间不允许发生在服务时间窗中。约束（6.16）和约束（6.17）确保护士的出发时间和服务结束时间都在其工作时间窗中。约束（6.18）保证护士的工作时间不超过其最大工作时间。约束（6.19）和约束（6.20）的作用是计算护士的加班时间。约束（6.21）和约束（6.22）的作用是计算每个顾客的服务满意水平。约束（6.23）定义决策变量和辅助变量的范围。

6.2.4　基于隐枚举的二阶段精确算法

很显然，BHHCRSP 是 VRP 模型的一个特殊的变种，当上层的指派决策确定后，下层的模型就可以看作一个多起点的带时间窗的异质 VRP。由于 BHHCRSP 结合了 VRP 和 BLP 问题，BHHCRSP 也是 NP 难问题。

为了求解 BHHCRSP，上层（公司）首先要找出所有可行的指派方案，然后根据每个指派方案，预测护士可能的行为及对公司造成的影响，进而确定一个最优的指派方案。根据该思路，本节首先提出一种基于隐枚举的二阶段精确算法，求解关于 BHHCRSP 的精确解；然后为了扩大问题的求解规模，设计一个二阶段混合元启发式算法，作为大规模案例的解决方案。

精确算法的设计基于集合划分（set-partition，SP）模型，主要包含两个阶段。在第一阶段，基于一定的约束规则，应用隐枚举方法生成所有的可行路径，并且使用几种加速路径枚举过程策略。在第二阶段，使用第一阶段生成的所有可行路径集合来建立 SP 模型，循环求解该 SP 模型，直到得到的解方案对下层问题是最优的。

算法 6.1 描述了基于隐枚举的二阶段精确算法的伪代码，接下来将对其进行逐行介绍。在第一阶段，首先，算法读取案例信息（line 1），读取的信息包括顾客、护士、旅行时间矩阵、旅行成本矩阵等信息。然后，根据这些数据来初始化弧信息矩阵（line 2）。使用分组算法对读取的顾客进行分组（line 3），分组后的结果为 $G=\{g_1, g_2,\cdots,g_{|G|}\}$，其中，$g_i=\{v_1, v_2,\cdots,v_j\}$ 表示包含 j 个顾客。对于每个护士，路径枚举过程为其枚举所有可能的执行服务路径（line 5～line 19），该过程包括生成子集、对子集排列和路径组合三个步骤。对于护士 n，$G_n=\{g_n^1, g_n^2,\cdots,g_n^{|G|}\}$ 表示该护士是有资格提供护理服务的分组顾客集合。在第一步中，对于每一组 $g_n^h \in G_n$，生成该组的所有子集，并且用 $P_n^h=\{p_1^h,p_2^h,\cdots,p_m^h\}$ 表示该组的子集，使

用定理 6.1 来移除一些不可行的子集。在第二步中，对于在 P_n^h 中的每个子集，对其进行排列以生成所有可能的子路径，并将其加入集合 D_n^h（line 12）。对该集合中所有的子路径依次进行关于时间窗可行性的检查，并将不可行的子路径移除集合（line 13）。在第三步中，对集合 D_n^h 执行笛卡儿乘积来进行路径的组合（line 16），在该过程中使用弧信息矩阵来判断路径是否存在组合的可能性。在得到所有路径组合之后，仍然需要对这些路径进行可行性判断，继而对其目标值进行计算。最后，关于护士 n 的所有可能路径被添加进集合 R（line 18），到此对单个护士的路径枚举结束。其他护士的路径枚举同样按照该过程进行。

算法 6.1：基于隐枚举的二阶段精确算法

1. 读取案例集
2. 初始化弧信息
3. $G\leftarrow$对顾客进行分组（见算法 6.2）
4. $R=\varnothing$
5. for $n=1$ to M do
6. 　$D_n=\varnothing$
7. 　$G_n\leftarrow$删除在 G 中护士 n 无法服务的顾客
8. 　for $h=1$ to $|G_n|$ do
9. 　　$D_n^h=\varnothing$
10. 　　$P_n^h\leftarrow$生成 g_n^h 的子集
11. 　　根据定理 6.1，移除在 P_n^h 中的不可行子集
12. 　　$D_n^h\leftarrow$对在 P_n^h 中的每个子集生成可能的排列
13. 　　对全部在 D_n^h 中的子路径检查时间窗可行性并移除不可行子路径
14. 　　$D_n\leftarrow D_n\cup D_n^h$
15. 　end for
16. 　$R_n\leftarrow$对 D_n^h 执行笛卡儿乘积
17. 　对 R_n 中的路径进行评估
18. 　$R\leftarrow R\cup R_n$
19. end for
20. 使用路径集合 R 建立 SP 模型
21. $s\leftarrow$求解 SP 模型
22. while s 对下层问题来说不是最优的 do
23. 　从集合 R 中移除对下层问题来说的不可行子集
24. 　更新 SP 模型
25. 　$s\leftarrow$求解 SP 模型
26. end while
27. 输出最优解 s

在第二阶段，首先，使用第一阶段生成的所有护士的可行路径集合（路径池，即 RoutePool）建立 SP 模型（line 20）；然后，使用 CPLEX 模型求解器对该模型进行迭代求解，对于每一次得到的最优解，算法将对该解的下层可行性进行判断，如果该解对下层不是最优的，那么在路径池中将不可行路径进行移除，继而对模型继续求解，直到得到的解关于下层是最优的解方案（line 21～line 26）。

1. 预处理策略

该算法使用了两个预处理策略，分别是顾客分组策略及初始化弧信息矩阵。预处理策略在读取完案例后就可以进行，其作用是提前将一些不可行的路径顺序进行排序，加快算法求解速度。

1）顾客分组策略

考虑到时间窗的分布可能会影响访问顺序的可行性，分组算法将只存在顺序访问的顾客划分成有先后顺序的组。举个例子，假设有 A、B、C 和 D 四个顾客，其时间窗分别为[72,95]、[96,131]、[96,131]及[132,175]。这四个顾客很显然可以划分为三个组别：{A}、{B,C}和{D}。在这些组中任意选定一个顾客，护士服务完这个顾客后，很显然不能服务位于该顾客所在组别之前的组的顾客，例如，访问完 D 后不能访问 A、B 或者 C。

上述例子由于时间窗分布的界限十分明显，很容易对其进行分组。通过分析实验的数据集发现，一些顾客的时间窗是重叠的，因此需要进一步用旅行时间和服务时间的数据来对顾客进行分组。该算法的伪代码见算法 6.2。首先，输入顾客集合，根据每个顾客硬时间的服务最早开始时间 e_i 按升序进行排列，并创建第一个组添加集合 $C' = \{v_1, v_2, \cdots, v_I\}$ 中的第一个顾客（line 1～line 3）。然后，根据如下规则依次检查剩余的顾客：对于一个等待分组的顾客 v_n，如果当前的护士服务完该顾客后不能继续服务当前任何一个分组中的顾客，那么建立一个新的分组来加入该顾客（line 28～line 30）；否则，如果存在一个这样的顾客 v_m，那么将顾客 v_n 添加进 v_m 所在的组，并检查之后的组是否存在合并的可能（line 9～line 23）。

算法 6.2：顾客分组

1. 将所有顾客按照 e_i 升序排列并将结果保存进集合 $C' = \{v_1, v_2, \cdots, v_I\}$
2. $G = \varnothing$, $g_1 = \varnothing$, $f = 2$
3. $G \leftarrow G \cup \{g_1\}$
4. for $i = 2$ to I do
5. 　for $j = 1$ to $|G|$ do
6. 　　for $k = 1$ to $|g_j|$ do

7.　　if $e_{v_i}+s_{v_i}+t_{v_i,g_j^k}\leqslant l_{g_j^k}$ then
8.　　　$g_j \leftarrow g_j \cup \{v_i\}$
9.　　　if $|G|\neq j$ then
10.　　　　$m=|G|$
11.　　　　while $m>j$ do
12.　　　　　for $u=1$ to $|g_m|$ do
13.　　　　　　if $e_{g_m^u}+s_{g_m^u}+t_{g_m^u,v_i}\leqslant l_{v_i}$ then
14.　　　　　　　for $z=j+1$ to m do
15.　　　　　　　　$g_j \leftarrow g_j \cup g_z$
16.　　　　　　　　$G \leftarrow G\setminus\{g_z\}$
17.　　　　　　　end for
18.　　　　　　　Go to line 4
19.　　　　　　end if
20.　　　　　end for
21.　　　　　$m \leftarrow m-1$
22.　　　　end while
23.　　　end if
24.　　　Go to line 4
25.　　end if
26.　end for
27.　end for
28.　$g_f=\{v_i\}$
29.　$G \leftarrow G \cup \{g_f\}$
30.　$f \leftarrow f+1$
31. end for
32. return G

2）初始化弧信息矩阵

定义弧集 $A=\{(n,\ i,\ j)\,|\,n\in N,\ i\in C\cup\{0\}, j\in C\cup\{I+1\}\}$，护士的访问顺序可以通过该弧集在 $G=(V,A)$的有向图上表示。假设每一段弧都有一个 0-1 值与之相关联，该值代表路径访问的可行性，其中，0 表示访问不可行，1 表示访问可行。给定一条弧 $(n,\ i,\ j)$，该弧取值为 0 须满足以下四个不可行条件中的任意一个。

（1）$i=j$或者 $i=I+1$ 或者$j=0$ 。

（2）$a^n+t_{0i}^n>l_i$ 或者$e_i+s_i+t_{i,I+1}^n>b^n$ 。

（3）$\max(e_i,a^n+t_{0i}^n)+s_i+t_{ij}^n>\min(l_j,b^n-t_{j,I+1}^n-s_j)$ 。

（4）$q^n<q_i^R$ 。

如果以上条件都不满足，那么该弧是可行的访问弧。基于上述规则，关于所有弧的 0-1 值都可以计算并保存在矩阵中。

2. 路径枚举过程

在顾客分组算法后，需要对一个护士枚举其所有可能的执行路径，该过程包含四个步骤：①对每个分组中不符合服务资格的顾客进行移除；②对每个分组生成子集；③对每个子集生成排列；④路径组合。由于第一个步骤是容易实现的，接下来将对后三个步骤依次进行介绍。

对于一个顾客分组 g_n^h，在其生成子集的集合中会有 2^k 个子集，其中，k 为该组中顾客的数量。然而，大量的子集是不可行的，对不可行的子集继续生成排列得到的子路径必然是不可行的。尽管这些子路径将会在路径的时间窗阶段进行移除，但是对这些子路径进行检验要花费大量的时间。因此，需提前消除一些符合定理内容的不可行子集。

引理 6.1：给定一条带有 m 个顾客的子路径，其访问顺序为 $r_1,r_2,\cdots,r_m$。E 和 L 表示在这 m 个顾客中的服务最早开始时间和最迟开始时间，如果 $\sum_{i=1}^{m-1} s_{r_i} \geqslant L-E$，那么该子路径是不可行的。

证明：采取反证法，首先假设满足 $\sum_{i=1}^{m-1} s_{r_i} \geqslant L-E$ 条件的路径是可行路径。令 T_{r_1} 和 T_{r_m} 分别为路径中第一个顾客和最后一个顾客的服务开始时间。因为 $T_{r_m} = T_{r_1} + \sum_{i=1}^{m-1} s_i + \sum_{i=1}^{m-1} t_{r_i,r_{i+1}}^n + \sum_{i=2}^{m} w_{r_i}$，其中，$w_{r_i}$ 为护士在顾客 i 处的服务等待时间，所以有 $T_{r_m} > T_{r_1} + \sum_{i=1}^{m-1} s_i$。根据 E 的定义，有 $T_{r_1} \geqslant E$，即有 $T_{r_1} + \sum_{i=1}^{m-1} s_i \geqslant E + \sum_{i=1}^{m-1} s_i \geqslant L$，继而有 $T_{r_m} > L$。显然，该结论违反了 L 的定义，故引理 6.1 得证。

定理 6.1：给定子集 $p_k^h \in P_n^h$ 和子集中顾客需要的最大服务时间 v_k，其中，$p_k^h = \{v_1, v_2, \cdots, v_m\}$。如果该子集满足 $\sum_{i \neq k}^{m} s_{v_i} \geqslant L-E$，那么该子集通过排列生成的任何子路径都是不可行的。

证明：子集 p_k^h 产生的子路径可以分为两类：一类是 v_k 是子路径中的最后一个顾客；另一类是 v_k 不是子路径中的最后一个顾客。对于第一类子路径，引理 6.1 可以直接得出结论，该类子路径是不可行的。对于第二类子路径，由于 $s_{v_k} \geqslant s_{v_m}$，根据 v_k 的定义，有

$$\sum_{i=1}^{m-1} s_{v_i} = \sum_{i=1, i \neq k}^{m-1} s_{v_i} + s_{v_k} \geqslant \sum_{i=1, i \neq k}^{m-1} s_{v_i} + s_{v_m} = \sum_{i \neq k}^{m} s_{v_i} \geqslant L-E$$

因此，根据引理 6.1 也可以得到该类子路径是不可行的。故定理 6.1 得证。

接下来介绍子集的排列操作，设计一个结合弧信息判断的回溯算法。算法 6.3 展示了该算法的伪代码，算法输入的参数 p、s、e 分别表示子集中的顾客编号序列、递归开始位置及子集长度。

算法 6.3：子集的排列

```
1. Function Permutation (p,s,e,n, D_n^h)
2. if s = e then
3.     d = ∅
4.     for i = 1 to |p| do
5.         d ← d ∪ {p[i]}
6.     end for
7.     D_n^h ← D_n^h ∪ {d}
8. else
9.     for i = s to e do
10.        for j = s to i−1 do
11.            if arcs(n, p[i], p[j]) = 0 then
12.                Go to line 9
13.            end if
14.        end for
15.        for k = i+1 to |p| do
16.            if arcs(n, p[i], p[k]) = 0 then
17.                Go to line 9
18.            end if
19.        end for
20.        swap(p,s,i)
21.        Permutation(p, s+1, e, n)
22.        swap(p,i,s)
23.    end for
24. end if
```

该算法基于元素交换的思想，首先分别使用子集的元素与该子集中第一个元素进行交换，然后生成剩余元素的排列，该过程递归进行。当尝试交换位置 s 和 i 时，需要检查以下两个条件：①$\text{arcs}(n, p[s], p[m]) = 1$，$m \in \{s, s+1, s+2, \cdots, i-1\}$（line 10～line 14）；②$\text{arcs}(n,p[s],p[m]) = 1$，$m \in \{i+1, i+2, \cdots, |p|\}$（line 15～line 19）。如果两个条件都满足，才允许交换进行。当 s 等于子集长度时，将生成的子路径添加进 D_n^h，并返回递归的上一层（line 3～line 7）。

路径枚举过程的最后一个步骤是路径的组合。借鉴笛卡儿乘积的思想，通过对 $D_n = \{D_n^1, D_n^2, \cdots, D_n^{|G_n|}\}$ 的所有可行子路径进行组合来获得护士 n 的所有可行路径集合，即 $R_n = D_n^1 \times D_n^2 \times \cdots \times D_n^{|G_n|}$。图 6.4 提供了一个使用笛卡儿乘积对子路径进行

组合的例子。注意，每一层中都有一个空集元素添加，图中的虚线表示在弧信息矩阵中该弧值所对应的值为 0，即不可行弧。

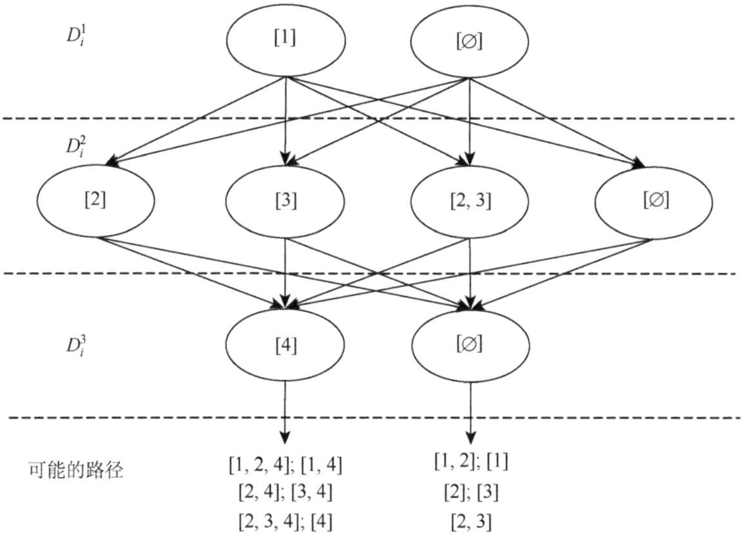

图 6.4　笛卡儿乘积的例子

当得到护士 n 的所有可行路径集合后，执行路径的评估过程，在该过程中不可行路径将被移除。

3. 路径评估过程

路径的评估过程包括检查顾客的时间窗可行性、确定护士的最优出发时间，以及计算路径的运营成本和服务满意水平。给定一条路径，假设关于时间窗是可行的，在出发时间确定的情况下，这两个目标函数是容易计算的。因此，下面仅介绍前两部分内容。

护士 n 的一条可行路径意味着该护士在规定的工作时间内出发访问有资格服务的顾客在其服务时间窗内，执行完所有服务后在规定的工作时间内返回家，且在该过程中，护士的总工作时间不超过其最大工作时间。服务的护理资格已经在路径枚举阶段考虑，工作时间的硬约束将被考虑在之后的时间安排问题中。因此，对于一条路径，首先检查其时间窗的可行性来移除大量的不可行路径。

检查路径的时间窗可行性的过程可描述如下：给定一条路径 $r=\{r_0=0,r_1,\cdots,r_m,\cdots,r_{n_k+1}=n_k+1\}$，其中，$n_k$ 为护士 n 服务的顾客的数量，并令 ET_{r_m} 和 LT_{r_m} 分别表示可以在顾客 r_m 处到达的服务最早开始时间（early time，ET）和最迟开始时间（latest time，LT）。对于在路径中的每个顾客，依次计算 ET_{r_m} 和 LT_{r_m}，同时，根据

服务时间窗判断是否存在可行服务开始时间的可能。如果顾客r_m的ET_{r_m}大于服务时间窗的服务最迟开始时间l_{r_m}，那么该路径是不可行的。如果顾客r_m的LT_{r_m}大于服务时间窗的服务最早开始时间e_{r_m}，那么该路径也是不可行的。如果上面两个条件都符合，那么继续检查$\mathrm{ET}_{r_m} > \mathrm{LT}_{r_m}$，如果该条件也符合，那么该路径关于时间是可行的。算法 6.4 给出了该过程实现的伪代码。

算法 6.4：检查时间窗可行性

$\mathrm{ET}_0 = e_0 = a^n$， $\mathrm{LT}_{n_k+1} = l_{n_k+1} = b^n$
for $j = 1$ to n_k+1 do
　$i = j-1$
　$\mathrm{ET}_{r_j} = \max\{\mathrm{ET}_{r_i} + s_{r_i} + t^n_{r_i,r_j}, e_{r_j}\}$
　if $\mathrm{ET}_{r_j} > l_{r_j}$ then
　　return false
　end if
end for
for $j = n_k+1$ to 1 do
　$i = j-1$
　$\mathrm{LT}_{r_i} = \min\{l_{r_i}, \mathrm{LT}_{r_j} - s_{r_j} - t^n_{r_i,r_j}\}$
　if $\mathrm{LT}_{r_i} < e_{r_i}$ then
　　return false
　end if
end for
for $i = 0$ to n_k+1 do
　if $\mathrm{ET}_{r_i} > \mathrm{LT}_{r_i}$ then
　　return false
　end if
end for
return true

确定护士的最优出发时间的问题称为时间安排问题。出发时间会影响到达顾客处的时间，进而影响护士的总工作时间和顾客服务满意水平。由于服务时间窗的存在，护士的出发时间越早，就有可能产生越多的服务等待时间。同样，如果出发时间尽可能地推迟，那么总工作时间会减少，所有顾客服务满意水平之和的变化可能是非线性的。

采用 Braekers 等（2016a）的动态规划算法解决这样一个复杂的时间安排问题。该算法的关键思路是寻找所有顾客服务满意水平之和改变的临界点。在该算法中，对路径进行正向计算，对路径中的每个顾客生成一系列临界点，这些临界点使用出发时间记录该顾客处的服务满意水平和不变的时间段。随着对每个顾客的递推，可以获得路径终点的临界点集合，注意，在该集合中不考虑工作时间超出最大工作时间的临界点。最后，在该集合中找出具有最大服务满意水平且出发时间最迟的临界点。

4. SP 模型

当路径池中获得求解问题的所有可行路径后，使用这些路径建立 SP 模型，开始第二阶段的求解。SP 模型在 VRP 及相关问题中得到了广泛使用，其思想是通过结合求解问题的部分解来创造一个更好的解。对 BHHCRSP 建立 SP 模型的目的是从路径池的众多路径中选择覆盖全部顾客且具有最小运营成本的路径组合。此外，基于 BLP 的特殊性，需要对得到的路径组合进行下层问题的可行性校验。若不符合下层的最优性，则需要移除这些路径后继续求解 SP 模型。

首先给出 SP 模型所需变量的定义。定义 R 为护士 n 关于下层问题可行的路径集合，R_n 为护士 n 所有可行路径的集合，$R_n \in R$。c_n^r 为路径 r 的运营成本，a_{ir}^n 为护士 n 是否在路径 $r \in R_n$ 中访问顾客 i，其表达式如下：

$$a_{ir}^n = \begin{cases} 1, & 护士n在路径r中访问顾客\ i \\ 0, & 否则 \end{cases} \tag{6.24}$$

本算法使用的 SP 模型如下：

$$\min \sum_{n \in N} \sum_{r \in R_n} c_n^r x_n^r \tag{6.25}$$

$$\text{s.t.} \quad \sum_{n \in N} \sum_{r \in R_n} a_{ir}^n x_n^r = 1, \quad \forall i \in C \tag{6.26}$$

$$\sum_{r \in R_n} x_n^r \leqslant 1, \quad \forall n \in N \tag{6.27}$$

$$x_n^r \in \{0,1\}, \quad \forall r \in R_n, n \in N \tag{6.28}$$

其中，x_n^r 为仅有的决策变量，表示护士 n 是否会选择路径 r。

目标函数（6.25）最小化上层运营成本。约束（6.26）确保最终选择的路径能覆盖所有顾客，并且每个顾客仅被访问一次。约束（6.27）保证每个护士最多从其可行路径集合中选择一条路径。约束（6.28）限定决策变量为 0-1 决策变量。

当求解 SP 模型时，得到的最优解是拥有最小运营成本的路径组合。然而，如果这些路径组合中存在路径对其下层问题来说不是最优的，那么该路径组合对双层问题来说是不可行的。因此，需要对每次得到的解进行判断，求解 SP 模型的迭代过程如图 6.5 所示。从图 6.5 中可以看到，循环求解 SP 模型，对于每次得到的最小运营成本解，如果存在对下层问题为不可行的路径，那么需要在路径池中对其进行移除。使用新的路径池更新 SP 模型，继续循环求解 SP 模型。为了验证解的下层最优性，在解中的每条路径都需要被检查，步骤如下：给定护士 n 执

行的路径 r_n，找到一个路径集合 $W_n \subset R_n$，满足该集合中的每条路径与路径 r_n 访问相同的顾客。如果 r_n 的下层目标在 W_n 中不是最优的，那么 r_n 对双层问题是不可行的路径。仅当得到的新解中的每条路径都满足下层问题的最优条件时，该解才是双层问题的最优解。

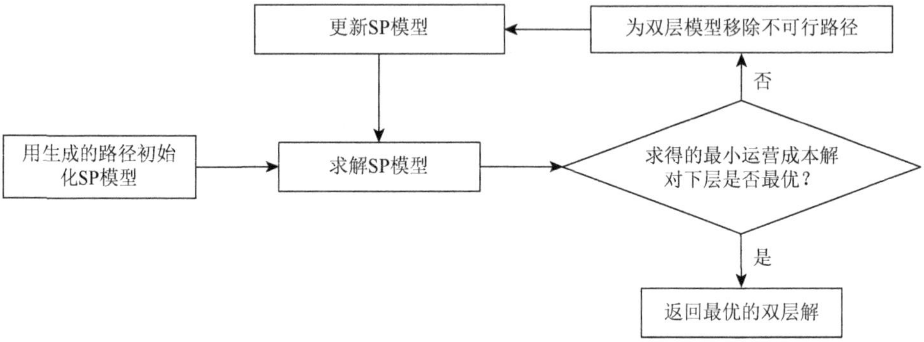

图 6.5　求解 SP 模型的迭代过程

此外，在求解 SP 模型时需要注意两种特殊的情况。首先，在给定上层的决策下，下层模型可能存在相同目标值的多个最优解，而这些解分别对应不同的上层模型目标值，这就导致 BLP 的不充分性。在这种情况下，使用乐观准则，算法中假设下层有动机地选择使上层最优的下层解。然后，上层模型可能存在相同目标值的多个最优解，而这些解的指派是不同的，且对应不同的下层模型目标值。在这种情况下，算法中假设上层选择使下层最优的上层解。

6.2.5　二阶段混合元启发式算法

由于使用上述精确算法在合理的时间内求解大规模案例是不现实的，本节设计二阶段混合元启发式算法求解大规模问题。该算法简称 ILS-LNS-SP，由迭代邻域搜索（iterated local search，ILS）算法主框架、大规模邻域搜索（large neighborhood search，LNS）算法和 SP 模型组成。首先，ILS 算法主框架在迭代时不断地向路径池中填充每代的邻域最优解；然后，使用该路径池的路径建立 SP 模型，剩余的求解步骤与精确算法的第二步一致，这里不再过多阐述。二阶段混合元启发式算法结合元启发式算法和精确算法来解决大规模 BLP 问题。

ILS 算法近年来已经越来越多地用来解决 VRP 问题，Lourenço 等（2018）整理了 ILS 算法解决 VRP 问题的相关文献，表明 ILS 算法在解决 VRP 问题方面有很好的表现，且稳定性不亚于传统的元启发式算法。ILS 算法的本质是通过嵌入的邻域搜索子算法迭代地建立一系列解的过程，一般来说，该算法分为以下四个内容：

①生成初始解，通过随机或者贪婪式算法生成初始解；②邻域搜索，其目的是找到一个比当前解更好的邻域解；③解的扰动，该操作扰动来自邻域搜索的解以避免邻域最优；④解的接受准则，由该准则决定搜索过程应从哪个解开始。关于 ILS 算法详细的原理和算法框架，读者可以查阅 Lourenço 等（2018）的研究。

算法 6.5 给出了 ILS-LNS 算法的伪代码。该算法采用多搜索起点（line 3～line 19），其通过循环来增加算法的多样性和最终解的稳定性。在初始解生成阶段，随机选择一个插入策略作为初始解构造方法的参数来生成初始解（line 4～line 5）。ILS 算法迭代地填充路径池带有每一代的邻域最优解，直到算法满足终止条件（line 7～line 18）。由 LNS 算法得到的邻域解首先根据其在临时需求库 RB(s')中剩余等待插入顾客的数量进行评估。如果在临时需求库中顾客的数量少于在 LNS 过程执行之前临时需求库中顾客的数量，那么将进一步评估该解的上层目标值（line 9～line 15），然后将该解添加至路径池（line 10）；否则，不执行对该解的评估过程。注意，解中的路径加入路径池的条件是该路径池中不存在重复的路径。评估完该解后需要继续根据上层目标值决定该解是否代替该次搜索的起点（line 11～line 14）。ILS 算法中采用多次重插入的扰动机制，该操作多次地执行顾客的随机移除和插入操作进行扰动。

算法 6.5：ILS-LNS 算法

```
1:  Initialize parameters:  MsIter and MaxILSiter
2:  RoutePool←NULL
3:  for i = 1 to MsIter do
4:     InsertionStrategy←SIS or PIS
5:     s←GenerateInitialSolution(InsertionStrategy)
6:     ILSiter←0
7:     while (ILSiter≤MaxILSiter) do
8:        s'←LNS(s)
9:        if RB(s')≤RB(s) then
10:            UpdateRoutePool(RoutePool,s')
11:           if f_obj_upper_level(s')<f_obj_upper_level(s) then
12:              s←s'
13:            ILSiter←0
14:           end if
15:        end if
16:     s ← Perturb(s)
17:     ILSiter ← ILSiter+1
18:    end while
19:  end for
20:  return RoutePool
```

1. 初始解生成

这里介绍初始解的构造算法。用临时需求库的概念表示等待插入的临时顾客集合，其初始包含所有顾客。对于每个护士，有一条空的路径被初始化；对于每条路径，随机从临时需求库中抽取一个顾客进行插入，注意，插入的顾客不能违反任何硬约束。

在每个护士的路径初始化完成后，插入过程开始执行。首先需要定义插入准则和插入策略。插入准则是插入顾客时需要考虑的目标，这里采取两级分层目标，第一级是最小化插入后增加的运营成本，第二级是最大化插入后服务满意水平。插入策略是指顾客以什么样的顺序插入，这里采用两种插入策略。第一种是顺序插入策略，该策略中顾客的插入顺序考虑每条路径；第二种策略是平行插入策略，使用该策略插入一个顾客时，同时比较所有路径。当临时需求库为空或者在临时需求库中的顾客不能插入当前任何路径时，插入过程终止。

当插入每个顾客时，计算服务满意水平是非常耗时的，每次的插入都相当于调用动态规划算法进行求解。因此，针对该问题，在插入顾客阶段采取 Braekers 等（2016a）提供的近似函数来计算总服务满意水平，其表达式为

$$\mathrm{con}_i = \frac{\left(\sum_{k\in K}\mu_k + n^K\omega\right)}{2} \tag{6.29}$$

其中，

$$\mu_k = \begin{cases} 1, & \mathrm{ET}_i \leqslant t_i^p + w^k \text{ 且 } \mathrm{LT}_i \geqslant t_i^p - w^k \\ 0, & \text{否则} \end{cases}$$

$$\omega = \begin{cases} 1, & t_{i-1}^p \leqslant t_i^p \text{ 且 } t_i^p \leqslant t_{i+1}^p \\ 0, & t_{i-1}^p > t_i^p \text{ 且 } t_i^p > t_{i+1}^p \\ 0.5, & \text{否则} \end{cases}$$

在部分案例集中，如果护士采用公交作为出行的方式，那么旅行成本被认为是零，这将导致插入准则不再适用，因此应相应地调整插入准则。第一级目标考虑最小化加班成本的增加值，第二级目标考虑最小化总工作时间的增加值。

在初始解构造的过程中需要注意，不是所有护士都有一个初始的顾客，案例集中会有极端的情况出现。例如，一个护士由于其技能水平过低，不能服务当前的任何顾客。此外，不是所有顾客在初始解的生成过程中都能插入路径中，剩余不能插入的顾客将保存在临时需求库中，等待之后的 LNS 过程继续插入。

2. LNS

LNS算法使用在ILS算法的邻域搜索阶段作为子算法，其最早由Shaw（1998）提出，旨在解决VRP。该算法的原理是通过对初始解进行连续破坏和重建操作来搜索大范围的邻域。首先，确定从当前解中需要移除的顾客数量 q，并选择在本次LNS中的插入算子和移除算子；然后，使用选择的移除算子移除 q 个顾客，并将其放置于临时需求库中；最后，使用选择的插入算子来执行插入操作，当临时需求库为空或者对于库临时需求中剩余的顾客不存在可行的插入位置时，插入操作终止。

在邻域搜索阶段，以上两步的操作仅执行一次，这是因为初步的实验证明多次的LNS过程将造成最后求解SP模型时很难获得BLP的最优解。下面介绍LNS中采取的插入算子和移除算子，这两种算子是影响该过程搜索性能的关键。

本算法在LNS过程中考虑五种移除算子，具体包含随机移除算子、路径移除算子、最大旅行成本移除算子、最大加班成本移除算子及相似顾客移除算子。随机移除算子是随机地选择 q 个顾客从当前解中移除；路径移除算子是随机从当前解中移除一条路径，直到移除的顾客数量超过 q；最大旅行成本和最大加班成本移除算子分别选择当前解中带有最大旅行成本节省和加班成本节省的顾客进行移除；相似顾客移除算子移除在当前解中相似的顾客，具体操作是首先移除随机选择的顾客 i，然后选择与顾客 i 最相似的顾客 j 进行移除，该过程重复地执行，直到移除顾客的数量达到 q。为了评估两个顾客之间的相似性，定义 $R(i,j)$作为两个顾客之间的相似性变量，该变量包含旅行时间、偏好服务开始时间及要求的技能水平相似性的加权和：

$$R(i,j)=\alpha t'_{ij}+\beta\left|t_i^{p'}-t_j^{p'}\right|+\delta\left|q'_i-q'_j\right| \tag{6.30}$$

其中，t'_{ij}、$t_i^{p'}$、q'_i 做归一化处理，并且权重满足 $\alpha+\beta+\delta=1$。显然，$R(i,j)$值越小，两个顾客的相似性越高。此外，LNS过程对所有的移除算子添加了一个参数 p，其作用是对移除的位置加入随机的扰动，避免重复的移除操作。

本算法使用的插入算子包含三种，分别是贪婪插入算子、随机贪婪插入算子和遗憾插入算子。对于前两种算子，评估一个插入位置的插入准则与初始解构造时的准则相同。贪婪插入算子采用平行插入策略来贪婪地插入顾客，而随机贪婪插入算子随机地选择顾客贪婪地插入。遗憾插入算子考虑了插入后的遗憾值（运营成本和服务满意水平），目的是使插入的顾客遗憾值达到最小。由于延迟一些顾客的插入将会导致这些顾客最终无法插入路径中，这些顾客的遗憾值将被设为无穷大，以使该算子尽早地插入这些顾客。

6.2.6 数值实验

本节设计的两个算法均通过Java语言实现，其代码执行于Intel Xeon Silver 4210处理器（主频2.20 GHz）及64GB内存的计算机，操作系统的版本为Windows Server 2016 Standard。算法中使用的数学规划求解器为ILOG CPLEX 12.8。

算法实验选择Braekers等（2016a）的数据集，该数据集一共包含90个HHCRSP案例，本节选择该数据集中的30个小规模案例（顾客规模为10～25个）和20个大规模案例（顾客规模为50～100个）作为实验的数据集。

这里对数据集进行简要介绍。在数据集中，案例的使用根据其采取的交通模式可以分为三类。对于第一类案例，所有护士选择汽车作为交通工具；对于第二类案例，所有护士采用公交作为出行的方式；对于第三类案例，护士混合使用汽车和公交的出行方式。当护士采取公交出行时，产生的旅行成本为零，这是因为假设护士拥有公交年票。此外，假设以公里为单位的旅行距离等于以分钟为单位的旅行时间，并且旅行成本按照42欧分/km进行计算。对于更多数据集的描述，读者可以进一步查阅Braekers等（2016a）的论文。

在算法实验中，服务评分档次数量$n^K=2$。另外，为了更加简便直观地表达实验结果，本节定义了一些符号简写：Inst.表示数据集中的案例号，该编号与原数据集的编号对应；NC表示案例中护士的数量；NT表示案例中顾客的数量；CT表示案例的计算时间；TC和SL分别表示运营成本和服务满意水平。

1. 精确算法实验

首先，采用一个简单的小规模案例来说明BLP模型和单层规划模型结果存在不同的原因。家庭医疗护理公司如果能完全地控制决策过程，毫无疑问，上层能实现更好的目标值，暂且将该模型称为单层模型。在单层模型中，双层模型的上下层约束合并，模型的目标函数修改如下：

$$f=\min M_3\left(\sum_{n\in N}\sum_{i\in V}\sum_{j\in V,j\neq i}c_{ij}^n x_{ij}^n+\sum_{n\in N}d^n o^n\right)-M_4\sum_{i\in C}p_i \tag{6.31}$$

若将单层模型中M_3的权重设置远大于M_4，则称对应模型为单层运营成本优化（single-level cost optimization，SLCO）模型，这样的权重设置将使模型追求最小的运营成本并忽略对服务满意水平的优化。接下来采用一个小规模案例（包含4个顾客和2个护士）来说明单层模型和双层模型结果不同的原因。

表6.2～表6.4提供了该案例包含的顾客信息和护士信息，以及旅行时间和旅行成本信息。注意，表6.4中的旅行时间和旅行成本以二元组(t_{ij}^n，c_{ij}^n)的形式表示。

表 6.2　小规模案例的顾客信息

编号	时间窗/min	s_i/min	t_i^P/min	q_i^R
1	[72, 95]	12	75	1
2	[96, 131]	10	98	4
3	[96, 131]	12	130	3
4	[132, 155]	18	135	2

表 6.3　小规模案例的护士信息

编号	时间窗/min	r^n/min	m^n/min	d^n/欧分	q^n
A	[60, 160]	50	80	60	4
B	[60, 160]	50	80	100	3

表 6.4　小规模案例的旅行时间（min）和旅行成本（欧分）信息

	A	B	1	2	3	4
A	(0, 0)	—	(5, 420)	(12, 420)	(9, 420)	(9, 252)
B	—	(0, 0)	(5, 294)	(10, 294)	(11, 294)	(14, 84)
1	(9, 462)	(4, 294)	(0, 0)	(6, 210)	(6, 84)	(15, 252)
2	(5, 462)	(4, 294)	(5, 168)	(0, 0)	(6, 84)	(6, 252)
3	(12, 462)	(6, 294)	(7, 210)	(6, 252)	(0, 0)	(5, 252)
4	(9, 294)	(5, 84)	(6, 252)	(4, 252)	(4, 252)	(0, 0)

双层模型与单层模型均采用精确算法进行解决，其模型最优结果如表 6.5 所示。可以观察到，单层模型的运营成本和服务满意水平分别为 1746 欧分和 50%，而在双层模型中对应的值分别为 1822 欧分和 87.5%。尽管双层模型比单层模型在运营成本上高出 4.4%，但是服务满意水平提高了 37.5 个百分点。

表 6.5　单层模型和双层模型的最优结果

模型	护士编号	路径	出发时间/min	SL	TC/欧分
单层	A	Home—1—3—2—Home	76	50%	1746
	B	Home—4—Home	123		
双层	A	Home—1—2—Home	76	87.5%	1822
	B	Home—3—4—Home	109		

出现上述情况的原因是，在双层模型中，护士的目标与家庭医疗护理公司的目标是不一致的，护士追求的是服务满意水平的最大化而不考虑旅行成本。如表 6.5 所示，单层模型最优解中护士 A 执行路径 1—3—2，同样的路径在双层模型中却不是可行解，因为护士 A 存在更好的方案来改进服务满意水平。因此，双层模型的最优解是单层模型的一个可行解，但是单层模型的最优解对双层模型可能是不可行的。

为了比较双层模型和 SLCO 模型的结果，这里使用 30 个小规模案例并采用精确算法进行求解，算法的求解时间被限定在 30min 以内，结果如表 6.6 所示。

表 6.6 双层模型与 SLCO 模型计算结果（$w^1=30$，$w^2=60$）

Inst.	NT/个	NC/个	NR/个	SLCO 模型		双层模型		CT/s	gap	
				TC/欧分	SL	TC/欧分	SL		gap_1	gap_2
1	10	2	1531	7840	70.0%	8890	75.0%	0.3	13.39%	7.1%
2	10	4	188	3810	100.0%	3810	100.0%	0.0	0	0
3	10	2	1768	3360	85.0%	3360	85.0%	0.1	0	0
4	10	2	2174	2058	50.0%	2736	65.0%	0.3	32.94%	30.0%
5	10	4	824	3485	65.0%	3485	65.0%	0.1	0	0
6	15	4	1952	9670	53.3%	11370	56.7%	0.2	17.58%	6.4%
7	15	5	2980	11990	56.7%	13200	66.7%	0.3	10.09%	17.6%
8	15	5	10031	5250	83.3%	5250	83.3%	0.7	0	0
9	15	4	21891	9597	50.0%	11067	80.0%	2.6	15.32%	60.0%
10	15	5	58479	4620	63.3%	4830	73.3%	3.8	4.55%	15.8%
11	20	5	148911	5285	60.0%	5880	62.5%	27.1	11.26%	4.2%
12	20	5	13514	14550	52.5%	14795	55.0%	5.3	1.68%	4.8%
13	20	5	322330	6300	72.5%	6300	72.5%	16.3	0	0
14	20	5	193155	3066	65.0%	3360	75.0%	18.4	9.59%	15.4%
15	20	5	172320	9940	80.0%	10150	82.5%	14.0	2.11%	3.1%
16	20	5	169896	6730	62.5%	6730	62.5%	5.9	0	0
17	20	5	26767	3180	60.0%	4245	60.0%	9.6	33.49%	0
18	20	5	369201	4620	60.0%	4830	72.5%	50.9	4.55%	20.8%
19	20	5	219095	4746	65.0%	4788	72.5%	12.8	0.88%	11.5%
20	20	5	153244	5475	42.5%	7375	65.0%	100.3	34.70%	52.9%
21	25	7	485479	8855	58.0%	9240	74.0%	83.6	4.35%	27.6%
22	25	7	93380	2460	54.0%	5610	70.0%	32.8	128.05%	29.6%
23	25	7	735696	14350	54.0%	14630	62.0%	66.0	1.95%	14.8%
24	25	7	347285	15690	76.0%	16590	88.0%	31.3	5.74%	15.8%
25	25	7	707767	6090	80.0%	6300	86.0%	967.5	3.45%	7.5%

续表

Inst.	NT /个	NC /个	NR /个	SLCO 模型		双层模型		CT/s	gap	
				TC/欧分	SL	TC/欧分	SL		gap_1	gap_2
26	25	7	1138216	6930	58.0%	8180	68.0%	386.6	18.04%	17.2%
27	25	7	65545	13075	74.0%	14095	82.0%	11.4	7.80%	10.8%
29	25	7	710331	5690	60.0%	5774	80.0%	345.4	1.48%	33.3%
30	25	7	541124	7420	84.0%	7420	84.0%	73.3	0	0

注：NR 表示精确算法枚举的路径数量；gap_1 和 gap_2 分别表示双层模型和 SLCO 模型在运营成本和服务满意水平上的差距，$gap_1 = (TC_{双层模型} - TC_{SLCO模型})/TC_{SLCO模型} \times 100\%$；$gap_2 = (SL_{双层模型} - SL_{SLCO模型})/SL_{SLCO模型} \times 100\%$。

表 6.6 呈现了两种模型在 $w^1 = 30$ 和 $w^2 = 60$ 下的计算结果，30 个案例均在限定的时间内求得解。大部分案例存在一个普遍的趋势，即双层模型与 SLCO 模型相比有着更高的运营成本，但是也有着更高的服务满意水平。平均来看，与 SLCO 模型相比，双层模型运营成本增加 8.81%，但服务满意水平提高了 12.11%。此外，有 7 个案例的双层模型和 SLCO 模型的结果是相同的，它们分别是案例 2、案例 3、案例 5、案例 8、案例 13、案例 16 和案例 30。

为了呈现双层模型的上下层目标值波动范围的趋势，这里新增加一个单层服务满意水平优化（single-level satisfaction optimization，SLSO）模型进行比较，相似地，该模型也通过将单层模型中 M_4 的权重设置远大于 M_3 得到。

图 6.6、图 6.7 分别展示了 SLCO 模型、双层模型、SLSO 模型三种模型的运营成本和服务满意水平的变化。双层模型的运营成本和服务满意水平曲线都位于 SLCO 模型和 SLSO 模型的曲线之间，同时，从运营成本的上升范围及服务满意水平的改善范围来看，双层模型能维持一个较低的运营成本，并能优化服务满意水平。但如果家庭医疗护理公司想要进一步在双层模型的基础上提高服务满意水平，SLSO 模型与双层模型的运营成本曲线表明运营成本将会大大增加。平均地来看，服务满意水平提高 24%将导致运营成本增加 64.1%。

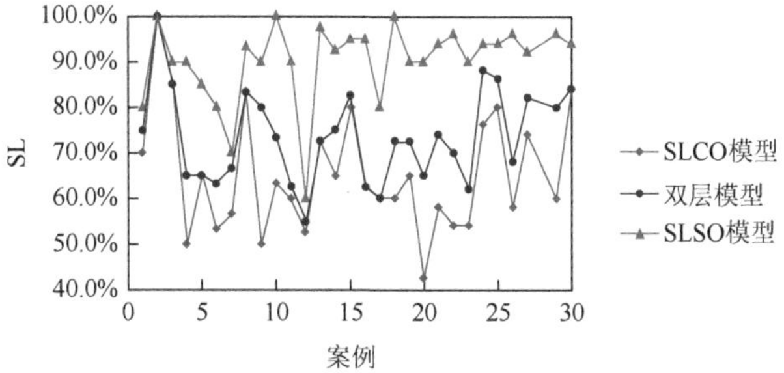

图 6.6　三种模型的服务满意水平变化

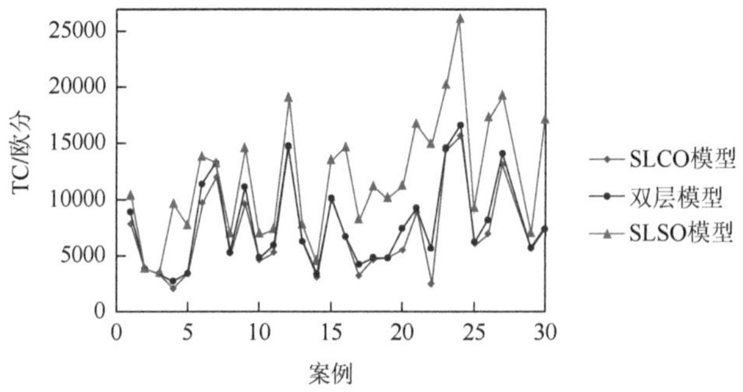

图 6.7　三种模型的运营成本变化

在家庭医疗护理实际运营中，如果该运营成本的上升较大地提高了服务满意水平，那么可以认为一定运营成本的上升是合理的。因此，算法在使用 CPLEX 求解 SP 模型时，对解池设置了相对容忍系数 γ，该参数的含义是模型求解器在求最优解时会同时在解池中保留距离最优解目标一定百分比内的次优解。为了在解池中找到在服务满意水平上改进较大的解，需要对每个解进行检查，具体思路如下：如果一个解与解池中其他解相比有着最大的服务满意水平改进，那么用该解来替代最优解。相对容忍系数也将影响双层模型在两层目标上的表现。为了探索该系数合适的取值，采用 29 个小规模案例在三种相对容忍系数的设置下进行实验（$\gamma = 0$，0.05，0.15），并且该实验中两个服务评分档次的宽度分别为 $w^1 = 30$ 及 $w^2 = 60$。

图 6.8 中虚线上的点表示服务满意水平，实线上的点表示相对容忍系数分别为 $\gamma = 0.05$ 和 $\gamma = 0.15$ 的运营成本与 $\gamma = 0$ 的运营成本的偏差（TC_gap）。为了清晰地呈现变化趋势，这里只统计了计算结果发生改变的案例。当相对容忍系数从 0 增大到 0.05 时，四个案例（案例 1、案例 7、案例 14、案例 23）的服务满意水平分别提高了 36.4%、11.2%、7.1%、19.2%，对应的运营成本增加了 4.96%、4.02%、

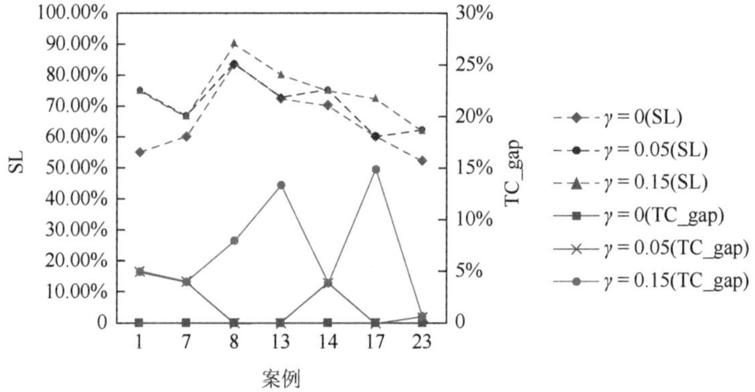

图 6.8　相对容忍系数的实验结果

3.09%、0.58%；当相对容忍系数从 0.05 增大到 0.15 时，剩余的三个案例（案例 8、案例 13、案例 17）的服务满意水平分别提高了 8.1%、10.3%、20.8%，对应的运营成本增加了 8.0%、13.3%、14.8%。从这可以看出，如果相对容忍系数太高，那么提高的服务满意水平对上层目标来说是昂贵的。

2. ILS-LNS-SP 算法实验

为了评价提出的 ILS-LNS-SP 算法的性能表现，算法实验采用 30 个小规模案例及 20 个大规模案例。在对规模案例运行之前，首先需要对算法的参数进行实验分析，以确定表现好的参数配置。

下面给出 ILS-LNS-SP 算法的参数配置实验分析。在该算法执行中需要确定五个参数：MsIter、MaxILSiter、Q、H、P，其中，Q 和 H 表示在 LNS 阶段及 ILS 的扰动阶段操作顾客数量的比例。考虑到计算时间和解质量这两个标准，对规模案例的一些初步实验已经获得运行结果较好的 MsIter、MaxILSiter、P 三个参数的配置。前两个参数决定 ILS 和 LNS 算法迭代的次数，其分别被设置为 20 和 800，P 的取值设定为 5。对于 Q 和 H 两个参数，在初步实验中发现它们对算法的性能有着比较显著的影响，因此在参数实验中主要对这两个参数的不同组合进行测试。第一个参数的取值为[0.1, 0.4]，步长为 0.1，第二个参数的取值为[0.05, 0.2]，步长为 0.05。选择五个带有不同顾客规模（5～25 个）的规模案例来测试这两个参数的组合结果。对于每个案例，ILS-LNS-SP 算法使用 16 个参数组合运行 10 次，结果如表 6.7 所示。算法性能使用式（6.32）作为指标进行评价，其表示 ILS-LNS-SP 算法 10 次执行中获得的平均结果与该案例精确解之间的差距：

$$\text{gap}=\frac{|\text{TC}_{\text{ILS-LNS-SP}}-\text{TC}_{\text{exact}}|}{\text{TC}_{\text{exact}}}\times 100\% \tag{6.32}$$

表 6.7　参数 Q 和 H 的实验结果

Q	H	gap					平均值
		案例 1	案例 7	案例 17	案例 22	案例 23	
0.1	0.05	4.25%	0.77%	13.24%	0.94%	1.06%	4.05%
	0.1	4.25%	0.77%	2.56%	2.65%	0.04%	2.05%
	0.15	4.72%	1.16%	3.77%	2.81%	0.24%	2.54%
	0.2	3.78%	1.93%	4.38%	3.16%	0.18%	2.69%
0.2	0.05	2.36%	0.77%	3.57%	1.63%	0.97%	1.86%
	0.1	2.83%	0	3.66%	0.70%	1.19%	1.68%
	0.15	3.31%	0	3.03%	3.50%	1.13%	2.19%
	0.2	3.78%	0.77%	5.34%	0.35%	0.93%	2.23%

续表

Q	H	gap					平均值
		案例 1	案例 7	案例 17	案例 22	案例 23	
0.3	0.05	2.36%	1.93%	5.10%	0.19%	1.40%	2.20%
	0.1	3.31%	2.70%	4.12%	0.27%	0.85%	2.25%
	0.15	4.72%	1.16%	2.58%	1.39%	1.46%	2.26%
	0.2	3.31%	1.16%	6.91%	0.61%	1.26%	2.65%
0.4	0.05	3.78%	1.16%	5.02%	0.13%	0.60%	2.14%
	0.1	2.36%	1.93%	4.53%	0.19%	0.12%	1.83%
	0.15	2.36%	0.77%	4.56%	1.26%	1.02%	1.99%
	0.2	1.89%	0.39%	7.35%	0.67%	1.59%	2.38%

如果 Q 和 H 值过小，那么组合后的性能表现相对来说是比较差的，导致算法只能在很有限的解空间内进行搜索；如果 Q 和 H 值过大，将导致算法近似随机搜索。由表 6.7 可知，$Q=0.2$ 和 $H=0.1$ 是相对好的一个参数配置。

使用上述描述的参数设置对 50 个案例执行 ILS-LNS-SP 算法，每个案例运行 10 次，并对其实验结果进行统计分析。

在表 6.8 中，通过对 gap_{TC} 和 gap_{SL} 两个指标的观察可以发现，ILS-LNS-SP 算法几乎可以获得所有小规模案例的最优双层解，这反映了 ILS-LNS-SP 算法的有效性。此外，根据对 $stdR_{TC}$ 和 $stdR_{SL}$ 两个指标的观察，对于大多数案例，其值在 10 次的运行中波动不大，这也反映了 ILS-LNS-SP 算法的鲁棒性。然而，少部分案例在运营成本的目标上展现了不正常的波动，如案例 32 和案例 42。对这两个案例进一步分析发现，案例中所有护士采用公交的方式出行，该方式不会产生旅行成本，所以运营成本仅包含加班成本。这造成了运营成本相对其他案例来说是非常小的，甚至为零，因此，$stdR_{TC}$ 值可能比较大。

表 6.8 ILS-LNS-SP 算法的实验结果

Inst.	NT/个	NC/个	Best.TC/欧分	Best.SL	gap_{TC}	gap_{SL}	avg.TC/欧分	avg.SL	$stdR_{TC}$	$stdR_{SL}$	avg.CT/s
1	10	2	8890	75.0%	0	0	8680	65.0%	2.6%	16.2%	1.0
2	10	4	3810	100.0%	0	0	3810	100.0%	0	0	0.6
3	10	2	3360	85.0%	0	0	3360	85.0%	0	0	0.7
4	10	2	2736	65.0%	0	0	2736	65.0%	0	0	1.0
5	10	4	3485	65.0%	0	0	3485	65.0%	0	0	0.8
6	15	4	11370	63.3%	0	0	11118	57.3%	2.0%	9.0%	1.6
7	15	5	13200	66.7%	0	0	12996	64.0%	2.0%	5.9%	2.0

续表

Inst.	NT/个	NC/个	Best.TC/欧分	Best.SL	gap_{TC}	gap_{SL}	avg.TC/欧分	avg.SL	$stdR_{TC}$	$stdR_{SL}$	avg.CT/s
8	15	5	5250	83.3%	0	0	5250	83.3%	0	0	3.0
9	15	4	11067	80.0%	0	0	11067	80.0%	0	0	7.1
10	15	5	4830	73.3%	0	0	4830	73.3%	0	0	5.8
11	20	5	5880	62.5%	0	0	5946.5	67.5%	1.7%	9.7%	10.7
12	20	5	14795	55.0%	0	0	14795	55.0%	0	0	5.8
13	20	5	6300	72.5%	0	0	6342	73.7%	2.1%	5.4%	12.1
14	20	5	3234	70.0%	0	0	3246.6	70.5%	1.2%	2.2%	11.2
15	20	5	10150	82.5%	0	0	10150	82.5%	0	0	9.0
16	20	5	6730	62.5%	0	0	6730	62.5%	0	0	6.3
17	20	5	4245	60.0%	0	0	4024	62.0%	9.3%	3.7%	14.0
18	20	5	4830	72.5%	0	0	4914	72.5%	2.2%	2.8%	31.9
19	20	5	4788	72.5%	0	0	4788	72.5%	0	0	5.2
20	20	5	7375	65.0%	0	0	7375	65.0%	0	0	7.4
21	25	7	9240	74.0%	0	0	9342	72.8%	1.3%	4.1%	50.1
22	25	7	5610	70.0%	0	0	5664	65.2%	3.4%	4.6%	12.4
23	25	7	14630	60.0%	0	3.2%	14436.5	53.4%	0.8%	5.6%	16.2
24	25	7	16590	88.0%	0	0	16568.4	86.8%	0.2%	2.9%	13.5
25	25	7	6300	86.0%	0	0	6303.5	84.4%	0.2%	2.4%	11.3
26	25	7	8180	68.0%	0	0	8153	58.8%	1.1%	11.6%	68.2
27	25	7	14095	82.0%	0	0	14095	82.0%	0	0	11.6
28	25	7	7865	78.0%	—	—	8034	79.8%	2.4%	2.2%	49.6
29	25	7	5774	80.0%	0	0	5786.6	77.6%	0.7%	5.0%	55.3
30	25	7	7420	84.0%	0	0	7420	84.0%	0	0	11.5
31	50	14	7980	74.0%	—	—	8196	73.7%	2.2%	5.7%	162.9
32	50	14	310	73.0%	—	—	643.5	74.2%	26.7%	2.4%	107.5
33	50	14	7630	66.0%	—	—	8251	67.2%	3.2%	4.8%	162.0
34	50	14	10800	70.0%	—	—	11718.9	69.2%	3.1%	4.4%	102.7
35	50	14	7980	77.0%	—	—	8568	73.6%	3.4%	5.3%	203.2
36	50	14	14295	74.0%	—	—	14750.5	73.2%	2.6%	4.4%	107.1
37	50	14	13640	67.0%	—	—	14148.5	70.4%	2.4%	3.3%	113.1
38	50	14	8190	72.0%	—	—	8574.5	72.8%	3.3%	3.2%	101.3
39	50	14	4914	57.0%	—	—	5073.6	71.5%	2.3%	10.4%	129.2
40	50	14	8820	79.0%	—	—	9051	77.7%	2.6%	2.9%	90.4
41	100	29	12810	76.0%	—	—	13960.5	73.9%	3.5%	4.2%	1205.4
42	100	29	0	84.0%	—	—	100	78.2%	129.2%	5.0%	4445.6
43	100	29	10290	69.0%	—	—	10660	69.3%	2.6%	4.0%	1136.7

续表

Inst.	NT/个	NC/个	Best.TC/欧分	Best.SL	gap_{TC}	gap_{SL}	avg.TC/欧分	avg.SL	$stdR_{TC}$	$stdR_{SL}$	avg.CT/s
44	100	29	16113	67.0%	—	—	16608.1	62.2%	2.2%	7.2%	735.1
45	100	29	12390	71.5%	—	—	12922.5	72.2%	2.2%	4.8%	457.7
46	100	29	18745	68.5%	—	—	19371.5	70.4%	2.6%	3.9%	455.5
47	100	29	17765	73.0%	—	—	18701	73.1%	5.4%	4.5%	393.7
48	100	29	11970	79.5%	—	—	12327	77.2%	1.6%	4.9%	653.8
49	100	29	17813	71.0%	—	—	18433.3	68.1%	2.8%	5.7%	1951.4
50	100	29	20000	69.5%	—	—	20843	69.1%	3.1%	3.9%	2339.5

注：Best.TC 为 10 次运行中与精确解偏差最小的运营成本（30 个小规模案例）或者 10 次运行中取得的最小运营成本（20 个大规模案例）；Best.SL 为对应 Best.TC 的服务满意水平；gap_{TC} = |Exact.TC−Best.TC|/Exact.TC×100%，其中，Exact.TC 为精确算法得到的运营成本；gap_{SL} = |Exact.SL−Best.SL|/Exact.SL×100%，其中，Exact.SL 为精确算法得到的服务满意水平；avg.TC 为 10 次运行中运营成本的平均值；avg.SL 为 10 次运行中服务满意水平的平均值；$stdR_{TC}$ = std_{TC}/avg.TC×100%，其中，std_{TC} 为运营成本在 10 次运行中的标准差；$stdR_{SL}$ = std_{SL}/avg.SL×100%，其中，std_{SL} 为服务满意水平在 10 次运行中的标准差；avg.CT 为 10 次运行中案例计算时间的平均值；“—”表示该案例无法在 30min 内获得精确解。

3. 管理启示

本节建立的 BHHCRSP 基于零工经济背景下的家庭医疗护理服务，在该运营模式下，家庭医疗护理公司的订单指派和服务执行决策是分离的，且由于公司与护士的目标不一致，公司在决策时必须考虑护士的决策行为。在 HHCRSP 的单层模型中，对一个加权的目标函数设置权重是不容易的。即使特定案例已经得到一个合适的权重设置，当问题规模或者模型参数发生变化时，决策者也需要重新调整权重，以维持各项目标的相对重要性。基于双层模型和单层模型的实验结果，在 BHHCRSP 中运营成本和服务满意水平之间的折中将自动地实现，以达到一个均衡状态。因此，在分层决策的运营模式下，家庭医疗护理决策者不需要对模型设置权重就可以得到一个目标均衡的结果。此外，考虑到家庭医疗护理公司的长远发展，决策者不能太过关注优化运营成本。算法允许决策者设置相对容忍系数来获得服务满意水平有较大改善的次优解。举个例子，实验中得到 $\gamma = 0.05$ 是一个改进双层模型解的相对合适取值。

6.2.7　结论

本节介绍零工经济背景下的 HHCRSP，进而建立了 BHHCRSP。首先根据问题的背景对模型进行了假设，并对模型的变量进行了定义，然后介绍了服务满意水平的建模，最后分别呈现了双层模型的上层指派模型与下层路径规划和时间调度模型。针对零工经济背景下的 BHHCRSP，分别介绍了基于隐枚举的二阶段精确算法和二阶段混合元启发式算法。为了分析提出模型的特性和两个算法的有效性，设计了一系列实验并使用了包含 30 个小规模案例和 20 个大规模案例的数据集进行测试。在精确算法实验中，首先提供了一个小规模案例来说明双层模型与单层模型结果存在差异的原因；然后使用了 30 个小规模案例对双层模型和单层模型进行实验，就实验结果对双层模型解特点进行分析；最后利用算法对相对容忍系数的取值进行了测试。在 ILS-LNS-SP 算法实验中，首先进行了算法参数的调试实验，得到了一组表现较好的参数设置，并使用该参数设置对 50 个案例执行实验，实验结果表明，ILS-LNS-SP 算法是有效且稳定的；然后根据双层模型的特点为零工经济背景下的 HHCRSP 决策提供了一些管理启示。

6.3　考虑随机旅行时间的双层 HHCRSP 方法

6.2 节对零工经济背景下的 HHCRSP 进行了建模，并针对该模型提出了两种解决方法；本节将在该问题基础上考虑增加另一种实际场景。

6.3.1　问题定义

护士到各个顾客处的旅行时间是家庭医疗护理公司在决策时的一个重要参数。公司决策者在调度决策阶段倾向将旅行时间作为一个确定性变量。但是，在现实环境中，护士的到达时间经常是不准确的。天气状况、交通状况、护士的驾驶技能等外部因素会使旅行时间呈现一定的不确定性，继而影响护士的服务开始时间。在家庭医疗护理计划阶段忽略该不确定性将使决策产生次优解，其意味着更高的运营成本和顾客不满意率。除此之外，家庭医疗护理服务经常是对时间敏感的，例如，顾客必须在给定的时间窗内接受护士的药物注射，如果护士没在指定的时间内赶到顾客处，就可能产生很严重的后果。因此，无论是家庭医疗护理公司的决策者还是执行服务的护士，都应当重视随机环境带来的影响。

本节在 BHHCRSP 的基础上将旅行时间扩展为随机变量，并修改混合元启发式算法来求解随机模型。在旅行时间为随机变量的情况下，要获得护士在每个顾客处的到达时间的分布是困难的，这是因为到达时间的分布通常被服务时间窗截断。针对该问题，Li 等（2010）建立了机会约束规划模型，该模型通过设定置信水平来控制服务时间窗约束成立的概率，并采用蒙特卡罗模拟来处理机会约束规划；机会约束规划对可行解的要求比较苛刻，在其研究实验中，许多案例往往很难得到可行解。在现实中，护士的到达时间常常也会由于旅行时间的随机性而超过顾客所约定的服务时间窗，甚至在环境极端的情况下，护士迟到可能是不可避免的。在迟到的情况下，护士的总工作时间可能呈现随机性。考虑这些原因，本节将顾客的服务时间窗假设修改为软时间窗假设，并将护士的最大工作时间约束取消。服务开始时间可以超过顾客要求的时间窗，但是服务满意水平会相应根据超出的程度而下降。

对于模型中的旅行时间，假设护士在执行服务时路径中的单位距离旅行时间为服从伽马分布的随机变量。因为护士在顾客处不产生服务等待时间，且服务时间为确定性变量，所以可以递推得到护士在路径上每个节点处的到达时间分布，进而可以估算服务满意水平及加班成本。

6.2 节问题中单个顾客的服务满意水平取值假设是分段线性的，随着护士出发时间的不同，所有顾客服务满意水平之和的变化也是分段函数，这就加大了模型的求解难度和效率。为了简化服务满意水平的计算，本节提出线性连续的服务满意水平函数，如图 6.9 所示。每个顾客的服务满意水平函数呈梯形，其包含四个临界点，并将服务满意水平的取值划分为五个区域。其中，t_i^k 表示顾客 i 的第 k 个临界点，$k \in \{1,2,3,4\}$，临界点 t_i^1 和 t_i^2 控制梯形上线的宽度，而 t_i^3 和 t_i^4 控制梯形的线性部分。如果 T_i 位于 $[t_i^1, t_i^2]$，那么服务满意水平 p_i 达到最大并为恒定值 1；如果 T_i 不在时间窗 $[t_i^3, t_i^4]$，那么服务满意水平 p_i 为 0；如果 T_i 位于 (t_i^3, t_i^1)，那么服务满意水平 p_i 随着到达时间的增加而线性递增；如果 T_i 位于 (t_i^2, t_i^4)，那么服务满意水平 p_i 随着到达时间的增加而线性递减。

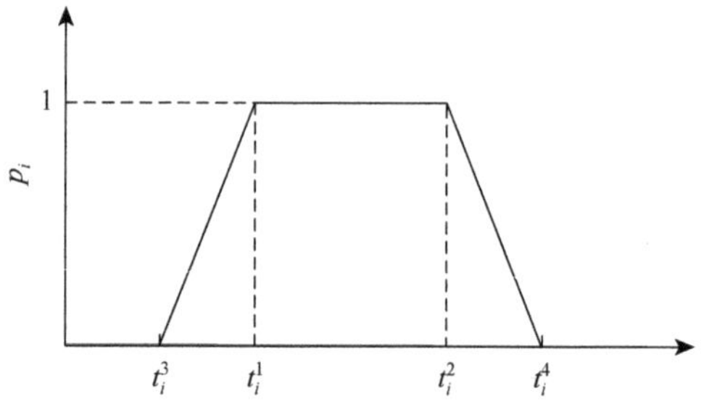

图 6.9　顾客 i 的服务满意水平函数

6.3.2　数学模型

定义 d_n 为护士 n 的单位时间加班成本，O_n 为护士的加班成本。单位距离旅行时间服从形状参数为 α、逆尺度参数为 λ 的伽马分布，则护士 n 从顾客 i 到顾客 j 的旅行时间 t_{ij}^n 服从形状参数为 αd_{ij}^n、逆尺度参数为 λ 的伽马分布，其中，d_{ij}^n 为护士 n 从顾客 i 到顾客 j 的旅行距离。

1. 随机 BHHCRSP

$$f_U = \min_{y_i^n} \sum_{n\in N}\sum_{i\in V}\sum_{j\in V,\, i\neq j} c_{ij}^n x_{ij}^n + \sum_{n\in N} d_n E[O_n] \tag{6.33}$$

$$y_i^n T_s^n \leqslant t_i^1, \forall i \in C \tag{6.34}$$

约束（6.2）和约束（6.3）

式（6.33）表示最小化运营成本，其主要包含交通成本与期望加班成本。约束（6.34）确保护士的出发时间不超过护士梯形上线的临界点。

$$f_L = \max_{x_{ij}^n} \sum_{i\in C} E[p_i] \tag{6.35}$$

约束（6.5）～约束（6.15）

$$a^n \leqslant T_s^n \leqslant b^n, \forall n \in N \tag{6.36}$$

$$O_n = \max\{T_e^n - T_s^n - \overline{r_n}, 0\} \tag{6.37}$$

$$(p_i^k - 1)M \leqslant T_i - t_i^k \leqslant p_i^k M, \forall i \in C, k \in \{1,2,3,4\} \tag{6.38}$$

$$p_i \leqslant 1 - p_i^4, \forall i \in C \tag{6.39}$$

$$p_i \leqslant p_i^3, \forall i \in C \tag{6.40}$$

$$p_i \geqslant 1 - (p_i^2 + 1 - p_i^1)M, \forall i \in C \tag{6.41}$$

$$p_i \leqslant \frac{T_i - t_i^3}{t_i^1 - t_i^3} + (p_i^1 + 1 - p_i^3)M, \forall i \in C \tag{6.42}$$

$$p_i \geqslant \frac{T_i - t_i^3}{t_i^1 - t_i^3} - (p_i^1 + 1 - p_i^3)M, \forall i \in C \tag{6.43}$$

$$p_i \leqslant \frac{t_i^4 - T_i}{t_i^4 - t_i^2} + (p_i^4 + 1 - p_i^2)M, \forall i \in C \tag{6.44}$$

$$p_i \geqslant \frac{t_i^4 - T_i}{t_i^4 - t_i^2} - (p_i^4 + 1 - p_i^2)M, \forall i \in C \tag{6.45}$$

$$0 \leqslant p_i \leqslant 1, \forall i \in C \tag{6.46}$$

$$x_{ij}^n, y_i^n, p_i^k \in \{0,1\}, \forall i \in C, j \in C, n \in N, k \in \{1,2,3,4\} \tag{6.47}$$

式(6.35)代表下层目标函数，其优化目标为最优化服务满意水平。式(6.37)计算加班时间。约束(6.38)确保正确设置二进制变量。约束(6.39)和约束(6.40)确保服务开始时间在梯形时间窗之外时服务满意水平值为 0。约束（6.41）确保服务开始时间在梯形时间窗上线范围内时服务满意水平值为 1。约束（6.42）～约束(6.45)计算服务开始时间在梯形时间窗线性部分的服务满意水平值。约束(6.46)限定服务满意水平值的范围。约束（6.47）定义决策变量的范围。

2. 随机变量的期望计算

因为护士到达顾客处不用等待就可以开始服务，所以在顾客 i 处的到达时间可以由到该点之前的累计旅行时间和服务时间的相加得到。为了更加容易地处理旅行时间这个随机变量，这里将服务时间这个确定性参数从到达时间的计算中单独分离出来，并根据累计服务时间将相关顾客的时间窗参数和护士的正常工作时间参数在整个决策时间线上平移相应的单位。这里的问题模型假设单位距离旅行时间服从伽马分布，则在两个顾客之间的旅行时间也服从伽马分布，有 $t_{ij}^n \sim \tau(\alpha d_{ij}^n, \lambda)$ 。对于在顾客 k 处的到达时间，它的形状参数 α_k^n 和逆尺度参数 λ_k^n 分别可通过式（6.48）和式（6.49）计算：

$$\alpha_k^n = \alpha \sum_{(i,j)\in A_k^n} d_{ij}^n \tag{6.48}$$

$$\lambda_k^n = \lambda \tag{6.49}$$

其中，A_k^n 为护士 n 到节点 k 之前访问过的弧集合。根据上述定义，可以近似地计算服务满意水平和加班成本的期望。下面介绍两个随机变量期望的解析推导过程。

1）期望加班成本

定义变量 s_i^n 为护士 n 在访问节点 i 之前的累计服务时间。如果 $r^n > s_{I+1}^n$ ，那么用 $\overline{r_n}$ 表示调整后的护士正常工作时间，其中，$\overline{r_n} = r^n - s_{I+1}^n$ ，护士 n 的加班时间为 $O_n = \max\{T_e^n - T_s^n - \overline{r_n}, 0\}$ ，则护士 n 的期望加班成本如下：

$$\begin{aligned} E\left[O_n\right] &= \int_{\overline{r_n}}^{\infty} (y - \overline{r_n}) f(t \mid \alpha_k^n, \lambda_k^n)\mathrm{d}y \\ &= \frac{\alpha_{I+1}^n}{\lambda_{I+1}^n}[1 - \tau_{\alpha_{I+1}^n+1, \lambda_{I+1}^n}(\overline{r_n})] - \overline{r_n}[1 - \tau_{\alpha_k^n, \lambda_k^n}(\overline{r_n})] \end{aligned} \tag{6.50}$$

其中，$f(t \mid \alpha, \lambda) = \dfrac{\lambda^{\alpha} t^{\alpha-1} \mathrm{e}^{-\lambda t}}{\tau(\alpha)}$ $(\alpha > 0, \lambda > 0, t > 0)$ ，$\tau(\alpha) = \int_0^{\infty} \mathrm{e}^{-r} r^{\alpha-1} \mathrm{d}r$ ，$\tau_{\alpha,\lambda}(\delta) = \int_0^{\delta} f(z \mid \alpha, \lambda)\mathrm{d}z$ 。如果 $r^n \leqslant s_{I+1}^n$ ，那么 $E[O_n] = E[T_e^n - T_s^n] + s_{I+1}^n - r^n$ ，其中，到达时间 T_i 的期望可以通过 $E[T_i] = \dfrac{\alpha_k^n}{\lambda_k^n}$ 计算得到。因此，结合两种情况，$E\left[O_n\right]$ 的计算表达式如下：

$$E[O_n] = \begin{cases} \dfrac{\alpha_{I+1}^n}{\lambda_{I+1}^n}[1 - \tau_{\alpha_{I+1}^n+1, \lambda_{I+1}^n}(\overline{r_n})] - \overline{r_n}[1 - \tau_{\alpha_k^n, \lambda_k^n}(\overline{r_n})], & r^n < s_{I+1}^n \\ E(T_{I+1}^n) + s_{I+1}^n - r^n, & \text{否则} \end{cases} \tag{6.51}$$

2）期望服务满意水平

将该顾客的梯形时间窗口临界点的时间都根据累计服务时间及出发时间向左

平移，平移后的新临界点为$\overline{t_i^k}$，其中，$\overline{t_i^k}=t_i^k-s_i^n-T_s^n$。令$p_i(t)$为顾客 i 处的服务满意水平函数，其中，t 为自变量，表示到达时间。根据s_i^n的取值，$p_i(t)$的期望计算分为五种情况。

（1）当$t_i^3>s_i^n$时，则$p_i(t)$的表达式为

$$p_i(t)=\begin{cases}0,t<\overline{t_i}^3\\ \dfrac{t-\overline{t_i}^3}{\overline{t_i}^1-\overline{t_i}^3},\overline{t_i}^3\leqslant t<\overline{t_i}^1\\ 1,\overline{t_i}^1\leqslant t<\overline{t_i}^2\\ \dfrac{\overline{t_i}^4-t}{\overline{t_i}^4-\overline{t_i}^2},\overline{t_i}^2\leqslant t<\overline{t_i}^4\\ 0,\overline{t_i}^4\leqslant t\end{cases}\tag{6.52}$$

则$p_i(t)$的期望为

$$\begin{aligned}E[p_i]&=\int_{\overline{t_i}^3}^{\overline{t_i}^1}\left(\frac{y-\overline{t_i}^3}{\overline{t_i}^1-\overline{t_i}^3}\right)f(y\,|\,\alpha_k^n,\lambda_k^n)\mathrm{d}y+\int_{\overline{t_i}^1}^{\overline{t_i}^2}f(y\,|\,\alpha_k^n,\lambda_k^n)\mathrm{d}y+\int_{\overline{t_i}^2}^{\overline{t_i}^4}\left(\frac{\overline{t_i}^4-y}{\overline{t_i}^4-\overline{t_i}^2}\right)f(y\,|\,\alpha_k^n,\lambda_k^n)\mathrm{d}y\\&=\frac{1}{\overline{t_i}^4-\overline{t_i}^2}[\overline{t_i}^4\tau_{\alpha_k^n,\lambda_k^n}(\overline{t_i}^4)-\overline{t_i}^2\tau_{\alpha_k^n,\lambda_k^n}(\overline{t_i}^2)]+\frac{1}{\overline{t_i}^1-\overline{t_i}^3}[\overline{t_i}^3\tau_{\alpha_k^n,\lambda_k^n}(\overline{t_i}^3)-\overline{t_i}^1\tau_{\alpha_k^n,\lambda_k^n}(\overline{t_i}^1)]\\&\quad+\frac{\alpha_k^n}{\lambda_k^n}\left\{\frac{1}{\overline{t_i}^1-\overline{t_i}^3}[\tau_{\alpha_k^n+1,\lambda_k^n}(\overline{t_i}^1)-\tau_{\alpha_k^n+1,\lambda_k^n}(\overline{t_i}^3)]-\frac{1}{\overline{t_i}^4-\overline{t_i}^2}[\tau_{\alpha_k^n+1,\lambda_k^n}(\overline{t_i}^4)-\tau_{\alpha_k^n+1,\lambda_k^n}(\overline{t_i}^2)]\right\}\end{aligned}$$

（2）当$t_i^3\leqslant s_i^n<t_i^1$时，$p_i(t)$的表达式为

$$p_i(t)=\begin{cases}\dfrac{t-\overline{t_i}^3}{\overline{t_i}^1-\overline{t_i}^3},0\leqslant t<\overline{t_i}^1\\ 1,\overline{t}^1\leqslant t<\overline{t_i}^2\\ \dfrac{\overline{t_i}^4-t}{\overline{t_i}^4-\overline{t_i}^2},\overline{t_i}^2\leqslant t<\overline{t_i}^4\\ 0,\overline{t_i}^4\leqslant t\end{cases}\tag{6.53}$$

则$p_i(t)$的期望为

$$\begin{aligned}E[p_i]&=\frac{1}{\overline{t_i}^4-\overline{t_i}^2}[\overline{t_i}^4\tau_{\alpha_k^n,\lambda_k^n}(\overline{t_i}^4)-\overline{t_i}^2\tau_{\alpha_k^n,\lambda_k^n}(\overline{t_i}^2)]-\frac{\overline{t_i}^1}{\overline{t_i}^1-\overline{t_i}^3}\tau_{\alpha_k^n,\lambda_k^n}(\overline{t_i}^1)\\&\quad+\frac{\alpha_k^n}{\lambda_k^n}\left\{\frac{1}{\overline{t_i}^1-\overline{t_i}^3}\tau_{\alpha_k^n+1,\lambda_k^n}(\overline{t_i}^1)-\frac{1}{\overline{t_i}^4-\overline{t_i}^2}[\tau_{\alpha_k^n+1,\lambda_k^n}(\overline{t_i}^4)-\tau_{\alpha_k^n+1,\lambda_k^n}(\overline{t_i}^2)]\right\}\end{aligned}$$

（3）当 $t_i^1 \leqslant s_i^n < t_i^2$ 时，$p_i(t)$ 的表达式为

$$p_i(t)=\begin{cases}1, 0 \leqslant t < \overline{t}_i^2 \\ \dfrac{\overline{t}_i^4 - t_i}{\overline{t}_i^4 - \overline{t}_i^2}, \overline{t}_i^2 \leqslant t < \overline{t}_i^4 \\ 0, \overline{t}_i^4 \leqslant t\end{cases} \tag{6.54}$$

则 $p_i(t)$ 的期望为

$$E[p_i]=\frac{1}{\overline{t}_i^4-\overline{t}_i^2}[\overline{t}_i^4\tau_{\alpha_k^n,\lambda_k^n}(\overline{t}_i^4)-\overline{t}_i^2\tau_{\alpha_k^n,\lambda_k^n}(\overline{t}_i^2)]$$
$$-\frac{\alpha_k^n}{\lambda_k^n}\left\{\frac{1}{\overline{t}_i^4-\overline{t}_i^2}[\tau_{\alpha_k^n+1,\lambda_k^n}(\overline{t}_i^4)-\tau_{\alpha_k^n+1,\lambda_k^n}(\overline{t}_i^2)]\right\}$$

（4）当 $t_i^2 \leqslant s_i^n < t_i^4$ 时，$p_i(t)$ 的表达式为

$$p_i(t)=\begin{cases}\dfrac{\overline{t}_i^4 - t}{\overline{t}_i^4 - \overline{t}_i^2}, 0 \leqslant t < \overline{t}_i^4 \\ 0, \overline{t}_i^4 \leqslant t\end{cases} \tag{6.55}$$

则 $p_i(t)$ 的期望为

$$E[p_i]=\frac{\overline{t}_i^4}{\overline{t}_i^4-\overline{t}_i^2}\tau_{\alpha_k^n,\lambda_k^n}(\overline{t}_i^4)-\frac{\alpha_k^n}{\lambda_k^n(\overline{t}_i^4-\overline{t}_i^2)}\tau_{\alpha_k^n+1,\lambda_k^n}(\overline{t}_i^4)$$

（5）当 $t_i^4 \leqslant s_i^n$ 时，由于仅累计服务时间之和就超出了顾客 i 处的软时间窗，护士不可能在时间窗内到达，故有 $E[p_i]=0$。

6.3.3 三阶段混合元启发式算法

本节提出的三阶段混合元启发式算法是基于 6.2 节的 ILS-LNS-SP 算法的框架修改而来的。算法主要修改的部分是各搜索阶段的指标函数及新增加的路径内部寻优算法和后优化算法部分。

算法的实现步骤可以参照算法 6.5 的伪代码。在初始解的生成中，新插入准则仍然为二级优化目标。第一级目标是最小化插入顾客时增加的交通成本和期望加班成本，第二级目标是最大化提高的服务满意水平。在旅行成本为零的案例中，新插入准则为三级优化目标。第一级和第二级目标是最小化插入顾客时增加的期望加班成本和加班时间，第三级目标是最大化提高的服务满意水平。在 LNS 算法阶段，相似顾客移除算子的评估相似性表达式调整如下：

$$R(i,j)=\alpha t'_{ij}+\beta\left|p_i^{t'}-p_j^{t'}\right|+\delta\left|q'_i-q'_j\right| \tag{6.56}$$

其中，$p_i^{t'}=\dfrac{t_i^2-t_i^1}{2}$。在扰动阶段中，新增加多重交换算子，该算子对当前的解执

行多次的顾客交换操作且不违反硬约束。当算法运行至扰动阶段时，随机选择多重重新插入算子和多重交换算子。

1. 路径内部寻优算法

LNS 算法得到的邻域最优解可能包含对下层来说非最优的路径，这样的最优解对双层问题来说是不可行的。由于随机 BHHCRSP 中的时间窗为软约束，该模型的解空间远超过之前的确定性模型，这导致大量的不可行路径加入路径池。为了提前对不可行路径进行排除，新增了路径内部寻优算法来解决该问题。

算法 6.6 给出了路径内部寻优过程的伪代码。令 r_n 为由护士 n 执行服务的路径。对于每条路径，算法尝试找到能获得最大服务满意水平的路径顺序。若在 MaxLRiter 次的连续搜索中解都没有改进，则算法停止。

算法 6.6：路径内部寻优算法

```
Procedure IntraRouteSearch(s，MaxLRiter)
1. for n = 1 to M do
2.    if |r_n|>1 then
3.      LRiter←0
4.      While (LRiter≤MaxLRiter) do
5.        r_n'←r_n //从 r_n 中随机移除一个顾客并评估可插入的位置，找到一个最大服务满意水平的位置进行插入
6.        if f_obj_lower_level(r_n')>f_obj_lower_level(r_n) then
7.          r_n←r_n'
8.          LRiter←0
9.        end if
10.       LRiter←LRiter+1
11.     end while
12.   end if
13. end for
14. return s
```

2. 后优化算法

后优化算法是 VRP 等相关问题经常使用的一种启发式算法，其主要目的是改善模型最终解的质量。在本随机模型中，为了对随机变量的期望进行计算，所有护士的出发时间默认为其服务最早开始时间。由于调整每条路径的出发时间不影响公司的运营成本，只会对服务满意水平产生影响，在求得随机模型的解之后，设计了确定最优出发时间的后优化算法来实现对服务满意水平的预测。该算法具体过程如下：首先，对于解中每条路径的可能开始的出发时间，都计算该路径期望服务满意水平之和；然后，选择最大的服务满意水平之和的出发时间作为护士选择的出发时间。

6.3.4 数值实验

本节算法的运行环境与 6.2 节的运行环境相同，且同样使用 6.2 节描述的数据集进行实验分析。模型中需要明确服务满意水平函数参数的取值，即四个临界点的设置。对于每个顾客$i \in C$，假定临界点t_i^1和t_i^2等于案例中顾客时间窗的最早开始时间和最迟开始时间；另外的两个临界点t_i^3和t_i^4假定通过$t_i^3 = t_i^1 - \lfloor (t_i^2 - t_i^1)\omega \rfloor$和$t_i^4 = t_i^2 + \lfloor (t_i^2 - t_i^1)\omega \rfloor$计算得到，其中，$\omega$为控制服务满意水平的线性部分宽度的系数（简称比例系数）。算法运行中涉及的参数主要设置如下：MsIter = 10；MaxILSiter = 400；MaxLRiter = 10；$Q = 0.2$；$H = 0.1$；$P = 4$。此外，实验中考虑了三种波动程度从小到大的随机环境的参数设置，分别如下：①基准波动（baseline fluctuation，BF），$\alpha = 1$，$\lambda = 1$；②中等波动（medium fluctuation，MF），$\alpha = 1$，$\lambda = 0.75$；③高波动（high fluctuation，HF），$\alpha = 1$，$\lambda = 0.5$。为了减少元启发式算法运行的误差，对于每个案例，呈现的实验结果是算法运行 5 次的平均结果。数值实验中，采用 30 个小规模案例和 15 个大规模案例对本节所提的模型和算法进行测试。

1. 随机环境对解影响的分析

为了分析考虑随机环境的必要性，采用 5 个小规模案例来进行实验。由于这些案例规模较小，首先使用显式穷举方法来求解确定性模型；然后将从这些案例中获得的最优解在随机条件下进行评估，观察其目标的变化。

表 6.9 展示了 5 个小规模案例的 BLP 解在确定性环境和随机环境下的实验结果。通过对两个目标的观察可以发现，确定性环境下得到的最优解往往在随机环境下表现得比较差。特别是在随机波动程度比较高的情况下，忽视随机环境将严重损害家庭医疗护理公司的经济利益及服务满意水平。因此，家庭医疗护理公司必须在订单指派阶段重视路径中的随机因素，这是因为在确定性环境下得到的最优解可能在现实情况中是不适用的。

表 6.9 BLP 解在确定性环境和随机环境下的实验结果

Inst.	确定性模型		随机模型					
			BF		MF		HF	
	TC/欧分	SL	TC/欧分	SL	TC/欧分	SL	TC/欧分	SL
1	3150.0	70.00%	3376.1	63.3%	3506.4	64.6%	4333.4	65.1%
2	2880.0	80.00%	2880.0	49.6%	4164.9	55.8%	7776.6	63.5%
3	2520.0	60.00%	3395.2	50.0%	3724.7	50.0%	4862.4	49.8%
4	1848.0	69.20%	1848.7	61.9%	1924.2	62.7%	4218.5	63.1%
5	2100.0	90.00%	2310.8	90.0%	2320.1	89.9%	2446.6	85.4%

2. 算法性能评估

对 45 个案例采用三阶段混合元启发式算法进行性能测试，对每个案例算法执行 5 次，同样对实验结果进行统计分析。表 6.10 给出了 5 个 NT = 10 个的案例的精确结果。为了验证三阶段混合元启发式算法的有效性，该结果作为随后三阶段混合元启发式算法实验的对照。

表 6.10　NT = 10 个的案例的精确结果

Inst.	NT/个	NC/个	TC/欧分	SL
1	10	2	3376.1	67.7%
2	10	4	2880.0	71.0%
3	10	2	3377.4	62.5%
4	10	2	1848.0	68.5%
5	10	4	2310.8	90.00%

表 6.11 给出了三阶段混合元启发式算法的统计分析结果。结合表 6.10 来看，对于只包含 10 个顾客的案例，三阶段混合元启发式算法获得了这几个小规模案例的最优解，这反映了三阶段混合元启发式算法是有效的。对于大多数案例，$stdR_{TC}$ 和 $stdR_{SL}$ 值波动程度小，这说明三阶段混合元启发式算法在解决随机双层模型的表现方面是稳定的。与其他案例实验结果相比较，案例 17、案例 22、案例 27 及案例 32 这四组案例在运营成本上呈现较大的波动。在这些案例中，护士在执行服务的过程中不产生旅行成本，造成在 $stdR_{TC}$ 上的较大起伏。

表 6.11　三阶段混合元启发式算法的统计分析结果

Inst.	NT/个	NC/个	指标						
			Best.TC/欧分	Best.SL	avg.TC/欧分	avg.SL	$stdR_{TC}$	$stdR_{SL}$	avg.CT/s
1	10	2	3376.1	67.7%	3376.1	67.7%	0	0	149.7
2	10	4	2880.0	71.0%	2880.0	71.0%	0	0	158.9
3	10	2	3377.4	62.5%	3377.4	62.5%	0	0	232.4
4	10	2	1848.0	69.1%	1848.0	68.5%	0	1.1%	221.7
5	10	4	2310.8	90.0%	2310.8	90.0%	0	0	136.4
6	15	4	5586.1	69.5%	5586.1	69.5%	0	0	480.7
7	15	5	1864.5	76.4%	2007.1	78.0%	9.7%	2.9%	306.7
8	15	5	4309.1	80.5%	4380.9	79.1%	2.2%	2.5%	292.7
9	15	4	2089.6	80.6%	2149.9	80.4%	4.4%	1.3%	426.3
10	15	5	3574.2	58.8%	3747.0	59.5%	4.4%	6.7%	322.6
11	20	5	3570.5	74.1%	3781.2	74.4%	5.1%	0.6%	820.4

续表

Inst.	NT/个	NC/个	指标						
			Best.TC/欧分	Best.SL	avg.TC/欧分	avg.SL	$stdR_{TC}$	$stdR_{SL}$	avg.CT/s
12	20	5	6566.6	83.5%	6876.6	80.3%	3.4%	4.5%	589.9
13	20	5	3859.7	69.7%	4399.8	74.0%	7.6%	3.3%	577.2
14	20	5	2655.8	79.7%	2715.6	77.2%	3.1%	5.9%	975.3
15	20	5	5256.5	71.6%	5403.2	72.9%	3.0%	2.4%	768.8
16	20	5	5275.9	87.2%	5544.4	86.0%	4.4%	1.2%	655.5
17	20	5	169.2	80.0%	216.6	81.4%	14.2%	3.6%	702.8
18	20	5	3574.9	65.0%	3765.1	69.4%	3.1%	6.0%	689.6
19	20	5	5212.9	69.8%	5349.3	71.8%	1.6%	3.6%	961.9
20	20	5	3117.2	71.5%	3182.1	65.8%	2.2%	6.7%	643.2
21	25	7	6112.0	76.8%	6501.2	78.4%	4.4%	6.1%	1318.9
22	25	7	4621.6	83.1%	5571.7	85.0%	10.0%	5.0%	838.9
23	25	7	11643.6	88.2%	11890.1	85.8%	3.5%	3.7%	873.7
24	25	7	11869.2	86.8%	12221.3	86.5%	2.5%	3.3%	1016.1
25	25	7	6400.7	78.5%	6855.1	84.2%	4.9%	4.5%	1008.4
26	25	7	6007.4	81.5%	6455.2	78.5%	6.4%	3.2%	1004.2
27	25	7	2372.6	78.1%	3191.4	80.7%	17.1%	4.3%	859.9
28	25	7	5747.4	76.0%	5904.4	76.0%	2.4%	0	983.4
29	25	7	2935.4	80.6%	3023.0	78.3%	2.8%	6.0%	1137.3
30	25	7	6948.7	80.0%	7070.3	79.7%	1.7%	5.2%	718.3
31	50	14	8438.5	70.5%	9081.2	71.3%	4.0%	3.2%	3532.9
32	50	14	7290.4	81.0%	8920.0	82.2%	10.9%	2.3%	2938.2
33	50	14	9523.8	78.6%	9920.2	76.4%	3.2%	2.3%	3649.2
34	50	14	12398.3	82.5%	13149.2	85.0%	5.8%	3.1%	3055.3
35	50	14	9139.5	77.9%	9624.5	77.5%	3.6%	1.3%	3638.1
36	50	14	12530.1	75.7%	13403.1	78.2%	4.0%	3.3%	3294.9
37	50	14	19807.3	85.9%	21458.4	84.0%	4.5%	3.8%	3596.4
38	50	14	7727.2	73.4%	8561.1	76.3%	7.5%	2.9%	3136.7
39	50	14	4792.5	82.5%	4984.0	80.4%	2.5%	2.5%	3342.1
40	50	14	9313.4	72.8%	9945.7	75.9%	4.4%	2.9%	3952.9
41	100	29	16697.7	81.8%	17291.5	82.8%	3.4%	2.7%	17497.4
42	100	29	13575	82.7%	14555.7	87.1%	7.6%	3.7%	19618.3
43	100	29	11219.2	75.8%	12534.4	75.7%	6.6%	2.4%	22852.7
44	100	29	17734.6	84.1%	18920.2	86.8%	4.3%	2.1%	20497.5
45	100	29	14549.8	79.9%	15476.4	78.0%	3.8%	1.6%	20178.8

注：Best.TC 为 5 次运行中与精确解偏差最小的运营成本（对于 NT = 10 个的案例）或者在 5 次运行中取得的最小运营成本（对于 NT>10 个的案例）；Best.SL 为对应 Best.TC 的服务满意水平；avg.TC 为 5 次运行中 TC 的平均值；avg.SL 为 5 次运行中 SL 的平均值；$stdR_{TC} = std_{TC}/avg.TC \times 100\%$，其中，$std_{TC}$ 为运营成本在 5 次运行中的标准差；$stdR_{SL} = std_{SL}/avg.SL \times 100\%$，其中，$std_{SL}$ 为服务满意水平在 5 次运行中的标准差；avg.CT 为 5 次运行中案例的计算时间的平均值。

3. 确定性模型与随机模型的比较

为了比较确定性模型解与随机模型的最优解在护士数量、运营成本及服务满意水平上的变化，使用 45 个案例分别对确定性模型及三种随机模型执行算法，其实验结果（5 次运行的平均结果）分别如图 6.10～图 6.12 所示。

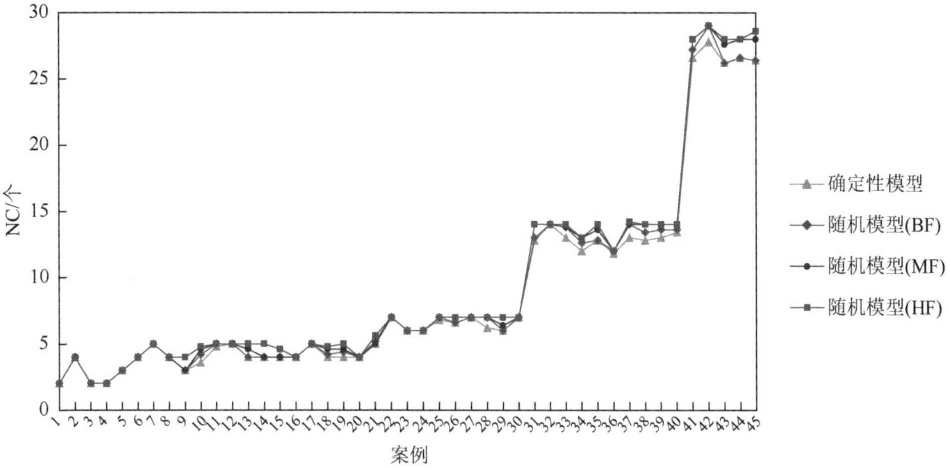

图 6.10　各模型所需要的护士数量

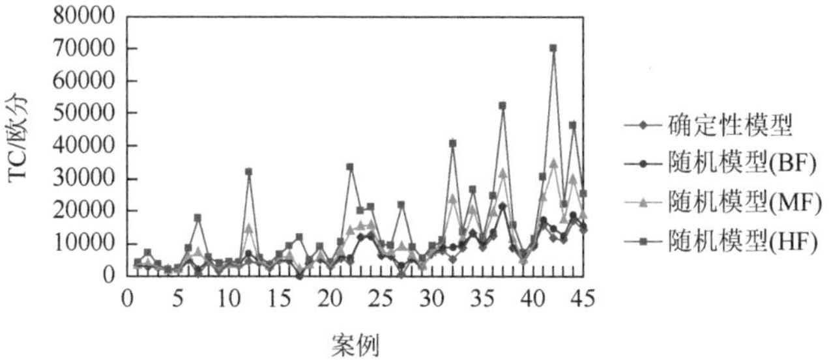

图 6.11　各模型运营成本的实验结果

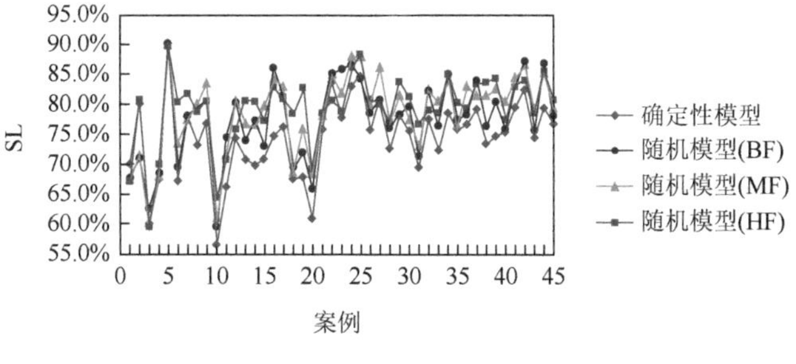

图 6.12　各模型服务满意水平的实验结果

由图 6.10 可知，与确定性模型相比，随机模型在订单指派阶段需要更多的护士数量，并且随着随机环境不确定性的增加，所需要的护士数量相应地增加。平均来看，随机模型（BF）、随机模型（MF）、随机模型（HF）需要的护士数量均有所增加，其中，随机模型（HF）的护士数量增加得最多。

由图 6.11 来看，随机模型比确定性模型有着更高的运营成本，并且随着随机波动程度的增加，大多数案例的运营成本是显著上升的。造成该现象的主要原因是随机波动导致加班成本大幅上升。

根据图 6.12 可以观察到，对于大多数案例，随机模型的服务满意水平高于确定性模型的服务满意水平；然而，随着波动程度的增加，随机模型的服务满意水平的改变没有明显的趋势。与确定性模型相比，三种不同波动的随机模型在运营成本上均有增加，且随机模型（HF）的运营成本增加得最多；服务满意水平也均有一定程度上升。

4. 比例系数 ω 的实验

比例系数 ω 影响护士的出行行为，进而影响家庭医疗护理公司的运营成本，下面讨论其取值对运营成本和服务满意水平的影响。实验中新增两个比例系数 $\omega=0.5$ 和 $\omega=1.5$，其分别对应更窄的梯形线性部分和更宽的梯形线性部分。实验的随机环境设定为 BF 波动。

图 6.13 与图 6.14 分别呈现了在三种比例系数（$\omega=0.5$、$\omega=1$、$\omega=1.5$）下的服务满意水平和运营成本的变化趋势。在图 6.13 中可以观察出一个普遍的趋势，即梯形的线性部分越宽，整体的服务满意水平越高。与 $\omega=0.5$ 相比较，$\omega=1$ 和 $\omega=1.5$ 两种设置下的服务满意水平均有一定提高。在图 6.14 中，以 $\omega=0.5$ 为基准，TC_gap 表示与基准运营成本的偏差，在不同的比例系数下，运营成本的变化没有明显的趋势。

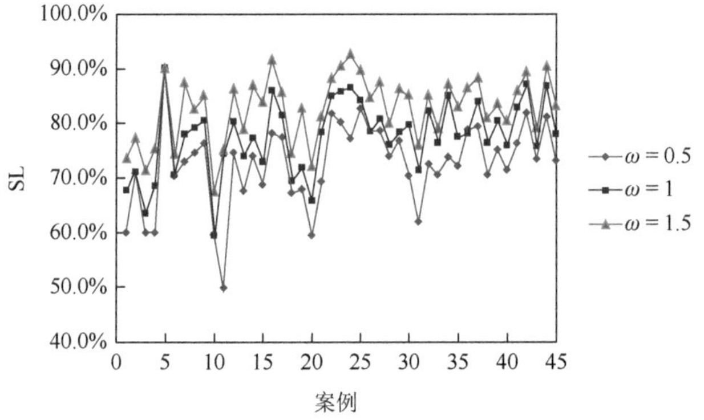

图 6.13　三种比例系数下服务满意水平的变化趋势

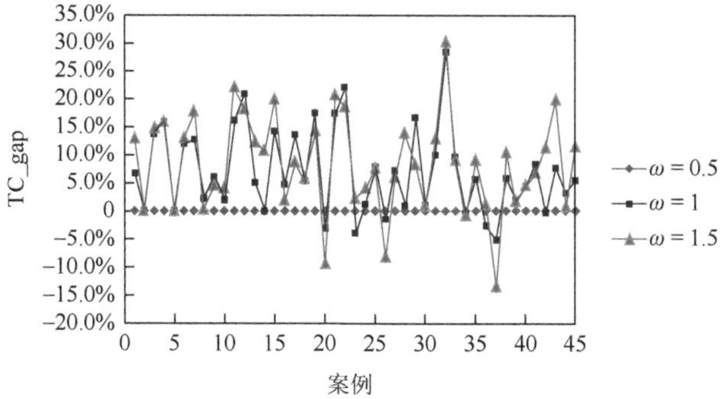

图 6.14　三种比例系数下运营成本的变化趋势

此外，该实验也验证了比例系数会很大程度上影响服务满意水平，这是因为它给予护士更大的改进服务满意水平的空间。由于下层护士的行为会影响上层公司的订单指派决策，比例系数也会导致运营成本的改变。

6.3.5　结论

本节从考虑随机环境的角度扩展了零工经济背景下的 HHCRSP，并建立了随机 BHHCRSP。介绍了模型中随机变量的期望计算，并设计了三阶段混合元启发式算法来求解提出的模型。算法实验采用小规模案例和大规模案例对提出的模型和算法进行测试。首先，小规模案例的最优解在随机条件下的评估结果说明了在决策时考虑随机环境的必要性；然后，算法评估实验验证了算法执行的稳定性和有效性，并对确定性模型和随机模型的实验结果进行了比较；最后，对比例系数的不同设定进行了实验分析，得到的结论是比例系数会很大程度地影响服务满意水平，进而影响运营成本的变化。

6.4　家庭医疗护理服务中考虑碳排放的车辆路径规划算法

HHCRSP 中的决策变量涉及护士的指派和车辆路径的规划。对于双层问题，下层的 VRP 的求解效率至关重要。本节专注家庭医疗护理调度中下层的 VRP 子问题。但与经典 VRP 不同的是，本节所研究的 VRP 具有很强的一般性，主要考虑如下现实情形：①养老服务需求点之间的旅行时间是动态的，其值与当前时间相关。对此有很多现实例子，例如，在上下班高峰时段交通拥堵，两个养老服务需求点之间的旅行时间明显高于非高峰时段。②在优化目标中考虑碳排放问题。这是为了在问题中引入低碳、环保和节能的理念，使得最优路径规划可以降低油耗、减少碳排放、降低环境成本，积极响应和推动我国的碳达峰目标与碳中和愿景。

6.4.1　问题描述

本节的规划问题可以抽象为一种考虑时间依赖和服务节点时间窗的绿色VRP（time-dependent green vehicle routing problem with time windows，TDGVRPTW）。TDGVRPTW决策若干组路径，使得每个节点被路径访问且仅被访问一次，其目标是最小化总碳排放量，需要满足每个节点的需求和时间窗约束。考虑一个网络 $G=(V,A)$，其中，节点集合 $V=\{0,1,\cdots,n+1\}$ 包含出发点 0、顾客节点集合 $N=\{1,2,\cdots,n\}$、结束点 $n+1$。弧的集合定义为 $A=\{(0,j)\mid j\in N\}\cup\{(i,j)\mid i,j\in N, i\neq j\}\cup\{(i,n+1)\mid i\in N\}$。令 $[e_i,l_i]$ 为顾客的服务时间窗，其中，e_i 和 l_i 分别为服务最早开始时间和最迟开始时间，q_i 为顾客 $i\in V$ 的需求量，s_i 为顾客 $i\in V$ 的服务时间。不失一般性，假定 $s_0=s_{n+1}=q_0=q_{n+1}=0$。弧 $(i,j)\in A$ 的碳排放量为 c_{ij}，其值可以根据 Franceschetti 等（2013）提出的公式进行计算：

$$c_{ij}=\gamma fP_{ij}=\gamma f[\alpha_{ij}(W+w_{ij})d_{ij}+\beta v_{ij}^2 d_{ij}] \tag{6.57}$$

其中，γ 为碳排放指数参数；f 为燃料消耗指数参数；P_{ij} 为弧 (i,j) 上消耗的总能量；α_{ij} 为弧 (i,j) 的特定常数；W 为空载车辆重量；w_{ij} 为弧 (i,j) 上的车辆载荷；d_{ij} 为弧 (i,j) 的距离；β 为车辆特定常数；v_{ij} 为弧 (i,j) 上的车辆速度。

由于在本问题中车辆速度是时间依赖的，两个节点之间的弧 $(i,j)\in A$ 的车辆旅行时间和碳排放量都依赖出发节点 i 的出发时间。图 6.15 给出了一个车辆速度随出发时间变化的例子。

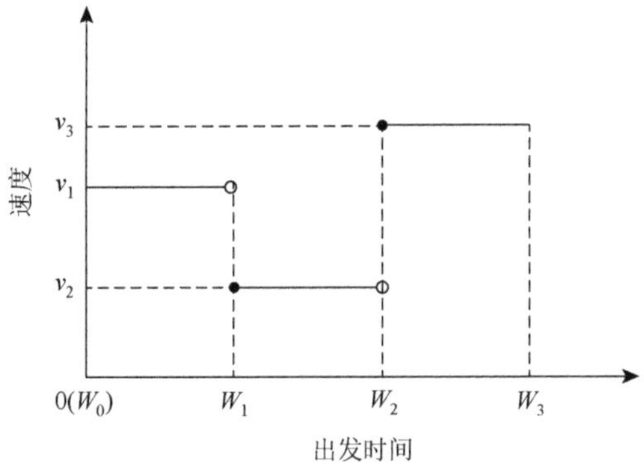

图 6.15　车辆速度随出发时间变化的例子

考虑车辆速度和出发时间之间的关系是分段等值函数，弧 $(i,j)\in A$ 的旅行时

间 $\tau_{ij}(t_i)$ 可以表示为

$$\tau_{ij}(t_i)=\sum_{k=m}^{m+h} d_k / v_k \tag{6.58}$$

其中，v_k 为车辆从节点 $i \in V$ 到节点 $j \in V$ 在时间间隔 $[W_{k-1}, W_k]$ 的速度；d_k 为车辆以速度 v_k 行驶的距离，且 $\sum_{k=m}^{m+h} d_k = d_{ij}$；$m$ 为时间间隔 $[W_{m-1}, W_m]$ 的索引，当给定 t_i 时满足 $m \mid t_i \in [W_{m-1}, W_m]$；$h$ 为车辆速度在弧 (i, j) 上的变化次数。

因为车辆速度在弧上是变化的，所以车辆的碳排放量不能直接由式（6.57）计算得到。Bektaş 和 Laporte（2011）提出车辆的碳排放量可以计算为

$$c_{ij}(t_i)=\gamma f\left[\alpha_{ij}(W+w_{ij})d_{ij}+\beta\sum_{k=m}^{m+h} v_k^2 d_k\right] \tag{6.59}$$

给定出发时间，可以计算得到弧的碳排放量。此外，出发时间不同，可能导致不同的碳排放量，因此需要计算每个节点的出发时间。

为了方便建模，考虑一个时间扩展网络 $D=(N, B)$，其中，节点集合 N 包括节点 $(i,t_i), i \in V, t_i \in [\mathrm{ed}_{ij}, \mathrm{ld}_{ij}]$，其中，$[\mathrm{ed}_{ij}, \mathrm{ld}_{ij}]$ 为弧 $(i, j) \in A$ 上的可行出发时间间隔，ed_{ij} 和 ld_{ij} 分别为可行出发时间的最早开始时间和最迟开始时间。令弧的集合 B 包含所有表示形式为 $((i,t_i),(j,t_j^a)), i \neq j, (i, j) \in A, t_i \in [\mathrm{ed}_{ij}, \mathrm{ld}_{ij}]$ 的弧，则到达时间 $t_j^a = t_i + \tau_{ij}(t_i)$。本节把这种弧的表示形式称为时间依赖弧（time-dependent arc，TD arc）。对于每个弧 $((i,t_i),(j,t_j^a))$，定义 $A_{ij} \subset B$ 为所有对应弧 $(i, j) \in A$ 的 TD arc 集合，即 $A_{ij} = \{((i,t_i),(j,t_j^a)) \mid t_i \in [\mathrm{ed}_{ij}, \mathrm{ld}_{ij}]\}$；$c_{ij}(t_i)$ 为 TD arc $((i,t_i),(j,t_j^a)) \in A_{ij}$ 的碳排放量。本问题中车辆可以在顾客 i 的服务时间窗 $[e_i, l_i]$ 的最迟开始时间 l_i 之后离开。因为在每个节点的等待可能导致更少的碳排放量，所以下面定义两种类型的等待时间来区分二者。

定义 6.1（1 类等待时间，Type1_wt）：在顾客的服务最早开始时间之前等待的时间。

令 $[e_j, l_j]$ 为节点 j 的时间窗，t_j^a 为节点 j 的到达时间，则 1 类等待时间可以表示为

$$\text{Type1\_wt}=\begin{cases} e_j - t_j^a, & t_j^a < e_j \\ 0, & \text{否则} \end{cases} \tag{6.60}$$

定义 6.2（2 类等待时间，Type2_wt）：服务结束时间之后的等待时间。

令 $[e_i, l_i]$ 为节点 i 的时间窗，t_i 为节点 i 的出发时间，fs_i 为节点 i 的服务结束时间，则 2 类等待时间可以表示为

$$\text{Type2\_wt} = t_i - \mathrm{fs}_i \tag{6.61}$$

定义 G 中的一个路径为一个节点序列 $S=(0,i_1,\cdots,i_z,n+1)$，$i_1,i_2,\cdots,i_z\in N$。一个路径可能会关联不同的出发点和顾客的出发时间。令 Ω_S 为 S 对应的所有可行路径；$S_r\in\Omega_S$ 为对应节点序列 S 的第 r 个可行路径。对于节点序列 $S=(0,i_1,\cdots,i_z,n+1)$，$S_r=((0,t_0),(i_1,t_{i_1}),\cdots,(i_z,t_{i_z}),(n+1,t_{n+1}))$，其中，$t_{i_m}$ 为所有 $m=1,2,\cdots,z$ 在节点 i_m 的出发时间。定义 c_{S_r} 为 S_r 的碳排放量。

S_r 的基数可能很大，但可以通过下面最优路径的定义来进行缩减。

定义 6.3（S 的最优路径）：当且仅当 $c_{S_r}\leqslant c_{S_{r'}}$，$\forall S_{r'}\in\Omega_S$ 时，S_r 为节点序列 $S=(0,i_1,\cdots,i_z,n+1)$ 的最优路径。

定义 6.3 意味着 S 的最优路径具有最小碳排放量。在可能存在不止一个最优路径的情况下，具有最早出发时间的路径被定义为最优路径。

定义 6.4（A_{ij} 的支配 TD arc，$\succ_{\text{TD arc}_{ij}}$）：令 $((i,t_i),(j,t_j^a)),((i,t_i'),(j,t_j^{a'}))\in A_{ij}$，当且仅当 $t_i\leqslant t_i'$，$c_{ij}(t_i)\leqslant c_{ij}(t_i')$，且至少一个不等式严格成立时，$((i,t_i),(j,t_j^a))$ 支配 $((i,t_i'),(j,t_j^{a'}))$，即 $((i,t_i),(j,t_j^a))\succ_{\text{TD arc}_{ij}}((i,t_i'),(j,t_j^{a'}))$。

定义 6.5（A_{ij} 的非支配 TD arc）：当且仅当不存在 $((i,t_i'),(j,t_j^{a'}))\in A_{ij}$ 时，$((i,t_i),(j,t_j^a))\in A_{ij}$ 是非支配 TD arc，即 $((i,t_i'),(j,t_j^{a'}))\succ_{\text{TD arc}_{ij}}((i,t_i),(j,t_j^a))$，$i,j\in V$。

基于上述定义，可以推导出定理 6.2（证明从略）。

定理 6.2：一个最优路径是由非支配 TD arc 组成的。

定理 6.2 说明，问题的所有支配 TD arc 可以直接删除。因为任意的最优路径由非支配 TD arc 组成，所以下面提出识别非支配 TD arc 的方法。

对于图 6.15 的例子，弧 (i,j) 的碳排放量和出发时间之间的关系如图 6.16 所示。其中，$[W_1',W_1]$ 的函数斜率为 $\gamma f\beta(v_1v_2^2-v_1^3)$，$[W_2',W_2]$ 的函数斜率为 $\gamma f\beta(v_2v_3^2-v_2^3)$。

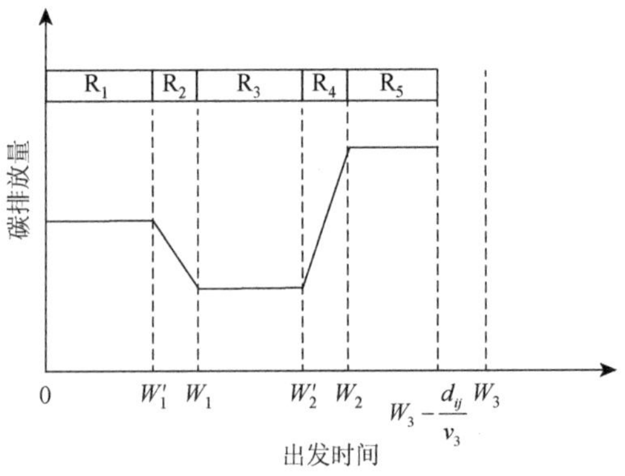

图 6.16　弧的碳排放函数

基于图 6.16，对于一般的速度函数，其对应的碳排放函数可以表示为 $\gamma f \beta(v_k v_{k+1}^2 - v_k^3)$，其中，$v_k$ 为在一个任意时间间隔 $[W_k', W_k]$ 中从 $i \in V$ 到 $j \in V$ 的车辆速度，其中，W_k' 和 W_k 为两个邻近的断点。

如图 6.16 所示，碳排放函数是一个分段线性函数，可以将规划范围 $[0, W_3]$ 分为 5 个区域：区域 1（R_1）$=[0, W_1']$；区域 2（R_2）$= [W_1', W_1]$；区域 3（R_3）$= [W_1, W_2']$；区域 4（R_4）$= [W_2', W_2]$；区域 5（R_5）$=[W_2, W_3 - d_{ij}/v_3]$。根据每个区域的不同特征，可以观察到，当出发时间间隔 $[\mathrm{ed}_{ij}, \mathrm{ld}_{ij}]$ 位于某些区域时，弧 $(i, j) \in A$ 的碳排放量是独立于出发时间的。

（1）当 $[\mathrm{ed}_{ij}, \mathrm{ld}_{ij}]$ 位于 R_1（即 $[\mathrm{ed}_{ij}, \mathrm{ld}_{ij}] \subseteq [0, W_1']$）时，车辆速度从 i 到 j 始终为 v_1。因此，碳排放量 $c_{ij}(t_i)$ 是独立于出发时间 $t_i \in [\mathrm{ed}_{ij}, \mathrm{ld}_{ij}]$ 的。根据定义 6.5，TD arc 中具有最早出发时间（即 $t_i = \mathrm{ed}_{ij}$）的是非支配 TD arc。因此，仅弧 $((i, \mathrm{ed}_{ij}), (j, t_j^a))$ 留待考虑，其余 TD arc 可直接删除。

（2）当 $[\mathrm{ed}_{ij}, \mathrm{ld}_{ij}]$ 位于 R_2（即 $[\mathrm{ed}_{ij}, \mathrm{ld}_{ij}] \subseteq [W_1', W_1]$）时，TD arc 中具有较早出发时间 $t_i \in [\mathrm{ed}_{ij}, \mathrm{ld}_{ij}]$ 的有更多的碳排放量 $c_{ij}(t_i)$。因此，每个 TD arc 都是非支配 TD arc。

（3）当 $[\mathrm{ed}_{ij}, \mathrm{ld}_{ij}]$ 位于 R_3（即 $[\mathrm{ed}_{ij}, \mathrm{ld}_{ij}] \subseteq [W_1, W_2']$）时，类似 R_1，仅弧 $((i, \mathrm{ed}_{ij}), (j, t_j^a))$ 为非支配 TD arc。

（4）当 $[\mathrm{ed}_{ij}, \mathrm{ld}_{ij}]$ 位于 R_4（即 $[\mathrm{ed}_{ij}, \mathrm{ld}_{ij}] \subseteq [W_2', W_2]$）时，TD arc 中具有最早出发时间（即 $t_i = \mathrm{ed}_{ij}$）的有最少的碳排放量 $c_{ij}(t_i)$。因此，TD arc 中仅具有最早出发时间 ed_{ij} 的为非支配 TD arc。

（5）当 $[\mathrm{ed}_{ij}, \mathrm{ld}_{ij}]$ 位于 R_5（即 $[\mathrm{ed}_{ij}, \mathrm{ld}_{ij}] \subseteq [W_2, W_3 - d_{ij}/v_3]$）时，类似 R_1，仅弧 $((i, \mathrm{ed}_{ij}), (j, t_j^a))$ 为非支配 TD arc。

基于上述描述，对于一般的速度函数，弧的时间依赖碳排放函数可以分为如下三种类型：①弧的碳排放函数与时间无关（如 R_1、R_3、R_5）；②弧的碳排放函数随时间增加而减小（如 R_2）；③弧的碳排放函数随时间增加而增大（如 R_4）。

基于上述分类，可以进一步分析弧 (i, j) 的碳排放量是时间依赖的情形，得到定理 6.3。

定理 6.3：如果弧 $((i, t_i), (j, t_j^a))$ 的碳排放函数独立于出发时间或随出发时间增加而增大（如 $[\mathrm{ed}_{ij}, \mathrm{ld}_{ij}] \cap [W_1', W_1] = \phi$），那么弧 $((i, t_i), (j, t_j^a))$ 中仅有最早出发时间的（即 $((i, \mathrm{ed}_{ij}), (j, t_j^a))$）是非支配 TD arc。

定理 6.3 说明，当弧 $((i, t_i), (j, t_j^a))$ 的碳排放函数独立于出发时间或随出发时间增加而增大时，只有满足最早出发时间的弧才是非支配 TD arc。因此，可以进一步得到定理 6.4。

定理 6.4：如果弧 $((i,t_i),(j,t_j^a))$ 的碳排放函数随着出发时间的增加而减小（如 $t_i \in [\mathrm{ed}_{ij},\mathrm{ld}_{ij}] \cap [W_1', W_1] \neq \varnothing$），那么每个弧 $((i,t_i),(j,t_j^a))$ 都是非支配 TD arc。

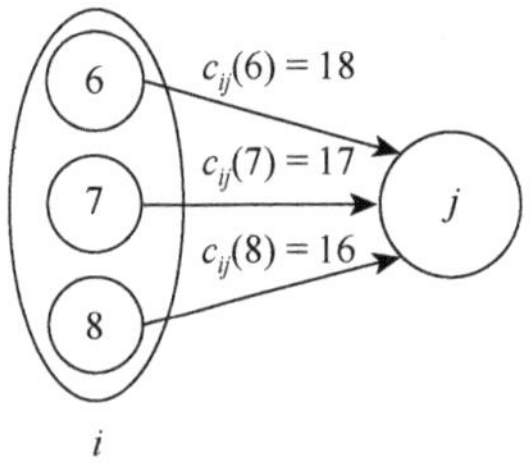

图 6.17　弧 (i,j) 的离散出发时间举例

定理 6.4 说明，如果出发时间在某个区域是连续的，而该区域的碳排放函数随着出发时间的增加而减小（$t_i \in [\mathrm{ed}_{ij},\mathrm{ld}_{ij}] \cap [W_1', W_1] \neq \varnothing$），那么非支配 TD arc 的数量是无限的。

可以将这一区域的出发时间离散化为$\lfloor u \rfloor - \lceil l \rceil + 1$个单元，其中，$u$ 和 l 分别为区域的上界和下界，此区域中第 m 个离散出发时间为$\lceil l \rceil + m - 1$。

图 6.17 给出了弧 $(i,j) \in E$ 在 $[\mathrm{ed}_{ij},\mathrm{ld}_{ij}] \cap [W_1', W_1] = [5.9,8.2]$ 的离散出发时间 t_i 的一个例子。

6.4.2　数学模型和有效不等式

令 Ω 为所有最优路径的集合。当顾客 $i \in N$ 被路径 $S_r \in \Omega$ 访问时，0-1 参数 a_{iS_r} 为 1，否则，a_{iS_r} 为 0。对于每个路径 $S_r \in \Omega$，定义 0-1 决策变量 x_{S_r}，当 x_{S_r} 在解中被选中时，其值为 1，否则，其值为 0。TDGVRPTW 的 SP 模型表示如下：

$$\min \sum_{S_r \in \Omega} c_{S_r} x_{S_r} \tag{6.62}$$

s.t.

$$\sum_{S_r \in \Omega} a_{iS_r} x_{S_r} = 1, \quad \forall i \in N \tag{6.63}$$

$$x_{S_r} = 0 \text{ 或 } 1, \quad \forall S_r \in \Omega \tag{6.64}$$

其中，目标函数（6.62）最小化碳排放量；约束（6.63）确保每个顾客都被访问一次；约束（6.64）确定变量的域。

上述模型的线性松弛模型可以通过列生成算法求解。主要思路是首先根据上述模型构造一个限制路径集合 $\Omega' \subset \Omega$ 上的受限主问题（restricted master problem，RMP），然后对其进行迭代求解。

上述数学模型是一个 SP 问题，可以通过增加有效不等式来强化模型，例如，Jepsen 等（2008）等提出了子集行剪切（subset-row cuts，SRC）：

$$\sum_{S_r \in \Omega} \left\lfloor \sum_{i \in N'} a_{iS_r} / k \right\rfloor x_{S_r} \leqslant \lfloor |N'|/k \rfloor \tag{6.65}$$

其中，$N' \subseteq N$，$0 < k \leqslant |N'|$。

本节没有采用 SRC，而是采用了 Pecin 等（2017）提出的有限内存（limited memory，LM）子集行剪切 lm-SRC，具体定义如下：

$$\sum_{S_r \in \Omega} \alpha(N',M,k,S_r)x_{S_r} \leqslant \lfloor |N'|/k \rfloor \tag{6.66}$$

与 SRC 相比，应用 lm-SRC 可以减少定价子问题对算法的影响（Pecin et al.，2017）；因此，本节将约束（6.66）加入数学模型中。

在 TDGVRPTW 中应用定价问题的目的是搜索带有负约简成本(reduced cost)的最优路径，并将其加入 RMP 中。一个路径的约简成本计算如下：

$$\overline{c}_{S_r} = c_{S_r} - \sum_{i \in N} a_{iS_r}\pi_i, S_r \in \Omega \tag{6.67}$$

其中，π_i 为与约束（6.63）关联的顾客 $i \in N$ 的对偶变量。定价问题的目标为

$$\min \overline{c}_{S_r} = \min\{c_{S_r} - \sum_{i \in N} a_{iS_r}\pi_i, S_r \in \Omega\} \tag{6.68}$$

考虑单个 lm-SRC 的对偶贡献，一个路径的约简成本可计算如下：

$$\hat{c}_{S_r} = \overline{c}_{S_r} - \delta_{S_r}\sigma, S_r \in \Omega \tag{6.69}$$

其中，σ 为 lm-SRC 的对偶变量；$\delta_{S_r} = \alpha(N',M,k,S_r)$ 为 lm-SRC 的变量系数。因此，定价问题的目标可以表示为

$$\min \hat{c}_{S_r} = \min\left\{c_{S_r} - \sum_{i \in N} a_{iS_r}\pi_i - \delta_{S_r}\sigma, S_r \in \Omega\right\} \tag{6.70}$$

6.4.3　求解问题的分支剪切定价算法

列生成是一种迭代算法，在每一轮迭代中求解一个 RMP 和一个定价问题，该算法在许多 VRP 及其变种问题中得到了广泛应用。

在分支定界搜索树的给定节点上，线性松弛问题对应 SP 模型的连续量松弛，外加可用的分支变量和 lm-SRC。线性松弛问题采用列-行生成算法求解。首先，在每个迭代中，采用基本的单纯形算法求解 RMP，得到原始解和对偶解。然后，求解定价子问题（列生成），找到具有负约简成本的列或变量。若找不到具有负约简成本的列，则当前的原始解就是主问题的最优解；否则，将一个或多个具有负约简成本的列加入 RMP，并开始新一轮迭代。若当前的原始解是最优的，则在一个切平面上分离有效 lm-SRC（行生成）。当分离算法未识别出其他有效不等式时，割平面算法终止，并执行列-行生成算法的下一轮迭代。当列-行生成算法在未找到要添加到 RMP 的新的列/行的情况下终止时，下限计算过程终止。算法中的 lm-SRC 采用 Pecin 等（2017）提出的分离算法进行处理。

TDGVRPTW 的定价问题比较复杂，是一种具有资源约束和时变旅行时间的

基本最短路径问题（elementary shortest path problem with resource constraints and time-dependent travel times），可以通过标签算法高效求解（Righini and Salani，2008）。下面定义 TDGVRPTW 中的标签，并给出任意标签算法，以及一个新的支配规则，用于消除支配 TD arc。

与 VRP 不同，TDGVRPTW 中的车辆速度是随时间变化的。由于不同的出发时间导致不同的碳排放量，需要确定一个标签中每个节点的出发时间。这里用 $T(L_f)$ 来记录一个标签中每个节点的出发时间。因此，在前向标签算法中，一个标签 $L_f=(i(L_f),q(L_f),t(L_f),S(L_f),T(L_f),c(L_f),\overline{c}(L_f),\hat{c}(L_f))$ 表示一个从节点 $i(L_f)$ 出发、载重为 $q(L_f)$ 的路径，其中，$t(L_f)$ 为节点 $i(L_f)$ 的最早出发时间，$S(L_f)$ 为已访问节点的顺序，$c(L_f)$ 为在 L_f 上的总碳排放量，$\overline{c}(L_f)$ 为 L_f 的约简成本，$\hat{c}(L_f)$ 为 L_f 加入了 lm-SRC 的约简成本。

根据定理 6.2，所有包含支配 TD arc 的标签是没有价值的。因此，从 L_f 扩展到节点 $j\in N$ 时，仅适用非支配 TD arc。

令 $L'_f=(i(L'_f),q(L'_f),t(L'_f),S(L'_f),T(L'_f),c(L'_f),\overline{c}(L'_f),\hat{c}(L'_f))$ 为扩展标签，L'_f 中的属性计算公式如下：

$$q(L'_f)=q(L_f)+q_j \tag{6.71}$$

$$S(L'_f)=S(L_f)\cup\{j\} \tag{6.72}$$

$$T(L'_f)=T(L_f)\cup\{t_{i(L_f)}\} \tag{6.73}$$

$$c(L'_f)=c(L_f)+c_{i(L_f)j}(t_{i(L_f)}) \tag{6.74}$$

$$\overline{c}(L'_f)=\overline{c}(L_f)+c_{i(L_f)j}(t_{i(L_f)})-\pi_j \tag{6.75}$$

$$\hat{c}(L'_f)=\overline{c}(L'_f)-\delta_{S_r}\sigma \tag{6.76}$$

标签 L'_f 的最早出发时间 $t(L'_f)$ 计算公式如下：

$$t(L'_f)=\begin{cases} e_j+s_j, & t(L_f)+\tau_{i(L_f)j}(t(L_f))<e_j \\ t(L_f)+\tau_{i(L_f)j}(t(L_f))+s_j, & e_j\leqslant t(L_f)+\tau_{i(L_f)j}(t(L_f))\leqslant l_j \end{cases} \tag{6.77}$$

根据定理 6.2，最优路径由非支配 TD arc 组成。因此，标签扩展中只使用非支配 TD arc。算法 6.7 给出了从 L_f 扩展到 $j\in N$ 的具体步骤。

算法 6.7：标签算法的扩展计算

输入：L_f

输出：Ω_f（由非支配 TD arc 定义的标签）

算法步骤：

$\Omega_f \leftarrow \varnothing$
step(1)
for $j = 1$ to n do
  if $j \in S(L_f) \vee q(L_f) + q_j > Q \vee t(L_f) + \tau_{i(L_f)j}(t(L_f)) > l_j \vee A_{i(L_f)j} = \varnothing$ then
    continue
  else
    step(2)
    $\mathrm{ed}_{i(L_f)j} \leftarrow t(L_f), \mathrm{ld}_{i(L_f)j} \leftarrow l_j - d_{i(L_f)j} / v_{i(L_f)j}^{\max}$
    step(3)
   计算从 $i(L_f)$ 到 j 且 $t_{i(L_f)} \in [\mathrm{ed}_{i(L_f)j}, \mathrm{ld}_{i(L_f)j}]$ 的非支配 TD arc
   step(4)
   for each 非支配 TD arc do
    计算 L'_f 中的属性值，并添加 L'_f 到 Ω_f
    end for
   end if
end for
return Ω_f

注：∨ 表示逻辑或操作。

算法 6.7 评估了从 L_f 到每个顾客 $j \in N$ 的可行扩展。第二步计算了 $\mathrm{ed}_{i(L_f)j}$ 和 $\mathrm{ld}_{i(L_f)j}$，其中，$\mathrm{ed}_{i(L_f)j}$ 为 L_f 的最后一个节点 $i(L_f)$ 的最早出发时间，$\mathrm{ld}_{i(L_f)j}$ 为 $i(L_f)$ 的最晚出发时间。$v_{i(L_f)j}^{\max}$ 为 $[e_{i(L_f)}, l_j]$ 中的最大速度。计算出发时间间隔 $[\mathrm{ed}_{i(L_f)j}, \mathrm{ld}_{i(L_f)j}]$ 后，通过将出发时间间隔划分为几个区域和计算每个区域的多个出发时间，可以得到非支配 TD arc，并记录 TD arc 的出发时间。注意，如果 $[\mathrm{ed}_{i(L_f)j}, \mathrm{ld}_{i(L_f)j}] \cap [W'_1, W_1] \neq \varnothing$，且 $\mathrm{ed}_{i(L_f)j} < W'_1$，那么具有最早出发时间 $\mathrm{ed}_{i(L_f)j}$ 的 TD arc 也是非支配的。第四步计算了每个非支配 TD arc 的属性值。

根据 TDGVRPTW 的特征，与一个路径相关的标签可能有多个，其中，触发点和顾客有不同的出发时间。因此，本节提出一种新的支配规则来快速消除没有价值的标签。

定义 6.6：如果满足以下条件，那么标签 L_f^1 支配标签 L_f^2：

（1）$S(L_f^1) = S(L_f^2)$；

（2）$t(L_f^1) \leqslant t(L_f^2)$；

（3）$c(L_f^1) \leqslant c(L_f^2)$。

其中，第 1 个条件确保 L_f^1 和 L_f^2 的顾客和车辆容量约束是相同的；第 2 个条件确保 L_f^1 包括 L_f^2 的所有扩展可能；第 3 个条件确保 L_f^1 的碳排放量小于 L_f^2。

为了进一步削减标签数量，可以使用下面的支配规则。

定义 6.7：如果满足以下条件，那么标签 L_f^1 支配标签 L_f^2：

（1）$i(L_f^1)=i(L_f^2)$；

（2）$t(L_f^1)\leqslant t(L_f^2)$；

（3）$q(L_f^1)\leqslant q(L_f^2)$；

（4）$\bar{S}(L_f^1)\subseteq \bar{S}(L_f^2)$；

（5）$\hat{c}(L_f^1)-\sum\limits_{p\in P}\sigma_p\leqslant \hat{c}(L_f^2)$。

其中，第 1 个条件确保 L_f^1 和 L_f^2 的最后一个节点是相同的；第 2～4 个条件确保 L_f^1 的可行扩展涵盖了 L_f^2 的所有情况；第 5 个条件是 Jepsen 等（2008）提出的，其中，$P=\{p\,|\,\sigma_p<0\wedge\varphi_p(L_f^1)>\varphi_p(L_f^2)\}$，且 $\varphi_p(L_f)=|N'\cap S(L_f)|\bmod k$。集合 $\bar{S}(L_f)$ 为不能被车辆服务的所有节点的集合。

通过允许非基本路径的存在，本节将定价问题进行松弛并将其转化为具有资源约束的时间相关最短路径问题。松弛方法的优点是以较弱的下限为代价，降低了求解定价问题的复杂性。

在 lm-SRC 分离方面，本节采用 3-SRC（$|N'|=3$ 且 $k=2$），这也是目前最流行的 lm-SRC 方法（Baldacci et al.，2011）。式（6.78）对应 lm-SRC 的一个子集：

$$\sum_{S_r\in\Omega(N')}\alpha(N',M,k,S_r)x_{S_r}\leqslant\lfloor|N'|/k\rfloor,\forall N'\in\Gamma \tag{6.78}$$

其中，$\Gamma\subseteq\{N'\subset N:|N'|=3\}$ 为所有顾客的三元组的子集，$\Omega(N')\subseteq\Omega$ 为 N' 中至少两个顾客的所有模式的索引集的子集，即 $\Omega(N')=\{S_r\in\Omega:|N'\cap S_r|\geqslant 2\}$。

令 $\sigma=(\sigma_1,\sigma_2,\cdots,\sigma_{|\Gamma|})$ 为对偶变量，该变量与约束（6.78）相关联。约束（6.78）通过检查 $\sum\limits_{S_r\in\Omega(N')}\alpha(N',M,k,S_r)x_{S_r}\leqslant\lfloor|N'|/k\rfloor$ 来进行分离。如果发现存在违反的 lm-SRC，就将它们添加到数学模型中。

本节应用分支定界算法来获得整数解。通过应用定界策略来搜索分支定界树，在弧上产生分支的策略与经典 VRP 算法类似。

6.4.4 数值实验与分析

测试的基本案例采用 Solomon VRPTW 案例库（Solomon，1987）。根据顾客的地理分布，该案例库包括三类案例：随机（记为 R）、聚集（记为 C）、半聚集（记为 RC）。为了使案例适用于 TDGVRPTW，使用 24h 系统对 Solomon VRPTW 案例库进行修改。出发点 $[e_0,l_0]$ 的时间窗为 $[0,24]$h。因此，Solomon 案例中顾客 i

的时间窗 $[e_i', l_i']$ 重新设置为 $[e_i, l_i] = \left[e_i' \dfrac{24}{l_0'}, l_i' \dfrac{24}{l_0'}\right]$。顾客 i 的需求为 $q_i = 10q_i'$。案例中的距离 d_{ij} 设为 $d_{ij} = 2d_{ij}'$。顾客 i 的服务时间 s_i 设置为 $s_i = s_i' \dfrac{24}{l_0'}$。对于基于 Solomon 案例的 25 个顾客案例，本节只考虑 Solomon 案例的第 4,8,…,100 个顾客；对于基于 Solomon 案例的 50 个顾客案例，只考虑 Solomon 案例的第 2,4,…,100 个顾客；对于基于 Solomon 案例的 75 个顾客案例，考虑 Solomon 案例的前 75 个顾客。

通过离散化方法，将图 6.15 的规划范围分为 3 段，每段有不同的车辆速度。断点和车辆速度的设置方法参考 Ichoua 等（2003）的方法，结果如表 6.12 所示。车辆的参数来自 Franceschetti 等（2013）的方法，具体如表 6.13 所示。

表 6.12　遗传算法参数设定

符号	描述	取值
W_1	断点 1/h	7
W_2	断点 2/h	17
W_3	断点 3/h	24
v_1	车辆速度 1/（km/h）	42
v_2	车辆速度 2/（km/h）	25
v_3	车辆速度 3/（km/h）	45

表 6.13　车辆的参数

符号	描述	取值
Q	容量/kg	1000
W	空车质量/kg	920
ρ	空气密度/（kg/m^3）	1.2041
A	车辆前表面积/m^2	3.912
g	重力加速度/（m/s^2）	9.81
C_d	气动阻力系数	0.7
C_r	滚动阻力	0.01
f	燃油消耗指数参数	1/44000
a	加速度	0
γ	二氧化碳排放指数参数/（g/g）	3.164

表 6.14～表 6.16 分别为包含 25 个、50 个、75 个顾客的 Solomon 案例的计算结果。其中，lb_{noCut} 为在没有 lm-SRC 的根节点中获得的下界；lb 为在根节点中获得的下界；t_{root} 为获得 lb 的计算时间；ub 为最好的上界（即最优解）；node 为分支树的总大小；t 为总计算时间；NV 为使用的车辆的总数量；col 为添加到 RMP 的列的总数；cut 为添加到 RMP 的 lm-SRC 的数量。

表 6.14　25 个顾客案例的求解结果

案例	lb_{noCut}	lb	t_{root}/s	ub	node	t/s	NV	col	cut
R101	157.67	157.67	6.25	157.67	1	6.25	6	875	0
R102	131.34	131.34	275.02	131.34	1	275.02	5	3792	0
R105	137.64	138.48	126.99	138.48	1	126.99	6	2373	5
R106	116.05	116.07	3417.01	116.07	1	3417.02	5	7097	8
R109	87.97	89.24	2819.4	89.24	1	2819.4	7	6542	21
C101	200.02	200.02	5.54	200.02	1	5.54	9	1460	0
C102	192.05	192.05	293.32	192.05	1	293.32	8	6193	0
C105	184.16	184.16	44.42	184.16	1	44.42	9	3185	0
C106	180.8	180.8	122.49	180.8	1	122.49	9	4532	0
C107	175.53	178.09	252.91	178.09	1	252.91	9	4988	6
C108	166.03	166.03	302.17	166.03	1	302.17	8	6502	0
C109	147.35	147.74	1548.43	147.74	1	1548.43	8	12255	8
RC101	164.8	164.8	40.12	164.8	1	40.12	7	2021	0
RC102	153.58	153.58	2996.26	153.58	1	2996.26	7	5744	0
RC105	144.96	145.81	766.77	145.81	1	766.77	7	3875	3
RC106	130.18	131.38	1021.8	131.84	5	3522.39	7	5034	22

表 6.15　50 个顾客案例的求解结果

案例	lb_{noCut}	lb	t_{root}/s	ub	node	t/s	NV	col	cut
R101	272.24	273.18	320.32	273.18	1	320.32	13	3468	17
C101	289.13	294.17	547.84	294.17	1	547.84	11	5520	4
C105	263.81	268.66	3493.41	269.85	4	11941.58	11	11069	20
C106	263.32	267.68	5589.77	269.49	3	16466.25	11	13458	4
RC101	265.53	272.04	3357.23	—	6	30000	—	—	39

表 6.16　75 个顾客案例的求解结果

案例	lb_{noCut}	lb	t_{root}/s	ub	node	t/s	NV	col	cut
R101	728.12	729.91	2258.28	730.12	3	6245.74	17	5302	35
C101	—	634.04	23122.19	—	4	86400.00	—	—	149

从表 6.14～表 6.16 中可以看到，本节提出的分支剪切定价算法可以高效求解 25 个顾客案例中的 16 个案例、50 个顾客案例中的 4 个案例、75 个顾客案例中的 1 个案例。100 个顾客的案例 R101 的下界获取时间为 14889.83s。但是，对于 25 个顾客案例中具有宽时间窗的案例，分支剪切定价算法并不能有效求解。

另外，本节还进行了支配规则的有效性数值实验、分支剪切定价和分支定价的对比数值实验、碳排放量和等待时间的关联分析数值实验、车辆速度函数对优化结果的敏感性分析等相关的实验。限于篇幅，这些实验结果及分析没有列出，感兴趣的读者可以和作者联系。

6.5　家庭医疗护理服务中考虑不确定性的车辆路径规划算法

本节关注的研究问题仍然是家庭医疗护理服务中下层的 VRP。此外，本节还考虑了另一个重要的现实问题特性，即养老服务需求点之间旅行时间的不确定性。在规划模型求解之前，经典 VRP 的旅行时间是已知的常量，但实际中，旅行时间可能是一个不确定的量（如随机量等），这就给模型的求解造成了困难。因此，本节家庭医疗护理服务中考虑不确定旅行时间的 VRP 也具有很强的一般性，除了考虑养老服务需求点之间旅行时间的不确定性，还考虑养老服务需求点的服务时间窗。从运筹学角度而言，该问题可以归属为不确定性环境下的 VRP，具体而言，是具有随机旅行时间和节点时间窗的一类 VRP。

本节针对上述问题提出一个决策准则——基本风险指数，用以评估路径晚于时间窗到达养老服务顾客点的风险。该指标函数具有凸性等优良理论特性，既考虑了迟到概率，又考虑了迟到时长。在车辆旅行时间的分布可知的情况下，利用基于采样平均近似法的随机规划方法进行建模；在只有车辆旅行时间的均值和协方差信息可知的情况下，利用分布鲁棒优化方法进行建模。为了提高计算速度，本节提出一种本德斯（Benders）分解结合切平面的算法（简称 Benders 分解算法）。计算实验说明，就准时到达概率而言，在样本数量少的情况下，Benders 分解算法优于基于采样平均近似法的最大化准时到达概率模型；在样本数量大的情况下，最大化准时到达概率模型很难在可接受的时间内进行求解，而 Benders 分解算法可以求解样本数量很大的案例。

6.5.1　最大化准时到达概率的带时间窗的路径规划模型

本节关于交通网络的符号定义如下：$G=(N,A)$ 为有向网络；$N=\{1,2,\cdots,n\}$ 为节点集合，其中，节点 1 代表起点车场，节点 n 代表终点车场，其他节点 $i\in N\setminus\{1,n\}$ 代表需要被访问的顾客点；A 为弧段集合，弧段 (i,j) 连接两个节点 $i\in N$ 和

$j \in N \setminus \{i\}$，也用 a 表示弧段；c_a 为穿越弧段 $a \in A$ 的旅行成本；$\tilde{z}_{ij}$ 为服务节点 $i \in N$ 的随机时长与穿越弧段 $a \in A$ 的随机旅行时间之和；$\delta^-(i) = \{(j,i) \in A | j \in N \setminus \{i\}\}$ 为节点 $i \in N$ 的入弧集合；$\delta^-(i) = \{(i,j) \in A | j \in N \setminus \{i\}\}$ 为节点 $i \in N$ 的出弧集合；R_+ 为正实数集合；$\underline{\tau}_i \in \mathrm{R}_+$ 为到达节点 $i \in N$ 的最早时刻，若车辆提前到达，则需等到该时刻再进行服务，若无最早时刻限制，则令其为 0；$\overline{\tau}_i \in \mathrm{R}_+ \cup \{\infty\}$ 为到达节点 $i \in N$ 的最迟时刻，若车辆晚点到达，则仍可进行服务，但被视为质量差的服务，若无最迟时刻限制，则令其为 ∞；$\underline{N} = \{i \in N | \underline{\tau}_i > 0\}$ 为有最早到达时刻限制的节点集合；$\overline{N} = \{i \in N | \overline{\tau}_i < \infty\}$ 为有最迟到达时刻限制的节点集合。

旅行商问题中的可行路径为哈密顿（Hamilton）路径。哈密顿路径定义为出发于节点 1，访问每个节点 $i \in N \setminus \{1,n\}$ 且仅访问一次，并终止于节点 n 的路径。令 $X \subseteq \{0,1\}^{|A|}$ 表示所有可行哈密顿路径的集合。对于任意可行哈密顿路径 $x = (x_a)_{a \in A} \in X$，当弧段 $a \in A$ 在该路径中时，令 $x_a = 1$；否则，令 $x_a = 0$。接下来引入 Claus（1984）提出的针对不对称旅行商问题的模型。具体地，定义辅助决策变量 $s = (s^l)_{l \in N}$，$s^l \in \mathrm{R}_+^{|A|}$ 和如下集合：

$$
S = \left\{ \begin{array}{l|l} & \sum_{a \in \delta^+(i)} x_a = 1, \quad i \in N \setminus \{n\} \\ & \sum_{a \in \delta^-(i)} x_a = 1, \quad i \in N \setminus \{1\} \\ & s_a^1 = 0, \quad a \in A \\ x \in \{0,1\}^{|A|} & s_a^l \leqslant x_a, \quad l \in N \setminus \{1\}, a \in A \\ s \in \mathrm{R}_+^{|A| \times |N|} & \sum_{a \in \delta^+(1)} s_a^l = 1, \quad l \in N \setminus \{1\} \\ & \sum_{a \in \delta^+(i)} s_a^l - \sum_{a \in \delta^-(i)} s_a^l = 0, \quad l \in N \setminus \{1\}, i \in N \setminus \{1,l\} \\ & \sum_{a \in \delta^+(l)} s_a^l - \sum_{a \in \delta^-(l)} s_a^l = -1, \quad l \in N \setminus \{1\} \end{array} \right\}
$$

该模型具有如下性质。

命题 6.1：可行哈密顿路径的集合可表示为

$$
X = \{x | (x,s) \in S\}
$$

此外，对于任意可行哈密顿路径 $x \in X$，存在唯一的 $s \in \{0,1\}^{|A| \times |N|}$ 使得 $(x,s) \in S$；特别地，对于任意的 $l \in N$，s^l 表示沿着路径 x 从节点 1 到节点 l 的路径。

不失一般性，令车辆离开起点时间为 $t_1 = 0$。$z \in \mathrm{R}_+^{|A|}$ 表示不确定旅行时间

$\left(\tilde{z}_{ij}\right)_{(i,j)\in A}$ 的实现。对于给定可行路径 $x \in X$，车辆在节点处的服务开始时间可以递归地通过式（6.79）计算。对于路径中的每一弧段 $(i,j)\in A$，有

$$t_j = \max\left\{t_i + z_{ij}, \underline{\tau}_j\right\} \tag{6.79}$$

也就是说，若到达节点 $j \in N$ 的时刻 $t_i + z_{ij}$ 比要求的最早时刻 $\underline{\tau}_j$ 早，则服务开始时刻为 $\underline{\tau}_j$；否则，服务开始时刻和车辆到达该节点的时刻一致。事实上，服务开始时刻可以表示为 z 的分段仿射凸函数。

定理 6.5： 给定 $(x,s)\in S$ 和 z，在节点 $l \in \bar{N}$ 处的服务开始时刻可表示为如下函数：

$$t_l(s,z) = \max_{k\in \underline{N}\cup\{1\}}\left\{\sum_{a\in\delta^-(k)} s_a^l \underline{\tau}_k + z'\left(s^l - s^k\right)\right\} \tag{6.80}$$

定义在节点 $l \in \bar{N}$ 处的延迟函数为

$$\xi_l(s,z) = t_l(s,z) - \overline{\tau}_l$$

则当且仅当 $\xi_l(s,z) > 0$ 时，车辆到达节点 $l \in \bar{N}$ 晚点。注意，延迟函数为关于 z 的分段仿射凸函数。定义延迟的函数映射为 $\xi(s,z) = \left(\xi_l(s,z)\right)_{l\in\bar{N}}$。为了提高对顾客的服务质量，建立的优化模型需要惩罚迟到现象，尽量使得服务车辆在时间窗内到达顾客点。因此，一个很自然的方法是在给定预算 B 的前提下最大化车辆能准时到达所有顾客点的联合概率。该模型如下：

$$\begin{aligned} \max \quad & P\left(\xi(s,z) \leqslant 0\right) \\ \text{s.t.} \quad & c'x \leqslant B \\ & (x,s)\in S \end{aligned} \tag{6.81}$$

然而，此决策准则有一些缺陷。它仅考虑了迟到概率而忽略了迟到程度，若存在两条迟到概率相同的路径，显然决策者会选择迟到时间少的路径，而该准则对这两条路径并无偏好。此外，因为该准则并非凹函数，所以即使用采样近似估计法求解该模型也很困难。

6.5.2　基本风险指数的定义与性质

在考虑随机旅行时间的带时间窗的旅行商问题中，为了量化到达某节点的迟到风险，采用 Jaillet 等（2016）的风险指数作为决策准则，该指数定义如下。

定义 6.8: 对于概率分布为 P 的随机延迟 $\tilde{\xi} \in V$，其风险指数 $\rho_R\left(\tilde{\xi}\right): V \to [0,\infty]$ 定义为

$$\rho_R\left(\tilde{\xi}\right): \inf\left\{\alpha > 0 \middle| C_\alpha\left(\tilde{\xi}\right) \leqslant 0\right\}$$

其中，$\inf\varnothing=\infty$，$C_\alpha\left(\tilde{\xi}\right)$表示在指数负效用函数下$\tilde{\xi}$的确定性等价，其定义为

$$C_\alpha\left(\tilde{\xi}\right)=\alpha\ln E(\mathrm{e}^{\tilde{\xi}/\alpha})$$

基于此，Jaillet 等（2016）提出了最小化迟到风险指数之和的优化模型：

$$\begin{aligned}\min\quad & \sum_{i\in\bar{N}}\rho_R\left(\xi_i(s,\tilde{z})\right)\\ \text{s.t.}\quad & c'x\leqslant B\\ & (x,s)\in S\end{aligned}\tag{6.82}$$

观察可得，随机延迟的确定性等价$C_\alpha\left(\tilde{\xi}\right)$是关于风险容忍度参数$\alpha$（表示对风险的容忍程度）的非增函数，因此可将该风险指数看作能够使随机延迟的确定性等价非正的最小风险容忍度参数。为了说明以该风险指数作为决策准则能减小延迟风险，Jaillet 等（2016）阐述了该风险指数的优良性质。

命题 6.2：对于随机延迟$\tilde{\xi},\tilde{\xi}_1,\tilde{\xi}_2\in V$，风险指数具有如下性质。

（1）满意性。当且仅当$P\left(\tilde{\xi}\leqslant 0\right)=1$时，$\rho_R\left(\tilde{\xi}\right)=0$。

（2）不可行性。如果$E_P\left(\tilde{\xi}\right)>0$，那么$\rho_R\left(\tilde{\xi}\right)=\infty$。

（3）凸性。对于任意$\lambda\in[0,1]$，有

$$\rho_R\left(\lambda\tilde{\xi}_1+(1-\lambda)\tilde{\xi}_2\right)\leqslant\lambda\rho_R\left(\tilde{\xi}_1\right)+(1-\lambda)\rho_R\left(\tilde{\xi}_2\right)$$

（4）迟到概率界。$P\left(\tilde{\xi}>\rho_R\left(\tilde{\xi}\right)\theta\right)\leqslant\mathrm{e}^{-\theta}$，$\forall\theta>0$。

满意性表示若几乎不迟到，则完全满意；不可行性表示若期望的随机延迟为正数，则该路径为不可行路径；凸性不仅意味着风险分担，而且使得模型（6.82）比模型（6.81）更加容易求解；迟到概率界表示随着迟到量的增加，迟到概率呈指数级减小。

为了保证模型的可解性，随机延迟$\tilde{\xi}$需要表示为独立随机变量的仿射函数。基于定理 6.5，对于带最后期限的旅行商问题，在节点$l\in\bar{N}$处的随机延迟可表示为

$$\xi_l(s,\tilde{z})=t_l(s,\tilde{z})-\bar{\tau}_l=\tilde{z}'s^l-\bar{\tau}$$

因此，若旅行时间$\tilde{z}$为独立分布的随机变量，则可避免数值积分而直接通过如下方法来计算确定性等价。

$$C_a\left(\xi_l(s,\tilde{z})\right)=\sum_{\alpha\in A}C_\alpha\left(s_\alpha^l\tilde{z}_\alpha\right)-\bar{\tau}_l$$

特别地，如果$\tilde{z}$是均值为μ、协方差矩阵为Σ的正态分布随机变量，那么$(s,\tilde{z})$也是正态分布的随机变量，且

$$C_\alpha\left(\xi_l(s,\tilde{z})\right)=\mu's^l+\frac{s^{l\prime}\Sigma s^l}{2\alpha}-\bar{\tau}_l$$

在此基础上，模型（6.82）可简化为

$$
\begin{aligned}
\min \quad & \sum_{l \in \bar{N}} \alpha_l \\
\text{s.t.} \quad & s^{l\prime} \Sigma s^l \leqslant 2\alpha_l \left(\bar{\tau}_l - \mu' s^l \right), \quad \forall l \in \bar{N} \\
& c'x \leqslant B \\
& (x,s) \in S \\
& \alpha_l \geqslant 0, \quad \forall l \in \bar{N}
\end{aligned} \tag{6.83}
$$

然而，对于带时间窗的旅行商问题，随机延迟并不能表达为随机变量 $\tilde{z}$ 的仿射函数，而是 $\tilde{z}$ 的凸分段仿射函数。如果应用以上风险指数作为决策准则来求解带时间窗的旅行商问题，将导致不易求解。虽然可以通过采样平均近似法来估计风险指数，但是对应的模型将基于指数函数进行优化。该模型既非线性，又不与目前的离散优化框架吻合。因此，寻求一种具有类似风险指数的优良性质且可使相应模型更容易求解的决策准则至关重要。

本节提出一种新的指数。

定义 6.9：对于概率分布为 P 的随机延迟 $\tilde{\xi} \in V$，其基本风险指数 $\rho\left(\tilde{\xi}\right): V \to [0,\infty]$ 定义为

$$\rho\left(\tilde{\xi}\right) = \min\left\{\alpha \geqslant 0 \middle| E_P\left(\max\left\{\tilde{\xi}, -\alpha\right\}\right) \leqslant 0\right\}$$

其中，$E_P\left(\max\left\{\tilde{\xi}, -\alpha\right\}\right)$ 为随机延迟 $\tilde{\xi}$ 的期望负效用。

当 $\alpha = 0$ 时，$E_P\left(\max\left\{\tilde{\xi}, -\alpha\right\}\right) = E_P\left(\left(\tilde{\xi}\right)^+\right)$；当 $\alpha = \infty$ 时，$E_P\left(\max\left\{\tilde{\xi}, -\alpha\right\}\right) = E_P\left(\tilde{\xi}\right)$。可以将基本风险指数理解为能使随机延迟 $\tilde{\xi}$ 的期望负效用非正的最小参数。基本风险指数具有与风险指数类似的优良性质。

命题 6.3：对于随机延迟 $\tilde{\xi}, \tilde{\xi}_1, \tilde{\xi}_2 \in V$，基本风险指数具有如下性质。

（1）满意性。当且仅当 $P\left(\tilde{\xi} \leqslant 0\right) = 1$ 时，$\rho\left(\tilde{\xi}\right) = 0$。

（2）不可行性。如果 $E_P\left(\tilde{\xi}\right) > 0$，那么 $\rho\left(\tilde{\xi}\right) = \infty$。

（3）凸性。对于任意 $\lambda \in [0,1]$，有

$$\rho\left(\lambda \tilde{\xi}_1 + (1-\lambda)\tilde{\xi}_2\right) \leqslant \lambda \rho\left(\tilde{\xi}_1\right) + (1-\lambda)\rho\left(\tilde{\xi}_2\right)$$

（4）迟到概率界。$P\left(\tilde{\xi} > \rho\left(\tilde{\xi}\right)\theta\right) \leqslant \dfrac{1}{1+\theta}, \quad \forall \theta > 0$。

该定义中带前缀“基本”的原因是该效用函数的形式是可以使所定义指数具备风险指数优良性质的最简单形式。虽然基本风险指数的迟到概率界不如风险指数那么精确，但是其主要优点在于它使得对应的带时间窗的旅行商问题更容易求解。下面将阐述最小化基本风险指数的带时间窗的旅行商问题模型。

6.5.3　最小化基本风险指数的带时间窗的旅行商问题模型

本节提出如下基于最小化基本风险指数的带时间窗的旅行商问题模型：

$$\begin{aligned}\min \quad & \sum_{i\in\bar{N}}\rho\left(\xi_i\left(s,\tilde{z}\right)\right)\\ \text{s.t.} \quad & c'x\leqslant B\\ & \left(x,s\right)\in S\end{aligned}\tag{6.84}$$

根据定理 6.5，模型（6.84）可展开为

$$\begin{aligned}\min \quad & \sum_{l\in\bar{N}}\alpha_l\\ \text{s.t.} \quad & E_P\left(\max\left\{\max_{k\in\underline{N}\cup\{1\}}\left\{\sum_{a\in\delta^-(k)}s_a^l\underline{\tau}_k+\tilde{z}'\left(s^l-s^k\right)\right\}-\bar{\tau}_l,-\alpha_l\right\}\right)\leqslant 0,\quad l\in\bar{N}\\ & c'x\leqslant B\\ & \left(x,s\right)\in S\\ & \alpha_l\geqslant 0,\quad l\in\bar{N}\end{aligned}\tag{6.85}$$

由于该模型难以求解，下面给出其对应的采样平均近似模型。假设给定 $\tilde{z}$ 的分布 P，需要利用多重积分来计算模型（6.85）中第一个约束的期望部分，一般而言，多维积分需要大量的计算时间，因此可利用采样平均近似法对该模型进行近似求解。用 Ω 表示样本索引的集合，对于样本 $\omega\in\Omega$，将旅行时间 $\tilde{z}$ 的实现记为 $z(\omega)$。为了线性化采样平均近似模型，对于任意的 $l\in\bar{N}$，记

$$y_l^{\omega}=\max\left\{\max_{k\in\underline{N}\cup\{1\}}\left\{\sum_{a\in\delta^-(k)}s_a^l\underline{\tau}_k+z(\omega)'\left(s^l-s^k\right)\right\}-\bar{\tau}_l,-\alpha_l\right\}$$

于是，可将模型（6.85）近似为以下混合整数规划模型：

$$\begin{aligned}\min \quad & \sum_{l\in\bar{N}}\alpha_l\\ \text{s.t.} \quad & \sum_{\omega\in\Omega}y_l^{\omega}\leqslant 0,\quad l\in\bar{N}\\ & y_l^{\omega}\geqslant\sum_{a\in\delta^-(k)}s_a^l\underline{\tau}_k+z(\omega)'\left(s^l-s^k\right)-\bar{\tau}_l,\quad l\in\bar{N},k\in\underline{N}\cup\{1\},\omega\in\Omega\\ & y_l^{\omega}\geqslant-\alpha_l,\quad l\in\bar{N},\omega\in\Omega\\ & c'x\leqslant B\\ & \left(x,s\right)\in S\\ & \alpha_l\geqslant 0,\quad l\in\bar{N}\end{aligned}\tag{6.86}$$

如果通过采样平均近似法对模型（6.81）重新建模，需要引入$|\Omega|$个 0-1 离散决策变量。相比之下，模型（6.86）引入的决策变量y_l^{ω}为连续变量，一般来说，基于离散决策变量的优化比基于连续决策变量的优化更加困难，可以用 CPLEX 等商业求解器对模型（6.86）直接求解，也可以用 Benders 分解算法对其进行求解；当样本数量较大时，后者将更加有效。

为了考虑旅行时间分布函数不完全可知而仅有均值和协方差可知的情形，下面进一步利用分布鲁棒优化的框架对该模型进行建模。

为了将分布函数的模糊性体现于模型中，记F为概率分布P的模糊集，并将基本风险指数扩展定义为

$$\rho\left(\tilde{\xi}\right)=\min\left\{\alpha\geqslant 0\left|\sup_{P\in F}E_P\left(\max\left\{\tilde{\xi},-\alpha\right\}\right)\leqslant 0\right.\right\} \tag{6.87}$$

该定义实际上是对之前定义的推广。当概率分布P准确给定时，该模糊集为单一元素集合，即$F=\{P\}$。当概率分布并不唯一给定时，该指数为最坏概率分布对应的指数，这反映了决策者模糊厌恶的态度。相应地，将带时间窗的旅行商问题分布鲁棒优化模型给定为

$$\begin{aligned}
\min\quad & \sum_{l\in\bar{N}}\alpha_l\\
\text{s.t.}\quad & \sup_{P\in F}E_P\left(\max\left\{\max_{k\in\underline{N}\cup\{1\}}\left\{\sum_{a\in\delta^-(k)}s_a^l\underline{\tau}_k+\tilde{z}'\left(s^l-s^k\right)\right\}-\bar{\tau}_l,-\alpha_l\right\}\right)\leqslant 0,\quad l\in\bar{N}\\
& c'x\leqslant B \qquad\qquad\qquad\qquad\qquad\qquad\qquad\qquad\qquad\qquad\qquad\qquad (6.88)\\
& (x,s)\in S\\
& \alpha_l\geqslant 0,\quad l\in\bar{N}
\end{aligned}$$

模糊集F一般是通过不确定参数的某些描述性统计信息来构建的，如均值和协方差等，但不是所有通过描述性统计信息构建的模糊集都使分布鲁棒优化模型容易求解。为了使得该模型易求解，现考虑包含弧段旅行时间$\tilde{z}$的均值μ和协方差矩阵Σ的交叉矩模糊集，给定为

$$F=\left\{P\left|\begin{array}{l}E_P\left(\tilde{z}\right)=\mu\\E_P\left(\left(\tilde{z}-\mu\right)\left(\tilde{z}-\mu\right)'\right)=\Sigma\end{array}\right.\right\}$$

定理 6.6： 考虑交叉矩模糊集的模型（6.88）等价于如下优化模型：

$$
\begin{aligned}
\min \quad & \sum_{l\in\bar{N}} \alpha_l \\
\text{s.t.} \quad & v_{l0} + \operatorname{tr}\left(\Sigma V_l\right) \leqslant \alpha_l, \quad l\in\bar{N} \\
& \begin{bmatrix} v_{l0} & \dfrac{v_l'}{2} \\ \dfrac{v_l}{2} & V_l \end{bmatrix} \in S_+^{|A|+1}, \quad l\in\bar{N} \\
& \begin{bmatrix} v_{l0} - \sum\limits_{a\in\delta^-(k)} s_a^l \underline{\tau}_k - \mu'\left(s^l - s^k\right) + \bar{\tau}_l - \alpha_l & \dfrac{\left(v_l - s^l + s^k\right)'}{2} \\ \dfrac{v_l - s^l + s^k}{2} & V_l \end{bmatrix} \in S_+^{|A|+1}, \quad l\in\bar{N}, k\in\underline{N}\cup\{1\} \\
& c'x \leqslant B \\
& (x,s)\in S \\
& \alpha_l \geqslant 0, \quad l\in\bar{N}
\end{aligned}
\tag{6.89}
$$

其中，$\operatorname{tr}(A)$为矩阵A的迹；$S_+^{|A|+1}$为在$\mathrm{R}^{(|A|+1)\times(|A|+1)}$空间中对称半正定矩阵的集合。

模型（6.88）在$\underline{N}=\varnothing$的特殊情况下变为带最后期限的旅行商问题模型，相应地，模型（6.89）变为

$$
\begin{aligned}
\min \quad & \sum_{l\in\bar{N}} \alpha_l \\
\text{s.t.} \quad & v_{l0} + \operatorname{tr}\left(\Sigma V_l\right) \leqslant \alpha_l, \quad l\in\bar{N} \\
& \begin{bmatrix} v_{l0} & \dfrac{v_l'}{2} \\ \dfrac{v_l}{2} & V_l \end{bmatrix} \in S_+^{|A|+1}, \quad l\in\bar{N} \\
& \begin{bmatrix} v_{l0} - \mu' s^l + \bar{\tau}_l - \alpha_l & \dfrac{\left(v_l - s^l\right)'}{2} \\ \dfrac{v_l - s^l}{2} & V_l \end{bmatrix} \in S_+^{|A|+1}, \quad l\in\bar{N} \\
& c'x \leqslant B \\
& (x,s)\in S \\
& \alpha_l \geqslant 0, \quad l\in\bar{N}
\end{aligned}
$$

基于模型的特殊结构，可将半正定约束式化简为二阶锥约束式。

定理 6.7：当$\underline{N}=\varnothing$时，考虑交叉矩模糊集的模型等价于如下优化模型：

$$
\begin{aligned}
\min \quad & \sum_{l\in\bar{N}} \alpha_l \\
\text{s.t.} \quad & s^{l\prime}\Sigma s^l \leqslant 4\alpha_l\left(\overline{\tau}_l - \mu' s^l\right), \quad l\in\bar{N} \\
& c'x \leqslant B \\
& (x,s)\in S \\
& \alpha_l \geqslant 0, \quad l\in\bar{N}
\end{aligned} \tag{6.90}
$$

值得一提的是，虽然模型（6.83）与模型（6.90）的目标值不同①，但是会得出相同的最优规划路径。模型（6.90）为混合整数二阶锥规划模型，可用 CPLEX 等商业求解器进行求解。模型（6.89）为混合整数半正定规划模型，目前并无商业软件可直接求解。但利用锥对偶理论，可通过 Benders 分解算法对模型（6.89）和模型（6.90）进行求解。

6.5.4　Benders 分解算法

本节采用 Benders 分解算法对 6.5.3 节提出的模型进行求解。对于最具一般性的模型（6.84），可等价地表达为

$$
\begin{aligned}
\min \quad & \sum_{l\in\bar{N}} \eta_l \\
\text{s.t.} \quad & \eta_l \geqslant F_l(s), \quad l\in\bar{N} \\
& c'x \leqslant B \\
& (x,s)\in S
\end{aligned}
$$

其中，η_l 为辅助变量，函数 $F_l(s):\mathrm{R}^{|A|\times|N|}\to[0,\infty]$ 对应着在节点 $l\in\bar{N}$ 处的基本风险指数，可显式地表达为

$$
\begin{aligned}
F_l(s) = \min \ & \alpha_l \\
\text{s.t.} \ & \sup_{P\in F} E_P\left(\max\left\{\max_{k\in \underline{N}\cup\{1\}}\left\{\sum_{a\in\delta^-(k)} s_a^l \underline{\tau}_k + \tilde{z}'\left(s^l - s^k\right)\right\} - \overline{\tau}_l, -\alpha_l\right\}\right) \leqslant 0 \\
& \alpha_l \geqslant 0
\end{aligned} \tag{6.91}
$$

观察可得，$F_l(s)$ 是关于 s 的凸函数。假设模型的对偶形式存在，并且强对偶定理对此成立，则可将对偶形式表达为

$$
F_l(s) = \max_{(\varsigma_{l0},\varsigma_l)\in Z_l} \ \varsigma_{l0} + \varsigma_l' s \tag{6.92}
$$

其中，$\varsigma_{l0}\in\mathbb{R}$，$\varsigma_l = \left(\varsigma_l^j\right)_{j\in N}$，$\varsigma_l^j\in\mathrm{R}$，$Z_l\in\mathrm{R}\times\mathrm{R}^{|A|\times|N|}$ 是一个非空凸集。注意，当

① 模型（6.83）与模型（6.90）的目标函数形式相同，但最优 α 不同，导致二者目标值不同。

模型（6.92）无界时，在节点 l 处的基本风险指数为无穷大，对应的路径则不可行。因此，定义集合 Z_l 的退化锥为

$$R_l=\left\{(\bar{\varsigma}_{l0},\bar{\varsigma}_l)\in\mathrm{R}\times\mathrm{R}^{|A|\times|N|}\,\middle|\,(\varsigma_{l0},\bar{\varsigma}_l)+\lambda(\bar{\varsigma}_{l0},\bar{\varsigma}_l)\in Z_l,\forall(\varsigma_{l0},\bar{\varsigma}_l)\in Z_l,\lambda\geqslant 0\right\}$$

欲使 $F_l(s)$ 有界，当且仅当

$$\bar{\varsigma}_{l0}+\bar{\varsigma}_l's\leqslant 0,\quad (\bar{\varsigma}_{l0},\bar{\varsigma}_l)\in R_l$$

假设存在求解模型（6.92）的高效算法，该算法能在有界的情况下求得最优解，在无界的情况下求得退化方向 $(\bar{\varsigma}_{l0},\bar{\varsigma}_l)\in R_l$，使得 $\bar{\varsigma}_{l0}+\bar{\varsigma}_l's>0$。

为了利用 Benders 分解算法（算法 6.8）求解模型（6.84），定义在第 t 个循环中的主问题为

$$\begin{aligned}
\min\quad & \sum_{l\in\bar{N}}\eta_l \\
\text{s.t.}\quad & \varsigma_{l0}+\varsigma_1's\leqslant\eta_l,\quad (\varsigma_{l0},\varsigma_l)\in Z_l^t,l\in\bar{N} \\
& \bar{\varsigma}_{l0}+\bar{\varsigma}_l's\leqslant 0,\quad (\bar{\varsigma}_{l0},\bar{\varsigma}_l)\in R_l^t,l\in\bar{N} \\
& c'x\leqslant B \\
& (x,s)\in S
\end{aligned}\tag{6.93}$$

其中，Z_l^t 和 R_l^t 分别为 Z_l 和 R_l 的有限子集。

算法 6.8：Benders 分解算法

初始化：设 $t=1$，对于所有 $l\in\bar{N}$，有 $Z_l^t=\varnothing$，$R_l^t=\varnothing$。

1. 求解模型（6.93），得其最优解 (x^*,s^*,η^*)。
2. 对于所有 $l\in\bar{N}$，求解模型（6.92）。如果 $F_l(s^*)$ 有界，那么最优解 $(\varsigma_{l0},\varsigma_l)\in Z_l$。否则，得退化方向 $(\bar{\varsigma}_{l0},\bar{\varsigma}_l)\in R_l$。
3. 如果对于所有 $l\in\bar{N}$，有 $F_l(s^*)=\eta_l^*$，那么中止算法，返回最优解 x^*。
4. 设

$$R_l^{t+1}=R_l^t\cup\{(\bar{\varsigma}_{l0},\bar{\varsigma}_l)\},\quad l\in\bar{N}:F_l(s^*)=\infty$$

$$Z_l^{t+1}=Z_l^t\cup\{(\varsigma_{l0},\varsigma_l)\},\quad l\in\bar{N}:F_l(s^*)\in(\eta_l^*,\infty)$$

5. 设 $t=t+1$，转至第一步。

对于具体的原问题（6.91），下面详述如何求得并求解对偶问题（6.92）。

对于采样平均法，问题（6.91）可具体表达为

$$\begin{aligned}
F_l(s)=\min\quad & \sum_{l\in\bar{N}}\alpha_l \\
\text{s.t.}\quad & \sum_{\omega\in\Omega}y^{\omega}\leqslant 0 \\
& y^{\omega}\geqslant\xi_{lk}^{\omega}(s),\quad k\in\underline{N}\cup\{1\},\omega\in\Omega \\
& y_l^{\omega}\geqslant-\alpha_l,\quad \omega\in\Omega \\
& \alpha_l\geqslant 0
\end{aligned}\tag{6.94}$$

其中，$\xi_{lk}^{\omega}(s)=\sum_{a\in\delta^-(k)} s_a^l\underline{\tau}_k+z(\omega)'(s^l-s^k)-\overline{\tau}_l$。

定理 6.8：定义 $\xi_l^{\omega}(s)=\max_{k\in\underline{N}\cup\{1\}}\xi_{lk}^{\omega}(s)$ 和索引函数为 $\nu:\Omega\to\Omega$，该函数变换 Ω 中元素顺序，使得

$$\xi_l^{\nu(1)}(s)\geqslant\xi_l^{\nu(2)}(s)\geqslant\cdots\geqslant\xi_l^{\nu(|\Omega|)}(s)$$

如果 $\sum_{\omega\in\Omega}\xi_l^{\omega}(s)>0$，那么 $F_l(s)=\infty$，否则

$$F_l(s)=\max\left\{\max_{i\in\{1,2,\cdots,|\Omega|-1\}}\left\{\sum_{\omega=1}^{i}\frac{\xi_l^{\nu(\omega)}(s)}{|\Omega|-i}\right\},0\right\}$$

由定理 6.8 可知，利用具有强多项式时间复杂度的排序算法即可求解问题(6.94)的 Benders 子问题，其计算复杂度为 $O(|\Omega|\log_2(|\Omega|))$，因此可有效求解带有大规模样本的问题。在求解 Benders 子问题时，给定主问题的最优解 s^*，对于每个 $l\in\overline{N}$，检查是否有 $\sum_{\omega\in\Omega}\xi_l^{\omega}(s)>0$。若是，则提取索引函数 $\kappa^*(\omega)\in\arg\max_{k\in\underline{N}\cup\{1\}}\xi_{lk}^{\omega}(s)$，并且通过 $\sum_{\omega\in\Omega}\xi_{l\kappa^*(\omega)}^{\omega}(s^*)=\overline{\varsigma}_{l0}+\overline{\varsigma}_l's^*$ 确定退化方向，最终将退化方向 $(\overline{\varsigma}_{l0},\overline{\varsigma}_l)$ 添加到集合 R_l^t。更详细地，有 $\overline{\varsigma}_{l0}=-|\Omega|\overline{\tau}_l$，对于所有 $a\in A,j\in N$，有 $\overline{\varsigma}_{la}^j=\sum_{\omega\in\Omega}\varsigma_{la\omega}^j$，其中，

$$\varsigma_{la\omega}^j=\begin{cases}z_a(\omega), & j=l\neq\kappa^*(\omega),a\in A\setminus\delta^-(\kappa^*(\omega))\\ z_a(\omega)+\underline{\tau}_{\kappa^*(\omega)}, & j=l\neq\kappa^*(\omega),a\in\delta^-(\kappa^*(\omega))\\ -z_a(\omega), & j=\kappa^*(\omega)\neq l,a\in A\\ \underline{\tau}_{\kappa^*(\omega)}, & j=l=\kappa^*(\omega),a\in\delta^-(\kappa^*(\omega))\\ 0, & \text{否则}\end{cases}$$

如果对于所有 $\omega\in\Omega$，有 $\xi_l^{\omega}(s^*)\leqslant 0$，那么由定理 6.8 知，$F_l(s^*)=0$；否则，对于某个 $i^*\in\{1,2,\cdots,|\Omega|-1\}$，有

$$F_l(s^*)=\sum_{\omega=1}^{i^*}\frac{\xi_{l\kappa^*(\nu(\omega))}^{\nu(\omega)}(s^*)}{|\Omega|-i^*}$$

类似地，可通过式 $F_l(s^*)=\varsigma_{l0}+\varsigma_l's^*$ 确定最优极点 $(\varsigma_{l0},\varsigma_l)$，并添加到集合 Z_l^t。更详细地，有

$$\varsigma_{l0}=-\frac{i^*}{|\Omega|-i^*}\overline{\tau}_l$$

对于$a \in A, j \in N$，有

$$\varsigma_{la}^{j} = \sum_{\nu(\omega)=1}^{i^*} \frac{\varsigma_{la\nu(\omega)}^{j}}{|\Omega| - i^*}$$

对于考虑交叉矩模糊集的分布鲁棒优化问题，问题（6.91）可具体表达为如下半正定优化问题：

$$\begin{aligned}
F_l(s) = \min \ & \sum_{l \in \overline{N}} \alpha_l \\
\text{s.t.} \ & v_{l0} + \operatorname{tr}(\Sigma V_l) \leqslant \alpha_l \\
& \begin{bmatrix} v_{l0} & \dfrac{v_l'}{2} \\ \dfrac{v_l}{2} & V_l \end{bmatrix} \in S_+^{|A|+1} \\
& \begin{bmatrix} v_{l0} - \sum\limits_{a \in \delta^-(k)} s_a^l \underline{\tau}_k - \mu'(s^l - s^k) + \overline{\tau}_l - \alpha_l & \dfrac{(v_l - s^l + s^k)'}{2} \\ \dfrac{v_l - s^l + s^k}{2} & V_l \end{bmatrix} \in S_+^{|A|+1}, \quad k \in \underline{N} \cup \{1\} \\
& \alpha_l \geqslant 0
\end{aligned} \tag{6.95}$$

定理 6.9：问题（6.95）的对偶问题为

$$\begin{aligned}
F_l(s) = \max \ & \sum_{k \in \underline{N} \cup \{1\}} \left(\left(\sum_{a \in \delta^-(k)} s_a^l \underline{\tau}_k + \mu'(s^l - s^k) - \overline{\tau}_l \right) r_{k0} + (s^l - s^k)' r_k \right) \\
\text{s.t.} \ & \beta - \sum_{k \in \underline{N} \cup \{1\}} r_{k0} \leqslant 1 \\
& -\beta + \gamma_0 + \sum_{k \in \underline{N} \cup \{1\}} r_{k0} = 0 \\
& \gamma + \sum_{k \in \underline{N} \cup \{1\}} r_k = 0 \\
& -\Sigma \beta + \Gamma + \sum_{k \in \underline{N} \cup \{1\}} R_k = 0 \\
& \beta \geqslant 0 \\
& \begin{bmatrix} \gamma_0 & \gamma' \\ \gamma & \Gamma \end{bmatrix} \in S_+^{|A|+1} \\
& \begin{bmatrix} r_{k0} & r_k' \\ r_k & R_k \end{bmatrix} \in S_+^{|A|+1}, \quad k \in \underline{N} \cup \{1\}
\end{aligned} \tag{6.96}$$

并且原问题与对偶问题目标值相同。

类似采样平均近似法的情况，由定理 6.9 可知，可利用能求解半正定规划的

求解器求解分布鲁棒优化模型的 Benders 子问题。模型（6.96）的目标函数对应 $F_l\left(s^*\right)=\varsigma_{l0}+\varsigma_l's^*$，其中，$\varsigma_{l0}=-\sum_{k\in\underline{N}\cup\{1\}}\overline{\tau}_l r_{k0}$。对于 $a\in A, j\in N$，有

$$\varsigma_{la}^j=\sum_{k\in\underline{N}\cup\{1\}}\varsigma_{lak}^j$$

$$\varsigma_{la\omega}^j=\begin{cases}\mu_a r_{k0}+r_{ak}, & j=l\neq k, a\in A\setminus\delta^-(k)\\ \mu_a r_{k0}+r_{ak}+r_{k0}\underline{\tau}_k, & j=l\neq k, a\in\delta^-(k)\\ -\mu_a r_{k0}-r_{ak}, & j=k\neq l, a\in A\\ r_{k0}\underline{\tau}_k, & j=l=k, a\in\delta^-(k)\\ 0, & \text{否则}\end{cases}$$

此外，当目标无界，即 $F_l\left(s^*\right)=\infty$ 时，假设求解器可以返回一个退化方向，进而可以确定违背约束的不等式 $\overline{\varsigma}_{l0}+\overline{\varsigma}_l's>0$。事实上，MOSEK 和 SDPT3 等著名的半正定规划求解器皆可返回退化方向。

对于考虑交叉矩模糊集的带最后期限的旅行商问题，Benders 子问题可以进一步简化。相应地，问题（6.91）可具体表达为

$$\begin{aligned}F_l(s)=\min\ & \alpha_l\\ \text{s.t.}\ & s^{l\prime}\Sigma s^l\leqslant 4\alpha_l\left(\overline{\tau}_l-\mu's^l\right)\\ & \alpha_l\geqslant 0\end{aligned}\tag{6.97}$$

定理 6.10：问题（6.97）的对偶问题为

$$F_l(s)=\max_r\ \left\{-r'r\left(\overline{\tau}_l-\mu's^l\right)-\left(\Sigma^{1/2}r\right)'s^l\right\}\tag{6.98}$$

由定理 6.10 可知，当主问题的最优解 $s^{l*}=0$ 时，$F_l\left(s^*\right)=0$，Benders 分解算法引入相应的切平面。否则，如果 $\overline{\tau}_l-\mu's^{l*}>0$，那么，相应地，

$$F_l\left(s^*\right)=\varsigma_{l0}+\sum_{j\in N}\varsigma_l^{j\prime}s^{j*}$$

其中，

$$\varsigma_{l0}=-\frac{s^{l*\prime}\Sigma s^{l*}\overline{\tau}_l}{4\left(\mu's^{l*}-\overline{\tau}_l\right)^2}$$

$$\varsigma_l^j=\begin{cases}\dfrac{s^{l*\prime}\Sigma s^{l*}}{4\left(\mu's^{l*}-\overline{\tau}_l\right)^2}\mu-\dfrac{\Sigma s^{l*}}{2\left(\mu's^{l*}-\overline{\tau}_l\right)}, & j=l\\ 0, & \text{否则}\end{cases}$$

当 $\overline{\tau}_l - \mu' s^{l*} \leqslant 0$ 时，该问题无界，相应地，

$$\overline{\varsigma}_{l0} = -s^{l*\prime} \Sigma s^{l*} \overline{\tau}_l$$

$$\overline{\varsigma}_l^{\,j} = \begin{cases} s^{l*\prime} \Sigma s^{l*} \mu - \Sigma s^{l*}, & j = l \\ 0, \text{否则} \end{cases}$$

6.5.5 数值实验与影响因素分析

为了验证本节所提模型的有效性（一方面是基本风险指数决策准则对减小不确定性的不利影响的作用，另一方面是求解的计算速度），本节对带时间窗的旅行商问题进行数值实验。

考虑一个有向网络，点集为 $N = \{1,2,\cdots,12\}$，其中，节点 1 和节点 12 分别为起点车场和终点车场，其他节点为需要访问并服务的顾客节点。所有弧段的集合为 $A = \left\{(i,j) \middle| i \in N \setminus \{n\}, j \in N \setminus \{1\}, i \neq j, (i,j) \neq (1,12)\right\}$，因此共有 110 条弧段。令 $\tilde{z}_{ij}^T$ 和 $\tilde{z}_i^S$ 分别为穿越弧段 $(i,j) \in A$ 的随机旅行时间和在节点 $i \in N$ 处的随机服务时间，在节点 1 和节点 12 处的服务时间皆为 0。对于弧段 $a \in A$ 和节点 $i \in N$，随机旅行时间 $\tilde{z}_a^T$ 和随机服务时间 $\tilde{z}_i^S$ 的均值 z_a^T 和 z_i^S 如表 6.17 所示。此外，表 6.17 还给出了预先要求的时间窗，其中，三个节点有最早到达时间 $\underline{\tau}$ 约束，即节点 6～节点 8；八个节点有最迟到达时间 $\overline{\tau}$ 约束，即节点 2～节点 8 和节点 12。

表 6.17 带时间窗的旅行商问题参数

N	z_a^T /min												z_i^S /min	$\underline{\tau}$ /min	$\overline{\tau}$ /min
	1	2	3	4	5	6	7	8	9	10	11	12			
1	—	0	0	0	0	0	0	0	0	0	0	—	—	—	—
2	—	—	14	14	14	25	14	14	26	14	6	0	71	—	0
3	—	15	—	27	27	12	27	27	12	27	24	0	50	—	400
4	—	10	24	—	24	16	24	24	18	24	23	0	64	—	400
5	—	10	24	24	—	16	24	24	18	24	23	0	44	—	400
6	—	24	0	0	0	—	0	0	29	0	14	0	51	300	600
7	—	11	25	25	25	15	—	25	16	25	23	0	53	300	600
8	—	16	18	18	18	24	18	—	24	18	12	0	51	300	600
9	—	18	28	28	28	0	28	28	—	28	25	0	43	—	—
10	—	11	25	25	25	15	25	25	16	—	27	0	53	—	—
11	—	24	10	10	10	28	10	10	28	10	—	0	42	—	—
12	—	—	—	—	—	—	—	—	—	—	—	—	—	—	700

根据定义，对弧段 $(i,j)\in A$，其弧段时间等于在头节点 i 处的服务时间加上 i 到 j 之间的旅行时间，即 $\tilde{z}_{ij}=\tilde{z}_{ij}^T+\tilde{z}_i^S$。假设 $\tilde{z}_{ij}^T$ 服从均值为 z_{ij}^T 的独立对称两点分布，对于某参数 $\lambda_{ij}>0$，有 $P\left(\tilde{z}_{ij}^T=\left(1-\lambda_{ij}\right)z_{ij}^T\right)=P\left(\tilde{z}_{ij}^T=\left(1+\lambda_{ij}\right)z_{ij}^T\right)=0.5$。对于 $i\in N\setminus\{1,12\}$，$\tilde{z}_i^S$ 也服从类似的独立对称两点分布，其均值为 z_i^S，则对于某参数 $\lambda_i>0$，有 $P\left(\tilde{z}_i^S=\left(1-\lambda_i\right)z_i^S\right)=P\left(\tilde{z}_i^S=\left(1+\lambda_i\right)z_i^S\right)=0.5$。对于每个算例，$\lambda_{ij}$ 和 λ_i 随机等概率地从 $\{0.1,0.2,\cdots,0.8\}$ 中选出。

基本实验中利用采样平均近似法求解带时间窗的旅行商问题，求解过程中调用 CPLEX 求解器，实验在一台搭载 6 核 12 线程 3.46GHz CPU 的工作站上进行。将准时到达概率准则作为基准，用本节提出的基本风险指数准则与之比较。准时到达概率准则对应带时间窗的旅行商问题，如问题（6.81）。具体包括如下三种方法。

（1）通过采样平均近似法求解问题（6.81），记为 S-P 方法。

（2）直接求解问题（6.86），记为 S-I 方法。

（3）通过 Benders 分解算法求解问题（6.86），记为 S-I-B 方法。

对于以上每种方法，变化样本数量 $|\Omega|\in\{20,50,80,100,150,3000\}$ 个以探明其对计算时间及解的质量的影响。对于给定的样本数量，进行 20 组实验，每组实验中，随机产生参数 $\left(\lambda_a\right)_{a\in A}$ 和 $\left(\lambda_i\right)_{i\in N\setminus\{1,12\}}$，以确定该组实验中参数的概率分布。随机产生 $|\Omega|$ 个随机弧段旅行时间 $\tilde{z}$ 的独立样本 $\left(z(\omega)\right)_{\omega\in\Omega}$，输入同样的样本后，用以上三种方法分别求解。此外，随机产生另外 20000 组独立的样本，为验证求解结果的质量提供数据准备。在做完 20 组实验以后，用它们的平均表现来刻画给定样本数量和求解方法的表现。对于求解质量，关心如下指标。

（1）LatePro：迟到概率，即任意一个访问点出现迟到的概率，用数学公式可表达为 $P\left(\exists i\in\bar{N}\middle|\xi_i(s,\tilde{z})>0\right)$。

（2）ExpLate：期望迟到时长，即所有访问点迟到时长的期望值之和，用数学公式可表达为 $\sum_{i\in\bar{N}}E\left(\left(\xi_i(s,\tilde{z})\right)^+\right)$。

（3）ComTime：计算时间，单位为秒。

其中，$\xi^+=\max\{\xi,0\}$。迟到概率和期望迟到时长都通过以上产生的 20000 组样本来估计。

为了比较基本风险指数准则和准时到达概率准则的表现，用前述的算例和实验方法进行基本实验。表 6.18 给出了不同方法所得解的表现，其中，NumSame 表示在 20 组实验中这三种方法求得同样的解的组数。由于 S-I-B 方法与 S-I 方法采用不同的方法求解同样的模型，它们在存在唯一解的情况下所得解相同。

表 6.18　不同方法求解带时间窗的旅行商问题比较

方法	$\|\Omega\|$/个	NumSame/组	LatePro	ExpLate/min	ComTime/s
S-P			0.337	31.5	184
S-I	20	0/20	0.309	23.3	199
S-I-B			0.309	23.3	230
S-P			0.306	24.7	544
S-I	50	5/20	0.294	19.8	530
S-I-B			0.294	19.8	223
S-P			0.308	25.8	1383
S-I	80	3/20	0.293	19.2	1240
S-I-B			0.293	19.2	239
S-P			0.301	25.1	2096
S-I	100	0/20	0.292	19.4	1927
S-I-B			0.292	19.4	231
S-P			0.293	23.4	4688
S-I	150	5/20	0.288	19.3	3982
S-I-B			0.288	19.3	242
S-I-B	3000	—	0.286	18.6	262

为了更清楚地看到这些方法的性能表现随着模型中样本数量增大时的变化趋势，接下来将表 6.18 中的性能指标表示在图 6.18 中。具体地，图 6.18（a）～（c）分别展示了 LatePro、ExpLate、ComTime 随着模型中样本数量增大的变化趋势。由于 S-I 方法和 S-I-B 方法产生同样的解，图 6.18（a）和（b）中仅用 S-I-B 方法代表最小化基本风险指数的方法，用 S-P 方法代表最大化准时到达概率的方法。从图 6.18 中可以得到如下本实验的结论。

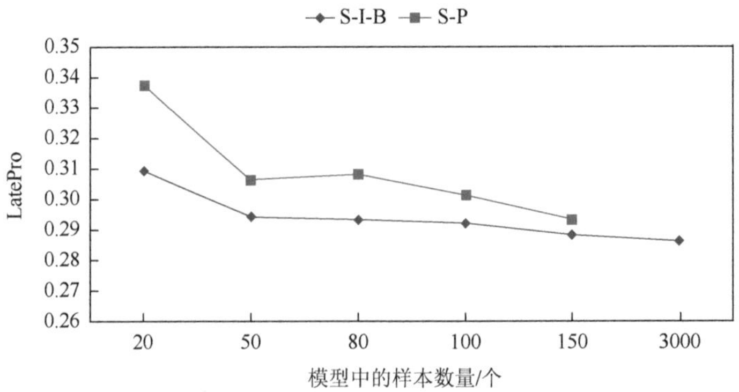

(a) 迟到概率

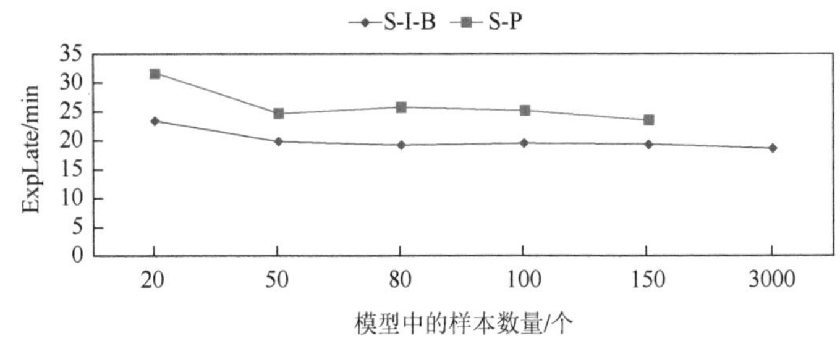

(b) 期望迟到时长

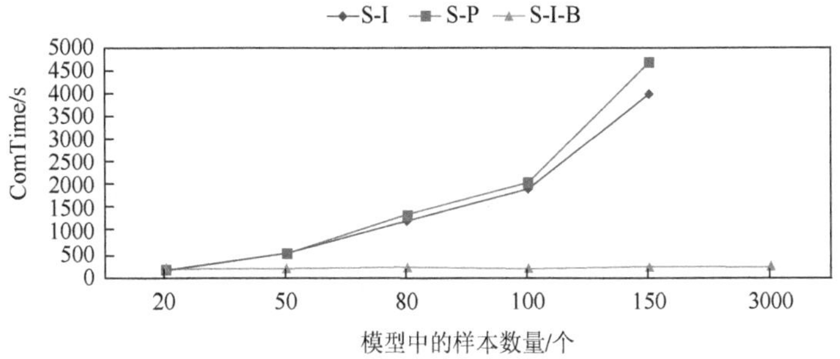

(c) 计算时间

图 6.18　性能指标随着模型中样本数量增加的变化趋势

（1）从图 6.18（a）和（b）中可看到，随着模型中样本数量的增大，不管是 S-I-B 方法还是 S-P 方法，LatePro 和 ExpLate 都倾向于变得更好。这是因为样本数量越大，通过样本去近似真实的分布函数就越准确，所以该现象与常识吻合。特别地，当用 S-I-B 方法求解带 3000 个样本的问题时，会得到更好的解。遗憾的是，由于计算时间过长，无法知道 S-P 方法在样本数量为 3000 个时的表现。

（2）当样本数量同样大时，S-I-B 方法比 S-P 方法的求解效果就 LatePro 和 ExpLate 这两个指标而言都更好。虽然可以理解 S-I-B 方法就 ExpLate 而言好于 S-P 方法，这是因为命题 6.2 已经指出基本风险指数准则可以考虑迟到时长而准时到达概率准则却不能。但是这有悖于 S-P 方法就 LatePro 而言应该比 S-I-B 方法好的预期，这是因为正常来说，S-P 方法应该是能获得具有最小 LatePro 的最好方法。这种现象可能是由样本数量不够造成的。也许当样本数量足够大时，就 LatePro 而言，S-P 方法会得到更好的表现，然而过长的计算时间可能超出决策者的容忍程度。

（3）通过观察可知，S-P 方法和 S-I 方法的计算时间受到样本数量的严重影响。S-I-B 方法的计算时间却受样本数量影响不大。随着样本数量增加，S-P 方法和 S-I 方法的计算时间超线性地增加，前者比后者增加率更大。就计算时间而言，S-I-B 方法的良好表现证实了 Benders 分解算法的高效性。

6.6 本章小结

本章建立了零工经济背景下的 BHHCRSP 模型，分别设计了基于隐枚举的二阶段精确算法和二阶段混合元启发式算法对模型进行求解。为了分析提出模型的特性和两个算法的有效性，通过随机生成的案例分析了双层模型与单层模型结果存在差异的原因，为零工经济背景下的家庭医疗护理调度决策提供了一些管理启示。在所建立模型的基础上，对零工经济背景下的 HHCRSP 进行扩展。在扩展模型中，旅行时间假设为随机变量，并给出了相关随机变量期望的推导计算过程。对于该随机双层模型，设计了三阶段混合元启发式算法来进行求解。通过算法实验分析了在决策时考虑随机环境的必要性，验证了算法执行的稳定性和有效性，并对确定性模型和随机模型的实验结果进行了比较分析。本章还针对家庭医疗护理调度中下层的 VRP 子问题进行了深入研究，分别针对考虑碳排放量的 VRP 和考虑不确定旅行时间的 VRP 设计了精确算法，并通过数值实验验证了所提算法的有效性。

第 7 章　针对多样化用户需求的养老服务组合优化方法

7.1　问 题 背 景

近年来，在互联网上相继出现了许多养老服务平台，如二毛照护、医护到家和麦麦养老等，能够供应异地养老、机构养老、居家养老等不同类型的养老服务模式。这些养老服务平台通常与线下的养老服务组织进行合作，将养老服务资源发布在互联网上供老年顾客使用。养老服务平台上有大量的养老服务供应商，这些养老服务供应商能够供应一些专职化的养老服务，如膳食服务、医护服务、生活保洁服务等。因此，在养老服务平台上，一方面，许多老年顾客存在大批的养老服务需求，另一方面，大批养老服务供应商拥有海量的养老服务，老年顾客从中选择满意的养老服务十分艰巨，并且养老服务供应商想为更多的老年顾客供应服务以获得更大的市场。因此，在老年顾客面对选用艰难、养老服务供应商面对竞争激烈的状况下，为了更好地使更多的老年顾客满意，将不同的养老服务供应商供应的养老服务进行组合是提升养老服务的使用率及提升老年顾客幸福感的可靠办法。

随着养老服务行业的迅速发展，养老服务市场逐渐细分，专职化的养老服务越来越多，如护理服务、出行服务、生活服务、文娱服务等，这些服务都由养老服务供应商提供，他们之间的服务相互独立且分布在不同的地方，很难进行统一调度和管理。此外，当前老年顾客在医疗服务、生活服务、餐饮服务等多方面的服务需求持续增长，细粒度单一的服务不能符合老年顾客的需要，且不同的老年顾客的生活方式及健康状况不相同，老年顾客的养老服务要求偏向个性化，致使顾客花费许多金钱却很难享用到服务应有的愉悦感和快乐感，养老服务体验较差，从而造成许多养老服务供应商出售养老服务困难。因此，为老年顾客提供符合其个性化要求的高质量养老服务十分重要。

与此同时，由于养老服务行业的复杂性及人类思维认识的局限性，老年顾客需求的服务指标信息和养老服务供应商给出的服务指标信息有时是不清晰的。对于这种指标信息，如果用一个简单的数据来体现，可能会使信息失真或残缺不全，必须找到合适的体现方式来解决犹豫模糊供需信息的养老服务组合优化问题。Zadeh（1965）给出了解决模糊信息问题的模糊集理论。模糊集理论可以解决实际情况中具有的一些不确定状态。大批学者以模糊集理论为基础，不断扩充模糊集，得到了直觉模糊集、区间值模糊集等。以这些理论为基础，Torra（2010）提出犹豫模糊集理论，假设决策者在做决策时通常是不确定和犹豫的，决策者无法使用一个简单的数值来表示自己的决策信息，会在几个可能的值之间犹豫不决。犹豫模糊集中个体的隶属度可能是单一值或者多个值，因此能够解决该问题。

另外，由于利益的驱使，养老服务平台上出现了许多功能相同但是可信度各异的养老服务，许多养老服务的可信度很难得到保障，老年顾客难以从大量的养老服务中识别出可信的服务，这严重地影响了老年顾客的利益，容易使老年顾客对养老服务产生抵触心理。因此，将具有高可信度的养老服务组合起来供应给老年顾客迫在眉睫。通过引入可信度的概念来评估养老服务的可信度和服务组合的可信度，为养老服务组合提供了可信保障，从而有效地避免了由服务可信问题而对老年顾客造成的损失。在服务计算领域，关于服务可信度的计算已有充足的研究，然而，与养老服务行业相结合的服务可信度计算研究非常少。

基于以上研究背景，本章首先给出一种基于 QoS 的养老服务组合优化方法，以满足老年顾客的个性化需求，同时建立以养老服务组合的 QoS 最大化为目标的数学模型，并且应用优化软件求解，通过数值实验来验证所提方法；针对犹豫模糊形式的供需信息，给出基于犹豫模糊供需信息的养老服务组合优化方法，采用犹豫模糊数来表示养老服务评价指标信息和老年顾客评价指标信息，以达到准确地描述供需信息的目的，在前景理论的基础上，建立以老年顾客和养老服务供应商的满意度最大化为目标的数学模型，并设计多目标遗传算法进行求解，最后通过一个数值实验来验证所提方法；对于服务可信度的研究，给出单个养老服务的可信度计算方法，对单个养老服务考虑直接可信度、间接可信度和初始可信度三种形式，在此基础上，建立以养老服务组合价格最小化和养老服务组合可信度最大化为目标的数学模型，使用多目标遗传算法进行求解，并且通过案例来验证所提方法。

7.2 基于 QoS 的养老服务组合优化方法

养老服务质量越好，顾客的满意度就越高。因此，本节主要研究怎样经过有效地组合能够使养老服务组合的 QoS 最优。在本节给出的基于 QoS 的养老服务组合优化方法中，首先，对养老服务供应商供应的每项养老服务的 QoS 指标值进行归一化处理，并与指标权重相乘，得到每项养老服务的 QoS；然后，建立以养老服务组合的 QoS 最大化为目标的数学模型；最后，设计一个数值实验，说明此组合优化过程。

7.2.1　问题描述及模型符号说明

顾客个性化要求强调顾客的多样性，关注顾客要求的差异性。随着人民生活质量的持续提升，顾客的要求越来越复杂，单一养老服务无法满足顾客的需要，顾客在养老服务需求方面具有更深、更细的要求，并且不同顾客由于身体状况和经济条件的差异，在需求的养老服务种类方面会有不同。针对顾客个性化的养老服务要求，养老服务平台需要提供多种养老服务，不同的顾客需要不同种类的养老服务。本节主要决策问题是针对顾客个性化的养老服务要求，根据不同顾客提交的养老服务要求信息，将不同养老服务供应商供应的养老服务组合起来供应给顾客，以 QoS 最大化为目标，从而使顾客满意。

本节模型中涉及的符号说明如下：I 为顾客总数；J 为养老服务供应商总数；K 为养老服务种类总数；r_{ik} 为 0-1 决策变量，如果第 i 个顾客需要第 k 种养老服务，那么 $r_{ik}=1$，否则，$r_{ik}=0$；p_{jk} 为第 j 个养老服务供应商供应第 k 种养老服务的价格；n_{jk} 为第 j 个养老服务供应商供应第 k 种养老服务的数量；P_i 为第 i 个顾客要求的养老服务组合的保留价格；q_{jk} 为第 j 个养老服务供应商供应的第 k 种养老服务的质量；x_{ijk} 为 0-1 决策变量，如果第 i 个顾客需要的第 k 种养老服务由第 j 个养老服务供应商供应，那么 $x_{ijk}=1$，否则，$x_{ijk}=0$。

7.2.2　养老服务的概述及分类

1. 养老服务的概述

服务是指在服务的过程中所涉及的有形和无形的资源，是所有能够被顾客需要并使用的信息、能量、物质的统称，不仅包含人们看得见的物质，而且包含一些存在于人们的意识中无形的物质。资源是在被开发和使用的过程中实现其存在价值的，因此，资源是为了满足顾客的需要而存在的。

在养老服务市场中，为了能够满足顾客的养老服务需求，必定有一些人或物扮演养老服务的角色，为有需求的顾客服务，当完成服务时，实现了这些人或物的价值。例如，保洁人员在老年顾客的家中提供保洁服务时，保洁人员作为服务于顾客的一种服务，体现其打扫清洁的价值，同时，保洁人员提供保洁服务过程中需要的保洁器械作为辅助工具也是一种服务，在保洁人员为顾客提供保洁服务的过程中体现其价值。因此，养老服务是指养老服务过程中所关系到的所有有形和无形的物质。

2. 养老服务的分类

伴随着养老服务行业的迅速发展，以及养老服务市场的逐渐细分，专业化的养老服务供应商与日俱增，提供了居家保洁服务、日常体检服务、出行陪护服务、餐饮服务等养老服务。这些养老服务皆由第三方养老服务供应商提供，他们之间的养老服务彼此孤立、异构存在，并且位于不同的范围。养老服务平台为了能够统一管理和调动养老服务，就需要对其开展分类。

养老服务模式可以分为住家养老、旅游养老、社区养老和机构养老等模式；每一种养老服务模式又分为医护服务、饮食服务、保洁服务、出行服务和文娱服务等类别；每一个服务类别又从服务、服务人员、服务工具和服务资讯等方面进行区分，涉及多种子类服务，例如，医护人员可以分为内科医生、外科医生、眼科医生、皮肤科医生、长期护理人员、短期护理人员等子类服务。住家养老、旅游养老、社区养老和机构养老的区别在于服务场所和地点的差异，例如，住家养老的医护人员需要供应上门护理服务；旅游养老的医护人员需要供应长期的异地陪护护理服务；社区养老的医护人员可以进行上门护理服务或者在社区服务点进行护理服务；机构养老的医护人员在养老服务机构供应护理服务。

除了按照养老服务功能对养老服务进行划分，还可以按照养老服务特点将养老服务划分为连续性养老服务与间断性养老服务。连续性养老服务是指在养老服务过程中，养老服务依据时间段为老年顾客提供服务，其养老服务的使用和收费皆是按照时间段长度来评价的，例如，为顾客供应保洁服务的保洁人员、保洁器械等都是按照服务时间的长度来评估养老服务的使用价值的。间断性养老服务是指在养老服务的过程中，以完成服务的次数来评估养老服务的使用率及存在意义，例如，体检服务、慢性病医师会诊等养老服务是以提供养老服务的次数来体现其养老服务价值的。

7.2.3　个性化需求的定义及分类

1. 个性化养老服务需求的定义

在养老服务行业中，个性化养老服务需求是指顾客或者其家属所希望获得的养老服务。顾客或者其家属为了寻求利益和满足自己的愿望，给出一些比较困难的养老服务需求，需要由养老服务平台中的一个或者多个养老服务供应商协作完成，因此，养老服务平台将养老服务组合起来，供应给顾客或者其家属，以满足其利益和愿望。

2. 个性化养老服务需求的分类

顾客的个性化需求是养老服务组合的基本约束条件，下面对顾客个性化需求进行研究和分析，将顾客的个性化需求进行分类。

当得到顾客要求的养老服务信息时，依据养老服务领域的特征及顾客对养老服务的要求进行研究与总结，顾客的养老服务需求可以分为功能型需求和非功能型需求，其中，功能型需求是指养老服务类型和养老服务内容，非功能型需求是指养老服务价格和养老服务质量，如图 7.1 所示。其中，养老服务类型是指顾客需要养老服务供应商供应哪些方面的服务，包括查体、餐饮、保健等服务，顾客既可以选用一种养老服务也可以选用多种养老服务。养老服务内容是指需要得到的服务时间、服务地点等信息。养老服务价格是顾客对服务价格指标的要求，主要是顾客提出的对需要的养老服务的最高价格。养老服务质量是顾客对需要的养老服务的质量属性要求，也是养老服务组合时考虑的目标，养老服务质量评价指标包括服务的安全性、时效性、有形性、体验性和移情性。养老服务的价格、质量两类需求与服务属性信息彼此映射。

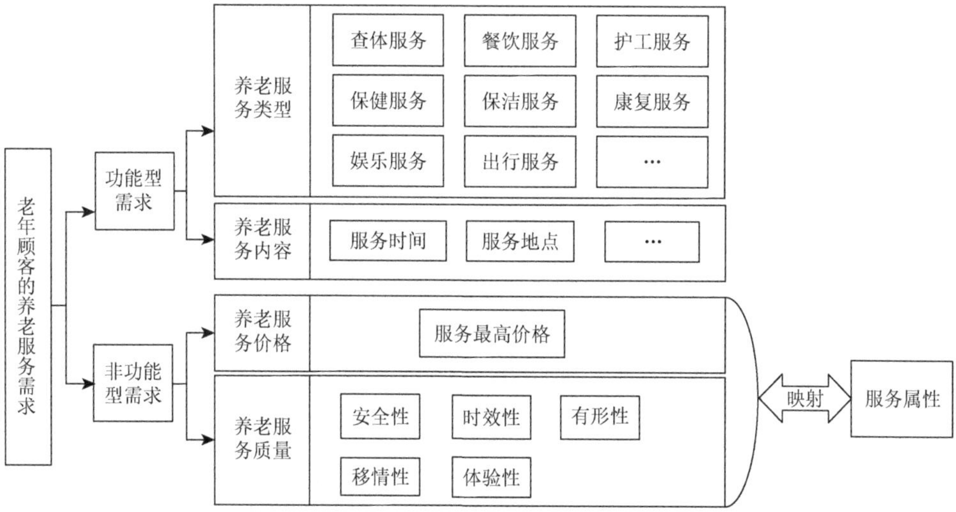

图 7.1　老年顾客需求分类

7.2.4　养老服务供应商与顾客的供需关系

在养老服务供需关系中通常有很多有服务需求的顾客和很多养老服务供应商，顾客从很多养老服务供应商供应的养老服务中选用自己满意的服务具有相当大的困难，同时，养老服务供应商将自己拥有的养老服务供应给很多顾客也不容易。因此，养老服务平台将所有养老服务供应商供应的养老服务进行整合，为快速与顾客建立服务供需关系建立了一种可行的解决方案。

通常情况下，满足顾客要求的养老服务可能是多个养老服务供应商供应的养老服务，顾客需要的养老服务也可能有多个，在单个养老服务不能够满足顾客要求的情况下，如何组合养老服务以满足顾客的要求成为决定顾客满意度的主要条件。例如，某顾客需要一个半年的术后恢复服务，因此，定期体检复查、日常陪护、餐饮辅助都是顾客所需求的，相应的养老服务为查体服务、护工服务、餐饮服务，而这些养老服务的供应商依次是保健室、家政公司和餐馆。因此，需要这三种类型的养老服务供应商进行交互，以满足顾客的养老服务要求。

养老服务供应商在考虑顾客的要求和自身利益的驱动下，供应有偿或免费的养老服务。养老服务供应商和顾客在养老服务平台的帮助下，建立服务供需关系，服务供需关系一直保持到服务过程的完成。在养老服务平台供应养老服务的过程中，顾客和养老服务供应商的服务供需关系如图 7.2 所示。

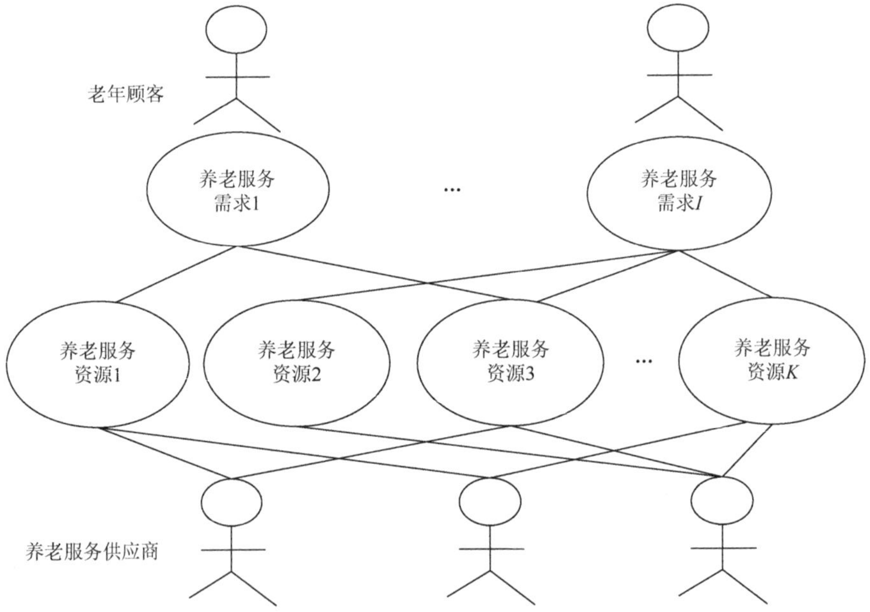

图 7.2　养老服务供需关系

7.2.5　优化模型的建立

本节以养老服务组合的 QoS 最大化为目标，因此必须计算养老服务组合的

QoS，对比不同养老服务组合，找出 QoS 最高的养老服务组合，将其作为最终的结果供应给顾客。

参考目前已有的养老服务 QoS 评估研究成果，一个候选养老服务的 QoS 指标分别为安全性、时效性、有形性、体验性、移情性。安全性保障了供应的养老服务和养老服务过程中的相关工具器械安全；时效性不仅保证了养老服务能够按时供应，而且在任意时刻养老服务供应商都能够响应顾客的需求；有形性保证了养老服务供应商的服务设备设施的完备性、服务的覆盖率和最大服务能力；体验性保证了养老服务人员在对顾客供应服务的过程中态度和蔼、充满热情和具有良好的职业规范，并且投诉率较低；移情性保证了优先考虑顾客的利益、不会对不同的顾客提供有差别的服务，保证了顾客的服务请求被养老服务人员公平对待。

1. 养老服务 QoS 计算

各个评价指标取值的量纲不一样，同一评价指标相互之间可以比较和计算，但是不同评价指标之间无法直接计算，也无法计算整体 QoS 定量化的值，这给养老服务组合的优化选择带来了不便。因此，必须首先对各个评价指标实施归一化处理，使其取值范围为[0,1]。

QoS 指标分为正相关型指标和负相关型指标两类。正相关型指标的取值越大，QoS 越好，如安全性；负相关型指标的取值越小，QoS 越好，如移情性。正相关型指标、负相关型指标归一化处理的计算公式分别如下：

$$e'_{jkt}=\begin{cases}\dfrac{e_{jkt}-e_{jkt}^{\min}}{e_{jkt}^{\max}-e_{jkt}^{\min}}, e_{jkt}^{\max}\neq e_{jkt}^{\min}\\ 1,\quad e_{jkt}^{\max}=e_{jkt}^{\min}\end{cases} \tag{7.1}$$

$$e'_{jkt}=\begin{cases}\dfrac{e_{jkt}^{\max}-e_{jkt}}{e_{jkt}^{\max}-e_{jkt}^{\min}}, e_{jkt}^{\max}\neq e_{jkt}^{\min}\\ 1,\quad e_{jkt}^{\max}=e_{jkt}^{\min}\end{cases} \tag{7.2}$$

其中，e_{jkt} 为第 j 个养老服务供应商供应的第 k 种养老服务的第 t 个 QoS 评价指标的实际值；$e_{jkt}^{\min}$ 为第 j 个养老服务供应商供应的第 k 种养老服务的第 t 个 QoS 评价指标可能取得的最小值；$e_{jkt}^{\max}$ 为第 j 个养老服务供应商供应的第 k 种养老服务的第 t 个 QoS 评价指标可能取得的最大值；e'_{jkt} 为第 j 个养老服务供应商供应的第 k 种养老服务的第 t 个 QoS 评价指标的归一化值。

由于每一个评价指标对整体 QoS 的作用不一样，引入权重来调节不同的评价指标对整体 QoS 的影响。已知养老服务 QoS 评价指标值及养老服务平台给出的指标权重，采用线性加权法计算养老服务的 QoS。第 j 个养老服务供应商供应的第 k 种养老服务的 QoS 的计算公式如式（7.3）所示，该值越小，则该养老服务满足顾客需求的可能性越小，顾客的满意度就越低。

$$q_{jk}=\sum_{t=1}^{T}w_t\cdot e'_{jkt} \tag{7.3}$$

其中，$w_t\,(t=1,2,\cdots,T)$为养老服务平台对第 t 个 QoS 评价指标给出的权重，且 $\sum_{t=1}^{T}w_t=1$。

2. 目标函数

本问题的目标是实现所有顾客需要的全部养老服务的整体 QoS 最大化，从而使所有顾客满意，因此模型的目标函数如下：

$$\max f=\sum_{i=1}^{I}\sum_{j=1}^{J}\sum_{k=1}^{K}x_{ijk}q_{jk}$$

3. 相关约束

（1）为了保证所有顾客需要的养老服务都能满足其对养老服务保留价格的要求，约束条件如下：

$$\sum_{j=1}^{J}x_{ijk}p_{jk}\leqslant P_i, i=1,2,\cdots,I, k=1,2,\cdots,K$$

（2）引入中间变量 r_{ik} 来表示第 i 个顾客对第 k 种养老服务是否需要。若 $r_{ik}=1$，即顾客需要这种养老服务，则必须有一个养老服务供应商供应该养老服务；若 $r_{ik}=0$，则所有养老服务供应商不需要为第 i 个顾客供应第 k 种养老服务。因此，为了保证所有顾客需要的每一种养老服务都能有一个养老服务供应商供应，约束条件如下：

$$\sum_{j=1}^{J}x_{ijk}=r_{ik}, i=1,2,\cdots,I, k=1,2,\cdots,K$$

（3）为了保证每一个养老服务供应商供应的每一种养老服务数量大于所有顾客对该种养老服务的需要，约束条件如下：

$$\sum_{i=1}^{I}x_{ijk}\leqslant n_{jk}, j=1,2,\cdots,J, k=1,2,\cdots,K$$

4. 优化模型

根据上述目标函数及约束条件，得到如下基于 QoS 的养老服务组合优化模型：

$$\max f = \sum_{i=1}^{I}\sum_{j=1}^{J}\sum_{k=1}^{K} x_{ijk} q_{jk} \tag{7.4}$$

s.t.

$$\sum_{j=1}^{J} x_{ijk} p_{jk} \leqslant P_i, i = 1,2,\cdots,I, k = 1,2,\cdots,K \tag{7.5}$$

$$\sum_{j=1}^{J} x_{ijk} = r_{ik}, i = 1,2,\cdots,I, k = 1,2,\cdots,K \tag{7.6}$$

$$\sum_{i=1}^{I} x_{ijk} \leqslant n_{jk}, j = 1,2,\cdots,J, k = 1,2,\cdots,K \tag{7.7}$$

$$x_{ijk} \in \{0,1\}, i = 1,2,\cdots,I, j = 1,2,\cdots,J, k = 1,2,\cdots,K \tag{7.8}$$

7.2.6　算例分析

本节通过一个小规模案例来说明基于 QoS 的养老服务组合优化方法的可行性。假设有 5 个顾客 $\{d_1, d_2, \cdots, d_5\}$。在此只考虑 QoS 指标中的服务价格（qc）、响应时间（qt）及安全性（qs）三个重要指标，单位分别为元、分钟及分。共有 4 个养老服务供应商 $\{p_1, p_2, p_3, p_4\}$，他们总共能够供应 6 种养老服务 $\{s_1, s_2, \cdots, s_6\}$，其中，$s_1$ 表示体检，s_2 表示护工，s_3 表示餐饮，s_4 表示康复，s_5 表示保健，s_6 表示保洁。每个养老服务供应商能够供应的每种养老服务的 QoS 指标取值范围为[0,100]。对于顾客，服务价格和响应时间越小越好，但安全性越大越好，因此按照式（7.1）和式（7.2）分别对数据实施归一化处理，计算得到的值在原值的后边，养老服务信息如表 7.1 所示。按照式（7.3）计算出养老服务的 QoS，其指标权重为(0.4,0.3,0.3)，得到的养老服务质量如表 7.2 所示。顾客需求的养老服务信息如表 7.3 所示。

表 7.1　养老服务信息

养老服务供应商	养老服务	qc/元	qt/min	qs/分	养老服务数量/个
p_1	s_1	20/0.75	40/0.44	85/0.75	5
	s_2	35/0	30/0.67	80/0.5	5
	s_4	20/0.75	45/0.33	80/0.5	10
	s_6	15/1	50/0.22	70/0	10
p_2	s_2	30/0.25	35/0.56	80/0.5	10
	s_3	35/0	60/0	85/0.75	5
	s_4	15/1	45/0.33	80/0.5	5
	s_5	25/0.5	30/0.67	75/0.25	10

续表

养老服务供应商	养老服务	qc/元	qt/min	qs/分	养老服务数量/个
p_3	s_1	25/0.5	20/0.89	85/0.75	10
	s_4	25/0.5	25/0.78	90/1	10
	s_5	20/0.75	40/0.44	80/0.5	10
p_4	s_1	20/0.75	45/0.33	85/0.75	5
	s_3	30/0.25	50/0.22	75/0.25	10
	s_5	15/1	15/1	85/0.75	5
	s_6	20/0.75	40/0.44	90/1	10

表 7.2　养老服务质量

养老服务供应商	s_1	s_2	s_3	s_4	s_5	s_6
p_1	0.657	0.351	—	0.549	—	0.466
p_2	—	0.418	0.225	0.649	0.476	—
p_3	0.692	—	—	0.743	0.582	—
p_4	0.624	—	0.241	—	0.925	0.732

表 7.3　顾客需求的养老服务信息

顾客	s_1	s_2	s_3	s_4	s_5	s_6	保留价格/元
d_1	1	1	0	0	0	1	70
d_2	0	1	0	0	1	0	60
d_3	0	0	1	1	0	0	60
d_4	0	1	0	0	0	1	50
d_5	1	0	1	1	0	0	80

根据计算得出的养老服务质量，构建数学模型，并使用 LINGO 优化软件进行编程求解，详细的程序如图 7.3 所示，具体的组合结果为 $x_{111}=1$，$x_{122}=1$，$x_{146}=1$，$x_{222}=1$，$x_{245}=1$，$x_{334}=1$，$x_{343}=1$，$x_{422}=1$，$x_{446}=1$，$x_{531}=1$，$x_{534}=1$，$x_{543}=1$，即第 1 个顾客需要的第 1 种养老服务由第 1 个养老服务供应商供应，其他以此类推，并且目标函数值为 6.96。

```
MODEL:
  SETS:
    KH/1..5/:R;!6个顾客;
    TGS/1..4/;!4个养老服务供应商;
    FW/1..6/;!6种养老服务;
    LINKS(TGS,FW):N,Q,P;
    OLINKS(KH,FW):A;
    FLINKS(KH,TGS,FW):X;
  ENDSETS
  DATA:
    R=70 60 60 50 80;  !顾客的保留价格;
    N=5 5 0 10 0 10    !养老服务数量;
      0 10 5 5 10 0
      10 0 0 10 10 0
      5 0 10 0 5 10;
    Q=0.657 0.351 0 0.549 0 0.466  !养老服务质量;
      0 0.418 0.225 0.649 0.476 0
      0.692 0 0 0.743 0.582 0
      0.624 0 0.241 0 0.925 0.732;
    P=20 35 0 20 0 15   !养老服务价格;
      0 30 35 15 25 0
      25 0 0 25 20 0
      20 0 30 0 15 20;
    A=1 1 0 0 0 1       !顾客服务需求情况;
      0 1 0 0 1 0
      0 0 1 1 0 0
      0 1 0 0 0 1
      1 0 1 1 0 0;
   ENDDATA
   MAX =@SUM(KH(I):@SUM(TGS(J):@SUM(FW(K):X(I,J,K)*Q(J,K))));
   @FOR(FLINKS:@BIN(X));
   @FOR(KH(I):@SUM(TGS(J):@SUM(FW(K):X(I,J,K)*P(J,K)))<=R(I));
   @FOR(KH(I):@FOR(FW(K):@SUM(TGS(J):X(I,J,K))=A(I,K)));
   @FOR(TGS(J):@FOR(FW(K):@SUM(KH(I):X(I,J,K))<=N(J,K)));
end
```

图 7.3　求解程序

7.2.7　结论

本节针对基于 QoS 的养老服务组合优化问题，提出了对应的组合优化方法。首先，对养老服务进行概述及分类；其次，给出老年顾客个性化需求定义及分类；再次，分析养老服务供应商与顾客的供需关系，以养老服务组合的整体 QoS 最大化为目标，以实际条件及组合特征为约束，构建以养老服务组合的 QoS 最大化为目标的单目标优化模型；最后，使用 LINGO 优化软件编程求解。

7.3　基于犹豫模糊供需信息的养老服务组合优化方法

在养老服务组合优化中，有时需要同时考虑顾客和养老服务供应商双方的需求和期望信息。在养老服务供应商提供养老服务前，顾客和养老服务供应商之间通常是互不了解的，顾客在选择养老服务时十分盲目，养老服务供应商对顾客的性格、消费水平等特点也是未知的。与此同时，随着养老服务行业复杂性及养老服务供需信息不确定性的提高，养老服务供应商和顾客双方有时会给出犹豫模糊形式的供需信息。因此，本节考虑顾客和养老服务供应商的犹豫模糊心理，按照双方的需求和期望信息，结合前景理论计算双方的综合前景值，构建以双方满意度最大化为目标的数学模型，针对这一优化问题，设计 NSGA-Ⅱ算法，并通过一个案例说明此组合优化过程。

7.3.1　相关理论

1. 前景理论

Kahneman 和 Tversky（1979）提出了前景理论，将心理学的研究成果与经济学相结合，核心是使用价值函数及概率权重函数来表示个人行为，主要解决人们的现实行动与期望效用理论相违背的问题。价值函数用以替代固有的效用函数，而权重函数用来计算概率权重。价值函数通常有以下特点：①个人在遭遇亏损时是风险偏好的；②个人在对待收益时是风险规避的；③个人对待亏损比对待收益更为敏感。因此，多数人在对待亏损时偏向于冒险，但在对待收益时不肯冒险。同时，个人在遭遇亏损和得到收益时的感知程度也是不相同的，遭遇亏损时的难过程度远大于得到相等收益时的幸福感。

1）价值函数

人们的规避亏损、依赖参照等心理通常使用价值函数表示。设 λ 为结果对照于参考点的收益或亏损，$\lambda \geqslant 0$ 表示收益，$\lambda < 0$ 表示亏损，价值函数表达式如下：

$$v(x)=\begin{cases} x^{\gamma} & ,x \geqslant 0 \\ -\lambda(-x)^{\rho}, & x<0 \end{cases} \tag{7.9}$$

其中，$\gamma,\rho \in [0,1]$，分别体现价值函数在收益、亏损范围内的弯曲程度，表明人们对收益、亏损的反应程度；$\lambda > 1$，表示人们对待亏损比对待收益反应大，即价值函数在亏损领域比收益领域更陡直。

2）概率权重函数

Kahneman 和 Tversky（1979）给出的概率权重函数具备以下特征。

（1）低概率事务被高估，即当事务产生的概率非常小时，概率权重的值一般高于概率值；高概率事务被低估，即当事务产生的概率较大时，概率权重的值一般低于概率值。

（2）次确定性。确定性事件的概率权重高于互补概率事件的概率权重。

（3）次可加性。当概率非常小时，概率权重是概率的一次性函数。

（4）与确定性事件的范围靠近时，通常会增加或者忽略概率权重。

2. 犹豫模糊理论

犹豫模糊的行为是指当人们在做选择时，经常会在很多值之间犹豫，而不能通过一个准确的数值来表示评价指标值。

养老服务组合优化问题中顾客和养老服务供应商都具有犹豫模糊的心理。例如，顾客被要求提供其对养老服务的期望信息时，顾客对养老服务价格可能在 100 元、110 元和 120 元三个数值之间犹豫不确定。为了有效地处理这类状况，按照评价指标值的表现方式，可以将其概略划分为犹豫模糊集、区间犹豫模糊集及犹豫模糊语言变量集三种理论。以下是对这三种模糊集理论的简单介绍。

1）犹豫模糊集理论

Torra（2010）最早给出了犹豫模糊集理论。犹豫模糊集是模糊集的一种表现形式，用于解决隶属度由多个具体数值构成的情况。

定义 7.1：设 X 为一个有值的集合，且 $x \in X$，那么 X 的一个犹豫模糊集表示如下：

$$E = \left\{ \left\langle x, h_E(x) \right\rangle, x \in X \right\} \tag{7.10}$$

其中，$h_E(x)$ 是由多个[0,1]的不同数值组成的集合，体现元素 x 从属于集合 E 的程度，记 $h_E(x)$ 为犹豫模糊元。$h_E(x)$ 中的数值可能只有一个或者多个值，如果是多个值，它们以递增的方式排列。

由于不同的犹豫模糊集包括的值的数量不一样，设 $L\left(h_E(x)\right)$ 为 $h_E(x)$ 所包含的值的总数，$h_E^l(x)$ 为 $h(x)$ 中第 l 个值。

定义 7.2：对于任意一个犹豫模糊集 h_E，h_E 的得分函数为

$$s\left(h_E\right) = \frac{1}{L\left(h_E\right)} \sum_{\alpha \in h_E} \alpha \tag{7.11}$$

对于犹豫模糊集 h_E^1 和 h_E^2，

（1）若 $s\left(h_E^1\right) > s(h_E^2)$，则 $h_E^1 > h_E^2$；

（2）若 $s\left(h_E^1\right) = s(h_E^2)$，则 $h_E^1 = h_E^2$；

（3）若 $s\left(h_E^1\right) < s(h_E^2)$，则 $h_E^1 < h_E^2$。

从定义 7.2 中可以看出，得分函数不能对不同犹豫模糊集的差异程度进行对比，只能用于确定不同犹豫模糊集的相对大小关系。

定义 7.3：对于犹豫模糊集 h_E^1 和 h_E^2，h_E^1 和 h_E^2 之间的距离定义为 $d\left(h_E^1, h_E^2\right)$，且距离满足以下特征：

（1）$d\left(h_E^1, h_E^2\right) \in [0,1]$；

（2）当 $d\left(h_E^1, h_E^2\right) = 0$ 时，$h_E^1 = h_E^2$；

（3）$d\left(h_E^1, h_E^2\right) = d\left(h_E^2, h_E^1\right)$。

设有两个犹豫模糊集 h_E^1 和 h_E^2，当对 h_E^1 和 h_E^2 进行运算时，或许会有 $L\left(h_E^1\right) \neq L\left(h_E^2\right)$，出于准确计算的目的，需要先标准化这两个集合。通常的做法是在含数值数量少的集合里添加两个集合数量差值一样的数据，被添加的数据依据决策者的风险偏好。在乐观准则下，选择集合中的最大值；在悲观准则下，选择集合中的最小值。这里统一使用乐观准则。如果有两个集合 h_E^1 和 h_E^2 分别为 $\{0.3,0.4\}$、$\{0.3,0.4,0.5\}$，那么 $L\left(h_E^1\right)=2$，$L\left(h_E^2\right)=3$，且 $L\left(h_E^1\right)<L\left(h_E^2\right)$，$h_E^2$ 中的最大值为 0.5，因此，h_E^1 变为 $\{0.3,0.4,0.5\}$，之后可计算两个集合之间的距离。

犹豫模糊集之间距离的计算公式如下：

$$d\left(h_E^1,h_E^2\right)=\left(\frac{1}{L}\sum_{l=1}^{L}\left|h_E^{1l}-h_E^{2l}\right|\right)^{1/2} \tag{7.12}$$

2）区间犹豫模糊集理论

Chen 等（2013）最先提出区间犹豫模糊集的观点。区间犹豫模糊集是模糊集的另一类重要表现形式，用于解决现实生活中一个主体的隶属度可能由多个区间值构成的情况。

定义 7.4：设 X 为一个非空集合，而 $D[0,1]$ 表示由全部在[0,1]区间上的闭子区间组成的集合，那么 X 的一个犹豫模糊集表示如下：

$$R=\left\{\left\langle x,h_R(x)\right\rangle,x\in X\right\} \tag{7.13}$$

其中，$h_R(x):X\rightarrow D[0,1]$ 是由多个[0,1]区间的不一样区间值组成的集合，体现元素 x 隶属于集合 R 的可能度，记 $h_R(x)$ 为区间犹豫模糊元。$h_R(x)$ 中的元素可能只有一个或者多个区间值，如果是多个区间值，它们以递增的方式排列。

记 $h_R^l(x)$ 为 $h_R(x)$ 区间集合中第 l 个区间值，$L\left(h_R(x)\right)$ 为 $h_R(x)$ 区间集合中区间值的数量，那么 $h_R^l(x)$ 表示为 $\left[h_R^{lU}(x),h_R^{lV}(x)\right]$，$1\leqslant l\leqslant L\left(h_R(x)\right)$。

定义 7.5：对于任何一个区间犹豫模糊集 h_R，$L\left(h_R\right)$ 为 h_R 的集合中区间值的数量，那么 h_R 的得分函数为

$$s\left(h_R\right)=\frac{1}{L\left(h_R\right)}\sum_{\alpha\in h_R}\alpha \tag{7.14}$$

由此可见，得分函数是一个区间，且属于[0,1]。关于任意两个区间犹豫模糊集 h_R^1 和 h_R^2，若 $s\left(h_R^1\right)\geqslant s\left(h_R^2\right)$，则 $h_R^1\geqslant h_R^2$。此外，两个区间犹豫模糊集之间得分函数的对比可以按照下面的方式实行。

将 $s\left(h_R\right)$ 表示为 $\left[h_R^U,h_R^V\right]$，则可得到

$$z\left(h_R\right)=\frac{\left(h_R^U+h_R^V\right)}{2} \tag{7.15}$$

$$g\left(h_R\right)=h_R^V-h_R^U \tag{7.16}$$

对于任意两个区间犹豫模糊集 h_R^1、h_R^2，当 $z\left(h_R^1\right)\neq z\left(h_R^2\right)$ 时，

（1）若 $z\left(h_R^1\right)>z\left(h_R^2\right)$，则 $s\left(h_R^1\right)>s\left(h_R^2\right)$；

（2）若 $z\left(h_R^1\right)<z\left(h_R^2\right)$，则 $s\left(h_R^1\right)<s\left(h_R^2\right)$。

当 $z\left(h_R^1\right)=z\left(h_R^2\right)$ 时，

（1）若 $g\left(h_R^1\right)>g\left(h_R^2\right)$，则 $s\left(h_R^1\right)<s\left(h_R^2\right)$；

（2）若 $g\left(h_R^1\right)=g\left(h_R^2\right)$，则 $s\left(h_R^1\right)=s\left(h_R^2\right)$；

（3）若 $g\left(h_R^1\right)<g\left(h_R^2\right)$，则 $s\left(h_R^1\right)>s\left(h_R^2\right)$。

计算区间犹豫模糊集之间的距离时，可能会有 $L\left(h_R^1\right)\neq L\left(h_R^2\right)$，为了便于计算，需要先标准化这两个集合。通常采用的办法是在含区间值数量少的集合里添加两个区间集数量差值一样的区间，被添加的区间依据决策者的风险偏好。

区间犹豫模糊集之间距离的计算公式如下：

$$d\left(h_R^1,h_R^2\right)=\left(\frac{1}{2L}\sum_{l=1}^{L}\left(\left|h_R^{1U}-h_R^{2U}\right|^2+\left|h_R^{1V}-h_R^{2V}\right|^2\right)\right)^{1/2} \tag{7.17}$$

3）犹豫模糊语言变量集理论

Rodriguez 等（2012）最先给出了犹豫模糊语言变量集，犹豫模糊语言变量集作为模糊集的一种重要拓展形式，用于解决现实生活中决策者采用多个语言变量表达的情况。

定义 7.6： 设 $T=\{t_0,t_1,\cdots,t_\tau\}$ 为一个由语言变量组成的集合，则由相连的定量语言变量组成犹豫模糊语言变量集 H_T，变量集的元素都归属于语言变量集 T。

定义 7.7： 设 $T=\{t_\alpha\mid\alpha=-\tau,\cdots,-1,0,1,\cdots,\tau\}$ 表示一个语言变量集合。对于任意一个语言变量 $v\in V$，犹豫模糊语言变量集 h_T 记作 $h_T(v)$，将 $H=\{h_T(v)\mid v\in V\}$ 记作一个犹豫模糊语言变量集。

因为犹豫模糊语言变量集是由许多语言变量构成的，所以对两个犹豫模糊语言变量集进行对比十分麻烦。为了使对比过程变得简单，给出了犹豫模糊语言变量集信封的观点。

定义 7.8： 设 $\mathrm{env}\left(h_T\right)$ 为犹豫模糊语言变量集 h_T 的信封，并且 $\mathrm{env}\left(h_T\right)$ 为一个语言变量区间，其上界限值和下界限值分别对应犹豫模糊语言变量集的最大值和最小值，因此，设 $\mathrm{env}\left(h_T\right)=\left[h_{T^-},h_{T^+}\right]$，其中，$h_{T^-}$、$h_{T^+}$ 分别为 h_T 的最小值和最大值。

对于任何两个犹豫模糊语言变量集 h_T^1 和 h_T^2，h_T^1 和 h_T^2 的比较方法如下：

（1）若 $\mathrm{env}\left(h_T^1\right)>\mathrm{env}\left(h_T^2\right)$，则 $h_T^1>h_T^2$；

（2）若 $\text{env}\left(h_T^1\right)=\text{env}\left(h_T^2\right)$，则 $h_T^1=h_T^2$。

计算犹豫模糊语言变量集之间的距离时，有可能两个集合中元素的数量不相同，为了便于计算，需要先标准化这两个集合。对于任何的两个犹豫模糊语言变量集 h_T^1 和 h_T^2，两个集合中的语言变量隶属于语言变量集 T，h_T^1 与 h_T^2 之间距离的计算公式如下：

$$d\left(h_T^1,h_T^2\right)=\left(\frac{1}{L}\sum_{l=1}^{L}\left(\frac{\left|\delta_1^{\sigma(l)}-\delta_2^{\sigma(l)}\right|}{2\tau+1}\right)^2\right)^{1/2} \tag{7.18}$$

其中，$2\tau+1$ 为语言变量集 T 中语言变量的总数；$\delta_1^{\sigma(l)}$、$\delta_2^{\sigma(l)}$ 分别为犹豫模糊语言变量集 h_T^1、h_T^2 中第 l 个语言变量的索引；$L=\max\left\{L\left(h_T^1\right),L\left(h_T^2\right)\right\}$。

3. 期望偏好

参照依赖作为期望偏好的一种体现形式，Kahneman 和 Tversky（1979）最先给出了参照依赖的观点。参照依赖表明人们关心的是结果与其设置的参照点比较获得的亏损或者收益，而并非结果本身。

在养老服务组合优化过程中，顾客和养老服务供应商双方都存在期望偏好的心理。例如，顾客 A 和顾客 B 向养老服务平台寻求护工服务，护工 1 的总体评分是 75 分，护工 2 的总体评分是 85 分。顾客 A 和顾客 B 对护工的评分有不同的期望，即为他们设定的参照点不相同，顾客 A 对护工的偏好是 75 分以上，顾客 B 对护工的偏好是 85 分以上，因此顾客 A 对两位护工都满意，而顾客 B 对两位护工都不满意。

4. 损失规避

损失规避是指人们把收益或亏损看作结果，通过与设定的参照点比较得到收益或亏损。然而，在收益与亏损相等的情况下，人们对亏损反应更加激烈。研究发现，对于相等的亏损和收益，人们的亏损感知一般是收益感知的两倍。在养老服务组合优化问题中，顾客和养老服务供应商双方都具有损失规避的心理。例如，顾客 A 对护工的偏好是 80 分以上，那么顾客 A 获得护工 1 的亏损程度远大于获得护工 2 的收益程度。

7.3.2　组合方法

在养老服务组合优化问题中，考虑供需双方犹豫模糊心理是为了让组合优化结果的实际感知与期望值更加相符。根据顾客和养老服务供应商双方自身给出的多评价指标的指标权重及指标值信息，求得顾客和养老服务供应商双方的益损矩阵，利用前景理论将益损矩阵转化为前景矩阵，再按照双方对待风险的不同态度使用前景矩阵得到综合前景矩阵，最后建立顾客和养老服务供应商双方总满意度最大化的数学模型。

设养老服务供应商在服务顾客时所考虑的评价指标集为$E=\{e_1,e_2,\cdots,e_F\}$，其中，e_f为第f个评价指标，$f=1,2,\cdots,F$。第j个养老服务供应商给出的指标权重向量为$w_j=(w_{j1},w_{j2},\cdots,w_{jF})$，其中，$w_{jf}$为第$j$个养老服务供应商针对评价指标$e_f$给出的权重，$0\leqslant w_{jf}\leqslant 1$，$\sum_{f=1}^{F}w_{jf}=1$。顾客选择养老服务所考虑的评价指标集为$O=\{o_1,o_2,\cdots,o_M\}$，其中，$o_m$为顾客考虑的第$m$个评价指标，$m=1,2,\cdots,M$。第$i$个顾客给出的指标权重向量为$q_i=(q_{i1},q_{i2},\cdots,q_{iM})$，其中，$q_{im}$为第$i$个顾客针对评价指标$o_m$给出的权重，$0\leqslant q_{im}\leqslant 1$，$\sum_{m=1}^{M}q_{im}=1$。顾客在评价指标集$E$下的实际值矩阵为$A=[a_{if}]_{I\times F}$，其中，$a_{if}$为第$i$个顾客在评价指标$e_f$下的实际值。养老服务在评价指标集$O$下的实际值矩阵为$B=[b_{jkm}]_{J\times K\times M}$，其中，$b_{jkm}$为第$j$个养老服务供应商供应的第$k$种养老服务在评价指标$o_m$下的实际值。顾客对养老服务的期望值矩阵为$Z=[z_{ikm}]_{I\times K\times M}$，其中，$z_{ikm}$为第$i$个顾客针对第$k$种养老服务对评价指标$o_m$的期望值。养老服务供应商对顾客的期望值矩阵为$U=[u_{jkf}]_{J\times K\times F}$，其中，$u_{jkf}$为第$j$个养老服务供应商供应的第$k$种养老服务对评价指标$e_f$的期望值。

1. 收益和亏损的计算

为了计算评价指标的实际值对照于期望值的收益和亏损，必须首先对比不同的犹豫模糊信息表示方式（犹豫模糊集、区间犹豫模糊集、犹豫模糊语言变量集）的评价指标实际值与期望值之间的大小关系。通过求得的实际值与期望值之间的距离，能够求得顾客和养老服务供应商之间的实际值与期望值之间的收益和亏损，详细处理过程如下。

（1）在计算实际值与期望值之间距离的过程中，有些指标是以犹豫模糊集的形式给出的，如养老服务质量评分、顾客的友好程度等，即$a_{if}\in h_E(x)$，$u_{jkf}\in h_E(x)$。在评价指标e_f下，对于第k种养老服务，第i个顾客的实际值与第j个养老服务供应商的期望值之间距离d_{ijk}^f的计算公式如下：

$$d_{ijk}^f=\left(\frac{1}{L}\sum_{l=1}^{L}\left|a_{if}^l-u_{jkf}^l\right|^2\right)^{1/2} \tag{7.19}$$

其中，a_{if}^{l} 为犹豫模糊集 $h_E\left(x_{if}\right)$ 中第 l 个值；u_{jkf}^{l} 为犹豫模糊集 $h_E\left(u_{jkf}\right)$ 中第 l 个值；$L=\max\left\{L\left(h_E\left(x_{if}\right)\right),L\left(h_E\left(u_{jkf}\right)\right)\right\}$。

同理，当 $b_{jkm}\in h_E(x)$，$z_{ikm}\in h_E(x)$ 时，在评价指标 o_m 下，第 j 个养老服务供应商供应的第 k 种养老服务的实际值与第 i 个顾客对第 k 种养老服务的期望值之间距离 d_{ijk}^{m} 的计算公式如下：

$$d_{ijk}^{m}=\left(\frac{1}{L}\sum_{l=1}^{L}\left|b_{jkm}^{l}-z_{ikm}^{l}\right|^{2}\right)^{1/2} \tag{7.20}$$

其中，b_{jkm}^{l} 为犹豫模糊集 $h_E\left(b_{jkm}\right)$ 中第 l 个值；z_{ikm}^{l} 为犹豫模糊集 $h_E\left(z_{ikm}\right)$ 中第 l 个值；$L=\max\left\{L\left(h_E\left(b_{jkm}\right)\right),L\left(h_E\left(z_{ikm}\right)\right)\right\}$。

（2）在计算实际值与期望值之间的距离时，有些评价指标是以区间犹豫模糊集的形式给出的，如养老服务价格、养老服务时间等，即 $a_{if}\in h_R(x)$，$u_{jkf}\in h_R(x)$。在评价指标 e_f 下，对于第 k 种养老服务，第 i 个顾客的实际值与第 j 个养老服务供应商的期望值之间距离 d_{ijk}^{f} 的计算公式如下：

$$d_{ijk}^{f}=\left[\frac{1}{2L}\sum_{l=1}^{L}\left(\left|a_{if}^{lU}-u_{jkf}^{lU}\right|^{2}+\left|a_{if}^{lV}-u_{jkf}^{lV}\right|^{2}\right)\right]^{1/2} \tag{7.21}$$

其中，a_{if}^{lU}、a_{if}^{lV} 分别为区间值 a_{if}^{l} 的下边界、上边界；u_{jkf}^{lU}、u_{jkf}^{lV} 分别为区间值 u_{jkf}^{l} 的下边界、上边界。

同理，当 $b_{jkm}\in h_R(x)$，$z_{ikm}\in h_R(x)$ 时，在评价指标 o_m 下，第 j 个养老服务供应商供应的第 k 种养老服务的实际值与第 i 个顾客对第 k 种养老服务的期望值之间距离 d_{ijk}^{m} 的计算公式如下：

$$d_{ijk}^{m}=\left[\frac{1}{2L}\sum_{l=1}^{L}\left(\left|b_{jkm}^{lU}-z_{ikm}^{lU}\right|^{2}+\left|b_{jkm}^{lV}-z_{ikm}^{lV}\right|^{2}\right)\right]^{1/2} \tag{7.22}$$

其中，b_{jkm}^{lU}、b_{jkm}^{lV} 分别为区间值 b_{jkm}^{l} 下边界、上边界；z_{ikm}^{lU}、z_{ikm}^{lV} 分别为区间值 z_{ikm}^{l} 的下边界、上边界。

（3）在计算实际值与期望值之间的距离时，有些评价指标是以犹豫模糊语言变量集形式给出的，如养老服务声誉、顾客沟通能力等，即 $a_{if}\in h_T(\nu)$，$u_{jkf}\in h_T(\nu)$。在评价指标 e_f 下，对于第 k 种养老服务，第 i 个顾客的实际值与第 j 个养老服务供应商的期望值之间距离 d_{ijk}^{f} 的计算公式如下：

$$d_{ijk}^{f}=\left[\frac{1}{L}\sum_{l=1}^{L}\left(\frac{\sigma_{if}^{l}-\tau_{jkf}^{l}}{2\tau+1}\right)^{2}\right]^{1/2} \tag{7.23}$$

其中，σ_{if}^{l}、τ_{jkf}^{l} 分别为语言变量 a_{if}^{l}、u_{jkf}^{l} 的下标；$2\tau+1$ 为语言变量集合 T 中语言变量的数量。

同理，当 $b_{jkm} \in h_T(v)$，$z_{ikm} \in h_T(v)$ 时，在评价指标 o_m 下，第 j 个养老服务供应商供应的第 k 种养老服务的实际值与第 i 个顾客对第 k 种养老服务的期望值之间距离 d_{ijk}^{m} 的计算公式如下：

$$d_{ijk}^{m} = \left[\frac{1}{L}\sum_{l=1}^{L}\left(\frac{\left|\delta_{ikm}^{l} - \theta_{jkm}^{l}\right|}{2\tau+1}\right)^2\right]^{1/2} \tag{7.24}$$

其中，θ_{jkm}^{l}、δ_{ikm}^{l} 分别为语言变量 b_{jkm}^{l}、z_{ikm}^{l} 的下标。

可以使用得分函数比较不同方式评价指标的实际值与期望值的大小关系。例如，当 $a_{if}, u_{jkf} \in h_E(x)$ 时，a_{if}、u_{jkf} 的得分函数分别为 $s(a_{if})$、$s(u_{jkf})$，根据式（7.11），a_{if} 与 u_{jkf} 之间的大小关系如下：

（1）若 $s(a_{if}) > s(u_{jkf})$，则 $a_{if} > u_{jkf}$；

（2）若 $s(a_{if}) = s(u_{jkf})$，则 $a_{if} = u_{jkf}$；

（3）若 $s(a_{if}) < s(u_{jkf})$，则 $a_{if} < u_{jkf}$。

至此求得顾客相对养老服务供应商的益损矩阵 $Y = \left[y\left(p_{ijk}^{f}\right)\right]_{I\times J\times K\times F}$，其中，$y\left(p_{ijk}^{f}\right)$ 为在评价指标 e_f 下 a_{if} 相对 u_{jkf} 的益损值，计算公式如下：

$$y\left(p_{ijk}^{f}\right) = \begin{cases} d_{ijk}^{f}, a_{if} \geqslant u_{jkf} \\ -d_{ijk}^{f}, a_{if} < u_{jkf} \end{cases} \tag{7.25}$$

与此同时，可以得到养老服务供应商相对顾客的益损矩阵 $\tilde{Y} = \left[\tilde{y}\left(\tilde{p}_{ijk}^{m}\right)\right]_{I\times J\times K\times M}$，其中，$\tilde{y}\left(\tilde{p}_{ijk}^{m}\right)$ 为在评价指标 o_m 下 b_{jkm} 相对 z_{ikm} 的益损值，计算公式如下：

$$\tilde{y}\left(\tilde{p}_{ijk}^{m}\right) = \begin{cases} d_{ijk}^{m}, b_{jkm} \geqslant z_{ikm} \\ -d_{ijk}^{m}, b_{jkm} < z_{ikm} \end{cases} \tag{7.26}$$

当 $a_{if} \geqslant u_{jkf}$，$b_{jkm} \geqslant z_{ikm}$ 时，益损值的意义为实际值相对于期望值的收益；当 $a_{if} < u_{jkf}$，$b_{jkm} < z_{ikm}$ 时，益损值的意义为实际值相对于期望值的亏损。

2. 前景值的计算

设 $\pi\left(p_{ijk}^{f}\right)$ 为对于第 k 种养老服务，在评价指标 e_f 下，第 i 个顾客相对于第 j 个养老服务供应商的前景值，根据前面求得的益损矩阵 $Y = \left[y\left(p_{ijk}^{f}\right)\right]_{I\times J\times K\times F}$，结合养老服务组合时养老服务供应商对待收益和亏损的风险偏好，$\pi\left(p_{ijk}^{f}\right)$ 的计算公式如下：

$$\pi\left(p_{ijk}^{f}\right)=\begin{cases}\left[y\left(p_{ijk}^{f}\right)\right]^{\gamma_1},a_{if}\geqslant u_{jkf}\\-\lambda_1\left[-y\left(p_{ijk}^{f}\right)\right]^{\rho_1},a_{if}<u_{jkf}\end{cases}\tag{7.27}$$

设$\tilde{\pi}\left(\tilde{p}_{ijk}^{m}\right)$为对于第$k$种养老服务，在评价指标$o_m$下，第$j$个养老服务供应商相对于第$i$个顾客的前景值，根据前面求得的益损矩阵$\tilde{Y}=\left[\tilde{y}\left(\tilde{p}_{ijk}^{m}\right)\right]_{I\times J\times K\times M}$，结合养老服务组合时顾客对待收益和亏损的风险偏好，$\tilde{\pi}\left(\tilde{p}_{ijk}^{m}\right)$的计算公式如下：

$$\tilde{\pi}\left(\tilde{p}_{ijk}^{m}\right)=\begin{cases}\left[\tilde{y}\left(\tilde{p}_{ijk}^{m}\right)\right]^{\gamma_2},b_{jkm}\geqslant z_{ikm}\\-\lambda_2\left[-\tilde{y}\left(\tilde{p}_{ijk}^{m}\right)\right]^{\rho_2},b_{jkm}<z_{ikm}\end{cases}\tag{7.28}$$

其中，γ_1、ρ_1，γ_2、ρ_2分别为前景值$\pi\left(p_{ijk}^{f}\right)$和$\tilde{\pi}\left(\tilde{p}_{ijk}^{m}\right)$的凹凸程度，并且$0<\gamma_1<1$，$0<\rho_1<1$，$0<\gamma_2<1$，$0<\rho_2<1$；$\lambda_1$、$\lambda_2$分别为养老服务供应商与顾客对亏损的规避程度，$\lambda_1>1$，$\lambda_2>1$，$\lambda_1$、$\lambda_2$值越大，对亏损的规避程度越大。根据现有研究，参数取值如下：$\gamma_1=\rho_1=\gamma_2=\rho_2=0.88$，$\lambda_1=\lambda_2=2.55$。

3. 满意度的计算

为了避免量纲不一样而影响满意度的计算，需要将得到的前景值进行标准化处理，计算公式如下：

$$\pi'\left(p_{ijk}^{f}\right)=\pi\left(p_{ijk}^{f}\right)/\max\left[\pi\left(p_{ijk}^{f}\right)\right]\tag{7.29}$$

$$\tilde{\pi}'\left(\tilde{p}_{ijk}^{m}\right)=\tilde{\pi}\left(\tilde{p}_{ijk}^{m}\right)/\max\left[\tilde{\pi}\left(\tilde{p}_{ijk}^{m}\right)\right]\tag{7.30}$$

其中，$\max\left[\pi\left(p_{ijk}^{f}\right)\right]$、$\max\left[\tilde{\pi}\left(\tilde{p}_{ijk}^{m}\right)\right]$分别为$\pi\left(p_{ijk}^{f}\right)$、$\tilde{\pi}\left(\tilde{p}_{ijk}^{m}\right)$的最大值。

得到前景矩阵后，可以计算出顾客和养老服务供应商双方的满意度，计算公式如下：

$$\alpha_{ijk}=\sum_{f=1}^{F}w_{jf}\pi'\left(p_{ijk}^{f}\right)\tag{7.31}$$

$$\beta_{ijk}=\sum_{m=1}^{M}q_{im}\tilde{\pi}'\left(\tilde{p}_{ijk}^{m}\right)\tag{7.32}$$

对于第k种养老服务，α_{ijk}值越大，第j个养老服务供应商对第i个顾客就越满意；β_{ijk}值越大，第i个顾客对第j个养老服务供应商就越满意。

4. 考虑供需双方满意度最大的模型构建

根据前面计算出的满意度α_{ijk}和β_{ijk}，以顾客和养老服务供应商的满意度最大化为目标构建如下数学模型：

$$\max\ Z_1 = \sum_{i=1}^{I}\sum_{j=1}^{J}\sum_{k=1}^{K}\alpha_{ijk}x_{ijk} \tag{7.33}$$

$$\max\ Z_2 = \sum_{i=1}^{I}\sum_{j=1}^{J}\sum_{k=1}^{K}\beta_{ijk}x_{ijk} \tag{7.34}$$

s.t.

$$\sum_{j=1}^{J}x_{ijk} = r_{ik}, i=1,2,\cdots,I, k=1,2,\cdots,K$$

$$\sum_{i=1}^{I}x_{ijk} \leqslant n_{jk}, j=1,2,\cdots,J, k=1,2,\cdots,K$$

$$x_{ijk} \in \{0,1\}, i=1,2,\cdots,I, j=1,2,\cdots,J, k=1,2,\cdots,K$$

其中，式（7.33）表示养老服务供应商的满意度最大化，式（7.34）表示顾客的满意度最大化。约束条件与 7.2 节一致。

7.3.3　模型求解的 NSGA-Ⅱ算法设计

7.3.2 节建立的基于犹豫模糊供需信息的养老服务组合优化模型是一个双目标优化模型，虽然目前很多精确算法能够求解此类小规模问题，但是养老服务平台上存在大量的顾客、养老服务供应商及养老服务，使用精确算法求解存在困难。因此，本节针对该双目标优化模型，使用多目标遗传算法求得优化问题的非劣解集。多目标遗传算法有很多种类，如狭义多目标遗传算法（multi-objective genetic algorithm，MOGA）、非支配排序遗传算法（non-dominated sorting genetic algorithm，NSGA）、小生境帕累托遗传算法（niched Pareto genetic algorithm，NPGA）及它们的改进算法等。本节将使用 NSGA-Ⅱ算法对双目标优化模型进行求解，其原因可总结为以下三点。

（1）NSGA-Ⅱ算法能够获得散布相对平均的非劣解集，而且收敛性较好。

（2）NSGA-Ⅱ算法求得的非劣解集与实际的 Pareto 前沿解集更吻合，而且相对便于程序编写。

（3）NSGA-Ⅱ算法研究相对完善，已经被应用到解决多种多目标优化问题中。

1. 染色体结构及编码设计

编码问题是设计遗传算法的关键，会影响后续算法的选择、交叉、变异的效果，其在很大程度上决定了算法的可行性及高效性。针对该双目标优化模型的参数特点，这里采用矩阵实数编码的染色体结构。矩阵实数编码是指采用一个基因位对应一个参数的规则来对染色体进行编码。首先，将优化问题的解以整数矩阵的形式表示出来；然后，对整数矩阵执行遗传操作；最后，将整数矩阵经过解码操作恢复为原问题的解。

在所设计的染色体中，每个染色体均由 I 行组成，第 i 行染色体包含第 i 个顾客需要的养老服务的相关信息，且每行染色体包含 K 列，第 i 行的第 k 列包含第 i 个顾客需要的第 k 种养老服务的有关信息。

个体染色体使用以下矩阵实数编码方式：

$$X=\begin{bmatrix} a_{11} & a_{12} & \cdots & a_{1K} \\ a_{21} & a_{22} & \cdots & a_{2K} \\ \vdots & \vdots & & \vdots \\ a_{I1} & a_{I2} & \cdots & a_{IK} \end{bmatrix} \tag{7.35}$$

模型中的决策变量与该编码方式的对应关系如下：当 $a_{ik}\neq 0$ 时， $x_{i(a_{ik})k}=1$；当 $a_{ik}=0$ 时，对所有的 $j\in\{1,2,\cdots,J\}$，$x_{ijk}=0$。矩阵编码方式天然地满足约束（7.6）和约束（7.8）。

2. 种群初始化

在 NSGA-Ⅱ算法的流程中，当染色体结构及编码方法设计结束后，就要开始种群的初始化。当种群初始化完成后，整个种群会以初始化种群为起点不停地进化，直到满足某种条件而停止。

通常情况下，种群初始化是经过随机方式得到的，以保护种群的多样性。因此，初始化种群中的每一个染色体的每一个基因都是由随机函数得到的。每一个染色体的每一个基因均用整数编码表示，为了保证染色体始终满足约束，若第 i 个顾客需要第 k 种养老服务，则 a_{ik} 为第 k 种养老服务资源供应商索引值集合中的一个随机值；反之，则 a_{ik} 为 0。

3. 适应值函数与约束处理

在遗传算法中，适应值是指个体顺应环境的本领，它能够通过适应值函数来计算。适应值用于评估种群中个体的好坏水平，适应值越大的个体越好，被选择的机会也越大。按照适应值的大小来遴选个体，可以确保优秀的个体有更高的概率繁殖子代，使其优秀基因得到遗传。遗传算法通常依据适应值函数来遴选个体，并且适应值函数的挑选会干扰算法能否找到最优解。因此，适应值函数的构造至关重要。

遗传算法的实质是解决无约束的优化问题。针对有约束条件的优化问题，在进行各种遗传操作后，通常会出现违反约束条件的染色体，必须先处理约束条件，目前在遗传算法中对约束条件的解决措施分为下列几类。

（1）拒绝策略。拒绝策略是指舍弃迭代过程中的全部不可行解，即要求群体中的全部染色体都能够满足优化问题的全部约束条件。这种策略是遗传算法处理约束问题应用最广泛，但限制相当严苛、效用不高的方法。当可行解难以取得时，不易获得一个初始化种群。

（2）修复策略。修复策略是指对演化进程中出现的不可行解经过修复算子将其还原成可行解。为优化问题设计修复算子比较容易，但是可能造成种群丢失多样性。修复策略必须针对不同的优化问题设计不一样的修复算子，普适性差。

（3）特殊的编码和遗传算子策略。特殊的编码策略是指在编码的过程中充分考虑优化问题的约束条件，在编码时得到的染色体全部是满足优化问题的约束条件。此外，为了保证在遗传操作后染色体依然满足优化问题的约束条件，需采用独特的遗传算子策略，使遗传操作的过程在优化问题的可行域内执行。

（4）惩罚策略。以上三种策略的遗传操作都在可行范围内进行。但是，对于复杂约束条件的优化问题，遗传操作会得到比例非常大的不可行解，这时很难在可行范围内找到最优解。惩罚策略通过使用惩罚函数将有约束的优化问题转变为无约束的优化问题，是一种通用的对约束条件实施惩罚的方式。惩罚策略允许种群中的染色体不用完全满足全部约束条件，即允许遗传操作在一定程度上偏离可行范围，因此需要设计恰当的惩罚函数来体现个体偏离可行域的程度，但是不恰当的惩罚函数设计容易隐没目标函数的优化。

下面通过惩罚策略处理优化问题的约束条件。基于式（7.33）和式（7.34），可得

$$f_1\left(X_{ijk}\right)=\sum_{i=1}^{I}\sum_{j=1}^{J}\sum_{k=1}^{K}\alpha_{ijk}x_{ijk} \tag{7.36}$$

$$f_2\left(X_{ijk}\right)=\sum_{i=1}^{I}\sum_{j=1}^{J}\sum_{k=1}^{K}\beta_{ijk}x_{ijk} \tag{7.37}$$

针对约束（7.7），惩罚函数为

$$p\left(X_{ijk}\right)=1-\sum_{j=1}^{J}\sum_{k=1}^{K}\frac{\max\left(0,\sum_{i=1}^{I}x_{ijk}-n_{jk}\right)}{n_{jk}} \tag{7.38}$$

该惩罚函数的意义是当满足约束条件时，不惩罚；当不满足约束条件时，与可行域背离的程度越大，惩罚的力度也就越大。

根据式（7.36）和式（7.37），将适应值函数表示如下：

$$F_1\left(X_{ijk}\right)=f_1\left(X_{ijk}\right)\times p\left(X_{ijk}\right) \tag{7.39}$$

$$F_2\left(X_{ijk}\right)=f_2\left(X_{ijk}\right)\times p\left(X_{ijk}\right) \tag{7.40}$$

由于所设计的编码方式天然地满足约束条件，不再考虑这两个约束条件的合法性，并且在交叉、变异过程中保证其合理性。

4. 非支配排序和拥挤距离

NSGA-Ⅱ算法根据个体的非支配排序等级和拥挤距离两个属性进行选择操作。种群的非支配排序等级分级的操作过程如下。

（1）找出种群里被支配个体数量为零的个体，将其标记为已处理的个体，令其非支配排序等级 $r=1$。

（2）在剩余的个体里找出被支配个体数量为零的个体，将其标记为已处理的个体，令其非支配排序等级为 $r=r+1$。

（3）若种群里的所有个体皆被标记处理，则非支配分级操作完成；否则，继续第二步。

在得到个体的非支配排序等级后，求解个体的拥挤距离，具体过程如下。

（1）对与非支配排序等级一样的个体，按照逆序方式依次对各个目标函数值排序。

（2）在对全部目标函数值进行排序后，对处于两头的个体设置一个极大的拥挤距离值，让其在选择的过程中具有明显的优势；对处在中间的个体，其拥挤距离求解公式如下：

$$d_i=\sum_{m=1}^{M}\left[f_m(i+1)-f_m(i-1)\right] \tag{7.41}$$

其中，d_i 为第 i 个个体的拥挤距离；M 为目标函数的数量；$f_m(i+1)$ 和 $f_m(i-1)$ 分别为在对第 m 个目标函数值排序后第 i 个个体的前后紧邻的两个个体的目标函数值。

5. 选择操作

NSGA-Ⅱ算法的选择操作能够使迭代过程逐步靠近 Pareto 最优解集，同时能够求得散布平均的非劣解。优秀的选择算子能够有效地保留优良的个体，从而使优良的个体加入下一代的机会更大。通过前面的操作，种群中的全部个体都增加了两个特性：非支配排序等级 r 与拥挤距离 d。选择算子采用轮赛制选择方法，其具体过程如下：从种群中随机选出两个个体 i 和 j，如果 $r_i<r_j$ 或者 $r_i=r_j$，且 $d_i>d_j$，那么个体 i 比个体 j 优良，选取个体 i；否则，选取个体 j。上述选择的过程描述如下：假设随机选出的两个个体具备不同的非支配排序等级，那么选用非支配排序等级低的个体，也就是支配级别高的个体；假设随机选出的两个个体具有一样的非支配排序等级，那么选用大拥挤距离的个体，也就是四周较不拥堵的个体。

6. 染色体交叉

在生物的遗传进程中，基因重组是主要的遗传操作。在遗传算法中，交叉操作的效果就是基因重组，因此遗传算法的主要操作是染色体交叉。交叉是指以较高的概率从群体中选择两个父代个体，相互替换个体的某个或某些基因位，重组成两个新的个体的操作。交叉算子的设计包含怎样选取交叉位置和怎样实施部分基因交叉两方面过程。

由于采用独特的矩阵实数编码方式，求解优化问题时不能使用经典的单点交叉方法和双点交叉方法，因此设计行交叉算子，具体过程如下。

首先，将式（7.35）中的矩阵的所有行当作一个整体，转化为以下的行向量：

$$X = \left[\mathrm{row}_1, \mathrm{row}_2, \cdots, \mathrm{row}_i, \cdots, \mathrm{row}_I\right] \tag{7.42}$$

然后，使用均匀交叉方法，产生与行向量 X 长度相等的随机二进制行向量 Y，并将其当作交叉样板；针对父代种群中随机两个个体 X_{2n} 和 X_{2n+1} 的任意第 j 列，如果 $Y[j]=1$，则两个个体该列互换；反之，则列不变。最后，得到两个子代个体 CX_{2n} 和 CX_{2n+1}。

7. 染色体变异

使种群出现新个体的重要办法是染色体交叉，它能够使遗传算法具有较好的全局搜索能力；染色体变异作为辅助办法，选择种群中的一些个体的一些基因实行变异，保持了种群的多样化，保证了遗传算法的局部开采性能，防止过早收敛。

根据所设计的按照矩阵实数编码方式的 NSGA-Ⅱ算法，变异算子如下。

（1）根据设定的变异概率挑选出变异个体，随机生成一个 1 到行向量 X 长度之间的整数 k，确立变异的基因位置。

（2）分析该基因位对应的可选养老服务供应商集合，从中选择一个与当前编码值不同的养老服务供应商替代原有的养老服务供应商，形成新的染色体。

8. 精英策略

精英策略是指保存父代的精良个体加入子代的过程，从而避免取得的 Pareto 最优解遗失，它可以使多目标遗传算法以概率 1 收敛。精英策略的详细过程解释如下。

（1）将种群数量都为 N 的父代种群 A 和子代种群 B 中的全部个体归并成一个新的种群数量为 $2N$ 的种群 C，则 $C=A\cup B$。

（2）对合并获得的种群 C 求解非支配排序等级及拥挤距离，并根据求得的非支配排序等级及拥挤距离，选择优良的个体，直到种群数量达到 N。这时，就得到了新的父代种群 $A+1$。

（3）对新的父代种群 $A+1$ 再次进行选择、交叉及变异过程，获得新的子代种

群 $B+1$，再循环第一步至第三步的过程，直到满足算法的结束条件。

经过以上描述能够发现，精英策略能够使父代种群中未能被选择加入子代种群中的精良基因获得被选择的机会，显著提升多目标遗传算法的寻优性能。

9. 停止准则

当种群中最优个体的适应值满足设定的阈值、最优个体的适应值和群体的适应值不能增加，或者迭代次数满足设定的迭代次数时，算法停止。停止准则是设定最大的迭代次数，当算法迭代次数符合给定的数值时，NSGA-Ⅱ算法停止搜索并输出当前的非劣解当作最后的运行结果。基于上述算法的设计过程，NSGA-Ⅱ算法的流程如图 7.4 所示。

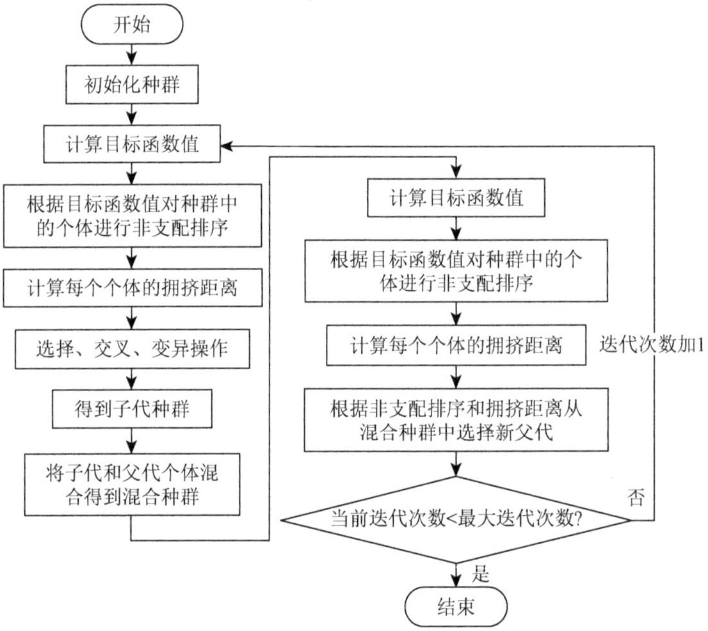

图 7.4　NSGA-Ⅱ算法流程图

7.3.4　算例分析

本节通过一个案例来说明基于犹豫模糊供需信息的养老服务组合优化方法的可行性。为求解建立的基于犹豫模糊供需信息的养老服务组合优化模型，本节设计相关数值实验，使用 MATLAB R2015 软件编写 NSGA-Ⅱ算法。本节全部程序的编写和运行都是在一台配置为 4GB 内存、2.83GHz CPU、Windows 10 系统的台式计算机上进行的。

1. 案例描述

假设养老服务平台有 5 个养老服务供应商$\{p_1, p_2, \cdots, p_5\}$，他们总共能够供应 8 种养老服务$\{s_1, s_2, \cdots, s_8\}$，其中，$s_1$代表体检，$s_2$代表护工，$s_3$代表餐饮，$s_4$代表康复，$s_5$代表保健，$s_6$代表保洁，$s_7$代表出行，$s_8$代表娱乐。养老服务的评价指标集为$\{o_1, o_2, o_3\}$，其中，$o_1$代表服务质量，$o_2$代表服务价格，$o_3$代表服务信誉。有 8 个顾客$\{d_1, d_2, \cdots, d_8\}$寻求养老服务平台的帮助，其评价指标集为$\{e_1, e_2, e_3\}$，其中，$e_1$代表友好程度，$e_2$代表服务时间，$e_3$代表沟通能力。假设对养老服务供应商的指标权重为(0.4,0.4,0.2)，对顾客的指标权重为(0.35,0.3,0.35)。其中，对于评价指标o_1（单位为分）和e_1（单位为分），采用犹豫模糊集来表示对应的期望信息和实际信息；对于评价指标o_2（单位为百元）和e_2（单位为小时），采用区间犹豫模糊集来表示对应的期望信息和实际信息；对于指标o_3和e_3，采用犹豫模糊语言变量集来表示对应的期望信息和实际信息，这里使用的语言变量集为$T = \{t_{-3}$ = 非常差，t_{-2} = 很差，t_{-1} = 差，t_0 = 中等，t_1 = 好，t_2 = 很好，t_3 = 非常好$\}$。养老服务供应商供应的养老服务的实际信息如表 7.4 所示，顾客对养老服务的实际信息如表 7.5 所示，顾客对养老服务的期望信息如表 7.6 所示，养老服务供应商供应的养老服务的期望信息如表 7.7 所示。

表 7.4　养老服务供应商供应的养老服务的实际信息

养老服务供应商	养老服务	o_1/分	o_2/×10^2元	o_3	养老服务数量/个
p_1	s_1	{0.60,0.70}	{[0.24,0.27],[0.30,0.35]}	$\{t_0, t_1\}$	8
	s_2	{0.48,0.55,0.62}	{[0.17,0.20],[0.21,0.25]}	$\{t_{-1}, t_0, t_1\}$	10
	s_4	{0.53,0.58}	{[0.25,0.32]}	$\{t_1, t_2\}$	6
	s_5	{0.90}	{[0.45,0.53]}	$\{t_1, t_2\}$	8
	s_6	{0.80,0.88}	{[0.40,0.44],[0.46,0.52]}	$\{t_1, t_2, t_3\}$	10
p_2	s_2	{0.50,0.60}	{[0.16,0.20],[0.23,0.26]}	$\{t_0, t_1\}$	6
	s_4	{0.60,0.65,0.68}	{[0.28,0.31],[0.33,0.35]}	$\{t_1, t_2, t_3\}$	9
	s_5	{0.70,0.78,0.85}	{[0.40,0.47]}	$\{t_2\}$	12
	s_6	{0.65,0.75,0.86}	{[0.34,0.40]}	$\{t_1, t_2\}$	10
p_3	s_1	{0.70,0.80}	{[0.28,0.31],[0.32,0.36]}	$\{t_0, t_1, t_2\}$	6
	s_2	{0.60,0.66,0.75}	{[0.25,0.30]}	$\{t_1, t_2, t_3\}$	9
	s_3	{0.55,0.60}	{[0.32,0.36],[0.38,0.40],[0.41,0.45]}	$\{t_1, t_2\}$	12
	s_7	{0.74,0.80,0.86}	{[0.15,0.20],[0.20,0.24]}	$\{t_1, t_2, t_3\}$	11
	s_8	{0.80}	{[0.25,0.36]}	$\{t_{-1}, t_0, t_1\}$	8

续表

养老服务供应商	养老服务	o_1 /分	o_2 /×10^2元	o_3	养老服务数量/个
p_4	s_1	{0.50,0.58,0.66}	{[0.21,0.24],[0.25,0.28],[0.32,0.36]}	$\{t_0, t_1\}$	6
	s_4	{0.53}	{[0.24,0.32]}	$\{t_0, t_1, t_2\}$	10
	s_5	{0.73,0.80,0.84}	{[0.42,0.47],[0.49,0.52]}	$\{t_1, t_2\}$	9
	s_7	{0.82,0.86,0.92}	{[0.22,0.30]}	$\{t_2, t_3\}$	10
p_5	s_2	{0.49,0.52,0.56}	{[0.15,0.19],[0.21,0.23]}	$\{t_{-1}, t_0, t_1\}$	8
	s_3	{0.58,0.67}	{[0.36,0.39],[0.40,0.46]}	$\{t_1, t_2, t_3\}$	12
	s_6	{0.60,0.70,0.80}	{[0.32,0.38]}	$\{t_2, t_3\}$	9
	s_7	{0.60,0.68,0.76}	{[0.14,0.16],[0.18,0.24],[0.25,0.30]}	$\{t_0, t_1, t_2\}$	15
	s_8	{0.85,0.94}	{[0.32,0.40]}	$\{t_1, t_2\}$	8

表 7.5　顾客对养老服务的实际信息

顾客	e_1 /分	e_2 /h	e_3
d_1	{0.70,0.80}	{[1.0,1.5],[1.8,2.2]}	$\{t_2, t_3\}$
d_2	{0.80}	{[2.0,2.2],[2.5,2.8]}	$\{t_0, t_1, t_2\}$
d_3	{0.75,0.80,0.85}	{[1.6,2.5]}	$\{t_2, t_3\}$
d_4	{0.70}	{[1.2,1.6],[1.7,2.1]}	$\{t_1, t_2\}$
d_5	{0.78,0.88}	{[1.2,1.6]}	$\{t_2\}$
d_6	{0.76,0.85,0.93}	{[1.0,1.4],[1.6,1.8],[2.0,2.5]}	$\{t_1, t_2, t_3\}$
d_7	{0.85}	{[1.4,1.8]}	$\{t_1, t_2\}$
d_8	{0.76,0.88}	{[1.6,2.5]}	$\{t_2, t_3\}$

表 7.6　顾客对养老服务的期望信息

顾客	养老服务	o_1 /分	o_2 /×10^2元	o_3
d_1	s_1	0.65	[0.30,0.35]	t_2
	s_2	0.75	[0.25,0.30]	t_2
	s_4	0.70	[0.30,0.36]	t_1
d_2	s_3	0.70	[0.40,0.48]	t_1
	s_5	0.90	[0.50,0.54]	t_3
	s_6	0.80	[0.40,0.45]	t_2
	s_7	0.85	[0.20,0.25]	t_2

续表

顾客	养老服务	o_1/分	o_2/×10^2元	o_3
d_3	s_1	0.70	[0.28,0.32]	t_1
	s_3	0.65	[0.38,0.45]	t_2
	s_5	0.80	[0.45,0.52]	t_1
	s_6	0.75	[0.40,0.46]	t_3
	s_8	0.85	[0.23,0.30]	t_1
d_4	s_2	0.70	[0.22,0.28]	t_2
	s_4	0.60	[0.25,0.30]	t_1
	s_6	0.85	[0.35,0.40]	t_0
	s_8	0.80	[0.30,0.35]	t_2
d_5	s_1	0.62	[0.25,0.34]	t_0
	s_3	0.56	[0.36,0.40]	t_1
	s_6	0.80	[0.36,0.42]	t_2
	s_7	0.85	[0.25,0.30]	t_2
d_6	s_2	0.60	[0.20,0.25]	t_1
	s_3	0.64	[0.42,0.46]	t_3
	s_4	0.65	[0.28,0.34]	t_0
	s_8	0.80	[0.32,0.36]	t_1
d_7	s_1	0.75	[0.30,0.35]	t_3
	s_4	0.60	[0.25,0.32]	t_1
	s_5	0.85	[0.40,0.45]	t_1
d_8	s_1	0.80	[0.32,0.36]	t_2
	s_5	0.86	[0.45,0.49]	t_2
	s_6	0.75	[0.40,0.45]	t_3
	s_7	0.80	[0.18,0.24]	t_1

表 7.7　养老服务供应商供应的养老服务的期望信息

养老服务供应商	养老服务	e_1/分	e_2/h	e_3
p_1	s_1	0.85	[0.15,0.20]	t_2
	s_2	0.75	[0.20,0.25]	t_1
	s_4	0.82	[0.18,0.22]	t_3
	s_5	0.78	[0.16,0.22]	t_1
	s_6	0.80	[0.12,0.16]	t_0
p_2	s_2	0.70	[0.25,0.30]	t_2
	s_4	0.75	[0.21,0.25]	t_1
	s_5	0.85	[0.18,0.24]	t_3
	s_6	0.78	[0.10,0.15]	t_2

续表

养老服务供应商	养老服务	e_1 /分	e_2 /h	e_3
p_3	s_1	0.90	[0.15,0.20]	t_2
	s_2	0.76	[0.22,0.26]	t_1
	s_3	0.85	[0.18,0.24]	t_2
	s_7	0.81	[0.22,0.27]	t_0
	s_8	0.85	[0.14,0.20]	t_2
p_4	s_1	0.70	[0.10,0.15]	t_2
	s_4	0.85	[0.18,0.24]	t_3
	s_5	0.90	[0.15,0.21]	t_2
	s_7	0.78	[0.17,0.22]	t_1
p_5	s_2	0.67	[0.13,0.18]	t_2
	s_3	0.88	[0.16,0.24]	t_2
	s_6	0.92	[0.18,0.25]	t_1
	s_7	0.84	[0.23,0.28]	t_0
	s_8	0.80	[0.20,0.25]	t_2

首先，按照评价指标的实际值与期望值之间的对照关系和差异构建益损矩阵。在此以养老服务供应商供应的服务相对于顾客的益损矩阵为例，计算结果如表 7.8 所示。

表 7.8　顾客的益损值

顾客	养老服务	评价指标	p_1	p_2	p_3	p_4	p_5
d_1	s_1	o_1	0.0500	—	0.1118	−0.0957	—
		o_2	−0.0500	—	−0.0250	−0.0684	—
		o_3	−0.2259	—	−0.1844	−0.2259	—
	s_2	o_1	−0.2080	−0.2062	−0.1010	—	−0.2285
		o_2	−0.0716	−0.0709	0	—	−0.0846
		o_3	−0.3086	−0.2259	−0.1166	—	−0.3086
	s_4	o_1	−0.1471	−0.0656		−0.2300	—
		o_2	−0.0453	−0.0312		−0.0510	—
		o_3	0.1010	0.1844		0.1166	—

续表

顾客	养老服务	评价指标	p_1	p_2	p_3	p_4	p_5
d_2	s_3	o_1	—	—	−0.1275	—	−0.0875
		o_2	—	—	−0.0690	—	−0.0502
		o_3	—	—	0.1010	—	0.1844
	s_5	o_1	0	−0.1377	—	−0.1190	—
		o_2	−0.0361	−0.0863	—	−0.0543	—
		o_3	−0.2259	−0.1429	—	−0.2259	—
	s_6	o_1	0.0566	−0.0976	—	—	−0.1291
		o_2	0.0464	−0.0552	—	—	−0.0752
		o_3	−0.1166	−0.1010	—	—	0.1010
	s_7	o_1	—	—	−0.0700	0.0443	−0.1821
		o_2	—	—	−0.0357	0.0381	−0.0535
		o_3	—	—	−0.1166	0.1010	−0.1844
d_3	s_1	o_1	−0.0707	—	0.0707	−0.1366	—
		o_2	−0.0367	—	0.0287	−0.0532	—
		o_3	−0.1010	—	−0.1166	−0.1010	—
	s_3	o_1	—	—	−0.0791	—	−0.0515
		o_2	—	—	−0.0503	—	−0.0335
		o_3	—	—	−0.1010	—	−0.1166
	s_5	o_1	0.1000	−0.0656	—	−0.0465	—
		o_2	0.0071	−0.0500	—	−0.0354	—
		o_3	0.1010	0.1429	—	0.1010	—
	s_6	o_1	−0.0985	−0.0858	—	—	−0.0957
		o_2	−0.0436	−0.0600	—	—	−0.0800
		o_3	−0.1844	−0.2259	—	—	−0.1010
	s_8	o_1	—	—	−0.0500	—	0.0636
		o_2	—	—	0.0447	—	0.0951
		o_3	—	—	−0.1844	—	0.1010

续表

顾客	养老服务	评价指标	p_1	p_2	p_3	p_4	p_5
d_4	s_2	o_1	−0.1605	−0.1581	−0.0686	—	−0.1790
		o_2	0.0497	−0.0512	−0.0255	—	−0.0624
		o_3	−0.0825	−0.2259	−0.1166	—	−0.3086
	s_4	o_1	−0.0515	0.0311	—	−0.7000	—
		o_2	−0.0141	0.0497	—	0.0292	—
		o_3	0.1010	0.1844	—	−0.1166	—
	s_6	o_1	−0.0412	−0.1292	—	—	−0.1708
		o_2	0.0875	−0.0071	—	—	−0.0255
		o_3	0.3086	−0.2259	—	—	0.3642
	s_8	o_1	—	—	0	—	0.1051
		o_2	—	—	−0.0361	—	0.0381
		o_3	—	—	−0.1166	—	−0.1010
d_5	s_1	o_1	−0.0583	—	0.1393	−0.0766	—
		o_2	−0.0300	—	−0.0421	−0.0585	—
		o_3	0.1010	—	0.1844	0.1010	—
	s_3	o_1	—	—	0.0292	—	0.0791
		o_2	—	—	0.0379	—	0.0364
		o_3	—	—	0.1010	—	0.1844
	s_6	o_1	0.0566	−0.0976	—	—	−0.1291
		o_2	0.0742	−0.0200	—	—	−0.0400
		o_3	−0.1166	−0.1010	—	—	0.1010
	s_7	o_1	—	—	−0.0700	0.0443	−0.1821
		o_2	—	—	−0.0808	−0.0212	−0.0819
		o_3	—	—	−0.1166	0.1010	−0.1844
d_6	s_2	o_1	−0.0759	−0.0707	0.0933	—	0.1396
		o_2	−0.0292	−0.0357	0.0500	—	−0.0574
		o_3	−0.1844	−0.1010	0.1844	—	−0.2259

续表

顾客	养老服务	评价指标	p_1	p_2	p_3	p_4	p_5
d_6	s_3	o_1	—	—	−0.0696	—	−0.0474
		o_2	—	—	−0.0651	—	0.0472
		o_3	—	—	−0.1429	—	−0.1844
	s_4	o_1	−0.0982	−0.0337	—	−0.1200	—
		o_2	−0.0255	−0.0296	—	−0.0316	—
		o_3	0.2259	0.3086	—	−0.1844	—
	s_8	o_1	—	—	0	—	0.1051
		o_2	—	—	−0.0495	—	0.0283
		o_3	—	—	−0.1844	—	0.1010
d_7	s_1	o_1	−0.1118	—	0.0500	−0.1821	—
		o_2	−0.0500	—	−0.0250	−0.0684	—
		o_3	−0.3642	—	−0.3086	−0.3642	—
	s_4	o_1	−0.0515	0.0545	—	−0.0800	—
		o_2	0	0.0456	—	−0.0071	—
		o_3	0.1010	0.1844	—	−0.1166	—
	s_5	o_1	0.0500	−0.0956	—	−0.0753	—
		o_2	0.0667	0.0141	—	0.0587	—
		o_3	0.1010	0.1429	—	0.1010	—
d_8	s_1	o_1	−0.1581	—	−0.0707	−0.2295	—
		o_2	−0.0612	—	−0.0320	−0.0794	—
		o_3	−0.2259	—	−0.1844	−0.2259	—
	s_5	o_1	0.0400	−0.1034	—	−0.0835	—
		o_2	0.0283	−0.0381	—	0.0308	—
		o_3	−0.1010	0	—	−0.1010	—
	s_6	o_1	0.0985	0.0858	—	—	−0.0957
		o_2	0.0464	−0.0552	—	—	−0.0752
		o_3	−0.1844	−0.2259	—	—	−0.1010
	s_7	o_1	—	—	0.0490	0.0783	−0.1366
		o_2	—	—	−0.0269	0.0510	0.0442
		o_3	—	—	0.1844	0.2259	−0.1166

然后，计算前景值。在此也以养老服务供应商供应的养老服务相对于顾客的前景值为例，计算结果如表 7.9 所示。

表 7.9　顾客的前景值

顾客	养老服务	评价指标	p_1	p_2	p_3	p_4	p_5
d_1	s_1	o_1	0.0716	—	0.1454	−0.3235	—
		o_2	−0.1827	—	−0.0992	−0.2408	—
		o_3	−0.6886	—	−0.5761	−0.6886	—
	s_2	o_1	−0.6404	−0.6354	−0.3391	—	−0.6955
		o_2	−0.2505	−0.2483	0	—	−0.2900
		o_3	−0.9062	−0.6886	−0.3849	—	−0.9062
	s_4	o_1	−0.4722	−0.2319	—	−0.6996	—
		o_2	−0.1674	−0.1207	—	−0.1858	—
		o_3	0.1330	0.2259	—	0.1510	—
d_2	s_3	o_1	—	—	−0.4162	—	−0.2988
		o_2	—	—	−0.2426	—	−0.1835
		o_3	—	—	0.1330	—	0.2259
	s_5	o_1	0	−0.4455	—	−0.3918	—
		o_2	−0.1370	−0.2953	—	−0.1965	—
		o_3	−0.6886	−0.4601	—	−0.6886	—
	s_6	o_1	0.0798	−0.3292	—	—	−0.4209
		o_2	0.0670	−0.1994	—	—	−0.2615
		o_3	−0.3849	−0.3392	—	—	0.1330
	s_7	o_1	—	—	−0.2456	0.0645	−0.5697
		o_2	—	—	−0.1358	0.0564	−0.1940
		o_3	—	—	−0.3849	0.1330	−0.5761
d_3	s_1	o_1	−0.2478	—	0.0972	−0.4424	—
		o_2	−0.1393	—	0.0440	−0.1930	—
		o_3	−0.3392	—	−0.3849	−0.3392	—
	s_3	o_1	—	—	−0.2734	—	−0.1874
		o_2	—	—	−0.1256	—	−0.1073
		o_3	—	—	−0.3392	—	−0.3849

续表

顾客	养老服务	评价指标	p_1	p_2	p_3	p_4	p_5
d_3	s_5	o_1	0.1318	−0.2319	—	−0.1715	—
		o_2	0.0128	−0.1827	—	−0.1346	—
		o_3	0.1330	0.1804	—	0.1330	—
	s_6	o_1	−0.3317	−0.2939	—	—	−0.3235
		o_2	−0.1619	−0.2144	—	—	−0.2762
		o_3	−0.5761	−0.6886	—	—	−0.3392
	s_8	o_1	—	—	−0.1827	—	0.0886
		o_2	—	—	0.0649	—	0.1262
		o_3	—	—	−0.5761	—	0.1330
d_4	s_2	o_1	−0.5098	−0.5031	−0.2411	—	−0.5611
		o_2	0.0713	−0.1866	−0.1010	—	−0.2221
		o_3	−0.2837	−0.6886	−0.3849	—	−0.9062
	s_4	o_1	−0.1874	0.0472	—	−1.8631	—
		o_2	−0.0601	0.0713	—	0.0446	—
		o_3	0.1330	0.2259	—	−0.3849	—
	s_6	o_1	−0.1541	−0.4212	—	—	−0.5384
		o_2	0.1172	−0.0327	—	—	−0.1010
		o_3	0.3554	−0.6886	—	—	0.4111
	s_8	o_1	—	—	0	—	0.1377
		o_2	—	—	−0.1370	—	0.0564
		o_3	—	—	−0.3849	—	−0.3392
d_5	s_1	o_1	−0.2091	—	0.1765	−0.2658	—
		o_2	−0.1165	—	−0.1571	−0.2096	—
		o_3	0.1330	—	0.2259	0.1330	—
	s_3	o_1	—	—	0.0446	—	0.1072
		o_2	—	—	0.0561	—	0.0542
		o_3	—		0.1330	—	0.2259
	s_6	o_1	0.0798	−0.3292	—	—	−0.4209
		o_2	0.1013	−0.0816	—	—	−0.1501
		o_3	−0.3849	−0.3392	—	—	0.1330

续表

顾客	养老服务	评价指标	p_1	p_2	p_3	p_4	p_5
d_5	s_7	o_1	—	—	−0.2456	0.0645	−0.5697
		o_2	—	—	−0.2786	−0.0859	−0.2818
		o_3	—	—	−0.3849	0.1330	−0.5761
d_6	s_2	o_1	−0.2638	−0.2478	0.1240	—	0.1769
		o_2	−0.1136	−0.1358	0.0716	—	−0.2064
		o_3	−0.5761	−0.3392	0.2259	—	−0.6886
	s_3	o_1	—	—	−0.2445	—	−0.1744
		o_2	—	—	−0.2303	—	0.0680
		o_3	—	—	−0.4601	—	−0.5761
	s_4	o_1	−0.3309	−0.1290	—	−0.3947	—
		o_2	−0.1010	−0.1151	—	−0.1221	—
		o_3	0.2700	0.3554	—	−0.5761	—
	s_8	o_1	—	—	0	—	0.1377
		o_2	—	—	−0.1810	—	0.0434
		o_3	—	—	−0.5761	—	0.1330
d_7	s_1	o_1	−0.3708	—	0.0716	−0.5697	—
		o_2	−0.1827	—	−0.0992	−0.2408	—
		o_3	−1.0484	—	−0.9062	−1.0484	—
	s_4	o_1	−0.1874	0.0772	—	−0.2762	—
		o_2	0	0.0660	—	−0.0327	—
		o_3	0.1330	0.2259	—	−0.3849	—
	s_5	o_1	0.0716	−0.3230	—	−0.2618	—
		o_2	0.0923	0.0236	—	0.0825	—
		o_3	0.1330	0.1804	—	0.1330	—
d_8	s_1	o_1	−0.5031	—	−0.2478	−0.6983	—
		o_2	−0.2183	—	−0.1234	−0.2743	—
		o_3	−0.6886	—	−0.5761	−0.6886	—
	s_5	o_1	0.0589	−0.3463	—	−0.2867	—
		o_2	0.0434	−0.1437	—	0.0468	—
		o_3	−0.3392	0	—	−0.3392	—

续表

顾客	养老服务	评价指标	p_1	p_2	p_3	p_4	p_5
d_8	s_6	o_1	0.1301	0.1152	—	—	−0.3235
		o_2	0.0670	−0.1994	—	—	−0.2615
		o_3	−0.5761	−0.6886	—	—	−0.3392
	s_7	o_1	—	—	0.0704	0.1063	−0.4424
		o_2	—	—	−0.1059	0.0729	0.0642
		o_3	—	—	0.2259	0.2700	−0.3849

最后，计算满意度。顾客和养老服务供应商的满意度分别如表 7.10 和表 7.11 所示。

表 7.10　顾客的满意度

顾客	养老服务	p_1	p_2	p_3	p_4	p_5
d_1	s_1	−0.0978	—	−0.0519	−0.1951	—
	s_2	−0.2885	−0.2636	−0.1141	—	−0.3089
	s_4	−0.1230	−0.0514	—	−0.1739	—
d_2	s_3	—	—	−0.1272	—	−0.0793
	s_5	−0.1033	−0.2084	—	−0.2002	—
	s_6	−0.0098	−0.1499	—	—	−0.1322
	s_7	—	—	−0.1232	0.0402	−0.2258
d_3	s_1	−0.1195	—	−0.0110	−0.1728	—
	s_3	—	—	−0.1345	—	−0.1092
	s_5	0.0453	−0.0696	—	−0.0515	—
	s_6	−0.1678	−0.1830	—	—	−0.1652
	s_8	—	—	−0.0871	—	0.0604
d_4	s_2	−0.1246	−0.2220	−0.1148	—	−0.2654
	s_4	−0.0389	0.0497	—	−0.4317	—
	s_6	0.0302	−0.1714	—	—	−0.0931
	s_8	—	—	−0.0707	—	0.0053

续表

顾客	养老服务	p_1	p_2	p_3	p_4	p_5
d_5	s_1	−0.0556	—	0.0284	−0.0878	—
	s_3	—	—	0.0359	—	0.0589
	s_6	−0.0024	−0.1246	—	—	−0.1083
	s_7	—	—	−0.1539	0.0097	−0.2447
d_6	s_2	−0.1429	−0.1188	0.0662	—	−0.0803
	s_3	—	—	−0.1513	—	−0.0847
	s_4	−0.0637	−0.0142	—	−0.1728	—
	s_8	—	—	−0.1007	—	0.0532
d_7	s_1	−0.2314	—	−0.1032	−0.2865	—
	s_4	−0.0260	0.0550	—	−0.1076	—
	s_5	0.0495	−0.0449	—	−0.0242	—
d_8	s_1	−0.2288	—	−0.1415	−0.2827	—
	s_5	−0.0145	−0.1052	—	−0.0879	—
	s_6	−0.0195	−0.0920	—	—	−0.1620
	s_7	—	—	0.0166	0.0675	−0.1225

表 7.11　养老服务供应商的满意度

养老服务供应商	养老服务	d_1	d_2	d_3	d_4	d_5	d_6	d_7	d_8
p_1	s_1	0.0503	−0.2259	−0.0166	−0.3043	−0.1036	−0.2567	−0.1322	−0.0192
	s_2	0.0412	−0.0905	0.0884	−0.0826	0.0185	0.0573	0.0224	0.0995
	s_4	−0.2667	−0.3103	−0.1580	−0.4074	−0.1906	−0.2123	−0.2576	−0.0441
	s_5	−0.0293	−0.0946	0.1218	−0.0877	0.0395	0.0671	0.0416	0.1328
	s_6	0.0728	0.1137	0.1847	−0.0070	0.1382	0.1781	0.1232	0.1941
p_2	s_2	−0.0350	−0.1989	0.0188	−0.2203	−0.0664	−0.1676	−0.1592	0.0287
	s_4	0.0374	−0.0917	0.0816	−0.0865	0.0144	0.0541	0.0181	0.0926
	s_5	−0.2993	−0.3457	−0.2085	−0.4447	−0.3231	−0.3343	−0.2831	−0.2112
	s_6	−0.0038	−0.1385	0.0982	−0.1859	0.0399	−0.0605	−0.0660	0.1092

续表

养老服务供应商	养老服务	d_1	d_2	d_3	d_4	d_5	d_6	d_7	d_8
p_3	s_1	−0.1662	−0.2772	−0.0603	−0.3505	−0.1368	−0.2750	−0.1932	−0.0524
	s_2	−0.0563	−0.0963	0.0713	−0.1054	0.0026	0.0438	0.0055	0.0825
	s_3	−0.1417	−0.2354	−0.0509	−0.3281	−0.1429	−0.2814	−0.1664	−0.0536
	s_7	−0.0683	0.0261	0.0375	−0.1144	0.0359	0.0705	0.0263	0.1183
	s_8	−0.1149	−0.2240	−0.0158	−0.2615	−0.1000	−0.2576	−0.1304	−0.0184
p_4	s_1	0.0985	−0.1052	0.1233	−0.0937	0.0663	−0.0356	−0.0352	0.1332
	s_4	−0.2993	−0.3296	−0.2185	−0.4447	−0.2896	−0.3343	−0.2831	−0.2112
	s_5	−0.1685	−0.2783	−0.0629	−0.3539	−0.1424	−0.2784	−0.1999	−0.1003
	s_7	−0.0317	−0.0965	0.1222	−0.0902	0.0356	0.0660	0.0380	0.0970
p_5	s_2	0.1025	−0.1032	0.1241	−0.0859	0.0504	−0.0318	−0.0357	0.1334
	s_3	−0.1635	−0.2626	−0.0540	−0.3514	−0.1470	−0.2811	−0.1995	−0.0491
	s_6	−0.1620	−0.2426	−0.0653	−0.2397	−0.1309	−0.1133	−0.0963	−0.0555
	s_7	−0.0740	0.0569	0.0129	−0.1515	−0.0590	0.0595	0.0039	0.0065
	s_8	−0.1112	−0.1782	0.0259	−0.1996	−0.0561	−0.1746	−0.1553	0.0353

2. NSGA-Ⅱ算法数值实验

养老服务平台上有大量的顾客、养老服务供应商和养老服务，这就容易导致优化问题的可行解过多而产生组合爆炸现象，难以用精确算法来得到优化问题的全局最优解。为了防止上述问题的出现，全部数值实验采用小规模实验，即顾客、养老服务供应商和养老服务的数量均较小。为了方便对实验结果进行比较与分析，全部数值实验使用同一个案例。此外，为了防止随机成分严重影响实验结果，每个实验都采用 30 次实验结果的平均值。

由优化模型可知，在养老服务中，为顾客需要的养老服务选择养老服务供应商的过程是一个非常复杂的优化过程。本实验中算法有关参数及优化模型数据配置如下：最大迭代次数设为 100 次，种群规模设为 100 个，运行次数设为 30 次，交叉概率设为 0.8，变异概率设为 0.01，实验中用到的其余数据如表 7.4～表 7.11 所示。

这里设计与 NSGA-Ⅱ算法相关的 3 个数值实验，详细过程如下。

1）算法收敛性实验

检验算法优劣的一个关键指标是算法的收敛性。本实验使用 NSGA-Ⅱ算法在求解时的收敛能力来分析多目标优化问题。因此，记录并分析本实验 100 次运行过程中每隔 10 次的运行结果，实验结果如图 7.5 所示。

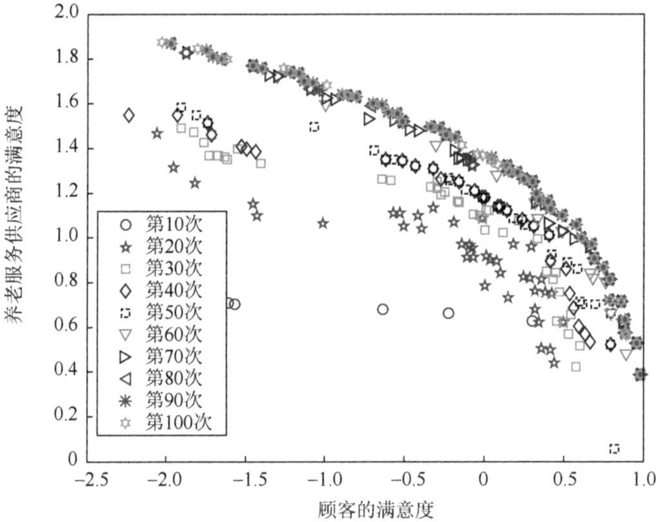

图 7.5　顾客满意度与养老服务供应商满意度的关系收敛性

从图 7.5 中能够发现，实验得到的非劣解集随着迭代次数的逐渐增大渐渐地靠近 Pareto 前沿。此外，顾客满意度与养老服务供应商满意度的关系实验在迭代次数大约是 70 次时到达 Pareto 前沿。由运行结果看出，NSGA-Ⅱ算法在求解多目标优化问题时具备不错的收敛性，而且该算法可以很好地全局搜索多目标优化问题的 Pareto 前沿解集。

2）算法非劣解数量实验

为了验证多目标优化问题在使用 NSGA-Ⅱ算法求解时具有较强的保留种群中精良个体的能力，本实验统计并分析 100 次运行过程中每隔 10 次运行得到的非劣解数量，实验结果中每隔 10 次的非劣解数量皆是 30 次单独实验结果的平均值，实验结果如图 7.6 所示。

由图 7.6 可以得到，随着迭代次数的增长，非劣解数量总体呈递增趋势。当迭代次数大约是 70 次时，种群中非劣解数量接近稳定。此时，种群中非劣解数量为 100 个。该结果说明，当迭代次数达到一定值时，种群中的绝大多数个体是非劣关系，由这些个体构成了问题的最优非劣解集。由运行结果看出，NSGA-Ⅱ算法具备较好的保留优良个体的能力，即该算法在迭代过程中可以将优良个体不断地选择并保存下来，从而使最终获得的种群中的所有个体差不多都是非劣关系。

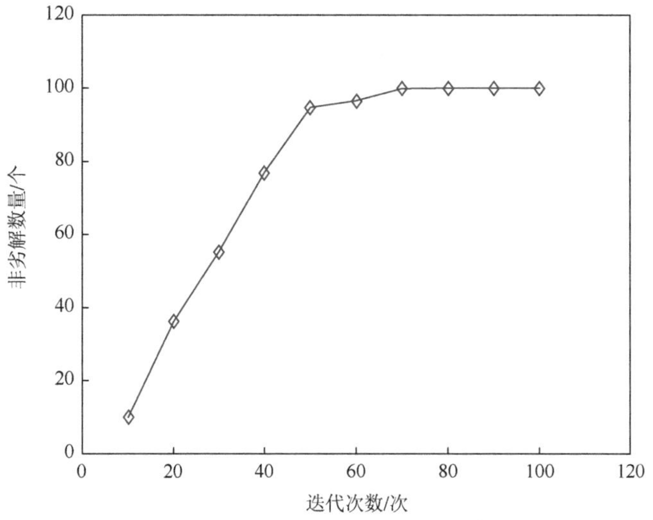

图 7.6　迭代次数与非劣解数量的关系

3）算法种群规模实验

在 NSGA-Ⅱ算法中，种群规模会影响实验结果。本实验分析 NSGA-Ⅱ算法的种群规模对目标函数值的影响，进而得到合适的种群规模。本实验设定的种群规模分别为 30 个、60 个和 100 个，实验结果如图 7.7 所示。

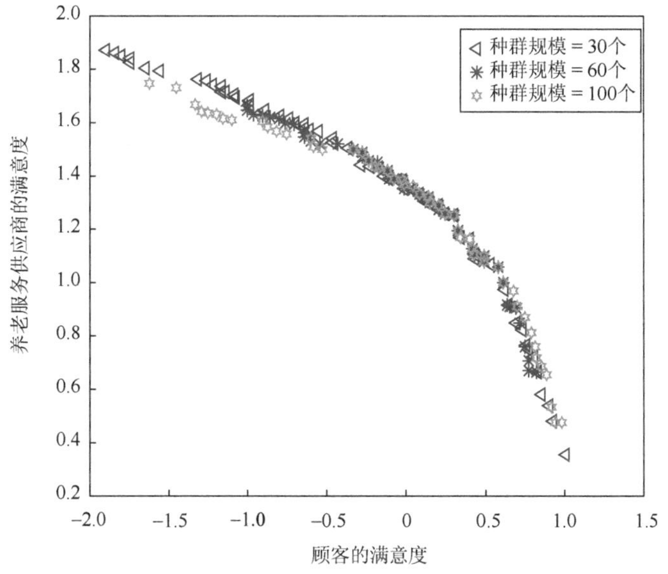

图 7.7　算法种群规模实验

由图 7.7 可以得到，NSGA-Ⅱ算法最终获得的 Pareto 前沿解集随着种群规模的增加而逐渐变好。因此，NSGA-Ⅱ算法的求解性能受种群规模的影响。如果设置较大的种群规模，那么 NSGA-Ⅱ算法可以有效地防止求得局部最优解；如果设置较小的种群规模，那么 NSGA-Ⅱ算法通常不能求得较好的可行解。但是，较大的种群规模必然会增加计算的复杂度，进而使算法的整体求解时间过长。根据优化问题的特点和规模，将种群规模设为 100 个比较合理。

3. NSGA-Ⅱ算法性能实验

在实际的养老服务平台上会有许多顾客寻求养老服务，并且有许多养老服务供应商供应多种养老服务，因此，问题规模通常很大。考虑养老服务平台对数据的保密性，未能得到实际的数据，因此按照随机规则，生成 5 组大规模数据，作为实验案例。对于基于犹豫模糊供需信息的养老服务组合优化问题，假设有 I 个顾客、J 个养老服务供应商和 K 种养老服务，可行解的数量计算公式如下：

$$S_v = \left(J^K\right)^I \tag{7.43}$$

其中，S_v 为解空间数量。若问题的规模大，则解空间数量呈爆炸式增长。表 7.12 给出了 5 组大规模案例参数。

表 7.12　大规模案例参数

组别	I/个	J/个	K/种
1	10	5	10
2	15	5	10
3	20	10	15
4	30	10	15
5	50	10	15

1）算法性能评价指标

（1）间距评估。间距评估可用于衡量 Pareto 前沿解集的多样性，以相邻解之间的相对距离来表示，计算公式如下：

$$E = \sqrt{\frac{1}{|C|}\sum_{i=1}^{|C|}\left(d_i - \bar{d}\right)^2} \tag{7.44}$$

其中，C 为 Pareto 前沿解集；$|C|$ 为解集的数量；$d_i = \min\limits_{j\in C, j\neq i}\sum_{m=1}^{M}\left|f_m^i - f_m^j\right|$，$M$ 为目标函数的数量；$\bar{d} = \sum_{i=1}^{|C|} d_i / |C|$。Pareto 前沿解集散布越均衡，间距评估值就越小。

（2）最大散布范围。最大散布范围可用于衡量 Pareto 前沿解集的散布程度，以解集 C 中的全部极值解组成的多面体的周长来体现，计算公式如下：

$$D=\sqrt{\sum_{m=1}^{M}\left(\max_{i=1}^{|C|}f_m^i-\min_{i=1}^{|C|}f_m^i\right)^2} \tag{7.45}$$

Pareto 前沿解集散布越宽广，则最大散布范围值越大。

2）实验结果

本实验算法参数给定如下：迭代次数设为 200 次，种群规模设为 100 个，运行次数设为 10 次，交叉概率设为 0.85，变异概率设为 0.01。实验结果是 10 次运行的平均值，如表 7.13 所示。

表 7.13　大规模案例实验结果

评价指标	1	2	3	4	5
E	0.0843	0.1421	0.4130	0.6359	1.2734
D	13.7168	16.2090	29.1346	40.3750	54.4421

由实验结果可知，随着问题的解空间增大，Pareto 解的均匀性逐渐变差，最大散布范围也越来越宽广，这与预期的效果相符。但是 Pareto 解的均匀性并不是骤然变差且散布范围变得很宽广，因此，使用 NSGA-Ⅱ算法求解多目标优化问题时性能很好。

7.3.5　结论

本节针对基于犹豫模糊供需信息的养老服务组合优化问题，设计了对应的组合优化方法。首先，介绍了前景理论和犹豫模糊理论等理论；其次，对不同形式的犹豫模糊信息计算出期望值与实际值的差异度，根据前景理论，得到了顾客和养老服务供应商的综合前景值；再次，以综合前景值构建了以双方满意度最大化为目标的数学模型；最后，设计了 NSGA-Ⅱ算法对其进行求解，通过一个案例说明本节提出的方法的可行性。

7.4　基于可信度的养老服务组合优化方法

在复杂的养老服务环境中，通常很难保障养老服务的可信度。由于顾客知识具有局限性，顾客无法有效地辨别养老服务的可信度。当顾客在享受服务的过程中，养老服务组合中的任意一个不可信的服务会造成整个养老服务组合的质量变差，使顾客在享用服务时出现损失。因此，如何计算养老服务的可信度变成研究养老服务组合技术的重要方向之一。本节首先研究单个养老服务的可信度的度量方法，然后建立养老服务组合可信度最大化及养老服务组合价格最小化的数学模型，使将高可信度、低价格的养老服务组合提供给顾客成为可能。针对这一模型，借助 NSGA-Ⅱ算法求解，并通过一个案例进行说明。

7.4.1　问题描述及模型符号说明

在养老服务平台上，每一个养老服务供应商都能够供应许多不同类型、不同数量的养老服务，当顾客看到这些服务时，如何选出自己需要的服务，是顾客首要考虑的问题。基于服务的多样性及顾客偏好，顾客找出自己所需的服务是十分艰难的。顾客选择结果不理想的原因主要有两个：一是养老服务供应商缺少诚信，养老服务供应商的实际服务能力和水平与其宣传的效果相差甚远；二是未能考虑顾客偏好，顾客由于其心理状态、感受及经济状况的影响，会给出倾向性的偏好。

将单一功能的养老服务组合成满足复杂要求的养老服务组合是养老服务平台最重要的业务。由于多样化的养老服务欠缺绝对可信的、规范的认证机构对其具有的服务质量提供保证，并且在服务的过程中，服务质量的相关属性对顾客是不可见的，养老服务供应商会恶意地更改供应的服务信息，造成服务很难确定和不可控；顾客作为养老服务的享用者，只能得到少许的养老服务的描述信息，导致顾客享用服务时风险增加，带来一定的损失；不怀好意的顾客或者竞争者会攻击正常的养老服务，使养老服务的可用性及重用性下降。为了使顾客享受到诚信的服务，本节提出单个养老服务的可信度的评估方法，使顾客按照服务的可信度进行判断，这也是养老服务组合的主要根据。

7.4.2　可信概述

可信是指顾客对服务的信任程度，即顾客在享用服务的过程中产生的一种个人感受。若服务的体验与顾客的预期相同，则是可信的。可信是一种依靠关系，是对可以出现某些行为或满足某个目的的期望水平。在现实情况中，人和人之间能够产生不同样式的人际关系的前提是信任；在经营管理中，公司之间的可信关系不仅有益于整合各方资源，而且有益于降低企业成本，从而提升经济利润。在现实生活中，可信随处可见。与他人进行交往时、在网上购物时、在和他人做生意时等，可信都起着很重要的作用。Zucker 和 Lynne（1986）提出了三种创建可信机制的模式，分别是基于过程的可信、基于制度的可信及基于特征的可信。

（1）基于过程的可信。基于过程的可信是指交互双方在交互的过程中由时间和经验的不断累积而逐渐产生可信，因此，它是一个理性的了解过程。

（2）基于制度的可信。基于制度的可信是当今社会建立可信的重要模式之一，正是由于它的存在，才能够在缺乏熟悉或者相似团体的非个体的环境下建立可信的关系。相对常见的基于可信的制度是第三方认证，如经营许可证、营业执照、规章制度等。

（3）基于特征的可信。基于特征的可信通常称为人际可信，以私人关系及个人成分为基础，凭借与他人的情感关系和对他人的可信水平的理性调查而产生可信。这种可信机制属于社交性机制，彼此根据相似特征而产生可信，通常情况下，两个个体之间的相似度越大，可信度就会越高。

使用可信这一概念来评价养老服务及养老服务组合，对供应给顾客的养老服务组合的 QoS 起到了保障作用。可信养老服务的定义是养老服务的履行过程和结果都能与顾客的预期相符，并且在遭遇干扰时养老服务依然能够正确地执行。QoS 指标是养老服务组合优化的重要信息。然而，在实际生活中，一些养老服务供应商由于利益驱使，可能会给出虚假的养老服务 QoS 指标信息，例如，人为地提高养老服务 QoS 指标值以吸引更多的顾客，不怀好意地低评其竞争者的 QoS 指标值等。此外，顾客之间也会有相互串通的情形，人为地迫使养老服务供应商发布的养老服务 QoS 指标值偏离其实际值。虚假的养老服务 QoS 指标值直接影响养老服务资源的选择过程，进而影响整个养老服务组合的结果。因此，帮助顾客判断服务的可信十分重要。

可信具有如下特点（Zucker and Lynne，1986）。

（1）可信是与上下文有关的，即与领域有关。只有在特殊的上下文环境中，才可能有可信。如果离开特殊的上下文环境，可信就不具有任何意义。

（2）可信是以已往的经验为基础的。顾客对某一个个体的可信评估是以本身或者其他顾客与该个体之间以往交互的经历为基础的。如果不存在任何直接或者间接的交互经历当作参照，顾客就不能做出可信评估。

（3）可信是主观性评估。因为每个人的个人阅历和价值观不相同，所以其价值评价标准具有差异。对待相同的服务，每个人的目标期望值不相同，导致他们给出的评价不相同，并且可能会差别很大。

（4）可信关系不具备对称性。顾客 A 与顾客 B 之间的可信关系不是对称性的，即便顾客 A 相信顾客 B，顾客 B 也可能不相信顾客 A，即顾客 A 与顾客 B 之间的可信水平不相同。

（5）可信关系不具备传递性。顾客 A 相信顾客 B，顾客 B 相信顾客 C，但是顾客 A 不一定相信顾客 C。顾客 A 对顾客 C 的信任程度需要考虑推荐顾客 B 自身的可信程度。

（6）可信能够被度量。声誉经常被当作某一个个体的可信度。可信度的量化方法相当多，例如，使用离散的数据来代表对应信任级别的可信度，使用[0,1]的实数来代表可信度，使用模糊逻辑来代表可信度等。

（7）可信不是一成不变的，是动态的。被计算的个体的可信度并不是稳定的，是根据新的交互经历得到的新的评估结果动态更新、动态改变的。

7.4.3 可信养老服务概述

1. 养老服务的 QoS 指标

针对评估服务是否可信的研究，探究用什么样的信息来表示服务的 QoS 指标是首要思考的问题。例如，Pan 等（2010）将 QoS 指标分为五个方面，依次是与执行有关的（可靠性、吞吐量、正确性、响应时间等）、与服务管理有关的（变化周期、稳定性）、与流程体系有关的（流程的完整程度）、与花费有关的及与安全有关的（数据加密、授权、身份认证等）。此外，根据服务信息的来源，可将 QoS 指标分为客观 QoS 指标与主观 QoS 指标两大类。

1）客观 QoS 指标

客观 QoS 指标是指可以直接得到（或者称为客观评价）的 QoS 指标，通常是指服务供应商供应的服务的 QoS 指标，主要有响应时间（response time）、可用性（availability）、可靠性（reliability）、吞吐量（throughput）、花费（cost）、安全性（security）等。响应时间是指顾客的服务申请与回应之间的时间间隔的平均值。可用性是指服务能够顺利提供的概率，其值越大，说明该服务的成功使用概率越大；反之，说明该服务的失败执行概率越大。可靠性是指在网络状况等外界因素的影响下，依然可以供应相同质量服务的能力，常以每月或每年的故障比例来表示。吞吐量是指在一定的时刻内，能够同步调用某一种服务的请求数量。花费是指服务的价格，即使用该服务的开销。安全性包含信息的完全性、数据加密、授权等，在网络中购买服务，服务的安全性必不可少，服务供应商必须保证在服务声明里的安全级别，常使用安全性来表明与服务安全相关的特性。

2）主观 QoS 指标

在计算机领域，信任定义为对计算机实体执行力可信水平的主观期望，即主体在特殊的网络环境中对客体安全性、可靠性、诚信水平等的量化值。服务的主观 QoS 指标常常是指经过顾客或服务引荐者的反馈对服务产生的一种信任值，是评价 QoS 可信水平的主要指标。

2. 养老服务的不可信来源

根据对养老服务的 QoS 属性的分析，养老服务的不可信来源归纳如下。

（1）养老服务供应商。为了能够在养老服务中谋取更多的利润，养老服务供应商也许会宣传与养老服务实际的 QoS 指标值不相符的信息，以此来引诱更多的顾客购买服务。

（2）养老服务使用者。顾客在使用完养老服务之后，经常会对使用养老服务的基本信息、满意度等展开评估。然而，顾客也许会为了自身利益而增大或者减小评估值，导致养老服务的 QoS 指标值出现偏差。

（3）养老服务的其他使用者。在现实生活中，如果顾客没有与养老服务供应商供应的养老服务进行过交互，那么顾客在挑选养老服务时，通常会参考其他顾客的评价。然而，由于客观因素及主观因素的作用，其他顾客对养老服务的评价会有所不同，还可能存在养老服务供应商与顾客相互勾结的欺诈现象，这些因素都可能给养老服务的 QoS 指标值带来偏差。

7.4.4　养老服务可信度的计算

在养老服务组合之前，需要设计相应的养老服务可信度计算方法，计算出养老服务可信度。养老服务的可信来源分为客观和主观两大方面，由此能够将养老服务可信度细化为三类：直接可信度、间接可信度及初始可信度。

从量化的方面来讲，在每次养老服务交互完成后，顾客会根据该次养老服务的实际情况对养老服务供应商所供应的养老服务的 QoS 指标进行信任评价，综合顾客对养老服务供应商的历史评价信息，即可得到顾客对养老服务供应商供应的养老服务的直接可信度。

在养老服务领域，大部分顾客缺乏专业的知识，而且在很多情况下没有可用的历史交互经验信息，这导致很难由顾客自己确定目标养老服务的可信度。目前面向服务领域的研究主要通过收集其他服务对象分享的直接信任信息来计算目标服务的可信度，与这种分享的经验信息类似的信息称为推荐信息。但是，在开放、复杂及动态的养老服务环境中，推荐信息并不都是可信的。因此，在计算养老服务的可信度时，应该包含推荐信息的可信度，这种可信度称为间接可信度。

初始可信度来源于养老服务平台的监控代理或者认证中心，通过收集养老服务平台上所有的可用的养老服务的各种信息，如顾客的反馈信息等，对养老服务计算出一个初始可信度。

假设顾客在选择养老服务时所考虑的 QoS 指标集为 $O=\{o_1,o_2,\cdots,o_M\}$，其中，o_m 为顾客考虑的第 m 个指标，$m=1,2,\cdots,M$。第 j 个养老服务供应商供应的第 k 种养老服务发布的 QoS 指标集为 $\{o_{jk1},o_{jk2},\cdots,o_{jkM}\}$，其中，$M$ 为属性数量，o_{jkm} 为属性归一化值，$0\leqslant o_{jkm}\leqslant 1$，$m=1,2,\cdots,M$。设第 i 个顾客的 QoS 指标偏好集为 $(w_{i1},w_{i2},\cdots,w_{iM})$，$0\leqslant w_{im}\leqslant 1$，$\sum_{m=1}^{M}w_{im}=1$。设第 j 个养老服务供应商供应的第 k 种

养老服务对于第 i 个顾客的其他养老服务使用推荐者集为 $\left(u_{ijk1},u_{ijk2},\cdots,u_{ijkN}\right)$，其中，$n=1,2,\cdots,N$，$N$ 为其他养老服务使用推荐者人数。

1. 直接可信度的计算

第 i 个顾客对第 j 个养老服务供应商供应的第 k 种养老服务会产生一个客观可信度，计算公式如下：

$$T_{ijk}^{\text{wsp}}=\sum_{m=1}^{M}o_{jkm}w_{im} \tag{7.46}$$

假设第 i 个顾客对第 j 个养老服务供应商供应的第 k 种养老服务有过历史交互，那么在计算直接可信度时还需要参照该顾客对该养老服务的历史可信度，将其记为 T_{ijk}^{his}。

由于养老服务的可信度随时间的增加动态降低，早期的可信度不具备参照意义，在此引入时间衰减函数：

$$\theta_{ijk}=1/\left[\left(D_{\text{now}}-D_{ijk}\right)/\sigma\right] \tag{7.47}$$

其中，θ_{ijk} 为时间衰减函数；D_{now} 为当前的日期；D_{ijk} 为上一次的交互日期；σ 为时间衰减间隔（单位为天）。例如，当 $\sigma=2$ 天时，直接可信度每隔两天衰减一次。因此，第 i 个顾客对第 j 个养老服务供应商供应的第 k 种养老服务的直接可信度为

$$T_{ijk}^{\text{dir}}=\gamma T_{ijk}^{\text{wsp}}+\left(1-\gamma\right)\theta_{ijk}T_{ijk}^{\text{his}} \tag{7.48}$$

其中，$0<\gamma\leqslant 1$，当 T_{ijk}^{his} 不存在时，$\gamma=1$。在直接可信度的计算中，考虑了两种办法确保其可信性：①考虑顾客的偏好因素；②通过引入时间衰减函数，使顾客与养老服务在历史交互的过程中得到的可信度值随时间的增加对直接信任度的作用减弱。由于间接可信度、综合可信度都与直接可信度相关，保障直接可信度的可信性是十分必要的。

2. 间接可信度的计算

顾客通过其他顾客的推荐，产生对所需求的养老服务的可信度作为间接可信度，计算公式如下：

$$T_{ijk}^{\text{rec}}=\begin{cases}\dfrac{\displaystyle\sum_{n=1}^{N}\left[\frac{S_{u_{ijkn}}}{S_{u_{ijkn}}+F_{u_{ijkn}}}T_{u_{ijkn}jk}^{\text{dir}}\right]}{\displaystyle\sum_{n=1}^{N}\frac{S_{u_{ijkn}}}{S_{u_{ijkn}}+F_{u_{ijkn}}}}, & i>0\\ 0, & i=0\end{cases} \tag{7.49}$$

其中，$S_{u_{ijkn}}$ 为第 i 个顾客对第 j 个养老服务供应商供应的第 k 种养老服务在接受其

他顾客 u_{ijkn} 推荐时成功交互的次数；$F_{u_{ijkn}}$ 为相应的失败的次数；$S_{u_{ijkn}}/\left(S_{u_{ijkn}}+F_{u_{ijkn}}\right)$ 为对其他使用者的信任权重。

3. 初始可信度的计算

为了检验养老服务供应商供应的养老服务的 QoS 指标值是否与其声明值一致，通过监控机制，记录每次养老服务执行时的数据，然后计算养老服务平台监控得到的 QoS 指标值与养老服务供应商供应的养老服务的 QoS 指标声明值的一致性，并将此当作养老服务的初始可信度的评价标准。设第 j 个养老服务供应商供应的第 k 种养老服务的 QoS 指标声明值为 $\left\{o_{jk1},o_{jk2},\cdots,o_{jkM}\right\}$，养老服务平台监控得到的 QoS 指标值为 $\left\{q_{jk1},q_{jk2},\cdots,q_{jkM}\right\}$。第 j 个养老服务供应商供应的第 k 种养老服务的初始可信度可以用声明值与监控记录值的差异来衡量，计算公式如下：

$$T_{ijk}^{\text{sfa}}=1-\sum_{m=1}^{M}\left(w_{im}\frac{\left|o_{jkm}-q_{jkm}\right|}{q_{jkm}}\right) \tag{7.50}$$

4. 综合可信度的计算

第 i 个顾客对第 j 个养老服务供应商供应的第 k 种养老服务的综合可信度由直接可信度、间接可信度及初始可信度组成，计算公式如下：

$$T_{ijk}=\alpha_i T_{ijk}^{\text{dir}}+\beta_i T_{ijk}^{\text{rec}}+\delta_i T_{ijk}^{\text{sfa}} \tag{7.51}$$

其中，α_i 为第 i 个顾客对直接可信度的偏好，$\alpha_i\in[0,1]$；β_i 为第 i 个顾客对间接可信度的偏好，$\beta_i\in[0,1]$；δ_i 为第 i 个顾客对初始可信度的偏好，$\delta_i\in[0,1]$；$\alpha_i+\beta_i+\delta_i=1$。

综上，因为在计算直接可信度、间接可信度及初始可信度时分别采取了措施，从而保障了直接可信度、间接可信度及初始可信度的有效性及可信性，所以养老服务的综合可信度大幅提升。

7.4.5　优化模型的建立

1. 目标函数

本问题的一个目标是养老服务组合的可信度最大化。经过前面对养老服务的可信度的分析和计算，养老服务组合的可信度最大化计算公式如下：

$$\max\ C=\sum_{i=1}^{I}\sum_{j=1}^{J}\sum_{k=1}^{K}x_{ijk}T_{ijk}$$

本问题的另一个目标是养老服务组合的价格最小化，计算公式如下：

$$\min D = \sum_{i=1}^{I}\sum_{j=1}^{J}\sum_{k=1}^{K} x_{ijk} p_{jk}$$

2. 优化模型

根据上述目标函数和约束条件，可以得到如下基于可信度的养老服务组合优化模型：

$$\max\ C = \sum_{i=1}^{I}\sum_{j=1}^{J}\sum_{k=1}^{K} x_{ijk} T_{ijk} \tag{7.52}$$

$$\min\ D = \sum_{i=1}^{I}\sum_{j=1}^{J}\sum_{k=1}^{K} x_{ijk} p_{jk} \tag{7.53}$$

s.t.

$$\sum_{j=1}^{J}\sum_{k=1}^{K} x_{ijk} p_{jk} \leqslant P_i, i = 1,2,\cdots,I$$

$$\sum_{j=1}^{J} x_{ijk} = r_{ik}, i = 1,2,\cdots,I, k = 1,2,\cdots,K$$

$$\sum_{i=1}^{I} x_{ijk} \leqslant n_{jk}, j = 1,2,\cdots,J, k = 1,2,\cdots,K$$

$$x_{ijk} \in \{0,1\}, i = 1,2,\cdots,I, j = 1,2,\cdots,J, k = 1,2,\cdots,K$$

7.4.6　算例分析

1. 算例说明

这里通过一个案例来说明基于可信度的养老服务组合优化方法的可行性。实验环境与 7.3 节的实验环境一致。

假设 10 个顾客 $\{d_1, d_2, \cdots, d_{10}\}$ 的 QoS 指标偏好如表 7.14 所示。在此只考虑 QoS 指标信息中的价格（qc）（单位为元）、响应时间（qt）（单位为分钟）及可用性（qa）（单位为分）三个重要指标，取值范围分别为[0,100]元、[0,100]min、[0,100]分。共有 5 个养老服务供应商 $\{p_1, p_2, \cdots, p_5\}$，他们总共能够供应 8 种养老服务 $\{s_1, s_2, \cdots, s_8\}$，其中，$s_1$ 代表体检，s_2 代表护工，s_3 代表餐饮，s_4 代表康复，s_5 代表保健，s_6 代表保洁，s_7 代表出行，s_8 代表娱乐。关于每个养老服务供应商供应的每种养老服务的 QoS 指标信息，对于顾客，价格和响应时间越小越好，可用性越大越好，因此分别对数据进行归一化处理，处理后的值在原值的下方，养老服务信息如表 7.15 所示。顾客与养老服务的历史交互信息如表 7.16 所示，其中，上方的一个值为历史交互可信度，下方的一个值为时间间隔（单位为天）。顾客相互之间的推荐信息如表 7.17 所示，其中，上方的一个值表示推荐成功的次数，下方的一个值表示推荐失败的次数。养老服务供应商供应的养老服务由养老服务平台监控得到的 QoS 指标值如表 7.18 所示。顾客要求的养老服务信息及保留价格如表 7.19 所示。

表 7.14　顾客 QoS 指标偏好

顾客	qc	qt	qa
d_1	0.30	0.35	0.35
d_2	0.50	0.25	0.25
d_3	0.30	0.20	0.50
d_4	0.50	0.30	0.20
d_5	0.40	0.30	0.30
d_6	0.45	0.35	0.20
d_7	0.35	0.30	0.35
d_8	0.30	0.40	0.30
d_9	0.35	0.30	0.35
d_{10}	0.40	0.35	0.25

表 7.15　养老服务信息

养老服务供应商	养老服务	qc	qt	qa	养老服务数量/个
p_1	s_1	20 0.75	40 0.50	90 0.75	10
	s_2	35 0	55 0.125	85 0.500	15
	s_6	15 1.00	20 1.00	85 0.50	10
p_2	s_2	15 1.0	40 0.50	80 0.25	10
	s_3	30 0.25	20 1.00	75 0	15
	s_5	25 0.50	30 0.75	95 1.00	10
p_3	s_1	25 0.500	35 0.625	90 0.750	10
	s_4	20 0.75	20 1.00	75 0	10
	s_7	20 0.75	30 0.75	80 0.25	10

续表

养老服务供应商	养老服务	qc	qt	qa	养老服务数量/个
p_4	s_3	15 1.00	60 0	90 0.75	15
	s_4	20 0.75	20 1.00	75 0	10
	s_5	30 0.250	45 0.375	85 0.500	10
	s_8	25 0.500	35 0.625	80 0.250	15
p_5	s_6	25 0.50	30 0.75	90 0.75	10
	s_7	30 0.25	50 0.25	85 0.50	15
	s_8	35 0	45 0.375	75 0	10

表 7.16　顾客与养老服务的历史交互信息

养老服务供应商	养老服务	d_1	d_2	d_3	d_4	d_5	d_6	d_7	d_8	d_9	d_{10}
p_1	s_1	0.56 3	0.76 6	—	0.72 4	—	—	0.58 3	—	0.76 4	—
	s_2	—	—	0.65 5	—	—	0.78 8	—	0.58 6	—	0.58 4
	s_6	—	0.58 8	0.8 5	—	0.9 6	—	0.7 4	—	0.56 5	—
p_2	s_2	0.65 6	—	0.72 8	—	—	0.58 4	—	0.89 7	0.74 8	—
	s_3	—	0.65 5	—	—	0.78 8	—	0.58 4	—	0.68 5	0.74 6
	s_5	0.68 4	—	0.73 5	0.95 6	—	—	0.6 4	0.84 6	—	0.68 5
p_3	s_1	—	0.85 5	—	0.92 6	—	0.74 4	—	0.77 8	0.63 3	—
	s_4	0.71 6	—	0.76 6	—	—	0.62 4	—	—	0.81 5	—
	s_7	—	0.8 5	—	—	0.78 6	—	0.52 3	0.64 6	—	—
p_4	s_3	0.56 4	—	—	0.88 6	—	—	0.68 4	—	—	0.68 9
	s_4	0.64 4	—	0.76 4	—	0.8 5	—	0.7 4	0.69 3	—	—
	s_5	—	0.8 3	—	0.9 6	—	0.75 4	—	—	0.73 5	0.6 6
	s_8	—	0.72 4	—	—	0.58 4	—	—	0.74 8	0.91 6	—

续表

养老服务供应商	养老服务	d_1	d_2	d_3	d_4	d_5	d_6	d_7	d_8	d_9	d_{10}
p_5	s_6	—	0.765	0.886	—	—	0.64	0.785	—	0.594	—
	s_7	0.845	—	0.676	—	0.764	—	—	0.653	—	0.85
	s_8	0.753	0.64	—	0.78	0.956	0.585	—	—	—	0.664

表 7.17 顾客相互之间的推荐信息

顾客		p_1			p_2			p_3			p_4				p_5		
		s_1	s_2	s_6	s_2	s_3	s_5	s_1	s_4	s_7	s_3	s_4	s_5	s_8	s_6	s_7	s_8
d_1	d_2	0	5	2	0	0	2	2	3	0	2	4	3	0	2	4	3
		0	2	1	0	0	0	1	1	0	1	0	1	0	1	2	1
	d_3	2	4	3	0	2	3	0	3	5	0	3	3	0	2	3	3
		1	0	1	0	1	2	0	1	2	0	1	0	0	1	1	0
	d_6	3	5	0	3	3	0	2	3	3	0	0	5	3	0	2	3
		1	2	0	1	0	0	1	1	0	0	0	3	1	0	1	2
	d_8	4	0	0	3	4	0	0	5	0	5	0	3	0	3	0	0
		1	0	0	1	1	0	0	2	0	2	0	1	0	1	0	0
d_2	d_1	3	0	3	5	0	3	2	0	0	0	5	2	0	3	0	0
		1	0	1	2	0	1	0	0	0	0	2	1	0	1	0	0
	d_5	0	4	5	0	3	3	2	3	2	0	0	2	0	3	5	0
		0	2	2	0	1	0	1	1	0	0	0	1	0	1	2	0
	d_7	5	0	2	4	3	0	2	3	0	3	5	0	0	3	0	0
		2	0	1	0	1	0	1	2	0	1	1	0	0	0	0	0
	d_9	6	2	1	0	0	3	0	0	5	4	2	3	2	0	5	0
		3	0	0	0	0	1	0	0	3	2	0	1	1	0	3	0
d_3	d_1	2	3	0	3	0	3	5	0	3	3	0	2	1	0	3	0
		0	0	0	1	0	1	2	0	1	0	0	1	0	0	1	0
	d_4	3	4	0	2	0	3	0	5	2	0	0	2	5	0	2	3
		2	2	0	1	0	1	0	2	1	0	0	0	2	0	1	2
	d_7	2	3	0	3	5	0	3	4	3	0	2	3	4	3	0	2
		1	2	0	1	1	0	1	0	1	0	1	2	0	1	0	1
	d_9	0	0	5	4	2	0	4	5	0	3	3	0	5	0	2	3
		0	0	3	2	0	0	2	2	0	1	0	0	2	0	1	2
	d_{10}	4	2	3	2	3	2	0	0	0	3	4	0	0	0	2	5
		2	0	1	1	1	1	0	0	0	1	1	0	0	0	0	2

续表

顾客		p_1			p_2			p_3			p_4				p_5		
		s_1	s_2	s_6	s_2	s_3	s_5	s_1	s_4	s_7	s_3	s_4	s_5	s_8	s_6	s_7	s_8
d_4	d_3	0 0	3 0	0 0	0 0	5 2	6 3	0 0	3 1	0 0	5 1	3 0	0 0	0 0	2 1	3 2	4 0
	d_5	0 0	2 1	3 2	0 0	2 1	3 2	4 2	2 0	0 0	2 1	3 2	0 0	4 0	0 0	0 0	3 1
	d_7	5 1	0 0	4 0	3 1	0 0	2 1	3 2	0 0	5 2	0 0	0 0	5 3	5 2	2 1	3 2	2 1
	d_8	2 0	0 0	0 0	0 0	3 1	0 0	0 0	5 3	3 1	0 0	2 1	2 0	0 0	0 0	5 3	2 0
	d_9	5 2	0 0	3 1	0 0	3 1	5 2	0 0	3 1	0 0	3 1	5 1	0 0	4 1	3 1	0 0	3 2
d_5	d_2	3 0	2 1	0 0	0 0	2 0	2 1	3 1	0 0	6 2	3 2	0 0	2 1	4 0	3 1	0 0	0 0
	d_4	2 1	3 2	0 0	5 2	0 0	0 0	5 3	5 2	2 1	3 2	3 1	0 0	0 0	5 3	4 2	3 1
	d_8	2 1	0 0	0 0	2 0	2 1	3 1	2 1	0 0	3 1	0 0	3 1	5 2	0 0	5 3	0 0	3 1
	d_9	3 1	0 0	2 1	3 1	0 0	2 1	3 1	2 0	0 0	4 2	5 2	0 0	0 0	3 1	0 0	0 0
d_6	d_1	3 1	0 0	0 0	3 1	0 0	0 0	3 1	3 1	2 1	0 0	0 0	0 0	0 0	2 1	3 2	0 0
	d_5	4 0	3 1	0 0	2 1	3 2	0 0	2 1	3 2	0 0	3 1	5 1	0 0	2 0	1 0	0 0	0 0
	d_7	0 0	3 1	0 0	0 0	5 3	0 0	2 1	3 2	0 0	5 2	0 0	0 0	3 1	3 0	0 0	2 1
	d_{10}	5 2	6 3	0 0	3 1	0 0	3 1	0 0	0 0	5 3	3 1	0 0	2 1	0 0	5 3	0 0	0 0
d_7	d_1	2 1	3 2	0 0	2 1	0 0	3 1	5 2	0 0	3 1	0 0	0 0	4 2	5 2	0 0	3 1	3 0
	d_5	0 0	0 0	5 3	3 1	0 0	0 0	0 0	3 1	3 1	2 1	0 0	0 0	0 0	0 0	3 1	4 1
	d_8	2 1	0 0	3 1	0 0	0 0	3 2	0 0	2 1	3 2	0 0	3 1	5 1	3 2	0 0	5 1	3 0
	d_{10}	3 1	0 0	0 0	0 0	3 1	3 1	0 0	2 1	3 2	0 0	5 2	0 0	5 3	0 0	2 1	3 2
d_8	d_2	0 0	0 0	3 2	0 0	2 1	3 2	0 0	3 1	3 1	2 1	0 0	0 0	0 0	0 0	3 1	3 0
	d_3	5 2	2 1	5 3	0 0	2 1	3 2	3 1	3 1	0 0	3 1	0 0	0 0	5 3	3 1	0 0	3 1
	d_6	3 1	0 0	0 0	0 0	3 1	3 1	2 1	2 1	0 0	3 1	5 2	0 0	3 1	0 0	0 0	2 1
	d_{10}	3 1	0 0	0 0	0 0	3 1	3 1	0 0	3 1	0 0	0 0	0 0	3 1	3 1	2 1	0 0	3 1

续表

顾客		p_1			p_2			p_3			p_4				p_5		
		s_1	s_2	s_6	s_2	s_3	s_5	s_1	s_4	s_7	s_3	s_4	s_5	s_8	s_6	s_7	s_8
d_9	d_3	2	0	3	5	0	3	0	0	0	3	0	2	3	0	3	0
		1	0	1	2	0	1	0	0	0	2	0	1	2	0	1	0
	d_4	3	0	0	0	3	3	0	0	3	3	0	2	3	0	5	0
		1	0	0	0	1	1	0	0	1	1	0	1	2	0	2	0
	d_6	0	0	3	0	2	3	2	3	0	3	3	2	0	0	0	0
		0	0	2	0	1	2	1	2	0	1	1	1	0	0	0	0
	d_8	0	3	3	0	2	3	2	3	3	3	0	3	0	0	5	3
		0	1	1	0	1	2	1	2	1	1	0	1	0	0	3	1
	d_{10}	3	0	3	3	2	0	3	3	2	2	0	3	5	0	3	0
		2	0	1	1	1	0	1	1	1	1	0	1	2	0	1	0
d_{10}	d_1	3	3	3	0	3	0	3	3	0	3	0	0	0	3	3	2
		2	1	1	0	1	0	1	1	0	1	0	0	0	1	1	1
	d_2	0	3	0	0	0	3	0	2	3	2	3	5	0	3	0	0
		0	1	0	0	0	2	0	1	2	1	1	2	0	1	0	0
	d_4	3	3	0	0	3	3	0	2	3	2	0	0	3	3	0	0
		1	1	0	0	1	1	0	1	2	1	0	0	1	1	0	0
	d_5	2	3	2	3	0	3	3	2	3	2	3	3	2	3	2	3
		1	2	1	2	0	1	1	1	2	1	2	1	1	2	1	2
	d_6	2	3	2	3	3	3	0	2	0	3	3	2	2	3	2	3
		1	2	1	2	1	1	0	1	0	1	1	1	1	2	1	2
	d_8	0	2	0	0	5	0	0	3	0	3	3	0	0	3	0	0
		0	1	0	0	2	0	0	1	0	1	1	0	0	1	0	0

表 7.18　养老服务平台监控得到的 QoS 指标值

养老服务供应商	养老服务	qc/元	qt/min	qa/分
p_1	s_1	15	50	70
	s_2	40	40	65
	s_6	25	30	80
p_2	s_2	10	65	60
	s_3	20	30	65
	s_5	20	35	75
p_3	s_1	30	25	60
	s_4	25	30	80
	s_7	10	65	60
p_4	s_3	20	30	65
	s_4	20	35	75
	s_5	30	25	60
	s_8	25	30	80

续表

养老服务供应商	养老服务	qc/元	qt/min	qa/分
p_5	s_6	10	65	60
	s_7	20	35	75
	s_8	30	25	60

表 7.19　顾客要求的养老服务信息及保留价格

顾客	s_1	s_2	s_3	s_4	s_5	s_6	s_7	s_8	保留价格/元
d_1	1	1	0	0	0	0	1	0	90
d_2	0	0	1	0	1	0	0	1	100
d_3	1	1	0	1	0	1	0	0	110
d_4	0	0	0	1	0	1	1	0	80
d_5	0	0	0	0	1	0	0	1	70
d_6	0	1	0	0	0	1	0	1	100
d_7	1	0	0	1	0	0	1	1	110
d_8	0	1	1	0	1	0	0	0	100
d_9	0	0	0	0	1	1	1	0	90
d_{10}	1	0	0	0	0	0	1	1	90

计算的直接可信度如表 7.20 所示（$\sigma=2$ 天，$\gamma=0.6$）。

表 7.20　直接可信度

养老服务供应商	养老服务	d_1	d_2	d_3	d_4	d_5	d_6	d_7	d_8	d_9	d_{10}
p_1	s_1	0.4348	0.4378	0.4200	0.4410	0.4050	0.3975	0.4437	0.3900	0.4430	0.3975
	s_2	0.1313	0.0938	0.1910	0.0825	0.1125	0.1058	0.1275	0.1393	0.1275	0.1303
	s_6	0.4950	0.5395	0.4820	0.5400	0.5400	0.5400	0.5300	0.5100	0.5174	0.5250
p_2	s_2	0.3592	0.4125	0.3330	0.4200	0.3750	0.4340	0.3525	0.3704	0.3710	0.3825
	s_3	0.2550	0.2510	0.1650	0.2550	0.2595	0.2775	0.2615	0.2850	0.2597	0.2947
	s_5	0.4915	0.4125	0.5092	0.4367	0.4350	0.4125	0.4800	0.4780	0.4500	0.4547
p_3	s_1	0.3787	0.3902	0.3900	0.3832	0.3675	0.3932	0.3750	0.3942	0.4170	0.3637
	s_4	0.3687	0.3750	0.2803	0.4050	0.3600	0.4435	0.3375	0.3750	0.3699	0.3900
	s_7	0.3450	0.4070	0.3000	0.3900	0.3860	0.3900	0.3797	0.3813	0.3450	0.3750

续表

养老服务供应商	养老服务	d_1	d_2	d_3	d_4	d_5	d_6	d_7	d_8	d_9	d_{10}
p_4	s_3	0.3655	0.4125	0.4050	0.4193	0.3750	0.3600	0.4015	0.3150	0.3675	0.3676
	s_4	0.3770	0.3750	0.2930	0.4050	0.3920	0.4125	0.3725	0.4210	0.3375	0.3900
	s_5	0.2287	0.2596	0.2400	0.2325	0.2175	0.2437	0.2250	0.2250	0.2542	0.2337
	s_8	0.2737	0.3172	0.2400	0.2925	0.3065	0.2962	0.2700	0.3035	0.3003	0.2888
p_5	s_6	0.4050	0.4054	0.4343	0.3750	0.3900	0.4125	0.4287	0.4050	0.4270	0.3900
	s_7	0.2361	0.1875	0.2473	0.1800	0.2330	0.1800	0.2025	0.2383	0.2025	0.2195
	s_8	0.1287	0.0862	0.0450	0.0850	0.0992	0.1019	0.0675	0.0900	0.0675	0.1117

计算出的间接可信度如表 7.21 所示。

表 7.21 间接可信度

养老服务供应商	养老服务	d_1	d_2	d_3	d_4	d_5	d_6	d_7	d_8	d_9	d_{10}
p_1	s_1	0.4016	0.4403	0.4296	0.4224	0.4294	0.4119	0.4070	0.4048	0.4211	0.4199
	s_2	0.1374	0.1215	0.1203	0.1596	0.0884	0.1232	0.1313	0.1910	0.1393	0.1104
	s_6	0.5091	0.5199	0.5215	0.5285	0.5174	0	0.5236	0.5102	0.5129	0.5238
p_2	s_2	0.4022	0.3553	0.4141	0.3525	0.3850	0.3721	0.3676	0	0.3584	0.4045
	s_3	0.2495	0.2605	0.2704	0.2428	0.2646	0.2605	0.2947	0.2493	0.2774	0.2679
	s_5	0.4488	0.4565	0.4612	0.4691	0.4481	0.4547	0.4745	0.4457	0.4606	0.4248
p_3	s_1	0.3917	0.3744	0.3894	0.3711	0.3968	0.3739	0.3787	0.3915	0.3829	0.3731
	s_4	0.3684	0.3500	0.3669	0.3462	0.3845	0.3564	0.3744	0.3702	0.4018	0.3872
	s_7	0.3525	0.3702	0.3709	0.3805	0.3929	0.3595	0.3711	0.4070	0.3824	0.3943
p_4	s_3	0.3621	0.3855	0.3667	0.3836	0.3986	0.3810	0.3750	0.3917	0.3722	0.3729
	s_4	0.3399	0.3600	0.3640	0.3517	0.3886	0.3920	0.4059	0.4125	0.4125	0.4006
	s_5	0.2418	0.2343	0.2294	0.2250	0.2417	0.2337	0.2266	0.2337	0.2347	0.2398
	s_8	0.2962	0.3003	0.3838	0.2942	0.3172	0.2909	0.2878	0.2771	0.2747	0.2982
p_5	s_6	0.4145	0.4100	0.4287	0.4299	0.4043	0.4048	0	0.4135	0	0.3986
	s_7	0.2066	0.2188	0.2113	0.2295	0.1800	0.2361	0.2322	0.1875	0.2210	0.2172
	s_8	0.0727	0	0.0789	0.0734	0.0875	0.0675	0.1074	0.0858	0.0900	0.1106

计算出的初始可信度如表 7.22 所示。

表 7.22　初始可信度

养老服务供应商	养老服务	d_1	d_2	d_3	d_4	d_5	d_6	d_7	d_8	d_9	d_{10}
p_1	s_1	0.7300	0.7119	0.7171	0.7162	0.7210	0.7229	0.7229	0.7233	0.7343	0.7233
	s_2	0.7236	0.7668	0.7337	0.7635	0.7452	0.7510	0.7510	0.7361	0.7202	0.7361
	s_6	0.7415	0.7010	0.7821	0.6875	0.7212	0.6908	0.6908	0.7381	0.7279	0.7381
p_2	s_2	0.5987	0.5705	0.6064	0.5679	0.5846	0.5737	0.5737	0.5929	0.5962	0.5929
	s_3	0.6795	0.6282	0.7064	0.6192	0.6538	0.6276	0.6276	0.6712	0.6705	0.6712
	s_5	0.7817	0.7726	0.7631	0.7788	0.7771	0.7842	0.7842	0.7763	0.7879	0.7763
p_3	s_1	0.6350	0.6917	0.6200	0.6967	0.6633	0.6850	0.6850	0.6467	0.6400	0.6467
	s_4	0.8015	0.8010	0.8421	0.7875	0.8013	0.7808	0.7808	0.8081	0.7879	0.8081
	s_7	0.5949	0.6154	0.6256	0.6051	0.6051	0.5949	0.5949	0.6051	0.5846	0.6051
p_4	s_3	0.6737	0.6955	0.6660	0.6981	0.6846	0.6939	0.6939	0.6779	0.6763	0.6779
	s_4	0.8500	0.8929	0.9143	0.8714	0.8714	0.8500	0.8500	0.8714	0.8286	0.8714
	s_5	0.5742	0.6958	0.6317	0.6767	0.6350	0.6367	0.6367	0.6142	0.5550	0.6142
	s_8	0.9417	0.9583	0.9667	0.9500	0.9500	0.9417	0.9417	0.9500	0.9333	0.9500
p_5	s_6	0.4365	0.4071	0.4423	0.4051	0.4218	0.4115	0.4115	0.4301	0.4346	0.4301
	s_7	0.6533	0.6095	0.6976	0.5948	0.6314	0.5983	0.5983	0.6498	0.6386	0.6498
	s_8	0.5825	0.6542	0.6650	0.6267	0.6183	0.5950	0.5950	0.6142	0.5550	0.6142

结合直接可信度、间接可信度和初始可信度，得到养老服务的综合可信度，如表 7.23 所示（假设顾客的偏好一致，$\alpha=0.45$，$\beta=0.25$，$\delta=0.3$）。

表 7.23　综合可信度

养老服务供应商	养老服务	d_1	d_2	d_3	d_4	d_5	d_6	d_7	d_8	d_9	d_{10}
p_1	s_1	0.5151	0.5207	0.5115	0.5189	0.5059	0.4987	0.5184	0.4970	0.5216	0.5014
	s_2	0.3105	0.3026	0.3361	0.3061	0.2963	0.3037	0.3110	0.3265	0.3130	0.3088
	s_6	0.5725	0.5831	0.5819	0.5814	0.5887	0.4503	0.5908	0.5754	0.5825	0.5795

续表

养老服务供应商	养老服务	d_1	d_2	d_3	d_4	d_5	d_6	d_7	d_8	d_9	d_{10}
p_2	s_2	0.4418	0.4456	0.4353	0.4475	0.4404	0.4604	0.4284	0.3455	0.4344	0.4479
	s_3	0.3810	0.3665	0.3538	0.3612	0.3791	0.3783	0.3927	0.3917	0.3875	0.3931
	s_5	0.5679	0.5315	0.5734	0.5474	0.5409	0.5345	0.5675	0.5629	0.5506	0.5458
p_3	s_1	0.4588	0.4767	0.4588	0.4742	0.4636	0.4759	0.4574	0.4673	0.4774	0.4574
	s_4	0.4984	0.4966	0.4705	0.5051	0.4985	0.5229	0.4879	0.4977	0.5094	0.5086
	s_7	0.4218	0.4603	0.4154	0.4522	0.4535	0.4438	0.4452	0.4487	0.4324	0.4458
p_4	s_3	0.4571	0.4907	0.4737	0.4940	0.4738	0.4654	0.4778	0.4426	0.4618	0.4648
	s_4	0.5096	0.5266	0.4971	0.5316	0.5350	0.5386	0.5305	0.5411	0.5164	0.5306
	s_5	0.3356	0.3841	0.3548	0.3639	0.3488	0.3591	0.3422	0.3262	0.3573	0.3499
	s_8	0.4797	0.5053	0.4940	0.4902	0.5022	0.4885	0.4784	0.4858	0.4888	0.4870
p_5	s_6	0.4168	0.4070	0.4353	0.3978	0.4031	0.4103	0.3220	0.4160	0.3212	0.4011
	s_7	0.3539	0.3219	0.3734	0.3168	0.3393	0.3195	0.3441	0.3457	0.3413	0.3381
	s_8	0.2508	0.2350	0.2395	0.2446	0.2520	0.2412	0.2415	0.2284	0.2371	0.2552

2. NSGA-Ⅱ算法数值实验

所建立的模型为双目标优化模型，虽然目前很多精确算法能够求解小规模问题，但是养老服务平台上存在许多顾客、养老服务供应商及养老服务，使用精确算法求解困难。全部数值实验采用小规模案例，求解方法采用 NSGA-Ⅱ算法。为了方便对实验的结果进行比较与分析，全部数值实验使用同一个案例。为了防止随机成分严重地影响实验结果，每个实验都采用 30 次实验结果的平均值。

实验中算法有关参数及优化模型数据配置如下：最大迭代次数设为 100 次，种群规模设为 100 个，运行次数设为 30 次，交叉概率设为 0.85，变异概率设为 0.01。

这里同样设计了与 NSGA-Ⅱ算法相关的 3 个数值实验，详细过程如下。

1）算法收敛性实验

记录并分析本实验 100 次运行过程中每隔 10 次的运行结果，实验结果如图 7.8 所示。

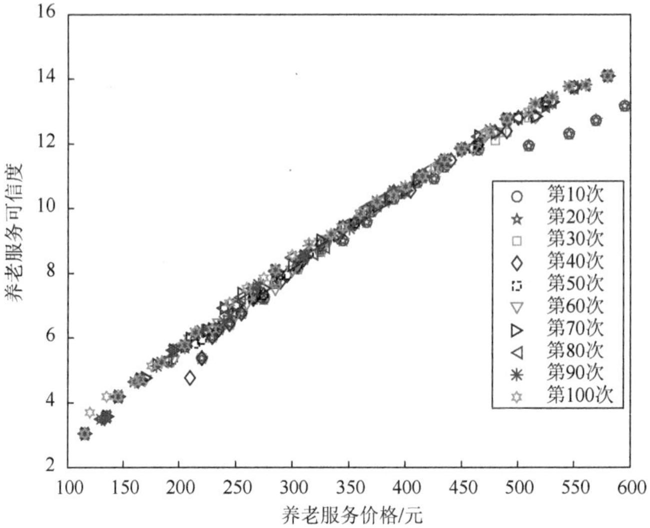

图 7.8　养老服务价格与养老服务可信度的关系

从图 7.8 中可以看出，养老服务价格与养老服务可信度呈正相关关系。随着迭代次数的增加，非支配前沿逐步向更优的方向移动。

2）算法非劣解数量实验

统计并分析本实验 100 次运行过程中每隔 10 次运行得到的非劣解数量。实验结果中每隔 10 次的非劣解数量皆是 30 次单独实验结果的平均值，实验结果如图 7.9 所示。

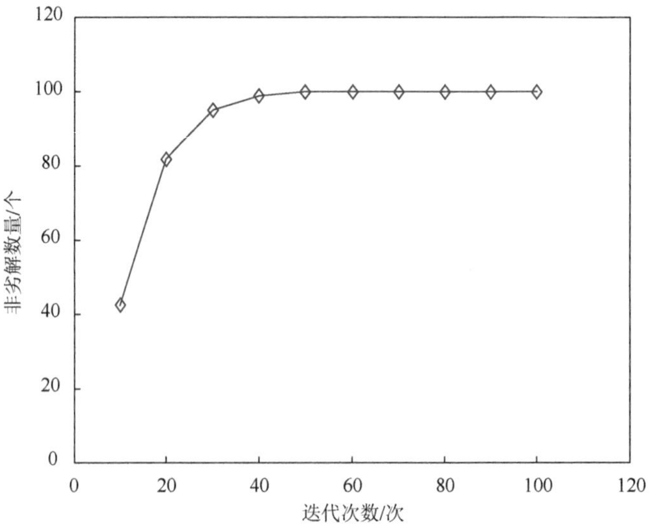

图 7.9　迭代次数与非劣解数量的关系

由图 7.9 可以看出，当迭代次数达到 50 次时，种群中非劣解数量接近平稳。此时，非劣解数量为 100 个。

3）算法种群规模实验

本实验的种群规模分别为 30 个、60 个和 100 个，实验结果如图 7.10 所示。

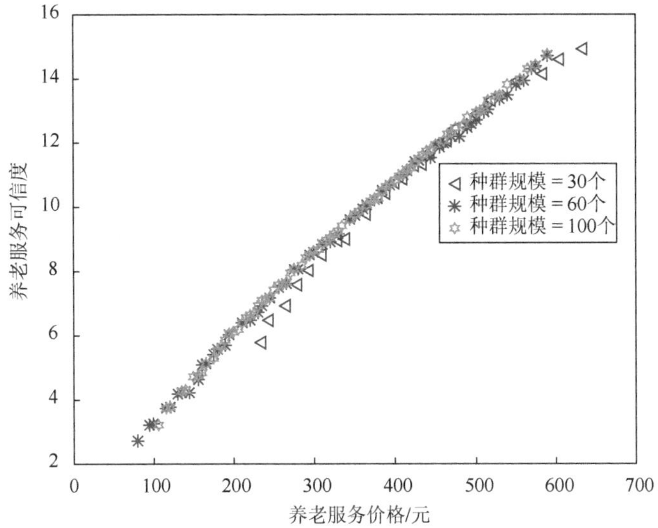

图 7.10　算法种群规模实验

由图 7.10 可以得到，NSGA-Ⅱ算法最终获得的 Pareto 前沿解集随着种群规模的增大而逐渐变好。根据优化问题的特点和规模，将种群规模设置为 60 个比较合理。

7.4.7　结论

本节针对基于可信度的养老服务组合优化问题，提出了对应的优化方法。首先，对养老服务的可信度进行了概述；其次，给出了评估养老服务可信度时应当考虑的 QoS 指标，提出了直接可信度、间接可信度、初始可信度与综合可信度的计算方法；再次，以养老服务组合可信度与养老服务组合价格为目标建立了双目标优化模型；最后，使用 NSGA-Ⅱ算法对其进行求解，通过一个案例说明本节提出方法的可行性。

7.5　本 章 小 结

本章以养老服务平台应对多样化的养老服务需求为研究背景，在对养老服务组合、犹豫模糊信息及服务可信度度量等相关文献进行综述的基础上，针对功能单一的养老服务无法符合顾客的要求且顾客为了追求更好的生活质量而趋向个性化的养老服务要求，结合顾客和养老服务的特点，建立了基于 QoS 的养老服务组合优化模型。针对养老服务中顾客和养老服务供应商都存在犹豫模糊的心理，建立了基于犹豫模糊供需信息的养老服务组合优化模型。针对在开放的养老服务市场环境中养老服务的可信度难以得到保证，对养老服务的可信度进行研究，给出了养老服务的可信度度量方法，在此基础上，建立了基于可信度的养老服务组合优化模型。针对所建立模型的特点，分别设计了不同的智能求解算法，并进行了案例分析。

基 础 篇

第8章　针对养老服务质量数据高维特点的特征选择算法

8.1　问题背景

养老服务是一个受多因素影响的复杂过程。环境、人员、过程等都会对服务质量产生影响。随着信息技术的发展，数据搜集的手段逐渐丰富，传感器、二维码、RFID等设备已可以充分记录养老服务过程各阶段的多维数据，极大地丰富了企业的数据资源。然而，如何合理地从海量服务数据中提取有效信息和关键参数是企业界和学术界亟待解决的问题。

特征选择被认为是应对高维数据的有效手段，其通过删除一些无关特征来提高计算效率和分类精度。根据特征选择算法与分类器结合程度，特征选择算法可分为过滤式特征选择算法、包裹式特征选择算法和嵌入式特征选择算法。过滤式特征选择算法独立于分类器，结构简单、通用性强、计算速度快，但性能通常不是最好的。包裹式特征选择算法将分类器性能作为评价标准，计算速度慢、泛化能力较差，但其所选择的特征子集数量通常较少且准确率较高。嵌入式特征选择算法将特征选择过程整合到分类算法中，其计算速度介于过滤式特征选择算法和包裹式特征选择算法，且具有较好的分类效果。此外，特征选择算法应用于养老服务相关过程还应解决如下问题。

（1）如何选择与改进特征选择算法，使其在保证后续分类精度的条件下尽可能少地保留特征数量，以提高计算效率。

（2）针对服务过程数据非平衡＋重叠的数据分布特点，如何选择对少数类样本友好且对类别重叠区域有较强区分能力的特征。

本章提出一种基于密度分布的拉普拉斯正则化特征选择（density-based Laplacian regulation feature selection，DBLRFS）算法。DBLRFS算法引入增强R（augmented-R）值来度量数据的非平衡和重叠程度，利用L_2范数和拉普拉斯正则化项去除冗余特征，以保留最优特征子集，并通过实验讨论DBLRFS算法的最佳特征数量，以及DBLRFS算法的鲁棒性和有效性。

8.2 基于正则化的嵌入式特征选择算法

嵌入式特征选择算法将特征选择过程嵌入机器学习算法，其评价指标来源于机器学习算法内部的统计量，因此与机器学习算法保持了良好的交互作用和较高的性能水平。同时，与包裹式特征选择算法相比，嵌入式特征选择算法不需要十折交叉验证，计算量大幅减少。鉴于以上优点，嵌入式特征选择算法近年成为研究的热点。

正则化又称惩罚方法（penalization method），其在回归算法中引入一个惩罚特征系数的正则化项（又称稀疏惩罚项），以求将先验知识融入模型，使模型具有预期的特性（如稀疏、低秩、平滑等），同时避免过拟合的发生。正则化最早见于数学界，用以解决不适定问题。随着机器学习的兴起，作为结构风险最小化的有力工具，正则化思想被广泛应用于嵌入式特征选择算法的构建和改进过程。设数据集 $A=\{f_1,f_2,\cdots,f_m\}\in \mathrm{R}^{n\times m}$，其中，$n$ 为样本数量；m 为特征数量；f 为特征向量；$W=\{w_1,w_2,\cdots,w_m\}\in \mathrm{R}^{m\times 1}$ 为特征系数向量，$y\in\{y_1,y_2,\cdots,y_n\}\in \mathrm{R}^{n\times 1}$ 为类别标签。典型的嵌入式特征选择算法如下：

$$W^{*}=\arg\min_{W}\|y-AW\|_2^2+\lambda L(W) \tag{8.1}$$

其中，λ 为超参数；L 为正则化项。

嵌入式特征选择算法中，不同的正则化项将演化为不同的算法。当 L 为 L_1 范数时，称为 Lasso 算法，如式（8.2）所示。当 L 为 L_2 范数时，称为 Ridge 算法，如式(8.3)所示。当 L 为 L_1 范数与 L_2 范数之和时，称为 Elastic Net 算法，如式(8.4)所示，其中，超参数 a 用来调节 L_1 正则化项和 L_2 正则化项的权重：

$$\min_{W}\|y-AW\|_2^2+\lambda\|W\|_1 \tag{8.2}$$

$$\min_{W}\|y-AW\|_2^2+\|\lambda W\|_2^2 \tag{8.3}$$

$$\min_{W}\|y-AW\|_2^2+a\|W\|_1+(1-a)\|W\|_2^2 \tag{8.4}$$

以上几种方式是典型的基于正则化项的嵌入式特征选择算法。L_1 范数、L_2 范数是最常用的正则化项。但实际上，二者都是 L 正则化项的特殊情况。L_0 正则化以非零系数的数量为约束选择最优的特征子集，在特征选择中应用得最早，但由于 L_0 范数是一个不连续函数，对其求解是 NP 难问题，实际应用中经常松弛到 L_1 范数、L_2 范数。此外，同样性质良好但难以求解的范数区间还包括 $0<p<1$，虽然其具有稀疏性、无偏性等优点，但其求解的非凸优化问题限制了其使用范围。$L_{2,0}$、$L_{2,1}$、弗罗贝尼乌斯（Frobenius）、$L_{2,1-2}$ 等范数组合均曾被选作特征选择算法的正则化项，但这些范数的计算求解通常比较复杂。

不同的正则化项将带来不同的惩罚效果，所选择的特征子集也有不同的偏好。Lasso 算法中的 L_1 范数作为 L_0 范数的最优凸近似更易于得出稀疏解，其保留少量系数较高的特征，并将其余特征系数压缩至 0，进而完成特征选择。但是，Lasso 算法的特征选择过程忽略了特征之间的内在关系。这导致 Lasso 算法中两个特征高度相关的特征系数值不一定接近，即使两个完全相同的特征的系数值也不一定相等。因此，L_1 正则化时很难同时选择两个高度自相关的特征。换言之，在一组高度自相关的特征集合中，Lasso 算法只会选择一个与类别相关性较大的特征，这使得 Lasso 算法可以最大限度地去除冗余特征和不相关特征，得到“少而精”的稀疏解。经验数据表明，当样本量较少且不相关特征数量较多时，Lasso 算法非常有效。Ridge 算法中的 L_2 范数在 0 处可微，且在 0 附近有较缓慢的下降速度，其特征系数常常被压缩至接近 0 的较低数值，但不会出现大量 0，这种“小而平滑”的权重值起到了简化模型、防止过拟合的作用。与 Lasso 算法相比，Ridge 算法所选特征数量较多且兼顾了特征之间的相关关系，即带有群组效应。研究表明，与类别次相关的两个特征（组）的分类性能可能优于与类别最相关的特征（组），即群组效应对分类性能提高具有积极的作用。

8.3　拉普拉斯正则化

以 Lasso 算法为例，基于正则化的嵌入式特征选择算法更多的是利用正则化项对特征系数的压缩来进行特征选择。这种压缩模式考虑了特征与类别的相关关系，却忽略了特征之间的自相关关系，而同类样本经过投影可能产生比较大的偏差。这使得数据结构信息的捕捉和充分利用尤为重要。各种迹象表明，特征间结构关系的引入对于特征选择有积极意义。

基于观察，He 等（2005）发现，在实际分类问题中，同类样本间的距离通常较近，异类样本间的距离较远。对一个特征的重要性评价应该基于其“邻域保护能力”（power of locality preserving），通俗地说，就是针对不同类别样本的区分能力。受此启发，其提出以拉普拉斯分数（Laplacian score）为评价指标的特征选择算法。

设数据集有 m 个特征、n 个样本，f_{ri} 为第 r 个特征向量 f_r 的第 i 个样本，$r=1,2,\cdots,m$，$i=1,2,\cdots,n$，如式（8.5）所示。$f_{ri}-f_{rj}$ 为第 i 个样本与第 j 个样本在第 r 个特征上的差值，$\mathrm{Var}(f_r)$ 为所有样本在第 r 个特征中的方差，L_r 为第 r 个特征的拉普拉斯分数。现构造一个有 m 个点的基于距离的邻接矩阵 $W\in \mathrm{R}^{m\times m}$，以判断样本 x_i 是否与样本 x_j 邻近。若样本 x_i 与样本 x_j 类别相同，则 $W_{i,j}=\mathrm{e}^{-\frac{(x_i-x_j)^2}{t}}$；否则，$W_{i,j}=0$。其中，$t$ 为预设值，如式（8.6）所示。在此基础上，利用 $f_{ri}-f_{rj}$ 与 $\mathrm{Var}(f_r)$ 构造拉普拉斯分数的计算公式，特征的拉普拉斯分数越小，说明该特征

类别区分性越强。从式（8.7）中可以看出，$\left|f_{ri}-f_{rj}\right|$和$W_{i,j}$越小，即单个特征的同类样本内部差距越小，样本方差$\mathrm{Var}\left(f_r\right)$越大，则该特征越重要。拉普拉斯分数侧重挑选类别区分性较大的特征。

$$f_r=\left(f_{r1},f_{r2},\cdots,f_{rn}\right) \tag{8.5}$$

$$W_{i,j}=\begin{cases}\mathrm{e}^{-\frac{(x_i-x_j)^2}{t}},x_i,x_j\text{来自同一类}\\0,\text{否则}\end{cases} \tag{8.6}$$

$$L_r=\frac{\sum_{i,j}\left(f_{ri}-f_{rj}\right)^2W_{i,j}}{\mathrm{Var}\left(f_r\right)} \tag{8.7}$$

拉普拉斯分数不同于其他过滤式特征选择算法，其巧妙地利用了除类别标签之外的样本之间的结构信息，选取更有代表性的特征。基于此，可将该思想引入嵌入式特征选择算法，并构造拉普拉斯正则化项，以保存映射时同类样本的空间分布信息，即样本之间的相关关系：

$$\min_W\sum_{i,j=0}^{N}\left[f\left(x_i\right)-f\left(x_j\right)\right]^2S_{i,j}=2W^{\mathrm{T}}X^{\mathrm{T}}LXW \tag{8.8}$$

其中，$S_{i,j}$为相似矩阵，其计算公式如式（8.9）所示。设D为对角矩阵，L为拉普拉斯矩阵，满足$D=\sum_{i,j=1}^{N}S_{i,j}$，$L=D-S$。拉普拉斯矩阵保留了同类样本之间的结构信息，使得特征的评价标准更加丰富而不再单一依靠与类别标签的相关性。

$$S_{i,j}=\begin{cases}1,\ x_i,x_j\text{来自同一类}\\0,\ \text{否则}\end{cases} \tag{8.9}$$

8.4 增强 R 值

前述指出了养老服务质量数据的复杂分布特点，尤其是数据的非平衡 + 重叠分布严重降低了模型的分类性能。因此，在特征选择阶段有必要在非平衡 + 重叠因素的分布背景下重新思考特征重要性的评价标准。

基于此，本节引入非平衡 + 重叠度量指标增强 R 值（记为$R_{\mathrm{aug}}\left(C\right)$值）作为特征重要性评价指标。考虑一个二分类数据集$C=\left\{x_1,x_2,\cdots,x_n\right\}$，其中，$x_i$为集合$C$中第 i 个样本。C_0为多数类样本子集；C_1为少数类样本子集；$M_{x,k,S}$为样本 x 的 k 近邻中属于集合 S 的样本集合；$x_{i,j}$为集合$C_i\left(i=\left\{0,1\right\}\right)$中第 j 个样本；θ为给定阈值，决定了重叠区域的划分范围；$h(x)$为指定函数，满足$h\left(x\right)=\begin{cases}1,\ x>0\\0,x\leqslant 0\end{cases}$。

为了度量数据集 C_i 的重叠程度，定义 $R(C_i)$ 值为 C_i 类别中处在重叠区域的样本占 C_i 类别总体样本的比例。其中，$\left|M_{x_{i,j},k,C\text{-}C_i}\right|$ 为样本 $x_{i,j}$ 周边“异己”数量，即样本 $x_{i,j}$ 的 k 近邻中与 $x_{i,j}$ 类别不同的样本数量。设置阈值 θ 后，$h\left(\left|M_{x_{i,j},k,C\text{-}C_i}\right|-\theta\right)$ 定义了样本 $x_{i,j}$ 是否处于重叠区域，即周边“异己”数量是否达到阈值 θ，以判断该样本是否处在重叠区域，如式（8.10）所示。显而易见，$R(C_i)$ 值越大，C_i 类别中处于重叠区域的样本越多，C_i 类别的重叠性越高。顺着这个思路，式（8.11）给出了整体数据集 C 的 R 值（记为 $R(C)$ 值），即对各个类别重叠样本求和后的算术平均值。

$$R(C_i)=\frac{1}{|C_i|}\sum_{j=1}^{|C_i|}h\left(\left|M_{x_{i,j},k,C\text{-}C_i}\right|-\theta\right) \tag{8.10}$$

$$R(C)=\frac{1}{|C|}\sum_{i=0}^{1}\sum_{j=1}^{|C_i|}h\left(\left|M_{x_{i,j},k,C\text{-}C_i}\right|-\theta\right) \tag{8.11}$$

$R(C)$ 值对类别的权重没有区分，即对处于重叠区域的多数类样本和少数类样本赋予相同的权重。然而，少数类不合格样本通常包含更关键的信息。若遇到极度非平衡数据，少数类样本的信息将淹没在多数类信息中而被忽略。直观起见，引入非平衡比例（imbalance rate，IR），如式（8.12）所示，并将式（8.11）化简为式（8.13）。可以清晰地看到，$R(C)$ 值中多数类指标 $R(C_0)$ 值所拥有的较大的权重将对 $R(C)$ 值起绝对支配作用。为了应对这种情况，Borsos 等（2018）提出了 $R_{\text{aug}}(C)$ 值，其核心思想就是提高少数类样本的权重，使重叠区域中的少数类样本更具影响力。为此，$R_{\text{aug}}(C)$ 值将两类样本的权重调换位置，以协调类别的非平衡性，如式（8.14）所示。可以清楚地看到，远大于 1 的 IR 值提高了少数类样本的权重，这也是 $R_{\text{aug}}(C)$ 值和 $R(C)$ 值的本质区别。

$$\text{IR}=\frac{|C_0|}{|C_1|} \tag{8.12}$$

$$\begin{aligned}R(C)&=\frac{1}{|C_0|+|C_1|}\left[|C_0|\cdot R(C_0)+|C_1|\cdot R(C_1)\right]\\&=\frac{1}{\text{IR}+1}\left[\text{IR}\cdot R(C_0)+R(C_1)\right]\end{aligned} \tag{8.13}$$

$$R_{\text{aug}}(C)=\frac{1}{\text{IR}+1}\left[R(C_0)+\text{IR}\cdot R(C_1)\right] \tag{8.14}$$

为了更直观地展示 $R_{\text{aug}}(C)$ 值对数据重叠和非平衡程度的度量能力，本节利用二元向量构造四个两分类数据集，通过变化非平衡比例和两类的中心点位置来调节数据的非平衡比例和重叠程度。如图 8.1 所示，四个数据集样本总量相等，非平衡比例处于 IR = 1.5,IR = 9 两个等级。少数类样本中心点固定为(0,0)，多数类样本中心点分别取{(5,5)，(2,2)，(0.5,0.5)}三个等级。很显然，两类样本中心点距离越远，重叠性越小；反之，重叠性越大。按照数据复杂度由低到高，依次为图 8.1（a）、（b）、（c）、（d），其中，图 8.1（a）复杂度最低，图 8.1（d）复杂度最高。

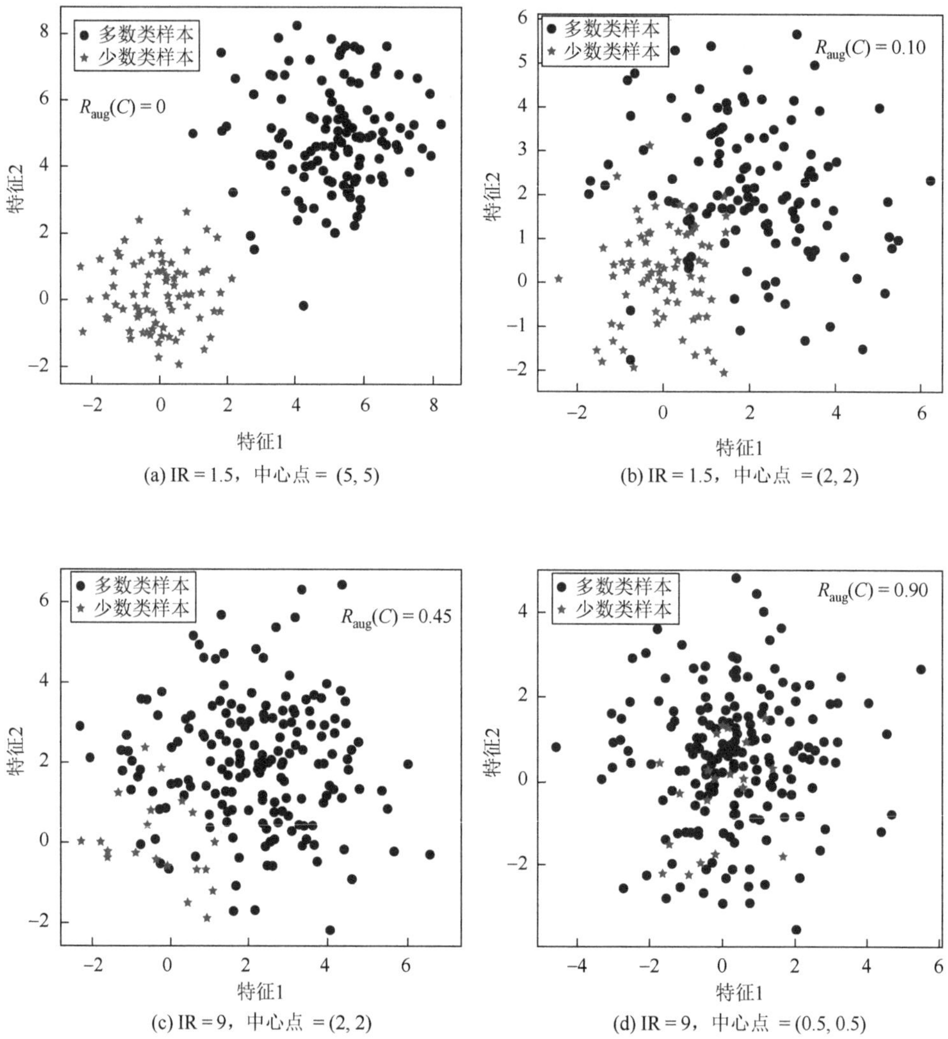

(a) IR = 1.5，中心点 = (5, 5)　(b) IR = 1.5，中心点 = (2, 2)

(c) IR = 9，中心点 = (2, 2)　(d) IR = 9，中心点 = (0.5, 0.5)

图 8.1　四个数据集数据分布散点图

图 8.1 描述了数据集的分布与 $R_{aug}(C)$ 值的对应情况。随着数据复杂程度增大，非平衡 + 重叠程度提升，$R_{aug}(C)$ 值增大。具体地，当数据非平衡程度较低且几乎不重叠时［图 8.1（a）］，$R_{aug}(C)$ 值为 0，说明该数据可区分性很强，易于分类。

当固定非平衡比例、减小两类中心点距离时，$R_{\text{aug}}(C)$ 值由 0 增大到 0.10［图 8.1（b）］，表明随着数据复杂程度增大，$R_{\text{aug}}(C)$ 值将增大。当固定两类中心点位置、将非平衡比例由 1.5 提高到 9 时［图 8.1（c）］，$R_{\text{aug}}(C)$ 值由 0.10 增大到 0.45，说明 $R_{\text{aug}}(C)$ 值对非平衡比例较为敏感。当继续缩小两类中心点距离，增大重叠程度时［图 8.1（d）］，两类样本完全重叠交织在一起，且少数类样本数量远小于多数类样本数量，此时，$R_{\text{aug}}(C)$ 值达到最大 0.90，数据分布异常复杂，将给分类造成较大挑战。这组实验清晰地展示了 $R_{\text{aug}}(C)$ 值对非平衡和重叠分布的敏感性，也证明了 $R_{\text{aug}}(C)$ 值对数据复杂度度量的有效性。

8.5　基于数据分布的 DBLRFS 算法

针对养老服务质量数据高维 + 非平衡 + 重叠的特点，本节提出一种基于数据分布的 DBLRFS 算法。DBLRFS 算法在嵌入式特征选择框架中引入增强 R 值来度量数据的复杂性，即非平衡 + 重叠程度，并作为特征重要性的评价指标之一。为去除冗余和不相关特征，DBLRFS 算法引入 L_2 正则化项和拉普拉斯正则化项以压缩特征系数。L_2 范数考虑了特征之间的相关关系，使得所选择特征带有群组效应，拉普拉斯正则化项保留了数据的空间结构特征。在此基础上，DBLRFS 算法将增强 R 值融入拉普拉斯正则化项的特征重要性评价指标中。

假设 $A \in \mathrm{R}^{n\times d}$ 为训练数据，其中，n 为样本数量，d 为特征数量，$y \in \mathrm{R}^{n\times 1}$ 为类别标签。DBLRFS 算法的目标函数如下：

$$W = \arg\min_{W} \|y - AW\|_2^2 + \alpha\|W\|_2^2 + \beta\sum_i\sum_j r_{ij}\left(w_i - w_j\right)^2 \tag{8.15}$$

其中，$W \in \mathrm{R}^{d\times 1}$ 为特征权重向量；w_i 为第 i 个特征的权重；α, β 为超参数，分别控制了 L_2 正则化项和拉普拉斯正则化项的权重；r_{ij} 为由特征 i 和特征 j 组成的二元数据集的增强 R 值。可以看出，DBLRFS 算法由三部分组成：第一部分是线性模型的平方差损失函数，用以最小化回归模型误差；第二部分为 L_2 正则化项，其在压缩特征系数的同时保留群组效应；第三部分为拉普拉斯正则化项，其中，r_{ij} 值越大，说明特征 i 和特征 j 构成的二元数据越复杂，对分类越不利，因此对这两个特征的惩罚越大。与拉普拉斯分数中 S_{ij} 代表样本间的结构信息不同，拉普拉斯正则化项中 r_{ij} 包含特征之间的相关关系。$\left(w_i - w_j\right)^2$ 关注了特征间顺序的相邻差异（successive differences），以避免顺序特征之间产生过大的权重差异，这借鉴了融合拉索（fussed Lasso）的核心思想（Tibshirani et al.，2005）。

为了求解目标函数［式（8.15）］，首先定义拉普拉斯矩阵 $L = D - R$，其中，

R 为由 r_{ij} 组成的相似矩阵，D 为 R 的对角矩阵，$d_{ii}=\sum_j r_{ij}$。在此基础上，将目标函数第三项转变为矩阵乘积的形式：

$$
\begin{aligned}
\sum_i\sum_j r_{ij}\left(w_i-w_j\right)^2 &= \sum_{i,j} w_i^2 r_{ij}+\sum_{i,j} w_j^2 r_{ij}-2\sum_{i,j} w_i w_j r_{ij}\\
&=2\sum_i w_i^2\sum_j r_{ij}-2\sum_i w_i\sum_j w_j r_{ij}\\
&=2\sum_i w_i^2 d_{ii}-2\sum_i w_i\sum_j w_j r_{ij}\\
&=2W^{\mathrm{T}}DW-2W^{\mathrm{T}}RW\\
&=2W^{\mathrm{T}}\left(D-R\right)W\\
&=2W^{\mathrm{T}}LW
\end{aligned}
$$

因此，目标函数可以推导为如下形式；

$$
\begin{aligned}
W&=\underset{W}{\operatorname{argmin}}\|y-AW\|_2^2+\alpha\|W\|_2^2+\beta W^{\mathrm{T}}LW\\
&=\min_w\left(y-AW\right)^{\mathrm{T}}\left(y-AW\right)+\alpha W^{\mathrm{T}}W+\beta W^{\mathrm{T}}LW\\
&=\min_w y^{\mathrm{T}}y-y^{\mathrm{T}}AW-W^{\mathrm{T}}A^{\mathrm{T}}y+W^{\mathrm{T}}A^{\mathrm{T}}AW+\alpha W^{\mathrm{T}}W+\beta W^{\mathrm{T}}LW
\end{aligned}
$$

其次，对 W 求导并设导数为零，可推导出目标函数的解析解，其推导过程如下；

$$-2Ay^{\mathrm{T}}+2A^{\mathrm{T}}AW+2\alpha W+2\beta LW=0$$

$$\left(2A^{\mathrm{T}}A+2\alpha+2\beta L\right)W=2Ay^{\mathrm{T}}$$

$$W=\left(A^{\mathrm{T}}A+\alpha+\beta L\right)^{-1}Ay^{\mathrm{T}}$$

DBLRFS 算法的步骤如下。

算法 8.1：DBLRFS 算法

输入：$A\in\mathrm{R}^{n\times d}$ 为训练数据；$y\in\mathrm{R}^{n\times 1}$ 为类别标签；α,β 为超参数

输出：选择的特征子集 S

算法步骤：

1. 计算相似矩阵 R
2. 计算对角矩阵 D
3. 计算拉普拉斯矩阵 $L=D-R$
4. 计算 $W=\left(A^{\mathrm{T}}A+\alpha+\beta L\right)^{-1}Ay^{\mathrm{T}}$
5. 按照 $|w_i|$ 值由大到小的顺序对 w 进行排序
6. 选择前 k 个最大的特征组成特征子集
7. 输出特征子集 S

8.6　实验与分析

为了验证 DBLRFS 算法的有效性，本节选择 8 个典型的特征选择算法并在 6 个数据集上进行分类对比实验，随机森林算法被确定为实验分类器。accuracy、*F*-measure、precision 被选为分类结果的三个评价指标。实验还讨论了算法参数和分类器种类对 DBLRFS 算法性能的影响。所有实验均在 Python 上运行并采用十折交叉验证的方式进行性能验证。

8.6.1　实验数据

实验数据来自某工业产品部件，本节假设该部件和养老服务智能设备的零部件具有类似特征。数据采集基于形式多元化原则，以不同生产阶段、不同样本数量、不同非平衡比例的方式生成 6 个数据集。实验数据按照是否有缺陷分为两类，是二分类数据集。其中，6 个数据集的特征数量均为 230 个，样本数量为 1965～15040 个，非平衡比例最低为 30.14、最高为 296.03。具体数据集描述如表 8.1 所示。

表 8.1　数据集描述

数据集	样本数量/个	特征数量/个	有缺陷/个	无缺陷/个	非平衡比例
3.1	1965	230	1932	33	58.54
3.2	2834	230	2798	36	77.72
3.3	1811	230	1780	31	57.42
3.4	2291	230	2263	28	80.82
3.5	9802	230	9769	33	296.03
3.6	15040	230	14557	483	30.14

8.6.2　比较算法和参数设置

本实验选取 7 种典型的特征选择算法作为对比算法，其中，过滤式特征选择算法包括基于统计量的 *F*-分数（*F*-score）、基于距离的缓解（Relief）、基于信息熵的最大相关最小冗余（maximum relevance minimum redundancy，mRMR）；嵌入式特征选择算法包括基于 L_1 正则化的 Lasso、基于 L_2 正则化的 Ridge、L_1 与 L_2

混合的 Elastic Net，以及基于互信息的拉普拉斯正则化（Laplacian regularization based on mutual information，LRMI）。公平起见，相关正则化项的权重均设置为 0.05。具体算法及其参数设置见表 8.2。

表 8.2　对比算法及其参数设置

序号	算法	参数设置
1	*F*-score	—
2	Lasso	$\lambda = 0.05$
3	Elastic Net	$\alpha = 0.05$
4	Ridge	$\lambda = 0.05$
5	Relief	$k = 5$
6	mRMR	—
7	LRMI	$\alpha = 0.05, \beta = 0.05$
8	DBLRFS	$\alpha = 0.05, \beta = 0.05, \gamma = 7, \delta = 4$

8.6.3　特征数量对 DBLRFS 算法性能的影响

特征选择所确定的特征子集包含原始数据集大部分数据信息，并加快学习过程，提高模型泛化能力。然而，实际生产中特征数量的设置及特征数量对分类性能的影响还需进一步探讨。为此，本节设定特征数量为 5～230 个，以分析其对分类性能的影响。为了验证 DBLRFS 算法在极端情况（高度不平衡）下的有效性，本节选择非平衡比例最高的数据集 3.5 作为测试数据集，选择随机森林算法作为实验分类器。

图 8.2 所示的结果表明，不同特征选择算法的性能在三个评价指标中总体趋势较为相似，但局部位置存在一定的差异。当特征数量为 5 个时，所有算法在三个指标上的性能都较低，说明 5 个特征所包含信息太少，不足以代表数据集的整体分布。当特征数量增加到 10 个时，分类性能以较快的速度增长，特别是 Relief 算法、*F*-score 算法、mRMR 算法和 DBLRFS 算法在三个评价指标中都取得了较优的结果。当特征数量超过 10 个时，不同算法的分类性能出现差异，其中，Elastic Net 算法、Ridge 算法和 LRMI 算法的分类性能仍在增长状态而其他算法的分类性能开始下降。当特征数量为 20 个时，Ridge 算法和 mRMR 算法的分类性能达到峰值后逐渐下降。这说明特征数量的增加并不一定会带来分类性能的提高，也可以说特征集合中存在一定数量的冗余信息，降低了算法的分类性能。

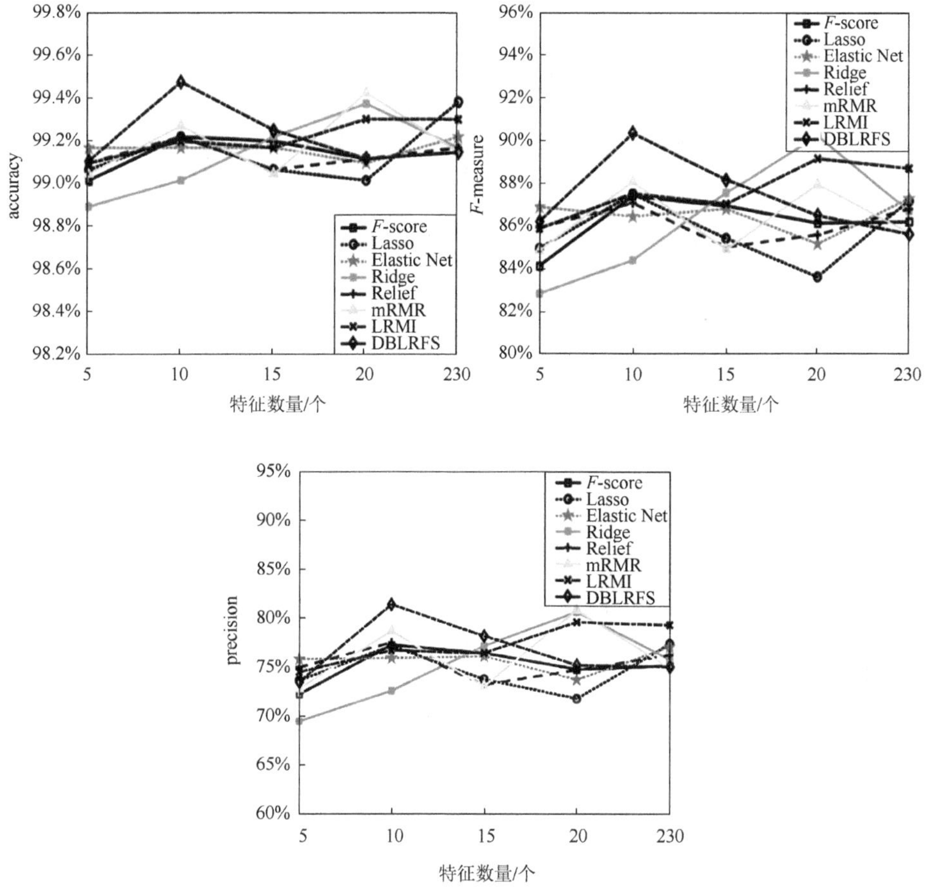

图 8.2　不同特征数量下特征选择算法的分类性能

为分类器选择一个合适的特征数量一直是一个难题。通常采用先验知识和分类器交叉验证实验进行特征数量估计，但在某些先验知识匮乏或样本数量有限的领域，很难采用这种方式。作为对比，DBLRFS 算法在特征数量确定方面有两个明显优势：第一，其性能曲线存在明显的顶点，很容易将 10 个确定为最优特征数量；第二，与最优特征数量为 20 个的算法（如 Ridge 算法）相比，DBLRFS 算法可以更少（10 个）的特征实现最优性能，从而降低相应的计算成本。

8.6.4　分类算法对 DBLRFS 算法性能的影响

本节研究分类算法对特征选择算法的影响。图 8.3 展示了四个分类器在数据集 3.5 上的分类性能直方图，其中包括 8 个特征选择算法的分类性能比较。图 8.3 中，Tree 表示决策树，*k*NN 表示 *k* 近邻，NB 表示朴素贝叶斯（naive Bayes）。

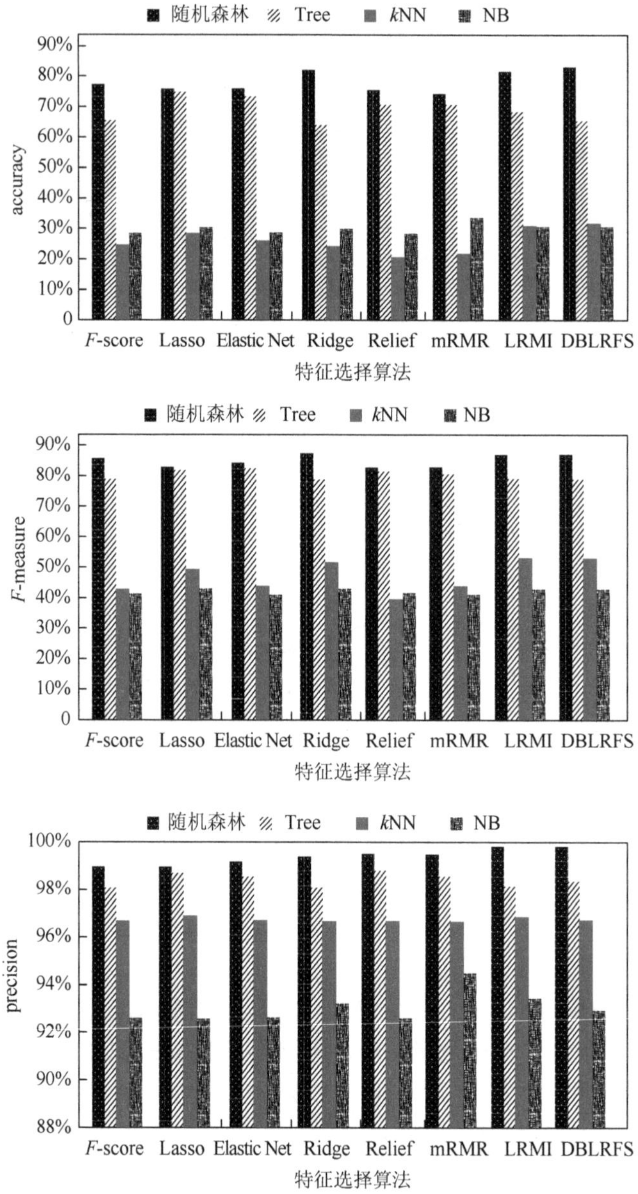

图 8.3　不同分类算法下特征选择算法的分类性能

可以清晰地观察到，在随机森林或 *k*NN 下，DBLRFS 算法在三个评价指标中都优于其他特征选择算法。在 NB 下，DBLRFS 算法在三个评价指标中均排名前 50%（accuracy 第四名、*F*-measure 第三名、precision 第四名）。在 Tree 下，DBLRFS 算法排名中游偏下，但与其他算法之间的差异相对较小。综上，DBLRFS 算法是一个合适的特征选择算法。

在实际的养老服务过程中，为质量数据找到一种性能良好的质量预测模型方法非常重要。本节发现，随机森林 + DBLRFS 算法组合在 accuracy、*F*-measure 和 precision 上的分类性能分别为 79%、88%和 99%，均排名前列，显示出其在养老服务中应用的潜力。

综上，本节实验证明了 DBLRFS 算法性能的有效性和鲁棒性，即在与不同的分类算法组合时均保持良好的分类性能。

8.6.5　DBLRFS 算法与其他特征选择算法的分类性能比较

表 8.3～表 8.5 给出了对比实验的结果，总体来看，DBLRFS 算法在三个评价指标上均优于对比算法。在 accuracy 指标上，DBLRFS 算法在 4 个数据集中取得了最好效果，显示了其优异的分类性能。值得注意的是，表 8.3 所示的结果有两个特点：第一，accuracy 值普遍较大，均高于 98.00%；第二，accuracy 值的分布集中在 98.97%～99.47%窄小的区间内。该现象印证了非平衡数据分类的特点，即较高的多数类识别率统治了 accuracy 指标，使得样本整体准确率较高。这在非平衡比例最高的三个数据集——数据集 3.5（IR = 296.03）、数据集 3.4（IR = 80.82）、数据集 3.2（IR = 77.72）中体现得尤为明显，其对应的 accuracy 值更大。

表 8.3　DBLRFS 算法与其他特征选择算法在随机森林 accuracy 指标上的分类性能对比

数据集	*F*-score	Lasso	Elastic Net	Ridge	Relief	mRMR	LRMI	DBLRFS
3.1	98.86%	98.86%	98.66%	98.86%	98.86%	98.76%	98.71%	98.86%
3.2	99.37%	99.26%	99.29%	99.40%	99.29%	99.40%	99.33%	99.47%
3.3	99.01%	99.12%	98.95%	99.17%	99.12%	99.01%	99.12%	99.17%
3.4	99.08%	99.17%	99.04%	99.13%	99.24%	99.04%	99.17%	99.21%
3.5	99.20%	99.07%	99.17%	99.22%	99.07%	99.05%	99.17%	99.25%
3.6	99.17%	98.97%	99.40%	98.92%	99.30%	99.02%	99.17%	99.07%

表 8.4　DBLRFS 算法与其他特征选择算法在随机森林 *F*-measure 指标上的分类性能对比

数据集	*F*-score	Lasso	Elastic Net	Ridge	Relief	mRMR	LRMI	DBLRFS
3.1	56.62%	58.67%	51.21%	59.91%	57.67%	53.67%	54.48%	59.86%
3.2	68.57%	55.90%	62.48%	69.05%	65.38%	69.05%	65.71%	72.86%
3.3	66.00%	68.00%	56.67%	68.33%	66.00%	64.33%	67.67%	69.00%

续表

数据集	F-score	Lasso	Elastic Net	Ridge	Relief	mRMR	LRMI	DBLRFS
3.4	38.00%	40.67%	37.67%	40.00%	44.00%	38.57%	46.00%	48.57%
3.5	86.91%	85.44%	86.77%	87.50%	85.05%	84.94%	87.00%	88.11%
3.6	87.31%	83.99%	90.30%	83.68%	88.95%	84.51%	86.35%	85.83%

表 8.5　DBLRFS 算法与其他特征选择算法在随机森林 precision 指标上的分类性能对比

数据集	F-score	Lasso	Elastic Net	Ridge	Relief	mRMR	LRMI	DBLRFS
3.1	41.39%	47.44%	35.49%	43.33%	42.78%	38.06%	38.61%	44.53%
3.2	56.25%	47.08%	47.78%	56.67%	49.03%	56.67%	51.67%	61.25%
3.3	51.25%	54.03%	43.47%	54.72%	52.36%	50.14%	53.47%	55.69%
3.4	26.67%	31.11%	31.11%	31.67%	36.67%	29.17%	35.00%	39.17%
3.5	76.72%	73.93%	76.37%	78.77%	73.34%	73.17%	76.73%	78.54%
3.6	76.94%	71.28%	82.55%	70.76%	79.96%	72.63%	75.96%	74.85%

产品生产过程中，少数类样本即缺陷服务件的信息异常重要，其揭示了缺陷产生的原因、不合理的参数范围，并为质量控制提供了数据依据。因此，聚焦少数类识别率的 F-measure 指标有较高的参考价值。表 8.4 给出了比较算法在 F-measure 指标上的分类结果，DBLRFS 算法在 4 个数据集上取得了最佳性能。DBLRFS 算法在一些数据集的 F-measure 指标上取得了较大的领先优势，例如，在数据集 3.2 上领先第二名接近 5 个百分点。此外，表 8.4 中 F-measure 值普遍低于表 8.3 中 accuracy 值，且 F-measure 值波动较大，这也验证了少数类样本虽然对整体准确率影响较小，但其错分率较高。

表 8.5 列出了比较算法在 precision 指标上的分类结果。与 F-measure 指标类似，precision 指标同样是少数类的评价指标，其度量了正确预测的少数类样本占所有预测为少数类样本的百分比。在生产过程中，较高的 precision 值可以精准地提前预测出缺陷产品，对于质量预警和质量改进有积极意义。从表 8.5 中可以看出，DBLRFS 算法在 3 个数据集中取得了最佳效果，且在数据集 3.1 和数据集 3.5 排名第二，证明了其优异的少数类识别能力。

8.7　本 章 小 结

本章提出了一种针对养老服务高维质量数据的特征选择算法——DBLRFS 算法，其考虑了服务数据非平衡 + 重叠的数据分布，并引入增强 R 值度量数据集的不平衡和重叠程度。在此基础上，DBLRFS 算法利用拉普拉斯正则化项和 L_2 正则化项以最小化特征之间的冗余信息，达到特征选择的目的。DBLRFS 算法创新地将增强 R 值融入拉普拉斯正则化项中，以突出少数类和重叠区域的影响。

实验表明，在随机森林分类器下，DBLRFS 算法在 6 个数据集中的分类性能（accuracy、F-measure、precision 三个评价指标）优于其他七种典型的特征选择算法。同时，实验显示，DBLRFS 算法可以在更少的特征数量下获得最优值，以减少计算成本，随机森林 + DBLRFS 算法组合的分类性能良好，具有应用潜力。

第 9 章　针对养老服务质量数据非平衡+重叠特点的分类算法

9.1　问 题 背 景

养老服务过程的场景对养老服务质量预测与控制模型的落地提出了两方面要求：第一，预测模型要具有较高的精度，无论是把合格服务误分为不合格服务，还是把不合格服务误分为合格服务，都将给企业带来较大的损失；第二，预测模型最好结构简单、解释性良好且计算成本较低，这将使模型易于部署，满足具有快速反应特点的在线需求，也可以加快员工对模型的接受和掌握速度。

*k*NN 算法基于测试样本的 k 个最近邻训练样本进行多数投票，以确定测试样本的类别。作为一种经典的非参数分类算法，*k*NN 算法结构简单，易于实施，且对复杂的数据分布有较好的适应性，近年来已广泛应用于文本分类、人脸识别、时间序列和生物医学等各个方面。

目前，关于 *k*NN 算法的研究主要集中在其分类精度和计算效率的提高方面，主要包括基于稀疏表示的改进、基于中心化的改进、基于 SVM 的改进、基于特征加权的改进等。

养老服务质量过程数据的非平衡 + 重叠数据的复杂分布特点给分类精度带来了巨大挑战。本章以 *k*NN 算法为基础，着力研究如何对其改进以适应养老服务数据的复杂分布特点。

9.2　考虑非平衡因素的 *k*NN 算法

与传统分类器一样，*k*NN 算法在面对非平衡数据时也出现性能下降的现象，相关研究从数据密度分布、少数类权重调整机制、聚类应用三方面对 *k*NN 算法进行了有针对性的改进，并取得了良好的效果。设 $X=\{(x_1,y_1),(x_2,y_2),\cdots,(x_n,y_n)\}$ 为训练数据集，其中，x_i 为训练样本，y_i 为训练样本的标签。

9.2.1　关注数据的密度分布

研究发现，*k*NN 算法对数据的复杂性和样本密度较为敏感，这个特点在复杂分布区域，尤其是类别重叠区域更加明显。相比于传统 *k*NN 算法的距离度量，k 局部密度方法引入格论中超元组的概念。在计算训练数据集 X 的所有超元组和测试样本 x 的最近邻居后，统计超元组邻居的覆盖数 $\text{cover}(X,x)$ 作为分类度量参考。同时，为了提高少数类的权重，k 局部密度方法在 $\text{cover}(X,x)$ 基础上除以一个类别基数 $N_{c_i}^k(x)$，得到基于密度的指标形式 $\text{DR}_x(c_i)$，$N_{c_i}^k(x)$ 为测试样本 x 属于类别 c_i 的 k 局部邻居数。其中，当 $N_{c_i} \leqslant k$ 时，$N_{c_i}^k(x)$ 取该类别所有覆盖数之和；当 $N_{c_i} > k$ 时，$N_{c_i}^k(x)$ 取 k 个最大的覆盖数之和。式（9.1）给出了 $\text{DR}_x(c_i)$ 的计算公式。相较于传统 *k*NN 多数投票机制，k 局部密度方法中的测试样本 x 分类为 $\text{DR}_x(c_i)$ 值最大的类别。

$$\text{DR}_x(c_i) = \frac{\sum\limits_{x_i \in c_i} \text{cover}(x_i, x)}{N_{c_i}^k(x)} \tag{9.1}$$

鉴于非平衡数据中局部样本密度与全局样本密度存在较为明显的差异，针对数据密度（尤其是测试样本周边局部密度）的度量在 *k*NN 算法改进中尤为重要。

9.2.2　少数类权重调整机制/“关键”的少数类样本判定

非平衡数据对传统分类器最大的挑战就是少数类样本识别能力较低。在传统 *k*NN 多数投票机制下，测试样本的 k 个近邻将大概率被多数类样本所主导。因此，如何提高少数类权重，如何选择“最有价值”的 k 近邻样本成为关键问题。

Li 和 Zhang（2011）从“关键”的少数类样本判定角度提出了基于范例的最近邻（exemplar-based nearest neighbor，ENN）算法，其在数据空间中扩大少数类样本的边界，以高斯球（Gaussian ball）的形式膨胀，以增加少数类在样本空间中的占比。为了避免少数类权重过大造成的误分类风险，ENN 算法只选择“关键”的少数类样本（pivot positive instances，PPI）作为膨胀样本。设少数类样本 x 与最近邻样本的距离为 e，高斯球 $B(x,e)$ 代表以 x 为中心点、e 为半径的空间范围。假定假阳率（false positive rate，FPR）阈值为 δ，如果高斯球 $B(x,e)$ 具有 FPR$\leqslant\delta$，则 x 是一个“关键”的少数类样本。

由于训练数据样本空间中单个少数类样本的假阳率并不能代表其在测试数据样本空间中的指标，本节使用悲观估计来估计假阳率。假设 N 个样本的高斯球中的假阳性样本数量遵循二项分布 $B(n,p)$，其中，p 为高斯球中假阳性的真实概率。对于给定的置信水平 c，可以计算其对应的 z，p 可以由 N 和观测的假阳率 f 估计：

$$p = \frac{f + z^2/(2N) + z\sqrt{f(1-f)/N + z^2/(4N^2)}}{1 + z^2/N} \tag{9.2}$$

确定“关键”的少数类样本后，ENN 算法在分类阶段利用式（9.3）拉近“关键”的少数类样本与测试样本的距离，以提高少数类样本被选为 k 近邻的概率：

$$\text{new\_distance}=\begin{cases}\text{distance}(t,x)-x\cdot\text{radius}, & \text{如果}x\text{为“关键”的少数类样本}\\ \text{distance}(t,x), & \text{否则}\end{cases} \tag{9.3}$$

其中，radius 为“关键”的少数类样本到高斯球边界的距离。

由于非平衡数据中少数类样本的稀缺，在算法设计中如何从权重分配层面提高少数类的“话语权”，如何从 k 近邻选取机制层面更加偏向“关键”的少数类样本是 kNN 算法改进的关键。

9.2.3　聚类算法在 *k*NN 算法改进中的应用

kNN 算法本质上是一种基于实例的算法，对周围邻居样本类别的依赖性导致其对局部数据分布较为敏感。聚类算法作为一种提取数据局部分布特征的方法常用于 kNN 算法，其把数据空间中相似的样本聚成一簇，并以簇为单位对不同类别样本进行排序、挑选、删除、权重赋予等数据处理操作。同时，聚类算法可以排除噪声的干扰，提高后续分类算法的性能。

在非平衡数据分布下，引入聚类算法以捕获数据局部分布，进而为少数类权重改进提供依据是一种有效的算法策略。

9.3　DBSCAN 算法

具有噪声的基于密度的空间聚类（density based spatial clustering of applications with noise，DBSCAN）算法以样本分布的紧密程度作为度量标准，以确定簇的大小和范围。基于簇的不断扩张，DBSCAN 算法有效地寻找被低密度区域分隔的高密度区域，并在具有噪声的数据中发现任意形状的簇。设 $D=\{x_1,x_2,\cdots,x_n\}$ 为数据集，Eps 和 Minpts 为预设的正数，给出以下定义。

定义 9.1：样本 x_i 的 Eps 邻域是指以 x_i 为圆心、Eps 为半径内的所有样本。

定义 9.2：若样本 x_i 的 Eps 邻域内样本数量超过 Minpts，则样本 x_i 被定义为核心样本（core point）。

定义 9.3：若 x_j 位于 x_i 的 Eps 邻域内且 x_i 为核心样本，则称 x_j 由 x_i 密度直达。

定义 9.4：已知样本 x_j 由 x_i 密度直达，若存在样本序列满足 $x_1,x_2,\cdots,x_n$，$x_1=x_i$，$x_n=x_j$，则称 x_{i+1} 由 x_i 密度可达。

定义 9.5：若 x_j 位于核心样本 x_i 的 Eps 邻域内且 x_j 的 Eps 邻域内样本数量低于 Minpts，则 x_j 被定义为边界样本（border point）。

定义 9.6：若样本 x_i 既非核心样本也非边界样本，则其被定义为噪声样本。

DBSCAN 算法首先确定邻域参数 Eps 和 Minpts，然后随机选择一个样本作为初始点，并以此为中心访问其 Eps 邻域内的样本，此过程定义为查询邻域（QueryNeighbour）。若 Eps 邻域内样本数量超过 Minpts，则该点被定义为核心样本，并据此形成一个新的聚类簇；否则，该点被定义为噪声样本。新形成的聚类簇通过不断迭代访问未被访问过的密度可达的样本进行簇的扩张，直到每一个被访问的样本要么归属为该簇、要么被判定为噪声样本。值得注意的是，即使一个样本最初被判断为噪声样本，其在随后的迭代过程中也有机会转变为边界样本。最终，DBSCAN 算法形成若干聚类簇和若干噪声样本的形式（算法 9.1）。

算法 9.1：DBSCAN 算法

输入：训练数据，Eps，Minpts。
输出：聚类，噪声样本。
算法步骤：

```
初始化聚类标识 C = 0, S = ∅
for 每一个未被访问的 p ∈ P  do
    确定样本 p 的 N 个最近邻 ← QueryNeighbour(p, Eps, Minpts)
    if |N| < Minpts then
        判定 p 为噪声样本
        continue
    else
        将样本 p 作为聚类簇 C 的核心对象
        将所有未访问的 N 个近邻加入集合 S
        for 集合 S 中的每一个样本 q do
            将样本 q 加入聚类簇 C
            确定样本 q 的 N 个最近邻 ← QueryNeighbour(q, Eps, Minpts)
            if q 是核心样本 then
                for N 个最近邻中的每个样本 w do
                    将样本 w 加入聚类簇 C
                    if w 未被访问 then
                        S ← S ∪ w
                    end if
                end for
                把 q 标记为已访问
            end if
        end for
    end if
    把 p 标记为已访问
    C ← C + 1
end for
```

图 9.1 描述了 DBSCAN 算法的流程，其中，Minpts = 4 个，Eps 距离如圆圈半径所示。A 点首先被判定为核心样本并形成一个聚类簇。以 A 点为基点进行基于密度的聚类扩展，“吞并”所有核心样本直到扩展到边界样本（F 点和 G 点）。此外，由于低密度特征，H 点和 I 点被标记为噪声样本。

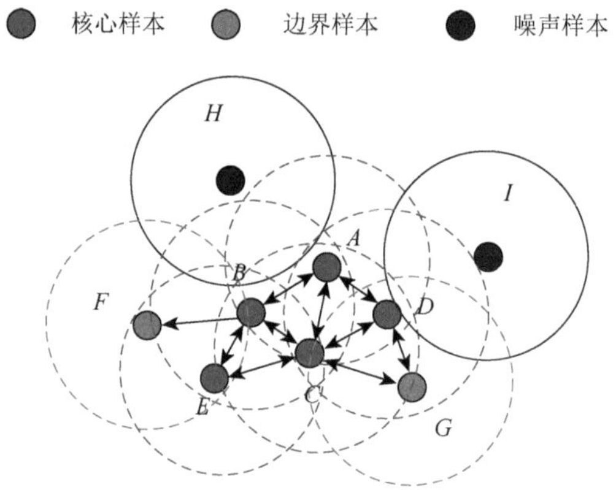

图 9.1　DBSCAN 算法流程示意图

9.4　针对数据非平衡 + 重叠分布的分类算法

kNN 算法对数据的分布较为敏感，尤其是数据密度和类别的变化将给 kNN 算法的分类精度带来挑战。在传统 kNN 算法下测试样本基于其最近的 k 个样本进行类别决策。但当数据呈现非平衡 + 重叠分布时，训练数据集中少数类样本被多数类样本包围，且两类样本边界区域互相渗透、呈“犬牙交错”分布，造成局部区域与整体样本在类别、密度分布上的不一致。若测试样本落入此区域，这种分布上的不统一易造成错分。传统的基于欧氏距离投票机制此时已变得“不可靠”，如何基于数据分布为测试样本选择“可靠”的 k 近邻尤为关键。

本节提出一种基于密度聚类的自适应 kNN（density-based adaptive kNN，DBANN）算法，以解决传统 kNN 算法在非平衡 + 重叠数据分布下所遇到的困境。简化起见，本节只针对二分类问题进行讨论，但 DBANN 算法可以进行扩展改进，以应对多分类问题。给定一个训练数据集 $D=\{(x_1,y_1),(x_2,y_2),\cdots,(x_n,y_n),x_i\in \mathrm{R}^{n\times m},y_i\in \mathrm{R}^{n\times 1}\}$，$n$ 为样本数量，m 为特征数量，x_i 为训练样本，y_i 为训练样本的标签。传统 kNN 算法以欧氏距离确定 k 个最近邻样本并利用多数投票机制进行决策，如式（9.4）和式（9.5）所示。非平衡比例如式（9.6）所示：

$$d(x,x_i)=\left(\sum_{j=1}^{M}\left|x^j-x_i^j\right|^2\right)^{1/2} \tag{9.4}$$

$$f(x)=\operatorname{sgn}\left(\sum_{i}^{k}(y_i)\right) \tag{9.5}$$

$$\mathrm{IR}=\frac{N_{\text{majority}}}{N_{\text{minority}}} \tag{9.6}$$

其中，x 为测试样本；N_{minority} 为少数类样本数量；N_{majority} 为多数类样本数量。为了更好地描述数据的特征，本节定义了基于全部样本特征的全局非平衡比例 $\mathrm{IR}_{\text{global}}$ 和基于局部区域样本特征的局部非平衡比例 $\mathrm{IR}_{\text{local}}$。

9.4.1　“可靠”样本

训练数据局部类别密度的差异对 kNN 的分类决策产生较大影响，即不同区域内测试样本的分类准确率显著不同。其根本原因在于局部类别密度与全局类别密度不一致，导致其 k 近邻样本的类别信息变得不再具有参考价值。因此，如何找到“可靠”的具有参考价值的 k 最近邻成为问题的关键。

本节基于训练数据密度变化提出了“可靠”最近邻样本的评估画像。该画像在最近欧氏距离的基础上额外考虑了非平衡指标及两类重叠程度的影响。同时，针对局部区域样本密度差异这一特点分别考虑了数据的局部分布和全局分布。此外，对于“可靠”样本的选取遵循自适应的方式，“可靠”样本应随数据分布变化而改变。

本节关于“可靠”样本的评估画像可以做出以下描述。

（1）与传统 kNN 算法一样，测试样本最近邻的 k 个训练样本被认为具有与测试样本最为相似的类别特征，是最能代表测试样本信息的训练样本。

（2）由于非平衡数据少数类样本具有稀缺性，在“可靠”样本选取时要提高少数类样本权重，决策边界向少数类样本偏倚。

（3）重叠区域两类样本的错分率通常较高，因此，这些样本被视为“不可靠”样本，并适当降低其被选择的概率。

（4）噪声样本通常被认为是分类问题的阻碍，因此，噪声样本被视为“不可靠”样本。

（5）kNN 算法对数据的密度和复杂性较为敏感，因此，将数据密度和类别分布纳入“可靠”样本的评价指标。

9.4.2　DBANN 算法

本节提出 DBANN 算法以应对非平衡 + 重叠的复杂数据分布情况。DBANN

算法的核心思想是以数据密度和类别分布为依据进行样本距离调整。DBANN 算法提出用全新的距离度量指标替代传统的欧氏距离，进而找到在复杂数据分布下最“可靠”的 k 近邻样本进行多数投票。

针对 kNN 算法在复杂数据分布方面的研究，现有文献往往关注 kNN 算法对非平衡数据的性能改进而忽略了重叠因素对 kNN 分类的影响。Wang 等（2007a）创新地提出了自适应 kNN（adaptive-kNN，A-kNN）算法，以解决 kNN 算法在重叠分布下分类性能较低的问题。A-kNN 算法的主要思想是根据数据重叠程度修改距离度量指标。对于一个训练样本 x_i，A-kNN 算法赋予其一个可靠性系数 r_i：

$$r_i = \min_{l:y_i \neq y_j} d\left(x_i, x_j\right) \tag{9.7}$$

其中，r_i 为训练样本 x_i 到训练样本 x_j 的欧氏距离；x_j 为与 x_i 类别不同的样本中距离 x_i 最近的样本。通过观察可知，较小的 r_i 值代表着两个类别的样本 x_i、x_j 分布较近，这意味着该区域有较高的重叠可能性，或者说 x_i 有较大概率分布在两类的边界区域。从分类的角度看，x_i 可能处在一个高误分类的重叠区域，因此被认为是一个“不可靠”样本。相反，较大的 r_i 值代表 x_i 可能处在非重叠区域，相对比较“可靠”。在计算获得每一个样本的 r_i 值之后，A-kNN 算法利用式（9.8）进行距离指标的调整：

$$d_{\text{new}}\left(x, x_i\right) = \frac{d\left(x, x_i\right)}{r_i} \tag{9.8}$$

当 r_i 值较小，x_i 被认为是一个“不可靠”样本时，调整后的 d_{new} 值相对较大，即 x_i 被“推开”以远离测试样本 x。反之，当 x_i 被认为是一个“可靠”样本时，x_i 被相对拉近与测试样本 x 的距离。基于此调整，测试样本周边聚集的都是比较“可靠”的最近邻训练样本，因此，当利用式（9.8）进行决策时，将产生更为准确的结果。尽管 A-kNN 算法提出了 kNN 算法面对重叠数据的解决方案，但其并没有考虑非平衡问题。受 A-kNN 算法启发，本节针对 kNN 算法在重叠 + 非平衡分布遇到的挑战提出了 DBANN 算法。从技术上讲，DBANN 算法细化并扩展了 A-kNN 算法中 r_i 的内涵。

DBANN 算法首先利用聚类方法把训练数据划分为几个簇和一些噪声样本。为了便于对簇进行精细刻画，本节把簇分为重叠簇和非重叠簇两类。

定义 9.7：重叠簇是指一个簇中既包含多数类样本也包含少数类样本。

定义 9.8：非重叠簇是指一个簇中只包含多数类样本或者只包含少数类样本。

基于定义 9.7 和定义 9.8，聚类后的训练样本可分为六种类型：①少数类噪声样本；②多数类噪声样本；③重叠簇内的少数类样本；④重叠簇内的多数类样本；⑤非重叠簇内的少数类样本；⑥非重叠簇内的多数类样本。图 9.2 详细描述了这六种类型样本的分布情况。

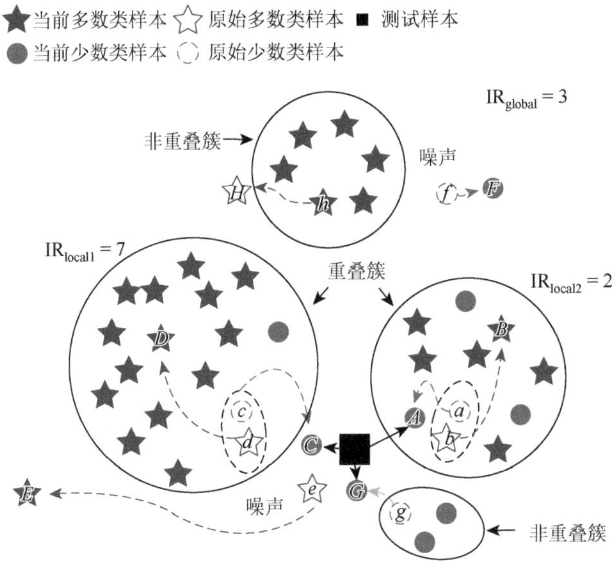

图 9.2　DBANN 算法描述

每个训练样本 x_i 被赋予一个可靠性系数 r_i，与 A-kNN 算法不同，DBANN 算法不仅能精确捕捉数据密度和类别分布的变化，而且可以识别噪声样本。具体地，r_i 的赋予规则如下。

（1）对于少数类噪声训练样本 x_i，r_i 被赋予从 x_i 到最近邻多数类样本的距离。

（2）对于多数类噪声训练样本 x_i，r_i 被赋予一个较小的正数。

（3）对于在重叠簇内的少数类训练样本 x_i，r_i 被赋予从 x_i 到第 $\mathrm{IR}_{\mathrm{local}}$ 个最近邻多数类样本的距离。$\mathrm{IR}_{\mathrm{local}}$ 是利用簇内的样本计算出的非平衡比例，因为该簇只代表数据局部的分布信息，所以 $\mathrm{IR}_{\mathrm{local}}$ 为局部非平衡比例。很显然，簇内较大的非平衡比例将扩大训练样本 x_i 的探索半径，从最近的第 1 个多数类样本的距离扩张到最近的第 $\mathrm{IR}_{\mathrm{local}}$ 个多数类样本的距离。值得注意的是，r_i 值不仅和 $\mathrm{IR}_{\mathrm{local}}$ 相关，而且与簇密度有关。若一个簇密度较高，则很多样本紧密聚集在簇内区域，即使 x_i 的探索半径由 1 扩展到 $\mathrm{IR}_{\mathrm{local}}$，$r_i$ 值的增长也比较微小。相反，若一个簇密度较低，则 r_i 值的增长较大。

（4）对于在重叠簇内的多数类训练样本 x_i，r_i 被赋予从 x_i 到最近邻少数类样本的距离。

（5）对于在非重叠簇内的少数类训练样本 x_i，r_i 被赋予从 x_i 到第 $\mathrm{IR}_{\mathrm{global}}$ 个最近邻多数类样本的距离。与重叠簇内的局部非平衡比例 $\mathrm{IR}_{\mathrm{local}}$ 不同，$\mathrm{IR}_{\mathrm{global}}$ 为全局非平衡比例。

（6）对于在非重叠簇内的多数类训练样本 x_i，r_i 被赋予从 x_i 到最近邻少数类样本的距离。

DBANN 算法利用式（9.8）对训练样本 x_i 与测试样本 x 的距离进行调整。决定距离的因素有两个：一是 r_i 值；二是欧氏距离 $d(x,x_i)$。若训练样本 x_i 具有较大的 r_i 值，且距离 x 较近，则其被认定为“可靠”样本。很显然，距离调整后“可靠”的训练样本被“拉近”到测试样本 x 附近，而“不可靠”的训练样本则被“推远”。

与传统 kNN 算法一样，DBANN 算法利用多数投票机制进行分类决策，如式（9.5）所示。从整个算法的设计，尤其是 r_i 赋值部分可以看出，DBANN 算法不仅考虑了测试样本周边的局部分布，而且考虑了数据整体分布（算法 9.2）。

算法 9.2：DBANN 算法

输入：训练数据集 $D=\{(x_1,y_1),(x_2,y_2),\cdots,(x_n,y_n),\quad x_i\in \mathrm{R}^{n\times m}\}$

输出：分类结果

算法步骤：

利用基于密度的聚类算法对训练数据集 D 进行聚类
计算全局非平衡比例 $\mathrm{IR}_{\mathrm{global}}$
for 训练数据集 D 中的每个样本 x_i do
    if x_i 是少数类噪声样本 then
        r_i 被赋予从 x_i 到其最近邻多数类样本的距离
    else if x_i 是多数类噪声样本 then
        r_i 被赋予一个极小的正数
    else if x_i 是在重叠簇内的少数类样本 then
        计算簇内局部非平衡比例 $\mathrm{IR}_{\mathrm{local}}$
        r_i 被赋予从 x_i 到其第 $\mathrm{IR}_{\mathrm{local}}$ 个最近邻多数类样本的距离
    else if x_i 是在非重叠簇内的少数类样本 then
        r_i 被赋予从 x_i 到其第 $\mathrm{IR}_{\mathrm{local}}$ 个最近邻多数类样本的距离
    else if x_i 是在重叠簇内的多数类样本 then
        r_i 被赋予从 x_i 到其最近邻少数类样本的距离
    end if
end for
根据式（9.8）进行距离调整
根据式（9.5）所示的多数投票机制对测试样本进行分类

图 9.2 详细描述了 DBANN 算法的流程，星和圆分别代表了多数类样本和少数类样本，空心和实心则代表样本原始的位置和在式（9.8）调整之后的位置。简化起见，这里只关注有字母标注的样本。样本 a 和样本 b 类别不同，且两个样本

距离较近，意味着二者可能处在重叠性较大的区域，因此被视为“不可靠”样本，并根据式（9.7）和式（9.8）将二者“推远”。除重叠因素以外，DBANN 算法也考虑非平衡因素，多数类样本 b 因较小的权重而被“推远”到位置 B，少数类样本 a 因权重较大（$\mathrm{IR}_{\mathrm{local2}}=2$）而被调整到较近的位置 A。相似地，由于样本 c 有较大的权重（$\mathrm{IR}_{\mathrm{local1}}=7$），在样本 c 和样本 d 的距离调整中，样本 c 距离测试样本更近一些，样本 d 则被“推远”到位置 D。此外，多数类噪声样本 e 被“推远”至位置 E，少数类噪声样本 f 移动到位置 F。由于少数类样本 g 处于非重叠簇，其以较大的全局非平衡比例（$\mathrm{IR}_{\mathrm{global}}=3$）而被推至位置 G。非重叠簇内的多数类样本 h 被调整至位置 H。在所有距离调整之后，测试样本的最近邻依次为 G、C、A。经过多数投票，测试样本 x 被判定为少数类样本。

本节提出的 DBANN 算法是一个流程框架，其中，步骤 1 中基于密度的聚类算法可以根据实际需要进行变化，本节采用 DBSCAN 算法。

9.5　实验与分析

为了证明 DBANN 算法的有效性，本节在 16 个人工合成数据集和 41 个真实数据集上进行对比实验。9.5.1 节描述数据集的详细信息。9.5.2 节列出比较算法和相应的参数设置。9.5.3 节～9.5.6 节分析 DBANN 算法参数的影响和 DBANN 算法的优势。9.5.7 节比较 DBANN 算法与其他 *k*NN 变种算法的分类性能。所有实验均使用十折交叉验证法并在 Python 上运行。

9.5.1　实验数据

本节实验数据集包括人工合成数据集和真实数据集两部分。人工合成数据集基于二元正态分布数据生成。一方面，为了探索 DBANN 算法在不同重叠程度下的分类性能，调整两类样本均值中心点位置以控制两类样本的重叠程度。其中，少数类样本均值中心点固定为(0, 0)，多数类样本均值中心点分别设置为(0.05, 0.05)、(0.50, 0.50)、(1.30, 1.30)、(2.70, 2.70)，代表四种重叠程度由高到低。显然，多数类样本均值中心点(0.05, 0.05)离(0, 0)最近，表示两类数据存在较为严重的重叠分布；多数类样本均值中心点(2.70, 2.70)离(0, 0)最远，重叠程度最小，其余两种介于二者。另一方面，为了分析 DBANN 算法在不同非平衡比例下的分类性能，本节调整两类样本的数量，以生成四种非平衡比例。表 9.1 描述了人工合成数据集的情况。除此之外，本节从 KEEL 数据库（Triguero et al.，2017）中选择了 41 个不同非平衡比例的真实数据集，如表 9.2 所示。

表 9.1　16 个人工合成数据集的详细描述

数据集	多数类样本数量/个	少数类样本数量/个	非平衡比例	两类中心点	重叠程度
A1	333	667	2.0	(0, 0.05)	严重重叠
A2	200	800	4.0	(0, 0.05)	
A3	100	900	9.0	(0, 0.05)	
A4	50	950	19.0	(0, 0.05)	
B1	333	667	2.0	(0, 0.50)	中度重叠
B2	200	800	4.0	(0, 0.50)	
B3	100	900	9.0	(0, 0.50)	
B4	50	950	19.0	(0, 0.50)	
C1	333	667	2.0	(0, 1.30)	较少重叠
C2	200	800	4.0	(0, 1.30)	
C3	100	900	9.0	(0, 1.30)	
C4	50	950	19.0	(0, 1.30)	
D1	333	667	2.0	(0, 2.70)	几乎不重叠
D2	200	800	4.0	(0, 2.70)	
D3	100	900	9.0	(0, 2.70)	
D4	50	950	19.0	(0, 2.70)	

表 9.2　41 个真实数据集的详细描述

数据集	样本数量/个	属性数量/个	非平衡比例	重叠程度
poker8vs6	1476	10	85.82	0.0153
yeast1458vs7	693	8	22.10	0.1757
glass1	213	9	1.80	0.1935
yeast1	1484	8	2.46	0.2422
yeast0359vs78	506	8	9.12	0.3113
yeast1vs7	458	7	14.26	0.3522
yeast1289vs7	946	8	30.53	0.3654
abalone918	730	7	16.38	0.6311
glass0	214	9	2.06	0.6492
yeast0256vs3789	1004	8	9.14	0.6939
winequalityred3vs5	4173	7	68.10	0.7509
yeast05679vs4	527	8	9.33	1.0515
ecoli01vs235	244	7	9.17	1.1028
vehicle0	845	18	3.27	1.1220
yeast2vs8	482	8	23.10	1.1424
yeast4	1484	8	28.09	1.2516
ecoli0146vs5	279	6	12.95	1.3345
ecoli01vs5	240	6	11.00	1.3897

续表

数据集	样本数量/个	属性数量/个	非平衡比例	重叠程度
ecoli3	335	7	8.57	1.3513
yeast2vs4	514	9	9.08	1.5793
ecoli046vs5	203	6	9.15	1.6030
ecoli0234vs5	202	7	9.10	1.6179
ecoli034vs5	200	7	9.00	1.6323
yeast02579vs368	1003	8	9.13	1.6361
ecoli067vs5	220	6	10.00	1.6921
ecoli2	333	7	5.44	1.8199
glass016vs5	184	9	19.44	1.8505
yeast6	1484	8	41.40	1.9674
ecoli0137vs26	281	7	39.14	2.3018
glass6	214	9	6.38	2.3913
abalone21vs8	581	10	40.50	2.4359
ecoli1	335	7	3.35	2.6396
yeast3	1484	8	8.10	2.7512
ecoli4	335	7	15.75	3.2504
glass0123vs456	213	9	3.18	3.3137
Wisconsin	683	9	1.85	3.5676
newthyroid2	215	5	5.14	3.5793
new-thyroid1	215	5	5.14	3.5793
ecoli0vs1	219	7	1.84	9.7145
shuttlec0vsc4	1829	9	13.86	12.9722
iris0	149	4	2.04	16.7971

9.5.2　比较算法和参数设置

为了验证 DBANN 算法的有效性，本节选取三类对比算法：①基于 *k*NN 的方法，即对传统 *k*NN 算法进行修改，以解决不平衡或重叠问题，包括加权 *k*NN（weighted *k*NN，W-*k*NN）、*k* 稀有类 NN（*k* rare-class NN，*k*RNN）、模糊 *k*NN（fuzzy *k*NN，F-*k*NN）、混合 *k*NN（hybrid *k*NN，H-*k*NN）等；②通用的机器学习算法，包括分类回归树（classification and regression tree，CART）、SVM，以及 SMOTE 和基于重叠的欠抽样方法（overlap-based undersampling，OBU），SMOTE 和 OBU 是常用的处理非平衡和重叠问题的方法；③集成算法，基于 *k* 维决策树的高效集成算法（*k*-dimensional tree based ensembling，KDE）、基于装袋算法（bagging）的混合抽样方法（hybrid sampling bagging，HSB）和随机欠抽样提升算法（random undersampling boosting，RUS），三者均是利用 Bagging 和 Boosting 等集成学习框

架解决不平衡问题的代表。

（1）对于基于 *k*NN 的方法 W-*k*NN、标准 *k*NN、F-*k*NN、H-*k*NN、DBANN、*k*RNN，参数 *k* 默认为与原始文献相同，分别设置为 3、3、3、3、3、3，其他参数设置亦参照原始文献。对于 DBANN 算法，Minpts 设置为 4，Eps 通过十折交叉验证在[0.01,200]区间内选择最优值。

（2）对于通用的机器学习算法，SVM 采用性能更优的线性核（针对本实验数据集）；SMOTE 和 OBU 的抽样比例控制在抽样后多数类样本数量与少数类样本数量相等。

（3）对于集成算法，基分类器为决策树，基分类器数量与原始文献相同。其中，KDE、HSB 和 RUS 分别设定为 10 个、10 个、40 个。在 KDE 中，$k=3$。在 HSB 中，$k=3$，抽样比例 $I=\{0,0.2,0.4,0.6,0.8,1.0\}$。

9.5.3 Eps 对 DBANN 算法性能的影响

Eps 和 Minpts 是 DBANN 算法中预设的两个输入参数。前人研究表明，相比于 Eps，Minpts 对聚类结果的影响相对较小。因此，本节固定 Minpts 为 4，并在[0.01,200]区间调整 Eps，以分析其对分类性能的影响。本节选择五个真实数据集进行实验，结果如图 9.3 所示。由图 9.3 可知，Eps 是一个对分类性能较为敏感的参数。随着 Eps 的增大，F1 和 GM 呈现上升的趋势（称为阶段 I），随后稳定在一个固定的区间（称为阶段 II）。一些数据集（yeast1、glass016vs5、abalone21vs8）的最佳数值存在于阶段 I，另一些数据集（newthyroid2、winequalityred3vs5）的最佳数值存在于阶段 II。本节采用网格搜索确定最优 Eps。

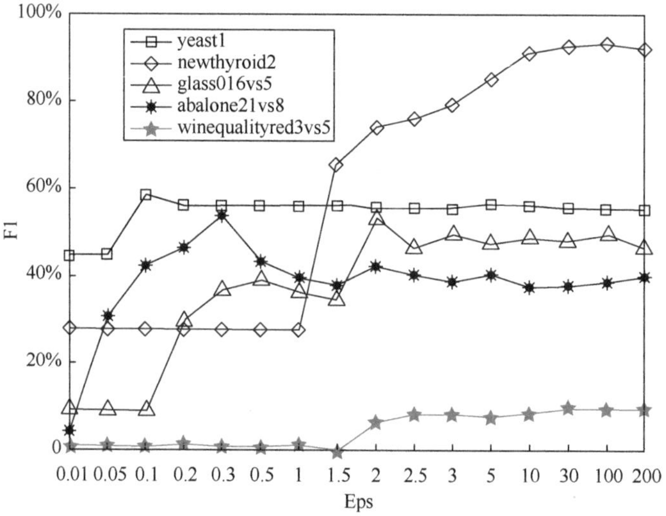

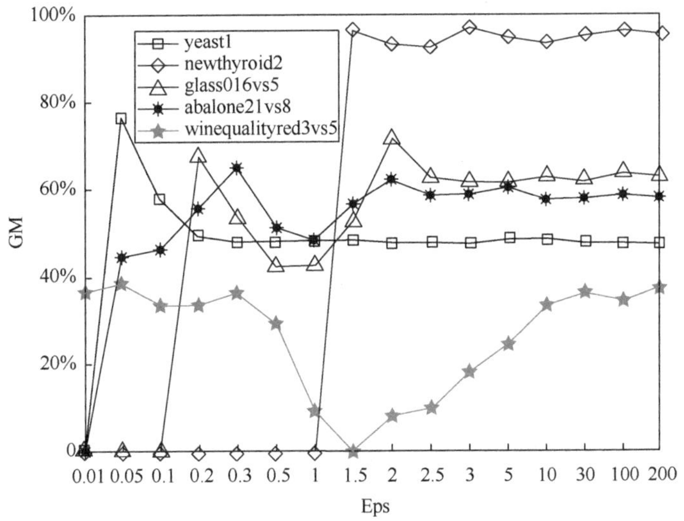

图 9.3　不同 Eps 下 DBANN 算法的 F1 和 GM 的变化

为了揭示 Eps 敏感性背后的深层原因，本节以 glass016vs5 数据集为例进一步分析 Eps、聚类情况、分类性能三者的关系。结果如表 9.3 所示，其中第 2 列为 Eps，第 3～7 列为聚类不同簇内的样本数量。从表 9.3 中可知，Eps 直接影响了聚类情况，并间接决定了最终分类性能。当 Eps = 0.1 时，所有样本都被定义为噪声，且没有任何聚类簇形成。随着 Eps 的增大，一些噪声转化为聚类簇。当 Eps = 0.3 时，DBANN 算法最多形成五个簇。随后，不同的簇之间进行合并直到最终形成一个大聚类簇。当聚类簇情况变化时，F1 和 GM 也在不断变化，如表 9.3 最后两列所示。尤其是当 Eps = 2 时，DBANN 算法的分类性能达到最优（F1 = 53.53%，GM = 72.96%），此时形成了 2 个簇和 10 个噪声样本。

表 9.3　在 glass016vs5 数据集上 Eps、聚类情况与 DBANN 算法分类性能的对应关系

序号	Eps	C1/个	C2/个	C3/个	C4/个	C5/个	噪声/个	F1	GM
1	0.01						167	9.23%	0
2	0.1						167	9.23%	0
3	0.2	5	4				158	31.00%	68.00%
4	0.3	24	20	18	4	4	96	35.59%	53.00%
5	1	116	20	6			24	37.06%	42.00%
6	1.5	132	18				16	34.03%	52.00%
7	2	152	4				10	53.53%	72.96%
8	2.5	158	4				4	45.80%	64.00%

续表

序号	Eps	C1/个	C2/个	C3/个	C4/个	C5/个	噪声/个	F1	GM
9	3	163					3	49.40%	61.00%
10	5	167						47.63%	61.00%
11	200	167						46.56%	60.00%

数据集的聚类结果直接决定了“可靠”最近邻样本的选择。Eps 作为直接主导聚类结果的参数，必然对 DBANN 算法最后的性能产生直接影响，是该算法的一个敏感参数。

9.5.4　*k* 对 DBANN 算法性能的影响

本节选择五个真实数据集并改变 *k*，以分析数据集分类性能的变化，其中，Eps 取最佳值。从图 9.4 的分类结果中可看出，大多数数据集的分类性能随着 *k* 的增大而下降，特别是当 *k* 达到 60 时，分类性能普遍下降为 0。这可以归结为 DBANN 算法的非平衡解决机制，即本质上 DBANN 算法并不利用额外生成样本的方式来补偿少数类样本，而是在选择最近邻时增加少数类样本被选择的概率。这意味着如果 *k* 太大，超过了训练数据集中少数类样本的总数，即使少数类样本被选择的概率为 100%，多数类样本仍将占据 *k* 个最近邻中的统治地位。根据经验，当 $k=3$ 时，DBANN 算法分类性能较好。

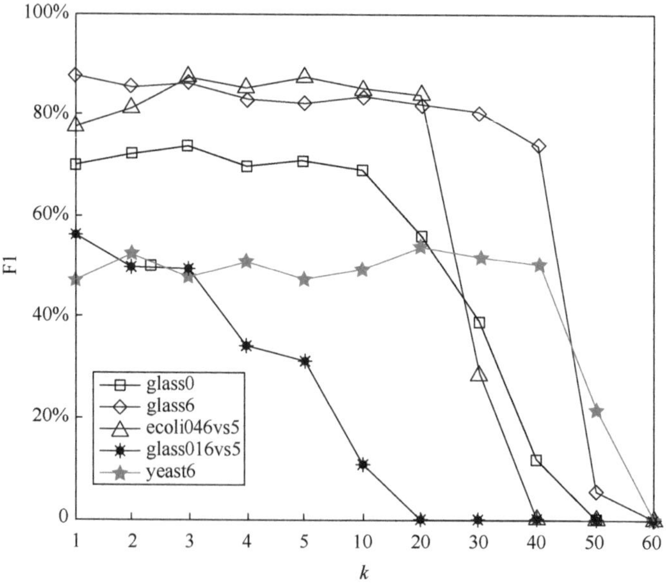

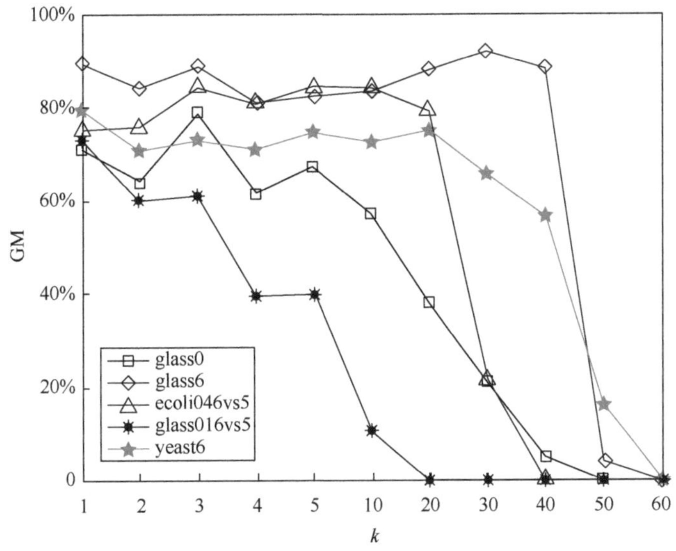

图 9.4　不同 k 下 DBANN 算法的 F1 和 GM

9.5.5　DBANN 算法 k 近邻样本数据分布统计分析

为了更深入地揭示 DBANN 算法的内在逻辑，本节利用一系列实验来分析 DBANN 算法中最近邻样本的分布情况。为了便于统计，本节以测试样本为基准按欧氏距离由近及远的顺序来标注训练样本，即最近的训练样本排名为 1。在所有实验中，DBANN 算法参数 $k=3$，Eps 设置为全局最佳值。

本节以 glass0 数据集为例讨论 DBANN 算法“可靠”最近邻样本的排名分布情况。首先进行十折交叉分类实验。假设每一折中有 90 个训练样本和 10 个测试样本，每折记录每个测试样本的前三个（$k=3$）“可靠”最近邻的样本排名（在原先欧氏距离下的排名）。10 个测试样本则得到 30 个排名，经过十折交叉验证，共有 300 个排名用于分析。为了便于观察，本节计算排名在不同排名区间（第 1 名，第 2～第 3 名，第 4～第 5 名，第 6～第 7 名，第 8～第 9 名，第 10～前 20%名，前 20%～前 100%名）所占比例。由图 9.5（a）可知，与传统 kNN 算法不同，DBANN 算法的“可靠”最近邻样本分布不再是传统意义上的欧氏距离最近邻样本。欧氏距离排名前三的样本（传统 kNN 算法）比例仅占 13.83%（4.99% + 8.84%），“可靠”样本的最大来源分布在第 10～前 20%名的训练样本中，即离测试样本较近，但不是最近的一批训练样本。尽管比例仅占 2.19%，距测试样本较远的训练样本（前 20%～前 100%名）仍有可能被选为“可靠”的最近邻样本。这表明 DBANN 算法在选择“可靠”最近邻样本时不仅考虑了局部分布，而且考虑了全局分布。

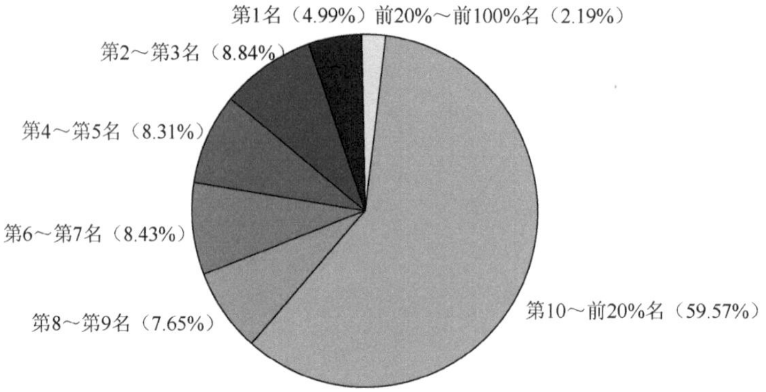

(a) “可靠”最近邻样本的分布

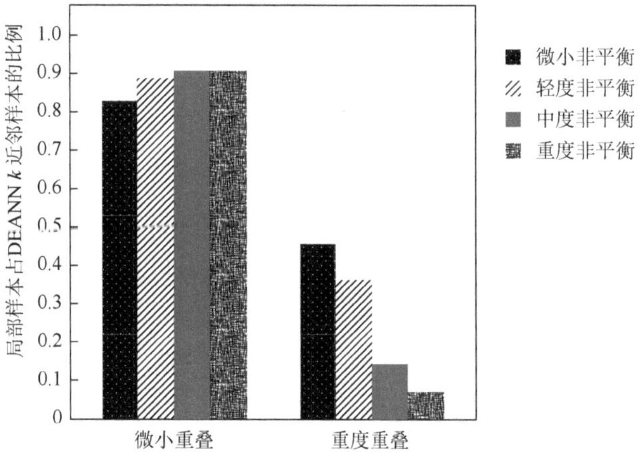

(b) 不同重叠程度下“可靠”最近邻样本的分布

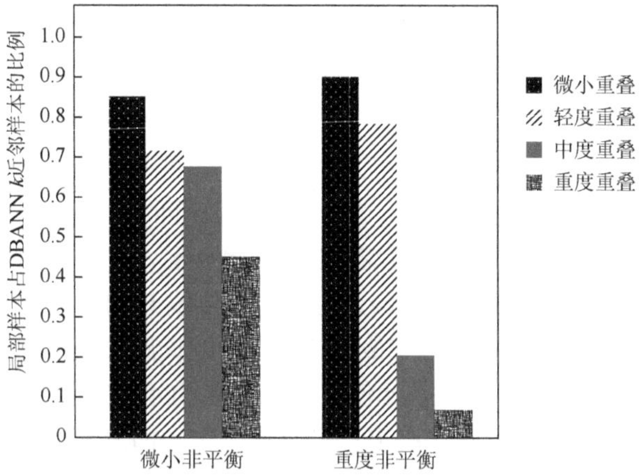

(c) 不同非平衡程度下“可靠”最近邻样本的分布

图 9.5　DBANN 算法“可靠”最近邻样本的分布规律

数据加和不等于 100%由数据四舍五入导致

为了更好地理解 DBANN 算法“可靠”最近邻的选择机制，本节将实验扩展到了 16 个人工合成数据集。依据重叠和非平衡程度，这些数据集分别划分成 4 个重叠程度和 4 个非平衡程度。在此基础上，本节将测试样本的前三个（$k=3$）最近邻样本（传统 *k*NN 算法的欧氏距离最近邻样本）定义为局部样本以分析 DBANN 算法中所有“可靠”最近邻中局部样本的占比。若比例较高，则 DBANN 算法的决策更依赖局部分布。相反，若比例较低，则 DBANN 算法的决策更依赖全局分布。特别地，当比例为 100%时，DBANN 算法退化为传统 *k*NN 算法。

由图 9.5（b）可以看出，当重叠微小时，DBANN 算法更多地依赖局部分布，比例接近 85%；当重叠严重时，局部分布的平均比例显著降低。这侧面说明了 DBANN 算法“可靠”样本机制的优势，即当数据分布较为复杂的局部样本信息“不可靠”时，DBANN 算法可以自适应地扩展搜索半径，以利用远处更“可靠”的样本进行决策。由图 9.5（c）可以看出，无论非平衡程度如何变化，局部分布的比例均随着重叠程度的增加而下降。细加对比可发现，相比于微小非平衡，DBANN 算法在重度非平衡 + 中度/重度重叠数据集上的局部分布比例较低，说明在极端分布情况下，DBANN 算法更依赖远处“可靠”的样本。以上讨论说明 DBANN 算法可以在不同场景下自适应地从局部到全局选择样本作为“可靠”最近邻。

9.5.6 DBANN 算法优势分析

为进一步说明 DBANN 算法优势的本质，本节将 DBANN 算法与其他 *k*NN 变种算法在 glass1 和 yeast2vs4 数据集上进行对比实验，以比较不同算法在重叠区域和非重叠区域的性能特点。

首先，利用 *k*NN 算法（$k=5$）将数据划分成重叠区域和非重叠区域两个区域。若一个样本和它的所有五个最近邻样本都属于同一类，则其被认为处在非重叠区域；否则，其被认为处在重叠区域。然后，依次计算不同区域的 IR 和 F1，如表 9.4 所示。最后，记录 DBANN 算法及五种其他 *k*NN 变种算法在两个数据集不同区域的分类性能指标 F1 和 GM。其中，表 9.4 中的 F1 表示重叠程度，而表 9.5 中的 F1 表示 *F*-measure。

表 9.4　不同区域的非平衡比例 IR 和 F1 判别系数

数据集	全部区域		重叠区域		非重叠区域	
	IR	F1	IR	F1	IR	F1
glass1	1.80	0.1935	0.97	0.1766	3.00	0.2088
yeast2vs4	9.08	1.5793	1.07	1.0714	12.10	1.9242

表 9.5　*k*NN 系列算法在不同区域的分类性能

数据集	算法	全部区域		重叠区域		非重叠区域	
		F1	GM	F1	GM	F1	GM
glass1	DBANN	76.23%	79.72%	72.50%	45.20%	78.44%	82.93%
	W-*k*NN	79.89%	84.63%	61.57%	31.12%	81.23%	86.57%
	*k*RNN	77.12%	84.74%	58.35%	14.08%	84.24%	90.56%
	标准 *k*NN	72.96%	75.98%	33.16%	14.08%	86.92%	89.63%
	F-*k*NN	61.52%	80.94%	33.55%	12.50%	64.40%	87.96%
	H-*k*NN	82.48%	90.65%	71.22%	20.00%	86.92%	89.63%
yeast2vs4	DBANN	75.36%	86.28%	71.00%	82.79%	79.62%	83.62%
	W-*k*NN	71.48%	83.09%	55.95%	53.44%	80.16%	81.70%
	*k*RNN	78.87%	82.84%	64.16%	65.03%	80.16%	81.70%
	标准 *k*NN	74.31%	78.86%	62.16%	60.81%	80.16%	81.70%
	F-*k*NN	42.05%	80.25%	60.47%	63.19%	40.18%	84.68%
	H-*k*NN	73.71%	81.84%	51.40%	46.89%	80.16%	81.70%

由表 9.4 可知，不同区域的分布不同，其中，重叠区域的非平衡比例接近 1，而非重叠区域的非平衡比例高得多。同时，重叠区域的重叠程度显著高于其他区域（F1 越小表示重叠程度越高）。这些数据支撑了之前的结论，即重叠区域的分布复杂且难以学习。表 9.5 中的结果表明，重叠区域的 F1 和 GM 显著低于非重叠区域及全部区域。但是，DBANN 算法在两个数据集上重叠区域中的表现要优于其他 *k*NN 变种算法。在 glass1 数据集中，DBANN 算法在重叠区域取得了最好的结果(F1 为 72.50%，GM 为 45.20%)，而其最终结果(F1 为 76.23%，GM 为 79.72%)在所有 *k*NN 系列算法中仅排名第四。同时，与其他 *k*NN 变种算法相比，DBANN 算法在非重叠区域的分类性能并没有显著下降，同样的情况也发生在 yeast2vs4 数据集中。以上数据表明，DBANN 算法在非重叠区域以较小的错分代价换取了在重叠区域较高的识别准确率，这也是 DBANN 算法相对于其他 *k*NN 变种算法的主要优势。这个特点来源于 DBANN 算法特有的“可靠”最近邻选择机制，该机制对局部密度分布的变化较为敏感，有利于识别重叠区域的样本。

9.5.7　DBANN 算法与其他 *k*NN 变种算法的分类性能比较

1. DBANN 算法与其他 *k*NN 变种算法在人工合成数据集上的性能比较

下面通过一系列实验验证 DBANN 算法的有效性。表 9.6 和表 9.7 描述了 DBANN 算法与其他 *k*NN 变种算法在 16 个人工合成数据集上的分类性能，其中，最佳结果以加粗形式显示（余同）。不难发现，就 F1 和 GM 的平均秩（average rank）而言，DBANN 算法在几乎所有数据集中的表现优于其他 *k*NN 变种算法。由计算可知，当数据严重重叠时（A1～A4 数据集中），DBANN 算法在 F1（平均秩为 1.5）和 GM（平均秩为 2.25）中均获得最佳平均排名。这彰显了 DBANN 算法的“可靠”最近邻样本选择机制在面对极端复杂数据分布时的优势。当重叠程度中等或较低时（B1～B4 数据集、C1～C4 数据集中），DBANN 算法在除 B1 和 C1 数据集以外的所有数据集中均获得最佳结果。此外，通过计算 DBANN 算法在非平衡数据集中表现可以发现，DBANN 算法在高非平衡比例(9.0, 19.0)中表现更好，GM 的平均秩为 1，而在低非平衡比例(2.0, 4.0)中的平均秩为 2.5。这两项指标均排名算法之首，表明 DBANN 算法具有处理极端非平衡数据的能力。

表 9.6　*k*NN 系列算法在人工合成数据集 F1 指标上的分类性能对比

数据集	DBANN	W-*k*NN	*k*RNN	标准 *k*NN	F-*k*NN	H-*k*NN
A1	42.84%	35.23%	39.30%	33.69%	41.37%	**43.68%**
A2	**26.39%**	19.97%	15.75%	12.42%	18.64%	17.57%
A3	7.75%	4.91%	6.78%	6.15%	**8.48%**	5.73%
A4	**4.83%**	2.03%	3.73%	0	1.08%	0.60%
B1	**47.23%**	41.02%	44.57%	38.89%	44.36%	46.69%
B2	**34.66%**	29.24%	29.29%	24.73%	27.57%	26.05%
B3	**16.87%**	12.45%	8.25%	6.23%	12.89%	14.60%
B4	**12.80%**	2.71%	11.40%	1.72%	4.03%	8.25%
C1	**75.66%**	69.53%	74.54%	73.70%	67.11%	72.67%
C2	**67.40%**	59.33%	65.23%	60.37%	55.80%	57.37%
C3	**56.28%**	43.53%	56.36%	53.97%	45.39%	46.24%
C4	**32.85%**	22.83%	28.46%	26.50%	27.18%	23.32%
D1	94.13%	92.63%	**94.44%**	94.35%	86.86%	92.26%
D2	95.88%	**96.50%**	94.88%	94.93%	89.56%	95.18%
D3	89.37%	88.33%	89.34%	86.80%	83.94%	87.54%
D4	**85.53%**	85.13%	**88.99%**	88.64%	82.56%	83.90%
平均秩	**1.5000**	4.1250	2.6250	4.5000	4.3750	3.8750
最终排名	**1**	4	2	6	5	3

表 9.7　*k*NN 系列算法在人工合成数据集 GM 指标上的分类性能对比

数据集	DBANN	W-*k*NN	*k*RNN	标准 *k*NN	F-*k*NN	H-*k*NN
A1	54.38%	48.66%	54.66%	45.14%	57.94%	**63.28%**
A2	36.98%	**40.25%**	32.08%	24.81%	37.30%	36.16%
A3	**21.19%**	15.81%	14.05%	11.40%	20.17%	15.66%

续表

数据集	DBANN	W-*k*NN	*k*RNN	标准 *k*NN	F-*k*NN	H-*k*NN
A4	**13.12%**	6.99%	5.16%	0	2.37%	1.31%
B1	62.44%	56.31%	59.39%	49.96%	62.23%	**67.08%**
B2	**56.37%**	50.44%	48.80%	40.09%	48.23%	45.91%
B3	**39.68%**	31.80%	18.08%	11.65%	30.45%	32.10%
B4	**33.60%**	8.49%	17.93%	2.81%	9.37%	17.12%
C1	85.31%	79.84%	84.07%	79.36%	87.55%	87.61%
C2	**83.86%**	74.97%	78.65%	70.10%	75.23%	70.23%
C3	**79.83%**	64.86%	71.65%	65.46%	69.28%	65.02%
C4	**66.04%**	43.03%	42.38%	36.54%	46.72%	40.71%
D1	96.61%	95.71%	96.81%	95.99%	**98.24%**	96.97%
D2	98.05%	**98.36%**	97.39%	96.66%	97.46%	96.82%
D3	**97.65%**	95.04%	95.03%	91.11%	95.28%	93.28%
D4	**96.37%**	92.41%	92.70%	92.14%	91.64%	91.23%
平均秩	**1.7500**	3.5625	3.4375	5.6875	2.875	3.6875
最终排名	1	4	3	6	2	5

此外，为了分析算法性能之间的显著性差异，进行弗里德曼（Friedman）检验。根据 F 分布，临界值为 $q_\beta = F(0.05, 5\times 15) = 2.9013$，如表 9.8 所示，$F_F > q_\beta$，意味着各算法在 F1 和 GM 指标上存在显著差异。随后，利用邦费罗尼-邓恩（Bonferroni-Dunn）检验进行成对比较，其中，六种算法的双尾 Bonferroni-Dunn 检验 $(\alpha = 0.05)$ 临界值为 $q_\gamma = 2.576$。与 DBANN 算法存在显著性差异的算法包括 F1 指标中的 W-*k*NN、标准 *k*NN、F-*k*NN、H-*k*NN，以及 GM 指标中的 W-*k*NN、标准 *k*NN、H-*k*NN。这表明 DBANN 算法对以上算法拥有统计意义上的显著优势。此外，DBANN 算法的统计检验结果似乎与 *k*RNN 较为相似。然而，两种算法的思想和结构完全不同，*k*RNN 调整局部分布信息，将后验概率估计偏向少数类样本，以处理不平衡问题；DBANN 算法旨在通过额外考虑重叠问题并通过选择“可靠”最近邻来提高分类性能。

表 9.8 人工合成数据集上 *k*NN 系列算法比较的 Friedman 检验和 Bonferroni-Dunn 检验

项目	χ_F^2	F_F	W-*k*NN	*k*RNN	标准 *k*NN	F-*k*NN	H-*k*NN	Friedman 检验
表 9.6	32.2857	10.1497	**2.6250**	1.1250	**3.0000**	**2.8500**	**2.3750**	$F_F > q_\beta$
表 9.7	37.8571	13.4746	**1.8125**	1.6875	**3.9375**	1.1250	**1.9375**	$F_F > q_\beta$

2. DBANN 算法与其他 kNN 变种算法在真实数据集上的性能比较

对 DBANN 算法与 kNN 变种算法在 41 个真实数据集上进行分类性能的比较。表 9.9 和表 9.10 显示，DBANN 算法在 GM 和 F1 指标上的平均秩分别为 2.3902、1.9268，均排名第一，表明 DBANN 算法相比其他 kNN 变种算法具有更好的性能。此外，由统计分析可知，DBANN 算法在高度重叠（F1<1.6）数据集中的平均秩分别为 2.15（F1）和 2.2（GM），高于在低度重叠（F1≥1.6）数据集中的平均秩分别为 2.61（F1）和 2.68（GM），即 DBANN 算法有较强的面对高度重叠数据的能力。同时，当遭遇极端数据分布，即高度重叠和高度不平衡同时发生（IR>20 和 F1<1.6）时，DBANN 算法仍然优于大多数其他 kNN 变种算法。特别是在 yeast1458vs7、yeast1289vs7、winequalityred3vs5、yeast2vs8 和 yeast4 等复杂数据集中，DBANN 算法获得了最优结果，该性质归功于 DBANN 算法的“可靠”最近邻选择机制，其使 DBANN 算法在少数类稀缺且分布重叠时，为测试样本提供更可靠的信息。Friedman 检验和 Bonferroni-Dunn 检验$\left[q_\beta = F\left(0.05, 5\times 40\right) = 2.45, q_\gamma = 2.576\right]$显示，DBANN 算法与 W-kNN、F-kNN 在 GM 指标上存在显著差异，与 W-kNN、标准 kNN、F-kNN 和 H-kNN 在 F1 指标上存在显著差异，如表 9.11 所示。在面对通用性算法时，DBANN 算法也取得了优异的性能，如表 9.12 和表 9.13 所示。尤其是在 GM 指标上，DBANN 算法获得了最小的平均秩（2.2561），并大幅度领先第二名的 3.4146。同样地，表 9.14 的统计检验表明，除 F1 指标上的 HSB、SVM + SMOTE 和 GM 指标上的 KEC 之外，DBANN 算法与其他 kNN 变种算法之间均存在显著差异。

表 9.9　kNN 系列算法在真实数据集 GM 指标上的分类性能对比

数据集	IR	F1	DBANN	W-kNN	kRNN	标准 kNN	F-kNN	H-kNN
poker8vs6	85.82	0.0153	2.27%	**19.00%**	0	0	0	5.00%
yeast1458vs7	22.10	0.1757	**21.43%**	10.58%	7.33%	0	0	10.71%
glass1	1.80	0.1935	76.23%	79.89%	77.12%	72.96%	61.52%	**82.48%**
yeast1	2.46	0.2422	**56.26%**	50.93%	54.80%	51.59%	49.21%	55.36%
yeast0359vs78	9.12	0.3113	42.91%	32.51%	**49.30%**	46.87%	33.09%	38.65%
yeast1vs7	14.26	0.3522	**44.19%**	30.76%	27.71%	24.71%	23.88%	35.74%
yeast1289vs7	30.53	0.3654	**30.44%**	25.78%	13.00%	14.00%	4.86%	19.17%
abalone918	16.38	0.6311	**49.33%**	35.53%	41.81%	28.24%	42.64%	45.06%
glass0	2.06	0.6492	**74.60%**	67.73%	72.59%	68.34%	53.91%	72.16%
yeast0256vs3789	9.14	0.6939	59.20%	56.04%	**65.93%**	62.32%	41.30%	57.15%

续表

数据集	IR	F1	DBANN	W-*k*NN	*k*RNN	标准*k*NN	F-*k*NN	H-*k*NN
winequalityred3vs5	68.10	0.7509	**7.66%**	1.33%	0.98%	0	0	0
yeast05679vs4	9.33	1.0515	**55.02%**	41.05%	46.00%	43.86%	20.83%	42.63%
ecoli01vs235	9.17	1.1028	74.81%	68.90%	79.67%	**79.67%**	52.83%	70.57%
vehicle0	3.27	1.1220	85.03%	87.17%	88.31%	89.78%	83.16%	**90.11%**
yeast2vs8	23.10	1.1424	**66.33%**	52.71%	61.67%	65.00%	65.00%	47.33%
yeast4	28.09	1.2516	**47.66%**	25.66%	33.42%	29.76%	18.40%	41.53%
ecoli0146vs5	12.95	1.3345	77.33%	83.33%	**86.67%**	**86.67%**	55.14%	86.67%
ecoli01vs5	11.00	1.3897	82.33%	81.33%	**90.00%**	**90.00%**	56.02%	82.67%
ecoli3	8.57	1.3513	**69.00%**	60.89%	66.10%	52.44%	47.52%	51.57%
yeast2vs4	9.08	1.5793	75.36%	71.48%	**78.87%**	74.31%	42.05%	73.71%
ecoli046vs5	9.15	1.6030	82.05%	81.33%	**88.00%**	84.67%	60.10%	81.33%
ecoli0234vs5	9.10	1.6179	80.33%	82.00%	**87.33%**	**87.33%**	58.24%	78.00%
ecoli034vs5	9.00	1.6323	81.33%	84.00%	**88.33%**	**88.33%**	58.76%	80.67%
yeast02579vs368	9.13	1.6361	78.22%	74.61%	81.11%	**82.14%**	38.02%	77.81%
ecoli067vs5	10.00	1.6921	73.33%	66.05%	**79.67%**	69.67%	57.26%	70.33%
ecoli2	5.44	1.8199	87.08%	84.13%	**87.94%**	87.53%	75.19%	83.07%
glass016vs5	19.44	1.8505	41.67%	35.00%	38.33%	28.33%	21.67%	**50.00%**
yeast6	41.40	1.9674	50.67%	54.09%	**56.15%**	54.10%	43.94%	51.69%
ecoli0137vs26	39.14	2.3018	**46.67%**	45.00%	**46.67%**	**46.67%**	38.33%	41.67%
glass6	6.38	2.3913	84.05%	82.67%	79.67%	82.33%	55.03%	**88.50%**
abalone21vs8	40.50	2.4359	40.38%	26.67%	40.00%	36.67%	**48.33%**	46.67%
ecoli1	3.35	2.6396	77.43%	70.97%	**78.73%**	76.47%	66.28%	69.42%
yeast3	8.10	2.7512	**77.02%**	67.80%	75.53%	72.88%	74.46%	64.74%
ecoli4	15.75	3.2504	**86.00%**	74.33%	83.33%	83.33%	56.76%	81.67%
glass0123vs456	3.18	3.3137	90.27%	83.13%	87.39%	86.40%	76.30%	**90.57%**
wisconsin	1.85	3.5676	95.91%	96.08%	95.45%	94.96%	94.03%	**96.15%**
newthyroid2	5.14	3.5793	95.56%	93.33%	90.22%	89.03%	69.00%	**98.57%**
new-thyroid1	5.14	3.5793	95.14%	92.57%	94.66%	93.24%	89.62%	**100.00%**
ecoli0vs1	1.84	9.7145	**97.98%**	94.88%	97.90%	97.23%	79.98%	95.54%
shuttlec0vsc4	13.86	12.9722	97.32%	**99.57%**	**99.57%**	**99.57%**	34.15%	99.17%
iris0	2.04	16.7971	**100.00%**	**100.00%**	**100.00%**	**100.00%**	97.07%	**100.00%**
平均秩			**2.3902**	3.9878	2.5487	3.3292	5.5609	3.1829
最终排名			**1**	5	2	4	6	3

表 9.10　*k*NN 系列算法在真实数据集 F1 指标上的分类性能对比

数据集	IR	F1	DBANN	W-*k*NN	*k*RNN	标准 *k*NN	F-*k*NN	H-*k*NN
poker8vs6	85.82	0.0153	**46.07%**	31.14%	0	0	0	7.05%
yeast1458vs7	22.10	0.1757	**35.15%**	21.88%	11.37%	0	0	19.47%
glass1	1.80	0.1935	79.72%	84.63%	84.74%	75.98%	80.94%	**90.65%**
yeast1	2.46	0.2422	69.01%	65.55%	**69.61%**	61.75%	60.16%	75.89%
yeast0359vs78	9.12	0.3113	**67.80%**	54.82%	66.60%	60.43%	50.95%	60.68%
yeast1vs7	14.26	0.3522	**62.39%**	55.56%	36.27%	30.64%	38.68%	49.96%
yeast1289vs7	30.53	0.3654	**49.08%**	44.79%	17.13%	17.13%	11.42%	28.55%
abalone918	129.41	0.5292	**40.83%**	4.98%	0	0	0	0
glass0	2.06	0.6492	87.75%	78.10%	**91.42%**	76.18%	83.98%	90.89%
yeast0256vs3789	9.14	0.6939	78.22%	74.79%	**78.36%**	72.25%	74.70%	72.40%
winequalityred3vs5	68.10	0.7509	**40.83%**	4.98%	2.36%	0	0	0
yeast05679vs4	9.33	1.0515	**73.05%**	59.21%	60.98%	55.12%	40.21%	60.08%
ecoli01vs235	9.17	1.1028	83.78%	77.58%	83.79%	73.79%	**87.47%**	77.58%
vehicle0	3.27	1.1220	**97.39%**	93.29%	96.65%	95.33%	92.59%	95.01%
yeast2vs8	23.10	1.1424	**71.97%**	71.96%	68.96%	68.97%	68.97%	58.96%
yeast4	28.09	1.2516	**76.39%**	46.36%	49.26%	40.27%	30.87%	61.23%
ecoli0146vs5	12.95	1.3345	**90.80%**	84.69%	87.76%	87.76%	90.78%	87.76%
ecoli01vs5	11.00	1.3897	90.74%	84.58%	**90.75%**	**90.75%**	90.70%	87.66%
ecoli3	8.57	1.3513	**91.37%**	79.28%	84.76%	66.58%	63.35%	66.89%
yeast2vs4	9.08	1.5793	**86.28%**	83.09%	82.84%	78.86%	80.25%	81.84%
ecoli046vs5	9.15	1.6030	90.65%	84.42%	**90.66%**	87.54%	90.59%	84.42%
ecoli0234vs5	9.10	1.6179	90.63%	87.53%	**90.64%**	**90.64%**	90.59%	84.40%
ecoli034vs5	9.00	1.6323	90.62%	87.51%	**90.64%**	**90.64%**	90.59%	84.39%
yeast02579vs368	9.13	1.6361	89.48%	88.23%	90.02%	88.71%	**90.37%**	88.14%
ecoli067vs5	10.00	1.6921	83.78%	77.58%	83.79%	73.79%	**87.47%**	77.58%
ecoli2	5.44	1.8199	93.91%	93.89%	**95.13%**	91.82%	94.05%	90.60%
glass016vs5	19.44	1.8505	**60.00%**	50.00%	50.00%	40.00%	30.00%	**60.00%**
yeast6	41.40	1.9674	**84.21%**	74.19%	74.87%	67.85%	66.15%	70.65%
ecoli0137vs26	39.14	2.3018	**50.00%**	**50.00%**	**50.00%**	**50.00%**	**50.00%**	**50.00%**
glass6	6.38	2.3913	91.36%	91.37%	85.20%	85.22%	**91.62%**	91.38%
abalone21vs8	40.50	2.4359	**64.02%**	27.01%	44.02%	37.01%	54.02%	51.03%
ecoli1	3.35	2.6396	**90.50%**	83.11%	88.50%	84.01%	84.55%	77.98%
yeast3	8.10	2.7512	**89.22%**	81.35%	86.21%	81.51%	87.62%	77.64%
ecoli4	15.75	3.2504	**93.93%**	80.88%	87.85%	87.85%	90.86%	87.84%
glass0123vs456	3.18	3.3137	**98.66%**	89.28%	93.25%	90.58%	91.75%	93.32%

续表

数据集	IR	F1	DBANN	W-*k*NN	*k*RNN	标准 *k*NN	F-*k*NN	H-*k*NN
wisconsin	1.85	3.5676	98.39%	97.75%	97.44%	96.16%	96.44%	**98.71%**
newthyroid2	5.14	3.5793	97.93%	94.64%	93.39%	90.28%	92.63%	**98.43%**
new-thyroid1	5.14	3.5793	96.38%	93.06%	94.66%	93.08%	94.32%	**100.00%**
ecoli0vs1	1.84	9.7145	97.98%	97.00%	97.02%	96.06%	**100.00%**	97.98%
shuttlec0vsc4	13.86	12.9722	**100.00%**	99.55%	99.55%	99.55%	96.77%	99.13%
iris0	2.04	16.7971	**100.00%**	**100.00%**	**100.00%**	**100.00%**	**100.00%**	**100.00%**
平均秩			**1.9268**	4.0243	2.8902	4.6097	3.9268	3.6219
最终排名			**1**	5	2	6	4	3

表 9.11 真实数据集上 *k*NN 系列算法比较的 Friedman 检验和 Bonferroni-Dunn 检验

项目	χ_F^2	F_F	W-*k*NN	*k*RNN	标准 *k*NN	F-*k*NN	H-*k*NN	Friedman 检验
表 9.9	79.0924	25.1272	**1.5976**	0.1585	0.9390	**3.1707**	0.7927	$F_F > q_\beta$
表 9.10	53.3059	14.0562	**2.0975**	0.9634	**2.6829**	**2.0000**	**1.6951**	$F_F > q_\beta$

表 9.12 DBANN 算法与通用性算法在真实数据集 GM 指标上的分类性能对比

数据集	IR	F1	DBANN	CART + SMOTE	CART + OBU	SVM + SMOTE	SVM + OBU	RUS	HSB	KEC
poker8vs6	85.82	0.0153	2.27%	**41.89%**	4.02%	3.79%	0	8.48%	3.25%	5.41%
yeast1458vs7	22.10	0.1757	**21.43%**	17.22%	9.52%	14.17%	15.77%	17.67%	13.34%	11.39%
glass1	1.80	0.1935	**76.23%**	71.37%	62.81%	56.07%	57.95%	69.98%	60.50%	72.54%
yeast1	2.46	0.2422	56.26%	50.73%	51.16%	**58.44%**	53.36%	49.89%	49.06%	51.89%
yeast0359vs78	9.12	0.311	**42.91%**	23.06%	28.84%	37.04%	32.62%	33.47%	30.53%	26.54%
yeast1vs7	14.26	0.3522	**44.19%**	24.86%	35.32%	30.48%	5.00%	21.47%	21.91%	31.62%
yeast1289vs7	30.53	0.3654	**30.44%**	15.52%	22.47%	12.97%	10.63%	15.76%	8.51%	23.36%
abalone918	16.38	0.631	**49.33%**	29.21%	26.08%	45.57%	24.67%	25.78%	22.21%	30.09%
glass0	2.06	0.6492	74.60%	75.06%	68.30%	65.39%	65.69%	76.93%	70.12%	**78.51%**
yeast0256vs3789	9.14	0.6939	**59.20%**	46.11%	47.52%	52.89%	43.56%	41.34%	40.45%	49.75%
winequalityred3vs5	68.10	0.7509	7.66%	1.25%	0	5.07%	0	1.90%	2.82%	**7.86%**
yeast05679vs4	9.33	1.0515	**55.02%**	43.39%	39.09%	43.27%	26.27%	42.05%	39.48%	46.19%
ecoli01vs235	9.17	1.1028	74.81%	61.36%	61.81%	72.31%	**75.74%**	66.33%	47.40%	65.67%
vehicle0	3.27	1.122	85.03%	86.69%	73.27%	**94.72%**	91.77%	90.51%	85.63%	91.19%
yeast2vs8	23.10	1.1424	**66.33%**	42.60%	34.89%	47.52%	65.00%	32.21%	13.88%	45.38%
yeast4	28.09	1.2516	**47.66%**	32.46%	20.13%	27.47%	19.52%	29.62%	22.65%	30.20%
ecoli0146vs5	12.95	1.3345	**77.33%**	52.67%	56.33%	62.90%	74.67%	67.00%	51.45%	73.00%

续表

数据集	IR	F1	DBANN	CART + SMOTE	CART + OBU	SVM + SMOTE	SVM + OBU	RUS	HSB	KEC
ecoli01vs5	11.00	1.3897	**82.33%**	69.67%	58.05%	72.67%	78.00%	75.67%	63.33%	72.78%
ecoli3	8.57	1.3513	**69.00%**	46.74%	44.84%	58.82%	42.08%	55.00%	49.69%	63.57%
yeast2vs4	9.08	1.5793	75.36%	67.76%	74.51%	69.48%	54.05%	66.93%	72.74%	**79.52%**
ecoli046vs5	9.15	1.6030	**82.05%**	66.00%	64.00%	79.71%	65.05%	80.67%	57.00%	76.00%
ecoli0234vs5	9.10	1.6179	**80.33%**	69.05%	74.67%	72.19%	68.24%	76.67%	53.90%	73.33%
ecoli034vs5	9.00	1.6323	**81.33%**	67.67%	74.33%	72.57%	69.05%	76.33%	61.54%	74.67%
yeast02579vs368	9.13	1.6361	78.22%	74.09%	71.66%	71.09%	77.44%	70.45%	58.46%	**78.63%**
ecoli067vs5	10.00	1.6921	**73.33%**	64.38%	69.33%	63.00%	72.05%	70.67%	51.73%	69.33%
ecoli2	5.44	1.8199	**87.08%**	78.66%	70.25%	69.47%	66.98%	81.12%	69.67%	83.32%
glass016vs5	19.44	1.8505	41.67%	56.67%	49.07%	57.33%	19.19%	**73.33%**	16.86%	60.00%
yeast6	41.40	1.9674	**50.67%**	39.52%	33.58%	28.11%	13.33%	40.28%	15.94%	48.31%
ecoli0137vs26	39.14	2.3018	**46.67%**	38.33%	29.00%	31.19%	38.33%	40.00%	21.62%	23.33%
glass6	6.38	2.3913	84.05%	86.03%	67.19%	82.57%	77.19%	**86.50%**	72.64%	85.71%
abalone21vs8	40.50	2.4359	40.38%	37.57%	55.33%	**68.00%**	36.67%	46.52%	23.36%	47.54%
ecoli1	3.35	2.6396	77.43%	70.23%	72.45%	**78.00%**	70.90%	77.77%	75.35%	72.85%
yeast3	8.10	2.7512	**77.02%**	71.70%	68.41%	66.96%	56.34%	71.91%	68.04%	73.82%
ecoli4	15.75	3.2504	**86.00%**	74.00%	60.67%	82.38%	43.33%	82.67%	42.00%	68.00%
glass0123vs456	3.18	3.3137	90.27%	86.01%	83.99%	87.16%	86.28%	**91.36%**	83.64%	88.10%
wisconsin	1.85	3.5676	**95.91%**	92.07%	90.90%	95.67%	94.18%	95.22%	91.29%	94.58%
newthyroid2	5.14	3.5793	95.56%	93.17%	96.03%	**97.46%**	**97.46%**	92.07%	81.57%	92.13%
new-thyroid1	5.14	3.5793	95.14%	92.70%	90.70%	**98.89%**	**98.89%**	90.16%	81.73%	90.13%
ecoli0vs1	1.84	9.7145	97.98%	95.54%	95.55%	97.90%	96.47%	97.32%	95.55%	**98.56%**
shuttlec0vsc4	13.86	12.9722	97.32%	**100.00%**	**100.00%**	**100.00%**	**100.00%**	**100.00%**	**100.00%**	**100.00%**
iris0	2.04	16.7971	**100.00%**	**100.00%**	**100.00%**	**100.00%**	**100.00%**	**100.00%**	**100.00%**	**100.00%**
平均秩			**2.2561**	4.9024	5.4390	4.0122	5.4024	3.8415	6.7317	3.4146
最终排名			**1**	5	7	4	6	3	8	2

表 9.13 DBANN 算法与通用性算法在真实数据集 F1 指标上的分类性能对比

数据集	IR	F1	DBANN	CART + SMOTE	CART + OBU	SVM + SMOTE	SVM + OBU	RUS	HSB	KEC
poker8vs6	85.82	0.0153	46.07%	54.90%	19.93%	24.96%	0	31.14%	**67.03%**	31.13%
yeast1458vs7	22.10	0.1757	35.15%	22.81%	13.02%	65.63%	0	38.92%	**76.82%**	25.15%
glass1	1.80	0.1935	**79.72%**	59.13%	77.66%	68.12%	70.33%	72.63%	70.56%	73.90%
yeast1	2.46	0.2422	**69.01%**	43.06%	55.70%	63.88%	53.84%	61.10%	68.25%	61.16%
yeast0359vs78	9.12	0.3113	67.80%	26.24%	33.75%	71.84%	20.45%	54.19%	**76.66%**	43.38%
yeast1vs7	14.26	0.3522	62.39%	32.17%	45.19%	79.02%	31.28%	44.26%	**80.85%**	54.97%

续表

数据集	IR	F1	DBANN	CART + SMOTE	CART + OBU	SVM + SMOTE	SVM + OBU	RUS	HSB	KEC
yeast1289vs7	30.53	0.3654	49.08%	16.37%	29.40%	**69.29%**	28.11%	42.35%	59.46%	50.48%
abalone918	16.38	0.6311	71.46%	2.48%	41.81%	76.15%	30.49%	48.37%	**76.79%**	55.47%
glass0	2.06	0.6492	**87.75%**	32.42%	71.07%	82.11%	78.09%	83.80%	86.63%	83.95%
yeast0256vs3789	9.14	0.6939	78.22%	72.67%	51.83%	69.49%	32.18%	62.32%	**82.32%**	65.45%
winequalityred3vs5	68.10	0.7509	40.83%	49.84%	0	**79.91%**	0	10.74%	60.39%	12.04%
yeast05679vs4	9.33	1.0515	73.05%	37.95%	42.25%	72.30%	5.74%	56.49%	**80.92%**	57.54%
ecoli01vs235	9.17	1.1028	**83.78%**	50.30%	74.26%	79.50%	79.51%	80.68%	83.77%	80.67%
vehicle0	3.27	1.1220	**97.39%**	74.22%	84.89%	93.52%	93.52%	94.35%	94.61%	94.01%
yeast2vs8	23.10	1.1424	71.97%	**84.89%**	44.44%	54.23%	54.26%	54.96%	64.84%	61.97%
yeast4	28.09	1.2516	76.39%	54.23%	32.04%	73.50%	31.22%	62.19%	**82.81%**	49.97%
ecoli0146vs5	12.95	1.3345	**90.80%**	59.62%	58.84%	84.38%	74.04%	83.86%	90.75%	77.75%
ecoli01vs5	11.00	1.3897	**90.74%**	63.90%	58.63%	84.33%	79.11%	87.63%	87.62%	87.64%
ecoli3	8.57	1.3513	**91.37%**	48.48%	83.60%	90.86%	76.38%	70.73%	81.29%	73.17%
yeast2vs4	9.08	1.5793	86.28%	66.84%	77.57%	80.94%	46.43%	79.80%	**95.26%**	87.39%
ecoli046vs5	9.15	1.6030	90.65%	68.95%	73.65%	84.19%	73.64%	**93.74%**	87.44%	87.52%
ecoli0234vs5	9.10	1.6179	**90.63%**	68.39%	73.65%	84.15%	68.36%	87.49%	84.32%	87.51%
ecoli034vs5	9.00	1.6323	90.62%	68.33%	73.67%	84.14%	68.34%	84.37%	**93.70%**	87.49%
yeast02579vs368	9.13	1.6361	89.48%	78.51%	75.30%	86.93%	69.01%	82.50%	**92.96%**	85.53%
ecoli067vs5	10.00	1.6921	**83.78%**	74.22%	74.26%	79.50%	79.51%	80.68%	83.77%	80.67%
ecoli2	5.44	1.8199	93.91%	82.18%	73.47%	90.69%	57.11%	86.88%	**94.18%**	89.16%
glass016vs5	19.44	1.8505	60.00%	60.00%	**90.00%**	80.00%	60.00%	**90.00%**	40.00%	70.00%
yeast6	41.40	1.9674	84.21%	49.71%	51.35%	**84.83%**	45.89%	80.44%	80.28%	63.50%
ecoli0137vs26	39.14	2.3018	50.00%	50.00%	40.00%	50.00%	50.00%	50.00%	**70.00%**	30.00%
glass6	6.38	2.3913	91.36%	89.30%	85.59%	85.63%	89.27%	89.33%	89.30%	**93.41%**
abalone21vs8	40.50	2.4359	64.02%	54.91%	69.82%	**84.91%**	4.89%	67.01%	81.01%	74.01%
ecoli1	3.35	2.6396	90.50%	65.07%	68.82%	**95.14%**	67.95%	86.04%	88.64%	80.41%
yeast3	8.10	2.7512	89.22%	72.53%	70.52%	86.41%	40.12%	80.36%	**93.21%**	83.84%
ecoli4	15.75	3.2504	**93.93%**	74.22%	69.68%	94.85%	34.23%	90.89%	76.95%	80.88%
glass0123vs456	3.18	3.3137	**98.66%**	82.86%	81.06%	90.40%	90.96%	94.92%	90.62%	91.07%
wisconsin	1.85	3.5676	98.39%	85.98%	98.70%	95.68%	**99.35%**	96.81%	93.53%	96.14%
newthyroid2	5.14	3.5793	**97.93%**	94.21%	97.11%	97.11%	97.11%	96.38%	91.81%	94.66%
new-thyroid1	5.14	3.5793	96.38%	93.40%	89.72%	**100.00%**	**100.00%**	96.36%	93.89%	92.60%
ecoli0vs1	1.84	9.7145	**97.98%**	94.33%	96.13%	96.13%	90.90%	97.96%	97.96%	**97.98%**
shuttlec0vsc4	13.86	12.9722	**100.00%**	**100.00%**	**100.00%**	**100.00%**	**100.00%**	**100.00%**	**100.00%**	**100.00%**
iris0	2.04	16.7971	**100.00%**	**100.00%**	**100.00%**	**100.00%**	**100.00%**	**100.00%**	**100.00%**	**100.00%**
平均秩			**2.3780**	6.3780	6.0365	3.7195	6.4024	4.0975	2.8780	4.10975
最终排名			**1**	7	6	3	8	4	2	5

表 9.14　真实数据集上 DBANN 算法与通用性算法比较的 Friedman 检验和 Bonferroni-Dunn 检验

项目	χ_F^2	F_F	RUS	HSB	KEC	CART + SMOTE	CART + OBU	SVM + SMOTE	SVM + OBU	Friedman 检验
表 9.12	93.769	19.4108	**1.5854**	**4.4757**	1.1586	**2.6464**	**3.1830**	**1.7561**	**3.1464**	$F_F > q_\beta$
表 9.13	120.016	28.7493	**1.7195**	0.5000	**1.7317**	**4.0000**	**3.6585**	1.3415	**4.0244**	$F_F > q_\beta$

9.6　本 章 小 结

本章提出了 DBANN 算法，以处理非平衡 + 重叠问题。DBANN 算法基于数据密度和类别寻找最“可靠”的 k 近邻样本作为最终决策。首先，DBANN 算法利用聚类方法将训练数据分为六种类型，在每种类型上，基于样本密度、类别比例及重叠程度，为训练样本分配可靠性系数，以衡量样本的重要性。其次，DBANN 算法调整距离度量指标，使“可靠”的样本更有可能被选为 k 近邻样本。分类结果最终由这些“可靠”最近邻样本生成。

与现有的基于 kNN 算法的方法不同，DBANN 算法在“可靠”最近邻样本选择机制中纳入了局部和全局的分布信息。此外，DBANN 算法还考虑了噪声因素影响，以提高分类性能。值得注意的是，DBANN 算法中“可靠”最近邻样本可以自适应地根据数据分布的变化而改变。为了验证算法的有效性，对 kNN 系列算法及通用性算法在 16 个人工合成数据集和 41 个真实数据集上进行了实验比较。结果表明，DBANN 算法在 F1 和 GM 指标上占据显著优势。

参 考 文 献

包国宪，刘红芹. 2012. 政府购买居家养老服务的绩效评价研究[J]. 广东社会科学（2）：15-22.

蔡中华，王一帆，董广巍. 2016. 城市社区养老服务质量评价：基于粗糙集方法的数据挖掘[J]. 人口与经济（4）：82-90.

曹洁洁. 2017. 基于服务供应链的养老服务供给能力评价与优化[D]. 徐州：江苏师范大学.

陈静怡，黄美娇，吕庆华. 2024. 数字化情境下智慧养老服务生态系统的演化博弈分析[J/OL]. 复杂系统与复杂性科学：1-10 [2024-07-27]. https://mp.weixin.qq.com/s?src = 11&timestamp = 1730891836&ver = 5612&signature = 0EtFISmiI3YZfcz6dxsEK0RTXuYA07bSWvWPTRDjzFxOVtxY4J9GV4MY6d-AapecaDkkxA1ArBU3o7SV4VtV-XWzszWjOQ1V*B6C84aHC1-MN59mrU7zW-UySXBxoUAq&new = 1.

陈强. 2022. 竞争环境下养老机构的服务质量决策与政府策略研究[D]. 长沙：中南大学.

陈帅，梁昌勇，赵树平. 2019. 服务供应链模式下居家养老服务提供商组合选择研究[J]. 科技促进发展，15（10）：1106-1112.

陈武华. 2016. 双层公共服务系统的竞争和协调[D]. 合肥：中国科学技术大学.

陈晓华. 2020. 智慧养老服务供应链模型构建及运行机制研究[J]. 科技与管理，22（1）：23-28.

陈友华，孔祥勇，王世清，等. 2008. 提高居家养老生活质量——南京市白下区社区养老服务的规划与设计[C]//江苏老年学研究论文选集（2007—2008）. 南京：江苏人民出版社：9.

储节旺，吴蓉，李振延. 2023. 数智赋能的创新生态系统构成及运行机制研究[J]. 情报理论与实践，46（3）：1-8.

丛春霞，曹光源. 2017. 治理视角下社区居家养老的政府责任研究[J]. 大连海事大学学报（社会科学版），16（2）：67-73.

崔娟娟. 2022. 基于复杂网络博弈的政府购买居家养老服务质量管控机制构建[J]. 经营与管理（4）：108-113.

代钰，杨雷，张斌，等. 2006. 支持组合服务选取的 QoS 模型及优化求解[J]. 计算机学报，29（7）：1167-1178.

邓振华，谢平娟，张智勇. 2018. “家社园” 三方联动居家养老服务供应链构建：基于广东老龄化现状的调研[J]. 物流技术，37（1）：122-126.

丁滟，王怀民，史佩昌，等. 2015. 可信云服务[J]. 计算机学报，38（1）：133-149.

董红斌，滕旭阳，杨雪. 2016. 一种基于关联信息熵度量的特征选择方法[J]. 计算机研究与发展，53（8）：1684-1695.

段金利，张岐山. 2017. 医疗服务市场质量竞争博弈模型[J]. 系统科学与数学，37（12）：2389-2399.

高卉杰. 2017. 需求不确定下物流服务供应链整合运作研究[D]. 北京：北京科技大学.

高秋萍，韩振燕. 2019. “互联网 + ” 背景下居家养老服务供应链的构建：以江苏省为例[J]. 长江论坛（3）：57-62.
高晓波，孙行臻. 2018. 基于政府购买的社区养老服务决策分析[J]. 统计与决策，34（21）：60-63.
郭敬，黄陈刘. 2015. 基于养老产业进入机制的演化博弈分析[J]. 数学的实践与认识，45（20）：112-119.
郭倩，王效俐. 2018. 基于财政补贴的民办养老服务供给博弈分析[J]. 系统工程，36（10）：42-52.
郭倩，王效俐. 2020. 基于政府补贴的养老服务市场供给研究[J]. 运筹与管理，29（2）：219-228.
郭奕芬，邓波，彭健，等. 2014. 城市居家养老服务质量模型研究：以南昌市为例[J]. 中国老年保健医学，12（6）：9-13.
国家统计局. 2023a. 2023 中国统计年鉴[M/OL]. [2023-01-01]. https://www.stats.gov.cn/sj/ndsj/2023/indexch.htm.
国家统计局. 2023b.人口老龄化及其衡量标准是什么[EB/OL]. [2023-01-01]. https://www.stats.gov.cn/zs/tjws/tjbz/202301/t20230101_1903949.html.
何嘉敏，郑茜，郑倩倩. 2022. 区域人口密度差异下的医疗服务质量竞争研究[J]. 计算机与数字工程，50（8）：1739-1745，1786.
何阳，娄成武. 2024. 适老化转型、基本养老服务供给与服务型政府建设：基于建立精准服务主动响应机制的思考[J]. 贵州师范大学学报（社会科学版）（2）：46-57.
洪子鸣. 2022. 考虑政府补贴和企业社会责任的养老服务供应链决策与协调研究[D]. 镇江：江苏大学.
胡东方，郑亚飞，雷若楠. 2016. 基于 QFD 和 AIS 的复杂产品定制设计[J]. 计算机集成制造系统，22（9）：2053-2062.
胡黎秘，丘小玲. 2023. 有限理性下养老问题的四方博弈演化动力学模型研究[J]. 数学的实践与认识，53（5）：48-66.
黄阿婧. 2019. 考虑个性化需求的养老服务供应链的构建及运作研究[D]. 广州：华南理工大学.
黄清敏，史健勇. 2022. 养老服务监管多主体博弈分析：基于贝叶斯模型[J]. 科学与管理，42（5）：73-79.
纪伟. 2019. 服务质量激励下社区养老服务供应链协调机制研究[D]. 广州：华南理工大学.
贾鸿飞，孙利辉，孙翠华. 2021. 基于主成分分析的居家养老服务供应链财务绩效评价[J]. 青岛大学学报（自然科学版），34（4）：133-137，143.
贾鸿飞. 2022. 居家养老服务供应链末端服务质量的三方博弈研究[D]. 青岛：青岛大学.
贾志保. 2020. 基于公平偏好考虑服务水平的服务供应链协调研究[D]. 太原：山西大学.
雷洋. 2016. 发挥标准化作用，推动养老服务业实现跨越式发展[J]. 大众标准化（4）：8-11.
李岸达，何桢，何曙光. 2016. 基于 NSGA-Ⅱ的非平衡制造数据关键质量特性识别[J]. 系统工程理论与实践，36（6）：1472-1479.
李欢. 2013. 价格管制下的质量竞争：以医疗服务市场为例[J]. 统计与决策，29（2）：64-67.
李梦娜. 2022. 不同政府补贴下养老服务供应链服务定价与服务质量决策研究[D]. 焦作：河南理工大学.
李倩倩，洪佳惠，闫浩. 2024. 双中心模式：数智环境下红色档案治理模式探析[J]. 北京档案（3）：27-32.
李晴晴. 2022. 市场化背景下的养老机构定价策略研究[D]. 聊城：聊城大学.
李鑫. 2023. 数智环境下我国信息资源开发模式研究[D]. 长春：东北师范大学.

李雪迎. 2023. 供应链视角下政府购买居家养老服务研究：基于对武汉部分社区的调查[D]. 武汉：武汉科技大学.
李郅琴，杜建强，聂斌，等. 2019. 特征选择方法综述[J]. 计算机工程与应用，55（24）：10-19.
廖楚晖，甘炜，陈娟. 2014. 中国一线城市社区居家养老服务质量评价[J]. 中南财经政法大学学报（2）：46-50.
刘海滨，刘国华，黄立明，等. 2016. 基于 Artifact 感知的服务组合模式挖掘方法[J]. 计算机集成制造系统，22（2）：312-323.
鲁迎春. 2014. 从"福利救济"到"权利保障"：上海养老服务供给中的政府责任研究[D]. 上海：复旦大学.
闾志俊. 2018. "互联网＋"背景下智慧养老服务模式[J]. 中国老年学杂志，38（17）：4321-4325.
马鸣啸. 2017. 社区养老服务质量评价系统的设计与实现[D]. 哈尔滨：哈尔滨工业大学.
马跃如，陈强. 2021. 政府行为下养老机构竞争策略研究[J]. 工业工程与管理，26（1）：52-60.
马跃如，文铮，易丹. 2020a. 多主体视角下的养老服务监管系统动力学研究[J]. 西北人口，41（6）：88-101.
马跃如，易丹，胡韩莉. 2020b. 基于服务质量控制的养老服务供应链协调研究[J]. 管理工程学报，34（4）：109-118.
孟庆良，蒋秀军. 2012. 基于定量化 Kano 模型的顾客需求最终重要度确定方法[J]. 统计与决策，28（6）：32-35.
孟顺梅. 2016. 云计算环境下可信服务组合及其关键技术研究[D]. 南京：南京大学.
民政部，全国老龄办. 2022. 2022 年度国家老龄事业发展公报[EB/OL]. [2023-12-14]. https://www.mca.gov.cn/n152/n165/c1662004999979996614/attr/315138.pdf.
牟娉婷. 2014. 社区居家养老服务质量评价指标体系研究[D]. 大连：大连理工大学.
潘蓉. 2020. "9073"养老服务格局的困境及出路：基于天津市养老服务建设现状的调查及研究[J]. 中国商论（4）：105-107.
彭青云. 2019. 多元主体视角下社区居家养老服务路径探索[J]. 浙江工商大学学报（3）：101-108.
秦书博. 2022. 基于演化博弈的民办营利性养老机构补贴机制研究[D]. 大连：东北财经大学.
任宗伟，刘钰冰，周广民. 2021. 社区居家养老服务供应链定价及协调策略研究：考虑老年人服务偏好[J]. 产经评论，12（6）：121-133.
尚晏莹，蒋军锋，俞利其. 2023. 数智环境双刃剑效应下设计思维对商业模式创新的影响[J]. 管理学报，20（11）：1670-1679.
沈瑾，王丽亚，隆惠君，等. 2013. 服务型制造中基于知识的产品服务配置[J]. 计算机集成制造系统，19（10）：2633-2643.
石腾飞. 2023. 智慧社区养老多元主体演化博弈研究[D]. 昆明：昆明理工大学.
睢党臣，曹献雨. 2018. "互联网＋"养老平台供给模式的选择与优化：基于动/静态博弈分析[J]. 陕西师范大学学报（哲学社会科学版），47（1）：74-82.
隋小磊. 2016. 基于 SERVQUAL 模型的居家养老服务质量研究：以西安市为例[D]. 西安：陕西师范大学.
孙建军，李阳，裴雷. 2020. "数智"赋能时代图情档变革之思考[J]. 图书情报知识，37（3）：22-27.
孙梦楚，高焕沙，薛群慧. 2016. 国内外智慧养老研究进展[J]. 特区经济（6）：71-73.

孙祎婉. 2024. 社区居家养老服务多元主体协同供给模式研究[J]. 合作经济与科技（11）：174-176.

孙园园，刘飞，李丽. 2014. 基于 Kano-QFD 的个性化产品属性指标重要度确定方法[J]. 计算机集成制造系统，20（11）：2697-2704.

陶颜，魏江. 2015. 服务模块化研究脉络、基准与展望：基于国外文献的分析[J]. 外国经济与管理，37（1）：43-51.

王洪涛. 2019. 考虑政府补贴的养老服务供应链质量控制研究[D]. 沈阳：东北大学.

王金永，董玉民. 2015. 服务供应链视角下养老机构与老年人模糊博弈[J]. 桂林航天工业学院学报，20（4）：510-514.

王立剑，凤言，王程. 2017. 养老机构服务质量评价研究[J]. 人口与发展，23（6）：96-102.

王娜. 2017. 人口老龄化背景下老龄产业发展的政企演化博弈分析[J]. 老龄科学研究，5（12）：31-38.

王文良，卢一帆，张宏哲，等. 2006. 利用 PZB 与 FAHP 于食护机构服务品质评估之研究[J]. 健康管理学刊（4）：103-120.

王显志，王忠杰，徐晓飞，等. 2011. 面向多需求可满足性折中的服务组合方法[J]. 计算机研究与发展，48（4）：627-637.

王晓立，马士华. 2011. 供应和需求不确定条件下物流服务供应链能力协调研究[J]. 运筹与管理，20（2）：44-49.

王雪，赵成玉，白灵丽，等. 2019. 中国社区居家养老现状[J]. 中国老年学杂志，39（4）：1012-1015.

王亚文. 2017. 社会企业介入养老服务供给的内生机制探析：基于委托代理模型[D]. 武汉：华中农业大学.

王勇，胡春明，杜宗霞. 2006. 服务质量感知的网格工作流调度[J]. 软件学报，17（11）：2341-2351.

王宇，李振云，刘婷婷，等，2017. 基于 SERVQUAL 模型的社区养老服务质量评价研究及其影响因素分析[J]. 护理研究，31（16）：1961-1967.

王振华. 2021. 供应链视角下公建民营养老机构运作绩效评估及政策优化研究：以浙江省淳安县为例[D]. 上海：华东政法大学.

韦海民，毛伟伦. 2023. 服务质量激励下养老服务供应链补贴策略及效果研究[J]. 生产力研究（9）：81-86.

魏珊，马海群. 2022. 数智赋能图书馆转型的现实逻辑与实现路径研究[J]. 图书馆工作与研究（11）：27-36.

吴萌，刘冉，江志斌，等. 2017. 不确定性周期性家庭护理资源调度[J]. 工业工程，20（1）：51-58.

吴萌. 2016. 不确定性周期性家庭医疗护理资源调度[D]. 上海：上海交通大学.

吴诺. 2012. 都市社区居家养老服务体系中的信息化系统构建[J]. 价值工程，31（13）：179-180.

吴玉韶，李晶. 2024. 我国居家养老服务发展中的问题及其应对[J]. 行政管理改革（3）：44-51.

夏涛. 2019. 政府购买机构养老服务下多方参与的演化博弈研究[J]. 西北人口，40（2）：59-68.

肖娟. 2021. 基于模糊多属性决策模型的政府购买养老服务供应商选择研究[J]. 改革与开放（13）：51-56.

徐亮. 2014. 异质服务提供者的合作与竞争问题研究[D]. 合肥：中国科学技术大学.

徐晓飞，刘志中，王忠杰，等. 2015. S-ABC：面向服务领域的人工蜂群算法范型[J]. 计算机学报，38（11）：2301-2317.

许尧，胡学钢，李培培. 2016. 一种基于组策略的过滤式特征选择算法[J]. 计算机应用研究，33（5）：1322-1326.
闫爽毅. 2016. 基于 QFD 和 Kano 模型的鲅鱼圈 A 疗养院服务质量优化研究[D]. 长春：吉林大学.
杨波. 2016. 养老产业发展及服务质量评价的文献综述与展望[J]. 中国商论（23）：161-163.
杨帆. 2019. 产能和需求不确定性对供应链库存决策和利润的影响研究[D]. 北京：北京工业大学.
杨鸿燕. 2001. 居家养老中生活照料评估体系研究[J]. 市场与人口分析，7（3）：61-66.
杨鹏，金波，孙尧. 2024. 数智环境下档案工作面临的挑战与机遇[J]. 图书情报工作，68（8）：3-13.
杨贞贞. 2014. 医养结合的社会养老服务筹资模式构建与实证研究[D]. 杭州：浙江大学.
姚翠友，罗宗，杨艳红，等. 2020. 京津冀地区农村养老机制的演化博弈分析[J]. 系统科学学报，28（2）：100-104.
袁小良. 2016. “互联网＋” 智慧养老的实践反思：基于 X 市 Z 平台的调研分析[J]. 社会工作与管理，16（2）：56-60.
岳向华，林毓铭. 2020. 政府监管下养老 PPP 项目服务质量演化仿真分析[J]. 社会保障研究（6）：3-14.
张千群. 2023. 政府养老服务供给研究：基于老年人对政府养老责任认知的视角[D]. 济南：山东大学.
张红凤，罗微. 2019. 养老服务资源对老年人社会养老服务需求的影响研究[J]. 中国人口 • 资源与环境，29（4）：168-176.
张雷，韩永乐. 2017. 当前我国智慧养老的主要模式、存在问题与对策[J]. 社会保障研究（2）：30-37.
张丽娜. 2012. 社区养老服务供应链的构建及管理实施[D]. 广州：华南理工大学.
张庭溢，翁钰贞，计国君. 2023. 嵌入式社区养老服务供应链运作博弈演化的系统动力学分析[J]. 电子科技大学学报（社科版），25（3）：69-82.
张玉琼. 2015. 构建失能老年人的智慧养老服务平台：以社会网络为视角[J]. 老龄科学研究，3（6）：48-57.
张智勇，吕嘉欣，石永强. 2016. 基于奖惩契约的养老服务供应链质量控制协调[J]. 工业工程，19（5）：58-64.
张智勇，赵俊，石永强，等. 2014. 养老服务供应链中服务提供商的选择[J]. 统计与决策，30（4）：60-62.
张智勇，赵俊，石永强. 2013a. 养老服务供应链创新模式：绩效评价与优化策略：基于广州荔湾区的调查[J]. 商业研究（8）：107-114.
张智勇，赵俊，石园. 2013b. 需求规模下养老服务供应链质量决策分析[J]. 预测，32（4）：46-51.
张智勇，赵俊，石园. 2015. 养老服务集成商的服务质量决策分析[J]. 管理工程学报，29（2）：160-166.
章晓懿，梅强. 2012. 社区居家养老服务绩效评估指标体系研究[J]. 统计与决策，28（24）：73-75.
赵国伟. 2015. 养老机构服务质量评价指标体系研究[D]. 北京：北京化工大学.
赵俊. 2014. 养老服务供应链创新模式下服务质量优化研究[D]. 广州：华南理工大学.
赵晓双. 2022. 基于演化博弈的养老服务供应链质量控制与协调研究[D]. 大连：大连交通大学.
郑世宝. 2014. 物联网与智慧养老[J]. 电视技术，38（22）：24-27.

周海英，黄蕾嫣，张小玲. 2018. 博弈论的养老服务供应链竞合策略研究[J]. 广州航海学院学报，26（4）：62-65.

周云，卢钊. 2018. 城市社区养老服务供应链中的瓶颈与对策探研：基于对武汉市的调查[J]. 经济体制改革（1）：59-66.

朱萍. 2021. 基于供应链协同视角打造“10 分钟养老服务圈”：以扬州为例[J]. 产业创新研究（5）：17-19.

朱勇. 2014. 智能养老[M]. 北京：社会科学文献出版社.

左美云. 2018. 智慧养老：内涵与模式[M]. 北京：清华大学出版社.

Agra A，Christiansen M，Figueiredo R，et al. 2013. The robust vehicle routing problem with time windows[J]. Computers & Operations Research，40（3）：856-866.

Aiura H. 2013. Inter-regional competition and quality in hospital care[J]. The European Journal of Health Economics，14（3）：515-526.

Akjiratikarl C，Yenradee P，Drake P R. 2007. PSO-based algorithm for home care worker scheduling in the UK[J]. Computers & Industrial Engineering，53（4）：559-583.

Akkermans H，Vos B. 2003. Amplification in service supply chains：an exploratory case study from the telecom industry[J]. Production and Operations Management，12（2）：204-223.

Alejo R，Valdovinos R M，García V，et al. 2013. A hybrid method to face class overlap and class imbalance on neural networks and multi-class scenarios[J]. Pattern Recognition Letters，34（4）：380-388.

Aurich J C，Wolf N，Siener M，et al. 2009. Configuration of product-service systems[J]. Journal of Manufacturing Technology Management，20（5）：591-605.

Avizienis A，Laprie J C，Randell B，et al. 2004. Basic concepts and taxonomy of dependable and secure computing[J]. IEEE Transactions on Dependable and Secure Computing，1（1）：11-33.

Avlonitis V，Hsuan J. 2017. Exploring modularity in services：cases from tourism[J]. International Journal of Operations & Production Management，37（6）：771-790.

Azari M S，Bouyer A，Zadeh N F. 2015. Service composition with knowledge of quality in the cloud environment using the cuckoo optimization and artificial bee colony algorithms[C]. Tehran：2nd International Conference on Knowledge-Based Engineering and Innovation：539-545.

Baida Z，Gordijn J，Sæle H，et al. 2004. Energy services：a case study in real-world service configuration[M]//Notes on Numerical Fluid Mechanics and Multidisciplinary Design. Cham：Springer International Publishing：36-50.

Baldacci R，Mingozzi A，Roberti R. 2011. New route relaxation and pricing strategies for the vehicle routing problem[J]. Operations Research，59（5）：1269-1283.

Barros P P，Martinez-Giralt X. 2002. Public and private provision of health care[J]. Journal of Economics & Management Strategy，11（1）：109-133.

Becker J，Beverungen D，Knackstedt R，et al. 2009. Configurative service engineering—A rule-based configuration approach for versatile service processes in corrective maintenance[C]. Waikoloa：42nd Hawaii International Conference on System Sciences：1-10.

Bektaş T，Laporte G. 2011. The pollution-routing problem[J]. Transportation Research Part B：Methodological，45（8）：1232-1250.

Bertels S，Fahle T. 2006. A hybrid setup for a hybrid scenario：combining heuristics for the home health care problem[J]. Computers & Operations Research，33（10）：2866-2890.

Bi J J，Zhang C S. 2018. An empirical comparison on state-of-the-art multi-class imbalance learning algorithms and a new diversified ensemble learning scheme[J]. Knowledge-Based Systems，158：81-93.

Blom J，den Elzen W，van Houwelingen A H，et al. 2016. Effectiveness and cost-effectiveness of a proactive，goal-oriented，integrated care model in general practice for older people. A cluster randomised controlled trial：integrated systematic care for older people：the ISCOPE study[J]. Age and Ageing，45（1）：30-41.

Borsos Z，Lemnaru C，Potolea R. 2018. Dealing with overlap and imbalance：a new metric and approach[J]. Pattern Analysis and Applications，21（2）：381-395.

Braekers K，Hartl R F，Parragh S N，et al. 2016a. A bi-objective home care scheduling problem：analyzing the trade-off between costs and client inconvenience[J]. European Journal of Operational Research，248（2）：428-443.

Braekers K，Ramaekers K，van Nieuwenhuyse I. 2016b. The vehicle routing problem：state of the art classification and review[J]. Computers & Industrial Engineering，99：300-313.

Brax S A，Bask A，Hsuan J，et al. 2017. Service modularity and architecture—An overview and research agenda[J]. International Journal of Operations & Production Management，37（6）：686-702.

Brekke K R，Nuscheler R，Straume O R. 2006. Quality and location choices under price regulation[J]. Journal of Economics & Management Strategy，15（1）：207-227.

Brekke K R，Siciliani L，Straume O R. 2012. Quality competition with profit constraints[J]. Journal of Economic Behavior & Organization，84（2）：642-659.

Brekke K R，Straume O R，Siciliani L. 2018. Can competition reduce quality?[J]. Journal of Institutional and Theoretical Economics，174（3）：421.

Cagri K，Gilbert L. 2018. Vehicle routing with backhauls：review and research perspectives[J]. Computers & Operations Research，91（3）：79-91.

Calvete H I，Galé C，Oliveros M J. 2011. Bilevel model for production-distribution planning solved by using ant colony optimization[J]. Computers & Operations Research，38（1）：320-327.

Cao J，Wang J，Law K，et al. 2006. An interactive service customization model[J]. Information and Software Technology，48（4）：280-296.

Castro C L，Braga A P. 2013. Novel cost-sensitive approach to improve the multilayer perceptron performance on imbalanced data[J]. IEEE Transactions on Neural Networks and Learning Systems，24（6）：888-899.

Cattaruzza D，Absi N，Feillet D. 2016. Vehicle routing problems with multiple trips[J]. 4OR-A Quarterly Journal of Operations Research，14（3）：223-259.

Cekik R，Uysal A K. 2020. A novel filter feature selection method using rough set for short text data[J]. Expert Systems with Applications，160：113691.

Cenamor J，Rönnberg Sjödin D，Parida V. 2017. Adopting a platform approach in servitization：leveraging the value of digitalization[J]. International Journal of Production Economics，192：

54-65.

Chen L，Peng J，Liu Z B，et al. 2017. Pricing and effort decisions for a supply chain with uncertain information[J]. International Journal of Production Research，55（1）：264-284.

Chen N，Xu Z S，Xia M M. 2013. Interval-valued hesitant preference relations and their applications to group decision making[J]. Knowledge-Based Systems，37：528-540.

Chen W H，Zhang Z G，Hua Z S. 2015. Analysis of two-tier public service systems under a government subsidy policy[J]. Computers & Industrial Engineering，90：146-157.

Chen W H. 2023. Uniform pricing and subsidy coordination mechanism in a two-tier healthcare system under a co-payment policy[J]. Applied Stochastic Models in Business and Industry，39（4）：498-519.

Cissé M，Yalçındağ S，Kergosien Y，et al. 2017. OR problems related to home health care：a review of relevant routing and scheduling problems[J]. Operations Research for Health Care，13：1-22.

Claus A. 1984. A new formulation for the travelling salesman problem[J]. SIAM Journal on Algebraic Discrete Methods，5（1）：21-25.

Cordero Tous N，Horcajadas Almansa Á，Bermúdez González G J，et al. 2014. Perceived quality in hospitals of the Andalusia Healthcare System. The case of neurosurgery departments[J]. Revista de Calidad Asistencial，29（6）：311-319.

Dai Y Y，Liu G L，Sun L. 2023. Construction and evaluation of China older-adult care service smart supply chain system[J]. Frontiers in Public Health，11：1249155.

de Blok C，Luijkx K，Meijboom B，et al. 2010. Modular care and service packages for independently living elderly[J]. International Journal of Operations & Production Management，30（1）：75-97.

de Blok C，Meijboom B，Luijkx K，et al. 2014. Interfaces in service modularity：a typology developed in modular health care provision[J]. Journal of Operations Management，32（4）：175-189.

de Fraja G，Delbono F. 1989. Alternative strategies of a public enterprise in oligopoly[J]. Oxford Economic Papers，41（1）：302-311.

de Mattos C S，Fettermann D C，Cauchick-Miguel P A. 2021. Service modularity：literature overview of concepts，effects，enablers，and methods[J]. The Service Industries Journal，41（15-16）：1007-1028.

Decerle J，Grunder O，Hajjam El Hassani A，et al. 2019. A hybrid memetic-ant colony optimization algorithm for the home health care problem with time window，synchronization and working time balancing[J]. Swarm and Evolutionary Computation，46：171-183.

Delice E K，Güngör Z. 2013. Determining design requirements in QFD using fuzzy mixed-integer goal programming：application of a decision support system[J]. International Journal of Production Research，51（21）：6378-6396.

Demšar J. 2006. Statistical comparisons of classifiers over multiple data sets[J]. Journal of Machine Learning Research，7：1-30.

Deng S G，Huang L T，Xu G D. 2014. Social network-based service recommendation with trust enhancement[J]. Expert Systems with Applications，41（18）：8075-8084.

Dong J F，Wang M Y，Jiang L，et al. 2024. Decision-making model of elderly service companies under government subsidies[J]. RAIRO—Operations Research，58（2）：1577-1597.

Dong M，Yang D，Su L Y. 2011. Ontology-based service product configuration system modeling and development[J]. Expert Systems with Applications，38（9）：11770-11786.

Du Y H，Tan W，Zhou M C. 2014. Timed compatibility analysis of web service composition：a modular approach based on petri nets[J]. IEEE Transactions on Automation Science and Engineering，11（2）：594-606.

Eksioglu B，Vural A V，Reisman A. 2009. The vehicle routing problem：a taxonomic review[J]. Computers & Industrial Engineering，57（4）：1472-1483.

Ellram L M，Tate W L，Billington C. 2004. Understanding and managing the services supply chain[J]. Journal of Supply Chain Management，40（3）：17-32.

Fathollahi-Fard A M，Ahmadi A，Goodarzian F，et al. 2020a. A bi-objective home healthcare routing and scheduling problem considering patients' satisfaction in a fuzzy environment[J]. Applied Soft Computing，93：106385.

Fathollahi-Fard A M，Hajiaghaei-Keshteli M，Mirjalili S. 2020b. A set of efficient heuristics for a home healthcare problem[J]. Neural Computing and Applications，32（10）：6185-6205.

Fathollahi-Fard A M，Hajiaghaei-Keshteli M，Tavakkoli-Moghaddam R. 2018. A bi-objective green home health care routing problem[J]. Journal of Cleaner Production，200：423-443.

Fernandez A，Jesus M J，Herrera F. 2015. Addressing overlapping in classification with imbalanced datasets：a first multi-objective approach for feature and instance selection[C]. International Conference on Intelligent Data Engineering and Automated Learning. Cham：Springer：36-44.

Fikar C，Hirsch P. 2015. A matheuristic for routing real-world home service transport systems facilitating walking[J]. Journal of Cleaner Production，105：300-310.

Fikar C，Hirsch P. 2017. Home health care routing and scheduling：a review[J]. Computers & Operations Research，77：86-95.

Forder J，Allan S. 2014. The impact of competition on quality and prices in the English care homes market[J]. Journal of Health Economics，34：73-83.

Franceschetti A，Honhon D，van Woensel T，et al. 2013. The time-dependent pollution-routing problem[J]. Transportation Research Part B：Methodological，56：265-293.

Fu J F，Chen X F，Hu Q Y. 2018. Subsidizing strategies in a sustainable supply chain[J]. Journal of the Operational Research Society，69（2）：283-295.

García V，Alejo R，Sánchez J S，et al. 2006. Combined effects of class imbalance and class overlap on instance-based classification[M]//Lecture Notes in Computer Science. Berlin，Heidelberg：Springer Berlin Heidelberg：371-378.

García V，Mollineda R A，Sánchez J S. 2008. On the k-NN performance in a challenging scenario of imbalance and overlapping[J]. Pattern Analysis and Applications，11（3）：269-280.

Gendreau M，Laporte G，Séguin R. 1996. Stochastic vehicle routing[J]. European Journal of Operational Research，88（1）：3-12.

Ghandour Z，Straume O R. 2022. Optimal funding coverage in a mixed oligopoly with quality competition and price regulation[J]. Journal of Economics，136（3）：201-225.

Ghandour Z. 2021. Public-private competition in regulated markets[J]. Journal of Institutional and Theoretical Economics，177（3）：299.

Ghotbabadi A R，Feiz S，Baharun R. 2015. Service quality measurements：a review[J]. International Journal of Academic Research in Business and Social Sciences，5（2）：267-286.

Gremyr I，Valtakoski A，Witell L. 2019. Two routes of service modularization：advancing standardization and customization[J]. Journal of Services Marketing，33（1）：73-87.

Grenouilleau F，Legrain A，Lahrichi N，et al. 2019. A set partitioning heuristic for the home health care routing and scheduling problem[J]. European Journal of Operational Research，275（1）：295-303.

Grieco L，Utley M，Crowe S. 2021. Operational research applied to decisions in home health care：a systematic literature review[J]. Journal of the Operational Research Society，72（9）：1960-1991.

Gulczynski D，Golden B，Wasil E. 2010. The split delivery vehicle routing problem with minimum delivery amounts[J]. Transportation Research Part E：Logistics and Transportation Review，46（5）：612-626.

Hajiaghaei-Keshteli M，Fathollahi-Fard A M. 2018. A set of efficient heuristics and metaheuristics to solve a two-stage stochastic bi-level decision-making model for the distribution network problem[J]. Computers & Industrial Engineering，123：378-395.

Hancer E，Xue B，Zhang M J，et al. 2015. A multi-objective artificial bee colony approach to feature selection using fuzzy mutual information[C]. Sendai：2015 IEEE Congress on Evolutionary Computation：2420-2427.

Hartono M，Chuan T K，Peacock J B. 2013. Applying Kansei Engineering，the Kano model and QFD to services[J]. International Journal of Services，Economics and Management，5（3）：256.

He P，He Y，Xu H. 2019. Channel structure and pricing in a dual-channel closed-loop supply chain with government subsidy[J]. International Journal of Production Economics，213：108-123.

He X，Cai D，Niyogi P. 2005. Laplacian score for feature selection[C]. Vancouver：Proceedings of the Advances in Neural Information Processing Systems：507-514.

He Y，Zhao X，Zhao L D，et al. 2009. Coordinating a supply chain with effort and price dependent stochastic demand[J]. Applied Mathematical Modelling，33（6）：2777-2790.

Hehenkamp B，Kaarbøe O M. 2020. Location choice and quality competition in mixed hospital markets[J]. Journal of Economic Behavior & Organization，177：641-660.

Heiskala M，Tiihonen J，Soininen T. 2005. A conceptual model for configurable services[J]. Papers from the Configuration Workshop at IJCAI'05：19-24.

Hiermann G，Prandtstetter M，Rendl A，et al. 2015. Metaheuristics for solving a multimodal home-healthcare scheduling problem[J]. Central European Journal of Operations Research，23（1）：89-113.

Hofbauer J，Sigmund K. 1998. Evolutionary Games and Population Dynamics[M]. Cambridge：Cambridge University Press.

Hsu W H. 2004. Genetic wrappers for feature selection in decision tree induction and variable ordering in Bayesian network structure learning[J]. Information Sciences，163（1-3）：103-122.

Hu B Y，Feng Y. 2017. Optimization and coordination of supply chain with revenue sharing contracts and service requirement under supply and demand uncertainty[J]. International Journal of

Production Economics，183：185-193.

Hu H，Zhang Z. 2022. Long-term care services and insurance system in China：an evolutionary game analysis[J]. Sustainability，15（1）：610.

Hua Z S，Chen W H，Zhang Z G. 2016. Competition and coordination in two-tier public service systems under government fiscal policy[J]. Production and Operations Management，25（8）：1430-1448.

Ichoua S，Gendreau M，Potvin J Y. 2003. Vehicle dispatching with time-dependent travel times[J]. European Journal of Operational Research，144（2）：379-396.

Ishibashi K，Kaneko T. 2008. Partial privatization in mixed duopoly with price and quality competition[J]. Journal of Economics，95（3）：213-231.

Jadhav R D，Deshpande A. 2016. An efficient and interactive approach for association rules generation by integrating ontology and filtering technique[M]//Advances in Intelligent Systems and Computing. Singapore：Springer Singapore：233-241.

Jaillet P，Qi J，Sim M. 2016. Routing optimization under uncertainty[J]. Operations Research，64（1）：186-200.

Jepsen M，Petersen B，Spoorendonk S，et al. 2008. Subset-row inequalities applied to the vehicle-routing problem with time windows[J]. Operations Research，56（2）：497-511.

Jules O，Hafid A，Serhani M A. 2014. Bayesian network，and probabilistic ontology driven trust model for SLA management of Cloud services[C]. Luxembourg：2014 IEEE 3rd International Conference on Cloud Networking：77-83.

Kahneman D，Tversky A. 1979. Prospect theory：an analysis of decision under risk[J]. Econometrica，47（2）：263.

Kairies-Schwarz N. 2014. Altruism heterogeneity and quality competition among healthcare providers[J]. Ruhr Economic Paper：507.

Kalaï A，Zayani C A，Amous I，et al. 2016. Expertise and trust-aware social web service recommendation[M]//Lecture Notes in Computer Science. Cham：Springer International Publishing：517-533.

Kheirkhah A，Navidi H，Messi Bidgoli M. 2016. A bi-level network interdiction model for solving the hazmat routing problem[J]. International Journal of Production Research，54（2）：459-471.

Kim G Y，Choi M S. 2013. A study on the effects of the facility spaces and welfare service for the elderly user’s satisfaction of the senior welfare center—Focused on Seoul city area[J].Journal of the Residential Environment Institute of Korea：285-307.

Laporte G，Louveaux F，Mercure H. 1992. The vehicle routing problem with stochastic travel times[J]. Transportation Science，26（3）：161-170.

Lartigau J，Xu X F，Nie L S，et al. 2015. A restructuring service cluster algorithm ABC optimised based on virtual resource selection probability[J]. International Journal of Computer Integrated Manufacturing，28（9）：946-957.

Laura M. 2015. Integrating housing into the whole system of care for older people[D]. Liverpool：University of Liverpool.

Lawn S，Westwood T，Jordans S，et al. 2017. Support workers can develop the skills to work with complexity in community aged care：an Australian study of training provided across aged care community services[J]. Gerontology & Geriatrics Education，38（4）：453-470.

Legnani E，Cavalieri S，Ierace S. 2009. A framework for the configuration of after-sales service processes[J]. Production Planning & Control，20（2）：113-124.

Li C F，Liu Q L，Zhou P，et al. 2021. Optimal innovation investment：the role of subsidy schemes and supply chain channel power structure[J]. Computers & Industrial Engineering，157：107291.

Li H，Ji Y J，Chen L，et al. 2017. Bi-level coordinated configuration optimization for product-service system modular design[J]. IEEE Transactions on Systems，Man，and Cybernetics：Systems，47（3）：537-554.

Li X Y，Tian P，Leung S C H. 2010. Vehicle routing problems with time windows and stochastic travel and service times：models and algorithm[J]. International Journal of Production Economics，125（1）：137-145.

Li Y F，Yang J Y，Wang Y C. 2023. Optimization and system implementation of fuzzy integrated algorithm model for logistics supply chain under supply and demand uncertainty background[J]. Neural Computing and Applications，35（6）：4295-4305.

Li Y L，Tang J F，Chin K S，et al. 2011. Estimating the final priority ratings of engineering characteristics in mature-period product improvement by MDBA and AHP[J]. International Journal of Production Economics，131（2）：575-586.

Li Y X，Zhang X Z. 2011. Improving k nearest neighbor with exemplar generalization for imbalanced classification[M]//Lecture Notes in Computer Science. Berlin，Heidelberg：Springer Berlin Heidelberg：321-332.

Lim A，Wang F. 2005. Multi-depot vehicle routing problem：a one-stage approach[J]. IEEE Transactions on Automation Science and Engineering，2（4）：397-402.

Lin L Z，Yeh H R，Wang M C. 2015. Integration of Kano's model into FQFD for Taiwanese Ban-Doh banquet culture[J]. Tourism Management，46：245-262.

Lin Y，Pekkarinen S. 2011. QFD-based modular logistics service design[J]. Journal of Business & Industrial Marketing，26（5）：344-356.

Liu R，Yuan B，Jiang Z B. 2019a. A branch-and-price algorithm for the home-caregiver scheduling and routing problem with stochastic travel and service times[J]. Flexible Services and Manufacturing Journal，31（4）：989-1011.

Liu Y，Quan B T，Xu Q，et al. 2019b. Corporate social responsibility and decision analysis in a supply chain through government subsidy[J]. Journal of Cleaner Production，208：436-447.

Liu Z，Xu X F. 2014. S-ABC—A service-oriented artificial bee colony algorithm for global optimal services selection in concurrent requests environment[C]. Anchorage：2014 IEEE International Conference on Web Services：503-509.

Lokman B，Köksalan M. 2013. Finding all nondominated points of multi-objective integer programs[J]. Journal of Global Optimization，57（2）：347-365.

Lourenço H R，Martin O C，Stützle T. 2018. Iterated local search：framework and applications[M]//International Series in Operations Research & Management Science. Cham：Springer International Publishing：129-168.

Loyola-González O，Martínez-Trinidad J F C O，Carrasco-Ochoa J A，et al. 2019. Cost-sensitive pattern-based classification for class imbalance problems[J]. IEEE Access，7：60411-60427.

Luo X G，Kwong C K，Tang J F，et al. 2015. QFD-based product planning with consumer choice analysis[J]. IEEE Transactions on Systems，Man，and Cybernetics：Systems，45（3）：454-461.

Luo X G，Tang J F，Wang D W. 2008. An optimization method for components selection using quality function deployment[J]. The International Journal of Advanced Manufacturing Technology，39（1-2）：158-167.

Lutfiyya M N，Gessert C E，Lipsky M S. 2013. Nursing home quality：a comparative analysis using CMS Nursing Home Compare data to examine differences between rural and nonrural facilities[J]. Journal of the American Medical Directors Association，14（8）：593-598.

Ma W M，Zhao Z，Ke H. 2013. Dual-channel closed-loop supply chain with government consumption-subsidy[J]. European Journal of Operational Research，226（2）：221-227.

Mafarja M，Mirjalili S. 2018. Whale optimization approaches for wrapper feature selection[J]. Applied Soft Computing，62：441-453.

Malandraki C，Daskin M S. 1992. Time dependent vehicle routing problems：formulations，properties and heuristic algorithms[J]. Transportation Science，26（3）：185-200.

Maldonado S，Weber R. 2009. A wrapper method for feature selection using support vector machines[J]. Information Sciences，179（13）：2208-2217.

Mankowska D S，Meisel F，Bierwirth C. 2014. The home health care routing and scheduling problem with interdependent services[J]. Health Care Management Science，17（1）：15-30.

Mannweiler C，Aurich J C. 2011. Customer oriented configuration of product-service systems[M]//Functional Thinking for Value Creation. Berlin，Heidelberg：Springer Berlin Heidelberg：81-86.

Marinakis Y，Migdalas A，Pardalos P M. 2007. A new bilevel formulation for the vehicle routing problem and a solution method using a genetic algorithm[J]. Journal of Global Optimization，38（4）：555-580.

Maya Duque P A，Castro M，Sörensen K，et al. 2015. Home care service planning. The case of Landelijke Thuiszorg[J]. European Journal of Operational Research，243（1）：292-301.

McCall K，Keen J，Farrer K，et al. 2008. Perceptions of the use of a remote monitoring system in patients receiving palliative care at home[J]. International Journal of Palliative Nursing，14（9）：426-431.

Miao Y W，Liu Y Y，Chen Y Z，et al. 2017. Two uncertain chance-constrained programming models to setting target levels of design attributes in quality function deployment[J]. Information Sciences，415：156-170.

Montefiori M. 2005. Spatial competition for quality in the market for hospital care[J]. The European Journal of Health Economics，6（2）：131-135.

Mourgaya M，Vanderbeck F. 2006. The periodic vehicle routing problem：classification and heuristic[J]. RAIRO—Operations Research，40（2）：169-194.

Mu Q，Wang D，Wang X N. 2020. Evolutionary game analysis of the quality of elderly-care services based on public-private partnership supply pattern[C]. Singapore：2020 IEEE International

Conference on Industrial Engineering and Engineering Management：1058-1063.

Napierala K，Stefanowski J. 2016. Types of minority class examples and their influence on learning classifiers from imbalanced data[J]. Journal of Intelligent Information Systems，46（3）：563-597.

Ning Y F，Su T Y. 2017. A multilevel approach for modelling vehicle routing problem with uncertain travelling time[J]. Journal of Intelligent Manufacturing，28（3）：683-688.

Oh S. 2011. A new dataset evaluation method based on category overlap[J]. Computers in Biology and Medicine，41（2）：115-122.

Pan J，Xu F，Lü J. 2010. Reputation-based recommender discovery approach for service selection[J]. Journal of Software，21（2）：388-400.

Paolo T，Daniele V. 2014. Vehicle Routing：Problems，Methods，and Applications[M]. 2nd ed. Philadelphia：SIAM.

Parasuraman A，Zeithaml V A，Berry L L. 1988. SERVQUAL：a multiple-item scale for measuring consumer perceptions of service quality [J]. Journal of Retailing，64（1）：12-40.

Parvasi S P，Mahmoodjanloo M，Setak M. 2017. A bi-level school bus routing problem with bus stops selection and possibility of demand outsourcing[J]. Applied Soft Computing，61：222-238.

Pecin D，Pessoa A，Poggi M，et al. 2017. Improved branch-cut-and-price for capacitated vehicle routing[J]. Mathematical Programming Computation，9（1）：61-100.

Prati R C，Batista G E A P A，Monard M C. 2004. Class imbalances versus class overlapping：an analysis of a learning system behavior[M]//Lecture Notes in Computer Science. Berlin，Heidelberg：Springer Berlin Heidelberg：312-321.

Qu Y，Lin C，Wang Y Z，et al. 2006. QoS-aware composite service selection in grids[C]. Changsha：2006 Fifth International Conference on Grid and Cooperative Computing：458-465.

Raghuwanshi B S，Shukla S. 2018. UnderBagging based reduced Kernelized weighted extreme learning machine for class imbalance learning[J]. Engineering Applications of Artificial Intelligence，74：252-270.

Ralphs T K，Kopman L，Pulleyblank W R，et al. 2003. On the capacitated vehicle routing problem[J]. Mathematical Programming，94（2）：343-359.

Rasmussen M S，Justesen T，Dohn A，et al. 2012. The home care crew scheduling problem：preference-based visit clustering and temporal dependencies[J]. European Journal of Operational Research，219（3）：598-610.

Ren M N，Chang X Z，Du S S，et al. 2023. Who would rescue the dilemma of Chinese elderly care? An evolutionary game analysis and simulation research on the formalization of the domestic service industry with subsidy policy[J]. Frontiers in Public Health，11：1111208.

Righini G，Salani M. 2008. New dynamic programming algorithms for the resource constrained elementary shortest path problem[J]. Networks，51（3）：155-170.

Rodriguez R M，Martinez L，Herrera F. 2012. Hesitant fuzzy linguistic term sets for decision making[J]. IEEE Transactions on Fuzzy Systems，20（1）：109-119.

Ruland K S，Rodin E Y. 1997. The pickup and delivery problem: faces and branch-and-cut algorithm[J]. Computers & Mathematics with Applications，3：1-13.

Russell R A，Urban T L. 2008. Vehicle routing with soft time windows and Erlang travel times[J].

Journal of the Operational Research Society，59（9）：1220-1228.

Sáez J A，Luengo J，Stefanowski J，et al. 2015. SMOTE-IPF：Addressing the noisy and borderline examples problem in imbalanced classification by a re-sampling method with filtering[J]. Information Sciences，291（C）：184-203.

Sanjo Y. 2009. Quality choice in a health care market：a mixed duopoly approach[J]. The European Journal of Health Economics，10（2）：207-215.

Scrimitore M. 2013. Price or quantity? The strategic choice of subsidized firms in a mixed duopoly[J]. Economics Letters，118（2）：337-341.

Shaw P. 1998. Using constraint programming and local search methods to solve vehicle routing problems[M]//Lecture Notes in Computer Science. Berlin，Heidelberg：Springer Berlin Heidelberg：417-431.

Shen J，Wang L Y，Sun Y W. 2012. Configuration of product extension services in servitisation using an ontology-based approach[J]. International Journal of Production Research，50（22）：6469-6488.

Shen J，Wang L Y. 2010. Configuration rules acquisition for product extension services using local cluster neural network and RULEX algorithm[C]. Sanya：2010 International Conference on Artificial Intelligence and Computational Intelligence：196-199.

Sheu J B. 2011. Bargaining framework for competitive green supply chains under governmental financial intervention[J]. Transportation Research Part E：Logistics and Transportation Review，47（5）：573-592.

Shi Y，Boudouh T，Grunder O，et al. 2018. Modeling and solving simultaneous delivery and pick-up problem with stochastic travel and service times in home health care[J]. Expert Systems with Applications，102：218-233.

Shi Y，Boudouh T，Grunder O. 2017. A hybrid genetic algorithm for a home health care routing problem with time window and fuzzy demand[J]. Expert Systems with Applications，72：160-176.

Shi Y，Boudouh T，Grunder O. 2019. A robust optimization for a home health care routing and scheduling problem with consideration of uncertain travel and service times[J]. Transportation Research Part E：Logistics and Transportation Review，128：52-95.

Sintonen S，Immonen M. 2013. Telecare services for aging people：assessment of critical factors influencing the adoption intention[J]. Computers in Human Behavior，29（4）：1307-1317.

Solomon M M. 1987. Algorithms for the vehicle routing and scheduling problems with time window constraints[J]. Operations Research，35（2）：254-265.

Song W Y，Chan F T S. 2015. Multi-objective configuration optimization for product-extension service[J]. Journal of Manufacturing Systems，37：113-125.

Staff T P O. 2014. Correction：decision support for personalized cloud service selection through multi-attribute trustworthiness evaluation[J]. PLoS One，9（9）：e107821.

Steele R，Tao W. 2005. An architecture for unifying web services authentication and authorization[M]//Lecture Notes in Computer Science. Berlin，Heidelberg：Springer Berlin Heidelberg：582-587.

Sun J Y，Yang L，Shao T L，et al. 2023. Modelling low-carbon closed-loop supply chain considering channel power structures and cross-shareholding[J]. RAIRO—Operations Research，57（2）：609-629.

Sun Y，Zhang X D，Han Y H，et al. 2022. Evolutionary game model of health care and social care collaborative services for the elderly population in China[J]. BMC Geriatrics，22（1）：616.

Tang Q，Fu Z，Qiu M. 2019. A bilevel programming model and algorithm for the static bike repositioning problem[J]. Journal of Advanced Transportation，2019：8641492.

Tang W Y，Mao K Z，Mak L O，et al. 2010. Classification for overlapping classes using optimized overlapping region detection and soft decision[C]. Edinburgh：13th International Conference on Information Fusion：1-8.

Taş D，Dellaert N，van Woensel T，et al. 2013. Vehicle routing problem with stochastic travel times including soft time windows and service costs[J]. Computers & Operations Research，40（1）：214-224.

Taş D，Gendreau M，Dellaert N，et al. 2014. Vehicle routing with soft time windows and stochastic travel times：a column generation and branch-and-price solution approach[J]. European Journal of Operational Research，236（3）：789-799.

Tibshirani R，Saunders M，Rosset S，et al. 2005. Sparsity and smoothness via the fused Lasso[J]. Journal of the Royal Statistical Society Series B：Statistical Methodology，67（1）：91-108.

Torra V. 2010. Hesitant fuzzy sets[J]. International Journal of Intelligent Systems，25（6）：529-539.

Trautsamwieser A，Hirsch P. 2011. Optimization of daily scheduling for home health care services[J]. Journal of Applied Operational Research，3（3）：124-136.

Triguero I，González S，Moyano J M，et al. 2017. KEEL 3.0：an open source software for multi-stage analysis in data mining[J]. International Journal of Computational Intelligence Systems，10（1）：1238-1249.

Ullah M，Asghar I，Zahid M，et al. 2021. Ramification of remanufacturing in a sustainable three-echelon closed-loop supply chain management for returnable products[J]. Journal of Cleaner Production，290：125609.

Venkatesh J，Aksanli B，Chan C S，et al. 2018. Modular and personalized smart health application design in a smart city environment[J]. IEEE Internet of Things Journal，5（2）：614-623.

Vorraboot P，Rasmequan S，Chinnasarn K，et al. 2015. Improving classification rate constrained to imbalanced data between overlapped and non-overlapped regions by hybrid algorithms[J]. Neurocomputing，152：429-443.

Vuttipittayamongkol P，Elyan E. 2020. Neighbourhood-based undersampling approach for handling imbalanced and overlapped data[J]. Information Sciences，509：47-70.

Wang C H，Shih C W. 2013. Integrating conjoint analysis with quality function deployment to carry out customer-driven concept development for ultrabooks[J]. Computer Standards & Interfaces，36（1）：89-96.

Wang C，Chen Y H. 2017. Reimbursement and hospital competition in China[J]. Economic Research-Ekonomska Istra Ivanja，30（1）：1209-1223.

Wang H B，Zou B，Guo G B，et al. 2015b. Optimal and effective web service composition with trust and user preference[C]. New York：2015 IEEE International Conference on Web Services：329-336.

Wang H F，Xu X F，Wang Z J，et al. 2015a. Analyzing the influence of domain features on the optimality of service composition algorithm[C]. New York：2015 IEEE International Conference on Services Computing：427-434.

Wang J G，Neskovic P，Cooper L N. 2007a. Improving nearest neighbor rule with a simple adaptive distance measure[J]. Pattern Recognition Letters，28（2）：207-213.

Wang L B，Li X J，Yan X Q，et al. 2015c. Service dynamic trust evaluation model based on Bayesian network in distributed computing environment[J]. International Journal of Security and Its Applications，9（5）：31-42.

Wang Q X，Liu J E，Zheng Y. 2022. Evolutionary game analysis of community elderly care service regulation in the context of "Internet +" [J]. Frontiers in Public Health，10：1093451.

Wang W L，Chang H J，Liu A C，et al. 2007b. Research into care quality criteria for long-term care institutions[J]. The Journal of Nursing Research，15（4）：255-264.

Wang X L，Zhang Z Y，Yang L，et al. 2021. Price and capacity decisions in a telemedicine service system under government subsidy policy[J]. International Journal of Production Research，59（17）：5130-5143.

Wang X Z，Wang Z J，Xu X F. 2013. An improved artificial bee colony approach to QoS-aware service selection[C]. Santa Clara：IEEE 20th International Conference on Web Services：395-402.

Wasikowski M，Chen X W. 2010. Combating the small sample class imbalance problem using feature selection[J]. IEEE Transactions on Knowledge and Data Engineering，22（10）：1388-1400.

Wodchis W P，Dixon A，Anderson G M，et al. 2015. Integrating care for older people with complex needs: key insights and lessons from a seven-country cross-case analysis[J]. International Journal of Integrated Care，15：e021.

Wu Q W，Zhu Q S，Zhou M Q. 2014. A correlation-driven optimal service selection approach for virtual enterprise establishment[J]. Journal of Intelligent Manufacturing，25（6）：1441-1453.

Xiong P C，Fan Y S，Zhou M C. 2009. Web service configuration under multiple quality-of-service attributes[J]. IEEE Transactions on Automation Science and Engineering，6（2）：311-321.

Yang B S. 2016. Scale development of intelligent home care service quality[J]. European Journal of Business and Management（30）：165-173.

Yang D Y，Xiao T J. 2017. Pricing and green level decisions of a green supply chain with governmental interventions under fuzzy uncertainties[J]. Journal of Cleaner Production，149：1174-1187.

Yeh T M，Chen S H. 2014. Integrating refined Kano model，quality function deployment，and grey relational analysis to improve service quality of nursing homes[J]. Human Factors and Ergonomics in Manufacturing & Service Industries，24（2）：172-191.

Yu V F，Jewpanya P，Redi A A N P. 2016. Open vehicle routing problem with cross-docking[J]. Computers & Industrial Engineering，94：6-17.

Yuan B，Liu R，Jiang Z B. 2015. A branch-and-price algorithm for the home health care scheduling and routing problem with stochastic service times and skill requirements[J]. International Journal of Production Research，53（24）：7450-7464.

Yuan S，Zhao J，Zhang Z Y，et al. 2013. Optimal quality decisions for elderly service integrators in elderly service supply chain[C]. Amman：Proceedings of the International Conference on Innovation and Entrepreneurship：94-101.

Yun B S. 2013. Formal modeling of trust web service composition using Pi-calculus[J]. TELKOMNIKA Indonesian Journal of Electrical Engineering，11（8）：4385-4392.

Yun J，Ha J，Lee J S. 2016. Automatic determination of neighborhood size in SMOTE[C]. Danang Viet Nam：Proceedings of the 10th International Conference on Ubiquitous Information Management and Communication：1-8.

Zadeh L A. 1965. Fuzzy sets[J]. Information & Control，8（3）：338-353.

Zeng L Z，Benatallah B，Ngu A H H，et al. 2004. QoS-aware middleware for Web services composition[J]. IEEE Transactions on Software Engineering，30（5）：311-327.

Zhang F. 2019. Modular configuration of service elements based on the improved K-means algorithm[J]. Expert Systems，36（5）：e12344.

Zhang Y F，Zhang G，Qu T，et al. 2017. Analytical target cascading for optimal configuration of cloud manufacturing services[J]. Journal of Cleaner Production，151：330-343.

Zhao J. 2020. Coordination of elderly healthcare service supply chain with information asymmetry：designs of option contracts under different demand distribution statuses[J]. RAIRO—Operations Research，54（5）：1291-1307.

Zhao J. 2022. Will the community O2O service supply channel benefit the elderly healthcare service supply chain?[J]. Electronic Commerce Research，22（4）：1617-1650.

Zhao J. 2023. Sustainability on the service capacity in elderly healthcare service supply chains：an application of flexible contracts[J]. IEEE Transactions on Engineering Management，70（6）：2034-2044.

Zhao T，Hou Q M. 2024. The development strategy of dual-channel supply chain of smart elderly care service from the perspective of time perception[J]. Complexity，2024：4957463.

Zheng B R，Yang C，Yang J，et al. 2017. Dual-channel closed loop supply chains：forward channel competition，power structures and coordination[J]. International Journal of Production Research，55（12）：3510-3527.

Zhou L G. 2013. Performance of corporate bankruptcy prediction models on imbalanced dataset：the effect of sampling methods[J]. Knowledge-Based Systems，41：16-25.

Zucker，Lynne G. 1986. Production of trust：institutional sources of economic structure[J]. Research in Organizational Behavior，8（2）：53-111.